21世纪高等院校法学系列精品教材

海商法专论

Maritime Law Monograph

（第四版）

司玉琢 著

中国人民大学出版社
·北京·

作者简介

司玉琢，大连海事大学前校长，教授、博士研究生导师，国际海事委员会（CMI）提名委员会委员，中国海事仲裁委员会顾问，《中国海商法研究》主编。

司玉琢教授为国内外知名海商法专家，我国《海商法》主要起草人之一，是我国第一个以海商法为主要方向的国际法学博士学位授权点的创立者，亦是我国第一代海事律师、仲裁员。多年来在海商法研究和实践领域成果卓著。曾受过多种奖励，是全国优秀教师、全国教育系统劳动模范并被授予人民教师奖章。

司玉琢教授的主要著作有：

(1)《船舶碰撞法》（与吴兆麟合著，大连海事大学出版社 1995 年第二版），1997 年获全国优秀教学成果（教材）二等奖、交通运输部优秀教材一等奖、交通运输部科技进步二等奖；

(2)《新编海商法学》（主编，大连海事大学出版社 2006 年 12 月第二版），2002 年获全国优秀教学成果（教材）二等奖；

(3)《海商法》（主编，法律出版社 2018 年第四版），普通高等教育“十五”“十一五”“十二五”国家级规划教材；

(4)《海事实用英语大全》（主编，大连海事大学出版社 2000 年第二版）；

(5)《海商法详论》（编著，大连海事大学出版社 1995 年版），国家“八五”重点图书；

(6)《司玉琢海商法论文集》（法律出版社 1995 年版）；

(7)《海商法大辞典》（主编，人民交通出版社 1998 年版），1999 年 12 月获辽宁省社会科学优秀学术成果著作一等奖；

(8)《国际海事立法发展趋势及对策研究》（主编，法律出版社 2002 年版），2003 年获交通运输部科技进步三等奖；

(9)《海商法专题研究》（主编，大连海事大学出版社 2002 年版），2004 年获辽宁省社科优秀学术成果著作二等奖；

(10)《中华人民共和国海商法修改建议案参考立法例及说明》（主编，大连海事大学出版社 2003 年版)，2004 年获辽宁省科技进步三等奖；

(11)《海商法学案例教程》(主编，知识产权出版社 2003 年版)，高等教育法学专业案例教材；

(12)《海商法》(主编，中国人民大学出版社 2008 年版)；

(13)《中国海商法基本理论专题研究》(主编，北京大学出版社 2009 年版)；

(14)《鹿特丹规则研究》(主编，大连海事大学出版社 2009 年版)；

(15)《国际货物运输法律统一研究》(主编，北京师范大学出版社 2012 年版)；

(16)《中国海事案例裁判要旨通纂》1—5 卷（主编，北京大学出版社 2017 年版)。

第四版修订说明

《海商法专论》第三版自2015年1月出版以来，仅过去三年，但这三年间，国际国内相关海事立法都发生了很大变化：国际海事委员会第42届国际大会通过了新的《约克—安特卫普规则》——2016年《约克—安特卫普规则》(YAR2016)①；英国《2015年保险法》在议会获得通过②，该法被视为英国近100年以来保险法发展史上最重大的变革，对各国海上保险立法都将产生重要影响。2016年12月，国际上又起草了《2016年可保利益草案》③；《2007年内罗毕国际船舶残骸清除公约》(简称《内罗毕公约》)已于2015年4月14日生效，2017年2月11日对我国(不含港澳)生效；为了阻断有害生物的传播，国际海事组织(IMO)通过了《2004年国际压载水和沉积物控制与管理公约》，该公约已于2017年9月8日生效；2007年6月，国际劳工组织(ILO)通过了《国际渔业劳工公约》，该公约也于2017年11月16日生效。此外，波罗的海国际航运公会(BIMCO)于2015年10月15日发布了2015年版的定期租船格式合同(NYPE)。

2015年以后，与海商法密切相关的国内立法有：2016年2月26日中华人民共和国第十二届全国人民代表大会常务委员会第十九次会议通过了《中华人民共和国深海海底区域资源勘探开发法》，自2016年5月1日起施行；2017年11月4日第十二届全国人民代表大会常务委员会第三十次会议修改了《海洋环境保护法》；2016年12月8日交通运输部第29次部务会议通过《中华人民共和国船舶登记办法》，自2017年2月10日起施行④；2017年3月15日第十二届全国人民代表大会第五次会议表决通过了《中华人民共和国民法总则》，《民法总则》自2017年10月1日起施行。此间最高人民法院发布的相关司法解释有：最高人民法院《关于审理环境民事公益诉讼案件适用法律若干问题的解释》⑤、最高人民法院《关于扣押与拍卖船舶

① 会议于2016年5月3日—6日在纽约召开。
② 2015年2月12日通过，并于2016年8月生效。
③ The Draft Insurable Interest Bill 2016.
④ 2016年12月13日，交通运输部令2016年第85号。
⑤ 法释〔2015〕1号，2015年1月6日。

适用法律若干问题的规定》[1]、最高人民法院《关于适用〈中华人民共和国保险法〉若干问题的解释（三）》[2]、最高人民法院《关于海事诉讼管辖问题的规定》[3]、最高人民法院《关于海事法院受理案件范围的规定》[4]、最高人民法院《关于适用〈中华人民共和国物权法〉若干问题的解释（一）》。[5]

随着海商法理论研究和司法实践的不断深入，近年来，学界围绕海难救助、船舶融资租赁、钻井平台污染、邮轮旅游、航次租船合同下是否存在实际承运人等法律问题开展研究；最高人民法院发布了指导性案例，如"中威轮船案"[6]、"'加百利'轮救助合同纠纷案"[7] 等，这些都在一定程度上深化和发展了海商法理论与实践。

基于上述情况，为了及时吸纳海商法发展的最新成果，修正本专著中存在的瑕疵，确保教材的先进性，更好地满足教学和研究的需要，笔者对第三版专论的105个专题进行了修订，删除4个专题，新增加10个专题，修订后共111个专题。删除的4个专题有：第二章船舶，专题九"强制打捞费用能否列为船舶优先权"；第三章船员，专题一"船员资格的国际立法——STCW公约"；第五章海上旅客运输合同，专题一"海上旅客运输合同的国际公约"（移到本章基础知识部分），以及第十三章海上保险，专题十"海上保险法面临的挑战"。新增10个专题如下。

（1）如何理解"海商法没有规定"适用一般法（第一章 总则 专题五）；

（2）保护FOB下发货人权益的另一种选择——提单货物运输合同相对性原则的第三次突破（第四章 海上货物运输合同 专题十七）；

（3）对"没有约定"和"没有不同约定"的再思考（第六章 船舶租用合同 专题一）；

（4）雇佣救助是否适用《海商法》第九章（第九章 海难救助，专题十一）；

（5）雇佣救助费用与船舶优先权、共同海损、保险赔偿和责任限制的关系（第九章 海难救助，专题十二）；

（6）航次租船的承租人是否是适格的海事赔偿责任限制的权利主体（第十一章 海事赔偿责任限制，专题三）；

（7）如何理解《海商法》第212条规定的"一次事故，一个限额"（第十一章 海事赔偿责任限制，专题七）；

（8）索赔主体与保险利益的关系（第十三章 海上保险，专题六）；

（9）关于"保险事故"（第十三章 海上保险，专题七）；

（10）如何理解《海商法》第268条海事国际惯例适用位阶的合理界定（第十五章 涉外关系的法律适用，专题二）。

感谢吴煦、李志文、王秀芬、李天生、郭萍、袁绍春、蒋跃川、夏元军、韩立新、朱作贤，以及我的博士生曹兴国、张宏凯、袁曾为本书修订工作所付出的辛勤劳动。

---

① 法释〔2015〕6号，2015年2月28日。
② 法释〔2015〕21号，2015年11月26日。
③ 法释〔2016〕2号，2016年2月24日。
④ 法释〔2016〕4号，2016年2月24日。
⑤ 法释〔2016〕5号，2016年2月22日。
⑥ 最高人民法院（2010）民申字第1269号民事裁定书。
⑦ 最高人民法院（2016）民再第61号民事判决书。

希望读者继续关注本书，随时提出批评建议，使之更为成熟。

司玉琢
2018年3月于大连

前　言

2004 年夏，中国人民大学出版社约我撰写国际法学系列教材之一——《海商法专论》。当时我有些踌躇，原因是：在深度上，本书的读者定位是高年级本科生和研究生，这里有如何使其区别于一般本科生教材的问题；在形式上，有如何跳出现有海商法教材的写作模式的问题。这两个问题困扰着我，因而我迟迟没有动笔。

这些年来，我一直在从事海商法的硕士、博士研究生的教学、研究工作，同年轻教师们一起做了不少科研课题，挤时间还参与了一些海事司法实践，也很想把这些收获和体会总结一下，提供给大家，或许会对学生、海商法界的同仁有所帮助和启示，起码可以引起大家对某些问题的思考和争论。基于这种想法，我最终欣然接受了人大出版社的约请。

经过一段时间的思考，我理出一个思路，经与出版社商量，决定动笔了。

这本书的结构是这样的：

全书以《中华人民共和国海商法》（以下简称《海商法》）为主线，每一章由四部分组成：

第一部分——该章中英文对照的法律条文；

第二部分——简要介绍该章的“基础知识”；

第三部分——“专题研讨”；

第四部分——“案例分析”。

四个部分中重点是第三部分——“专题研讨”，全书共论述 84 个专题，这些专题系笔者近年来教学、科研和海事司法实践的研究成果，它既涉及海商法的基础理论问题，也涉及海商法的热点、难点问题，对加深对《海商法》重点条款的理解颇有裨益，对掌握海商法的研究方法也是一个借鉴。

本书作为国际法学、民商法学科，特别是海商法方向的高年级本科生和研究生教材，同时也适于有一定海商法基础理论的教学、科研、航运界、海上保险界业内人士和从事海事司法实践的法官、律师阅读、参考。

本书除了《海商法》的现有章节外，增加了“船舶污染损害赔偿”一章。本书绪论部分，第一次较为详细地介绍了我国《海商法》的起草历程，一方面是为研究中国《海商法》的同仁提供一些史料，更重要的是让人们了解中国《海商法》的问世经历了漫长而曲折的立法过程，是几代人辛勤劳动的结晶。

本书撰写过程中，我指导的博士生吴煦、许俊强、余妙宏参与了后期的文字工作，提供有益的资料，并提出了有价值的修改意见，硕士研究生司星丽、梁玮同学也做了部分具体工作，在此表示感谢。

本书存在不足之处，敬请读者批评指正。

司玉琢
2006 年 10 月于大连

目录

第一章
总则

基础知识

一、海商法的调整对象

在法理上，调整对象系指某法律部门所调整的特定社会关系。因为海商法的概念不统一，海商法的调整对象，国际上没有统一的观点，已有的立法例也存在很大的差异。[①]

（一）我国《海商法》调整对象的演变过程

关于中国《海商法》的调整对象，从20世纪60年代初开始，学者们就没有停止过纷争。从海商法（草案第九稿）到《海商法》（第二十九稿）最终通过，我国海商法的调整对象大致经历了三次变化，反映了不同的立法思想。

第一次调整对象的规定是1963年海商法（草案第九稿），“为了明确和处理航海贸易中所发生的各种法律关系，维护海上船舶的航行安全和促进航海贸易的发展，特制定本法”（第1条）。这一表述是参考原苏联1960年《海商法典》第1条的规定：“苏联海商法典调整商业性航海活动中发生的各种关系。”海商法调整“航海贸易”（即“海商”），反映的是17世纪以前，航商一家的时代特征，海商法也因此得名。随着科学技术的进步，贸易和航运业得到了较大的发展，商品形态的变化通过买卖双方直接完成，与之密切相连的海上运输发展成为独立的部门，即以平等民事主体地位从事的服务性活动。[②] 也有学者认为：海上运输发展成独立的市场、以平等主体资格提供服务性劳动、追求商业利益是其本身的发展动力，这些决定了海上运

---

① 1999年《俄罗斯联邦商船航运法典》第1条规定，本法典调整商船运输中发生的各种法律关系。这一调整对象与原苏联海商法的调整对象没有本质的区别，只是翻译用词不同。《波兰海商法》第1条规定，波兰海商法调整有关海上运输的法律关系。该法的调整范围集中于海上运输活动。

② 高宗泽，司玉琢．再论海商法的调整对象和适用范围——兼论海商法的名称及定义．载司玉琢．司玉琢海商法论文集．北京：法律出版社，1995.

输行为具有商业行为的性质。①

从海商法第十稿之后，摈弃了把“航海贸易”作为调整对象的观点。与此同时，对海商法这一名称也提出了质疑，认为这一名称与该法的实质内容并不相符，讨论中曾试图使用“航运法”（shipping law）这一名称，但航运法调整的范围过窄，且主要调整的是纵向关系，属行政法范畴；也有人建议改为“海事法”（maritime law），与英文的名字对应，避开“商”字，但又怕被理解为狭义的海事法。讨论结果认为，与其使用有分歧的新名称，不如沿用广为接受的习称。就这样，海商法的名称继续沿用下来。

第二次调整对象的规定是在1982年5月，海商法（草案第十稿）规定，“为了调整中华人民共和国海上运输中发生的以及与船舶有关的法律关系，保护有关各方的合法权益，以利发展海运，促进贸易，特制定本法”（第1条）。海商法调整对象的这一表述突出了其所调整的关系是运输中发生的和与船舶有关的，而不是调整海上运输和船舶关系本身，因为海商法调整的是社会关系，海上运输和船舶本身是不能构成社会关系的。但是，这一调整对象的表述也存在不足，这就是海商法调整的是社会关系，而不是法律关系，只有在法律作出规定之后，才会产生法律关系。

第三次调整对象的规定是在1991年8月8日，海商法（草案第十八稿）规定，“为了调整海上运输关系、船舶关系，维护当事人各方的合法权益，促进海上运输和经济贸易的发展，制定本法”（第1条）。这一表述一直到《海商法》通过，再没有改变过。

（二）我国《海商法》调整对象的内涵

《海商法》第1条规定：“为了调整海上运输关系、船舶关系，维护当事人各方的合法权益，促进海上运输和经济贸易的发展，制定本法。”

对于这一调整对象，学者们的理解也有所不同。通常认为：

1. 海上运输关系，主要包括以下方面：承运人、实际承运人和托运人、收货人之间的货物运输关系；承运人、实际承运人同旅客之间的旅客运输关系；承拖方与被拖方之间的拖带关系。《海商法》的“海上货物运输合同”“海上旅客运输合同”“海上拖航合同”等章集中调整海上运输关系。

2. 船舶关系，主要是指船舶物权及与其紧密相关的债权关系，如船舶抵押人与抵押权人之间的船舶抵押关系；出租人与承租人之间的船舶租用关系。《海商法》的“船舶”“船舶租用合同”等章集中调整船舶关系。

此外，与运输关系和船舶关系相关联的还有保险人和被保险人之间的关系；救助方同被救助方之间的关系；共同海损中的各分摊方关系等。《海商法》的“海难救助”“共同海损”“海上保险”等章主要调整这方面的关系。因我国《海商法》是狭义海商法，笔者将这些关系划归海上运输关系和船舶关系之中。②

有关《海商法》的调整对象，有几点需要说明：第一，《海商法》调整“运输关系”“船舶关系”的提法，实际是调整以“运输”和“船舶”为媒介的平等主体之间的关系，“运输”和“船舶”本身不可能构成社会关系；第二，《海商法》调整的只是特定的平等主体之间的运输关系和船舶关系，不属于《海商法》调整的平等主体间的运输关系和船舶关系，除有适用的国际

① 韦经建主编．海商法．长春：吉林人民出版社，1994：14.

② 司玉琢．海商法．3版．北京：法律出版社，2012：3.

海事条约或国际惯例外，由其他法律予以调整，适用我国《民法典》和其他民事法规，如有关船舶建造、买卖关系，船员的任用和劳动方面的权利义务关系等；第三，运输关系和船舶关系不限于平等主体间的财产关系，也包括人身关系，如海上人身伤亡赔偿关系。随着海事立法的不断完善，以及各部门法之间调整对象和调整范围的逐步清晰、明确、科学，海商法中有关的民事法律关系的内容将会有所增加，如船舶污染海洋环境民事责任、船员劳动合同、沉船沉物强制打捞费用问题等。

从法理上看，法的调整对象是特定的社会关系，把法的调整对象仅仅归结为社会关系而就此止步，这还是一种比较肤浅的认识。事实上，法的调整对象的浅层内涵，即法的直接调整对象乃是人的行为；法的调整对象的深层内涵，即法的间接调整对象是包括个人利益和社会整体利益在内的社会之利益关系。而作为二者共同存在前提的社会主体的身份关系，亦理所当然地成为法的调整对象。只有把这三方面有机结合，我们对法的调整对象的认识才是全面、充分的。

综上，笔者认为，狭义海商法的调整对象应该是“调整平等主体之间的特定海上运输关系和船舶关系”。突出作为调整对象的平等主体关系，并且是特定的，而不是全部的与“运输”和“船舶”有关的平等主体关系。

二、海商法的适用范围

海商法的适用范围，实际上是指海商法调整对象的具体化。一般说来，它包括：适用主体、适用客体、适用水域和适用内容等四个方面。①

1. 适用主体。海商法的适用主体具有多重性。因为《海商法》各章的内容不同，其所适用的主体也有不同。如海上货物运输合同适用的主体有承运人、实际承运人、多式联运经营人、托运人、收货人、提单持有人、航次租船合同的出租人和承租人；旅客运输合同适用的主体有承运人、实际承运人、旅客；船舶租用合同适用的主体有出租人、承租人；船舶拖航合同适用的主体有承拖方与被拖方；船舶碰撞适用的主体，除碰撞当事方船舶所有人外，因碰撞造成人身伤亡的受害者或其家属，财产所有人也是船舶碰撞法律关系中的主体；海难救助适用的主体有救助人与被救助人；海上保险合同适用的主体有保险人与被保险人；等等。不管这些人是本国公民或法人，还是外国公民或法人，凡是特定法律关系适用中国海商法的，均是海商法的适用主体。此外，海商法的适用主体还有船舶污染的加害方和受害方、港口经营人、船舶经营人、管理人以及海运主管部门等。

2. 适用客体。海商法所适用的客体主要是船舶和货物。船舶是海上运输的主要工具，各国海商法对此都有明确的规定；货物是海上运输的对象，它包括可供运输的各种类型的货物。

船舶作为客体的规定，各国海商法基本相同。比如：我国《海商法》第 3 条规定，本法所称船舶，是指海船和其他海上移动式装置，但是用于军事的、政府公务的船舶和 20 总吨以下的小型船艇除外。《俄罗斯联邦商船航运法典》第 7 条规定，本法典所称船舶是指任何机动或非机动的用于商船运输目的的浮动装置。该法典第 3 条第 2 款还规定，“除本法典直接具体规定的情形外，本法典不适用于军舰、海军辅助设施和其他国家所有或经营的并仅用于政府非商业服务的船舶”，也不适用于“国家所有的非商业货物”。《日本商法典》第 684 条规定：本法

① 司玉琢．司玉琢海商法论文集．北京：法律出版社，1995：7-15.

所指的船舶，是以商业行为为目的供航海使用的船舶。

但必须说明的是，我国《海商法》所适用的船舶，除第3条规定外，有些章节出于特殊的需要，还有特殊的适用规定，如第八章“船舶碰撞”中的船舶，除一方是《海商法》第3条所指的船舶外，另一方只要不是用于军事的或政府公务的任何船艇，包括内河船或20总吨以下的小船，均适用船舶碰撞一章。又如第九章“海难救助”中作为救助标的的船舶，可以是沉船、漂浮船或失控船。①

对于货物的适用，英国《1992年海上货物运输法》规定只适用于由英国出口的货物，而不适用于进口货物。美国的《海上货物运输法》则对进、出口货物均强制适用。我国《海商法》对此未作出明确的规定。我国《海商法》第四、五章仅适用于国际客货运输，不适用于沿海和内河客货运输。

3. 适用水域。由于各个国家的自然条件、航运政策不同，对海商法适用水域的规定也不尽相同。《日本海商法》适用于沿海、近海和远洋运输，但不适用于内河和港湾等区域。《俄罗斯联邦商船航运法典》既适用于沿海运输，也适用于远洋运输，内河运输另订有内河运输法。北欧国家海商法适用于一切水域。

4. 适用内容。概括地说，适用内容一是债权法，二是船舶物权法。具体地说主要包括以下四个方面：海上运输法，海上保险法，海上侵权法，船舶物权法。

(1) 海上运输法：包括海上货物运输和旅客运输。但是，海上货物运输的规定（第四章）不适用于沿海和内河货物运输，沿海和内河货物运输适用中华人民共和国交通运输部发布的《国内水路货物运输规则》②；海上旅客运输有关赔偿责任限额的规定（第五章第117条）不适用于我国港口之间的旅客运输，有关我国港口间的旅客运输，交通运输部制定了《港口间海上旅客运输赔偿责任限额规定》。③ 当拖轮所有人拖带自己所有或者经营的驳船，驳船上载运货物，经海路由一港至另一港时，属于海上货物运输合同（《海商法》第164条），由“海上货物运输合同”一章调整，而不属海上拖航合同的规范范围。

(2) 海上保险法：我国没有海上保险法的单行法，海上保险合同单列一章，规定在《海商法》中，成为海商法的重要内容，作为保险法的特别法。大陆法国家海商法多采取此种立法例。

(3) 海上侵权法：主要指船舶碰撞法和船舶污染法。我国现行《海商法》仅规定了船舶碰撞（第八章），却没有规定船舶污染。开始起草的稿子都有船舶污染一章或者将其规定在责任限制一章中，但是，后来被取消了。《海商法》的修改将填补这一立法的空白。

(4) 船舶物权法：包括船舶所有权、船舶抵押权、船舶优先权和船舶留置权。

另外，海商法的另一个重要方面是损害赔偿法，它包括海上运输合同的赔偿和海事赔偿责任限制。根据《海商法》第210条的规定，小于300总吨的船舶，从事沿海运输、沿海作业的船舶，关于其赔偿限额，交通运输部于1994年1月1日施行的《关于不满300总吨船舶及沿海运输、沿海作业船舶海事赔偿限额的规定》对此进行了规定；对于沿海旅客运输人身伤亡赔

---

① 《海商法》第172条有关船舶的规定有误，不是将其作为救助标的给出定义，而是作为救助船舶与被救船舶给出的定义，救助方与被救助方无须限定是船舶。参见《1989年国际救助公约》第1条b项。

② 交通运输部于2000年8月28日发布，2001年1月1日起施行。已由交通运输部于2016年5月30日废止，参见交通运输部令2016年第57号。目前，《海商法》修改正在考虑如何解决这一问题。

③ 该规定于1993年11月20日报经国务院批准，自1994年1月1日起施行。由于该规定赔偿限额过低，《海商法》修改将一并考虑海上旅客运输人身伤亡赔偿责任限额的规定。

偿限额，交通运输部于1994年1月1日施行了《港口间海上旅客运输赔偿责任限额规定》，该规定是将旅客运输的每名旅客的责任限制（也称“单位责任限制”）和每艘客船总的责任限额（也称“二次限制”）合并在一个规定中作出。

专题研讨

一、什么是《海商法》中的船舶

《海商法》中有关“船舶”的定义到底是什么？对此，学术界存在两种不同的观点：一种观点认为，《海商法》中凡是提到“船舶”一词的，其定义即为第3条的定义，即“本法所称船舶，是指海船和其他海上移动式装置，但是用于军事的、政府公务的船舶和20总吨以下的小型船艇除外”。另一种观点认为，《海商法》第3条中的船舶定义，仅仅是船舶的一般性定义，除此之外，《海商法》还给出了其他有别于一般定义的船舶特殊定义。在不同的法律关系下，讨论“船舶”的概念，应视具体的法律关系，使用不同的“船舶”定义。只有这样，才能把握海商法相应法规的确切的适用范围，理解法律规定的真正含义。[①] 笔者认为，后一种理解是正确的。

1.《海商法》第3条的船舶概念

《海商法》第3条对该法所适用的“船舶”进行了三方面的限制：第一，用途方面的限制。本法除了明确排除“用于军事的和政府公务的船舶”以外，第3条的定义，还排除了内河和湖泊船舶（因为其不是海船），除非《海商法》其他章节有特殊规定。第二，航行能力方面的限制。“可移动”的条件要求船舶一定是具有自航能力的，包括自航式钻井平台、水上飞机、浮吊船和挖泥船等。仅仅浮于水面，但不能移动的海上装置，不适用《海商法》，如灯船、桥船。第三，船舶吨位方面的限制。本条明确规定不适用于20总吨以下的小型船艇，除非其他章节另有特殊规定。

“海上移动式装置”，是构成《海商法》意义上的“船舶”要件的概括。“海上”系指船舶航行于海上，但不限于海面上，水下潜式或半潜式移动钻井装置也是《海商法》意义上的船舶，海船驶入内河仍然是海船；“移动”系指有自航能力；“装置”是指为海上运输或作业而设计的，具有一定复杂程度的构造物。因此，竹筏、木排、水上滑行器等不是《海商法》意义上的船舶。

在上述船舶中，“用于军事的和用于政府公务的船舶”不适用《海商法》。这里“用于”一词是从船舶运行的“目的”出发，而不是考虑船舶的设计和建造“用途”[②] 来界定是否是军事的和政府公务的船舶。不论是什么船舶，只要其正在被用于军事目的或执行政府公务，那么便不适用《海商法》。《海商法》排除适用的这类船舶，包括正在从事军事目的的军舰和政府公务目的的公安边防巡逻艇、海关缉私船、环保监测船、海事局公务船、检疫船、消防船等。反之，即使是国家拥有的军舰或政府公务船，只要其正在从事海上运输等生产性或商业性活动，就适用《海商法》。大多数国家的海商法排除对军舰或政府公务船的适用，主要是从国家主权豁免理论考虑的。由于军舰或政府公务船的航行疏忽或过失造成其他船舶的损害享有公法上的

---

① 赵劲松．《海商法》中的船舶．海事司法论坛，2001（3）．

② 关于判断军事舰艇和公务船舶的标准，有“目的说”和“用途说”两种。从船舶运行的“目的”出发，来判断是否是军事舰艇和公务船，称“目的说”；以船舶设计“用途”为标准判断军事舰艇和公务船，称“用途说”。

豁免权，即不得强制扣押和强制执行，因而其民事责任应依据适用此类船舶的特别法，无特别法规定的适用民法规定。

2. 除《海商法》第 3 条外的“船舶”概念

《海商法》中的“船舶”，有包括第 3 条在内的多个船舶的定义和概念，欲确定“船舶”在《海商法》中的确切含义，应视其具体的法律关系在相应的定义和概念中确定其法律含义；内河船舶在与第 3 条定义的海船发生碰撞时，适用《海商法》第 165 条中的“船舶”的定义。这一结论也同样适用于有关船舶优先权和船舶碰撞时效的规定，详见下表。

各类船舶适用海商法比较表①

项目	种类	海事赔偿责任限制	强制执行	船舶优先权	所有权/抵押权/留置权	所有权/抵押权登记	船舶拖带	船舶碰撞	海难救助	共同海损	海上保险	海上货物运输合同	海上旅客运输合同
海商法适用之船舶（20 总吨以上的海船或海上移动式装置）（海上或与海相通水域）	300 总吨以上远洋船	○	○	○	○	○	○	○	○	○	○	○	○
海商法适用之船舶（20 总吨以上的海船或海上移动式装置）（海上或与海相通水域）	300 总吨以下远洋船、沿海运输、沿海作业船	交通部规定	○	○	○	○	○	○	○	○	○	×	交通部规定
	渔船	○	○	○	○	○	○	○	○	×	○	×	×
	实习科学考察船	○	○	○	○	○	○	○	○	○	○	×	×
非海商法适用之船舶（20 总吨以下，非海上或与海相通的水域或虽与海相通，但不可航的内河、湖泊船舶）	军舰	×	×	×	×	×	×	×	×	×	×	×	×
	公务船	×	×	×	×	×	×	×	×	×	×	×	×
	小渔船	×	×	×	×	×	○	○	○	×	×	×	×
	小客货船	×	×	×	×	×	○	○	○	×	×	×	×
	内河湖泊船	×	×	×	×	×	×	×	×	×	×	×	×

二、“海上运输”之含义

《海商法》第 2 条第 1 款规定，“本法所称海上运输，是指海上货物运输和海上旅客运输，包括海江之间、江海之间的直达运输”。从现行《海商法》的这一款规定可以得出如下几点结论：

第一，我国《海商法》中“海上运输”包含了海上货物运输（第四章）和海上旅客运输（第五章）。“拖轮所有人拖带其所有的或者经营的驳船载运货物，经海路由一港运至另一港的，视为海上货物运输”（第 164 条）。

第二，“海上运输”不限于“海上”，海江、江海以及江海江直达运输也是《海商法》中的海上运输。所谓海江、江海以及江海江直达运输是指装货港和（或）卸货港位于江河之内，经海路和内河，签发同一运输合同或运输单证的运输。

① 曾国雄，张志清．海商法．2 版．台北：东徽兴业有限公司，2003：17.

第三，不涉及海路的江河客货运输，不适用《海商法》海上运输的规定，如长江内的两个港口之间的客货运输。

《海商法》第2条第2款同时规定，“本法第四章海上货物运输合同的规定，不适用于中华人民共和国港口之间的海上货物运输”。因此，《海商法》第四章的规定，仅指国际海上货物运输，包括我国港口和外国港口之间的海上货物运输。在现阶段，内地同港、澳、台地区之间的海上货物运输，虽属国内航线，但作特殊处理，适用《海商法》第四章。《海商法》作出这一规定，主要是因为我国沿海货物运输和国际货物运输一直以来实行两种不同的承运人责任制度。沿海运输适用《国内水路货物运输规则》（2016年5月30日已废止），承运人的归责原则实行严格责任制度，即除不可抗力、货物本身原因、托运人或收货人本身过错造成的损失外，承运人对货物灭失或损坏均承担赔偿责任，并按货物的实际价值赔偿；使用的运输单证主要是不可转让的“运单”。从上述实际情况出发，20世纪末《海商法》起草时，仍然维持沿海货物运输的现行制度。一旦沿海货物运输和国际货物运输实行统一制度的条件成熟，即可通过立法程序，删除本款，沿海货物运输合同也适用《海商法》的规定。

《海商法》第四章关于海上货物运输合同的规定，也不适用于内河货物运输合同，内河货物运输适用我国《国内水路货物运输规则》；《海商法》第五章关于海上旅客运输合同的规定，不适用于内河旅客运输合同，到目前为止，内河旅客运输尚没有专门立法来调整，只能适用《民法典》；《海商法》第五章海上旅客运输有关旅客人身伤亡及行李的灭失、损坏赔偿责任限额的规定（第117条），不适用于沿海旅客运输。

需要说明的是：港口之间的货物运输，是否包括两港的港口作业，这取决于货物运输合同期间和承运人的责任期间，详见第四章专题研讨“十五、中国海商法中港口经营人的法律地位”。

总结本条上述两款的规定，现行《海商法》中的“海上运输”适用情况是：

（1）《海商法》第四章海上货物运输合同，既不适用于内河货物运输，也不适用于沿海货物运输；

（2）《海商法》第五章海上旅客运输合同，不适用于内河旅客运输，但对沿海旅客运输并没有排除适用，只是承运人的赔偿责任限额的规定不适用于沿海旅客运输，沿海旅客运输适用交通运输部发布的《港口间海上旅客运输赔偿责任限额规定》。

三、沿海运输权

一国的沿海、内河运输属于国内运输，各国从政治、经济的角度考虑，都把沿海运输权作为一项重要的航运政策，这是在航运领域体现国家主权的重要内容。许多国家还在法律上作出特殊的保护性规定。我国《海商法》第4条明确规定：“中华人民共和国港口之间的海上运输和拖航，由悬挂中华人民共和国国旗的船舶经营。但是，法律、行政法规另有规定的除外。非经国务院交通主管部门批准，外国籍船舶不得经营中华人民共和国港口之间的海上运输和拖航。”这一条规定了我国沿海港口之间的客、货运输和拖航，只能由悬挂我国国旗的船舶经营，外国籍船舶未经特许，不得经营我国沿海运输和拖航作业。本条第1款的但书表明，即使悬挂我国国旗的某些船舶，也可能受到法律、行政法规的限制性规定，不得从事我国的沿海运输和拖航。

《海商法》第4条第2款规定外国籍船舶不得经营我国港口之间的海上运输和拖航，但是，特殊情况下，经国务院交通主管部门批准者除外。立法时作出特许除外的规定，目的在于当我国沿海运输运力不足时，交通运输部可批准外国籍船舶从事我国沿海运输和拖航。

目前，国际上许多国家，如，俄罗斯联邦、美国、法国、德国、意大利、加拿大等的航运政策或立法，都有沿海运输权的保护性规定。我国《海商法》关于沿海运输权的规定，既体现了这一政策的基本原则，又有一定的灵活性。

四、船舶航行权

《联合国海洋法公约》第92条规定："船舶航行应仅悬挂一国的旗帜。"该公约第91条同时规定："每个国家应确定对船舶给予国籍、船舶在其领土内登记及船舶悬挂该国旗帜的权利的条件。"

我国《海商法》第5条规定："船舶经依法登记取得中华人民共和国国籍，有权悬挂中华人民共和国国旗航行。船舶非法悬挂中华人民共和国国旗航行的，由有关机关予以制止，处以罚款。"

《海商法》的这一规定，明确了船舶取得中国国籍的必要条件：依法进行登记，登记的条件在《船舶登记条例》[①] 中有具体规定。该条例第2条和第7条规定，登记的条件有：第一，公民的住所或者公民、法人的主要营业所在我国境内；第二，法人注册资本中有外商出资的，中方投资人的出资额不得低于50%；第三，船员应当由中国公民担任。需要雇佣外国籍船员的，应当报国务院交通主管部门批准。除上述条件外，船舶国籍登记时，还需交验船舶所有权证书和根据船舶航行区域交验其他相应的文件（《船舶登记条例》第15条）。只有经过登记，取得船舶国籍证书，方能获得悬挂我国国旗的资格，享有悬挂我国国旗在海上航行的权利。船舶依法登记在船舶关系中极为重要，船舶登记条件是一项非常重要的规定，因船舶登记属行政法范畴，故在海商法中未作具体规定。

根据《联合国海洋法公约》的规定，船舶在公海上航行，必须悬挂本国国旗，以显示其国籍。如果船舶在海上航行不悬挂其所登记国的国旗，或者悬挂两国以上国旗的，视为无国籍船舶。无国籍船舶可被怀疑为海盗船，军舰可以对其行使临检权（登临权，right of approach）和紧追权（right of hot pursuit）。

《海商法》第5条第2款规定，非法悬挂我国国旗，有关机关有权予以制止，处以罚款。"有关机关"包括海事局、边防、海关等机关。"处以罚款"属行政处罚。对非法悬挂我国国旗进行违法活动构成犯罪的，将依相关法律追究船长和（或）船舶所有人的刑事责任。[②]

五、如何理解"海商法没有规定"适用一般法[③]

（一）问题的提出

在我国，主流观点认为，《海商法》是民法的特别法[④]，因此，对于海商法与民法之间的关系，应当遵循"特别法优于一般法"原则，海商法没有规定的，适用民法或其他相关法律。

---

① 1994年6月2日国务院令第155号公布。该条例现正在修改中。

② 1992年6月7日国务院关于提请审议《中华人民共和国海商法（草案）》第5条第2款规定："船舶非法悬挂中华人民共和国国旗航行的，处以罚款；情节严重的，对直接责任人员依法追究刑事责任。"人大常委会审议时，删除了包括此款在内的所有刑事责任条款。目前，海事刑事责任立法处于缺失状态。

③ 本专题参考了刘子平博士学位论文《论以民法补充海商法的单位》的观点，在此表示感谢。关于该文，参见中国海商法研究，2013（4）：111-115。

④ 郭日齐．我国《海商法》立法特点简介//海商法学习必读．北京：人民交通出版社，1992：43.

但如何理解海商法没有规定适用一般法？司法实践中存在有待澄清的问题。第一，具有涉外因素的海事案件，海商法中没有规定时，是优先考虑国际惯例还是优先适用民法等相关法律？第二，海商法没有规定是指某一事项没有规定，还是事项中的某些要素没有规定？前者可参见本书第十五章，专题研讨二、“如何理解《海商法》第268条——海事国际惯例适用位阶的合理界定”本专题仅讨论第二个问题，即海商法没有规定是指事项没有规定，还是指要素没有规定？

（二）具体实例

实例一：《海商法》第11条规定，船舶抵押权的实现只能由法院“依法拍卖”。而《物权法》第195条规定，抵押权的实现方式为：抵押权人和抵押权人可依协议将抵押财产“折价”“拍卖”“变卖”，如双方未达成协议，方可要求法院进行拍卖或变卖。那么，对于“折价”“拍卖”“变卖”这几种抵押权实现方式能不能适用于船舶抵押权呢？一种观点认为，由于“折价”“拍卖”“变卖”这几种实现方式是《海商法》没有规定的内容，从而要适用《民法典》的规定，即应以《民法典》抵押权实现方式的规定对《海商法》进行补充。另一种观点认为，《海商法》对船舶抵押权实现方式已经作出了规定，即只允许由法院依法拍卖，对协议“折价”“拍卖”“变卖”无规定即代表《海商法》对其持否定态度，因而不应用《民法典》对《海商法》进行补充。

实例二：《海商法》对船舶抵押权产生的原因，只规定“抵押人不履行债务”的情况；而《民法典》规定了“债务人不履行到期债务或发生当事人约定的实现抵押权的情形”两种情况。那么，是应理解为《海商法》对约定实现抵押权的情况没有规定，从而应当用《民法典》的规定来补充《海商法》呢，还是应理解为《海商法》对船舶抵押权的产生原因仅限于抵押人不履行债务这一种情况，因此，不能用《民法典》的规定来补充《海商法》呢？

类似的问题还出现在关于货物迟延交付、船舶留置权的种类、托运人的诉讼时效等，《海商法》与《民法典》都有不同的规定。

上述问题分歧的焦点在于，一般法对海商法的补充是以事项为单位，还是以事项中的要素为单位。如果一般法对海商法的补充作用是以事项为单位，不考虑事项中的要素，那么，上述实例一和实例二中《海商法》对船舶抵押权的实现方式和产生的原因事项已经作了规定，因此，就没有再适用一般法中不同要素的余地，即无须考虑协议“折价”“拍卖”“变卖”和“当事人约定实现抵押权的情形”要素；反之，如果一般法对海商法的补充是以要素为准，即使海商法对抵押权的实现方式和产生的原因事项已作了规定，但事项中的“折价”“拍卖”“变卖”和“当事人约定实现抵押权的情形”要素没有规定，因此，仍然要适用一般法对海商法就抵押权的实现方式未作规定的“折价”“拍卖”“变卖”要素和船舶抵押权产生的原因之一“当事人约定实现抵押权的情形”要素进行补充。

（三）法律解释

如何解决上述两种截然对立的观点，首先应从现行法律或者法律解释中寻找答案。

1. 对《立法法》（2023年修正）第103条的解释

《立法法》（2023年修正）第103条规定：“同一机关制定的法律、行政法规、地方性法规、自治条例和单行条例、规章，特别规定与一般规定不一致的，适用特别规定；新的规定与旧的规定不一致的，适用新的规定。”正是这个条文确定了“特别法优于一般法”的原则。《立法法》接下来的条文第94条规定：“法律之间对同一事项的新的一般规定与旧的特别规定不一致，不能确定如何适用时，由全国人民代表大会常务委员会裁决。”根据上下文关系和法律解释中上下文解释的原则，应当认为，第103条中“特别规定与一般规定不一致的”一语，省略了“对同一事项”。即“规定不一致”的含义是对同一事项的规定不一致。其单位是“事项”，而非“事项的要素”。因此，根据分类标准统一性原则，《海商法》中的“有规定”与“没有规定”的单位也应当是“事项”。

事项是由事项的要素组成的，因事项中的要素不同，对“有规定”又可分为“规定一致”和“规定不一致”两种情况，其内涵与“没有规定”是不同的。具体而言：“规定一致”的内涵就是两部法律对一个事项的所有要素规定都是一致的；“规定不一致”的内涵就是，两部法律都对一个事项进行了规定，但是规定的要素不完全相同；“没有规定”就是某部法律对一个事项没有进行规定。

综上，我们在判断一个事项应适用特别法还是一般法时应当遵循以下程序：首先，判断特别法对一个事项有没有规定，如果没有，就属于“没有规定”的情形，应当适用一般法的规定对特别法进行补充①；如果对事项有规定，则应进一步分析。其次，判断事项的所有要素是否都一致，如果一致，这属于“规定一致”的情形，既然特别法已有规定，应优先适用特别法，尽管适用特别法和一般法效果相同；如果事项的全部或者部分要素规定不一致，那就是“规定不一致”的情形，应适用特别法，即使一般法规定的事项要素再多，也不能用其来补充特别法。因此，冲突规范不仅要规定特别法没有规定时适用一般法，同时还要规定特别法“没有不同规定”时适用一般法，如果特别法有规定或者有不同规定，均适用特别法。

2. 对《海商法》条文的解释

我们以《海商法》第50条关于货物延迟交付为例进行解释。

《海商法》第50条第1款规定：“货物未能在明确约定的时间内，在约定的卸货港交付的，为迟延交付。”即《海商法》对延迟交付只规定了“明确约定时间”一种情况。而《民法典》第811条规定：“承运人应当在约定期限或者合理期限内将旅客、货物安全运输到约定地点。”即《民法典》规定了“明确约定时间”和“合理期间”两种延迟交货的情况。此时，能否用《民法典》的规定补充《海商法》的规定，也就取决于《海商法》对其没有规定的“合理期间交货”的情形所持的态度。

首先，《海商法》第50条第1款为“迟延交付”的定义。所谓定义，就是对一个概念内涵和外延的封闭式的描述，应当囊括其所有可能性。因此，以文义解释的方法进行解释，迟延交付仅包含明确约定交货时间的情形，而不包括没有明确约定时间的情形。

其次，采用体系解释的方法对文义解释的结果进行验证。《海商法》第50条第4款规定：“承运人未能在本条第一款规定的时间届满六十日内交付货物，有权对货物灭失提出赔偿请求的人可以认为货物已经灭失。”这一款在第1款日期的基础上给货物灭失规定了明确的60日期限，在一定程度上也印证了第1款的日期应是确定的，而非“合理期限”。

最后，采用目的解释的方法进行进一步验证。历史上，由于海上贸易的特殊性，无论是海

① 如果就该事项没有适用的国际惯例的话。参见本书第十五章专题研讨三“如何理解《海商法》第268条海事国际惯例优先适用?”。

商法还是海上保险实务都不承认对延误的索赔。[①]《汉堡规则》第一次在公约中规定了承运人对延迟交付的责任，其定义包含超过明确约定时间的延迟交付与超过合理期限的延迟交付；但又规定了对延迟交付适用较低的责任限额。在我国《海商法》制定过程中，立法机关认为“合理时间”缺乏可操作性，容易引起争议，最后决定部分引入《汉堡规则》的规定：没有将“合理时间”要素纳入迟延交付的概念。因此，立法者的本意明显地排除了没有明确约定交货时间的情形。

（四）实证分析

“用尽海商法”理念首先要求海事审判人员在法律规则的发现和适用层面优先着眼于海商法领域的法源，只有在穷尽海商法领域的法源之后，才能适用一般法领域的法源。而在我们的司法实践中，较为普遍的两种倾向是：一是忽略海事国际惯例的存在，否认其法源地位的现象时有发生（参见本书第十五章，专题研讨三、“如何理解《海商法》第 268 条海事国际惯例优先适用”）[②]；二是由于《海商法》仅仅有 278 个条款，远远不能满足海事司法实践的需求，因而适用一般法处理案件要比适用《海商法》处理案件的比例大得多，并已形成了习惯性做法。在这种情况下，如果把《海商法》没有规定的标准细化到事项的要素，那么，适用一般法的概率还要增加，由此将加速海商法与一般法的趋同化，出现海商法被民法架空的严重后果。因此，从这个意义上说，强调民法补充海商法的单位是“事项”而非“事项的要素”，对保证《海商法》的独立性和特殊性也具有重要意义。

从“用尽海商法”的理念出发，应以更宽阔的视野巡视海商法的规定，它不仅包括明示的规定，也包括默示的规定；不仅包括在《海商法》278 个条款中，也包括在我国制定的单行海商法律法规中，我国参加的海商法国际公约中，以及我国承认的海事国际惯例中。[③]

（五）结论

综上所述，以民法补充海商法的单位是“事项”。若海商法对某一个事项已有规定，即使民法及其他法律对此事项规定了更多要素，也只能适用海商法的规定，不能用民法等来补充海商法；即使海商法对某一个事项没有规定，也并非径直、当然地用民法或其他一般法，还应具体问题具体分析，除了适用我国参加的海事国际条约、我国其他海事法规，以及国际航运惯例的情况外，如果适用民法规定不会对海商法的制度体系和价值造成损害，就可以适用民法来对海商法进行补充；而如果民法对该事项的规定与海商法的制度体系和价值不符，那么就不应当用民法来补充海商法，而应给海商法留下其应有的适用空间。

---

① 威廉·台特雷．海上货物索赔．张永坚，胡正良，傅廷中等译．大连：大连海运学院出版社，1993：244. (Canada) William Tetley; Zhang Yong-jian etc. Marine Cargo Claims. Dalian: Dalian Maritime University Press, 1993: 244 (in Chinese).

② 例如“中国联合石油有限责任公司与被告利比里亚阿巴奇公司海上货物运输合同短量赔偿纠纷案”，(2003) 大海商外初字第 11 号。

③ 郭瑜．海商法的精神：中国的实践和理论．北京：北京大学出版社，2005：87.

第二章 船舶

基础知识

第一节 船舶所有权

一、船舶所有权的概念

船舶所有权（ownership of a ship），是以船舶为客体的所有权。《海商法》第二章第一节分4条对此作了特别规定。《海商法》第7条规定，“船舶所有权，是指船舶所有人依法对其船舶享有占有、使用、收益和处分的权利”。该规定沿用了《民法通则》的列举主义[①]，所有权的内容与《民法通则》完全一致。2007年出台的《民法典》仍然延续了《民法通则》关于所有权的定义，在立法上保持了对所有权界定的一致性。船舶所有权作为所有权的一种，同其他财产所有权一样，具有排他性，是一种完全独立的物权。

船舶所有权中的占有是指主体在事实上管领船舶，它既可以由船舶所有人占有，也可以由非船舶所有人占有。其中，前者是指船舶所有人事实上控制属于自己所有的船舶，行使其占有

① 《民法通则》第71条规定：“财产所有权是指所有人依法对自己的财产享有占有、使用、收益和处分的权利。”

权能。后者又分为有权占有和无权占有两种情况。[①] 根据法律规定或合同约定而占有船舶的，属于有权占有，如光船承租人依据光租合同占有出租人（船舶所有人）的船舶。没有法律依据，违背船舶所有人意志的占有，是无权占有。无权占有根据占有人是否误信其占有为有权占有和无权占有为标准，又分善意占有和恶意占有。[②] 如非法扣押，海盗的占有等，都属恶意的无权占有。船舶所有权中的占有，一般应当为有权占有。

船舶所有权中的使用，是指按照船舶的性能或用途最大限度地对其加以利用。使用在占有的基础上形成，目的是通过对船舶的使用而获取一定的经济利益。《海商法》保障船舶所有人、经营人和承租人依法对船舶行使使用权。船舶可以由船舶所有人直接使用，也可以依法或依据合同约定由非船舶所有人使用。如航运企业对其船舶的使用，就是船舶所有人对船舶的直接使用；而期租合同和光租合同下，承租人对船舶的使用，就是依据合同的约定由非船舶所有人使用。

船舶所有权中的收益，是指基于对船舶的利用而从中获取的合法收入和利益。收益既可以是船舶所有人通过占有、使用船舶而获取的利益，也可以是非船舶所有人占有、使用所有人的船舶而获取的利益，如船舶营运取得的运费、租金等，都属于收益。

船舶所有权中的处分，是指船舶所有人依法对船舶所进行的事实上和法律上的处置，前者属于对船舶实物状态上的处置，如拆解船舶。后者则为通过法律行为而对船舶所进行的处分，如转让船舶、设定船舶抵押权等。在私法范围内，船舶的处分权能属于船舶所有人，在特殊情况下，如船舶在海事法院扣押期间，船舶所有人的处分权将会受限。

占有、使用、收益和处分权能共同构成所有权的内容。但在航运实务中，根据所有人的意志或法律的直接规定，可以（或有必要）使这些权能中的一项或两项，暂时与所有人分离而转移他人。前面提到的期租合同，就是将船舶的占有权能和使用权能暂时地与船舶所有人分离；光租合同就是将船舶的占有权能、使用权能、收益权能暂时与船舶所有人分离。

二、船舶所有权的取得、转让和消灭

船舶所有权的取得、转让和消灭属于船舶所有权变动，《海商法》第 9 条规定，船舶所有权的取得、转让和消灭，应当向船舶登记机关登记；未经登记的，不得对抗第三人。船舶所有权的转让，应当签订书面合同。该条是针对船舶所有权变动的专门规定，而《物权法》第 24 条对包括船舶在内的交通运输工具物权变动作了规定，即“船舶、航空器和机动车等物权的设立、变更、转让和消灭，未经登记，不得对抗善意第三人”。船舶所有权属船舶物权范畴，船舶物权变动的一般理论和规定，应适用于船舶所有权。

1. 船舶所有权的取得

船舶所有权的取得，是指主体依一定的法律事实而获得的以船舶为客体的所有权。按民法物权取得的分类，船舶所有权的取得也分为原始取得和继受取得。原始取得是指船舶所有权的第一次产生，或不依靠原船舶所有人的意志而取得的所有权，如通过船舶建造而取得的船舶所有权即为原始取得，除此之外，因公法上的没收、征用、捕获，以及海事法院的强制拍卖而取

---

① 参见《民法典》第 458 条和第 460 条。

② 参见《民法典》第 459 条和第 460 条。

得，也是原始取得。继受取得，是指依照船舶所有人的意思，从原船舶所有人手中取得所有权，主要方式是船舶买卖、赠与和继承等。无论船舶所有权是原始取得还是继受取得，为避免法律上的风险，船舶所有人最好要办理船舶所有权登记或者变更登记。

2. 船舶所有权的转让

船舶所有权的转让，是指船舶所有人依照法律规定，将自己的船舶所有权让与他人的法律行为。《海商法》第 9 条第 2 款规定，"船舶所有权的转让，应当签订书面合同"。可见，不论是船舶买卖合同、赠与合同，还是保险委付，一般均应当采取书面合同的形式。但是，该条并未进一步规定未用书面合同产生的法律后果，因此应视作倡导性条款。

船舶所有权的转让，主要还涉及所有权发生转移的时间问题。对此，《海商法》未作明确的规定，因而适用我国民法的一般规定。船舶作为动产的一种，应当适用《民法典》对特殊动产所有权转移的规定。《民法典》第 225 条和《海商法》第 9 条第 1 款均规定船舶物权变动适用登记对抗原则。因此，船舶在转让时如果未经所有权的变更登记，则其变更就不能对抗第三人，但登记不是发生所有权转移的时间。就以买卖方式取得船舶所有权而言，当事人可以书面形式在合同中规定船舶所有权的转移时间；若没有规定，则目前学界主要存在两种观点：一种是在双方当事人合意达成时发生船舶所有权的转移，另一种是船舶所有权应自船舶交付时起转移。① 为了避免争议，《海商法》确有必要就此作出明确的特别规定。

3. 船舶所有权的消灭

船舶所有权的消灭，是指基于某种法律事实，船舶所有人丧失所有权或船舶所有权与其主体相分离。船舶所有权的消灭形式主要有三种：一是船舶所有权转移，如因船舶买卖、继承、赠与或保险委付等，原船舶所有人的船舶所有权归于消灭；二是船舶本身的灭失，如船舶的沉没、失踪、拆解等；三是因公法原因船舶归于消灭，如被国家捕获、征用、没收等。船舶所有权因上述任何一种原因归于消灭时，原船舶所有人应向船舶登记机关提供证明，办理船舶所有权注销登记。

4. 船舶所有权变动登记

船舶所有权变更登记，是指船舶所有权的取得、转让和消灭，必须依法进行登记。"未经登记的，不得对抗第三人"（《海商法》第 9 条）。根据这一规定，未办理所有权转让登记的船舶买卖合同，仅在买卖双方当事人之间有效，船舶所有权的变更不能对抗与该船舶物权有系争关系的善意第三人（详见本章专题研讨"关于'对抗第三人'的含义"部分）。《海商法》的这一规定，表明：第一，船舶所有权的取得、转让和消灭，必须遵循公示原则；第二，船舶所有权变更的法定公示方法为船舶登记；第三，船舶登记的公示效力，采用"登记对抗主义"，而不是"登记生效主义"（详见本章专题研讨"船舶登记是否具有'公信力'"部分）。

---

① 崔建远．物权法．2 版．北京：中国人民大学出版社，2011：45.

第二节
船舶抵押权

一、船舶抵押权的定义

我国《海商法》第11条对船舶抵押权定义为："船舶抵押权，是指抵押权人对于抵押人提供的作为债务担保的船舶，在抵押人不履行债务时，可以依法拍卖，从卖得的价款中优先受偿的权利。"

对于这一定义，作如下几点说明：

(1) 船舶抵押权以担保债的履行为目的，亦即设定船舶抵押权的目的是担保债务的履行。但对于债务的种类或性质，《海商法》并没有作出限制。换言之，它既可以是借贷之债，也可以是非借贷之债。

(2) 船舶抵押权以船舶为客体，亦即作为债务担保物或抵押物的是船舶，这里没有给出船舶的特别含义，因此，船舶的概念应适用《海商法》第3条的规定，并包括船舶属具在内。同时，建造中的船舶也可以设定船舶抵押权（《海商法》第14条）。而对于非《海商法》范畴的船舶之上成立的抵押权，应适用《民法典》中有关船舶抵押权的规定。

(3) "提供"船舶，不应理解为转移船舶的占有。《海商法》虽未就此作出明确的规定，但按《民法典》第394条就抵押权所下的定义，明确提到"债务人或者第三人不转移财产的占有"，船舶虽属动产，但《民法典》第395条第1款第5项将其列入抵押财产的范围内，视为不动产处理，用登记的办法进行抵押权公示。

(4) 行使船舶抵押权的前提是，"抵押人不履行债务"。所谓"不履行"，应理解为"逾期不履行"。

(5) "依法拍卖船舶"是实现船舶抵押权的方式，亦即在债务人逾期不履行债务时，船舶抵押权人可申请法院依法对船舶进行拍卖，较之《物权法》第195条规定的协议"折价""拍卖""变卖"和法院"拍卖""变卖"，实现船舶抵押权的方式显得更为严格。

(6) 船舶抵押权具有优先受偿的效力，亦即船舶抵押权人对船舶的拍卖价款具有优先受偿的权利。

有关船舶抵押权的三个国际公约，始终没有给出船舶抵押权的定义，主要原因是，"各法系，甚至是同一法系的各国对船舶抵押权的认识是不一致的"[①]。以英国为代表的英美法系国

---

① 何建华编著，朱曾杰审校．1993年船舶优先权和抵押权国际公约释义．北京：人民交通出版社，1995：35.

家的“mortgage”（抵押权）与以法国为代表的大陆法系国家的“hypothèque”[①]（抵押权）或类似担保物权，在基本概念上存在很大差异，根本无法得到统一。因此，公约的英文本只好在“mortgage”后加上一个法文“hypothèque”，而公约的法文本也只好在“hypothèque”之后再加上一个英文“mortgage”，以便于缔约国的承认（recognize）和执行（enforce）。

二、船舶抵押权的特点

船舶抵押权具有一般担保物权的法律特性，如从属性、不可分性、物上代位性、优先性、追及性、公示性。[②]

1. 从属性

设定船舶抵押权是为了担保一定的债权得以实现。船舶抵押权与其所担保的债权是一种从权利与主权利的关系，亦即在船舶抵押权与其所担保的债权的关系上，船舶抵押权具有从属性。这种从属性主要表现在：第一，存在上的从属性，船舶抵押权的存在从属于主债权的存在。没有主债权的存在，抵押权不能单独存在。对此我国《民法典》作出了明确的规定，主债权消灭，担保物权消灭[③]。第二，处分上的从属性。船舶抵押权处分上的从属性，主要是指船舶抵押权在转让方面的从属性。对此我国《海商法》第18条规定，“抵押权人将被抵押船舶所担保的债权全部或者部分转让他人的，抵押权随之转移”。我国《民法典》从另一个角度规定，“抵押权不得与债权分离而单独转让或者作为其他债权的担保”[④]。因此，船舶抵押权，不得在其担保的债权未转让时而单独转移或另作其他债权的担保。第三，消灭上的从属性。船舶抵押权消灭上的从属性，主要是指船舶抵押权随其所担保的债权的全部消灭而消灭。对此，我国《民法典》对主债权与抵押权的关系的规定是：主债权债务合同无效，担保合同无效[⑤]；主债权消灭，担保物权消灭[⑥]；抵押权人当在主债权诉讼时效期间行使抵押权；未行使的，人民法院不予保护。[⑦]

2. 不可分性

船舶抵押权的不可分性，一般是指船舶抵押权行使的不可分性。抵押物与担保的债权之间紧密联系，在船舶抵押权担保的债权逾期未全部履行时，船舶抵押权人得就作为抵押物的船舶的全部行使其权利。换言之，船舶抵押权不因抵押船舶的分割或者让与，被担保债权的部分清偿、分割或者让与而受到影响，在船舶抵押权所担保的债权获全部清偿以前，船舶抵押权人仍可对被抵押船舶的全部行使权利。对此，我国《民法典》似乎都没有作出明确的规定。《海商法》第16条第2款也只是规定，“船舶共有人设定的抵押权，不因船舶的共有权的分割而受影响”。

---

① “hypothèque”在法国《法国民法典》第十八编第三章规定的是不动产抵押权，经《法国海商法》的特别规定，准予此种抵押权成立于船舶这种动产之上。我国学者有将“hypothèque”翻译成“质权”，这是不准确的。

② 船舶抵押权符合民法上抵押权的基本特征，也是一种担保物权；也有观点认为抵押权的主要法律特征是从属性和不可分性。彭万林主编．民法学．7版．北京：中国政法大学出版社，2011：316；也有观点将船舶抵押权的法律特征归纳为从属性、物上代位性和优先受偿性。陈宪民主编．新编海商法教程．北京：北京大学出版社，2011：46．作者将船舶抵押权的特点分为“从属性、不可分性、物上代位性、特定性、顺序性、追及性、公示性、意定性和限定性”。

③ 参见《民法典》第393条。

④ 《民法典》第407条。

⑤ 参见《民法典》第388条。

⑥ 参见《民法典》第393条。

⑦ 参见《民法典》第419条。

3. 物上代位性

船舶抵押权的物上代位性，是指船舶抵押权的效力得及于抵押船舶的代位物上。[1]

关于船舶抵押权的物上代位性，我国《海商法》第 20 条规定，“被抵押船舶灭失，抵押权随之消灭。由于船舶灭失得到的保险赔偿，抵押权人有权优先于其他债权人受偿”。我国《民法典》第 390 条针对担保物权作了较为宽泛的规定：“担保期间，担保财产毁损、灭失或者被征收等，担保物权人可以就获得的保险金、赔偿金或者补偿金等优先受偿。被担保债权的履行期未届满的，也可以提存该保险金、赔偿金或者补偿金等”。一般来说，抵押物的代位物，应当包括损害赔偿金、保险赔偿金以及征用补偿金等。[2] 损害赔偿金，是指因第三者的原因而造成的抵押船舶全部灭失或部分损害，加害人应依法支付的赔偿金，如抵押船舶与他船发生碰撞而灭失或受损等而获得的损害赔偿；保险赔偿金，则是指在抵押船舶发生灭失或损害时，船舶保险人根据保险合同，应支付的保险赔偿金，虽然致损的原因可能涉及第三者的过错，但同时也包括不涉及第三者的过错及其赔偿责任的自然灾害而导致的抵押船舶灭失或损害；而征用补偿金，则主要是指抵押船舶被国家征用，国家应依法支付的补偿金。显然，我国《海商法》的规定不仅比《民法典》少了损害赔偿金、补偿金，而且还没有涵盖因抵押船舶受到（部分）损害可取得的赔偿金。就我国的现行法律规定而言，对于船舶抵押权的效力可否及于损害赔偿金的问题，似有两种不同的观点。一种观点认为，船舶抵押权的效力不能及于损害赔偿金，而仅限于保险赔偿金[3]；另一种观点认为，虽然《海商法》的规定仅涉及保险赔偿金，但没有排除损害赔偿金和征用补偿金。因此，船舶抵押权的效力没有理由不可以及于上述二者。[4] 笔者倾向于第二种观点，在《海商法》没有作出相反规定的情况下，《民法典》第 390 条不应排除适用（参见第一章专题研讨“五、如何理解‘海商法没有规定’适用一般法”）；允许船舶抵押权的效力及于损害赔偿金和征用补偿金更符合航运实践的实际需要和设立船舶抵押权制度的初衷。

4. 顺序性

船舶抵押权的顺序性，是指船舶抵押权优先性的顺序性。船舶抵押权的顺序性涉及三个方面的问题：一是有船舶抵押权担保的债权优先于无船舶抵押担保的债权（《海商法》第 11 条）；二是以同一船舶为客体的数个船舶抵押权，优先顺序以抵押权登记的先后顺序为序（《海商法》第 19 条）；三是船舶抵押权相对于其他船舶担保物权，其后于船舶优先权和船舶留置权受偿（《海商法》第 25 条第 1 款）。

5. 追及性

船舶抵押权的追及性，亦称追及效力，即不论抵押船舶落入何人之手，船舶抵押权人得追及该船舶行使其抵押权。抵押权的追及效力是抵押物权效力的应有之义。例如：当抵押船舶发生转让或被他人非法侵占时，船舶抵押权人得追及该船舶行使其权利。尽管船舶抵押权有如此特性，但是，为了更好地保护抵押权人的利益，我国《海商法》第 17 条还是规定，“船舶抵押

---

① 关于抵押权的物上代位性的依据，民法学者似有各种不同理论，如物权的特种效力说、担保物权效力说、公平等。

② 《民法典》第 390 条中规定：“担保期间，担保财产毁损、灭失或者被征收等，担保物权人可以就获得的保险金、赔偿金或者补偿金等优先受偿。”

③ 司玉琢主编．海商法．4 版．北京：法律出版社，2018：37.

④ 司玉琢主编．海商法．4 版．北京：法律出版社，2018：37.

权设定后，未经抵押权人同意，抵押人不得将被抵押船舶转让给他人”。如果抵押人未经抵押权人同意，擅自将抵押船舶转让给他人，根据此项规定，此种转让将是违反法律规定的，因此应是无效的。《海商法》第 17 条的规定与《民法典》第 406 条第 1 款的规定是一致的，后者规定，“抵押期间，抵押人可以转让抵押财产。当事人另有约定的，按照当事人的约定。抵押财产转让的，抵押权不受影响”。法律作出这样的规定，对抵押权人来说，可以说是又多了一层保护。而在经抵押权人同意下转让船舶的，按照《民法典》第 406 条第 2 款的规定，抵押人“应当将转让所得的价款向抵押权人提前清偿债务或者提存”。此时，船舶抵押权已不复存在于转让后的船舶上，船舶抵押权将不具有追及性。

6. 公示性

船舶抵押权的公示性，是指船舶抵押权的享有和变动具有为公众所知的性质。船舶抵押权的公示方法为登记，对此我国《海商法》第 13 条明确规定，“设定船舶抵押权，由抵押权人和抵押人共同向船舶登记机关办理抵押权登记；未经登记的，不得对抗第三人”。对于其他运输工具的抵押，我国《民法典》[①] 也确立了以登记为公示方法的原则。

关于登记的效力，主要可分为两种，即“登记生效主义”和“登记对抗主义”。我国《海商法》对于船舶抵押权的登记效力采取了“登记对抗主义”[②]，即未经登记不得对抗第三人。我国《民法典》作出了相同的规定，对于船舶和建造中的船舶设定抵押权的，自抵押合同生效时设立；未经登记，不得对抗善意第三人。[③]

三、船舶抵押权的取得

船舶抵押权的取得，是指以船舶为客体的抵押权的发生。船舶抵押权的取得，可以分为原始取得和继受取得。前者是指因设定而取得船舶抵押权；后者则是指通过受让、继承等原因而取得已经存在的船舶抵押权。

1. 原始取得船舶抵押权

对船舶抵押权的原始取得，我国《海商法》的规定说明了三个层次的问题：第一，船舶抵押权原始取得的主体限制。《海商法》第 12 条规定，“船舶所有人或者船舶所有人授权的人可以设定船舶抵押权”。第 16 条还规定，“船舶共有人就共有船舶设定抵押权，应当取得持有三分之二以上份额的共有人的同意，共有人之间另有约定的除外”。上述规定表明，我国《海商法》的船舶抵押，只有船舶所有人或其授权的人方有权设定船舶抵押权，船舶共有时，除共有人另有协议外，须三分之二以上份额的多数同意，方可设定船舶抵押权。这是因为，设定船舶抵押权，是对船舶行使的处分行为，只有船舶所有人才有对船舶的处分权。第二，抵押权登记的效力。我国《海商法》第 13 条规定，“设定船舶抵押权，由抵押权人和抵押人共同向船舶登记机关办理抵押权登记；未经登记的，不得对抗第三人”。可见，就我国《海商法》的规定而言，登记并不是设定或取得船舶抵押权的条件，而只是船舶抵押权产生对抗第三人效力的条件。第三，抵押合同的形式要件。《海商法》第 12 条第 2 款规定，“船舶抵押权的设定，应当签订书面合同”。除此之外，对抵押合同再无其他形式上的要求，英国法对船舶抵押合同有严

---

① 参见《民法典》第 225 条。
② 参见《海商法》第 13 条。
③ 参见《民法典》第 225 条。

格的格式要求[①]，而且，“对于未按法定格式制作的抵押合同，船舶登记机关无须对其进行登记”[②]。可见，我国《海商法》就船舶抵押权的设定形式的规定，是比较宽松的。

2. 继受取得船舶抵押权

根据我国《海商法》的规定，船舶抵押权的继受取得，分为抵押权权利主体的继受取得和义务主体的继受取得。

关于船舶抵押权的权利主体的继受取得，我国《海商法》第 18 条规定，“抵押权人将被抵押船舶所担保的债权全部或者部分转让他人的，抵押权随之转移”。这一规定包含着三层含义：第一，船舶抵押权必须随着所担保的债权的转让而转移。第二，被抵押船舶所担保的债权可以是全部也可以是部分转让，但船舶抵押权仍得以抵押船舶的全部权利来担保债权的全部。第三，关于抵押权变动登记，《船舶登记条例》第 23 条第 1 款规定：“船舶抵押权转移时，抵押权人和承转人应当持船舶抵押权转移合同到船籍港船舶登记机关申请办理抵押权转移登记。”第 2 款规定：“对经审查符合本条例规定的，船籍港船舶登记机关应当将承转人作为抵押权人载入船舶登记簿和船舶所有权登记证书，并向承转人核发船舶抵押权登记证书，封存原船舶抵押权登记证书。”第 3 款规定：“办理船舶抵押权转移前，抵押权人应当通知抵押人。”可见，在实践中，船舶抵押权人在因转让主债权而一并转让船舶抵押权时，不仅要通知抵押人，而且要以“书面”形式通知，这是船舶登记机关受理船舶抵押权转移登记时需要审查的条件之一。

而义务主体的继受取得则表现为船舶转让时受让人承受船舶抵押权情形。抵押人转让船舶未通知抵押权人或者未告知受让人时，已登记的船舶抵押权仍然附着在已经转让的船舶上，因而对于船舶受让人来说，受让了船舶，即继受取得了船舶抵押权法律关系中的义务主体地位。

四、船舶抵押权的转移

船舶抵押权的转移，是指抵押权在不同主体间的流转。从上述可知，抵押权权利主体对抵押权权利的丧失，便是抵押权受让主体对抵押权的取得。

关于船舶抵押权的转移，除《海商法》第 18 条规定：“抵押权人将被抵押船舶所担保的债权全部或者部分转让他人的，抵押权随之转移。”我国《民法典》第 407 条进一步规定，“抵押权不得与债权分离而单独转让或者作为其他债权的担保。债权转让的，担保该债权的抵押权一并转让，但法律另有规定或者当事人另有约定的除外”[③]。该条是对抵押权的转移所作的限制，也适用于船舶抵押权。当抵押权人将被抵押船舶所担保的债权全部转让他人时，船舶抵押权也

---

① 英国《1894 年商船航运法》(Merchant Shipping Act 1894) 第 31 条规定，设定船舶抵押权必须采用作为该法附件的法定格式。Merchant Shipping Act 1894，Sect. 31 (1)，A registered ship or a share therein may be made a security for a loan or other valuable consideration，and the instrument creating the security (in this Act called a mortgage) shall be in the form marked B in the first part of the First Schedule to this Act，or as near thereto as circumstances permit，and on the production of such instrument the registrar of the ship's port of registry shall record it in the register book.

② 英国《1894 年商船航运法》第 65 条。William Tetley，Maritime Liens and Claims，First Edition，Business Law Communications Ltd. 1985，p. 208.

③《民法典》第 407 条。《俄罗斯联邦商船航运法典》第 381 条规定，“抵押权人有权将船舶或建造中的船舶抵押权，连同该抵押权所担保的金钱债务，一同转让给他人，不允许只转让其中一项而保留另一项”。韩立新，王秀芬主编．各国（地区）海商法汇编（中英文对照）．下卷．大连：大连海事大学出版社，2003：11436.

随之全部转移，对于出让人而言，这意味着抵押权的丧失或消灭；对于受让人而言，意味着抵押权的取得。

五、船舶抵押权的行使

对于船舶抵押权的行使方式，我国《海商法》未用专条或专款作出明确的规定，但根据其对船舶抵押权的定义（《海商法》第11条），船舶抵押权的行使仅限于“依法拍卖”这一种方式。

我国《民法典》规定了抵押权人与抵押人达成协议将抵押财产“折价”“拍卖”和“变卖”①。双方未达成协议的，抵押权人可以请求法院拍卖、变卖抵押财产。船舶抵押权是否一定需通过法院拍卖来实现，学者观点与司法实践似乎并不一致。

船舶抵押权的特殊性决定了一般情况下船舶抵押权都是通过法院拍卖行使的。这是因为，一方面，由于抵押船舶并非处在抵押权人的占有之下，所以离开法院的介入，往往很难实现对船舶的变价。另一方面，船舶优先权的存在，以及同一船舶可能有若干船舶抵押权的存在，为确保对同一船舶享有权利的人的利益都受到法律保护，客观上也需要对船舶抵押权的行使方式作出必要的限制。

六、船舶抵押权的消灭

船舶抵押权的消灭，是指船舶抵押权的不复存在。关于船舶抵押权的消灭，我国《海商法》第20条规定，“被抵押船舶灭失，抵押权随之消灭”。然而，从理论上讲，除却被抵押船舶灭失，船舶抵押权随之消灭外，能够导致船舶抵押权消灭的原因，至少还应当包括下列情况。

1. 因担保的债权消灭而消灭

船舶抵押权的从属性，决定了船舶抵押权因其所担保的债权消灭而消灭。因此，导致债权消灭的一般原因，均应是导致船舶抵押权消灭的原因，如债的履行、抵销、混同、免除，等等。

2. 因船舶抵押权的行使而消灭

船舶抵押权的行使，亦称船舶抵押权的实现。船舶抵押权实现后，不论其担保的债权是否得到全部受偿，担保该债权的船舶抵押权也就随即消灭。

3. 因抵押船舶被法院拍卖而消灭②

船舶一经法院拍卖，买受者就该船取得“清洁物权”（clean title），亦即法院拍卖前成立于该船的一切物权均被消灭。各国法院在拍卖船舶时，一般都会发布公告并应通知被拍卖船舶的登记机关和已知的债权人（包括船舶抵押权担保的债权人）。③ 与该船有关的权利人均可在公告指定的期间届满前，向法院提出申请，登记其权利，否则将被视为放弃对本次船舶拍卖价款受偿的权利。④ 因此，一般来说，只要抵押船舶被法院拍卖，不论船舶抵押权担保的债权是否得到清偿，以该船为客体的船舶抵押权均被消灭。

---

① 《民法典》第410条。

② 《俄罗斯联邦商船航运法典》第387条规定，“船舶或建造中船舶抵押权在以下情况下消灭：1. 金钱债务已清偿；2. 通过清偿债务以外的方式（强制拍卖及其他）消灭金钱债务；3. 船舶或建造中的船舶灭失”。韩立新，王秀芬主编．各国（地区）海商法汇编（中英文对照）．下卷．大连：大连海事大学出版社，2003：1438.

③ 参见《1967年统一船舶优先权和抵押权某些规定的国际公约》第10条和《1993年船舶优先权和抵押权国际公约》第11条的规定，以及我国《海事诉讼特别程序法》第32条和第33条的规定。

④ 参见《海事诉讼特别程序法》第111条。

4. 因债权人放弃船舶抵押权而消灭

我国《民法典》第 393 条规定，债权人放弃担保物权的，担保物权消灭。船舶抵押权作为抵押权人的一项物权，权利人在不违背公共利益和侵害第三人的利益的情况下，可自由处分，故放弃当然构成其灭失的原因之一。

需说明的是，船舶抵押权因其所担保的债权消灭而消灭；但船舶抵押权担保的债权并不因船舶抵押权的消灭而消灭。此外，就我国《物权法》和《海商法》的规定而言，抵押权和船舶抵押权并没有独立的时效，《民法典》第 419 条也仅仅规定：抵押权应在主债权的诉讼期间内行使，未行使的，人民法院不予保护。这一规定完全可以适用于船舶抵押权。

第三节 船舶优先权

船舶优先权英文表述是“maritime lien”，法文是“privilège maritime”[①]，国内学者曾有多种译法：海上或海事留置权、船舶留置权、海上或船舶优先请求权、优先受偿权、海事优先权等等。我国《海商法》最后以船舶优先权这一名称来表述这一概念，并在《海商法》第二章第三节中分 10 个条款对此作出了较为详尽的规定。

一、船舶优先权的概念

在“The Father Thomas”案[②]中，有位英国法官曾说过：“给船舶优先权下一个定义远比认识它来得困难。”[③] 也许正是因为这一点，尽管船舶优先权作为一项法律制度，已被许多海运国家的法律所采用或确认，但时至今日，大多数海运国家的立法以及有关的国际公约均没有给它下一个明确的定义。

我国《海商法》第 21 条对船舶优先权作了如下表述：“船舶优先权，是指海事请求人依照本法第二十二条的规定，向船舶所有人、光船承租人、船舶经营人提出海事请求，对产生该海事请求的船舶具有优先受偿的权利。”

根据上述规定，船舶优先权的含义可概括为以下几点：

(1) 船舶优先权是法定海事请求人所享有的一种权利。此处的海事请求人具体为《海商法》第 22 条所列举的五类海事请求的请求人，其他海事请求人，不享有船舶优先权。

(2) 船舶优先权针对的是“产生该海事请求的船舶”。即船舶优先权是一种针对当事船舶的权利，换言之，船舶优先权的客体为当事船舶。

(3) 海事请求人的海事请求可以是针对当事船舶的船舶所有人，也可以是针对当事船舶的

① CMI Year Book 1997, p. 420.

② [1979] 2 Lloyd's Law Rep., 364.

③ D. R. Thomas, Maritime Liens, London Stevens & Sons, 1980, p. 11.

光船承租人或者船舶经营人；换言之，针对其他人的海事请求不产生以当事船为客体的船舶优先权。

（4）船舶优先权是一种对当事船舶优先受偿的权利，亦即船舶优先权以优先受偿权为其主要内容。

与船舶优先权的国际公约的概念相比较，就会发现我国《海商法》对船舶优先权的概念表述存在着不完善之处。《1993 年船舶优先权和抵押权国际公约》（以下简称“1993 年公约”）第 4 条规定：“下列每项针对船舶的所有人、光船承租人、管理人或经营人的请求将受以该船为客体的船舶优先权担保。”（Article 4：Each of the following claims against the owner，demise charterer，manager or operator of the vessel shall be secured by a maritime lien on the vessel.）《1967 年统一船舶优先权和抵押权某些规定的国际公约》（以下简称“1967 年公约”）第 4 条也有类似的措辞：“下列请求将受以该船为客体的船舶优先权担保。”（Article 4：The following claims shall be secured by maritime liens on the vessel.）可见，有关的国际公约非常明确地将“船舶优先权”（maritime lien on vessel）与“请求”（the claims）定位为一种担保与被担保的关系。而我国《海商法》规定的，“向船舶所有人、光船承租人、船舶经营人提出海事请求，对产生该海事请求的船舶具有优先受偿的权利”，没有揭示“船舶优先权”与“依照本法第二十二条规定，向船舶所有人、光船承租人、船舶经营人提出海事请求”，是一种担保与被担保的关系。这主要是由于当时我国学者对船舶优先权的性质尚存在着“担保物权”和“优先债权”之争，立法有意避开争论，采用了模糊的处理办法。[①] 目前，我国大多数海商法学者认为《海商法》中的船舶优先权为担保物权。

二、船舶优先权的法律特征

船舶优先权具有民法、担保法中其他担保物权所没有的特点。国际上并不存在一个被普遍接受的关于船舶优先权的定义，各国学者往往只是根据本国的法律，对船舶优先权的法律特征进行阐述。[②] 根据我国《海商法》对船舶优先权所下的定义及其他条款的规定，船舶优先权的法律特征可以被概括为以下几点：

（1）法定性。船舶优先权是一种法定的优先权，主要体现在该权利的性质、内容和效力等均由法律事先予以规定，权利产生的依据是法律而不是当事人协议，且非依法定原因不能消除。

（2）依附性。《海商法》将船舶优先权界定为“对产生该海事请求的船舶具有优先受偿的权利”，从而使船舶优先权总是伴随着主债权而存在。主债权产生，只要债务人不履行债务，优先权就产生并依附于船上。主债权发生变更或者转让，船舶优先权也随之发生变更或转让；主债权消灭，也将导致船舶优先权的消灭。

---

① 交通运输部政策法规司，交通运输部交通法律事务中心编．《海商法》学习必读．北京：人民交通出版社，1993：54.

② 英国学者 D. R. Thomas 对船舶优先权的法律特征作了如下描述：（1）是一种特权性的权利主张或质押性的权利；（2）附于海上财产之上；（3）是因对该财产提供了服务或因该财产造成了他人损害而产生；（4）在导致诉因产生的事件发生之时，附于该财产之上；（5）秘密地、无条件地跟随该财产；（6）通过“对物诉讼”程序行使。美国学者在阐述船舶优先权的法律特征时，使用了以下几个单词：“不灭的”（indelible），“秘密的”（secret），“不需协议的”（non. consensual），“不完全的”（inchoate）（指产生时不完全，须通过“对物诉讼”程序实现），“不需占有的”（non. possessory）。D. R. Thomas，Maritime Liens，London，Stevens & Sons，1980，pp. 12，15.

(3) 秘密性。法律规定，船舶优先权在主债权产生之时，自动产生而无须经过公示。除船舶优先权人与债务人之外，对于任何第三人而言，并不知道船舶上是否具有优先权以及船舶优先权何时产生。因此，购买二手船时，必须要出让人提供出售船舶无船舶优先权和其他任何债权的担保。船舶优先权的秘密性，还表现在与该船舶有关的债权人无从知晓优先权人何时何地行使其船舶优先权，因为优先权人行使其优先权时，总是选择有利的时机和地点申请扣押船舶，直至法院拍卖船舶公告发布之前，该船是否存在船舶优先权以及谁是优先权人，与该船有关的债权人很难知晓。

(4) 优先性。船舶优先权所担保的债权具有优先受偿的性质，亦即船舶优先权以优先受偿权为其主要内容。在涉及多种请求时，受船舶优先权担保的债权优于受船舶抵押权或船舶留置权担保的债权和其他无担保的债权。《海商法》第25条第2款规定，船舶优先权先于船舶留置权受偿，船舶抵押权后于船舶留置权受偿。

三、船舶优先权的性质

关于船舶优先权的性质，即它到底是实体权利还是程序权利；如果是实体权利，它是物权还是债权？对此，不仅国际上存在很大的分歧，而且国内学者的观点也不尽一致。

在大陆法系国家，如法国和日本等国在民法中存在着优先权制度，而且它是被当做一种担保物权与抵押权规定在一起，船舶优先权被认为是一种以船舶为客体的优先权，属担保物权的范畴。但在英美法系国家，情况就大不一样，如美国①、加拿大②等，认为船舶优先权是以船舶为客体的特殊的财产权（a special property right in a ship)。而在英国，尽管也曾有法官认为，船舶优先权是一种特殊的财产权或“他物权”③，但在1980年发生的“The Halcyon Isle”④案中，枢密院的五位大法官以三比二的微弱多数判定，船舶优先权仅为一种程序性权利（a procedural remedy)。该案在国际航运界引起了强烈反响，有的英美法学者赞同这一观点，有的则表示质疑。有位英国学者认为，“英国这一做法与外国海事法院将船舶优先权当做一种实体权利，进而适用其准据法的大趋势，形成了强烈的反差”⑤。

在我国，民法学者很少述及优先权这一担保物权，海商法学者对其持有不同的观点。⑥有的认为船舶优先权是一种程序权利，有的认为它是一种实体权利。⑦而认为它是实体权利的学者中，有的认为它是一种担保物权，属物权的范畴；有的则认为它是一种特殊的债权；还有的则认为，二者兼有之。⑧这一争论直到《海商法》定稿时依然存在，而最后定稿的《海商法》对此实际上采取了回避的态度。而随着对船舶优先权研究的不断深入，对这一问题的认识，基本得到了统一，多数学者认为船舶优先权是一种实体权利，而且是一种以船舶为客体的物权，即船舶担保物权的一种。船舶优先权的目的也是确保其担保的债权得以清偿，船舶优先权基本符合担保物权的特征：首先，海事优先权是在债务人的特定船舶上设定，具有对世性、追及性

---

① Henry Campbell Black, Black's Law Dictionary, West Publishing Co., 1979, p. 873.
② The “Ioannis Daskalelis” [1974] 2 Lloyd's Law Rep, 174.
③ The Ripon City, [1897] Lloyd's Law Rep, 226.
④ [1980] 2 Lloyd's Law Rep, 332.
⑤ D. R. Thomas, Maritime Liens, London, Steven & Sons, 1980, p. 23.
⑥ 张丽英主编．海商法．4版．北京：中国政法大学出版社，2015：29-32.
⑦ The Tolten (1946), 2 Lloyd's Law Rep, 135.
⑧ 交通运输部政策法规司，交通运输部法律事务中心编．《海商法》条文释义．北京：人民交通出版社，1993：16.

等物权特征；其次，船舶优先权随其担保的债权的产生而产生，转移而转移，消灭而消灭，符合担保物权附随性的特征；最后，船舶优先权符合担保物权所具有的优先性的特征，以获得债权的优先受偿为满足，并不要求转移担保物的占有状态。

四、船舶优先权的标的

船舶优先权的标的，是指船舶优先权权利主体的权利所指向的对象。简言之，船舶优先权的标的主要是根据法律规定允许扣押并拍卖的财产。哪些财产可以成为船舶优先权的标的，完全取决于法律的规定。然而，各国海商法对船舶优先权标的的规定存在一定差异，三个有关的国际公约（指《1926 年统一船舶优先权和抵押权若干法律规定的国际公约》《1967 年统一船舶优先权和抵押权某些规定的国际公约》《1993 年船舶优先权和抵押权国际公约》，以下简称“1926 年公约”“1967 年公约”“1993 年公约”）的规定也不尽一致。

“1926 年公约”将运费（freight）① 和“附属利益”（accessories）② 等也规定为船舶优先权的标的，但对于船舶灭失后的保险赔偿金及各种政府补贴等，则不作为船舶优先权的标的。③然而，此后的“1967 年公约”和“1993 年公约”，均删除了运费及附属利益的内容，而把船舶优先权的标的限定为船舶本身。据此可认为，国际立法的发展趋势是，船舶优先权标的的财产范围在减少，并仅限于船舶本身，而且不包括船舶的代位物。

我国《海商法》中有关船舶优先权的规定借鉴了“1993 年公约”，《海商法》第 21 条规定，船舶优先权是“对产生该海事请求的船舶具有优先受偿的权利”，将船舶优先权的标的限定为船舶，根据《海商法》第 3 条的规定，船舶包括属具。由此可见，我国《海商法》对于船舶优先权标的的规定与国际立法的发展趋势相吻合。

五、船舶优先权的优先性

船舶优先权的优先性决定着其所担保的海事请求的优先受偿位次，船舶优先权的这一特点表现尤为突出。船舶优先权的优先性主要涉及以下四个层面的问题：一是船舶优先权相对无担保债权的优先性，二是船舶优先权与其他船舶担保物权之间的相对优先性，三是担保不同类型海事请求的船舶优先权相互之间的优先性，四是担保同类型中的不同海事请求的船舶优先权的优先性。确定船舶优先权的有限性通常遵循两个原则：债权性质原则（nature of credit rule）和时间倒序原则（inverse priority rule）。

1. 船舶优先权担保的债权与无担保的债权

有物权担保的债权可以优于无担保的债权，这是物权的优先性所决定的。因而，各国海商法一般都规定受船舶优先权担保的海事请求可优先于无担保的债权受偿。

---

① 参见该公约第 2 条。从性质上讲，运费属于船舶的法定孳息的范畴。但根据该公约的规定，作为船舶优先权标的的运费，仅限于发生船舶优先权担保的海事请求的当航次的运费。对于到付或预付运费则未加区分。当货主或承租人根据运输合同或租船合同应支付的运费尚未支付给船方或船舶所有人时，作为船舶优先权的享有人可否直接向货方或承租人主张权利的问题，公约也未作出明确的规定。

② 该公约第 4 条。“附属利益”，具体包括以下四项内容：第一，因他人损坏已成为船舶优先权客体的船舶，应支付的赔偿金；第二，因共同海损，货方应支付给船方的共同海损分摊金额；第三，因船方在产生船舶优先权的航次终了前，向他人提供了海上救助，而应取得的救助报酬（但船长、船员应得部分应予扣除）；第四，他人因损坏船舶而支付给船方的运费损失赔偿金。

③ 参见该公约第 4 条第 2 款。

2. 船舶优先权与其他船舶担保物权

法定物权优先于意定物权，这也是物权优先原则的内容之一。在船舶担保物权中，船舶优先权及船舶留置权属法定担保物权，而船舶抵押权则为意定担保物权。根据这一原则，船舶优先权优先于船舶抵押权受偿（《海商法》第 25 条）。对此，国际上的做法是比较一致的。但有些国家，如美国，由于法律规定的受船舶优先权担保的海事请求项目较多，几乎所有海事请求都受船舶优先权担保，为了保障船舶抵押权的合理受偿地位，又将船舶优先权分为“优先船舶优先权”（first class maritime lien）和“一般船舶优先权”，将船舶抵押权也分为“优先抵押权”（preferred mortgage）和“一般抵押权”，并将相互之间的优先顺序依次排列为“优先船舶优先权”“优先抵押权”“一般船舶优先权”“一般抵押权”①。

《海商法》第 25 条规定，“船舶优先权先于船舶留置权受偿”。船舶优先权与船舶留置权同属法定担保物权，就国际上的普遍做法而言，一般都是将船舶优先权排在船舶留置权之前。

3. 船舶优先权担保的各类债权相互之间的受偿顺序

根据“债权平等原则”，受同种物权担保的债权理应不分先后按比例受偿。然而，由于各种不同的海事请求基于社会或经济的理由所需给予保护的程度应当有所差别，在确定船舶优先权所担保的各类债权相互之间的受偿顺序时，还要遵循“债权性质原则”。具体地说，这一原则包含：

（1）保护船员利益原则

各国几乎无一例外地都将船员工资及其他基于船员劳动合同产生的海事请求规定为受船舶优先权担保的海事请求，并享有最优先的受偿位次。随着我国加入《2006 海事劳工公约》，对船员权益的保护也必将放在一个更重要的位置上。

（2）人身伤亡之债优先财产损害之债原则

出于人道主义的考虑，在人身伤亡和财产损害同属船舶优先权所担保的债权时，各国海商法一般都规定人身伤亡之债优先于财产损害之债。

（3）保证国家税收原则

在船舶优先权担保的海事请求中，有一部分具有国家税收的性质，如船舶吨税、灯塔税、港口或码头税、运河税等。各国为保证国家税收，一般将这类海事请求排在较为优先的位次，但各国规定的优先程度是有差别的。

（4）为其他债权受偿创造条件的债权优先原则

所谓“为其他债权受偿创造条件的债权”，主要包括为债权人共同利益而支付的费用、救助报酬等债权。以救助为例：当一艘作为船舶优先权客体的船舶遇到海难，如不进行救助就可能灭失。一旦船舶灭失，以该船为标的的船舶优先权也会因担保物的灭失而消灭。而救助报酬的成立，则意味着船舶的获救，从而使在救助之前产生的船舶优先权得以保全。所以在受偿时，救助报酬应优先于在其以前已经产生的其他受船舶优先权担保的海事请求。

（5）侵权之债优先于合同之债原则

一般认为，侵权之债的债权人是无法选择债务人的，而合同之债的债权人却有这种可能。基于这一点，各国海商法都在不同程度上反映出“侵权之债优先于合同之债”的原则。在船舶优先权所担保的债权项目中，除船员劳务合同及救助合同属特例外，一般不将合同之债列为船

---

① Grant Gilmore & Chares L. Black, The Law of Admiralty, Second Edition, The Foundation Press Inc., 1975, pp. 695, 702.

船优先权所担保的债权。[①] 但是，侵权之债一般是列为船舶优先权所担保的债权的。

根据上述原则，结合我国实际，《海商法》第22条规定了通常情况下船舶优先权的受偿顺序。

4. 船舶优先权担保的数个同类债权之间的受偿顺序

船舶优先权担保的数个同类债权之间的受偿顺序，遵循“时间倒序原则”，也称“时间在先，权利在后”（first in time, last in right）原则。但这一原则，除救助报酬按绝对的“时间倒序原则”外，其他债权并不是绝对的时间倒序。“1926年公约”曾以“航次”为单位[②]，即后一航次产生的船舶优先权可优先于先前航次产生的船舶优先权，即使是同类债权。在同一航次内，同类债权不分先后，同时受偿；不足受偿时，按比例受偿。但由于航运的发展，航次的划分变得越来越复杂、困难，所以，国际公约和各国海商法已经摒弃了“航次原则”[③]，该原则也被“救助原则”所取代，正如我国《海商法》第23条所规定的，救助报酬后于第22条第1至3项发生的，应当先于第1至3项受偿。如果存在两个以上救助报酬的，按绝对的时间倒序原则，后发生的先受偿（《海商法》第23条第2款）。该原则产生的原因在于，这类债权为已存在的债权的受偿起到了保全的作用。

由于救助原则取代了航次原则，救助后发生的第22条第1至3项同类船舶优先权债权，优先于救助前发生的同类债权。对于第22条第5项债权“船舶在营运中因侵权行为产生的财产赔偿请求”，因不论救助行为发生在其之前或之后，救助报酬债权总是排在该项请求之前，救助行为的发生对该项请求的受偿顺序没有影响。就以上所拟事实，其优先顺序见下表。

船舶优先权受偿顺序举例表

时　间	船舶优先权债权项目	受偿顺序	说　明
2015年1月	船员工资（1）	5	
2015年2月	碰撞损害（1）	6	
2015年3月	救助报酬（1）	4	救助报酬（1）优先于船员工资（1）和碰撞损害（1）受偿，但后于船员工资（2）和救助报酬（2）受偿。
2015年4月	船员工资（2）	3	
2015年5月	救助报酬（2）	2	救助报酬（2）优于、船员工资（1）（2）、救助报酬（1）和财产碰撞损害（2）受偿，但后于港口规费受偿。
2015年6月	港口规费	1	
2015年7月	碰撞损害（2）	6	

六、船舶优先权担保的债权

船舶优先权担保的债权，是指海商法规定的、应当给予特殊保护的，并能导致船舶优先权产生的债权，英美学者将这类债权称为“优先请求权”（preferred claims）。船舶优先权与船舶优先权担保的债权是两个完全不同的概念。就性质而言，船舶优先权是一种以船舶为客体的法定担保物权，属于物权的范畴；而船舶优先权担保的债权，属债权的范畴。如果没有船舶优先权的担保，这些海事债权与其他债权一样，并不存在特殊或优先的问题。

---

① 美国将契约之债也列为船舶优先权。王国华．国际海事私法（冲突法篇）．北京：北京大学出版社，2009：68.

② 参见该公约第6条。

③ “1967年公约”和“1993年公约”均不存在“航次原则”的规定。

对哪些海事债权应当给予特殊的保护，可受船舶优先权的担保，则完全取决于海商法的规定。由于各国的政治、经济、文化等价值取向不同，故各国海商法所规定的受船舶优先权担保的海事请求项目有很大的差别。一般而言，英国规定的较少①，美国规定的则较多②，而法国、意大利、西班牙、比利时、瑞典、瑞士等一些大陆法系国家由于加入了“1926 年公约”③，介于二者之间。

我国《海商法》第 22 条规定：“下列各项海事请求具有船舶优先权：（一）船长、船员和在船上工作的其他在编人员根据劳动法律、行政法规或者劳动合同所产生的工资、其他劳动报酬、船员遣返费用和社会保险费用的给付请求；（二）在船舶营运中发生的人身伤亡的赔偿请求；（三）船舶吨税、引航费、港务费和其他港口规费的缴付请求；（四）海难救助的救助款项的给付请求；（五）船舶在营运中因侵权行为产生的财产赔偿请求。载运 2000 吨以上的散装货油的船舶，持有有效的证书，证明已经进行油污损害民事责任保险或者具有相应的财务保证的，对其造成的油污损害的赔偿请求，不属于前款第（五）项规定的范围。”

可见，我国《海商法》规定的受船舶优先权担保的海事请求项目并不是很多，这与国际公约反映出来的国际发展趋势是相吻合的。尽管我国《海商法》没有把“诉讼费”（law costs due to the State）④ 及“为债权人共同利益而发生的费用”（expenses incurred in the common interest of the creditors）规定为受船舶优先权担保的债权项目，但是，《海商法》第 24 条规定，“因行使船舶优先权产生的诉讼费用，保存、拍卖船舶和分配船舶价款产生的费用，以及为海事请求人的共同利益而支付的其他费用，应当从船舶拍卖所得价款中先行拨付”。从实际效果来看，这些项目要比船舶优先权担保的海事请求项目还要优先。

为行使船舶优先权的诉讼费应当包括扣押和拍卖船舶及分配价款的一切费用，如：申请费、执行费、公告费、拍卖场地租赁费等。从性质上讲，此种费用属于实现船舶优先权的费用。为债权人共同利益而发生的费用⑤，一般是指当船舶被扣押之后，仍须对船舶进行必要的看护和保养，以防止其灭失或受损而发生的必要费用，如：船舶的看护费、必要的维护保养费及扣押期间的保险费等。从性质上讲，此类费用，既有实现船舶优先权费用的性质，又有为保全船舶优先权客体而发生的费用的性质。

需要说明的是，本条第 5 项“船舶在营运中因侵权行为产生的赔偿请求”，表述不够准确，该条款是由《1993 年船舶优先权和抵押权国际公约》第 4 条 e 项翻译而来，公约原文是“claims based on tort arising out of physical loss or damage caused by the operation of the vessel ”，关键词是“operation of the vessel ”，不应译成“船舶在营运中”，而应该译成“船舶操作”或“船舶作业”。因为，船舶不在营运中因侵权造成灭失或损害的请求依然是船舶优先权担保的债权。

除我国《海商法》第 22 条规定的五项船舶优先权担保的债权和第 24 条规定的债权外，在各国海商法和国际公约中，受船舶优先权担保的海事债权可能还有下列情况：

---

① D. R. Thomas，Maritime Liens，London，Steven & Sons，1980.

② Grant Gilmore & Chares L. Black，The Law of Admiralty，Second Edition，The Foundation Press Inc.

③ CMI Year Book，1997，pp. 420，421，1975.

④ William Tetley，Maritime Liens and Claims，First Edition，Business Law Communication Ltd.，1985，p. 626.

⑤ William Tetley，Maritime Liens and Claims，First Edition，Business Law Communication Ltd.，1985，p. 626.

1. 残骸清除

残骸清除（wreck removal）[①]，是指因清除失去航行能力并有碍他船航行安全的船舶所进行的作业。“1967年公约”把“船舶残骸清除”直接列为船舶优先权担保的债权项目[②]；“1993年公约”第12条第3款规定，“缔约国可在本国法律中规定，在公共当局为航行安全或保护海洋环境而清除的搁浅或沉没船舶被强制出售的情况下，在由该船舶的船舶优先权担保的所有其他索赔得到满足之前，应首先从出售所得中支付此种清除费用”。这是一条非强制性规定，因制定《海商法》时我国没有参加“1993年公约”，故对此没有作出规定。2017年2月11日，《内罗毕国际船舶残骸清除公约》（简称“内罗毕公约”）对我国已生效，该公约第12条规定，300总吨以上的船舶必须强制保险，残害清除费用有了强制保险保障，就无须再列为船舶优先权担保的债权项目，这是修改《海商法》时要考虑的问题。

2. 船长垫支

船长垫支（master's disbursement）[③]，在有些国家也被称为“船长合同”或“必需品供应”（necessities）[④]等。“1926年公约”第2条第5款规定，船舶驶离港口后，船长在其职权范围内，为保存船舶或继续航行所必须而签订的合同或作为引起的请求，不论船长是否同时是所有人，也不论请求是属于其本人，或是属于船舶供应商、修理人、贷款人或其他合同债权人。这是一个非常广泛的船舶优先权债权项目，可包括船长为船舶添加燃油、淡水、船用物料，以及为船舶获得修理等其他形式的必要服务而发生的费用。

由于受船舶优先权担保的海事请求可优先于受船舶抵押权担保的债权（主要是为船舶所有人提供造船或买船贷款的银行或金融机构的债权）而受偿，所以如何平衡特殊的海事请求人与船舶贷款人之间的利益问题，很早以前就已引起国际航运界和金融界的普遍关注。并且各国已经开始认识到，应当尽量减少船舶优先权担保的债权项目，以保障船舶抵押权人（即船舶贷款人）合理的受偿地位。所以，船舶优先权担保的债权项目由“1926年公约”的广泛规定，已逐步减少，到“1993年公约”规定的受船舶优先权担保的海事请求项目，只有类似我国《海商法》第22条规定的五项。可以说，减少受船舶优先权担保的海事请求项目，是国际立法的发展趋势。

七、船舶优先权的取得、转移及消灭

船舶优先权是一种法定担保物权，因一定的法律事实的出现而取得、转移和消灭。

1. 船舶优先权的取得

船舶优先权的取得，是指基于一定的事实出现船舶优先权为权利人所获取。船舶优先权作为一种担保物权，具有从属性的特点，决定了它的取得必须以一定的海事债权的存在为前提。从各国海商法及国际公约的规定来看，船舶优先权与其所担保的海事债权同时产生。换言之，只要法律规定的几项特殊的海事请求一旦产生，担保这类海事请求的船舶优先权也就同时产生，并且不需要协议、登记或占有。

---

① William Tetley, *Maritime Liens and Claims*, First Edition, Business Law Communication Ltd., 1985, p. 58.

② 参见“1967年公约”第4条第1款第5项。

③ D. R. Thomas, Maritime Liens, London, Steven & Sons, 1980, p. 193.

④ William Tetley, *Maritime Liens and Claims*, First Edition, Business Law Communication Ltd., 1985, p. 233.

2. 船舶优先权的转移

船舶优先权的转移，是指船舶优先权主体的变更。由于船舶优先权是一种从属于一定海事债权的担保物权，所以船舶优先权的转移实际上涉及两个方面的问题：一是船舶优先权担保的海事债权的转移问题；二是船舶优先权能否随其担保的海事请求的转移而转移的问题。前者实际上是有关债权可否转移，而后者才是海商法应当明确的船舶优先权的转移问题。

关于船舶优先权的转移问题，我国《海商法》第27条规定，船舶优先权担保的“海事请求权转移的，其船舶优先权随之转移”。“1926年公约”对此未作明确规定。“1967年公约”则明确规定了“船舶优先权与其所担保的请求同时转让或代位”①。“1993年公约”保留了“1967年公约”的这一规定，而且内容更加明确。② 据此，可以得出结论，船舶优先权可以与其所担保的海事请求权一同转让或代位。可见，关于船舶优先权本身的转移问题，我国《海商法》的规定与国际公约确立的原则以及许多国家的做法是一致的，这也是国际立法的发展趋势。

关于船舶优先权担保的海事债权的转移问题，除海上保险所涉及的代位求偿问题外③，我国《海商法》未对海事债权的转移问题作出特别规定。因此，应适用我国民法关于债权转移的一般规定。在我国民法学中，“债权人变更，即债权让与，是指不改变债的内容，债权人将其债权移转于第三人享有”④。“债权让与可由下列原因引起：（一）法律规定；（二）法律行为。”⑤ 其中法律规定的原因又可表现为：继承、合同上地位的概括承受、连带债务人之间的求偿、保证、保险等法律规定的原因。⑥ 可见，我国民法中的债权让与具有极其丰富的内容。值得注意的是，我国《民法典》对合同权利的转让作出了比较全面的规定。⑦

3. 船舶优先权的消灭

船舶优先权的消灭，是指船舶优先权的不复存在。船舶优先权因一定的法律事实出现而消灭。导致船舶优先权的消灭的事实是海商法规定的事实，它们同船舶优先权的法律特征又有着不可分割的联系。我国《海商法》第29条规定：“船舶优先权，除本法第二十六条规定的外，因下列原因之一而消灭：（一）具有船舶优先权的海事请求，自优先权产生之日起满一年不行使；（二）船舶经法院强制出售；（三）船舶灭失。前款第（一）项的一年期限，不得中止或者中断。”根据法律规定，船舶优先权在下列情形下消灭。

（1）因船舶优先权除斥期间届满而消灭（extinction of maritime liens by lapse of time）

《海商法》第29条规定，“具有船舶优先权的海事请求，自优先权产生之日起满一年不行使”者，船舶优先权消灭，而且“一年期限，不得中止或者中断”。国际公约和各国海商法一般都作如此规定。⑧ 规定船舶优先权较短的除斥期间，目的在于防止债权人疏忽或怠慢行使优先权。这主要是因为船舶优先权具有秘密性的特点，对不知情的第三人存在潜在风险，法律赋

① “1967年公约”第9条。

② 参见“1993年公约”第10条。

③ 《海商法》第252条第1款规定：保险标的发生保险责任范围内的损失是由第三人造成的，被保险人向第三人要求赔偿的权利，自保险人支付赔偿之日起，相应地转移给保险人。

④ 史尚宽．债法总论．北京：中国政法大学出版社，2000：703.

⑤ 尹飞．论债权让与中债权移转的依据．法学家，2015（4）：81.

⑥ 江平主编．民法学．3版．北京：中国政法大学出版社，2015：452.

⑦ 参见《民法典》第三编第六章。

⑧ 参见“1993年公约”第9条。

予优先权的优先性和担保性，应在合理的时限内。超出此期间，优先权所担保的海事债权，不再受船舶优先权的担保，变为一般的海事请求，但海事债权人仍可依法请求债务人履行其债务。需要说明的是：1）一年期间为除斥期间，而非时效期间。从立法本意考察，该期间为权利存续期间，期间届满，权利即告消灭，故它有别于时效；2）“1993 年公约”第 9 条第 2 款在除斥期间后，还有一但书，“一年期间不得中止或中断，但法律不允许扣留或扣押船舶的期间不得计算在内”。这是除斥期间的例外规定，如《日本商法典》规定，船舶做好开航准备，不得扣船。① 我国《海商法》没有此但书的规定。

（2）因强制出售而消灭（extinction of maritime liens by forced sale）

强制出售是指法院或国家主管机关依法对船舶的强行处置，包括因私法原因和公法原因而引起的强制出售。这里仅限于私法原因引起的强制出售，具体地讲，是由于行使船舶优先权而导致的船舶强制出售，在我国就是法院拍卖，也称“司法拍卖”（judicial sale）。因公法原因导致的船舶强制出售是否消灭船舶优先权，各国的规定各不相同。在英美法下，强制拍卖不能消灭船舶优先权。但是由于下列公法上的原因，即因捕获而引起的强制出售，在拍卖中购买船舶的对象是有豁免权的政府机构，以及外国法院对船舶拍卖的判决，可能致使船舶优先权灭失。②

根据我国《海事诉讼特别程序法》（以下简称《海诉法》）的规定，船舶进入拍卖程序，法院将会依法发布公告，限令所有对该船享有权利的人，必须在公告规定的期限届满前向法院提出申请并进行权利登记，期限届满未申请的，法院不再受理，权利人将被视为放弃在本次拍卖船舶价款中受偿的权利。可见，司法拍卖之所以导致船舶优先权的消灭，主要在于法院强制拍卖船舶中设置了债权登记与受偿程序，船舶优先权人在法院公告规定的期限内登记债权，即可以在受偿程序中通过分配船款而实现船舶优先权，从而使船舶优先权归于消灭。而船舶优先权人未在公告期限内登记债权，意味着船舶优先权人放弃该权利，同样也将导致船舶优先权的消灭。

商业拍卖或一般的船舶买卖，不能使船舶优先权消灭，因为船舶优先权的依附性决定了优先权并不随船舶所有权的转移而消灭。而法院拍卖则不同，它是应船舶优先权的债权人的申请，对船舶实施扣押，直至拍卖，用拍卖所得价款清偿船舶优先权所担保的债权的一种法定程序。船舶一经法院拍卖，附在其上的一切请求权即告终止，其购买者所买到的是一条无任何债务负担的“清洁船舶”。

（3）因船舶灭失（loss of ship）而消灭

船舶是船舶优先权的标的，船舶灭失后，这种法律关系的客体不复存在，相应的权利也就随之消灭。然而，在认定船舶灭失的问题上，国际上存在不同的做法。美国甚至认为，即使船舶已拆解成钢板，船舶优先权依然依附于钢板上，权利人仍可对钢板行使其权利。我国《海商法》对此没有明确规定，笔者认为，船舶灭失应是指“海商法意义上的船舶”已不复存在，包括船舶拆解、沉没、失踪、罚没、征用或全部毁坏而无法成为担保物权标的的事实。船舶拆解成钢板，已不再是海商法意义上的船舶，当然不能作为船舶优先权的标的，因为船舶优先权的

---

① 参见《日本商法典》第 689 条。

② D. R. Thomas，*Maritime Liens*，London，Stevens & Sons，1980，pp. 298，303.

唯一标的是海商法意义上的船舶。

（4）未在法院的公示催告期限内行使船舶优先权

我国《海商法》第26条还规定，“船舶转让时，船舶优先权自法院应受让人申请予以公告之日起满六十日不行使的”，船舶优先权消灭。我国《海商法》突破传统海商法的规定，通过法定的催告程序，通知那些秘而不宣的债权人主张权利。如法院公告期满60日，即视为未主张权利的船舶优先权人对其权利的放弃，船舶优先权消灭。

（5）因所担保的债权消灭而消灭

船舶优先权的产生是为了保证其所担保的债权得以清偿，如果此种债权已得到了满足，优先权便失去了存在的必要。这一点反映了船舶优先权以及其他担保物权的主要特征，即从属性特征。换言之，担保物权随主债的产生而产生，随主债的消灭而消灭。对于作为船舶优先权所担保的海事债权的消灭，我国《海商法》未作特别规定，因而应当适用我国民法关于债权消灭的一般规定。

值得强调的是，船舶优先权因一定法律事实而消灭，但这并不意味着其所担保的海事请求也随之消灭。亦即船舶优先权消灭后，其所担保的海事请求仍有可能继续存在，而且在大多数情况下都是如此，只是不再受船舶优先权担保而已，海事请求人仍可依法请求债务人履行其债务。

八、船舶优先权的行使

船舶优先权的行使，是指船舶优先权人为实现船舶优先权的效力，按照法律规定的程序所实施的法律行为。

船舶优先权的特点，决定了其权利人在行使权利时，必须履行严格的法定程序，以避免权利人滥用权利，导致船舶所有人或其他船舶优先权的债权人的合法权益受到损害。

我国《海商法》第28条明确规定，“船舶优先权应当通过法院扣押产生优先权的船舶行使”。在英美法国家，船舶优先权须通过所谓“对物诉讼”程序来行使，而在大陆法系国家，一般则须通过法院扣押并拍卖船舶的程序来行使。

为了实现船舶优先权的海事请求人的优先债权，对于扣押的船舶必须把它从物的存在方式转化为货币的存在方式，这意味着需要对船舶进行拍卖。为此，我国海事法院成立后，最高人民法院先后于1986年和1987年制定了《关于诉讼前扣押船舶的具体规定》及《关于强制变卖被扣押船舶清偿债务的具体规定》。此后，又于1994年对上述两个规定作了修订，2015年2月28日，最高人民法院公布《关于扣押与拍卖船舶适用法律若干问题的规定》，废止了前述的扣船规定。而2000年7月1日生效的我国《海诉法》规定了“船舶的扣押与拍卖”[①] 以及“债权登记与受偿程序”[②] 两部分内容，进一步明确了实现船舶优先权的船舶扣押、船舶拍卖、权利登记和价款分配这四个主要环节。这些是在我国行使船舶优先权必须遵循的法律规定。

---

① 《海诉法》第三章第二节。

② 《海诉法》第十章。

第四节 船舶留置权

船舶留置权①，在有关的国际公约中被称为“right of retention of vessel”，而在联合国亚太经济与社会委员会编制的海运立法指南中，则被称为“possessory lien on vessel”。国内曾有学者将其译为“船舶滞留权”“船舶占有留置权”等。我国《海商法》使用船舶留置权来表述这一概念是准确而恰当的。

一、船舶留置权的概念

船舶留置权是以船舶为标的的留置权。②

我国《民法通则》颁布后，留置权作为一项法律制度在我国被正式地确立下来。我国《担保法》对留置权的规定则更加丰富和具体，《担保法》第 82 条规定：“本法所称留置，是指依照本法第八十四条的规定，债权人按照合同约定占有债务人的动产，债务人不按照合同约定的期限履行债务的，债权人有权依照本法规定留置该财产，以该财产折价或者以拍卖、变卖该财产的价款优先受偿。”第 84 条则明确规定，“因保管合同、运输合同、加工承揽合同发生的债权，债务人不履行债务的，债权人有留置权”。《物权法》第 230 条规定：“债务人不履行到期债务，债权人可以留置已经合法占有的债务人的动产，并有权就该动产优先受偿。”《民法典》延续了前述规定。显而易见，我国民法规定的留置权与许多大陆法系国家民法中的留置权是不同的。相对而言，我国民法中的留置权似乎与瑞士民法中的留置权更为相近。就英美法中的“留置权”而言，我国民法中的留置权仅与普通法中的“特别留置权”（particular lien）比较接近，而与英美法中的其他所谓“留置权”（lien）均有很大的差别，甚至是完全不同的概念。

关于船舶留置权，我国《海商法》第 25 条第 2 款规定，前款所称船舶留置权，是指造船人、修船人在合同另一方未履行合同时，可以留置所占有的船舶，以保证造船费用或者修船费用得以偿还的权利。船舶留置权在造船人、修船人不再占有所造或者所修的船舶时消灭。③ 可以说，这是《海商法》就船舶留置权的定义所作的法律规定，这一规定与“1967 年公约”以及“1993 年公约”所规定的船舶留置权的基本内容是一致的。然而，除第 25 条第 2 款定义的船舶留置权以外，《海商法》第 161 条还存在着这样的规定：“被拖方未按照约定支付拖航费和其他合理费用的，承拖方对被拖物有留置权。”当被拖物为船舶时，承拖方完全可以根据此条

① 在英国，留置权的概念不仅存在于普通法（common law）、衡平法（equity law）、成文法（statute law），同时也存在于海事法（admiralty law）。普通法中的留置权又划分为“一般留置权”（general lien）和“特别留置权”（particular lien），前者可留置与债权无关的属于债务人的动产，后者则只能留置与某一债权有关的属于债务人的动产。

② 司玉琢等编著．新编海商法学．2 版．大连：大连海事大学出版社，2006：73.

③ 《海商法》第 25 条第 1 款规定：船舶优先权优先于船舶留置权受偿，船舶抵押权后于船舶留置权受偿。

法律规定就其拖带的船舶主张留置权。《海商法》第 188 条第 2 款规定："在未根据救助人的要求对获救的船舶或者其他财产提供满意的担保以前，未经救助方同意，不得将获救的船舶和其他财产从救助作业完成后最初到达的港口或者地点移走。"也有观点认为，这种情形下亦成立对船舶的留置。[①] 显然，以船舶为标的的留置权并不仅限于《海商法》第 25 条第 2 款定义的船舶留置权，但是，作为船舶留置权的权利主体仅限于造船人和修船人。为讨论问题方便起见，不妨把《海商法》第 25 条第 2 款定义的船舶留置权称为狭义的船舶留置权，除另有说明外，下面讨论的船舶留置权仅以狭义的船舶留置权为限。

需要说明的是，我国《海商法》第 25 条仅规定了船舶留置权的概念和受偿顺序。除此之外，有关船舶留置权的其他问题均未作出规定，也不存在适用的国际公约或国际惯例，在此种情况下，应适用民法的有关规定。

二、船舶留置权的性质及特点

根据我国《民法典》的规定，留置权应是一种法定担保物权。船舶留置权是以特殊的动产——船舶为标的的法定担保物权的一种，属特别法留置权的范畴。因此，除具有一般担保物权的从属性、不可分性等特性外，还具有其自身的一些特点。

1. 留置权的权利主体为造船人和修船人

就海商法调整的关系而言，能够根据合同占有他人船舶的债权人，主要表现为船舶建造人、船舶修理人、船舶拖带合同中的拖带人、船舶救助人以及沉船起浮或打捞人等。但我国《海商法》及有关的国际公约均没有把船舶留置权的权利主体扩大到造船人和修船人以外的人。这主要为了尽量减少排在船舶抵押权之前优先受偿的船舶担保物权的数量，以提高船舶抵押权人（通常是为船舶提供融资的商业银行）的优先受偿机会，达到鼓励航运投资的目的。

2. 留置权的标的为造船人或修船人占有的船舶

船舶留置权的标的，仅限于根据造船合同或修船合同所占有的船舶。这包括两重含义。第一，非因造船合同或修船合同而占有船舶，不产生船舶留置权；第二，作为某一船舶留置权标的的船舶，须是特定合同项下的船舶，或称当事船舶，而不包括其他船舶。一般来说，如甲合同项下船舶的款项被拖欠，则只能留置甲合同项下的船舶，而不能留置甲合同项下船舶以外的其他船舶。《民法典》第 448 条规定："债权人留置的动产，应当与债权属于同一法律关系，但企业之间留置的除外。"该条对民事留置权制定了较为严格的适用条件，但对商事留置权的适用条件作出了例外的、宽松的规定，使得企业间因营业关系而发生的留置不必受到"同一法律关系"这一较为严格的牵连性的限制，从而使企业在商业往来中为自己的债权取得担保变得更为容易。当然，根据该条对船舶进行的留置，不再是我国《海商法》意义上的造船、修船的"船舶留置权"，而是一种普通的以船舶为标的的一般船舶留置权。

3. 债务人对留置的船舶不以享有所有权为条件

我国《民法典》在规定留置权时所使用的措辞是，"债权人依合同约定占有债务人的动产"。对于何为"债务人的动产"，学者们似有不同的理解。[②] 有的认为，这里的"债务人的动产"，应被限于债务人享有所有权的动产。有的认为，这里的"债务人的动产"，应理解为债务

---

① 关正义，孙光．船舶留置权法律制度的特殊性．中国海商法年刊，2009，20（3）：68．

② 程啸．担保物权研究．北京：中国人民大学出版社，2017：598－599．

人基于合同约定交付给债权人的动产。但就我国《海商法》的规定来看，《海商法》没有使用诸如“债务人的船舶”或“债务人所有的船舶”等措辞，而是使用了造船人或修船人“所占有的船舶”的措辞，既没有规定“占有债务人的船舶”，也没有规定“占有债务人所有的船舶”。据此，应当认为，作为船舶留置权标的的船舶，并不要求债务人一定对船舶享有所有权，但修船人不得基于连带保证对连带责任保证人所有的船舶行使留置权。①

4. 留置权的二次效力一般须通过法院拍卖实现

留置权的二次效力，是指当债务人在超过留置期限后仍不履行债务时，留置权人得依法处分留置物，以其变价优先受偿的效力。根据民法的一般规定，对于留置物的处分，并不一定必须有法院的介入，可采用“折价”“拍卖”和“变卖”的方式。② 然而，对于以船舶为标的的留置权来说，由于船舶是一种特殊的动产，其价值常常超过许多不动产，因而如果再有其他船舶担保物权存在，特别是船舶优先权的存在，非经法院拍卖，船舶的变价是很难实现的。这决定了船舶留置权的二次效力通过法院拍卖船舶才能有效地实现。

此外，需要注意的是，《民法典》第 447 条规定：债务人不履行到期债务，债权人可以留置已经合法占有的债务人的动产，并有权就该动产优先受偿。这个规定说明，债权人对于“已经合法占有的债务人的动产”，在债务人不履行到期债务时即享有留置权，留置权的适用范围显然比《海商法》的留置权大的多。因为，《海商法》作为特别法，对船舶留置权已经有了特别规定，仅限于造船费用和修船费用，这样规定的意义在于使普通法的留置权所担保的债权不能优先于船舶抵押权，从而达到保护船舶抵押权的立法目的。

三、船舶留置权的取得与消灭

船舶留置权的取得，是指船舶留置权依据法律规定而成立或发生。而船舶留置权的消灭，则是指依法成立的船舶留置权因一定的法律事实出现而不复存在。

1. 船舶留置权的取得

民法留置权有所谓原始取得与继受取得之分。“留置权的继受取得，是指留置权具备一定条件而成立后为他人依权利让与而取得留置权。”③ 然而，留置权能否被继受取得，又取决于留置权是否具有让与性。在法律没有规定留置权的让与的情形下，对于留置权人与他人约定让与留置权的，在解释上当以不承认其效力为宜。④ 加之，我国《民法典》《海商法》均没有赋予留置权或船舶留置权的可让与性。所以，以下讨论的船舶留置权的取得仅限于船舶留置权的原始取得。

船舶留置权的取得条件，理论上有所谓积极要件和消极要件之划分。

根据我国《民法典》对留置权所作的一般规定和《海商法》对船舶留置权所下的定义，船舶留置权取得的积极要件可以归纳为：第一，造船人或修船人占有船舶；第二，占有船舶的依据是造船合同或修船合同；第三，占有的船舶须为“合同另一方”交付的船舶；第四，造船费

① 参见最高人民法院《关于能否对连带责任保证人所有的船舶行使留置权的请示的复函》（〔2001〕民四他字第 5 号）。

② 参见《民法典》第 453 条。

③ 梁慧星，陈华彬．物权法．5 版．北京：法律出版社，2010：372.

④ 江平主编．民法学．3 版．北京：中国政法大学出版社，2015：378.

用或修船费用已届清偿期。关于留置权的所谓消极要件或留置权成立之限制的问题，我国《民法典》规定，“法律规定或者当事人约定不得留置的动产，不得留置”。换言之，如果造船合同或修船合同中含有造船人或修船人不得留置所造或所修船舶的约定的，则造船人或修船人不得因造船费用或修船费用已届清偿期而留置所造或所修的船舶。因此，造船合同或修船合同中存在不得留置的约定是船舶留置权最可能发生的消极要件的表现形式。

2. 船舶留置权的消灭

我国《民法典》第 457 条规定：“留置权人对留置财产丧失占有或者留置权人接受债务人另行提供担保的，留置权消灭。”此外，我国《民法典》第 393 条还就担保物权消灭的情形作出了规定，包括：主债权消灭；担保物权实现；债权人放弃担保物权；法律规定担保物权消灭的其他情形。我国《海商法》第 25 条第 2 款的后半段中明确规定，“船舶留置权在造船人、修船人不再占有所造或者所修的船舶时消灭”。虽然我国《民法典》和《海商法》规定的上述原因均是导致船舶留置权消灭的原因，但从理论上分析，可以作如下分类。

(1) 因所担保债权消灭而消灭

船舶留置权因所担保的债权消灭而消灭。因为受船舶留置权担保的债权的存在是船舶留置权得以产生和存续的条件，船舶留置权存续的条件不存在了，船舶留置权自然也就不复存在。如债权因清偿、提存、抵销、免除、混同等原因全部消灭时，担保债权的船舶留置权也将随之消灭。

(2) 因权利人接受其他担保而消灭

我国《民法典》明确规定，留置权因接受债务人另行提供担保而消灭。根据此条规定，债务人只有提供担保以请求消灭留置权的权利，但留置权是否消灭，则取决于留置权人是否接受其提供的担保。换言之，不论债务人提供的担保是否充分、可靠，只要债权人不接受，留置权就不能仅因担保的提供而消灭。反之，只要债权人接受此担保，留置权就会消灭。当然，进入诉讼程序后，判断债务人提供的担保合理与否的最终决定权在法院。

(3) 因丧失对船舶的占有而消灭

我国《海商法》规定的船舶留置权人丧失对船舶的占有，船舶留置权归于消灭。有关船舶担保物权的国际公约也存在着类似的规定。[①] 这充分反映了船舶留置权是以权利人占有标的物为其重要特征的。关于留置权因丧失占有而消灭的问题，我国民法学者认为，因侵权行为以外的原因而丧失对留置物占有的，留置权归于消灭；因侵权行为而致使债权人丧失留置物的占有，非确定的占有丧失，留置权并不当然归于消灭，债权人诉请回复占有而重新取得占有的，留置权仍有效存在。唯有债权人不能诉请回复占有或者诉请回复占有而不能重新取得占有时，留置权归于消灭。[②] 就船舶留置权而言，船舶留置权人对船舶的占有属合法占有，当因他人的侵权行为而丧失对船舶的占有时，船舶留置权人可以请求侵权人返还船舶[③]，以恢复对船舶的占有，从而使船舶留置权得以保全。如果船舶留置权人不能通过合法的方式恢复对船舶的占有，则船舶留置权将归于消灭，如船舶灭失或被征收。

---

① 参见“1967 年公约”第 6 条第 2 款和“1993 年公约”第 7 条第 2 款的规定。

② 程啸．担保物权研究．北京：中国人民大学出版社，2017：620.

③ “有关船舶所有权或占有的争议”属可扣押船舶的海事请求。参见《海诉法》第 21 条第 19 项。

专题研讨

一、关于“对抗第三人”的含义

我国《海商法》第 9 条规定了船舶所有权变动模式，“船舶所有权的取得、转让和消灭，应当向船舶登记机关登记；未经登记的，不得对抗第三人”。我国《物权法》第 24 条规定的动产物权变动模式以公示生效要件主义为原则，但对于船舶、航空器和机动车等特殊动产的物权变动则采用了登记对抗主义。① 登记对抗主义只是对已取得的物权之效力强弱和范围的补充②，物权变动生效要件与对抗要件的区别在于：生效要件是使物权变动发生效力的条件，欠缺生效要件，则物权不能发生变动；而对抗要件是使物权变动及其效果产生对抗善意第三人效力的条件。欠缺对抗要件，物权变动也可发生，只是不得对抗善意第三人。③

对船舶抵押权的设定，《海商法》第 13 条同样采对抗主义模式（也称物权变动“意思主义”模式），“设定船舶抵押权，由抵押权人和抵押人共同向船舶登记机关办理抵押权登记；未经登记的，不得对抗第三人”。此外，《船舶登记条例》第 6 条、《渔业船舶登记办法》（2019 年修正）第 24 条对船舶抵押权变动均作了与《海商法》相同的规定。上述规定基于实践中的普遍做法，也为民法学界所认可。为了保持法律的稳定性，《物权法》第 24 条延续了船舶登记对抗主义原则，规定：“船舶、航空器和机动车等的物权的设立、变更、转让和消灭，未经登记，不得对抗善意第三人。”有关船舶抵押权，《物权法》第 188 条规定“……抵押权自抵押合同生效时设立；未经登记，不得对抗第三人。”基于经济、效率等因素的考虑，船舶抵押权不以登记为生效条件，而是自船舶抵押合同生效时设立。但是，办理与不办理船舶抵押登记的法律后果是不同的，未办理船舶抵押登记的，不得对抗善意第三人。

笔者认为，登记对抗主义（意思主义）与登记生效主义（形式主义）两种法律规制各有利弊。现代经济生活中，交易的安全和交易的便捷、经济具有同样的重要意义。登记对抗主义注重对当事人意思的尊重以及物权变动的快捷，而登记生效主义则更侧重于交易的安全。为保证交易的安全，意思主义立法虽然采取了赋予登记以对抗力的安排，然而仅有对抗制度还远不能达到对交易安全保护的目的。因为登记对抗制度下的登记一般不具有公信力，一旦发生登记错误，善意的第三人因信赖登记而发生的交易并不具有当然的效力，只要真正的权利人提出异议，就可能会导致其交易的无效。而登记生效主义立法，在发挥登记公示对抗作用的同时，还进一步赋予公示以公信的效力，公示即可产生绝对的推定力，纵使公示有错误，也发生与真实的物权状况一样的交易效果。但问题的另一方面，登记生效主义要求抵押必须登记，否则抵押权未设立。而现实生活中抵押交易频繁，法律要求每一次抵押交易都要履行登记手续，势必增加交易的成本和费用以及登记机关的负担，不符合法律运行和资源配置过程中的交易成本最小化的原则，以及法经济学的原理，也不利于交易的迅捷和便利。而且，登记生效主义也不利于鼓励当事人一秉善意地忠实遵守和履行抵押合同，由于抵押合同必须以登记为生效要件，抵押

---

① 《物权法》第 24 条规定：“船舶、航空器和机动车等物权的设立、变更、转让和消灭，未经登记，不得对抗善意第三人。”

② 崔建远．再论动产物权变动的生效要件．法学家，2010（5）：52.

③ 1995 年 1 月 1 日实施的《中华人民共和国船舶登记条例》第 5 条，1996 年 1 月农业部修正发布的《中华人民共和国渔业船舶登记办法》第 11 条对船舶所有权变动均作了与《海商法》相同的规定。

人就有可能会在抵押合同成立但未履行登记并不能生效的时间里，否认既已签订完毕的抵押合同的效力，为其不诚信行为在法律规范的限度内寻找保护性法律根据。

所谓善意第三人，就是指不知道也不应当知道物权发生了变动的物权关系相对人。《海商法》第13条虽然没有“善意”二字，但应该解释为第三人一定是不知情的。如果第三人明知该船舶已设定了有效的船舶抵押权，只是没有进行登记，该第三人购买了该船，抵押权人仍有权对该船行使抵押权，对抗该第三人。如果船舶抵押合同签订后，第三人善意取得船舶，抵押权人无权对该船行使抵押权，而只能要求抵押人重新提供新的担保，或者要求债务人及时偿还债务。如果船舶抵押合同签订后，抵押人以该船舶再次设定抵押，而后位抵押权人进行了船舶抵押登记，在实现抵押权时，后位抵押权人可以优于前位未进行抵押登记的抵押权人受偿。

关于“对抗第三人”有争议的问题是：对抗何种“第三人”？从文义上看，第三人应该是除当事人以外的任何人。我国《海商法》对第三人没有做任何限制，带来诸多理论和实践问题。学界大致有两种观点：第一种观点认为，“不得对抗的第三人”应当为船舶物权变动当事人之外的任何人，即广义第三人说。2001年7月20日，全国海事法院院长座谈会纪要中，涉及船舶所有权、抵押权未经登记不得对抗第三人的问题形成的意见是：船舶物权变动未经登记，不得对抗第三人的物权主张和抗辩，也不能对抗其他第三人的海事债权请求，除非船舶没有其他登记所有人，买受人应当独立承担船舶对第三人的侵权民事责任和义务；当船舶有其他登记所有人时，由登记所有人承担船舶对第三人的连带责任。[①] 第二种观点认为，“不得对抗的第三人”应当是与船舶有系争关系的善意第三人，他们是具有船舶物权或类似权利的人，包括：（1）船舶物权取得者[②]；（2）因法定程序而直接取得对船舶支配关系的债权人。[③] 总之，未经登记的物权变动不能对抗对船舶具有支配力的第三人。原因在于当事人间船舶所有权变动，产生物权效力，物权优于债权，但不能优于具有支配力的物权，所以，没有登记的物权变动不能对抗具有支配力的其他物权和类似权利。“可以对抗的第三人”包括：（1）恶意第三人。即以不公正手段，妨碍真正权利人取得登记的人或者以不公正手段为他人申请登记的人。[④]（2）对船舶没有实质权利的人或者其受让人。即无效的登记名义人及其受让人、受让人的扣押权利人；因无效行为而取得船舶所有权的所有权人或恶意受让人；因担保的债权消灭后的抵押权受让人。（3）不法行为人。即对船舶实施了损害并应当承担赔偿责任的人。（4）不法占有人。即没有合法依据而占有船舶的人。（5）一般债权人。即船舶所有人的债权人。[⑤]

笔者倾向于第二种观点，对第三人范围的界定，不能离开登记对抗主义（意思主义）立法模式所包含的理念和理论基础。第三人作为登记对抗主义立法模式的组成部分，理应在整体上与其他部分协调一致。广义第三人说扩大了第三人的范围，其结果是未经登记，船舶物权变动只存在于当事人之间，从根本上否定了物权的对世性和排他性，混淆了物权与债权的界限，破坏和动摇了财产法的基础。善意第三人说虽然在一定程度上克服了广义第三人的弊病，使一部

---

① 万鄂湘主编．中国涉外商事海事审判指导与研究．2001年第1卷．北京：人民法院出版社，2001：28-29.

② 包括：（1）船舶二手买卖的受让人，取得未经登记的他人船舶，该人不能以船舶所有权对抗该船的其他受让人；（2）船舶抵押权人；（3）因法院拍卖取得船舶所有权的人；（4）未进行份额转让的共有船舶的共有人。

③ 主要是因船舶扣押、参与分配和进入船舶拍卖与受偿程序等而取得对船舶支配关系的债权人。

④ 万鄂湘主编．中国涉外商事海事审判指导与研究．2001年第1卷．北京：人民法院出版社，2001：28.

⑤ 李志文．船舶所有权法律制度研究．北京：法律出版社，2008.

分未登记的船舶物权亦能对抗第三人，符合了当事人意思亦能产生完全物权变动的登记对抗主义的立法目的，但它还是使第三人某些债权具有了优先于物权的特征，也有一定的局限性。因此，较为合理的解释是，“船舶未经登记不能对抗的第三人，应当是与船舶有系争关系的善意第三人”[①]，即不得对抗善意的“物权关系相对人”[②]。

我国台湾地区学者王泽鉴先生指出，从法律目的、文义及体系的角度看，所谓第三人应指对同一标的物享有物权的人，债务人的一般债权人并不包括在内，其主要理由如下：第一，从法律性质上看，物权具有排他性，其效力恒优先于债务人的一般债权，物权既然已经生效，则登记与否并不影响其优先受偿效力；第二，从文义解释上看，对抗是以权利依其性质有竞存抗争关系为前提，动产抵押权与其他物权之间才发生对抗问题，其与一般债权之间不存在所谓对抗问题；第三，一般债权人因信赖债务人的清偿能力而设定债务，故应承担不获清偿的风险，一般债权与动产抵押标的物并无法律上的直接联系，故不能承认其具有对抗动产物权的效力。[③]王泽鉴先生的上述观点具有一定的代表性，我国最高人民法院物权法研究小组在编著《〈中华人民共和国物权法〉条文理解与适用》一书时便采纳了上述观点，该书认为“物权变动即使未进行登记，也可以对抗某些第三人。如一般债权人……”[④]。

必须指出的是，光船租赁登记与上述船舶物权变动登记情况有所不同。《船舶登记条例》第6条规定，“船舶抵押权、光船租赁权的设定、转移和消灭，应当向船舶登记机关登记；未经登记的，不得对抗第三人”。光船租赁的第三人应该是广义的第三人，因为光船租赁不发生物权变动，未经登记的光船租赁，仅在光船租赁合同当事方之间发生效力，既不能对抗与船舶有系争关系的第三人，也不能对抗与船舶无系争关系的第三人。

优先权债权项目与船舶登记对抗效力的关系，船舶优先权担保的债权项目，除了对船舶价款享有优先受偿的权利外，在挂靠船舶经营情况下，挂靠人是真正的船舶所有人，被挂靠人不论进行抵押登记与否，都不会对船舶优先权产生影响。但如果不是船舶优先权担保的债权，而是一般海事债权，假设未经登记不可对抗第三人仅指与船舶物权存在纷争关系的第三人，那么，即使没有登记的船舶抵押权也可以对抗一般债权；如果未经登记不得对抗第三人是指一切第三人，一般海事债权也就不可以对抗了。所以，同样的海事债权，是否列为船舶优先权，与船舶登记产生的对抗效力有直接的关系。

二、船舶登记是否具有“公信力”

所谓公信是指一旦当事人变更物权时依据法律的规定进行了公示，即使依公示方法表现出来的物权变更事实上并不存在或有瑕疵，但对于信赖该物权存在并据此从事了物权交易的人，法律仍然承认其具有与该物权为真实时相同的法律效果，以保护交易的安全。[⑤]

我国《海商法》将登记作为船舶所有权和船舶抵押权的物权变动公示方法，因《海商法》采取登记对抗主义模式，登记的作用是将发生在当事人之间的船舶物权变动通过登记显示于

---

① 李志文．船舶所有权法律制度研究．北京：法律出版社，2008.

② 胡康生主编．中华人民共和国物权法释义．北京：法律出版社，2007：69.

③ 王泽鉴．民法学说与判例研究．第1册．北京：中国政法大学出版社，2005：228，229.

④ 最高人民法院物权法研究小组编著．《中华人民共和国物权法》条文理解与适用．北京：人民法院出版社 2007：115.

⑤ 王利明．物权法研究．北京：中国人民大学出版社，2002：88.

外，成为他人得知的媒介，增强船舶物权的外部效力。但是，由于我国船舶物权变动登记机关为国家行政机关，长期以来，我国民法和海商法并没有形成物权变动的公示观念。在现行法律规定中，登记作为船舶物权变动公示方式的私法性远没有实现，对于登记，并不是从私法公示的角度，更多的是从行政管理角度加以规定，登记公法性多于私法性，掩盖了登记的真正功能和作用。在船舶登记法规的安排上，将《船舶登记条例》划归行政法规的范畴，从内容归类上来看，将船舶权利登记与具有较强公法性质的船舶国籍登记归于同类，将登记看作是国家对船舶所实施的一种行政管理行为。① 这说明我国现行法律，乃至学界对船舶物权登记的性质，还存在着认识上的差距。应当明确的是，船舶物权登记首先是一种私法行为。在登记对抗模式下，登记的首要功能是将当事人间的船舶物权变动彰显于外，以使该船舶物权具有对世性和排他性，弥补在登记对抗主义模式下，船舶物权属性上的局限性。其次，登记涉及的是船舶物权设立、转让和消灭，通过登记为船舶物权变动提供相对稳定的秩序，所以，登记是作为船舶物权公示的方式而设置的。

从《海商法》规定本身以及《民法典》一般财产变动的整体规定看，我国法律对公信力没有相应的规定。有观点认为，从《海商法》第9条的规定，可以分析出我国船舶所有权变动的登记具有公信力。② 公信力的实质是登记所记载的形式上船舶物权变动足以信赖，公信力的前提条件，即是法律认可以登记所体现的形式上船舶物权变动对真实船舶物权变动的推定，从而，有登记即有物权变动，没有登记则不存在船舶物权变动，登记与物权变动为应然关系。

笔者不赞同上述观点。登记的公信力和登记的作用密切相关。在不同的立法模式下，登记设置的机理和所起的作用并不相同。我国《海商法》对船舶物权变动采登记对抗主义立法模式，当事人的意思是决定船舶物权变动的首要和决定因素，合意即可导致船舶物权变动，登记只是公示方法，是将已经发生的物权变动加以彰显的一种手段。《海商法》规定的“未经登记，不得对抗第三人”仅使公示具有对抗效力，“登记对抗”的含义是特定的，并非一般意义上的因物权的排他性和独占性所显示的对物权人以外的人的对抗，更多的是从“不登记不对抗”的角度诠释对抗的含义。首先，它意味着当事人间有效成立的船舶物权变动不具有向外扩张的效力。未经登记物权变动，不能对抗第三人，当事人不能向第三人主张船舶物权变动。其次，登记仅对第三人产生消极信赖。即经过登记，第三人只能信赖不存在与公示所表现出的权利相反的权利，而不能信赖存在与公示一致的权利。③ 原因在于登记并没有成为船舶物权变动的决定因素，不能合乎逻辑地推导出登记一定发生船舶物权变动，不具有权利正确推定的机能，不能构成足够信赖。所以，在我国《海商法》登记对抗主义立法模式下，船舶物权变动并非具有完全的对世性，登记不具有公信力。

从我国船舶登记机关的实际情况看，船舶登记（所有权、船舶抵押和光船租赁三种登记）只进行形式审查，即文件审查，并不进行实质性审查。如果赋予登记具有公信力的效力，要求登记机关必须进行实质性审查，因登记机关审查过错，致使信赖船舶物权变动的第三人遭受损失的，登记机关应根据有关法律承担责任。目前，我国船舶登记机关还难以做到对登记船舶进行实质性审查。

---

① 赵淳忠．完善船舶所有权法律制度探讨．中国航海，2001 (1).

② 李海．船舶物权之研究．北京：法律出版社，2002：65－66.

③ 王轶．物权变动论．北京：中国人民大学出版社，2001：120－122.

三、建造中的船舶所有权问题[①]

"建造中船舶"（vessel under construction）并不能被纳入《海商法》定义的船舶之中，因此《海商法》有关船舶所有权的规定本不能、也无必要适用于"建造中船舶"。但是，为使"建造中船舶"能够作为一个整体成为船舶抵押权的客体，有必要确立"建造中船舶"的概念及其所有权的制度。

（一）"建造中船舶"的概念

从字面上理解，所谓"建造中船舶"是指正在建造之中尚未完成建造的船舶。因此，"建造中船舶"不是船舶，但在建造完成之后则可成为船舶。

众所周知，船舶的建造过程是需要时日的，快则几个月，慢则以年计算。处在不同的建造阶段，能够纳入"建造中船舶"的财产范围和数量显然是不同的。因此，"建造中船舶"所包括的财产或"建造中船舶"这一特定财产的范围，是随着时间的推移而不断地变化或增加的。在完成建造之前，其不具有特定性和完整性。依法理，本不能作为一个整体或特定的独立之物而成为物权的客体。因为，"物权之客体原则上须为特定独立之物"[②]。与此同时，尽管"建造中船舶"在物理上只是一些处在分离或半分离状态的用于造船的材料、机器和设备所构成的集合物，且各自均可分别地成为民法上的一般动产，但由于这些暂时处在分离或半分离状态的动产将被用于建造另一个特定的动产——船舶，又使这些动产具有一定的"整体性"，从而为将这些财产在法律上拟制成一项统一的财产创造了可能性。

关于"建造中船舶"问题，国际上已经出现了一个专门规定建造中船舶权利登记的国际公约，即《1967 年建造中船舶权利登记公约》。"该公约的目的是要将船舶登记规则扩展到建造中船舶。"[③] 但该公约没有关于"建造中船舶"的明确定义。值得注意的是，该公约在第 8 条中规定，"国内法可以规定建造中的船舶，其登记的权利应适用于已置于造船厂辖区内，并用标记或其他方法清楚地标明将要安装在某一船上的材料、机器和设备"[④]。从这一条款可以看出，公约并没有规定一个统一的强制性界定标准，只是允许缔约国在国内法中作出如上规定。因此，即使加入该公约，缔约国仍有必要在国内法中就建造中船舶的定义作出相应的明确规定。

不可否认，公约的上述规定为缔约国制定国内法提出一个可供参考的方案。按照公约的内容，建造中船舶权利的客体可以包括用于建造某一船舶的材料、机器和设备，但须具备两个条件：第一，这些材料、机器和设备已经处在造船人的船厂范围之内，亦即处在造船人的占有之下；第二，这些材料、机器和设备已经用加标记或其他方法能被清楚地识别为将被用于某一船舶。根据上述第一个限制条件，那些尚未交付给造船人占有的材料、机器和设备，不能被纳入"建造中船舶"的财产范围。换言之，即使造船人已经向他人定购了某些材料、机器和设备并会将其用于建造某一特定的船舶，但只要它们未被交付给造船人，就应被排除在某一"建造中

---

① 李志文．船舶所有权法律制度研究．北京：法律出版社，2008.

② 史尚宽．物权法论．北京：中国政法大学出版社，2000：8.

③ United Nations. Economic and Social Commission for Asia and the Pacific，Guide-Lines for Maritime Legislation. Second Edition，1984，p. 170.

④ Article 8：The national law may provide that the registered rights on a vessel under construction shall attach to materials，machinery and equipment which are within the precincts of the builder's yard and which by marking or other means are distinctly identified as intended to be incorporated in the vessel.

船舶”之外。这是因为这些用于造船的材料、机器和设备，均属动产的范畴，而动产一般应以占有为公示方法。而占有的转移，在许多情况下意味着所有权的转移。就上述第二个限制条件而言，由于造船人可能同时建造多艘船舶，所以将用于建造不同船舶的材料、机器和设备加以区别，是完全有必要的。换言之，即使是处在造船人占有之下的材料、机器和设备，也不能不加区别地均被纳入某一建造中船舶的财产范围。

从物权法的角度来说，《海商法》在对“建造中船舶”这一特殊财产定义时，应以界定该财产的物的范围为目标，而完全无须考虑“造船合同的签署”“作出造船的声明”或船舶建造的进度等因素①，因为这些因素对于界定“建造中船舶”的财产范围并无实质意义。基于这种认识，“建造中船舶”应被定义为“处在造船人占有之下的并能被明确识别的用于和将要用于建造某一特定船舶的材料、机器和设备的总称”。

（二）“建造中船舶”所有权的特点

如前所述，“建造中船舶”并不是船舶，而只是一些用于或将要用于建造某一特定船舶的材料、机器和设备。因而海商法有关船舶物权的规定（如船舶所有权和船舶抵押权的规定等）均不能适用于“建造中船舶”。有关这类财产的物权问题，本可由民法来调整。但是，为了将“建造中船舶”作为一个整体用作造船贷款的担保物，就须建立以“建造中船舶”为抵押物，设定船舶抵押权制度；而要以“建造中船舶”设定船舶抵押权，又必须首先明确“建造中船舶”的所有权。

“建造中船舶”所有权，是以“建造中船舶”为客体的船舶所有权。这意味着用于建造某一船舶的各种材料、机器、设备将成为同一个单一的所有权的客体，而不再是若干个所有权的不同客体。

由于“建造中船舶”所有权是以“建造中船舶”这种特殊的“船舶”为客体，因而决定了其必然具有一些较之一般船舶所有权不同的特点，概括起来主要表现在以下几个方面：

（1）法律适用上的准用性，亦即“建造中船舶”所有权只是一种准用《海商法》有关船舶所有权规定的所有权，其并不能构成严格意义上的船舶所有权。因此，除非《海商法》作出明确的特别规定，否则《海商法》有关船舶所有权的规定不能适用于以这种财产为客体的所有权。从这个意义上讲，“建造中船舶”所有权是一种准用《海商法》有关船舶所有权规定的特殊所有权。正是由于这一特点，《海商法》明确规定有关船舶所有权的规定可以适用于“建造中船舶”是必要的。

（2）虚拟客体的非特定独立性。“建造中船舶”所有权的客体是“建造中船舶”，而“建造中船舶”的财产范围在不同的建造阶段，具有不同的内容或范围，并且直到完成船舶建造工程，其变化才得以停止，这就决定了“建造中船舶”所有权的客体并不具有严格意义上的特定

---

① （1）《1967年建造中船舶权利登记公约》第4条将这些因素建议为建造中船舶权利登记的条件。具体内容为：“Registration of rights in respect of a vessel which is to be or is being constructed shall be permitted when a contract for the building of a properly specified vessel has been executed or the builder declares that he has decided to build such a vessel for his own account. However, the national law may make it a condition for registration that the keel has been laid or equivalent constructional work has been performed in the place of the launching.”（2）我国《船舶登记条例》对“建造中的船舶”的登记作了明确的规定。但该条例没有对“建造中的船舶”作出定义。然而，在我国原港务监督局于1994年12月17日发布的《〈中华人民共和国船舶登记条例〉若干问题的说明》中，出现了这样一个关于“建造中的船舶”的定义，“‘建造中的船舶’，是指已安放龙骨或处于相似建造阶段的船舶”。显然，该定义混淆了建造中船舶的登记条件与建造中船舶的财产范围。

性和独立性，不能成为一个单一的所有权客体。所以，要使这种本不具有特定独立性的财产成为一个单一所有权的客体，《海商法》有必要对此作出明确的规定。

（3）权利内容的有限性。由于“建造中的船舶”不是船舶，当然也就不可能具有船舶所有的使用价值或功能，更不可能带来任何收益。所以，以这种“船舶”为客体的所有权也就不可能具有使用和收益的权能，其所有权之利益主要表现为“以为担保，而获取信用”。

（三）“建造中船舶”的登记制度

要使《海商法》有关船舶所有权和船舶抵押权的规定适用于“建造中船舶”，就必须建立“建造中船舶”的登记制度，这是因为船舶所有权和船舶抵押权的法定公示方法均为登记。

如前所述，为统一各国有关“建造中船舶”权利登记的法律规定，国际上出现了《1967年建造中船舶权利登记公约》。在起草该公约的过程中，人们已经注意到，抵押权的设立须以所有权的存在为前提。该公约在第 5 条中明确规定，即将建造或正在建造的船舶上的所有权、抵押权和“质权”，经申请须予登记。①

关于“建造中船舶”登记条件的问题，该公约在第 4 条第 1 款中规定：“当建造一艘特定船舶的合同已经签署或者建造者声明已决定以其自己的资金建造一艘船舶时，有关即将建造或正在建造的船舶权利登记应予允许。”该条第 2 款进一步规定：“但是，国内法可以将在船舶下水地点已安放龙骨或已完成类似的建造工程作为登记的条件。”就公约对“建造中船舶”的权利登记所设定的时间条件来看，缔约国有两个选择，一是缔约国可以在国内法中规定，将已安放龙骨或已完成类似的建造工程作为船舶权利登记的时间条件；二是缔约国如在国内法中未作此种规定，则只要建造特定船舶的合同已经签署或者建造者声明其已决定用自己的资金建造一艘船舶时，就“建造中船舶”的权利登记就须予以准许。

我国《船舶登记条例》对于“建造中船舶”的登记问题，仅仅规定了建造中船舶可以进行船舶所有权和船舶抵押权登记。但是，关于“建造中船舶”的财产范围，以及“建造中船舶”的登记时间，该“条例”均未作出明确规定。国家海事局（时为港务监督局）于 1994 年 12 月 17 日发布的《〈中华人民共和国船舶登记条例〉若干问题的说明》也仅仅规定了“建造中船舶”的登记时间即：“‘建造中的船舶’，是指已安放龙骨或处于相似建造阶段的船舶。”而对于“建造中船舶”的财产范围并没有具体规定。因此，“已安放龙骨或处于相似建造阶段”只能作为登记的时间条件，至于“建造中船舶”的财产范围，则仍然是不明确的。

四、船舶留置权的效力

根据我国《民法典》以及《海商法》的有关规定，船舶留置权的效力，主要涉及以下几个方面的问题。

（一）船舶留置权担保的债权范围

由于留置权为法定担保物权，所以留置权担保的债权种类，不得由当事人约定。《海商法》第 25 条第 2 款规定：“前款所称船舶留置权，是指造船人、修船人在合同另一方未履行合同时，可以留置所占有的船舶，以保证造船费用或者修船费用得以偿还的权利。船舶留置权在造船人、修船人不再占有所造或者所修的船舶时消灭。”根据这一条规定，船舶留置权所担保的

① Article 5: Titles to mortgages and “hypothèques” on a vessel which is to be or is being constructed shall, on application, be entered in the register.

主债权仅限于造船费用和修船费用，既不适用《海商法》第161条有关对被拖物的留置权，也不适用《物权法》中的留置权范围条款。

（二）船舶留置权效力所及的标的物的范围

船舶留置权的标的物为船舶，而船舶在海商法中有明确界定，《海商法》第3条第2款规定："前款所称船舶，包括船舶属具。""船舶是由船体、船机及属具等组成。缺少任何一个部分都无法构成船舶。因此，这决定了船舶在法律上应属不可分物。"① 据此，一方面船舶留置权的效力应当及于被留置的船舶的全部；而另一方面，由于船舶的某些组成部分或备件在物理上是完全可以与船舶相分离的，因而对于那些已经与船舶分离而且没有处在造船人或修船人占有之下的船舶备件或属具等，则不应纳入船舶留置权的标的物的范围。

（三）船舶留置权对造船人或修船人的效力

留置权对留置权人的效力，表现为留置权的权利义务，是留置权的主要效力。船舶留置权人为造船人或修船人。船舶留置权人的权利义务，主要是造船人或修船人的权利和义务。根据我国《民法典》的规定，作为留置权人的造船人或修船人的权利主要可以概括为以下几项：(1) 占有船舶的权利；(2) 就船舶变价优先受偿的权利；(3) 保管留置船舶的费用和实现留置权的费用的请求权。造船人和修船人的义务则主要表现在：(1) 妥善保管留置船舶的义务；(2) 在留置权消灭时，返还留置船舶的义务；(3) 因保管不善致使留置船舶损毁、灭失的，承担赔偿责任。

（四）船舶留置权对船舶所有人或修（造）船合同人的效力

船舶留置权对船舶所有人或修（造）船合同人的效力，主要涉及一旦船舶留置权成立，将会对被留置船舶的所有人和造船或修船合同的另一方，就船舶的权利产生影响。

1. 对船舶所有人的效力

从时间顺序上，在船舶留置权成立之前，造船人或修船人对船舶的占有是以造船合同或修船合同为依据的。而在留置权成立之后到留置物被变价之前这段时间里，造船人或修船人对于船舶的占有，则是以船舶留置权为依据，而不再以合同为依据。同时，在这段时间里，船舶留置权人只是享有（继续）占有船舶的权利或拒绝返还请求的权利，而并不享有使用、收益和处分被留置船舶的权利，而对被留置船舶的使用、收益和处分的权利仍然属于船舶所有人。换言之，在这段期间里，船舶所有人的所有权，并没有因为船舶留置权的成立而被消灭或剥夺。船舶所有人对船舶的所有权只是由于留置权的存在而不能恢复对船舶的占有，从而无法实现而已。当然，在船舶留置权的二次效力实现以后（即被留置的船舶被折价、拍卖、变卖以后），被留置船舶的所有权，就不再归属原船舶所有人，其对船舶的所有权也就被永远地剥夺了。

2. 对修（造）船合同人的效力

如前所述，我国《海商法》在定义船舶留置权时，并没有要求造船合同或修船合同的另一方——修（造）船合同人必须是船舶所有人。因此，实践中就可能出现修（造）船合同人不是船舶所有人的情况。如果修（造）船合同人不是船舶所有人，其也就没有可能因船舶留置权的成立或实现而丧失船舶所有权；在被留置的船舶被变价之前，因为船舶留置权的成立而使其不能恢复对船舶的占有，从而无法实现对船舶的使用并获得收益。但当具备法律规定的条件或合

① 司玉琢主编．海商法．4版．北京：法律出版社，2018：59.

同约定的条件时，船舶留置权的二次效力实现以后，被留置船舶的所有权将发生变化。

（五）船舶留置权的优先受偿效力

《海商法》第25条第2款规定："船舶优先权先于船舶留置权受偿，船舶抵押权后于船舶留置权受偿。"据此，船舶留置权担保的债权不仅较之没有担保的债权具有优先受偿的效力，而且船舶留置权还具有优先于船舶抵押权的效力。

值得注意的是，从理论上讲，船舶留置权与船舶优先权同属法定担保物权，两者本不应有优劣先后之分。就船舶优先权而言，其实现的前提须以船舶的存在为必要，并且船舶的交换价值越高，船舶优先权也就实现得越充分。但船舶优先权担保的债权，除救助报酬具有保全船舶价值的性质外，一般不具有提高船舶交换价值的作用。而船舶留置权担保的债权则不同，其担保的债权均具有提高船舶交换价值的作用；在正常情况下，其所担保的债权数额与这类债权产生前后船舶交换价值的增加额大体相当。因此，将船舶留置权担保的债权排在船舶优先权担保的债权之前才更为合理。但从有关船舶担保物权的国际公约的规定来看，船舶留置权优先位次一般均被排在船舶优先权之后，我国《海商法》也是如此。然而，这样做并不是建立在理论基础上，而是基于船舶担保物权所担保的债权性质而作出的政策性规定。

关于船舶留置权与船舶抵押权优先顺序问题，学理上有所谓"法定物权优先于意定物权"之说，船舶留置权理应排在优先于船舶抵押权的位置上。但从有关船舶担保物权的国际公约的规定来看，仅有船舶建造人和船舶修理人的船舶留置权可优先于船舶抵押权；而其他船舶留置权，则须排在船舶抵押权之后。① 如船舶作为被拖物时，《海商法》第161条规定，"被拖方未按照约定支付拖航费和其他合理费用的，承拖方对被拖物有留置权"。此拖带如果不属于海难救助，承托方因拖带费产生的对被拖船的留置权，则不是海商法意义上特定的船舶留置权，其优先位次应排在船舶抵押权之后，不应按照物权法的一般规定行使。这主要是出于政策考虑，为了鼓励船舶融资，保证船舶抵押权人的优先受偿地位，不希望排在船舶抵押权之前的担保债权过多，而影响抵押权人的权益。因此，海商法作了与一般物权法不同的规定。

有关船舶起浮或打捞作业（wreck removal）而产生的海事请求，一般不属于海难救助产生的海事请求，不能纳入船舶优先权担保的海事请求的项目中。因此，根据《海商法》的规定，这类海事请求也排在船舶抵押权之后。然而，这样规定不利于对有碍航行或环境污染的沉船的清除与打捞。为此，《内罗毕公约》不是采取在船舶优先权制度中优先拨付的方式来保证打捞费的清偿，而是以规定强制保险或财务担保的办法实现打捞费的偿还。② 我国已加入该公约，2017年2月11日对我国生效。

（六）船舶留置权的实现

船舶留置权的实现与船舶留置权的成立，是两个虽有联系，但又完全不同的概念（船舶留置权的成立，前面已作了讨论）。船舶留置权的实现，是指船舶留置权的二次效力的实现，即被留置的船舶折价、拍卖或变卖，其担保的债权优先受偿的效力。

关于船舶留置权的实现条件，我国《海商法》并没有作出明确的规定。因此，船舶留置权的实现条件应适用我国《民法典》关于留置权的实现条件的规定，即："留置权人与债务人应

---

① 参见"1967年公约"第5条第1款和"1993年公约"第5条第1款。

② 《内罗毕公约》第12条规定了强制保险或其他财物担保。该公约由国际海事组织于2007年5月14—18日，在内罗毕外交大会上获得通过。该公约已于2015年4月14日生效，于2017年2月11日对我国（不含港澳）生效。

当约定留置财产后的债务履行期限；没有约定或者约定不明确的，留置权人应当给债务人两个月以上履行债务的期限，但是鲜活易腐等不易保管的动产除外。债务人逾期未履行的，留置权人可以与债务人协议以留置财产折价，也可以就拍卖、变卖留置财产所得的价款优先受偿。”①可见，按照我国现行法律的规定，船舶留置权的实现须具备以下条件：

1. 债务人履行债务的“宽限期”

当造船人或修船人留置船舶后，其不能立即实现其船舶留置权的二次效力，而应再给合同的另一方一个履行债务的期限，此即所谓的“宽限期”。“宽限期”可以在合同中由双方约定，也可以在留置船舶后，由造船人或修船人确定。但不论用哪种方式，“宽限期”一般不少于2个月（《民法典》规定的“鲜活易腐等不易保管的动产除外”不适用于船舶留置权）。

2. 在“宽限期”内向债务人发出履行债务的通知

如果“宽限期”系由造船人或修船人在留置船舶后确定的，则须在“宽限期”内，向债务人发出履行债务的通知。如“宽限期”系由合同双方在合同中约定的，则无须在“宽限期”内，向债务人发出履行债务的通知。

3. 债务人在“宽限期”内仍不履行债务

只有在合同的债务人，经通知（如有）在上述“宽限期”届满时仍不履行债务时，造船人或修船人才得实现以所留置船舶的变价优先受偿其债权的效力。

关于船舶留置权实现的方式，我国《海商法》未作特别规定。《民法典》第453条第1款中规定，“债务人逾期未履行的，留置权人可以与债务人协议以留置财产折价，也可以就拍卖、变卖留置财产”。“折价”，一般是指由留置权人与债务人就留置物商定一个价格，并以此价格折抵留置权担保的债权，留置权人取得留置物的所有权；“变卖”，一般是指用非拍卖的方式将特定的财产出售给第三人，由第三人支付价金并成为该财产的所有人；“拍卖是指以公开竞价的形式，将特定物品或者财产权利转让给最高应价者的买卖方式”②。然而，由于其他船舶担保物权的存在，特别是船舶优先权的存在，加之，国际上普遍采用的原则是非经强制出售(judicial sale or forced sale) 船舶优先权不消灭③，这决定了用变卖或非强制出售的方式实现被留置船舶的变价是非常困难的，甚至是不可能的。所以，要实现被留置船舶的变价，应该有法院的介入，用法院拍卖船舶的方式来实现被留置船舶的变价。《民法典》同时赋予了债务人请求法院拍卖留置物的权利，其第454条规定：“债务人可以请求留置权人在债务履行期届满后行使留置权；留置权人不行使的，债务人可以请求人民法院拍卖、变卖留置财产。”我国《海诉法》专门规定了海事法院拍卖船舶的程序。④《海商法》修改时，应考虑船舶留置权的实现方式，是否仅限于法院拍卖。

五、光船租赁登记下的船舶抵押权效力

根据我国《船舶登记条例》的规定，“中国企业以光船条件租进外国籍船舶的”，“出租人、承租人应当办理光船租赁登记”（第25条）。由此引发的问题是：如果该船是一个已设定船舶抵押权的船舶，其效力是否因光船租赁而受到影响？换言之，该船舶是否需要在我国重新或重

---

① 《民法典》第453条。

② 《拍卖法》第3条。

③ 参见“1967年公约”第7条第2款和“1993年公约”第8条。

④ 参见《海诉法》第三章第二节的规定。

复进行船舶抵押权登记？

1. 光船租赁船舶在我国进行临时国籍登记时，应否对该船的有效抵押权进行重新或重复登记？

根据物权法的一般法理以及中国有关法律法规和实践做法，在船舶光租给中国公司经营并临时登记中国船籍时，并不要求船舶所有人和（或）船舶抵押权人在原船舶抵押权登记有效存续的期间内，在中国另行作出船舶抵押权的登记，更没有规定不进行此种登记，该船舶抵押权便不再成立、丧失对抗第三人的效力。原因是：

第一，船舶抵押权登记不同于船舶国籍登记。按照我国《船舶登记条例》第 28 条的规定，以光船条件从境外租进船舶，承租人应当比照本条例第 9 条规定确定船籍港，船舶登记机关经审查认为符合规定条件的，应当发给光船租赁登记证明书，并应当依照第 17 条的规定发给临时船舶国籍证书，在船舶登记簿上载明原登记国。此时的光船租赁登记更多的是涉及船舶国籍登记的变更，而船舶国籍登记是出于国家对船舶和船舶航行管理的需要，属于公法调整的范畴，而船舶所有权和船舶抵押权属于民事主体的私权利，其登记是基于物权公示原则的要求，属于物权法调整的范畴，尽管登记部门在我国目前属行政机关的职责，但船舶国籍登记与物权公示原则要求的登记是两种性质完全不同的登记制度，不能混为一谈。

第二，对船舶抵押权进行重新登记不符合国际私法中准据法确立的规则。船舶抵押权是否可以像取得临时国籍那样进行重新登记，原船舶抵押权登记暂时中止或废止？回答也是否定的。这样做有悖于确定船舶抵押权法律适用的连结点——船旗国法的立法初衷。船舶抵押合同的当事方是抵押权人和抵押人（船舶所有人），为了保护抵押权人的利益，确定船旗国法为准据法；光船租赁合同的当事方是出租人（船舶所有人，也是抵押合同的抵押人）和承租人，如果因为光租而改变船旗国法律的适用，这就失去原船旗国法律保护船舶抵押权人利益的意义了。再加上法律并没有禁止抵押人（船舶所有人）在船舶抵押合同存续期间以光租的形式出租船舶，或者出租时必须征得抵押权人的同意，所以，抵押权人无法控制船舶的租用形式，如果允许光租下船舶抵押权需重新登记，原抵押权登记中止或废止，重新登记的船舶抵押权将适用因光船登记而换旗的船旗国法，这就使抵押权人对船舶抵押权所适用的法律处于不可预知和不稳定的状态，不利于保护抵押权人的利益。

总之，船舶抵押权登记不会因为光船租赁换旗登记而须重复登记或者重新登记。这不仅在中国立法上没有规定，国际公约和各国立法上都没有这样的规定，而且不存在这样的实践做法，因为它缺乏法律根据和法理基础。

2. 光船租进船舶在我国进行临时国籍登记时，如何确定其上的船舶抵押权效力的准据法？

（1）抵押权效力的准据法是船旗国法

我国《海商法》第 271 条规定，“船舶抵押权适用船旗国法律”。依照本条规定，不论船舶抵押权在哪里设定，调整船舶抵押权的准据法总是船旗国法律。抵押权设定前后，如有抵押物出租的情况，为明确抵押物出租合同与抵押合同的关系，《民法典》第 405 条规定：“抵押权订立前抵押财产已经出租的，原租赁关系不受该抵押权的影响。”

按照《船舶登记条例》的规定，光船租进的船舶须中止原船舶国籍，进行临时登记换旗。我国《海商法》第 271 条规定的船旗国法，是指换旗前的船旗国法，还是因光租引起的重新登记换旗后的中国法？《海商法》第 271 条第 2 款作了明确规定：“船舶在光船租赁以前或者光船租赁期间，设立船舶抵押权的，适用原船舶登记国的法律。”这一规定的意思是船舶在光船租赁以前或者光船租赁期间，调整因抵押权产生的权利义务关系或处理由抵押权引起的纠纷，仍适用原船舶登记国的法律。“调整船舶抵押权的准据法不因发生光船租赁变更船旗而改变。”①这里的“原船舶登记国”应该理解为与“原船旗国”是一致的。

（2）以船旗国法作为抵押权效力的准据法的理由

第一，我国《海商法》第 13 条、《船舶登记条例》第 20 条均规定，设定船舶抵押权，由抵押权人和抵押人共同到船籍港向船舶登记机关办理抵押权登记手续，这就决定了船舶抵押权登记与船舶所有权登记的一致性。两种登记均在船旗国，适用同一国的法律，便于解决纠纷，充分保护抵押权人的合法利益。

第二，在抵押权人了解船旗国法律可以保护其合法利益的情况下（不仅是抵押权的设定，也应包括船旗国法律就抵押权的转移、效力和消灭的规定），才有可能同意同悬挂外国旗的船舶所有人即抵押人订立抵押合同，设定抵押权，避免给自己带来风险。

第三，光船租赁要求换旗登记是出于对船舶加强行政管理的需要而作出的规定，即使像我国一样要求重新登记的国家，其所改变的也只是船舶国籍，而船舶所有人及其所有权，以及船舶抵押权等属于私法范畴的内容和调整民事主体的私权利并未发生变化，仍适用原船舶登记国的法律，这样便于解决纠纷，有利于保护船舶所有人和抵押权人的利益。

总之，我国企业以光租形式租进船舶，在我国进行临时国籍登记，其上的抵押权的成立和效力，应当根据原船旗国即船舶登记国的法律判定。

3. 光船租进船舶在我国进行临时国籍登记后，该船舶被海事法院拍卖，如何确定其上的船舶抵押权的受偿顺序

这涉及船舶抵押权的受偿顺序是属于实体法范畴还是属于程序法范畴的问题。如果认定船舶抵押权的优先受偿属于实体法范畴，应查证原船舶登记国的有关船舶抵押权效力的法律规定，是否除船舶优先权和船舶留置权外，赋予船舶抵押权人享有优先于其他以船舶和非以船舶为担保的债权人受偿的权利。只要能查明原船舶登记国的有关船舶抵押权效力的法律规定，一般就应该有此项内容。

如果认定船舶抵押权的优先受偿属于程序法范畴，根据国际私法法律适用原则，程序法应适用法院所在地法——中国法。依照我国《海商法》的规定，在扣除先行拨付的费用后，参与船舶价款分配的有关债权受偿顺序依次为：船舶优先权→船舶留置权→船舶抵押权（《海商法》第 25 条）。由于《海诉法》第十一章“债权登记与受偿顺序”仅限于以船舶为担保物的债权，所以无担保的普通债权不在登记与受偿范围之内，这些债权只有在船舶价款按该章程序清偿后，还有剩余船舶价款时，由普通债权人按我国《民事诉讼法》的执行程序清偿。也就是说，船舶拍卖价款的分配，可能会经历两个程序：《海诉法》第十一章规定的登记与受偿程序和《民事诉讼法》规定的执行程序。②

笔者认为，船舶抵押权的受偿顺序应属程序法范畴，适用中国法。具体地说，以船舶为担保的债权（船舶优先权、船舶留置权、船舶抵押权）适用《海诉法》第十一章，分配船舶价款的优先位次是：扣除先行拨付的款项后，如果没有船舶优先权和船舶留置权所担保的债权，则船舶抵押权处于优先受偿的位次（船舶留置权属占有留置，如果船舶不是在留置权人占有下被

① 中华人民共和国海商法诠释编委会．中华人民共和国海商法诠释．北京：人民法院出版社，1995：491.
② 金正佳．海事诉讼法论．大连：大连海事大学出版社，2001：465.

法院拍卖，也就不存在船舶留置权）。如果还有剩余船舶价款，无担保物权的债权人依据《民事诉讼法》规定的执行程序受偿。

六、船舶优先权与责任限制的关系

船舶优先权制度确立的目的是保护特定的海事债权人的利益，而海事赔偿责任限制制度则是为了保护特定的海事债务人的利益，在符合法律规定的条件下，对一次海损事故的赔偿有一个法定的限额。两者的立法目的显然是相互对立的，这就决定了两种法律制度可能存在某些冲突，当发生冲突时，如何协调两种法律制度。换言之，哪一种法律制度优先适用，就要求法律必须作出明确的规定。为解决这一冲突《海商法》第30条进行了规定。

1. 船舶优先权所担保的海事债权与海事赔偿责任限制制度中的限制性债权的重合

《海商法》第207条对海事赔偿责任限制制度中的限制性债权作出了列明式的规定：

(1) 在船上发生的或者与船舶营运、救助作业直接相关的人身伤亡或者财产的灭失、损坏，包括对港口工程、港池、航道和助航设施造成的损坏，以及由此引起的相应损失的赔偿请求；

(2) 海上货物运输因迟延交付或者旅客及其行李运输因迟延到达造成损失的赔偿请求；

(3) 与船舶营运或者救助作业直接相关的，侵犯非合同性权利的行为造成其他损失的赔偿请求；

(4) 责任人以外的其他人，为避免或者减少责任人依照本章规定可以限制赔偿责任的损失而采取措施的赔偿请求，以及因此项措施造成进一步损失的赔偿请求。

前款所列赔偿请求，无论提出的方式有何不同，均可以限制赔偿责任。但是，第4项涉及责任人以合同的约定支付的报酬，责任人的支付责任不得援用本条赔偿责任限制的规定。

我国《海商法》在规定限制性债权的同时，还明确规定了非限制性债权，即责任主体不能依据有关责任限制的法律进行对抗的债权，如救助款项、共同海损分摊、船员工资等。而实际上，由于《海商法》对限制性债权的项目是列明式规定，因而除了上述列明的债权外，其他所有债权都应属非限制性债权或者是不适用《海商法》第207条的其他限制性债权。

对照船舶优先权所担保的海事债权，可以看出，在船舶优先权所担保的海事债权中，既有限制性债权，也有非限制性债权。船舶优先权所担保的限制性债权为上述第1项规定的船舶营运中造成的人身伤亡索赔和船舶营运中造成的财产损害索赔。

2. 冲突的产生及解决方案

对于船舶优先权所担保的非限制性海事债权，可以明确地说，其不受海事赔偿责任限制制度的影响，可以不参与基金的分配而单独向责任人索赔。然而，对这方面的规定，我国《海商法》第214条的内容却很令人困惑，其规定："责任人设立责任限制基金后，向责任人提出请求的任何人，不得对责任人的任何财产行使任何权利；已设立责任限制基金的责任人的船舶或者其他财产已经被扣押，或者基金设立人已经提交抵押物的，法院应当及时下令释放或者责令退还。"这里的"任何人"既包括了限制性债权人，也包括了非限制性债权人，这显然是不合理的。非限制性债权人不参与基金的分配，却又不能对责任人的财产采取保全措施，这无疑是强行剥夺了非限制性债权人的权利。因此，建议在修改《海商法》时，这一条的规定应将非限制性债权人排除在外。《1976年海事赔偿责任限制公约》规定的是"向基金提出请求的任何人"①，而不

① 该公约第13条第1款。

是“向责任人提出请求的任何人”，公约的规定也能解决上述困惑。[①]

问题在于船舶优先权所担保的属限制性海事债权，一旦责任人设立了责任限制基金，这类债权不能再通过扣押当事船舶来行使船舶优先权。因为《海商法》第 30 条规定：“本节规定（有关船舶优先权的规定——作者注）不影响本法第十一章关于海事赔偿责任限制规定的实施。”这条规定说明，一旦船舶优先权所担保的海事债权同时又是限制性海事债权时，只要海事债权的责任人启动责任限制程序（遗憾的是，我国《海诉法》只规定了责任限制基金的设立程序，没有规定责任限制的审查和确认程序），船舶优先权的程序（实际是对物诉讼程序）即告终止，即使船舶优先权所担保的债权人已经扣船，只要没有进入拍卖程序并签署拍卖成交确认书（《海诉法》第 37 条），责任限制的责任主体均有权终止船舶优先权程序的继续进行，英美法将责任限制终止船舶优先权程序称为“对物诉讼程序转为对人诉讼程序”。这一规定也说明了，当保护特定海事债权人的船舶优先权制度与保护海事赔偿责任主体的海事赔偿责任限制制度发生矛盾的时候，法律的天平最终偏向了海事赔偿责任主体一方。有人提出了“两全其美”的解决办法：责任主体就某一事故的责任总额应依海事赔偿责任限制的法律规定确定，而对该责任总额的分配则应以船舶优先权制度所确立的优先受偿顺序进行。只有这样才能使两项法律制度的立法目的均得到实现。[②] 这种观点似乎有一定道理，但笔者认为，船舶优先权和海事赔偿责任限制是两种独立的法律制度，每种制度的建立都有着深刻的立法背景，两种制度能否融合，不是立法技巧问题，而是由立法的价值取向决定的。法律最终的取舍是，海事赔偿责任限制制度优先于船舶优先权制度适用。[③]

七、代理人垫付港口规费是否享有船舶优先权

1. 港口规费的性质

港口规费（dock，harbour and cannel charges），一般是指船舶进入港口须缴纳的具有税收性质的行政规费，如吨税（tonnage dues）、灯塔税和码头税（light or harbour dues）、引航费（pilotage dues）、航道费（waterway dues）、运河费（cannel dues），等等；但一般不包括添加燃油、淡水、船用物料及装卸费等不具有国家规费性质的费用。[④]

《海商法》第 22 条规定的五项船舶优先权的海事请求中，第 1 项和第 4 项的用词是“给付请求”，第 2 项、第 5 项是“赔偿请求”，唯独第 3 项对“船舶吨税、引航费、港务费和其他港口规费”的用词是“缴付请求”。显然，“缴付”是国家强制征收的行政征费的用词，而“给付”和“赔偿”则是债权债务的民事请求。

行政征费是为了公共利益，行政主体按照法律规定向义务人收取一定数额金钱的单方行为，包括税费征收、资源费征收、建设资金费征收、排污费征收和服务管理费用征收等。[⑤] 行政征费的标准，由国家有关部门统一制定，作为行政主体收缴征费的依据，它不同于因违约而

---

① 最高人民法院《关于审理海事赔偿责任限制相关纠纷案件的若干规定》（法释〔2010〕第 11 号，2020 年修正）第 8 条规定：“海事赔偿责任限制基金设立后，海事请求人基于责任人依法不能援引海事赔偿责任限制抗辩的海事赔偿请求，可以对责任人的财产申请保全。”这是以司法解释的办法填补了法律的漏洞。

② 李海．船舶物权之研究．北京：法律出版社，2002：203.

③ 详见本书第十一章专题研讨“一、关于海事赔偿责任限制优先适用原则”。

④ 李海．船舶物权之研究．北京：法律出版社，2002：170；司玉琢主编．海商法．3 版．北京：法律出版社，2012：59.

⑤ 熊文钊．现代行政法原理．北京：法律出版社，2000：380.

产生的金钱给付请求，也不同于因侵权按实际损失提出的赔偿请求。港口规费的性质应属行政征费性质，它既有税费征收，如吨位税；也有建设资金费征收，如港口、航道、运河建设费；还有服务管理费用征收，如引航费。

2. 收缴港口规费的行为性质

根据最高人民法院《关于执行〈中华人民共和国行政诉讼法〉若干问题的解释》（法释〔2018〕1号），具体行政行为在我国指国家行政机关和行政机关工作人员、法律法规授权的组织、行政机关委托的组织或者个人在行政管理活动中行使行政职权，针对特定的公民、法人或者其他组织，就特定事项，作出有关该公民、法人或者其他组织权利义务的单方行为。① 接受国家行政机关委托的组织或个人，在授权或受托事项及权限范围内的活动也是行政行为，该行政行为的后果由委托的行政机关承担。②

从上述司法解释可以看出具体行政行为的一些特点：行政主体是特定的，行政相对人也是特定的，行政行为的内容也是特定的，行政行为必须是行政机关等行政主体的行为，而不能是权力机关、审判机关、检察机关的行为；也不能是企事业单位、公民个人的行为。行政主体的特定性，决定了收缴规费的行为是不能转让他人的；换言之，未经特别委托，任何人都无权收缴港口规费或向行政相对人提出缴付规费的请求。即使代理人代缴规费，缴付规费的海事请求也并不转移给代理人，代理人不可能取代行政主体的地位，获得船舶优先权的代位求偿权。

需要说明的是，《海商法》第 27 条规定的"海事请求权转移的，其船舶优先权随之转移"，是不适用代缴港口规费情况的。这是因为行政主体收缴港口规费的请求权根本没有发生转移，法律也不允许该海事请求权转移。在船舶所有人的代理人已垫付了港口规费的情况下，垫付行为使船舶优先权担保的债权得以履行，船舶优先权归于消灭，而不属于船舶优先权转移问题。

3. 代理人垫付港口规费的法律后果

代理人代为履行缴纳港口规费义务，产生两个法律后果：第一，消灭了行政主体与行政相对人之间的缴纳港口规费的行政法律关系；第二，产生了代理人与被代理人之间垫付港口规费的民事借贷法律关系。上述法律后果表明：行政法律关系既然已经消灭，就不可能再存在代理人以行政主体的身份，向行政相对人提出缴付港口规费的请求，进而向当事船舶主张船舶优先权；代理人与被代理人之间垫付规费的法律关系，是普通的债权债务关系，这种民事请求，不是船舶优先权所担保的海事请求。

如前所述，行政主体是特定的，行政客体也是特定的，这是产生上述法律后果的根本原因。没有法律、法规的授权，没有行政机关的委托，代理人是不可能成为行政主体的，即使发生代缴港口规费的行为，也不可能取得行政主体的地位。因此，代理人只能向被代理人主张一般的借贷之债，此债权不属船舶优先权所担保的债权，进而，不能对该船舶行使船舶优先权。

八、垫付船员工资是否享有船舶优先权

船员工资的请求权是给付请求，属于民法上的债权请求权。根据《民法典》第 545 条，债权人可以转让合同权利给第三人，但依照法律的规定不得转让的除外。《民法典》第 535 条规定了债权人可以向人民法院请求以自己的名义代位行使债务人的债权，但该债权专属于债务人

---

① 最高人民检察院法律政策研究室编．中华人民共和国现行法律法规及司法解释大全．北京：中国方正出版社，2002：4304.

② 参见《行政诉讼法》第 26 条。

自身的除外。可见，《海商法》第 22 条船舶优先权所担保的 5 项债权，前 3 项都是不可转让的，因此，也就不会出现《海商法》第 27 条规定的“海事请求权转移的，其船舶优先权随之转移”的情况。只有第 22 条规定的第 4 项和第 5 项债权是可以转让的，当发生转让时，其船舶优先权随之转移。《民法典》第 1181 条第 2 款规定：“被侵权人死亡的，支付被侵权人医疗费、丧葬费等合理费用的人有权请求侵权人赔偿费用，但侵权人已支付该费用的除外。”这一规定并不表明人身伤害请求权是可以转让的，只是规定了垫付医疗费、丧葬费的人获得了向侵权人的请求权，这是一般的债权，不属于船舶优先权。

航运实务中，期租出租人没有按期支付船员工资，此船员工资债权属于船舶优先权担保的债权。即使期租承租人为了防止船员行使船舶优先权扣船，影响其船舶经营，主动或受托为出租人垫付了船员工资；即使法律允许该债权转让，这仍然不是船员工资债权的转让，因为该转让是当事双方合意的结果。因此，此种承租人代付工资的法律后果，不取得船员地位从而产生船舶优先权，而只是产生向出租人的追偿之债。除非法律允许该债权可以转让（根据上述分析是不允许的），且承租人与船员达成权利转让协议，该承租人方可行使船舶优先权。

第三章 船员

基础知识

船员（crew，seamen）是个特殊的劳动群体，需要（法律）特殊的保护。[①] 各国海商法或船员法都有专门规定，以明确船员的法律地位、职责、资格和任用事项等。我国目前尚未制定“船员法”，《海商法》第三章中对船员作了有限的专门规定；2007 年 3 月 28 日，国务院第 172 次会议通过了《中华人民共和国船员条例》（2020 年最后修订），2007 年 9 月 1 日起实行；此外，国家交通主管部门还制定了有关船员的专门规章[②]，对规范船员市场，保护船员权益起到了积极的作用。

一、船员的概念

我国《海商法》第 31 条规定，“船员，是指包括船长在内的船上一切任职人员”。由此可见，我国对船员范围的界定，采用的是将普通船员和高级船员合并规定的方式。有的国家海商法或船员法是将船长、船员视为两个概念，因为二者的法律地位是有区别的。[③]

《海商法》第 32 条规定，船长、驾驶员、轮机长、轮机员、电机员、报务员，必须由持有相应适任证书的人担任。第 33 条还规定，从事国际航行的船舶的中国籍船员，必须持有中华人民共和国主管部门颁发的海员证和有关证书。

根据《海商法》第 31、32、33 条的规定，要构成我国《海商法》意义上的船员，需具备

---

① 引自《海难事故后公平对待海员指南》，2007 年国际海事组织第 91 届法委会审议通过。

② 《中华人民共和国船员条例》已于 2007 年 3 月 28 日经国务院第 172 次常务会议通过，2007 年 4 月 14 日国务院令第 494 号公布，自 2007 年 9 月 1 日起施行。

③ 对船员的范围，各国规定不尽相同，概括起来，有两种类型：一种是以日本、德国为代表的合并规定方式，即把船长（captain or master）和其他各级、各类海员（crew）统称为船员。例如《日本船员法》第 1 条规定，船员是指在船上服务的船长、船员及其预备船员。《德国商法典》第 481 条规定，船员是指船长、船舶职员、船舶属员及所有在船上的其他成员。另一种类型是以英、美为代表的分别规定方式，即对船长、船员分别加以规定。

三个条件：

（一）取得船员资格

船员是一种专业技术和技能要求较高的职业，必须通过全国统一考试方可取得船员资格，并上船工作。

《海商法》第33条规定，从事国际航行船舶的中国籍船员，必须持有海员证和通过考试取得相关证书；欲任职高级船员，还必须按第32条的规定，通过相应的资格考试，达到法律规定的统一标准，获得相应的适任证书。

（二）受船舶所有人聘用或雇佣

国际上对船员的使用，有聘用制和雇佣制两种形式。采取聘用制的国家，将船员视为船舶所有人的职员；而采取雇佣制的国家，则将船员视为船舶所有人的雇员，这只是称谓的不同。从法律的层面上看，他们都属于船舶所有人的受雇人。从船员资格角度看，受船舶所有人的聘用或雇佣都是一个必备的条件。那些虽然具有船员证书，但并未被船舶所有人聘用或雇佣的人，不能称其为船员。《海商法》使用“任职”一词，是起草时考虑到我国在进行用人体制的改革，有意使用中性词，包含了聘用制和雇佣制两种形式。

（三）服务于船上

船员为履行劳动合同，必须是服务于船上的人员。船舶的修理人、代理人虽然为船舶服务，但不是服务于船上，即使临时在船上从事修理的人员，因不是为履行劳动合同，也不能视为船员；旅客虽然在船上，但不工作，因而都不是船员。船公司的其他职员虽然也受船舶所有人的聘用或雇佣，有的还可能具有船员资格证书，但只是在船公司从事经营管理或其他工作，并非服务于船上，这样的人也不能作为船员对待。

作为一名船员，必须同时具备上述三个条件。之所以这样要求，目的在于明确船员的法律地位，凡不具有船员资格的人，便不能享受海商法或船员法中规定的船员权利，也不承担相应的义务和职责。

二、船员的种类和职责

对船员也可以从不同的角度进行划分，如按船舶的用途，可分为商船船员、渔船船员、公务船船员等；按船员所服务的船舶的航行区域，分为海船船员和内河船员；还可以按职务划分为：船长、高级船员（国外称船舶职员）和普通船员（国外称部员）；按是否受雇于特定船舶上任职可分为船员和预备船员。其中较有意义的划分应该是按职务进行的分类，按职务上的分工可作如下分类[①]：

按工作内容的不同，在船的任职船员还分为，船长、甲板部船员、轮机部船员和无线电人员，甲板部船员包括驾驶员和值班水手，驾驶员包括大副、二副、三副。轮机部船员包括轮机员和值班机工，轮机员包括大管轮、二管轮、三管轮；无线电人员包括一级无线电电子员、二级无线电电子员、通用操作员。这些人员所从事的工作与船舶的航行有直接关系，所以是法定的职员（licenses）也即船舶职员或值班人员。除此之外，还有政委、管事等船上劳动人员。

船长是全船的最高负责人，对船舶的驾驶和管理全面负责。

---

① 王秀芬．船员法研究．北京：法律出版社，2009：63.

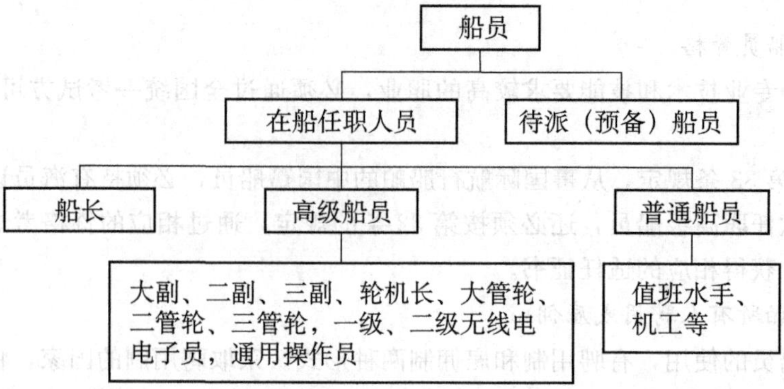

政委是船上的政治领导者，其主要职责是保证党和国家各项方针政策在船上得以贯彻执行，并负责全体船员的思想政治工作。

大副是船长的第一代表人，领导驾驶员的工作，又是甲板部船员的负责人。

轮机长是轮机部的负责人，在船长的领导下，负责轮机部的技术和管理工作。

管事是事务部负责人，负责船员的伙食、供应，以及接待等后勤工作。

根据船员职务规则，各级、各类船员必须具备与其职务相适应的技术能力。

三、船员资格的取得

由于海上劳动的特殊危险性和船舶技术的专业性和复杂性，船员职业是需要许可的行为，即需要持有适任证书。按我国《行政许可法》的规定，这类许可称为“认可”，认可是许可机关对申请人是否具备特定技能的认定。公民、法人或其他组织为公众提供服务，所从事的工作直接关系公共利益。因而国家要求从事这些职业或行业的公民和组织具备特殊的资格和条件。

船员的从业资格许可，也即船员的考试发证属于以公民个人为对象的执业资格的许可。许可证统称为“船员适任证书”。对此，交通部依据 1978 年 6 月 7 日国际海事组织（IMO）《1978 年海员培训、发证和值班标准国际公约》（International Convention on Standards of Training，Certification and Watch keeping for Seafarers，1978；以下简称 STCW 公约）在 2004 年制定了《海船船员适任考试、评估和发证规则》，并于 2013 和 2017 年进行了修改，2004 年 12 月 29 日通过了《中华人民共和国内河船舶船员适任考试发证规则》并于 2010 和 2015 年进行修改，使船员考试工作走上了规范化、制度化的轨道。2020 年 7 月 6 日，交通运输部发布《中华人民共和国海船船员适任考证和发证规则》（2022 年修正，以下简称《发证规则》）。前述规则同时被废止。

《发证规则》对各级、各类船员的考试，证书的印制、颁发、签证和换证，船员的专业训练与特殊培训等，均作了详尽的规定。船员考试发证机关是各级海事局。

按《发证规则》的规定，船员适任证书按航区分为无限航区和沿海航区。“无限航区”系指海上任何通航水域，包括世界各国的开放港口和国际通航运河及河流。“沿海航区”系指中国沿海的港口、内水和领海以及国家管辖的一切其他通航海域。船员职务分为参加航行和轮机值班的船员、不参加航行和轮机值班的船员。

作为许可的监督措施，法律又规定了船舶所有人的责任，也就是船舶所有人必须依法配备经考试取得法定适任证书的船员。如《船舶最低安全配员规则》(2018 年修正，以下简称《配员规则》) 第 5 条规定："船舶所有人（或者其船舶经营人、船舶管理人，下同）应当按照本规则的要求，为所属船舶配备合格的船员，但是并不免除船舶所有人为保证船舶安全航行和作业增加必要船员的责任。" 这是因为海上劳动的特点决定船公司不能像陆上企业那样，根据自己的需要任意雇用本企业的员工，必须根据法律的规定配备合格的船员，否则，不但要惩罚船员本人，对所在企业，也要进行处罚。如《海上海事行政处罚规定》第 31 条规定："违反《海上交通安全法》第七条的规定，未取得合格的船员职务证书或未通过船员培训，擅自上船服务的，依照《海上交通安全法》第四十四条的规定，处以下列数额的罚款……" 第 34 条规定："违反《海上交通安全法》第六条的规定，船舶未按照标准定额配备足以保证船舶安全的合格船员，依照《海上交通安全法》第四十四条的规定，处以下列行政处罚……"

船员受雇于船舶所有人，在一艘船上工作，就是要在船上担任一定的职务。虽然中国没有船舶职员法的规定，但是根据《发证规则》、《配员规则》及《船员条例》的规定，可以看出，我国船员的职务分为：船长、大副、二副、三副、高级值班水手、值班水手；轮机长、大管轮、二管轮、三管轮、电子电气员、高级值班机工、值班机工、电子技工；一级无线电电子员、二级无线电电子员、通用操作员、限用操作员。但并不是每艘船舶都要配全套职务的船员，如未满 100GT 的船舶，只配备驾驶员（国际航行船舶为船长）1 人就可以了。

四、船员的配备

船员的配备是指为保证船舶安全航行，为船舶安排一定数额的合格船员。船员的配备包括两个方面的内容：一是指为船舶配备的总的船员定额，二是指船上配备持有职务证书的船员的数额。关于船舶定员问题，目前在国际上尚无统一的标准。国际海事组织曾试图统一全球船员配备标准，但由于各国经济和社会制度不同，加之船舶类型各异，技术标准不一，此项工作未能取得成功。目前，各国只能根据本国的情况，从维护航行安全的角度，确定船舶定员。为了确保船舶在航行和停泊时配有足以保证船舶安全的船员，保证海上生命和财产的安全，防止水域环境污染，我国交通运输部依据《海上交通安全法》、《内河交通安全管理条例》(2019 年修订）和我国已加入的有关国际公约，制定了《配员规则》。

五、船员的权利和义务

我国目前尚无"船员法"，有关船员的权利义务，《海商法》第三章、《船员条例》及我国批准的《2006 年海事劳工公约》都有规定。船员权利分为基本权利和一般权利，基本权利包括：结社自由和有效承认集体谈判权利、消除所有形式的强迫和强制劳动、有效废除童工劳动、消除就业和职业方面的歧视。

具体权利主要有：要求工作场所安全权、船上生活条件保障权、工资报酬请求权、病残医疗费、补助金请求权、遣返权、保险赔偿金请求权、退休金请求权、丧葬费和抚恤金请求权。

船员在船工作期间要遵守下列纪律。

第一，在船的义务。船长、高级船员在航次中，不得擅自辞职、离职或者中止职务。

船长、高级船员在航次中应持续担任其职务，不得擅自辞职、离职或者中止职务。"不得擅自”并非“不得”。船长、高级船员如果经申报获准，或受公司、有关监管部门和其他有权者的指令，并且与接任者办理完毕交接手续，再行辞职、离职或者中止职务，就不属于“擅自”的情形。

这一规定旨在保障船舶最低安全配员和正常值班，保证船舶运输生产正常运转；对于促进船员诚信履约、约束船员的非分要求或失信行为，也有一定的作用。

普通船员对航行安全、运输生产的影响较小，补充较容易些，法律没有对普通船员设定与船长、高级船员同等严格的义务。普通船员的辞职、离职或者中止职务，并不因为本条没有提及而可以任意而为，而是应依照其他规范、企业内部管理规定办理。

要完整地执行一次航行任务——例如将旅客、货物从一个港口运送至另一个港口——计为一个航次，从始发港到目的港的途中停靠、挂靠第三港的，亦包括在该航次以内。辞职指辞去职务，离职指离开服务船舶不再任职，中止职务指职务虽未解除却暂不实际履行。

第二，携带证书。中国籍船员携带船员服务簿、适任证书、海员证，外国籍船员携带该等相应证件及就业许可证，不适用的除外。这些证件表明持证人的职业身份、国籍、参加航行和轮机值班的任职资格，以及外国籍船员获准在中国籍船舶上工作。它们必须是合法有效的。

第三，熟悉业务。船员要掌握本船适航状况、预定航线通航保障情况以及有关航区气象、海况等。对于高级船员特别是船长，该项要求尤为重要。为了心中有数地做好开航前准备、航行中应对，他们确应掌握这些必不可少的信息。开航不可盲目冒险，遇事不会慌张失措。

第四，遵守操作规程。船员要遵守水上交通安全和防治船舶污染的规定，遵守船舶安全操作规程，遵守船上的管理制度和值班规定，按照各项法规性、技术性的规则操纵、控制和管理船舶，如实地、规范地填写航行日志、轮机日志、电台日志、油类记录簿、垃圾记录簿、货物记录簿等船舶法定文书。

第五，参加演习并提高应变能力。要求船员严肃认真地参加船舶消防、救生、堵漏、防污、弃船以及其他项目的应急训练、演习，切实锻炼和提高应变技能。船舶应急部署的要求是强制性的，船员应该按照这些要求落实各项应急预防措施，以备迅速有效地应急应变。

第六，报告义务。要求船员遵守船舶报告制度（无论是强制参加的，还是自愿参加的），直接或可通过合适的第三者向有关部门及时地、准确地报告本船动态，所发现或者发生的险情、水上交通事故、水域污染事故、保安事件，以及航标异位、漂流物、障碍物等影响航行安全的其他情况。报告包括常规的和非常规的。

第七，救助义务。船员要在不严重危及自身安全的情况下，尽力救助遇险人员，海上交通安全法、海商法、内河交通安全管理条例和有关国际海事公约也有相同或相似的规定。对于船员，救助水上遇险人员是全球普适的法定义务，这是基于海上劳动的特点，规定的体现人道主义精神的法律义务。

第八，不得私运货物。船员不得利用船舶私自搭载非经申报获准载运的或非客货运输合同项下的旅客、货物，不得携带枪支弹药、毒品和其他违禁物品，以保证船舶及船上人员、货物的安全，限制船员谋取不当利益或非法利益。

第九，服从长上命令。船长在其职权范围内发布的命令，船上所有人员必须执行。高级船员应当组织下属船员执行船长命令，督促下属船员履行职责。海上劳动的特点决定船员必须有严格的上下级关系，以保证指挥监督的有效性。

船长全面负责船舶的管理和驾驶，是船上职务、地位最高，权力、责任最大的人。船长在其职权范围内发布的命令，船员、旅客和其他在船人员都必须执行。船东本人、船东代表属于在船人员的，也是如此。船长超出其职权范围发布的所谓“命令”，不视为他以船长身份发布的命令，其他人可以不执行。

大副、轮机长、事务部（客运部）主管等高级船员应当组织带领所分管的低职务船员妥为执行船长发布的命令，并督促低职务船员履行好自身职责。下级船员对上级船员依据有关规定所作出的职责安排、指令，有服从、执行的义务。上级船员督导不力造成不良后果的，应负一定责任。

六、船长的法律地位

船长（master，captain）是指依法取得船员资格，取得相应资格证书并受船舶所有人雇佣或聘用，主管船上一切事务的人。STCW公约规定，船长是指挥某一船舶的人。船长是一种特殊的职务，具有特殊的法律地位。我国《海商法》第三章第二节专门规定了船长的权利和职能。

（一）行政指挥和技术管理职能

行政指挥和技术管理职能（function of administrative command and management of technology），是指船长作为船上最高指挥人员，对船上的行政和技术事务所行使的管辖、控制和指导的权利。我国《海商法》第35条规定：“船长负责船舶的管理和驾驶。船长在其职权范围内发布的命令，船员、旅客和其他在船人员都必须执行。”本条规定开宗明义地确立了船长的此种职能：船长负责船舶的驾驶和管理事务。在日益强调海上安全和海洋环境保护的今天，船舶航行安全和防止船舶污染海洋是船长的重要职责。

船长的指挥和管理船舶的法定职能，是不受外来因素影响的。例如在引航的情况下，船长驾驶船舶和管理船舶的责任不能因引航员的介入而解除，即使在强制引航的情况下，也是这样。虽然引航员在履行职务时，应尽谨慎之责，保证船舶安全，但他并不取代船长的地位，此时船上的最高指挥员仍然是船长。法律作出此种规定的意义是：一旦船舶因引航员引领船舶的过失造成损害，其责任仍然由被引领船舶的所有人来承担。从这个意义上来说，船长驾驶和管理船舶的职能是绝对的。

（二）准司法职能

船长的准司法职能是指制止违法、防止犯罪、维护船舶安全和秩序职能。海上环境的特殊性，决定了制止船上违法、犯罪、维持船舶治安的任务只能赋予船长。如果法律不赋予其此种权力，其拘捕犯罪嫌疑人的正当行为就有可能被指控为非法拘禁，触犯刑律。因此，法律将部分准司法权赋予了船长，使其行使此种权利有了法律依据。

我国《海商法》第36条规定：“为保障在船人员和船舶的安全，船长有权对在船上进行违法、犯罪活动的人采取禁闭或其他必要措施，并防止其隐匿、毁灭、伪造证据。”这一规定，即是船长的准司法职能的一种具体体现。值得注意的是，船长所享有的准司法权属于一种有限制的权力，船长无权对案件进行实质性的处理，他在有效地阻止了犯罪活动以后，应该在条件具备的时候，将犯罪嫌疑人连同有关证据一起移交给有关当局处理。根据《海商法》第36条第2款的规定，船长在对违法、犯罪活动的人采取禁闭或者其他必要措施以后，应当制作案情报告书，由船长和两名以上在船人员签字，连同犯罪嫌疑人送交有关当局处理。这里所说的有关当局，在习惯上可以理解为船舶最初到达港口的中华人民共和国公安机关；如果船舶在国外，则是指中华人民共和国驻当地的使、领馆。

（三）公证职能

船长的公证职能（function of notarization）是指船长对某种法律行为或者具有法律意义的文书、事实，证明其真实性与合法性的一种权利。公证作为国家司法制度的组成部分，从法律上讲只能由公证机关来行使，但由于船舶在海上航行期间，也会发生诸如自然人出生或死亡等事件，此类事件将产生一定的法律后果，例如，在婴儿出生的情况下涉及国籍的取得；在人员死亡的情况下，可能会影响到财产继承的问题。如果此类事件一律等到国家公证机关进行公证，由于时过境迁，可能影响到公证的可靠性。所以，法律赋予船长部分公证权。

我国《海商法》第37条规定："船长应当将船上发生的出生或者死亡事件记入航海日志，并在两名证人的参加下制作证明书。死亡证明书应当附有死者遗物清单。死者有遗嘱的，船长应当予以证明。死亡证明书和遗嘱由船长负责保管，并送交家属或者有关方面。"这里所说的有关方面可以是最初到达的中华人民共和国港口的海事机关，也可以是驻外国港口的中华人民共和国的使、领馆。

船舶在航行中发生人员死亡事件，如果距离下一停靠港的航程较长，尸体无法保管，为维持船舶卫生，防止疫病发生，船长可以按照航海惯例，为死者举行海葬，并在死亡证明书上加以注明。我国《海商法》对海葬问题未作规定，主要是考虑到此种做法是一种航海习惯，没有规定的必要。

（四）应变职能

应变职能（function of meeting an emergency）是指船长在急迫情况下，为了维护船舶、船上人员及其所载货物的安全而采取非常措施，以应对突然事件的权利。

《海商法》第38条规定："船舶发生海上事故，危及在船人员和财产的安全时，船长应当组织船员和其他在船人员尽力施救。在船舶的沉没、毁灭不可避免的情况下，船长可以作出弃船决定；但是，除紧急情况外，应当报经船舶所有人同意。弃船时，船长必须采取一切措施，首先组织旅客安全离船，然后安排船员离船，船长应当最后离船。在离船前，船长应当指挥船员尽力抢救航海日志、机舱日志、油类记录簿、无线电台日志、本航次使用过的海图和文件，以及贵重物品、邮件和现金。"

《海商法》的上述规定，表明船长的应变职能包括如下几个方面的内容：

1. 有权作出弃船的决定

在船舶沉没、毁灭不可避免的情况下，船长有权作出弃船的决定。这是海上特殊环境决定的，船长身临事故现场，凭借丰富的航海经验，有能力对事故的危险程度作出正确的判断。但是，除紧急情况外，应当将弃船决定报经船舶所有人同意，这一规定，在有些情况下，可能不利于船长果断采取措施，因为何谓"情况紧急"，站在不同的立场，有时判断的结果是不同的。国际海事组织（IMO）A443号决议，赋予船长的应变职能是一项绝对的权利，不附任何条件。

2. 对货物或物品的处置权

当发现有人未经批准而将易燃、易爆、有毒物品或其他危险物品带上船舶，船长有强制保管和将其丢弃的权利。若发现船上所载货物属于危险品、污染品或在运输中为装货港、卸货港、挂靠港或任何地方、水域的任何法律或规章所禁止，船长有权决定如何处置货物，卸岸或投弃入海，或采取使之无害的其他措施。即使危险货物是经过承运人同意而装上船舶的，一旦发现它们对船舶构成危险，船长可以采取同样的处理措施而不予赔偿。

3. 采取一切措施救助人命

船舶发生海上事故，危及船上人员安全时，船长应采取一切措施，尽力施救；弃船时，应按旅客、船员、船长的顺序离船。这是法律作出的强制性规定。

4. 保存证据

船长在离船前，应当指挥船员尽力抢救航海日志、机舱日志、油类记录簿、无线电台日志、本航次使用过的海图和文件，以及贵重物品、邮件和现金。

5. 事故报告书

船长应当将发生的事故做成事故报告书，载明事故详细经过，报送事故发生后最初到达的中华人民共和国港口的海事机关。若事故发生在国外，应当报送就近的中华人民共和国使、领馆，但事后仍须向船籍港的海事机关递交海损事故报告书。海损事故报告书应当附有事故发生时的两名以上在船船员或知情旅客的书面证明。

上述第3、4、5项内容，与其说是船长的职能，不如说是船长的义务。

（五）代理职能

船长的代理职能（function of agent），是指船长以船舶所有人或承运人的名义，在法律规定或授权范围内，同第三人发生民事法律行为，并将产生的民事权利和义务直接归于船舶所有人或承运人承受的一种权能。

在传统的海商法中，为船舶、货物或航行的需要，船长可以作为船舶所有人或货主的代表签订有关合同，在有关船舶、货物和运费的诉讼中，如果在当地没有船舶所有人和货主的其他代表，经特别授权，船长还可以代理起诉和应诉。此外，在航次中，为了使船舶恢复营运能力，急需现金修理船舶，补充船舶用品和维持船员给养，在来不及等待船舶所有人的指示时，船长有权出卖除特殊设备以外的多余船舶用品（不包括船员必需的食品或者货物）。

在现代航海中，由于发达的通信技术，船舶代理人制度的逐步完善，许多问题可以由船舶所有人自行解决或委托船舶代理人处理。所以，船长的代理权限受到了一定的限制。在现代海商法中，可以查找到的船长代理权，一般仅限于签发提单和签订救助合同。

船长的上述职能决定了船长处于十分重要的法律地位。若船长在航行中死亡或者因故不能执行职务时，应由驾驶员中职务最高的人代理船长职务，船舶在下一个港口开航前，船舶所有人应当指派新的船长接任。

七、《2006年海事劳工公约》

国际劳工组织（International Labour Organization，ILO）自1920年至1999年，80年间共召开9次专门涉及商船船员的海事大会，通过了40个有关船员的国际公约，29项建议书和1项议定书，涵盖有关船员的招募、安置、最低年龄、工作时间、安全、卫生、福利、劳动监察和社会保障等广泛的问题。

（一）海事劳工公约产生的背景

由于国际劳工组织未及时对上述公约进行修订和更新，加之公约内容过于具体，为某些国家的批准制造了障碍，所以，ILO通过的海事公约批准率很低。为规范海上劳动关系，急需制定一项适用于整个海运业的全球性劳工标准。为此，国际劳工组织于1995年，成立了由船东、船员、政府三方代表组成的工作组，协调制定新的国际海事劳工公约。

工作组成立以来，先后召开十多次会议，逐项审查了所有交付的文件，提出了修订、废止旧公约、倡导批准新公约的建议，并于2004年起草了《综合海事劳工公约》。2006年2月，国际劳工组织召开第94届国际海事劳工大会，就公约草案文本达成了广泛一致，大会最后以314票赞成，0票反对，4票弃权的表决结果，正式通过了《2006年海事劳工公约》。新公约表达了各国政府、船东和海员的共同愿望，该公约已于2013年8月20日生效。中国于2015年8月29日第十二届全国人民代表大会常务委员会第十六次会议上批准该公约。

（二）《2006年海事劳工公约》的主要内容

公约的主体内容由五部分组成。

第一部分，海员上船工作的最低要求。这一部分共三个方面的内容，即最低年龄、体格、能力要求、招募和安置要求。它是在国际劳工组织已有的相关国际公约的基础上编纂而成。[①]该部分通过规定对船员上船前的最低要求，来保障船员的基本权利，同时保障海上交通安全性。主要内容有：16岁以下的人员不得在船上受雇、受聘或工作；禁止18岁以下的海员在夜间工作；海员在上船工作之前必须持有有效的体检证书，证明其健康状况适合其在海上履行职责。体检证书的最长有效期为2年，色视觉证书的最长有效期为6年。海员上船工作前必须经过培训并取得适任证书。否则，不得在船上工作。所有海员应能够利用不向海员收取费用的有效、合格并负责任的机构寻找船上就业的机会。

第二部分，船员的就业条件。该部分是关于劳动关系内容的规定。包括海员就业协议、工资、工作时间和休息时间、休假的权利、遣返、船舶损失或沉没时对海员的赔偿、配员水平、海员的职业发展和技能开发及就业机会八方面内容。该部分是通过对国际劳工组织的相关国际公约编纂而成的。[②] 其中还涉及《1993年船舶优先权和抵押权国际公约》《1992年（雇主破产）保护工人债权公约》及《1976年保护年青海员建议书》（第153号）的内容。

这部分的内容涉及面很广，主要有：

第一，就业协议。公约明确规定，海员的就业条款和条件应在明确的、可执行的书面法律协议中加以规定或提及，并应与规则中规定的标准一致。关于就业协议，公约要求成员国应保证在悬挂其国旗的船舶上工作的海员，必须有一份经海员和船东或船东代表双方签署的海员就业协议。同时要求船东和海员应各有一份海员就业协议的副本，成员国应通过法律和法规，具体规定受其国家法律约束的所有海员就业协议需要包括的事项。通过上述规定以确保海员得到

---

① 相关国际公约是：《1996年海员工时和船舶配员公约》（第180号）、《1946年（海员）体检公约》（第73号）、《1936年高级船员适任证书公约》（第53号）和《1920年海员安置公约》（第9号）。

② 相关公约是：《1926年海员协议条款公约》（第22号）、《1996年海员工时和船舶配员公约》（第180号）、《1976年海员带薪年休假公约》（第146号）、《1920年（海难）失业赔偿公约》（第8号）、《1987年海员遣返公约（修订）》（第166号）、《1976年（海员）连续就业公约》（第145号）、《1921年（海上）未成年人体检公约》（第16号）以及《1996年船上海员工资、工作时间和配员建议书》（第187号）。

公平的就业协议，并通过公约第五部分的劳动监察，保障海员的劳动权利。

第二，工资。公约规定，成员国应保证按不超过1个月的间隔时间或按适用的集体协议，向在悬挂其国旗的船舶上工作的海员支付其应得的报酬。公约还规定了向海员家属支付工资的具体要求，以保证海员及其家属的生活。公约通过导则，对一些重要概念进行定义，比如“基本报酬或工资”“合并工资”；公约对劳动时间和加班费进行了明确的规定，工作时间为每天8小时，每周48小时。加班费率不得低于每小时基本报酬或工资的1.25倍，该费率应由国家法律或条例或适用的集体协议予以规定，以保证海员得到根据就业协议应获得的全额工作报酬。

第三，工作时间和休息时间。公约规定船员的最长工作时间和最短的休息时间。公约要求成员国应通过立法对工作或休息时间作如下限制并进行记录，以备主管机关的监督检查。(a) 最长工作时间应做到：(i) 在24小时时段内不得超过14小时；和 (ii) 7天内不得超过72小时。或 (b) 最短休息时间应做到：(i) 在24小时时段内不得少于10小时；和 (ii) 7天内不得少于77小时。休息时间最多可分为两段，其中一段至少要有6小时，且相连的两段休息时间的间隔不得超过14小时。

第四，休假的权利。本部分是保障海员休息权的规定，这里的休假是指带薪年假。带薪年假的权利应以每服务2个月最低2.5日历天为基础计算，且合理的缺勤不应被视作年假。年假期间的报酬水平应为国家法律或条例或适用的海员就业协议中规定的海员正常报酬水平。对于受雇期短于1年的海员，或在雇佣关系终止的情况下，休假的权利应按比例确定。公共和传统假日，因患病、受伤或生育而不能工作的期间，合同期间准许海员的短期上岸休息，主管当局确认的补休，都不应该计算在假期当中。

第五，遣返。为确保海员遣返，公约规定符合法定条件，海员有权享受遣返而不支付费用。特别强调船东对其船舶应提供财务担保以确保海员根据守则得以合理遣返。除非海员出现严重失职而被遣返，否则，不论何种情况，均不得向海员收取遣返费用。

第六，船舶损失或沉没时对海员的赔偿。为确保海员在船舶灭失或沉没时得到赔偿，公约规定，船东应就船舶灭失或沉没造成船员失业，向船上每个海员支付赔偿。赔偿总额可限于2个月的工资。

第七，配员水平。为保证船员的休息时间和海上安全，公约对船舶的配员进行规定，公约中关于配员水平的规则和相关规则规定反映了这样的观点，即人员配置的概念应该超出航行安全的范围，也应该反映对海员疲劳、对船上安全事项的关切以及要照顾到海员在船上餐饮服务部门工作之要求的需要。

第八，职业技能发展和就业机会。海上工作的辛劳性与其所要求的劳动能力的多样性，决定了海运业要给海员以充分的职业发展空间，以吸引劳动者乐于从事该职业，同时也需要给海员以足够的条件，使其能获得培训和学习的机会，以保证劳动能力的提高。

第三部分，起居舱室、娱乐设施、食品和膳食。

公约对涉及船员生活设施方面的房间和其他起居舱室空间的尺寸、位置，取暖和通风，噪音和振动及工作场所中的其他环境因素，卫生设施，采光和照明，医务室、娱乐室等作出了明确而具体的规定。这些规定充分反映了新公约适应经济发展要求，提高船员生活标准的特点。

上述公约涉及的船舶硬件设施的内容要纳入该公约第五部分的监督检查项目之中，通过切实的监督措施，确保海员能够获得公约要求的工作条件和生活条件。

第四部分，健康保护、医疗、福利和社会保障保护。这一章规定了五个方面的内容，即船上和岸上医疗、船东的责任、卫生与安全保护及事故预防、获得使用岸上福利设施、社会保障。本部分由涵盖船上和岸上事项的范围广泛的国际劳工标准的实质内容所构成，包括医疗的获得及其财务责任，职业安全和卫生以及岸上福利。该部分还对促进社会保障的保护采取了现实的做法，以免妨碍公约的广泛批准。

第五部分，遵守与执行。

公约第五部分规定将遵守与履约义务，赋予了船旗国、港口国和劳工提供国；并分别规定了船旗国的责任、外国港口的监察（港口国的管制措施）和规则，以及提供船员到船上工作的国家的责任。

专题研讨

一、船员劳动合同

（一）船员劳动合同的概念和特征

船员劳动合同（crewing agreement）是指船员与船舶所有人、船舶经营人为建立劳动关系而达成的书面协议。在我国，长期以来实行的是聘任制的用人形式，即对普通船员采取直接聘任，而对高级船员则首先通过考试取得适任证书，然后由船舶所有人根据需要，决定是否聘任并委任其相应的职务。近年来，随着经济体制改革的不断深化，多数船公司对船员的任用都采取了合同制的做法，并且，由于船员劳务出租业务的开展，签订劳务出租合同的做法也日趋普遍。如何通过签署船员劳动合同，保护船员的合法权益，这是研究船员法的重要内容，也是《海商法》修改“船员”一章时应该考虑的重要内容。

目前，我国船员劳动合同具有下列特征：

1. 签约方式的从属性

一般民事合同是双方当事人意思表示一致的产物，即双方在平等、自愿的基础上单独订立合同，而我国的船员劳动合同，一般是由船员向劳动服务机构提出申请，然后由劳动服务机构与船舶所有人或经营人直接签订。由于船员没有直接与船舶所有人签订劳动合同，劳动服务机构的中介人成了劳动合同关系的当事方，结果产生了许多法律纠纷（详见本章专题研讨：“二、船员劳动中介制度的思考”）。

2. 船员权利的专属性

一般民事合同，当事人对自己的权利有处分的权利，但船员劳动合同中的船员权利，当事人自己不能任意处分。例如在船员劳动合同中，双方当事人都不得将自己的权利转让给第三人。

3. 合同内容的强制性

船员劳动合同的内容主要指当事人的权利、义务，其中大部分是由各种法律强制规定的，除了与普通劳动合同一样，受到劳动法、环境保护法、社会保险法等法律约束外，还特别受到《船员条例》以及《2006 年海事劳工公约》等的约束。当事人不能随意更改这些内容。

（二）船员劳动合同的国际立法

为调整因船员劳动合同而发生的社会关系，保障船员合法权益，1926 年 6 月 7 日，国际劳工局理事会在日内瓦举行了国际劳工组织第九届全体大会，会议于 6 月 24 日通过了《海员协议条款公约》(Convention Concerning Seamen's Article of Agreement)，公约于 1978 年 4 月 4 日生效。当时的中国政府批准了该公约。1984 年 6 月 11 日，中华人民共和国外交部长致函国际劳工局局长，承认当时中国政府对包括该公约在内的 14 个劳工公约的批准。鉴于我国是《海员协议条款公约》的缔约国，在有关的船员立法中，自然应该遵循该公约的基本规定。

有关船员雇佣或劳动合同方面的国际立法，除上述公约之外，还有如下一些主要国际公约：《1921 年觅雇海员便利处所公约》《1921 年确定准许儿童在海上工作的最低年龄公约》《1920 年船舶失踪或沉没解雇赔偿公约》《1921 年确定准许雇佣未成年人充任扒炭工或司炉工最低年龄公约》《1921 年海上雇佣儿童及未成年人的强制体格检查公约》《1926 年船舶司厨发证公约》《1926 年海员遣返公约》《1936 年船长及高级船员技能最低要求公约》《1936 年船舶工作时间及配员公约》《1936 年船舶所有人对海员疾病、伤害或死亡应负责任公约》《1936 年海员疾病保险公约》《1946 年海员退休金公约》《1946 年船舶船员伙食公约》《1949 年海员休假公约》《1949 年船舶船员起居处所公约》《1958 年海员证公约》《1964 年海员体格检查公约》等。

国际劳工组织（ILO）自 2001 年起，经过近五年的努力，整合并修订了自 20 世纪 20 年代以来的现有 ILO 六十多个公约及建议书，形成了一本综合海事劳工公约，并于 2006 年 2 月 23 日在日内瓦举行了第九十四届大会暨第十届海事大会，会上以 314 票赞成、0 票反对、4 票弃权的绝对多数通过了《2006 年海事劳工公约》（Maritime Labour Convention，2006），并于 2013 年 8 月 20 日正式生效。我国于 2015 年 8 月 29 日，第十二届全国人民代表大会常务委员会第十六次会议通过批准加入该公约，于 2016 年 11 月 12 日对我国生效。这项被称为全球海员的“权利法案”，将与国际海事组织（IMO）的《国际海上人命安全公约》《国际防止船舶造成污染公约》《STCW 公约》一道，构成世界海事法规体系的四大支柱。

二、船员劳动中介制度的思考①

随着船员劳动力市场的形成与发展，特别是外派劳务市场的兴起，船员劳动中介机构在船员的劳动就业中发挥着重要的作用。然而，对于现行船员劳动中介制度的性质、从事船员劳动中介的机构的法律地位、船员劳动中介机构与其他关系方之间所形成的法律关系等问题，我国目前的《劳动法》只解决了“境内”的劳动合同关系②，对于外派船员的劳动合同关系仍缺乏明确的法律规定，而理论界对此也鲜有研究。此种情况产生的后果是：一方面，在司法实践中，对于同样性质的问题，不同的法官可能会作出不同的判定。另一方面，船员劳动中介机构违规操作时有发生，轻则使其与船员发生各种各样的纠纷，重则使船员的合法权益受到严重侵害却得不到及时有效的保护。最突出的当属船员工资问题，由于船员与中介机构签有船员雇佣合同，不直接与雇主签订合同，所以，当中介机构拖欠船员工资时，船员能否对其服务的船舶行使船舶优先权？船舶所有人的抗辩是，其已经根据与中介机构的雇佣合同将工资按期支付了，不拖欠任何人的工资。结果船员的权益无法得到法律的有效保护。这些问题，引发我们去思考船员劳动中介制度的许多深层次问题。

---

① 本专题资料取自蒋跃川的硕士学位论文，内容有修改和补充。
② 参见《劳动法》第 2 条。

（一）船员劳动中介机构应然的法律地位

目前，在我国，从事劳动中介业的既有政府部门举办的非营利性机构，如我国劳动行政部门举办的职业介绍机构等，又有其他法人或个人组建的以营利为目的的组织，如各种劳务中介公司等。在劳动中介机构的参与下，劳动力的交换变得更为容易、经济和快捷。然而，无论在什么情形下，劳动力的交换双方都只能是劳动力的所有者——劳动者和劳动力的使用者——雇主，他们在劳动力的交换过程中形成一种特殊的社会关系——劳动关系。而对于任何他人，由于不能取得劳动力的“所有权”，也不能基于“使用”之外的其他目的而直接占有劳动力，所以，不能成为劳动力交换关系中权利义务的直接享有者或承担者。他们与上述劳动关系的双方——劳动者和雇主之间所形成的关系，虽然对劳动力的交换起到了积极的促进作用，但它们本身却不是劳动力的占有或交换关系，因而，此种关系肯定不属劳动关系的范畴。

所以，一切劳动中介机构既不应也不能成为劳动合同法律关系的主体。它的作用主要体现在两个方面：（1）提供劳动力市场中的有关信息；（2）为双方达成交易充当媒介。此时，它可能仅与其中一方订有合同，为这一方提供信息或寻找适宜的交易对象；也可能与双方都订有合同，同时为双方提供信息或直接为他们达成交易牵线搭桥。而它也正是根据与双方签订的合同获取它发挥上述作用所应得的报酬。这种报酬是对它在上述劳动力交易过程中所付出的劳动的回报，与劳动力本身无关。当劳动力的交易完成，交易方给予其相应报酬之后，它与交易双方的关系便告结束，此后，它不应再从上述交易中取得其他任何回报，因为，它为上述交易所做的一切已经完成，并已经得到了相应的给付。

通过比较和分析我们会发现，劳动中介机构与劳动力交易双方的合同具有中介合同的性质。《民法典》第961条规定，“中介合同是中介人向委托人报告订立合同的机会或者提供订立合同的媒介服务，委托人支付报酬的合同”，上述合同显然符合法律的这一规定的所有要件。因而，劳动中介机构与劳动力的交易双方之间实应是一种中介合同关系，船员劳动中介机构与船员劳动力的交易双方——船员与船舶所有人之间的关系同样如此。

所以，船员劳动中介机构不应是劳动力的占有、使用和交换关系的主体，船员劳动力的交易以及因此而形成的船员劳动关系所包含的权利义务内容应与它无关。它就如同化学反应中的催化剂，虽促使了反应的生成，但其本身并没有进行反应。这就是船员劳动中介机构应然的法律地位。

（二）船员劳动中介机构的实然地位

然而，在现实的外派船员业务中，我们看到的却是这样一种情形：船员劳动中介机构与它所“服务”的船员都订有一纸所谓“聘用合同”（其名称甚多，如“船员聘用协议”“船员劳务合同”或者“船员劳动合同”等）。同时，中介机构与船舶所有人也订有一份合同，此合同的称谓也是多种多样，诸如“船员雇佣合同”“船员劳务出租合同”等。对于第二份合同，我们仔细考察其内容，其大多是船员劳动中介机构为船舶所有人提供（配备）一定数量、一定条件的船员，以及与此相关的权利义务等内容的约定。其核心是一方为另一方提供船员，故此，笔者认为，称此种合同为“船员供应合同”更为贴切。通过这两份合同，船员与船舶所有人之间最终实现劳动力的占有和使用权的让渡。但由于船员与船舶所有人之间并不存在直接的雇佣合同关系，致使他们之间的关系，在实践中缺乏统一的认识。现在的司法实践一般认为二者之间虽不存在直接的合同关系，但却存在事实上的合同关系。如此解释，虽有利于保护船员的权益，但终有牵强之嫌。船员劳动中介机构通过与船员及船舶所有人分别订立的合同，取得了占有船员劳动力的权利，并最终将其出卖给船舶所有人。此时，它所赚取的便不再是上述因“提供信息或充当媒介”之劳动而得到的回报，而主要是两份合同所各自约定的船员劳动力的价格差。

此时的船员劳动中介机构已不再是中介的角色，而俨然已成为劳动力交换关系以及因此而形成的劳动关系和劳动合同关系的参加者。对船员来说，似乎中介机构才是他的雇主，通过所谓的“船员聘用合同”，他已将其劳动力的占有和使用权让渡于中介机构。他能够上哪条船舶服务，服务多长期限，都得听从中介机构的安排。而他能获得多少报酬，在什么时间、什么地点获得，亦大都由中介机构决定。对于船舶所有人来说，虽然司法实践倾向于认定在他与船员之间存在事实上的合同关系，但是，如果船舶所有人已经按其与中介机构签订的“船员供应合同”，如期支付了船员工资，法院能判船舶所有人事实上没有支付工资吗？如是，船舶所有人实际上要面对两份合同，有支付两份工资的义务，这显然不可思议。而对于船员来说，欲行使船舶优先权，定会遇到船舶所有人的抗辩，难以对船舶行使优先权；中介机构虽然拖欠工资，但它并没有可供实现船舶优先权的标的，船员也无法行使船舶优先权，这会使船员处于尴尬的地位。

尤其值得注意的是，对于船员劳动中介机构而言，它并不以使用船员劳动力为目的，却从占有并出卖船员劳动力的过程中获取了利益，这显然与文明社会的本质要求相违背。从 20 世纪 80 年代以来，我国已渐成为世界海员劳务市场中的主要输出国之一，由于船员劳动中介机构可以从中轻易地获取收益，在我国出现了许多有资质和无资质的船员劳动中介公司。甚至有些航运公司自身根本不需要那么多的船员，但为了从船员的劳务输出中牟取利润，大量录用船员，也做起了船员劳动力的中介生意。其结果是，一方面，船员的正当利益受到了不正当的盘剥；另一方面，船员劳动中介机构“一手托两家”，也必会从船舶所有人那里谋求利益。这不仅导致当事人之间纷争不断，而且从长远的角度看，它已严重影响了我国船员的利益，损害了我国船员的声誉，使我国在世界船员劳动力市场中的竞争力受到了影响。

《劳动合同法》虽然在第五章第二节专门规定了“劳务派遣”，明确了劳动合同双方当事人的权利和义务，确立了劳务派遣单位的地位。但是，该法第 2 条明确规定：“中华人民共和国境内的企业、个体经济组织、民办非企业单位等组织（以下称用人单位）与劳动者建立劳动关系，订立、履行、变更、解除或者终止劳动合同，适用本法。”也就是说，关于船员外派劳动合同关系仍然不适用《劳动合同法》。

（三）改革船员劳动中介制度的建议

考察我国现行的船员劳动中介制度产生、发展的历史，我们会发现，造成船员劳动中介制度如今这种状况的原因，既有经济规律的因素，又有政策的因素。从经济规律的角度讲，由于船员劳动力市场本身的原因，船员劳动中介几乎是必然的产物。尤其在我国，船员的供给远远大于国内市场的需求，仅靠船员自己寻求开拓海外劳务市场几乎是不可能的，而目前政府和社会尚未顾及这方面的工作，这就迫切需要船员劳动中介机构的参与。从政策的角度来说，由于我国缺乏完善的社会保障制度，对劳动者的保险保障和福利待遇等，长期以来，在很大程度上依靠企业等用人单位。为确保船员在国内的各项保险保障和福利待遇等“落在实处”，规定船员必须先与船员劳动中介机构建立劳动关系或聘用合同关系，便成了最好的选择。正是在这两方面的因素的影响下，我国的船员劳动中介制度一度对船员劳务市场的形成和发育起到重要的积极作用。

但是，在社会、经济已经取得长足发展的今天，现行的船员劳动中介制度所扮演的角色，已不符合经济规律的要求，也与现行的法律和政策相违背。从经济规律的角度来看，由于船员劳动中介机构的介入，船员劳动关系趋于复杂，引发劳动争议，严重影响了我国发展海员劳务的输出。从现行的法律和政策来看，已有的法律不能有效地保护船员权益；随着我国社会保障制度的逐步建立和完善，完全由船员雇佣单位承担劳动者的保险保障和福利待遇的时机已经趋于成熟。

所以，对现今我国的船员劳动中介制度进行重新定位，实属劳动关系的重要改革问题。

从国外的经验来看，承担船员劳动中介业务的，大多为政府部门和社会团体（如海员工会等）设立的非以营利为目的的船员职业介绍机构，或者仅以提供信息等真正意义上的中介为其业务内容的营利性组织，且明文禁止以出卖船员劳动力的方式为船员介绍工作。1920 年国际劳工组织制定的《设立海员职业介绍所公约》① 第 2 条规定，任何个人、公司或者其他机构均不得以一个营利的商业性企业经营海员职业介绍业务；任何个人、公司或者其他机构更不得为海员在任何船上介绍职业而直接或间接收取费用；每个国家的法律应对违反本条规定的任何行为给予处罚。《2006 年海事劳工公约》明确要求成员国，应保证在悬挂其国旗的船舶上工作的海员，必须有一份经海员与船东或船东代表双方签署的海员就业协议。② 该公约第一部分还规定："所有海员应能够利用不向其收取费用的有效、合格并负责任的机构寻找船上就业机会。"《韩国船员法》第 101 条规定，法律不允许任何人根据供应合同提供船员。英国的《1970 年商船航运法》第 6 条规定，任何人不应为了报酬而设法为雇佣海员的人寻求海员或为海员去寻找雇主，任何人不应由于为任何他人雇佣了海员而直接或间接地索取或接受任何报酬。这些立法例都是值得我们借鉴的。

三、ITF 组织及 ITF 标准条款的效力

（一）ITF 组织

ITF（International Transport Workers Federation）即国际运输工人联盟，是一个运输工人工会的国际联盟（民间组织）。该组织由欧洲的海员和码头工会创设于 1896 年 7 月，总部设在伦敦，1904 年迁往德国汉堡，第一次世界大战期间停止活动，1919 年在荷兰的阿姆斯特丹重组，1939 年迁回伦敦。

目前，它的附属工会已遍及全球 110 多个国家和地区，工会数约 450 个。共分 8 类行业：铁路、公路、航空、内陆航运、港口、旅游业的运输工人以及海员和渔民。

ITF 的最高机构是会员大会，ITF 在欧洲、美洲、亚洲、非洲、大洋洲分设大会，并在世界各地设有办事处。

在航运领域，ITF 发动反对方便旗和低工资标准船运动，其目标是：第一，试图消灭方便旗制度；第二，使用政治的、行业的、法律的各种方式，打击低工资标准船，不管什么船旗，力争在其船上实施 ITF 工资标准；第三，维护和提高海事劳工的雇佣状况，不管什么肤色、国籍、性别、人种、信仰，确认海事劳工不受雇主的剥削，捍卫他们维护自身利益的行为；第四，加强工会力量，最大限度地维护团结，以促进 ITF 运动的发展。

---

① 该公约于 1921 年 11 月 23 日生效。

② 公约第二部分"船员就业条件"，参见本章专题研讨"三、ITF 组织及 ITF 标准条款的效力"。

ITF 组织受少数西方发达国家控制，打着维护海员利益的旗号，旨在保护欧美等发达国家的利益。该组织之所以把方便旗船作为其主要的攻击对象，其重要原因，是因为方便旗制度严重地冲击了发达国家的海员就业。为实现其目标，ITF 组织经常以工会的力量，鼓动码头工人、拖轮船员、引航员、代理、理货等，通过怠工、拒绝装卸货物等手段进行制裁。目前，ITF 组织的制裁能力，在大多数国家都不是很强，但在挪威、芬兰、瑞典等北欧国家，ITF 组织受到法律的支持和保护，它们可以组织有效的制裁行动，如扣船、停工、怠工等。1998 年在新德里举行的第 39 届 ITF 大会上，制定了“新德里政策”，把抵制活动扩大到它们认为不符合标准的任何国家的船舶上。2000 年 5 月，一条挪威船东所属挂香港旗的船舶在挪威和丹麦被 ITF 扣留，就是例证。

（二）ITF 工资标准

在 20 世纪 90 年代中期，ITF 标准合约熟练水手的基本月工资是 1 932 美元；整体船员费用协议（TCC Agreement）最低费用，依据船型大小及航行地区而定，每月的工资总额为 13 000美元～33 600 美元，熟练水手基本月工资是 1 200 美元，是 ITF 标准工资的 61%。

（三）我国政府对 ITF 组织的态度

该组织虽经联合国国际劳工组织认可，但属民间组织。我国政府至今尚未承认 ITF 组织，因此，ITF 的任何规定、标准对中国船东、中国旗船舶都不具有法律约束力。但是 ITF 组织的活动不以承认其存在为条件，故作为船东不能无视其存在。据不完全统计，从 1992 年至 2000 年，仅中国远洋运输（集团）总公司（中远）所属方便旗船（不含外派船员）就有几十艘次受到 ITF 组织的检查，十几艘次被罚款或滞留。目前中国远洋海运集团有限公司（简称中远海运集团）所属方便旗船舶基本上都是通过香港 ITF 协调申办 TCC 协议。

在维护国家利益的前提下，我们应该本着“相互尊重，平等对话”的原则，保持与 ITF 组织的接触，尽量减少摩擦，取得理解；针对 ITF 的抵制及打击行动，采取积极的应对措施；同时根据 ITF 新工资标准的要求，随着经济的发展，不断地调整我国船员的工资标准，特别是外派船员的工资标准。

四、船厂“引航员”的法律地位

修船实务中，常常是引航当局的引航员引领被修船舶至船厂外一定水域，然后由船厂引航员（也有称其为“船厂（坞）船长”）登船接替引航当局引航员，将船舶引至修船厂（有可能是从船厂水域引至修船厂）。如果船厂引航员在引领过程中因疏忽，造成被引领船舶的损失应由谁承担责任？它涉及船厂引航员的法律地位问题。

（一）船厂引航员不是法律意义上的引航员

（1）2002 年 1 月 1 日起实施的《船舶引航管理规定》（2021 年修正）第 3 条第 4 项规定，“引航员是指持有有效引航员适任证书，在某一引航机构从事引航工作的人员”；该条第 2 项同时规定，“引航区是指在中华人民共和国沿海、内河和港口为引航划定的区域”；第 3 项还规定，“引航机构是指专业提供引航服务的法人”。

（2）根据上述《船舶引航管理规定》第 3 条第 4 项，船厂引航员既不持有引航员证书，也不在某一引航机构从事引航工作，因此，尽管船厂引航员所提供的服务性质属于引航服务性质，但并非《船舶引航管理规定》所调整的船舶引航。至于将来我国是将船厂引航员纳入海上引航员统一管理，还是像有些国家那样，实行海上引航员与船厂引航员并行的管理制度还有待探讨。① 而且实行并行管理制度时，船厂引航员的资质如何取得，也有待立法明确。②

（3）《船舶引航管理规定》第3条第2项规定，“引航区是指在中华人民共和国沿海、内河和港口为引航划定的区域”。船厂水域是否属于《船舶引航管理规定》的范围？从规范的层面考量，至少是不明确的；从实践的角度审视，船厂水域船厂自引是客观存在的事实③；从管理的角度考察，说明目前我国对进出船厂、船坞的船舶引航，尚处疏于管理的状态。④

（4）《船舶引航管理规定》规范的“引航水域”与“船厂水域”是有区别的：第一，“引航水域”是国家体现行使引航主权的特定水域，“船厂水域”没有这一功能，因为在船厂引航员引领之前，体现国家主权的引航已经发生，正因如此，有些国家把海上引航与船厂、船坞引航分别管理；第二，“引航水域”是海上航行的延续，该水域一定是可航水域，其终点是港口或泊位，而“船厂水域”是海上航行的终点，修造船舶的起点，该水域可能是可航的，也可能是不可航的。

（5）鉴于上述分析，我们可以得出这样的结论：船厂引航员不是我国《船舶引航管理规定》所定义的引航员，其引领服务属修船业务的附属性工作。

（二）船厂引航员不是《海商法》意义上的船员

（1）《海商法》第31条规定：“船员，是指包括船长在内的船上一切任职人员。”根据我国参加的STCW公约和交通运输部2004年8月1日施行的《船舶最低安全配员规则》的规定，船舶配员是没有引航员岗位的，引领船舶的引航员即使持有船员证书，并受雇于船方，但不可能在船上任职，仍不是海商法意义上的船员。

（2）只有同时符合船员的上述三个条件的人，才是《海商法》意义上的船员，方有权享受《海商法》及相应法规中规定的船员权利，履行《海商法》及相应法规中规定的船员义务。船厂引航员即使持船员证书，但因不在船上任职，船员名单上也就不可能出现他的名字，仍不能认定其为《海商法》意义上的船员。如同持有海员证书，临时上船修理电罗经的电器工程师，因不在船上任职船员名单上没有他的名字，就不能视为船员。

---

① 《新泽西海港引航员与船坞引航员委员会规则》（RULES OF THE NEW JERSEY MARITIME PILOT AND DOCKING PILOT COMMISSION）。该规则第16：64—1.3条规定，“船坞引航员是指持该委员会的适任证书并依据N. J. S. A. 12：8—52进行注册登记的人”（Dock Pilot means a person licensed by the Commission and entered in the Register maintained pursuant to N. J. S. A. 12：8—52）。新加坡海上与港口管理局法（MARITIME AND PORT AUTHORITY OF SINGAPORE ACT，见新加坡政府公报，1996，No. 6）之中对授权引水员以及船坞引航员作出了区分：“授权引航员是指根据第62条规定，由主管当局授权并雇佣，引领船舶的人。”“泊位船长是指根据第62条第2款（b）项规定，授权充任泊位船长的任何人。”（“Authorized pilot” means any person employed or authorized by the Authority to pilot vessels under section 62；“berthing master” means any person authorised under section 62（2）（b）to act as a berthing master.）这里的泊位船长就相当于船坞引航员。该法第62条第2款规定：“（a）如果主管当局认为适当，可授权任何人引领船舶驶入引航区；（b）码头或船坞所有人征得主管当局同意和满足主管当局提出的条件，可以委托任何人充任泊位船长靠离泊位、进出船坞。”（The Authority may，if it considers expedient，authorize any person to pilot vessels in a pilotage district subject to such conditions as it thinks fit；and（b）the owner of a wharf or dock may，with the approval of the Authority and subject to such conditions as the Authority may impose，authorize any person to act as a berthing master for the purposes of berthing and unberthing，docking and undocking vessels at that wharf or dock.）

② 浙江海事局制定了《浙江海事局修造船舶水上交通安全和防污染监督管理办法》（2007年1月1日开始施行），其中第8条规定：“依法须经引航的船舶，以及接受引领服务的船舶，进出修造场所以及试航作业，必须由持有有效引航员适任证书或海事管理机构核发的相应操作合格证书的人员引领和指挥”。（见附件五）

③ 《天津港口引航安全管理办法》第9条第2项规定：“如需与船厂坞长交接时，引航员应将船舶引领至船厂附近的安全水域进行交接，在确认接替后，方可离船，并向天津海事局报告。”从这一规定可以看出，船厂坞长引领船舶已被该规定所承认。（见附件六）

④ 浙江海事局、天津港口的有关规定，已将船厂引航纳入海上引航的统一管理。参见《浙江港口引航安全管理办法》和《天津港口引航安全管理办法》。

(3) 因此，船厂引航员既不是法律意义上的引航员，也不是《海商法》意义上的船员，而是一个专门从事船厂水域引航服务的专业人员，由于法律并未规定船厂引航员的强制性任职资格，所以就无法判断其是否适职，更不能以船员的任职资格衡量其是否“越级”。

(三) 船厂引航员与船长的关系

(1)《国际航运管理规则》(ISM Code) 第 5.2 条规定：“公司应当保证在船上实施的安全管理体系中包含一个强调船长权力的明确声明。公司应当在安全管理体系中确立船长的绝对权力和责任，以便其作出关于安全和防止污染事务的决定并在必要时要求公司给予协助。”

(2)《海商法》第 35 条规定：“船长负责船舶的管理和驾驶。船长在其职权范围内发布的命令，船员、旅客和其他在船人员都必须执行。”

(3)《海商法》第 39 条规定：“船长管理船舶和驾驶船舶的责任，不因引航员引航船舶而解除。”

(4)《船员条例》(2007 年公布，2020 年最新修订) 第 20 条规定：“船长在保障水上人身与财产安全、船舶保安、防治船舶污染水域方面，具有独立决定权，并负有最终责任。”“船长为履行职责，可以行使下列权力：……(三) 发现引航员的操纵指令可能对船舶航行安全构成威胁或者可能造成水域环境污染时，应当及时纠正、制止，必要时可以要求更换引航员……”

(5) 上述我国参加的国际公约、我国法律法规表明：

第一，船长是一船的最高指挥者和领导者，法律赋予船长在其职权范围内发布命令，船员、旅客和其他在船人员都必须执行的权力。

第二，驾驶船舶、管理船舶的责任是船长不可改变的责任，不管引航员（或船厂船长）在船还是不在船，船长的这种责任始终没有改变过，正因为这样，各国法律多规定：因引航员的过失造成的损害，船舶所有人要承担赔偿责任。

第三，船厂引航员虽不具引航员的资格，但其在船上从事引航服务，船长仍应对其引领工作实行监督控制。

(四) 船厂引航员是谁的雇员

(1) 根据船长的特殊法律地位和雇佣关系的“实际控制理论”，船厂引航员引领船舶期间，实际上已处于船舶所有人的受雇人地位。

(2)《海商法》第 51 条第 1 款第 1 项规定，“船长、船员、引航员或者承运人的其他受雇人在驾驶船舶或者管理船舶中的过失”造成的货物灭失或者损坏，承运人不负赔偿责任，从这一规定似乎可以引申出引航员是承运人的受雇人，这一条款把船长、船员、引航员与其他受雇人并列，表明他们同处受雇人地位。船厂引航员应属于为承运人提供“驾驶船舶或者管理船舶”劳务的“其他受雇人”。

(3) 关于海商法中类似船厂引航员的法律地位问题，美国有“借来受雇人”(borrowed servant) 理论。其理论逻辑在于，因为拖轮船长上船指挥他船时，其处于他船船长的监管之下，其每一个行为必须有船长确认才可以有效。所以，此时拖轮船长就由拖轮公司的雇员变成了他船的雇员，由此导致的损害当然就应该由拖轮船长的新雇佣人——他船公司负责了。①

① Sun Oil Co. v. Dalzell Towing Co., Inc., 287 U.S. 291 (1932).

（4）国内海商法学界，主流观点认为引航员在引领船舶期间，处于受雇人的地位。[①] 随着我国《劳动合同法》、《侵权责任法》、《民法典》的实施，该观点有了明确的法律依据。《劳动合同法》第五章第二节就劳务派遣作了专门规定；《侵权责任法》第34条第2款作出了明确规定：劳务派遣期间，被派遣的工作人员因执行工作任务造成他人损害的，由接受劳务派遣的用工单位承担侵权责任；劳务派遣单位有过错的，承担相应的补充责任。

（5）《侵权责任法》的上述规定，其理论依据为：船厂引航员受船厂派遣，服务于船上，船长的特殊法律地位，决定了从事引领船舶的人员（不论是持证引航员，还是非持证引航员）区别于一般的劳务派遣人员，船厂引航员在引领船舶的过程之中，引航员的每一个指令都是在船长的监督、控制之下实施，其指令只有得到船长的确认后方可执行，即引航员提出建议（pilot's advice），船长确认，驾驶员执行。在这种控制与被控制模式下履行引领船舶义务的人，实际上已处于船舶所有人的受雇人的地位。

（五）结论

（1）船厂引航员不是法律意义上的引航员，也不是《海商法》意义上的船员，其引航服务所产生的民事责任或行政责任，既不能适用引航员的相关法规，也不能适用船员的有关法规。

（2）根据《海商法》的规定，船厂引航员受控于船长，船长属于船舶所有人的受雇人，船厂引航员在履行引航服务过程中，应属船舶所有人的受雇人，根据我国《海商法》《劳动合同法》和《侵权责任法》的规定，船厂引航员履行引领船舶工作期间产生的民事责任，应由船舶所有人承担。

---

① “……由上述四点分析可以看出，引航员与船舶所有人之间的法律关系应为雇佣合同关系。”［赵劲松．俞小洪涉外海上人身伤害索赔案引发的思考//海商法研究．2002年第1辑（总第8辑）．北京：法律出版社，2002.］“始终牢记引航员与船长是被雇佣关系”［夏亚明．认真落实引航员在船时的船长安全职责．航海技术，2005（5）］。“引航与被引航的关系是依照法律确定了的被雇佣与雇佣的关系”［孟祥武．引航时的事故预防及对策．中国航海，2002（1）］。“从法律上来说，引航员和船长都应当被看作是船舶所有人的雇员，船舶所有人需要对他们中任何人的过失所造成的灭失或损害承担责任。但是从对船舶所拥有的权限来看，两者有很大的差别。”［宣晓东．引航员与船长的职责冲突和权限划分．航海技术，2006（5）.］

第四章 海上货物运输合同

基础知识

第一节 一般规定

一、海上货物运输合同的概念

《海商法》第41条规定，海上货物运输合同，是指承运人收取运费，负责将托运人托运的货物经海路由一港运至另一港的合同。

从上述定义可以看出：

第一，海上货物运输合同的主体是承运人和托运人。主体之间的权利义务关系是双务有偿，即承运人享有收取运费的权利，负有运送货物的义务；托运人享有要求承运人运送货物的权利，负有支付运费的义务。

第二，海上货物运输合同的履行方式是海上运输，在这一点上区别于其他货物运输方式。

第三，合同期间是由一港运至另一港，是港口到港口的海路运输。但是，在运送非集装箱货物时，此合同期间与承运人的责任期间出现了不一致的情况（见《海商法》第46条），这是立法缺陷。[①]《海商法》海上货物运输合同一章规定了三种合同形式，即提单运输合同、航次租船合同和多式联运合同，后两种合同形式分别在《海商法》“海上货物运输合同”一章的第七节、第八节有专门定义，因此，本条定义不适用于航次租船合同和多式联运合同的特别规定。换言之，《海商法》第41条有关海上货物运输合同的定义仅适用于提单运输合同。

二、海上货物运输合同的形式

《海商法》第43条规定：“承运人或者托运人可以要求书面确认海上货物运输合同的成立。但是，航次租船合同应当书面订立。电报、电传和传真具有书面效力。”

该条明确规定，海上货物运输合同成立的形式要件，除航次租船合同外，其他货物运输合同，即提单运输合同和多式联运合同，可以是书面形式，也可以是口头形式，采用什么形式完全取决于合同关系双方当事人的协商一致。《海商法》对海上货物运输合同形式的灵活性规定，符合海上货物运输的实际情况。在海上货物班轮运输实务中，托运人往往电话向承运人订舱，承运人承诺，合同即告成立。待货物装上船，承运人应托运人要求签发提单，该提单不过是运输合同的证明。

在海事诉讼中，口头确认海上货物运输合同成立的，主张合同成立的一方应负举证责任。航次租船合同之所以要求书面订立，原因在于航次租船合同遵循合同自由原则，除《海商法》第47条和第49条规定外，“航次租船合同”一节的规定都是非强制性的。它不同于提单运输合同，不是格式合同，不适用《海商法》第四章的强制性规定，航次租船合同的合同形式对于当事人权利义务的确定、合同的解释、诉讼时举证责任的履行等都显得格外重要，所以要求必须是书面形式。

在信息社会的今天，通信手段不断进步，海上货物运输合同当事人通过电报、电传、传真和电子邮件等手段，协商订立海上货物运输合同，当事人之间的来往函电都构成了合同的组成部分或证明。《海商法》以法律直接规定的形式，肯定了电报、电传和传真文件在形式上的效力，符合航运实际情况，也是与国际接轨的。

三、海上货物运输合同条款的效力

《海商法》第44条规定，海上货物运输合同和作为合同凭证的提单或者其他运输单证中的条款，违反本章规定的，无效。此类条款的无效，不影响该合同和提单或者其他运输单证中其他条款的效力。将货物的保险利益转让给承运人的条款或者类似条款，无效。

第45条同时规定，本法第44条的规定不影响承运人在本章规定的承运人责任和义务之外，增加其责任和义务。

这两个条款是对海上货物运输合同自由的严格限制，其核心内容是要求构成海上货物运输合同的条款内容必须符合《海商法》第四章的规定，否则，条款无效。具体地说，它反映了如

---

① 《海牙规则》的“运输合同”［第1条（b）、（e）项］、承运人的责任期间［第1条（e）项］与承运人的管货义务（第2条）都是一致的，即自“货物装上船时起至货物卸离船时止”；《汉堡规则》的“海上货物运输合同”（第1条第6项）、承运人的责任期间（第4条）和承运人的管货义务（第5条）也是一致的，即“自装货港接受货物时起至卸货港交付货物时止，承运人照管货物的整个期间”；我国《海商法》的“海上货物运输合同”是港到港（第41条）、承运人的责任期间，分集装箱运输和非集装箱运输，集装箱运输的责任期间同《汉堡规则》，非集装箱运输的责任期间同《海牙规则》（第46条），而管货义务又同《海牙规则》（第48条）。

下原则：

第一，《海商法》第四章规定的承运人的责任和义务是最低责任和义务，绝不可以合同自由予以减轻或免除。凡违反此规定的，不具法律效力。这是一项原则性规定。

第二，作为原则性规定例外的补充规定：将违反第四章规定的无效条款与其他条款的效力加以区别，明确规定违反《海商法》规定的无效条款本身无效，但不影响海上货物运输合同和作为合同凭证的提单或者其他运输单证中其他条款的效力。如，提单中订入承运人可以自由绕航条款，该条款违反了承运人应“习惯性尽速行驶”（Customary Quick Dispatch，CQD）的最低义务，应属无效，但不影响提单中的其他有效条款。

第三，在第 44 条的基础上，从有效地保护货方利益的角度出发，规定承运人的责任和义务不以第四章规定的承运人的责任和义务为上限，可以另行增加其责任和义务。增加的方式可以理解为承运人单方面增加自己的责任和义务，也包括承运人与托运人协议增加承运人的责任和义务。航运实务中，增加承运人的责任和义务的做法多表现为：放弃承运人所享有的权利或免责，提高承运人的单位责任限额等。

第四，从保护第三方利益出发，明确规定将货物的保险利益转让给承运人的条款或者类似条款无效。规定转让货物保险利益给承运人的条款无效，基于两个理由：其一，我国《保险法》第 12 条第 6 款规定，“保险利益是指投保人或者被保险人对保险标的具有的法律上承认的利益”。因而仅有经济上的联系是不能投保的，唯有对货物有法律上承认的利益方可进行投保。承运人对所运货物并没有法律上承认的利益（详见《海商法》“海上保险”一章），但由于通过保险利益的转让，原本没有货物保险利益的承运人获得了保险利益，从而可以以投保人或者被保险人的身份主张权利。其二，如果发生承运人不能免除赔偿货物灭失、损坏责任的原因，通常情况下，要么承运人直接赔偿货方，要么货物保险人赔付货方后，取得代位求偿权，向承运人追偿。承运人获得货物的保险利益后，情况就不同了，他可以以对货物有保险利益为由，向保险人提出索赔，或者对抗保险人的代位求偿，最终使自己免除对货物的赔偿责任，这会损害保险人的合法权益。本条规定可以有效地防止以转让货物保险利益的方式来减轻承运人责任的行为，达到保护第三人权益的目的。

第二节
承运人的责任

一、承运人的责任基础

承运人的责任基础是指法律赋予承运人对其所承运的货物应承担的责任原则。[①] 民法学者也称责任基础为“归责原则”。“责任基础是海上货物运输的核心，反映着承运人的基本权利和义务。”

① 司玉琢．提单责任基础的重大变革//中国国际法年刊．北京：中国对外翻译出版公司，1984：146.

我国《海商法》有关承运人的责任基础，是参照《海牙—维斯比规则》制定的，就责任基础而言，《海牙—维斯比规则》与《海牙规则》是一致的，即都是“不完全过失责任制”。

“不完全过失责任制”是指“承运人对所承担货物责任实行‘过失责任制’，但‘航海过失和火灾过失’作为例外，即使承运人的代理人或受雇人有过失也不负责任”[①]。《海商法》第46条规定，“在承运人的责任期间，货物发生灭失或者损坏，除本节另有规定外，承运人应当负赔偿责任”。第50条还规定，“除依照本章规定承运人不负赔偿责任的情形外，由于承运人的过失，致使货物因迟延交付而灭失或者损坏的，承运人应当负赔偿责任。除依照本章规定承运人不负赔偿责任的情形外，由于承运人的过失，致使货物因迟延交付而遭受经济损失的，即使货物没有灭失或者损坏，承运人仍然应当负赔偿责任”。单看这两条规定，尚看不出承运人的责任基础不是“过失责任制”（或称“完全过失责任制”），但《海商法》第51条同时规定“船长、船员、引航员或者承运人的其他受雇人在驾驶船舶或者管理船舶中的过失”（简称“航海过失”）和承运人的受雇人或代理人的过失造成的“火灾”，因而导致的货物灭失、损坏或迟延交付，仍免除承运人的赔偿责任，使得“过失责任”变得“不完全”了。

我国《海商法》之所以没有采用《汉堡规则》的“完全过失责任制”，是基于我国的航运实际。在20世纪80年代初，当重新起草《海商法》时，我国的航运力量还没有跻身于航运大国的行列，《汉堡规则》刚刚通过不久。[②] 该规则虽然是个“合理的规则”，但又是“未来的规则”[③]，而其缺乏可操作性，是它不能为航运大国接受的最大障碍。但是这并不妨碍我们吸收《汉堡规则》中部分较为先进的条款。

二、承运人的责任期间

承运人的责任期间（period of responsibility），是指承运人对货物应负责的期间。在此期间内因承运人不能免责的原因，致使货物发生灭失、损坏，或者迟延交货，承运人应负赔偿责任。如果造成货物灭失或者损坏的原因发生在承运人责任期间，且承运人对此不能免责，即使货物的灭失或者损坏事实发生在承运人的责任期间届满之后，承运人仍应对灭失或者损坏负责。

《海商法》第46条规定，承运人对集装箱装运的货物，不论是承运人装箱，还是托运人自行装箱，其责任期间为从装货港接受货物时起至卸货港交付货物时止，货物处于其掌管之下的全部期间；承运人对非集装箱装运的货物的责任期间，是指从货物装上船时起至卸下船时止，货物处于其掌管之下的全部期间，但承运人可以同托运人就这种货物在装船前和卸船后，其所承担的责任，达成任何协议，即对于这种货物在承运人从装货港接受至装船期间，以及从卸货港卸船至交付期间，承运人对货物的灭失或者损坏是否应当负责或者承担何种责任，根据承运人与托运人协议或协议适用的法律确定。

《海牙规则》和《海牙—维斯比规则》没有直接规定承运人的责任期间，而只是规定该规则强制适用的期间，即从货物装上船之时起至卸离船舶之时止。因此，各船公司的提单中通常订有承运人的责任期间条款，即自货物装上船之时开始至货物卸离船之时为止，承运人对货物

① 司玉琢．提单责任基础的重大变革//中国国际法年刊．北京：中国对外翻译出版公司，1984：146.

② 《汉堡规则》于1978年3月通过，于1992年11月生效，截至2017年10月28日已有28个国家签字，截至2017年10月已有34个参加国，均为航运不发达国家。

③ 司玉琢．提单责任基础的重大变革//中国国际法年刊．北京：中国对外翻译出版公司，1984：160.

装船前和卸船后发生的灭失或者损坏，不负赔偿责任。

《海商法》责任期间的规定，借鉴了《海牙—维斯比规则》强制适用的期间，又考虑了集装箱运输的特点，采用了两种责任期间的灵活规定，符合航运实际。但是，如前所述，这里规定的非集装箱运输的责任期间，与第41条规定的海上货物运输合同的期间，存在着不衔接的问题，货物在两港内的装前和卸后，属运输合同期间，却不在承运人的责任期间。如何理解这两个条款的冲突，笔者认为，合同期间的一般规定应服从责任期间的专门规定，在装前卸后发生的货物损失由其他法律（如《民法典》）调整。产生这种不协调的原因，是没有解决好《海牙—维斯比规则》与《汉堡规则》的衔接问题。

三、承运人的权利

承运人的权利是指在海上运输中，法律规定或者合同约定，赋予承运人的民事权利。承运人的权利可分为积极的权利和消极的权利，积极的权利主要指运费请求权、对托运人的赔偿请求权、对货物的留置权等；消极的权利主要指消极抗辩权，即单位责任限制和免责的权利。

1. 运费、亏舱费、滞期费及其他费用的请求权

运费是承运人完成货物运输所应取得的报酬，其形式有预付运费（freight prepaid，advance freight）和到付运费（freight to collect，freight payable at destination）两种。

对于预付运费，除承运人和托运人另有约定外，托运人应在货物装船后，承运人、船长或者承运人的代理人签发提单或者其他运输单证之前付清。在英美等国家，如果在提单中规定预付运费是视为已赚取的（freight shall be deemed full earned on receipt），实行的原则是预付运费不退还，即使货物在运输过程中灭失或者损坏，不论造成灭失或者损坏的原因是什么，预付运费均不予退还。但如灭失或者损坏系承运人应负责的原因所致，托运人可将预付的运费作为其遭受损失的一部分，向承运人索赔。在我国，根据《民法典》第835条的规定，如货物在运输过程中因不可抗力灭失，托运人可以要求返还预付的运费。如货物的灭失系承运人可以免责的其他原因所致，托运人也可要求返还预付的运费。但是，如果货物的灭失系托运人应负责的原因所致，承运人可基于托运人的违约，请求因预付运费的返还而遭受的运费损失，即除合同另有约定外，预付运费扣除因货物灭失而节省的运输成本后的差额。

如系到付运费，通常收货人在卸货港提取货物之前应支付运费，也就是说，只有货物运抵目的港，承运人才享有运费请求权。如果货物在运输途中灭失，承运人无权请求到付运费。根据《海商法》第69条第2款的规定，到付运费必须在提单或者其他运输单证上注明，承运人才能向收货人请求运费。运输单证上不加注明，不能当然认为收货人有支付到付运费的义务。

《海商法》意义上的货物灭失是指不论何种原因所导致的货物不复存在或者推定不复存在。[①] 如果只是货物损坏或交付迟延，承运人的运费请求权不受影响。如果货物部分灭失，则承运人可请求未灭失部分的货物的运费。

亏舱费（dead freight），又称空舱费，指托运人因其没有提供或者提供的货物少于约定的数量，使船舶舱位发生剩余，承运人因此受到的运费损失，称为亏舱费。亏舱费应扣除因船舶

---

① 《海商法》第50条第3款规定："承运人未能在本条第一款规定的时间届满六十日内交付货物，有权对货物灭失提出赔偿请求的人可以认为货物已经灭失。"

亏舱，承运人所节省的费用以及另行装运货物（如有）所赚取的运费。

滞期费（demurrage），通常是指航次租船情况下，承租人因未能在合同约定的装卸时间内完成货物装卸，而向出租人支付的费用（详见本章第七节）。

其他费用是指应由货方支付的共同海损分摊费用，承运人为货物垫付的必要费用，以及其他应当向承运人支付的费用。

2. 承运人损害赔偿请求权

因托运人的过失造成承运人的损害或赔偿责任，托运人应承担赔偿责任。《海商法》第70条规定："托运人对承运人、实际承运人所遭受的损失或者船舶所遭受的损坏，不负赔偿责任；但是，此种损失或者损坏是由于托运人或者托运人的受雇人、代理人的过失造成的除外。"这一条规定表明，托运人对承运人的赔偿责任是基于过失责任原则。但是，我国《海商法》对于托运人妥善包装货物、提供货物信息、办理货物进出口手续，以及对危险货物运输则实行严格责任（第66、67、68条）。

3. 货物留置权（lien）

当托运人或者收货人不支付运费、亏舱费、滞期费、共同海损分摊费用或其他应付的费用时，承运人有权按照合同的约定或者法律的规定，对处于其合法占有之下的货物，在合理的限度内进行留置，以担保其运费或者其他应得费用的请求权的实现（详见本章第五节）。

四、承运人的义务

承运人的义务主要表现在"适航义务""管货义务""尽速行驶义务"和"交付货物义务"。

1. 适航义务

《海商法》第47条规定，承运人在船舶开航前和开航当时，应当谨慎处理，使船舶处于适航状态，妥善配备船员、装备船舶和配备供应品，并使货舱、冷藏舱、冷气舱和其他载货处所适于并能安全收受、载运和保管货物。

(1) 船舶适航（seaworthy of the ship）的条件

船舶适航是指船舶的一种状态，意味着船舶抵御风险的能力。具体地讲，船舶适航的条件应包括三层含义：船舶本身适航（也称"狭义船舶适航"）、船员适职和货舱适货。

第一，船舶本身适航。船舶本身适航是指船舶的船体、船机在设计、结构、性能和状态等方面能够抵御合同约定的特定航次中通常出现的或者能合理预见的风险，包括装备船舶和配备供应品。但是，不要求船舶具有抵御航次中出现的异常的或者不能合理预见的风险的能力。所以，适航的含义是具体的、相对的，而不是抽象的、绝对的。

妥善装备船舶，是指船舶在各方面得到完善的装备。它要求雷达、罗经等助航仪器，锚、缆绳等系泊设备，海图、航路指南等航行资料，以及安全管理证书（Safety Management Certificate，SMC）等船舶证书和文件，均应齐全、有效。国际上衡量船舶的装备是否妥善的主要依据是《1974年国际海上人命安全公约》（International Convention for the Safety of Life at Sea，SOLAS公约）及其修正案，且其标准随着科学技术的发展而变化。

妥善配备供应品，包括船舶备有航次所需或者下一停靠港添加之前所需充足的燃料、物料、淡水和食品。在配备燃料上，除应正确计算航程与船舶耗油量外，需考虑燃料的质量，航次中风浪、洋流影响等情况，保留一安全系数。

第二，船员适职（competency of the crew）。“妥善配备船员”应从船员数量和质量两方面要求。在数量上，应满足船舶正常航行值班或者作业的最低配员要求；在质量上，船员应能胜任本职工作，表现为具有满足相应的职能和责任级别所要求的知识和技能，经过培训或者考试而持有国家海事主管机关颁发的相应证书，尤其是船长等高级船员应持有相应的适任证书（certificate of competency），满足国家规定的健康标准，尤其是视力和听力标准。目前，国际上衡量承运人是否妥善地配备船员的主要依据，是《1978 年海员培训、发证和值班标准国际公约》（STCW 公约）及所附的《海员培训、发证和值班规则》（STCW 规则）。①

第三，货舱适货（cargo worthy of the hold）。货舱适货，是指“货舱、冷藏舱、冷气舱和其他载货处所适于并能安全收受、载运和保管货物”，通常包括货舱清洁、干燥、无味，污水沟和通风筒畅通，舱盖水密，吊杆或者吊车、起货机和吊货索具等货物装卸设备齐全，并处于有效状态。货物的性质、状态不同，船舶适货的具体要求通常也不同。例如，装运冷藏货物时，应配备适当的冷藏设备，通过船级社检验并取得合格的检验证书。所以，货舱适货的含义同船舶适航的含义一样，是具体的、相对的，而不是抽象的、绝对的。

（2）船舶适航的时间

根据《海商法》第 47 条，承运人谨慎处理使船舶适航的时间为“船舶开航前和开航当时”（before and at the beginning of the voyage），即航次开始之前和开始当时。

所谓航次（voyage），包括我国在内，各国普遍认为，是指合同航次或称提单航次，即提单载明的货物从装货港至卸货港的整个航程。② 据此，只要承运人在船舶从装货港开航之前和开航当时已谨慎处理使船舶适航，即使船舶在航行期间或者中途港停靠期间丧失适航性，承运人又没有采取措施予以恢复，亦不视为承运人违反谨慎处理使船舶适航的义务。在这种情况下，承运人是否对船舶不适航造成的货物灭失、损坏负责，不是依据承运人的适航义务，而是视其船长、船员是否违反了承运人的管货义务。例如：船舶在某一港口，由于轮机人员操纵机器不当而发生火灾，致使在该港装船的货物和在前一港口装船的货物受损，其法律结果是不同的，对于前者，承运人违反了“开航前开航当时，谨慎处理使船舶适航”的义务，对货物损害负有赔偿责任；对于后者，系船员在中途港管理船舶过失所致，承运人可以免责。③

关于航次的开始之前和开始当时的含义，英国权威性的判例表明，承运人谨慎处理使船舶适航的义务是一连续的义务，即承运人至少从船舶装货开始至开航当时这一期间应当谨慎处理使船舶适航。④ 据此，船舶在开始装货时，承运人应谨慎处理使货舱适货，船舶能够抵御装货

---

① 2006 年 5 月通过的《海员培训、发证、值班标准国际公约》和规则修正案（Amendments to the STCW Convention and Code）于 2008 年 1 月 1 日生效。

② 在英国，确认这种解释的权威性判例是 1962 年的“Makedonia”轮案。[1962] 1 Lloyd's Rep. 316.

③ 国内也有学者认为，航次是指两港之间的航程。如果船舶中途挂靠一港，则装货港至中途港是一个航次，中途港至卸货港又是一个航次。承运人不但应在船舶从装货港开航以前和开航当时谨慎处理使船舶适航，在船舶从中途港开航之前和开航当时也应谨慎处理使船舶适航。依据这一观点，在上述例子中，承运人对在前一港口所装货物的损害，亦不得免除赔偿责任。持这种观点的理由是，对国际海上货物承运人的责任归责原则实行不完全的过错责任原则，允许其对船长、船员等在驾驶或者管理船舶中的过失行为以及火灾事故中的过失造成的货物灭失或者损坏免责，是因为船舶在海上航行有着不同于陆上运输的特殊风险，但这种特殊风险免责不应适用于船舶停港期间，包括装货港与中途港。

④ 1959 年 Maxine Footwear Co.，Ltd. v. Canadian Government Merchant Marine Ltd. 案中，一船在装货港开航前，舷侧排水管冻结，船长雇人融化，因受雇人过失使船舶起火，造成货物受损。英国枢密院司法委员会判决承运人谨慎处理使船舶适航的义务，应对货物损失承担赔偿责任。[1959] 2 Lloyd's Rep. 105.

期间通常出现的或者能够合理预见的风险，包括必要时，船舶能驶离泊位到锚地避台风；船舶开航之时，依据个案的具体情况而定，有以船舶起锚或者解清全部缆绳之时为准，也有以船舶主机转动为准。在此期间，承运人不能援引船长、船员等因管理船舶的过失而造成的货物灭失或损坏免责。这一观点为各国普遍采纳。

(3) 关于"谨慎处理"(Due Diligence)

根据《海商法》第47条，承运人应当谨慎处理使船舶适航。① 它要求承运人具有法律规定的或者通常要求的知识，并谨慎行事，采取各种为特定情况所合理要求的措施。如果船舶存在经"谨慎处理"仍不能发现的缺陷，此种缺陷属于潜在缺陷（latent defect），虽然这种缺陷使船舶不适航，但不视为承运人违反适航义务。因此，承运人使船舶适航的义务是相对的，即承运人只需做到"谨慎处理"，而不负有使船舶绝对适航的义务。

承运人为履行适航义务，委托第三人完成时，如委托承运人的受雇人、代理人或独立合同人（independent contractor）（船舶修理人员、检验人员、罗经校正师等），则对于他们未尽谨慎处理之行为，承运人仍须负责。在此问题上，英国权威性的判例表明，承运人谨慎处理使船舶适航是承运人承担的一项不能由他人代替的义务；承运人委托第三人代为履行这一义务时，应对第三人履行这一义务的过失造成的后果负责。② 承运人因第三人违反谨慎处理使船舶适航义务造成货损，承担了赔偿责任之后，可依据其与第三人的合同关系进行追偿。

值得注意的是，承运人承担的义务是谨慎处理使（make）船舶适航，而不是提供适航的船舶。只有承运人占有船舶后，才具有这一义务。因而，除非承运人对船舶的建造参加了设计，否则，只要他对造船过程进行合理监督，并在接管船舶时对船舶进行通常的检验，则承运人即履行了谨慎处理使船舶适航的义务，对经合理监督和检验仍不能发现的，船舶建造人及其受雇人员、独立合同人的过失所致的船舶不适航，属潜在缺陷，承运人不负责任。同样，在买船或者租船时，只要承运人在接船时，对船舶进行了通常的检验，则对于经检验仍不能发现的，卖方或者出租人及其受雇人员、独立合同人的过失所致的船舶不适航也不承担责任。

2. 管货义务

《海商法》第48条规定："承运人应当妥善地、谨慎地装载、搬移、积载、运输、保管、照料和卸载所运货物。"

货物的装载（loading）、搬移（handling）、积载（stowage）③、运输（carriage）、保管（custody）、照料（care for）和卸载（discharge），包括了货物运输从装船至卸船的全过程。对于货物运输的上述七个环节，每一环节承运人都要履行"妥善"（properly）与"谨慎"（carefully）的义务。

---

① "Due Diligence"是1924年《海牙规则》中使用的术语，有的将"Due Diligence"译为"恪尽职责""适当注意"等。胡正良．船舶适航若干法律问题的研究．大连海运学院学报，1989（4）：63.

② 1961年 Riverstone Meat Company Ltd. v. Lancashire Shipping Company Ltd.（"Muncaster Castle"轮）案中，"Muncaster Castle"轮于1953年2月进船坞进行特别检验和载重线年度检验。检验时，31个防浪阀全部打开，由劳氏检验人员（Lloyd's Surveyor）进行检验。检验完后，由该船坞钳工将防浪阀重新盖好，但一名很有经验的钳工没有把其中两个防浪阀的螺丝拧紧，致使该船从澳大利亚回航时，在海上遇到恶劣气候，海水通过防浪阀涌入第5舱，使该舱113箱牛舌受损。英国上议院推翻英国上诉法院的判决，判定承运人应对货物的损失承担赔偿责任。此案判决一出，航运界曾为之哗然，认为对谨慎处理的解释过于苛刻。英国曾建议对《海牙规则》作相应修改，以免除承运人对其适当委托的独立合同人在代其履行使船舶适航义务中的过失的责任，但未得到国际社会的采纳。

③ "积载"一词来源于英文"stowage"的翻译，准确地含义应是"堆置"。参见本章专题研讨"十、承运人管货义务中的 stowing 的真正含义"。

所谓“妥善”，通常指技术上的要求，即承运人、船员或者其他受雇人员在管理货物的各个环节中，应发挥通常要求的或者为所运货物特殊要求的知识与技能。所谓“谨慎”，是从责任心的角度要求的，即承运人及其适任的船员或者其他受雇人，在管理货物的七个环节中，表现出来的谨慎程度。“妥善”与“谨慎”是相辅相成的，二者缺一不可。比如冬季从挪威运送纸浆到中国，途经寒带、温带和热带不同海区，纸浆的特性是易吸水而使质量下降，如果船员只有“妥善”，即丰富的运送纸浆的知识和经验，并且制订了科学的操作规程，但是缺乏“谨慎”，船员责任心不强，该调整温湿度的时候，不调整温湿度，必然造成货损；反过来，船员只有“谨慎”，缺乏“妥善”，不懂运送纸浆的知识，同样难免货物不受损害。

实践中，货物的装载、搬移、积载以及卸载工作，绝大多数由承运人委托的装卸公司完成。承运人对装卸工人的过错造成的货物灭失、损坏应当负责。如果承运人与托运人或者收货人之间另有协议，明确约定货物的装载、搬移、积载或者卸载作业由托运人或者收货人负责，且解除承运人的法定义务，则对由托运人或者收货人委托的装卸工人的过错造成的货物灭失、损坏，承运人不负赔偿责任。

需要说明的是：第一，“搬移”一词是从“handling”翻译而来，其本意是表明处理货物的过程，《海牙规则》时代，“handling”都是人工操作；如今集装箱运输时代，“handling”已被计算机控制所取代，主要体现是一种工艺流程，新加坡最早将“handling”翻译成“工艺”，并传入我国，现在有些港口多使用“工艺”一词。第二，“carefully”与“due diligence”均译成“谨慎”，其实二者在英国法中是有区别的，“carefully”是与“properly”配套使用的，它不及于承运人谨慎处理（due diligence）使船舶适航的程度。为了避免词意混淆，笔者认为“due diligence”译为“恪尽职责”为好。第三，“stowage”的实际含义是堆置或者堆放，是指货物装上船后堆放位置的作业环，它与船长或大副从事的计算船舶稳性和吃水差的积载或配载不是一个概念，因为船舶稳性与吃水差与船舶安全性密切相关，是船舶适航性的组成部分，这项工作是不能通过委托承运人实施而解除自己的责任（详见本章专题研讨“承运人管货义务中的stowing的真正含义”）。

3. 不得进行不合理绕航的义务

《海商法》第49条规定第1款规定：“承运人应当按照约定的或者习惯的或者地理上的航线将货物运往卸货港。”船舶不得进行不合理绕航。

绕航（deviation）是指船舶在航行中驶离承运人和托运人事先约定的、或者习惯的、或者地理上的航线。①

如果承运人与托运人事先对航线有约定，船舶应走该约定的航线；没有这种约定时，船舶应走装卸两港之间的习惯航线；如果既无约定，又无习惯航线，船舶应走地理上的航线，即在保证船舶及货物运输安全前提下，装卸两港之间最近的航线。根据这一条款的文义解释，可以得出这样的结论：绕航仅仅是地理上的概念，承运人只要没有偏离“约定的或者习惯的或者地理上的航线”就是履行了此项义务，这是个狭义的绕航概念，不同于美国法的广义概念：违约也是绕航。②

---

① 在英美普通法中，“deviation”有时用于描述法律后果与船舶不进行不合理绕航相同的其他承运人的违约行为，如承运人擅自装运甲板货。有的将这种行为称为“准绕航”（quasi deviation）。William Tetley. Marine Cargo Claims. 3rd Edition. International Shipping Publications，1988，p. 99.

② 参见本章专题研讨“四、如何理解《海商法》第49条的绕航”。

法律并非禁止任何船舶绕航，而只是禁止船舶进行不合理绕航。①

4. 尽责速遣

向收货人交付所承运的货物，是承运人的一项基本义务。《海商法》第 50 条第 1 款规定："货物未能在明确约定的时间内，在约定的卸货港交付的，为迟延交付。"据此，承运人有义务在与托运人明确约定的时间内，在约定的卸货港交付货物。但是，如果承运人与托运人没有明确约定货物交付的时间，即使承运人未能在合理时间内交付货物，亦不构成迟延交付，从而不承担因货物未能在合理时间内交付，使托运人或者收货人遭受的除货物灭失或者损坏以外的其他经济损失，而不论造成承运人未能在合理时间内交付货物的原因是什么。对于此种情况下造成的货物灭失或者损坏，应根据第 47 条和第 48 条的规定，视承运人是否已履行了"谨慎处理使船舶适航"和"妥善"而"谨慎"地管货义务（运送、保管、照料），如未履行上述义务，造成货物灭失或者损坏，承运人应承担赔偿责任，但除第 59 条规定的情况外，承运人可以享受责任限制。②

根据《海商法》第 50 条第 2 款，如果构成承运人迟延交付货物，并因此使货物灭失或者损坏，或者，即使货物没有灭失或者损坏，但托运人或者收货人因迟延交付而遭受其他经济损失，如市价下跌损失，承运人应负赔偿责任，除非承运人证明迟延交付系因《海商法》第 51 条可以免责的原因所致。

《海商法》第 50 条第 4 款规定："承运人未能在本条第一款规定的时间届满六十日内交付货物，有权对货物灭失提出赔偿请求的人可以认为货物已经灭失。"此项规定乃视为全损的规定，是为了保护损害赔偿请求权人的利益，不致无限期地等待。③

五、承运人的单位赔偿责任限制

承运人的赔偿责任限制，是在确定承运人已经负有赔偿责任的基础上，将其赔偿责任限制在一定数额内的权利，以及此种权利丧失的规定。

1. 承运人的赔偿责任限额

承运人的赔偿责任限额，也称承运人单位责任限制（package limitation of liability），其实质是承运人赔偿责任的部分免除。

《海商法》第 56 条规定："承运人对货物灭失或者损坏的赔偿限额，按照货物件数或者其他货运单位数计算，每件或者每个其他货运单位为 666.67 计算单位，或者按照货物毛重计算，每公斤为 2 计算单位，以二者中赔偿限额较高的为准。"因此，如果遭受灭失或者损坏的货物毛重超过 333.33 千克，承运人的赔偿限额按毛重乘以 2 计算单位计算；反之，承运人的赔偿限额为每件或者每一其他货运单位 666.67 计算单位。

货物的件是指货物的包装单位，如箱、桶、包、捆等。对非包装货物以货运单位计，通常指运费单位。如汽车、机床按台数收取运费，承运人对每台汽车或者机床的灭失或者损坏赔偿

---

① 《海商法》第 49 条第 2 款规定："船舶在海上为救助或者企图救助人命或者财产而发生的绕航或者其他合理绕航，不属于违反前款规定的行为。"何谓其他合理绕航，详见免责条款。

② 参见本章专题研讨"五、如何理解《海商法》第 50 条的迟延交付"。

③ 参见《汉堡规则》第 5 条第 3 款，《国际公路货物运输合同公约》（International Convention Concerning the Carriage of Goods by Road，1961，CMR，17 个欧洲国家于 1956 年签署，1961 年生效）第 20 条，《国际铁路货物运输公约》（Convention Concerning International Carriage of Goods by Rail，COTIF，该公约适用于欧洲及地中海地区 29 个国家）第 40 条。

一个限额。如系散装货物，运费单位通常为重量吨或者容积吨。当货物用集装箱、货盘或者类似装运器具集装时，如果提单或其他运输单证中载明在此类装运器具中装运的货物件数或者其他货运单位数，则以所载明的件数或者其他货运单位数为准；如提单中未载明，则每一装运器具视为一件或者一个货运单位。当装运器具不属于承运人所有或者非由承运人提供时，装运器具本身也视为一件或者一个货运单位。[①] 计算单位是指国际货币基金组织（International Monetary Fund，IMF）统一使用的特别提款权（Special Drawing Rights，SDR）。[②]

如果“托运人在货物装运前已经申报其性质和价值，并在提单中载明的，或者承运人与托运人已经另行约定高于本条规定的赔偿限额的”，则承运人的赔偿限额以货物的实际价值或者另行协定的限额为准，《海商法》第 56 条规定的赔偿限额不适用。承运人这种赔偿限额的提高，通常出现在贵重物品或者价值较高的货物的运输。此时，货物的运费也随之提高。

承运人的这种赔偿责任限制，只有当货物灭失或者损坏的金额超过赔偿限额时，才予以适用。《海商法》第 55 条规定，货物灭失的金额按货物的实际价值计算；货物损坏的金额按其受损前后实际价值的差额或者货物的修复费用计算。并且，货物的实际价值按照货物装船时的价值，加保险费和运费，即 CIF 价格计算，并减去货方因货物灭失或者损坏而少付或者免付的有关费用。根据这一规定，货方不能索赔因货物灭失或者损坏带来的可得利润的损失、对第三者的违约金或者其他违约赔偿金。

2. 承运人对迟延交付的赔偿责任

根据《海商法》第 57 条，如果迟延交付的货物未遭受灭失或者损坏，而只是造成其他经济损失，如因市价下跌引起的可得利润损失，承运人的赔偿限额为所迟延交付的货物的运费数额；如果货物的灭失或者损坏和迟延交付同时发生，承运人的赔偿责任限额不超过第 56 条规定的承运人对货物全部灭失的赔偿限额，换言之，在这种情况下，货物灭失的赔偿限额中，包括因迟延交付造成的其他经济损失或迟延交付的赔偿限额。[③]

3. 承运人责任限制权利的丧失

《海商法》第 59 条第 1 款规定：“经证明，货物的灭失、损坏或者迟延交付是由于承运人的故意或者明知可能造成损失而轻率地作为或者不作为所造成，承运人不得援用本法第五十六条或者第五十七条限制赔偿责任的规定。”但是，如果货物的灭失、损坏或者迟延交付是由于船长、船员、承运人的其他受雇人或者代理人的故意或者明知可能造成损失而轻率地作为或者不作为所造成的，承运人的赔偿责任限制权利并不因此而丧失。

这一赔偿责任限制权利丧失条件的规定，与《1976 年海事赔偿责任限制公约》的相应规定一致。并且，国际上普遍对此作较严格的限制性解释，使得在实践中赔偿责任限制权利不轻易丧失，理由是赔偿责任限额已大为提高。

---

① 《海商法》第 56 条第 2 款规定，货物用集装箱、货盘或者类似装运器具集装的，提单中载明装在此类装运器具中的货物件数或者其他货运单位数，视为前款所指的货物件数或者其他货运单位数；未载明的，每一装运器具视为一件或者一个单位。

② 特别提款权是国际货币基金组织于 1969 年创设的，作为国际储备的计算单位，具有价值相对稳定的优点。根据《海商法》第 277 条，特别提款权的人民币数额，按法院判决之日、仲裁机构裁决之日或者当事人协议之日，国家外汇主管机关发布的特别提款权对人民币的换算办法进行计算。

③ 《海商法》第 57 条规定：“承运人对货物因迟延交付造成经济损失的赔偿限额，为所迟延交付的货物的运费数额。货物的灭失或者损坏和迟延交付同时发生的，承运人的赔偿责任限额适用本法第五十六条第一款规定的限额”。此规定与《汉堡规则》规定有所区别，参见《汉堡规则》第 6 条第 1 款 c 项。

六、承运人的免责

根据《海商法》第51条的规定，在承运人责任期间内，货物发生的灭失或者损坏是由于下列原因之一造成时，承运人不负赔偿责任。下列承运人的免责事项，应适用于货物迟延交付造成的除货物灭失或者损坏以外的其他经济损失的索赔。

1. 船长、船员、引航员或者承运人的其他受雇人在驾驶船舶或者管理船舶中的过失

此即通常所说的驾驶船舶和管理船舶过失免责，简称航海过失免责。

“驾驶船舶”（navigation of the ship）中的过失，是指船长、船员和引航员等，在船舶航行或者停泊操纵上的过失。主要表现为船长、船员或者引航员违反国际性的或者地方性的避碰规则①，或者其他航行规则，如没有在船舶航行中保持正当瞭望，没有以安全速度航行，没有对碰撞危险加以正确判断，没有适当采取避让措施，或者违反良好船艺（good seamanship）的要求，造成船舶碰撞、触礁、搁浅等事故，致使货物灭失或者损坏。

“管理船舶”（management of the ship）中的过失，是指船长、船员等在维持船舶的性能和有效状态上的过失。例如轮机人员操纵机器不当，致使机器损坏，船舶失去控制；轮机人员在开启阀门时失误，使燃油混水，船舶失去动力；船舶在大风浪中航行，船长没有采取适当的压载措施以维持船舶良好的稳性，使船舶倾覆。因上述原因造成货物灭失或损害，承运人免除赔偿责任。这里的“管理船舶”，既非船舶的经营管理，又非船舶的行政管理。

实践中，船长、船员等管理船舶中的过失，常常与前述承运人履行管理货物义务中的过失不易分清。在区分这两种过失的标准上，存在多种学说，但通常以行为的对象和目的作为区分标准。如果某一行为针对货物，其目的是管理货物，则该行为属于管理货物的行为；反之，属于管理船舶的行为。例如某船在航行中遇到大风浪，需往压载舱打压载水，以提高船舶的稳性，但船员误将海水打入货舱，使货物遭受湿损，船员的这一过失属于管理船舶的过 失，可以免除承运人责任；又如，某船载运水泥，航运途中，船员为进入货舱察看舱内货物，打开舱盖，但出舱时忘记将其关上，后因突降大雨，雨水进入货舱使货物受损，这一过失则属管货过失，承运人不能免责。

2. 火灾，但是由于承运人本人的过失所造成的除外

火灾造成的货物灭失或者损坏，除直接被烧坏或者烟熏造成者外，还包括救火过程中造成的损失，如货物的湿损，或者因践踏而造成的损害。当火灾系船长、船员、承运人的其他受雇人或者代理人过失造成时，承运人对火灾所致的货物损失可以免责。但是，如果火灾系承运人本人过失所致，承运人便不能免责。例如：承运人明知船舶电线老化，长期不予更换，或者知道轮机人员经常在机舱内违章明火作业而未加阻止，从而引起火灾。当承运人是公司时，承运人本人的过失，除法定代表人的过失外，亦包括公司中对船舶有控制、指挥权的管理部门或者管理人员的过失。

3. 天灾，海上或者其他可航水域的危险或者意外事故

“天灾”（act of god）属不可抗力范畴，《海商法》没有给出天灾的定义，根据《民法总则》第180条的规定，“不可抗力”是指不能预见、不能避免且不能克服的客观情况。因此，从民

---

① 国际性的避碰规则为《1972年国际海上避碰规则》（International Regulations for the Prevention of Collision at Sea，1972）及其修正案。

法的意义上讲，“天灾”应属对其发生和后果不能预见、不能避免并不能克服的自然现象。[①]诸如海啸、地震、雷击和冰冻等，不含人为因素，如战争。在英国法律下，天灾应具备三个要件：一是“外来因素”（exteriority），二是“不可预见”（unforeseeable），三是“无法预防”（irresistible）。[②]

“海上或者其他可航水域的危险或者意外事故”（dangers and accidents of the sea or other navigable waters），即通常所说的“海上风险”（peril of the sea），海上风险没有统一的定义，我国民法也没有对该术语的专门解释。实践中，经常发生的海上风险是海上大风浪袭击以及其他航行中的危险和意外，如浓雾、暗礁、浅滩或航行障碍物。对天灾作宽泛解释的人认为，天灾包括海上风险。[③] 国际上对海上风险的解释主要有两种观点：一种是强调海上风险的不可预测性；另一种是不考虑是否“可预见”，而是强调具体事实：

（1）船舶结构、设备、保养良好；

（2）船舶大小；

（3）海上风险是否偶然；

（4）针对此海上风险承运人是否已谨慎及恰当行事，但仍无法避免事故；

（5）船舶本身是否受到损坏；

（6）地理环境；

（7）坏天气/大风浪持续多久。

上述条件归纳起来：一是不强调风险的“不可预测性”；二是经谨慎处理（即不存在管船管货过失）仍无法避免的事故；三是不仅货物有损害，同时船舶也有损害。我国学者似乎对上述两种观点都能接受。

海上风险是承运人的重要免责条款，有“承运人的亲密伙伴”“阿拉丁神灯”之称，尤其航海过失免责取消之后，此项免责将显得尤为重要。

4. 战争或者武装冲突

战争或者武装冲突都是公法上的概念。何谓战争，国际法学者有着各种学说和标准。比如：（1）公开宣战；（2）明确地表明战争企图；（3）采取恶意行动，企图发动战争；（4）不理会对方的最后通牒，对别国付诸武力。四个条件中，要属公开宣战是最为明确的。但据统计，自1799年至1900年间进行的150场战争，其中只有20场战争是经过宣战的。第二次世界大战日本对中国的侵略战争就一直没有宣战。1956年7月，埃及总统纳赛尔宣布将苏伊士运河收归国有，同年10月，英、法发动对埃及的武装行动，埃及宣称英、法对埃及发动战争，英法辩称是保护本国资产（苏伊士运河是法国人开凿的，后英国占44%的股权）。此时，有船舶等待过苏伊士运河，如果认定是战争，绕航好望角则可免责，如果认定不是战争，就不可绕航好望角。英国仲裁庭比较几个世纪以来的战争因素，综合考虑，最后裁定此次行动属于战争行为。

---

① Byran A Garner. Black's Law Dictionary. Seventh Edition. West Group，1999，p. 34.

② 杨良宜．提单及其付运单证．北京：中国政法大学出版社，2001：572. James 法官在 Nugent v. Smith，(1875) C. P. D0423，p. 444 中说：“The 'act of God' is a mere short way of expressing this proposition. A common carrier is not liable for any accident as to which he can shew that it is due to natural causes directly and exclusively，without human intervention，and that it could not have been prevented by any amount of foresight and pains and care reasonably to be expected from him.”［Scrutton on Charter parties，17th ed. (1964)，at p. 219，Carver on Carriage by Sea，11th ed. (1963)，at p. 11.］

③ 司玉琢主编．海商法大辞典．北京：人民交通出版社，1998：76.《海商法》将“天灾”和“海上风险”规定在同一个免责事项中（参见《海商法》第51条第1款第3项免责事由）。

战争行为或武装冲突不仅指该种行为发生的当时，造成货物损害可以免责，也包括战争或武装冲突行为之后的影响，如战争中遗留水中未爆炸的水雷、炸弹等，造成货物的灭失、损坏或迟延交付，也属战争或武装冲突免责。

5. 政府或者主管部门的行为、检疫限制或者司法扣押

政府或者主管部门的行为或者司法扣押，是指一国政府或者有关主管部门所采取的禁止装货或者卸货、禁运、封港、对船舶或者货物进行扣押或者没收充公等行为。例如，两国政府关系突然恶化，一国政府下令扣押在该国港口的另一国商船。这里的司法扣押不包括因债权债务纠纷，法院根据债权人的请求，作为诉前或诉讼保全措施，或者为执行判决，依法对船舶实施的扣押；也不包括诸如根据我国《海上交通安全法》第 19 条的规定，当船舶违反我国有关法规，或者不适航，或者发生事故手续未清，或者未支付船舶相关费用等情况，海事主管机关禁止船舶离港或者停止作业的行为。

检疫限制指一国检疫主管机关根据检疫法规，当发现挂靠本国港口的船舶上有疫情，或者船舶来自有疫情的港口时，禁止船舶进港装卸货物，或者对船、货进行熏蒸等消毒处理。例如，早期有一案例，一船自高雄装运香蕉至日本，因高雄港刚发生过霍乱，日本政府下令对来自高雄的船舶一律实行熏蒸，经过 8 天的熏蒸，该船载运的香蕉全部变质，承运人可援引此项免责。

6. 罢工、停工或者劳动受到限制

“罢工”通常是指因劳资纠纷或者工潮等原因，引起受雇人对雇主的斗争方式；“停工”则是雇主对受雇人的一种制约手段；“劳动限制”则是不属于前两种情况而无法装卸货物的情况。如，世界杯足球赛输球了，装卸工人闻讯不装卸货了，即属劳动受到限制。发生上述任何一种情况，致使承运人无法履行或者继续履行海上货物运输合同时，承运人均可援引此项免责，但因承运人的不法行为，或者其他其应负责的原因，如承运人违反与船员之间的雇佣合同，不按时支付或者非法克扣船员工资，造成船员罢工的除外。

7. 在海上救助或者企图救助人员或者财产

这项免责是普通法规定的少有的几项合理绕航之一，国际公约和各国海商法都毫无例外地将拯救海上遇难的人员和财产列为免责事项。除此项规定外，《海商法》第 49 条第 2 款还参照《海牙—维斯比规则》规定了“其他合理绕航”的免责规定。所谓“合理”，是个相对的概念，没有统一的定义，英国法官在一次审判中曾这样说道，“谁要求给‘合理绕航’下定义，这个要求本身就是不合理”。实务中，判断合理绕航通常考虑的因素有：第一，绕航是否对船货双方都是合理的，如果船方为了单方利益，绕航加载货物，这就是不合理绕航。第二，提单上有合理的偏离航线的条款，实际偏离并没有超出此条款的合理范围，法庭有可能认定属合理绕航。如提单中的加油条款，加油港处于航线附近，实际也是在该港加油，一般情况下，可认为是合理绕航。第三，绕航不能与所承运的货物有严重的抵触。如承运水果的船舶，途中绕航加油，尽管提单中有加油条款，实际加油绕航的程度并没有超出条款允许的范围，但由于绕航一天，水果腐烂，法院仍然判决此种绕航属不合理绕航。因此，超出合理限度的“自由绕航条款”[①] 应属无效条款。

8. 托运人、货物所有人或者他们的代理人的行为

指除下述第 10 项免责之外的货方的其他行为，包括托运人对货物的内容或者性质申报错

① 通常提单中的“自由绕航条款”规定：“The vessel has liberty to call at port or ports in any order, for any purpose”。

误，或者故意隐瞒货物的危险性质，致使承运人积载错误，或者货物在运输途中发生爆炸等原因而遭受的灭失或者损坏。

9. 货物的自然特性或者固有缺陷

货物的自然特性或者固有缺陷可能造成两种后果：一是货物的“正常耗损”（normal loss），例如，谷物在运输途中会有水分蒸发，矿粉等扬尘货物在装卸过程中有少部分会随风飘散，散装油类货物会有部分黏附于舱壁或者结块沉淀而无法泵出；二是货物的自然特性或者固有缺陷造成的货物损害，包括易腐货物变质、谷物生虫、煤炭、鱼粉自燃等，承运人均可免责。但是，要区别货损是自然特性、固有缺陷所致，还是因为承运人违反适航义务或管货义务，有时是很难的。关键在于承托双方的举证。

10. 货物包装不良或者标志欠缺、不清

货物包装不良是指货物包装的方式、强度或者状态不能承受特定货物的装卸和运输过程中的正常风险。其中包装的强度不良，也称“包装不固”，是常被承运人引用的免责条款。包装是否坚固，没有统一标准，视不同的货物要求不同的包装强度。装卸工人在装船时，不慎将一装满珠宝的箱子摔在甲板上，箱子打开部分珠宝散落滚入海中，法庭裁定，此案属“包装不固”，法官认为，“如此贵重的货物，用如此容易打开的箱子装运，就是包装不固”。随着货物包装的发展，对承运人援引此项免责有严格限制的趋势：过去，只要事实上货物包装不良，承运人便可免责；现在，如果法庭认为包装不良是可以从外表观察得到的，而承运人却签发了清洁提单，此时，承运人就不能轻易地援引此项免责了。

货物标志欠缺、不清，使承运人对货物无法加以辨认时，易造成货物混票或者承运人错交货；或者，因货物未加适当标志，如“禁止货物上下倒置”“易碎品”“防湿”或者“禁止使用手钩”等，货物在装卸等管理过程中易造成损坏。同样，如果货物包装不良或者标志欠缺、不清，属于货物表面状况不良，而承运人对此在提单或者其他运输单证中未加批注，则不能援引此项免责，以对抗善意的第三者——收货人提出的索赔。

11. 经谨慎处理仍未发现的船舶潜在缺陷

此项免责是对前述承运人谨慎处理使船舶适航义务的补充。例如，某船在定期检验时，用习惯的方式测量船壳板的厚度，某一处钢板严重腐蚀，但测量时未曾发现，船舶在航行中，该处钢板裂缝，海水侵入货舱使货物湿损，这一缺陷即为潜在缺陷，承运人对货物的湿损可以免责；又如，某船从波特兰装运小麦至孟买，在航行途中，因减速齿轮断裂失去自航能力，被拖往日本神户修理，托运人以承运人在装货港未谨慎处理使船舶适航为由，拒绝分摊共同海损，但法院认为，验船师在装货港已按英国劳氏（Lloyd's）船级社技术规范，并用熟练的技巧，以通常的方法，对船舶作了全面的检验而无任何疏忽，他无须像托运人所主张的那样，应把齿轮中的油泥擦去检查每一个螺丝，判决承运人是否已尽谨慎处理之责。减速齿轮的断裂系潜在缺陷所致，承运人无须对船舶不适航负责，托运人应分摊共同海损。[1]

承运人欲援引此项免责，无须证明他事实上已谨慎处理。相反，即使承运人事实上没有谨慎处理，但如果能证明，某一缺陷即使他谨慎处理也不能发现，则仍可援引此项免责。

12. 非由于承运人或者承运人的受雇人、代理人的过失造成的其他原因

此项概括性的免责，在英美法中称为“同类”（ejusdem generis）规定，通常解释为与前述第

---

① 英国上议院对“Amstelslot”轮案的判决。[1963] 2 Lloyd's Rep. 223.

1至第11免责事项属于相同性质或者相似的事由，即所谓“同类规则”。承运人的受雇人或代理人之盗窃行为是否适用本款，应作具体分析：如果受雇人或代理人是在受雇或受委托范围内进行盗窃，如顺手牵羊、偷走货物，承运人不得援用本款免除责任。如果超出此范围，如装卸工人窃取船上防风筒之罩盖，致使海水灌入货舱毁损货物，承运人可以援引本款免除赔偿责任。

承运人欲援引上述免责事项，必须证明货物的灭失或者损坏系某项免责原因所致。但是，当因火灾造成货物灭失或者损坏时，火灾系承运人本人过失造成的举证责任，由索赔人承担。这种举证责任的分配，有别于《海牙—维斯比规则》，该规则除相当于我国《海商法》第51条第1款的第12项免责事项是由承运人负责举证外，其余各项均由索赔方举证；《汉堡规则》因为取消了免责条款，为了平衡船货双方的利益，作为货方的一种妥协，将火灾的举证责任留给了索赔方。我国《海商法》的免责事项采用了《海牙—维斯比规则》的规定，而举证责任又按《汉堡规则》的分配模式，这就加重了索赔方的负担。而且，责任基础不同，《汉堡规则》的火灾举证不同于我国《海商法》的火灾举证，前者只要证明承运人或其代理人或受雇人的任何人，因过失引起火灾造成货损，承运人均应负赔偿责任；而后者则要求索赔方只有证明承运人本人有过失，引起火灾并造成货损，承运人方不能免责。笔者认为，《汉堡规则》的火灾举证留给索赔方，实际上等于保留了“火灾免责”，因为索赔方证明火灾起因是很困难的。[①] 我国《海商法》的火灾举证要比《汉堡规则》还困难。因此，这种举证责任的分担是不尽合理的。

如果货物的灭失或者损坏系由承运人应负责的原因和承运人免责的原因共同造成，则承运人仅在其不能免责的范围内负赔偿责任，但承运人对其可免责的原因造成的灭失或者损坏应负举证责任。[②] 此外，《海商法》第52条和第53条分别规定了承运人对活动物和舱面货特殊风险所致货物的灭失或者损害的免责事项。

根据《海商法》第52条的规定，如果托运人事先向承运人提出了关于运输活动物的特别要求，承运人应当证明已履行这种特别要求，并且证明灭失或者损害是由于这种固有的特殊风险造成的。

舱面上装载的货物称为舱面货，又称甲板货（deck cargo）。根据《海商法》第53条的规定，对于在舱面上装载的货物的灭失或者损坏，如果系这种装载的特殊风险所致，承运人可以免责。但是，承运人在舱面上装载货物，必须符合下列条件之一：（1）承托双方达成舱面货协议；（2）符合航运惯例，如木材专用船在甲板上装木材，专用集装箱船甲板装载集装箱；（3）符合有关法律、行政法规的规定。否则，承运人擅自将货物装载在舱面上，致使货物灭失或者损坏，应负赔偿责任。

七、承运人与实际承运人的责任关系

实际承运人的概念是从《汉堡规则》中引入我国《海商法》的[③]，《海牙规则》和《海牙—维斯比规则》都没有实际承运人的概念，凡是涉及实际承运人的权利、义务、责任和豁免的条款，《海牙规则》和《海牙—维斯比规则》都是用拟人化的“船舶”取代实际承运人。

---

① 司玉琢．论承运人责任基础的重大变革．中国国际法年刊．北京：中国对外翻译出版公司，1984.

② 《海商法》第54条规定：货物的灭失、损坏或者迟延交付是由于承运人或者承运人的受雇人、代理人的不能免除赔偿责任的原因和其他原因共同造成的，承运人仅在其不能免除赔偿责任的范围内负赔偿责任；但是，承运人对其他原因造成的灭失、损坏或者迟延交付应当负举证责任。

③ 《海商法》第42条第2项规定了实际承运人的定义，“‘实际承运人’，是指接受承运人委托，从事货物运输或者部分运输的人，包括接受转委托从事此项运输的其他人”（《汉堡规则》第1条第2项）。

承运人与实际承运人的责任关系，包含如下几个方面的内容：

第一，承运人对全程运输负责。《海商法》第 60 条规定，“承运人将货物运输或者部分运输委托给实际承运人履行的，承运人仍然应当依照本章规定对全部运输负责”。

第二，实际承运人仅对自己实际履行的货物运输部分负责。《海商法》第 42 条第 2 项规定，“‘实际承运人’是指接受承运人委托，从事货物运输或者部分运输的人”，没有实际履行任何货物运输的人，不是实际承运人，超出实际承运人实际履行的货物运输部分，该实际承运人不承担责任。对货物运输的理解，不应狭义地解释为仅限于海上船舶运输，根据承运人的责任期间，货物运输可能包括装卸港口的货物装卸、仓储、接受和交付以及港内短途运输（详见本章专题研讨“十五、中国海商法中港口经营人的法律地位”）。

第三，承运人对实际承运人的行为负责。《海商法》第 60 条规定，对实际承运人承担的运输，承运人应当对实际承运人的行为或者实际承运人的受雇人、代理人在受雇或者受委托的范围内的行为负责。

第四，承运人的责任适用于实际承运人。《海商法》第 61 条规定，“本章对承运人责任的规定，适用于实际承运人”。这里的“责任”应作广义的解释，包括承运人的权利、义务、责任、豁免。[1]

第五，承运人与实际承运人都负有赔偿责任的，负连带责任。《海商法》第 63 条规定，“承运人与实际承运人都负有赔偿责任的，应当在此项责任范围内负连带责任”。正确理解承运人与实际承运人的连带责任关系，应该把上述几点联系起来考虑，方能得出正确的结论（详见本章专题研讨“七、承运人与实际承运人的连带责任——对《海商法》第 63 条的理解”）。

第六，追偿。《海商法》第 65 条规定：“本法第六十条至第六十四条的规定，不影响承运人和实际承运人之间相互追偿。”这是连带责任的必然结果，一方承担了 100%的连带责任后，有权依据本章规定向负有责任的对方追偿。但通常情况下，多是承运人向实际承运人追偿，因为承运人不实际占有货物，不太可能发生管货过失，因管货过失承运人承担的连带责任往往是实际承运人的过失所致，承运人有权依据本章规定向实际承运人进行追偿。

第三节 托运人的责任

一、托运人的责任基础

对于托运人的责任基础，有两种不同的理解：一种理解是托运人违反《海商法》第 66～68 条义务的，承担严格责任，除此之外，托运人对承运人、实际承运人或者船舶的损失，根据《海商法》第 70 条，承担过失责任；另一种理解是《海商法》第 70 条规定的过失责任是包

① 司玉琢，李志文．对我国《海商法》下“实际承运人”责任的理解．海商法研究．2000 年第 1 辑．北京：法律出版社，2000.

括托运人责任的，包括托运人违反《海商法》第66～68条规定的义务。笔者赞同第一种理解。因为第66～68条都有这样一句话，“对承运人造成损失的，托运人应当负赔偿责任”，没有以过失为条件，而第70条则不然，其明确规定，“托运人对承运人、实际承运人所遭受的损失或者船舶所遭受的损坏，不负赔偿责任；但是，此种损失或者损坏是由于托运人或者托运人的受雇人、代理人的过失造成的除外”。

二、托运人的权利

1. 要求承运人签发提单或者其他运输单证的权利

根据《海商法》第72条，货物由承运人接收或者装船后，托运人有权要求承运人向其签发提单。具体而言，如果货物已经装船，托运人有权要求承运人签发已装船提单；如果货物由承运人接收，但尚未装船，托运人有权要求承运人签发收货待运提单（received for shipment B/L）。

《海商法》第42条规定了两种托运人。由于没有区分两种托运人各自的权利义务，似乎任何一种托运人均有权依照《海商法》第72条的规定，要求承运人签发提单。但是，如果两种托运人同时要求承运人签发提单，应如何处理，《海商法》是不明确的。《鹿特丹规则》[1] 在讨论发货人有权取得运输单证的条件时有三种意见：第一种意见为，符合实际交货、托运人向承运人发出指示签单给发货人、发货人的名字反映在运输单证上三个条件，发货人才有权获得运输单证。第二种意见为，只要实际交付货物就有权获取运输单证。第三种意见为，实际交货并且发货人的名字反映在运输单上即有权获得运输单证。《鹿特丹规则》最终采纳了第一种意见。

如果承运人与托运人约定签发提单以外的海运单等其他运输单证，则托运人有权要求承运人签发这种运输单证。

2. 要求承运人中止运输、返还货物、变更卸货港或者收货人的权利

我国《海商法》没有规定托运人的此项权利。《合同法》第308条规定：“在承运人将货物交付收货人之前，托运人可以要求承运人中止运输、返还货物、变更到达地或者将货物交给其他收货人，但应当赔偿承运人因此受到的损失。”《鹿特丹规则》第十章规定了“控制方的权利”：中止运输或者返还货物产生合同解除的效力，变更卸货港或者收货人属于合同的变更。根据这一规定，托运人行使上述权利的唯一条件是，承运人尚未将货物交付收货人。根据《鹿特丹规则》第50条的规定，控制权存续于承运人的整个责任期间，也就是货物一经交付控制权即告消灭。同时，托运人行使上述权利，对承运人承担的唯一后果是赔偿承运人因此受到的损失。

在《民法典》中，托运人仅限于与承运人订立运输合同的人。因此，《海商法》第42条规定的第二种托运人不具有上述权利。同时，当签发可转让提单时，受让提单的提单持有人也不是托运人，无法行使上述权利，如果此时托运人仍有此种权利的话，无疑对提单持有人主张提货的权利是一种侵害。因此，《民法典》没有考虑海上货物运输的特殊情况，缺乏可操作性。《鹿特丹规则》将控制权专门作为一章规定，具有较强的可操作性。

---

① 2008年12月11日，第63届联合国大会第67次会议审议通过了联合国国际贸易法委员会先后用了10年时间提交的《联合国全程或部分海上国际货物运输合同公约》（UN Convention on the Contracts of International Carriage of Goods Wholly or Partly by Sea），2009年9月23日在荷兰鹿特丹举行了签字仪式，将公约定名为《鹿特丹规则》。该公约截至2017年10月28日，已有25个国家签字，截至2017年10月已有4个国家批准加入。

三、托运人的义务

1. 提供约定货物、妥善包装和正确申报货物的义务

托运人应当按照与承运人的约定，将货物运至船边、集装箱堆场、码头仓库或者其他地点，以供承运人接受货物或者装船。除非合同另有约定，或者事先征得承运人同意，托运人不得擅自更改约定货物的品名和数量。

《海商法》第 66 条规定："托运人托运货物，应当妥善包装，并向承运人保证，货物装船时所提供的货物的品名、标志、包数或者件数、重量或者体积的正确性；由于包装不良或者上述资料不正确，对承运人造成损失的，托运人应当负赔偿责任。承运人依照前款规定享有的受偿权利，不影响其根据货物运输合同对托运人以外的人所承担的责任。"承运人向托运人以外的第三人承担赔偿责任后，可以向托运人追偿。

2. 及时办理货物运输手续的义务

《海商法》第 67 条规定："托运人应当及时向港口、海关、检疫、检验和其他主管机关办理货物运输所需要的各项手续，并将已办理各项手续的单证送交承运人；因办理各项手续的有关单证送交不及时、不完备或者不正确，使承运人的利益受到损害的，托运人应当负赔偿责任。"

3. 妥善托运危险货物的义务

托运人装运危险货物，必须事先同承运人达成协议，并依照有关海上危险货物运输的规定，妥善包装，作出危险品标志和标签，将其正式名称和性质以及应当采取的预防危害措施书面通知承运人。如果托运人未通知或者通知有误，《海商法》第 68 条第 1 款中规定，"承运人可以在任何时间、任何地点根据情况需要将货物卸下、销毁或者使之不能为害，而不负赔偿责任。托运人对承运人因运输此类货物所受到的损害，应当负赔偿责任"。该条第 2 款同时还规定："承运人知道危险货物的性质并已同意装运的，仍然可以在该项货物对于船舶、人员或者其他货物构成实际危险时，将货物卸下、销毁或者使之不能为害，而不负赔偿责任。但是，本款规定不影响共同海损的分摊。"即如果承运人采取这种措施构成共同海损行为，承运人仍应分摊共损措施造成的损失。

4. 支付运费及其他费用的义务

托运人应当按照约定向承运人支付运费、亏舱费、滞期费、共同海损分摊费用、承运人为货物垫付的必要费用和其他应由其支付的费用。《海商法》第 69 条第 2 款规定："托运人与承运人可以约定运费由收货人支付；但是，此项约定应当在运输单证中载明。"

5. 赔偿义务（托运人及为其受雇人、代理人）

《海商法》第 70 条规定："托运人对承运人、实际承运人所遭受的损失或者船舶所遭受的损坏，不负赔偿责任；但是，这种损失或者损坏是由于托运人或者托运人的受雇人、代理人的过失造成的除外。托运人的受雇人、代理人对承运人、实际承运人所遭受的损失或者船舶所遭受的损坏，不负赔偿责任；但是，这种损失或者损坏是由于托运人的受雇人、代理人的过失造成的除外。"托运人及其受雇人、代理人承担赔偿责任时，不享有赔偿责任限制。《鹿特丹规则》制定过程中曾考虑规定托运人享有责任限制的问题，但由于难以找到适当的限制方式，最终没有作出规定。

第四节 运输单证

一、提单功能

《海商法》第 71 条规定："提单，是指用以证明海上货物运输合同和货物已经由承运人接收或者装船，以及承运人保证据以交付货物的单证。"

提单既是重要的国际海上货物运输单证，又是重要的国际货物贸易单证。提单是托运人按事先与承运人达成的货物运输协议，将货物交给承运人接管或者由承运人装船后，应托运人要求，由承运人、船长或者承运人的代理人签发。

根据上述提单的定义，提单具有以下三个功能：

（一）提单是承运人与托运人之间达成的国际海上货物运输合同的证明

提单的这一作用表明，提单是确定承运人和托运人权利义务的依据。但是，提单只是国际海上货物运输合同的证明，而不是合同本身。这是因为，在提单签发之前，合同已经通过要约和承诺而成立，签发提单只是承运人履行合同的一个环节。因此，提单不论在托运人手中，还是在持有人或者收货人手中，始终只是承运人与托运人之间达成的合同的证明。这种证明的效力，不仅表明在承运人与托运人之间存在合同关系，更为重要的是，表明承运人与托运人之间达成的合同内容，即提单条款，是双方合意的结果。因为，提单作为船公司的格式合同，在签发之前，托运人已知道或者应该知道其条款内容，如果托运人在与承运人达成运输合同时，对提单条款没有提出异议，应视为托运人同意接受，除非托运人能证明，他与承运人另有相反约定。但是，提单之外承托双方约定的合同内容，对提单持有人或收货人没有约束力。

（二）提单是承运人接收货物或者将货物装船的证明

承运人、船长或者承运人的代理人向托运人签发提单，表明承运人已接收提单上记载的货物，或者已将该货物装于提单上载明的船舶。

《海商法》第 77 条具体规定了提单的这种证明效力。在托运人与承运人之间，提单是承运人已按其上所记载情况，收到货物或者将货物装船的初步证据（prima facie evidence），即如果承运人实际收到的货物与提单上记载的内容不符，承运人可以提出反证。若提单流转（在运输领域）或者转让（在贸易领域）至善意的第三者手中，其与承运人之间，除提单上订有有效的"不知条款"（unknown clause），或者，承运人或代其签发提单的人知道提单记载的货物情况与实际接收或者装船的货物情况不符，并在提单上批注不符之处的情况外，承运人不得以内容不符对抗该善意第三人。此时，提单成为承运人按其上记载的内容收到货物的绝对证据（conclusive evidence）。即使此种内容不符系托运人申报错误所致，承运人亦不得以此对抗善意第三人，而只能按照提单记载的情况向收货人作出损害赔偿后，转向托运人追偿。

（三）提单是承运人保证据以交付货物的凭证

《海商法》第 71 条规定，"提单，是……承运人保证据以交付货物的单证"。据此规定，不论是记名提单还是可转让提单，承运人均需凭提单交付货物。该条同时规定，“提单中载明的向记名人交付货物，或者按照指示人的指示交付货物，或者向提单持有人交付货物的条款，构成承运人据以交付货物的保证”。换言之，如果是记名提单，承运人应向提单中记名的收货人交付货物；如果是指示提单，承运人应按指示人的指示交付货物；如果是不记名提单，承运人应将货物交给提单持有人。这一规定似乎表明，承运人交付货物凭的是提单的记载，而不是提单本身，但是，对于指示提单和不记名提单，承运人必须要求收货人出示提单，方知向谁交货；而记名提单则不必出示，因为在装货港承运人就已知向谁交货。第 71 条同一条的两句话出现了前后不甚协调的情况。《海商法》第 71 条是参考《汉堡规则》第 1 条第 7 款起草的，但是《汉堡规则》第 1 条第 7 款中没有“向记名人交付货物”的字样，而是“按记名人的指示交付、或者按指示交付、或者向提单持有人交付，构成此种保证”，这就是说，尽管《汉堡规则》所指的提单包括记名提单（见《汉堡规则》第 15 条第 1 款 e 项），但是，作为提货凭证的提单仅仅是指指示提单（包括记名指示提单和不记名指示提单）和空白提单，记名提单仅具有合同证明和货物收据的功能，不具有提货凭证功能（详见本章专题研讨“十九、记名提单是否要凭单放货——对我国《海商法》第 71 条的理解”）。

《海商法》中并未规定提单的物权功能。国际上倾向于将海上货物运输合同下承运人的权利义务与货物的物权脱钩。笔者认为，法律之所以这样规定，是因为当提单作为货物运输单证在运输领域流转时，提单不具有物权性，而提单作为贸易单证或者质押单证时，其物权性才会显现出来（详见本章专题研讨“十八、提单功能阶段论说”）。[1]

二、提单的签发

提单的签发（issue of the B/L）包括提单的签发人、签发的地点、日期及份数。

提单的签发人是承运人、船长或者承运人的代理人。《海商法》第 72 条规定：“货物由承运人接收或者装船后，应托运人的要求，承运人应当签发提单。提单可以由承运人授权的人签发。提单由载货船舶的船长签发的，视为代表承运人签发。”船长签发提单的权利由法律所赋予，无须承运人事先明确授权。在实践中，提单通常由承运人在装货港委托的代理人签发，但代理人必须具有这种授权。代理人签发提单一般注明代承运人（for and on behalf of the carrier as agent）签发。如果提单上没有注明代承运人签发，其效力应根据《合同法》第 402 条和第 403 条关于隐名代理的规定。[2]

提单的签发地点（place of issue）通常是装货港，有时是船公司所在地或者其他地点。

提单的签发日期（date of issue）是货物由承运人接收或者装船的日期的证明。在国际货物买卖和信用证结汇中，除提单载明货物装船日期外，通常把已装船提单的签发日期视为货物装船完毕的日期。因此，它影响到买卖合同的履行与托运人的结汇。货物由承运人接收或者装船后，经托运人要求，承运人、船长或者承运人的代理人有义务及时签发已装船提单。如果托运人交运多票货物，经托运人要求，承运人、船长或者承运人的代理人有义务在每票货物装船后，及时为该票货物签发已装船提单，而不能推迟至全部货物均装船后签发。

提单的签发份数（number of B/L）按托运人要求而定，通常正本提单（original B/L），一

---

① 另参见司玉琢等．关于无单放货的理论与实践——兼论提单的物权性问题．中国海商法年刊，(2000)．

② 有的称隐名代理为间接代理。崔建远主编．合同法．北京：法律出版社，2000：507.

式三份，每一份具有同等的法律效力；在提单的正面都注明全套正本提单的份数，“其中经一份完成提货手续后，其余各份便失效”。在卸货港，承运人向提单上注明的收货人交付货物前，回收一份正本提单后，其交付货物的义务即告终止。如两个或者两个以上提单持有人同时要求提取同一票货物，承运人应将货物交给有权提货的人。倘若不能确定谁有权提货，应暂不交付，待通过司法途径确定有权提货的人，再行交货。

通常所说的提单是指正本提单，注有“正本”（original）字样。副本提单上注有“副本”（copy）、“不能流通”（non-negotiable）字样，而且无背面条款。副本提单按承运人自身需要缮制，用于船公司统计营运情况、卸货港代理人联系安排泊位以及船长掌握所运货物情况等。

提单应签发给托运人还是发货人，在FOB贸易条件下显得特别突出（参见本章专题研讨“十六、发货人及单证托运人的权利义务”）。

三、提单的记载事项

为保证提单的作用，保障收货人的利益，有关国际公约和各国海商法都对提单记载事项作出了规定。

《海商法》第73条规定了11项，即：（1）货物的品名、标志、包数或者件数、重量或者体积，以及运输危险货物时对危险性质的说明；（2）承运人的名称和主营业所；（3）船舶名称；（4）托运人的名称；（5）收货人的名称；（6）装货港和在装货港接收货物的日期；（7）卸货港；（8）多式联运提单增列接收货物地点和交付货物地点；（9）提单的签发日期、地点和份数；（10）运费的支付；（11）承运人或者其代表的签字。但是，该条同时规定，提单缺少前述一项或者几项内容，不影响提单的性质，但提单的记载事项应符合《海商法》第71条的规定。这一但书表明：与提单三个功能有关的记载事项是不能缺少的，如第（1）、（2）、（4）、（9）、（11）项；其他记载事项，应属提示性规定。

1. 船名（name of vessel）

船名使船舶特定化。除承运人与托运人事先约定承运人可用其他船舶代替外，承运人应提供约定的船舶。当货物索赔人请求法院采取诉讼保全措施时，船名使这种措施有确定的对象。在英美法对物诉讼中，船名使诉讼有确定的被告。

2. 承运人（carrier）

承运人指与托运人订立海上货物运输合同的船舶所有人、船舶经营人、承租人或者无船承运人，是提单所证明的海上货物运输合同的一方当事人。提单上记载承运人的名称，是识别承运人的重要标示之一，使收货人明确根据提单应向谁主张权利，对谁履行义务。

3. 托运人（shipper）

托运人是提单所证明的海上货物运输合同的另一方当事人，是与承运人签订海上货物运输合同的人。提单记载托运人的名称，使承运人明确与谁有海上货物运输合同的权利义务关系，当提单系指示提单，且由托运人指示或者未载明由谁指示时，使船长、承运人及其代理人明确应按托运人的指示交付货物。

4. 收货人（consignee）

收货人是根据提单有权提取货物的人。收货人一栏的不同记载，使提单区分为记名提单（straight B/L）、指示提单（order B/L）和不记名提单（bearer B/L or open B/L）。

5. 通知方（notify party）

货物运抵目的港前，承运人可向提单中载明的通知方发出船舶到港通知。通知方一般为卸货港收货人的货运代理人。载明通知方，便于承运人或者其代理人及时与收货人联系。根据卸货港的习惯做法，承运人可以通过当地报纸或者其他媒体刊登船期公告的方式，通知船舶到港情况。通知方不是合同当事人，不享有合同规定的权利，亦不承担义务。到目前为止，国际公约或各国海商法尚没有把承运人发出到港通知，作为承运人的法定义务。但我国《民法典》第830条规定："货物运输到达后，承运人知道收货人的，应当及时通知收货人，收货人应当及时提货。收货人逾期提货的，应当向承运人支付保管费等费用。"这表明，我国沿海和内河货物运输，承运人负有到货通知义务。

6. 装货港（port of loading）、卸货港（port of discharge）

装货港是承运人将货物装船起运的港口，是收货人根据提单上注明的货物装船日期，或者提单签发日期，计算船舶预期到达卸货港时间的依据。卸货港是承运人将货物卸船并交于收货人的港口。如系选港货（optional cargo），则提单上应载明两个或者两个以上的备选卸货港，供收货人选择；如系海上联运提单，通常注明货物转运港（port of transhipment）与被称为目的港的最终卸货港（port of destination）。在国际货物多式联运提单情况下，如果多式联运经营人接收货物的地点与装货港，卸货港与交付货物的地点不一致，则还需载明货物接收地和目的地。装货港、卸货港、转运港、目的港、接收地、目的地，都是合同的履行地，可能成为合同争议有管辖权的法院及法律适用的连结点。

7. 货物名称、标志、包件的数量与种类、重量或者体积（description，marks，number and kind of packages，weight or measurement of goods）

货物的名称表明货物的内容。标志是货物特性的代号，影响到货物的积载及卸货港能否正确、迅速地交付货物。包件的种类表明货物包装的类型，如木箱、桶、捆、包等。包件数、重量或者体积亦表明货物的数量，是承运人交接货物、计算运费，以及当货物发生灭失或者损害时，确定承运人赔偿责任限额的依据。这些内容通常由托运人填写或者提供。不少提单注有"由托运人提供的事项"（particulars furnished by shipper）的字样。托运人应保证其上述填写或者提供的内容与其所提供的货物相符。如有不符，由此造成的损失或者引起的责任，由托运人承担。由于货物的买方通常在货物装船前不能对货物进行查验，而只能依赖提单记载情况支付货款，为维护提单的信誉，保护收货人的利益，提单作为货物收据，承运人有权在接收货物时，查验货物的实际状况，同时负有向收货人保证提单记载内容真实性的义务。

8. 运费及其他费用（freight and charges）

提单除注明运费数额外，通常还注明运费支付地点及支付方式。支付方式指运费是预付还是到付。其他费用指在装货港发生的、应由托运人承担的亏舱费、滞期费、过驳费等。如收货人在卸货港提货前不付清提单上注明的到付运费和其他费用，以及在航行过程中和卸货港发生的、并应由其承担的诸如共同海损分摊费用、滞期费、过驳费等，又不提供适当担保，则承运人对货物享有留置权。

四、提单批注

提单上一般印明："上列外表状态（cargo's apparent order and condition）良好（除另有说

明者外）的货物已装在上列船上……”

如果“承运人或者代其签发提单的人，知道或者有合理的根据怀疑提单记载的货物的品名、标志、包数或者件数、重量或者体积与实际接收的货物不符，在签发已装船提单的情况下怀疑与已装船的货物不符，或者没有适当的方法核对提单记载的，可以在提单上批注，说明不符之处、怀疑的根据或者说明无法核对”（《海商法》第75条）。如果“承运人或者代其签发提单的人未在提单上批注货物表面状况的，视为货物的表面状况良好”（《海商法》第76条）。

航运实务中，托运人为了信用证结汇的需要，向承运人出具保函换取清洁提单，一旦收货人提出货损索赔，承运人无法以保函对抗收货人，因为保函对收货人是无约束力的，当承运人凭保函向托运人追偿时，法院是否承认其效力，将视个案的具体情况。如果有明显的损害第三方利益的企图，可能以欺诈论，认定保函无效。因此，承运人轻易接受托运人的保函签发清洁提单，是有风险的。①

五、提单的转让

《海商法》在本节中，规定了提单的转让程序和提单的转让效力。

1. 提单的转让程序

《海商法》第79条规定了三种提单的不同转让程序，即记名提单不得转让；指示提单经过记名背书或者空白背书转让；不记名提单无须背书，即可转让。

2. 提单的转让效力

我国《海商法》没有直接明确地规定提单转让的效力，而是在第78条中规定了“承运人同收货人、提单持有人之间的权利、义务关系，依据提单的规定确定”。从这一规定可以引申出这样的结论：承运人签发的提单一旦转让，提单上所承载的运输合同当事方的权利义务，一同转让给收货人或提单持有人。当提单持有人（收货人在没有主张提货之前也是提单持有人）没有行使提单项下的任何权利时，仅仅因为持单，也要承担提单规定的义务，如支付运费等。这对保护提单持有人是不利的，也不利于提单的流转。正是出于这种考虑，英国《1992年海上货物运输法》（92COGSA）规定，提单转让，权利随同转让，但义务不同时转让，只有持单人行使权利时，义务才发生转让。《鹿特丹规则》吸收英国92COGSA的立法模式，作了同样的规定。②

六、海运单

《海商法》第80条规定，当“承运人签发提单以外的单证用以证明收到待运货物的，此项单证即为订立海上货物运输合同和承运人接收该单证中所列货物的初步证据。承运人签发的此类单证不得转让”。当前航运实务中，除签发提单以外的运输单证主要是“海运单”（sea waybill）。

从上述定义可以看出，海运单同提单有相同之处，都具有海上货物运输合同的证明、货物

① 参见最高人民法院《关于保函是否具有法律效力问题的批复》（1988年10月4日法（交）复〔1988〕44号）。该批复认为：海上货物运输的托运人为换取清洁提单而向承运人出具的保函，对收货人不具有约束力。不论保函如何约定，都不影响收货人向承运人或托运人索赔；对托运人和承运人出于善意而由一方出具另一方接受的保函，双方均有履行之义务。

② 参见英国92COGSA第3条，《鹿特丹规则》第58条。

收据的功能；但它同提单有着本质的不同，即不具有可转让性。

海运单是否适用《海牙规则》《海牙—维斯比规则》或者与之相应的国内法？对此，国际上曾有不同观点。

一种观点认为，《海牙规则》或者《海牙—维斯比规则》第 1 条规定，运输合同仅仅是指提单或者类似的权利凭证（document of title）所包含的运输合同，而海运单既非提单，又非货物权利凭证，因而《海牙规则》或者《海牙—维斯比规则》对海运单不适用。[①] 另一种观点认为，根据《海牙规则》或者《海牙—维斯比规则》第 6 条，只有在满足下列三个条件时，承运人才不受《海牙规则》或者《海牙—维斯比规则》的约束，即：第一，签发不可流通的货物收据，并注明“不可流通”的字样；第二，不涉及普通商业性货物运输；第三，货物的性质或者状况表明，有订立特别协议的需要。海运单虽然满足上述第一个条件，但并不满足第二和第三个条件，因此，《海牙规则》或者《海牙—维斯比规则》对海运单仍然适用。[②] 为此，《国际海事委员会海运单统一规则》第 4 条规定：“海运单所包含的运输合同，应受强制适用的国际公约或者国内法的约束。”根据这一规定，《海牙规则》《海牙—维斯比规则》或者与之相应的国内立法对海运单应该适用。

笔者认为，一个公约的适用范围，只能通过该公约本身来确定，《海牙规则》和《海牙—维斯比规则》第 1 条明确将“运输合同”定义为“提单或者类似的权利凭证所包含的（cover）合同”。而海运单不属于“提单或类似的权利凭证”，这应该是毫无疑问的。因此，上述第一种观点可以接受。

使用海运单的优点在于：快速交付货物、减少相关费用、预防海事欺诈和有助于“电子数据交换”（Electronic Data Interchange，EDI）的推广使用。

七、电子提单

电子提单（electronic bill of lading）系指借助 EDI 的方式，将海上货物运输相关资料，由装运港电脑传送至目的港电脑的无纸化电子载货记录。电子提单通过具体操作，将承运人、托运人、收货人及银行的电脑相连接，将与货物运输有关的资料及条款输入电脑，转化为电信，并组合为传递单位（unit of dispatch），经由电子通信设备，传送至另一电脑。托运人取得个人密码（private key），得以支配或处分运输中的货物。托运人授权承运人将货物交付指定的收货人，托运人即放弃其支配权，使收货人取得在目的港请求交付货物的权利。个人密码于每一次重新指定收货人后，即归失效，并由新的收货人取得新的密码，承运人仅能依据持有电子提单个人密码者的指示交付货物。

EDI 广泛应用于贸易、航运、金融、保险、海关等领域。国际商会于 1987 年 9 月制定了《电子传送贸易资料交换统一行动守则》[Uniform Rules of Conduct for Interchange of Trade Data by Teletransmission（UNCID），以下简称 UNCID 统一行动准则]，以期降低成本，加速流通；国际海事委员会（CMI）于 1990 年制定了《CMI 电子提单规则》（CMI Rules for Electronic Bills of Lading，以下简称 CMI 规则），解决电子提单所涉法律问题；国际商会在《1990 年国际贸易术语解释通则》（Incoterms 1990）和《2000 年国际贸易术语解释通则》（Incoterms

---

① William Tetley. Marine Cargo Claims. 3rd Edition. International Shipping Publications，1988，p. 944.

② William Tetley. Marine Cargo Claims. 3rd Edition. International Shipping Publications，1988，p. 945.

2000）中承认电子提单与传统纸面提单具有相同的法律地位，并有取代之势。

电子提单的优点在于快速交付货物，避免欺诈发生，可有效防范因传统提单“认单不认人”可能产生的欺诈行为。[①]

第五节 货物交付

一、索赔通知

索赔通知包括两方面的内容：货物灭失或者损坏的通知（notice of loss or damage）和迟延交付的通知（notice of delay）。

1. 货物灭失或者损坏的通知。此通知属收货人的一项义务，它包含三层含义：

第一，通知期限。如果货物发生灭失或损坏是显而易见的，《海商法》第 81 条规定，收货人应对灭失或损坏的情况当即书面通知承运人。如果货物的灭失或损坏情况是非显而易见的，收货人应在货物交付的次日起连续 7 日内，集装箱货物交付的次日起连续 15 日内，书面通知承运人。如果在货物交付时，收货人已经会同承运人对货物进行联合检查或者检验的，无须就所查明的灭失或者损坏的情况提交书面通知。

第二，未提交通知的法律后果。收货人未按上述期限给出书面通知，《海商法》第 81 条规定，“此项交付视为承运人已经按照运输单证的记载交付以及货物状况良好的初步证据”，这表明，如果收货人在此期限之外能提出货物灭失或损坏的确凿证据，此“初步证据”是可以推翻的。显然，收货人没有在规定期限内给出索赔通知，并不丧失索赔权，只是其举证责任加重，《海商法》第 257 条规定的 1 年诉讼时效，仍然是适用的。

第三，向实际承运人提交通知的效果。《海商法》第 85 条规定，“向实际承运人提交的 书面通知，与向承运人提交书面通知具有同等效力”，但前提条件是货物必须是由实际承运人交付的。当货物不是由实际承运人交付时，索赔通知只能提交承运人。

2. 迟延交付的通知。《海商法》第 82 条规定：“承运人自向收货人交付货物的次日起连续六十日内，未收到收货人就货物因迟延交付造成经济损失而提交的书面通知的，不负赔偿责任。”根据这一条规定，可以看出，收货人未在规定的期限内提出迟延交付的索赔通知，将丧失索赔权，《海商法》第 257 条规定的 1 年诉讼时效，将不再适用。实际上，迟延交付的通知期限，已经成为迟延交付的除斥期间（time bar for delay）的特别规定。（详见第十四章基础知识十一）

---

① 有关电子提单详见张新平．海商法．北京：中国政法大学出版社，2002：157－161。

二、货物检验

在货物交付前，为了分清责任，收货人或者承运人都有权要求检验机构对货物状况进行检验；要求检验的一方支付检验费用，但是有权向造成货物损失的责任方追偿（《海商法》第 83 条）。《海商法》第 84 条同时规定，承运人和收货人对上述检验，应当相互提供合理的便利条件。

三、无人提货

《海商法》第 86 条规定："在卸货港无人提取货物或者收货人迟延、拒绝提取货物的，船长可以将货物卸在仓库或者其他适当场所，由此产生的费用和风险由收货人承担。"收货人在目的港提取货物是他的一项权利，但是否是他的一项义务，尚有争论。我国《海商法》的这一规定，显然是把及时提货作为收货人的一项义务，如果收货人违反这一义务，承运人享有对货物的处置权，可以将货物卸岸，或者"其他适当场所"，由此产生的费用和风险由收货人承担。何谓"其他适当场所"，实践中有不同理解：一种观点认为"其他适当场所"系指目的港内、除仓库以外的其他适当场所；另一种观点则认为，"其他适当场所"并不限于港内，甚至不限于一国内的港口。笔者持后一种观点。1999 年 11 月，"DaphneL"轮装载两万余吨原油驶入黄埔港锚地，因收货人无原油进口许可证，迟迟不来提货，货物不但不能在黄埔卸岸，中国其他港口也无法停靠，只好运抵新加坡处理。新加坡高等法院判决，收货人败诉。[1]

四、货物留置权

《海商法》第 87 条是对货物留置权（lien on cargo）的规定："应当向承运人支付的运费、共同海损分摊、滞期费和承运人为货物垫付的必要费用以及应当向承运人支付的其他费用没有付清，又没有提供适当担保的，承运人可以在合理的限度内留置其货物。"在此规定中，"其"字是指应当向承运人支付运费或者其他费用的人，即债务人；"其货物"在司法实践中解释为债务人所有的货物，即承运人只能留置债务人所有的货物，实践中，债务人转移货物所有权是经常的、也是很容易的事情，一旦货物所有权发生转移，承运人再行使货物留置权，就违反了《海商法》第 87 条的规定，承运人要承担不利后果。显然，《海商法》的这一规定未能有效地发挥对承运人的救济作用。《合同法》第 315 条（现为《民法典》第 836 条，余同）规定："托运人或者收货人不支付运费、保管费以及其他运输费用的，承运人对相应的运输货物享有留置权，但当事人另有约定的除外。""相应的运输货物"在司法实践中解释为所留置的货物与承运人请求的运费或者其他运输费用的金额相适应，以及运费或者其他运输费用系运输该货物所产生，而不要求货物系债务人所有。但是，《海商法》第 87 条规定应优先于《合同法》第 315 条规定适用。因此，最高人民法院作出的司法解释是：远洋货物运输，承运人的留置权适用《海商法》第 87 条规定，留置的货物一定要属债务人所有；沿海、内河货物运输，承运人的留置

---

① Judgment by WOO BIH LI Judical Commissioner in the High Court of the Republic of Singapore, 1 October 2002.

权适用《合同法》第 315 条规定，留置的货物不要求是债务人所有。[①]

关于承运人留置货物的地点，由于《海商法》第 87 条规定在第四章第五节“货物交付”之中，而货物正常情况下应在提单或者海上货物运输合同规定的卸货港交付，所以，正常情况下，承运人只能在该卸货港留置货物。留置货物可以在承运的船上，也可以在岸上，只要承运人能实际控制货物。承运人在装货港留置货物和承运人承担的将货物运送至目的地的义务相抵触，由此也可以认定承运人留置货物的地点一般限于卸货港。

承运人可以自行留置货物，也可以依据我国《海诉法》，申请海事法院裁定扣留货物而行使留置权。对留置货物的处理，根据《海商法》第 88 条，如果自船舶抵达卸货港的次日起 60 日内，仍无人支付应向承运人支付的费用，或者提供适当担保，承运人可以向有管辖权的海事法院申请裁定拍卖；如果货物易腐烂变质，或者货物的保管费用可能超过其价值，承运人可以申请法院提前拍卖。拍卖所得价款，扣除货物在留置期间的保管费用和拍卖费用后，用于清偿运费以及应当向承运人支付的其他有关费用。不足的金额，承运人有权向托运人追偿。剩余的金额，退还货方。无法退还并且自拍卖之日起满 1 年又无人领取时，上缴国库。此外，根据我国《担保法》第 82 条，承运人也可以自行委托拍卖行依据我国《拍卖法》拍卖留置的货物，或者以合理的价格变卖货物，或者与债务人协议将留置物折价。

第六节 合同的解除

海上货物运输合同大多因合同的正常履行而终止。但是，由于合同的履行需要一段时间，在此期间与合同有关的各种情势很可能发生变化，使合同履行不能或者不经济，随之可能发生合同解除。

根据合同法原理，合同的解除具有三个特征：一是合同解除的行为是当事人根据合同或法律而为的合法行为，它本身不同于违约行为；二是合同解除应符合一定条件，不能随意为之；三是解除合同不影响合同一方当事人向要求解除方索赔损失的权利。

根据《海商法》第四章第六节的规定，国际海上货物运输合同（主要指班轮运输，航次租船合同解除的特殊情况见下文第七节）的解除，分为一方当事人有权请求的合同解除和双方当

① 《全国海事法院院长座谈会纪要》（2001 年 7 月）第 4 条关于留置权规定：“沿海、内河货物运输中，托运人或者收货人不支付运费、保管费以及其他运输费用的，依照《中华人民共和国合同法》的规定，承运人对相应的运输货物享有留置权，除非当事人之间另有约定；但非中华人民共和国港口之间的海上货物运输，依照《海商法》的有关规定，应当向承运人支付的运费、共同海损分摊、滞期费和承运人为货物垫付的必要费用以及应当向承运人支付的其他费用没有付清，又没有提供适当担保的，承运人可以在合理的限度内留置债务人所有的货物。审判实践中应当就不同的法律就留置权的行使所做的规定不同。”

事人有权提出的合同解除。

一、一方当事人有权请求的合同解除

《海商法》第 89 条中规定，“船舶在装货港开航前，托运人可以要求解除合同。但是，除合同另有约定外，托运人应当向承运人支付约定运费的一半”。这种合同解除具有三个特点：一是有权提出解除合同的当事人只能是托运人，且是请求权，不是形成权，因此，不能认为这是托运人对合同的“任意解除”[①]；二是解除合同的要求应在船舶开航之前提出；三是在合同没有约定的情况下，托运人应向承运人支付约定运费的一半，这里不考虑承运人的实际损失，即不按承运人的实际损失赔偿，依法定的形式支付约定运费的一半，予以补偿。在货物已经装船的情况下，托运人还应当负担装货、卸货和其他与此有关的费用。

二、双方当事人有权提出的合同解除

《海商法》第 90 条规定：“船舶在装货港开航前，因不可抗力或者其他不能归责于承运人和托运人的原因致使合同不能履行的，双方均可以解除合同，并互相不负赔偿责任。除合同另有约定外，运费已经支付的，承运人应当将运费退还给托运人；货物已经装船的，托运人应当承担装卸费用；已经签发提单的，托运人应当将提单退还承运人。”这种合同解除具有四个特点：第一，承托双方均有权提出解除合同，且是形成权，而不是请求权，比较本条的“双方均可以解除合同”与第 89 条的“托运人可以要求解除合同”，用词不同就可说明这一点；第二，解除合同的时间也是在开航前提出；第三，解除合同的原因与双方当事人无关；第四，不存在因合同的解除而产生一方向另一方请求损害赔偿的问题，且是强制性规定，合同不能作出不同约定。

此外，考虑到海上货物运输的特殊风险，当开航后遇有不可抗力或不能归于当事双方的原因致使合同不能履行，为了避免不适当地扩大合同的解除范围，并兼顾承托双方的利益，《海商法》第 91 条还特别规定：“因不可抗力或者其他不能归责于承运人和托运人的原因致使船舶不能在合同约定的目的港卸货的，除合同另有约定外，船长有权将货物在目的港邻近的安全港口或者地点卸载，视为已经履行合同。船长决定将货物卸载的，应当及时通知托运人或者收货人，并考虑托运人或者收货人的利益。”本条第 1 款是任意性规定，允许合同作出不同规定，如果合同没有约定，船长有权将货物在目的港邻近的安全港口或地点卸载。船长在行使这一权利时，应当注意：第一，如果不能在约定的目的港卸货的原因是暂时存在的，船长应该等候，不可立即行使此项权利；第二，选择的邻近港口或地点应是安全的，如果因船长选择港口不合理、不安全，造成货物灭失、损坏，承运人应承担赔偿责任；第三，及时通知托运人或收货人是船长的法定义务，违反此项义务而造成托运人或收货人的损失，承运人承担赔偿责任。

---

① 司玉琢主编．海商法．4 版．北京：法律出版社，2018：103；司玉琢等编著．新编海商法学．大连：大连海事大学出版社，1999：52.

第七节 航次租船合同的特别规定

一、航次租船合同的定义和特点

航次租船合同又称程租合同（voyage charter party，Voy. C/P）。《海商法》第 92 条对航次租船合同给出了单独的定义："航次租船合同，是指船舶出租人向承租人提供船舶或者船舶的部分舱位，装运约定的货物，从一港运至另一港，由承租人支付约定运费的合同。"

从这一定义可以看出，航次租船合同从性质上讲，属于海上货物运输合同，表现在：（1）合同主体的主要权利义务同海上货物运输合同的定义（《海商法》第 41 条）一一对应，承租人提供货物，支付运费，出租人提供船舶，负责将货物从一港运至另一港，只是主体的称谓不同罢了，一个称作承运人和托运人，一个称作出租人和承租人；（2）虽然叫租船合同，但承租人支付给出租人的不叫"租金"，而叫"运费"；（3）从立法体例上看，《海商法》将本节作为第四章"海上货物运输合同"的一节规定，除第 47 条和第 49 条关于承运人的适航义务和不得不合理绕航的规定，对航次租船合同是强制适用外，航次租船合同没有约定或没有不同约定的情况下，承租人与出租人的权利义务适用有关托运人和承运人的规定。① 这一规定实施起来，遇到不少问题，如单位责任限制、实际承运人制度等是否适用于航次租船合同，颇有争议。产生这一问题的根本原因是航次租船合同不应放在第四章。因为租船合同尽管也是海上货物运输合同，但并非所有海上货物运输合同均受第四章调整，实行合同自由原则的货物运输合同（航次租船合同除《海商法》第 47 条和第 49 条强制适用外）是不应受第四章调整的，当事双方的权利义务应依据约定，没有约定的也不应适用提单关系中的强制性法律规范。我国《海商法》对航次租船合同采用这种立法体例，在国际上是少有的。②

航次租船合同具有以下特点。

（1）出租人通过其雇佣的船长和船员占有和控制船舶，负责船舶的营运管理并支付费用；

（2）规定货物的名称或者种类、数量及装卸港口；

（3）承租人可以租用船舶的全部或部分舱位，多数情况下运费按货物数量计算；

（4）出租人对货物运输负有妥善和谨慎的责任；

（5）规定货物装卸期限和装卸率，通常计算滞期费和速遣费；

---

① 参见《海商法》第 94 条。

② 《挪威海商法》将航次租船合同纳入"运输合同"部分，同"件杂货运输"并列。韩立新，王秀芬主编．各国（地区）海商法汇编（中英文对照）．下卷．大连：大连海事大学出版社，2003：1179－1218.

(6) 国际上已制定出适合运输不同种类的大宗货物标准航次租船合同。①

二、航次租船合同的主要内容

《海商法》第 93 条规定："航次租船合同的内容，主要包括出租人和承租人的名称、船名、船籍、载货重量、容积、货名、装货港和目的港、受载期限、装卸期限、运费、滞期费、速遣费以及其他有关事项。"航次租船合同的这些内容通常都是通过具体条款表现出来的，主要包括：

(一) 船舶说明条款 (description of vessel clause)

船舶说明是指出租人对船舶的情况，在合同中所作的陈述 (representation)。它使船舶特定化，是承租人决定是否租用的重要依据，同时构成合同的重要条款。出租人必须保证陈述内容的正确性。如陈述与事实不符，即为误述 (misrepresentation)。严重误述，影响合同的履行，影响承租人利益的②，承租人有权解除合同，并请求损害赔偿。

《海商法》第 96 条对此规定："出租人应当提供约定的船舶；经承租人同意，可以更换船舶。但是，提供的船舶或者更换的船舶不符合合同约定的，承租人有权拒绝或者解除合同。因出租人过失未提供约定的船舶致使承租人遭受损失的，出租人应当负赔偿责任。"

船舶说明通常包括下列事项：船名 (vessel's name)、船舶国籍 (vessel's nationality) 或者船旗 (vessel's flag)、船级 (vessel's class)、船舶吨位 (vessel's tonnage)、船舶动态 (vessel's position) 等。

(二) 预备航次条款 (preliminary voyage clause)

预备航次是指船舶从前一合同的卸货港至本合同的装货港的一段航程。预备航次是航次租船合同的一部分。合同中关于出租人权利义务的规定，同样适用于预备航次，除非合同另有相反约定。

1994 年"金康"格式第 1 条规定，船舶一经完成前一航次，应驶往装货港或者船舶所能安全抵达并始终保持浮泊的邻近地点装货……

有关预备航次，合同中通常还有下列两项重要规定：

1. 船舶预期到达装货港或者地点，并做好装货准备的日期 (expected ready to load)

该日期又称受载期限或者受载期 (laydays)。如果船舶未能在规定日期内到达规定的装货港并做好装货准备，即视为出租人违约。除出租人可免责的原因造成延误外，承租人有权向出租人索赔因此造成的损失。对此，《海商法》第 97 条第 2 款规定："因出租人过失延误提供船

① 航运市场常用的标准航次租船合同有：《统一杂货租船合同》(Uniform General Charter，租约代号"金康"GENCON)；《巴尔的摩 C 式》(Baltime Berth Charter Party Steamer, Form C)；《澳大利亚谷物租船合同》(Australian Grain Charter Party，租约代号"AUSTRAL")；《油船航次租船合同》(Tanker Voyage Charter Party，租约代号"ASBATANKVOY")；《煤炭航次租船合同》(Coal Voyage Charter，租约代号"POLCOALVOY")；《铁矿石租船合同》(1962，SCONORECON)。

② 按英国法，出租人误述，承租人可就因此遭受的损害提出赔偿请求，如果误述构成合同条件 (condition) 条款的违反，或者涉及合同根基而构成根本违约的，则承租人有权解除合同 (See Julian Cooke etc., Voyage Charters, LLP, 2001, p. 63)。在美国，船舶说明可能构成合同的重要条款，承租人有权在订立合同时依赖这些信息。除非出租人声明不保证对船舶说明的准确性，否则，出租人在合同中对船舶的说明构成合同的保证。如果船舶与这些说明不符，承租人可以不接受船舶而解除合同。如果承租人已经接受，并且船舶不影响合同的履行，则承租人不能解除合同，但如果船舶阻碍合同商业目的的实现，则承租人仍可解除合同。不论合同解除与否，承租人有权请求损害赔偿 (Julian Cooke etc.. Voyage Charters. *LLP*, 2001, pp. 73–74)。司玉琢主编．海商法．3 版．北京：法律出版社，2012：198–199.

船致使承租人遭受损失的，出租人应当负赔偿责任。”

2. 解约日（canceling date）

解约日即解除合同的日期。合同中一般订有解约条款（canceling clause），规定如船舶未能在某一日期之前到达装货港口、泊位或者其他地点，并做好装货准备，承租人有权解除合同。解约条款规定的这一日期，称为解约日。

解约日通常是受载期限的最后一天。《海商法》第97条第1款就作了这种规定。但也有的合同规定两者相脱离，即解约日为受载期限届满后的某一天。因而，如果船舶在合同规定的受载期限与解约日之间，到达装货港口或者其他约定地点，并做好装货准备，虽然出租人违约，承租人可请求损害赔偿，但不能解除合同。

除合同另有约定外，只要出租人未能使船舶在合同规定的解约日之前到达约定的地点并做好装货准备，不论由于何种原因所致，承租人有权按合同中规定的解约条款解除合同。而且，即使出租人或者船长明知船舶不能在解约日之前到达装货港口或者其他约定地点，并做好装货准备，只要承租人未提出解除合同，船舶仍应驶往装货港。但是，合同通常规定，如承租人接到出租人或者船长关于船舶延误情况和预期抵达装货港日期的通知，则应在一定时间内作出是否解除合同的答复。对此，《海商法》第97条第1款规定为48小时；否则，视为承租人放弃解除合同的权利。这种条款称为“质询条款”（interpellation clause）。如无这种约定，则应在合理时间内作出选择；否则，视为承租人放弃解除合同的权利。

如船舶延误系出租人不能免责的原因所致，承租人解除合同后还可就因此遭受的损害向出租人索赔。

（三）货物条款（cargo clause）

1. 货物种类

除航次租船合同明确约定某一种货物外，为了承租人贸易上的便利，合同中通常规定几种货物，或者规定某一类货物，供承租人选择。如果承租人选定的货物，因可免责的原因不能装船，除合同另有明确约定外，只要在规定的货物种类中有其他货物可供装船，承租人仍有提供货物并装船的义务，但允许其在合理的时间内作出安排。《海商法》第100条规定：“承租人应当提供约定的货物；经出租人同意，可以更换货物，但是，更换的货物对出租人不利的，出租人有权拒绝或者解除合同。因未提供约定的货物致使出租人遭受损失的，承租人应当负赔偿责任。”

2. 货物数量

合同中一般约定承租人应提供满舱满载（full and complete）货物。满舱是指承租人提供的货物体积应装满船舶舱容。满载是指承租人提供的货物重量应达到船舶的货物载重能力，即货物装船后，应使船舶的吃水达到允许的最大限度。因此，满舱满载货物就是船舶所能装运的最大限度的货物。

如果承租人提供的货物少于其有义务提供的数量，应向出租人支付亏舱费，作为对出租人因此受到的运费损失的赔偿。如果船舶能实际装载的货物达不到出租人保证的数量，出租人应向承租人赔偿短装损失（damage for short lift），包括承租人根据贸易合同所遭受的损失、货物的退关费用、仓储费用和回运费用等。

（四）装卸条款（loading/discharging clause）

1. 装卸港口与泊位

合同中通常订明特定的装卸港，并由承租人指定具体的装货泊位或者地点。在选港货情况下，合同中规定卸货港为几个港口或者某一范围，供承租人选择，但承租人应在出租人按合同签发提单之前，作出选择并通知船方。对此，《海商法》第101条中规定："合同订有承租人选择卸货港条款的，在承租人未按照合同约定及时通知确定的卸货港时，船长可以从约定的选卸港中自行选定一港卸货。承租人未按照合同约定及时通知确定的卸货港，致使出租人遭受损失的，应当负赔偿责任。"如承租人根据合同的规定选择两港卸货，则应将拟在第一卸货港卸下的货物的情况正确告知船长，否则，出租人为了保持船舶在适航平衡（seaworthy trim）状态下驶往第二卸货港而发生的倒舱、卸载和重装货物的费用，由承租人偿付。不论承租人是否已将上述情况告知船长，为使船舶处于适航平衡而所花的时间，均计为卸货时间。这种条款通常被称为"适航平衡条款"。

一般认为，当承租人根据合同的约定有权选择或者指定卸货的港口或者泊位时，作为对其行使这一权利的限制，承租人应保证其选择或者指定的港口或者泊位的安全。① 《海商法》第101条还规定，出租人应当在合同约定的卸货港卸货；出租人未按照合同约定，擅自选定港口卸货致使承租人遭受损失的，应当负赔偿责任。

2. 装卸费用

对货物装卸费用的分担，合同中一般有下列几种规定方法：

（1）"班轮条款"（liner terms），又称"泊位条款"（berth terms）、"总承兑条款"（gross terms）、"船边交接货物"（free alongside ship，FAS），指由出租人负担货物装卸费用；

（2）"出租人不负担装货费用"（free in，F. I.）；

（3）"出租人不负担卸货费用"（free out，F. O.）；

（4）"出租人不负担装卸费用"（free in and out，F. I. O.）；

（5）"出租人不负担装卸费用、积载及平舱费用"（free in and out，stowed and trimmed，F. I. O. S. T.），如果装运大件货物，出租人不负担绑扎费用，则在上述规定后加上"绑扎"（lashed）一词，同样，在上述规定后加上"垫舱"（dunnages）一词，意指出租人不负担垫舱费用；

（6）"出租人负担装货费用，但不负卸货费用"（liner in，free out）；

（7）"出租人不负装货费用，但负担卸货费用"（free in，liner out）。

装卸费用的规定应与贸易合同价格条件相衔接。例如，以"到岸价格、舱底交货"（CIF Ex Ship's Hold）条件出口货物时，在货物买卖合同中，卸货费用由买方负担，这一费用不计入货价。因此，航次租船合同中应规定出租人不负卸货费用，即采用F. O.，F. I. O.，F. I. O. S. T. 或者"liner in，free out"。

对于出租人不负责装货、卸货条款，是仅指费用的分担还是包括责任的分担，应根据双方合同的约定和《海商法》的有关规定认定。如果合同条款仅仅约定了费用，并不涉及责任的分担，并不足以构成与《海商法》第48条不同的约定。此时，不能解除出租人在装、卸货物环节中的管货义务。②

---

① 但在英国，不少判例认为，除合同另有明文规定外，如承租人是在具体订明的两个或者多个港口之中选择装卸货物的港口，则港口的安全性由双方当事人共同保证；只有当承租人在合同规定的某一范围之内选择卸货港，或者在一港内指定泊位时，才负有保证其选定的港口或者泊位的安全性的义务。有关安全港口的含义等。司玉琢主编．海商法．3版．北京：法律出版社，2012：202-203.

② 参见"中国海事仲裁委员会MASH200504号'THALASSINI'轮海上运输合同争议案中间裁决书"，2006年6月。

3. 装卸时间（laytime）

根据1993年波罗的海国际航运公会、国际海事委员会、各国船舶经纪人和代理人协会联合会（FONASBA）和英国航运总会（GCBS）联合制定的《1993年航次租船合同装卸时间解释规则》（Voyage Charter Party Laytime Interpretation Rules 1993），装卸时间是指合同双方当事人协议的，出租人保证船舶适于装卸、承租人用于装卸，不支付运费之外任何费用的一段时间。在合同规定的装卸时间内，出租人有使船舶等待装卸的义务。

装卸时间的规定方法有以下几种：

第一，规定装卸日数，即规定装卸时间具体为几日，或者规定船舶装卸定额，如“每日”（per day）、“每日每舱口”（per hatch per day）、“每日每作业舱口”（per working hatch per day）或者“每日每可作业舱口”（per workable hatch per day）装卸多少吨货物。以此装卸定额和货物数量，计算装卸日数。表示装卸时间的“日”有多种形式，包括“净日”（clear day）、“日历日”（calendar day）、“工作日”（working days）、“晴天工作日”（weather working day, W. W. D.）①、“连续24小时良好天气工作日”（weather working day of 24 consecutive hours）等。为使装卸时间的计算更加明确，在实践中，往往在上述规定后作进一步的规定，如“晴天工作日，星期日和节假日除外”（weather working day, sunday and holiday excepted, W. W. D. SHEX.）；有的再加上“除非提前开始”（unless sooner commenced），“除非已使用”（unless used, U. U.），“除非已使用，但只计算实际使用的时间”（unless used, but only time actually used to count），或者，“即使已使用”（even if used, EIU）的字样。

第二，“按习惯尽快装卸”（customary quick dispatch, CQD）。

第三，“以船舶能够收货或者交货的速度”（as fast as the vessel can receive/deliver）装货或者卸货。

4. 递交“装卸准备就绪通知书”（notice of readiness, N/R）

装卸时间通常自船长或者出租人的代理人向承租人或者其代理人递交“装卸准备就绪通知书”后，经过一定时间开始起算，与计算滞期和速遣的时间密切相关。船长或者出租人的代理人递交“装卸准备就绪通知书”应满足两个条件：

第一，船舶必须到达合同规定的港口或者泊位，即船舶必须是一艘到达船舶（arrived vessel）；

第二，船舶在各方面已做好装卸货物的必要准备。

（五）滞期费与速遣费条款（demurrage/dispatch money clause）

滞期费（demurrage）是指非由于出租人应负责的原因，承租人因未能在规定的装卸期限内完成货物装卸作业，由此造成的船舶延误，向出租人支付的款项。

关于滞期费的法律性质，归纳起来主要有附加运费说、特殊报酬说、约定损害赔偿说、违约金说等。出租人请求滞期费不以其提供附加的或者特殊的劳务为条件，也不以出租人遭受损害为前提，即使出租人实际遭受的损失超过约定的滞期费金额，出租人不能向承租人索赔其差额。因此，滞期费是一种比较特殊的民事责任形式。

有时，合同中约定允许船舶滞期的时间。在此期限内，承租人支付滞期费。如承租人在此期限内仍未完成货物装卸作业，则对于超过此期限的时间，即超滞期，承租人应向出租人赔付

① 又称“良好天气工作日”。

延期损失（damage for detention）。合同中通常规定，延期损失按超滞期内出租人受到的实际损失与按合同中约定的滞期费率计算的数额，以二者中的较高者计算。如合同中无这种约定，延期损失按超滞期内出租人受到的实际损失计算。如果合同中约定了装卸期限，但未约定滞期费率，则对于承租人的装卸延期，应按出租人在延期内受到的实际损失，承租人向出租人赔付延期损失。

速遣费（dispatch，dispatch money）是指因承租人在合同规定的装卸期限届满之前完成货物装卸作业，由出租人向承租人支付的款项。

速遣费按船舶速遣时间乘以合同约定的速遣费率计算。速遣费率通常为滞期费率的一半。速遣时间等于合同规定的可用装卸时间与实用装卸时间之差。

（六）提单条款（bill of lading，B/L clause）

货物在装货港由出租人接收或者装船后，承租人（CIF 或者 CFR 价格条件下）或者发货人（FOB 价格条件下）通常要求出租人、船长或者出租人的代理人签发提单用以结汇。这种提单被称为根据租船合同签发的提单（bill of lading under charter party，B/L under C/P）。

《海商法》第 95 条规定："对按照航次租船合同运输的货物签发的提单，提单持有人不是承租人的，承运人与该提单持有人之间的权利、义务关系适用提单的约定。但是，提单中载明适用航次租船合同条款的，适用该航次租船合同的条款。"

这一条款表明：第一，根据租船合同签发的提单，在出租人与承租人之间，不具有海上货物运输合同证明的性质，出租人与承租人之间的权利义务以租船合同为准。如果提单转让给第三人——提单持有人手中，其与提单签发人——承运人之间，以提单作为确定双方权利义务的依据。

第二，根据租船合同签发的提单，出租人通常具有承运人的法律地位。出租人为使其根据提单对货物运输承担的义务和享有的权利尽可能与租船合同的规定一致，常常在提单中订入援引租船合同某些规定的条款，称为"并入条款"（incorporation clause）。有效的"并入条款"使非租船合同当事人的发货人或收货人也受租船合同的约束（详见本章专题研讨"二十四、提单中合并租约仲裁条款的效力问题兼评《海商法》第 95 条的规定"）。[①]

（七）出租人的责任与免责条款（owners responsibility and immunities clause）

根据《海商法》第 94 条第 1 款，该法第 47 条关于承运人谨慎处理使船舶适航的规定，强制适用于航次租船合同的出租人。因此，租约中与《海商法》第 47 条相抵触的部分无效。

实践中，通常以附加首要条款的形式，约定对货物的责任与免责，适用《海牙规则》《海牙—维斯比规则》或者相应的国内法。

1994 年"金康"格式第 2 条规定："对货物的灭失、损坏或者延迟交付，只有当灭失、损坏或者延迟是由于货物积载不当或者疏忽，或者，由于出租人或者其经理人本人未谨慎处理使

① 各国法院对"并入条款"的解释宽严不一。就英美而言，英国法院的解释比较严格，而美国法院的解释相对宽得多。一般认为，如提单中订有上述并入条款，则租船合同中与货物运输直接有关的条款，包括运费及支付方式、货物留置权的规定，并入提单之中。但就租船合同中装卸时间与滞期费规定而言，在 FOB 价格条件下，发货人仅对装货港产生的滞期费，按租船合同规定负责。同样，在 CIF 或者 CFR 价格条件下，收货人仅对卸货港产生的滞期费负责，除非提单中另有明确规定。并入条款所援引的租船合同中的规定，不得违背强制性适用于提单的国际公约或者国内法，不能与提单中的明文规定相抵触，并且，并入条款的内容必须明确。在实践中，争议较多的是租船合同中的仲裁条款是否并入提单。一般认为，只有并入条款有这种明文规定，并且仲裁条款本身规定适用于根据租船合同签发的提单时，才能并入提单。

船舶在各方面适航，保证妥善配备船员，装备船舶和配备供应品，或者由于出租人或者其经理人本人的行为或者不履行职责所致时，出租人才予以负责。”据此，即使货物的灭失、损坏或者延迟交付是由于船长、船员未谨慎处理使船舶适航或者在管理货物中的过失（货物积载中的过失除外）所致，出租人仍可免责。这一条款如果并入提单，承运人（即出租人）承担的适航义务显然低于我国《海商法》和《海牙规则》或《海牙—维斯比规则》。

（八）绕航条款（deviation clause）

又称“自由条款”（liberty clause）或者“自由绕航条款”（liberty to deviate clause），通常规定：“船舶可自由地为任何目的并以任何顺序挂靠任何港口……”从字面上看，根据这一规定，船舶可随意驶离合同规定的或者通常习惯的航线。但是，司法实践中，各国法院通常对此作严格的限制性解释，认为船舶只能挂靠合同约定的或者习惯航线上通常挂靠的港口，并且，一般只能以地理顺序挂靠。此外，船舶根据这种条款所作的绕航，不能与合同的目的相抵触。

（九）保赔协会添加燃料条款（P&I bunkering clause）

在20世纪70年代初，全球性燃油价格高涨，且船用燃油的地区差价较大。为减轻船舶所有人的经济压力，保赔协会制订该条款，并列入航次租船合同之中，规定船舶在航次的任何阶段，可以为添加燃料而驶往任何港口，而不论此港口是否位于装货港和卸货港之间的直接或者习惯航线上。因此，船舶根据这一条款，在航行途中驶离合同规定的或者通常习惯的航线，挂靠港口添加燃料，不视为船舶绕航。但船舶所挂靠的港口，必须是合同中订明的燃料添加港口或者习惯的燃料添加港，并且，船舶为此目的驶离航线，不得与合同的目的相抵触。

（十）承租人责任终止条款（cease clause）

责任终止条款是指承租人在货物装船并支付预付运费、亏舱费和装货港的船舶滞期费后，要求免除进一步履行租船合同的责任，但出租人为获得运费、亏舱费、滞期费和共同海损分摊等费用，对货物享有留置权。该条款包含出租人对货物享有留置权和承租人被免除履行合同的责任两层含义，因而又称“留置权与免责条款”（lien and exception clause）。承租人要求在合同中订入这一条款的原因在于，在CIF或者CFR等价格条件下，承租人对船舶在卸货港的卸货作业无法控制，因而试图通过订入这一条款，对船舶卸货作业不予以负责。但是，除提单订有并入条款外，非租船合同当事人的收货人，不受租船合同中这种条款的约束。所以，如根据卸货港所适用的法律，出租人无权就承租人应负担的运费、亏舱费、滞期费和共同海损分摊费用等，而对非租船合同当事人的收货人的货物进行留置，或者，出租人虽有留置权，但不能有效行使，承租人履行租船合同的责任，并不因此而终止。

（十一）罢工条款（strike clause）

该条款对罢工期间装卸时间和滞期费的计算以及解除合同的选择权问题作出了明确规定。以1994年“金康”格式为例，该格式第16条规定如下：

(1) 因罢工或者停工而影响或者阻碍全部或者部分货物实际装船或准备装船，船长或者出租人可以要求承租人声明同意按没有发生罢工或者停工的情况计算装卸时间。如果承租人未在24小时之内以书面（必要时以电报）作出声明，出租人有解除租船合同的选择权。如果部分货物已经装船，则出租人应运送该货物（运费仅按装船的数量支付），但有权为自己的利益在中途揽运其他货物。

(2) 当船舶抵达卸货港或者其港外之时或者之后，如由于罢工或者停工而影响或者阻碍货物的实际卸载，并且在48小时之内未能解决时，承租人可选择使船舶等待至罢工或者停工结束，并在规定的装卸时间届满后，支付半数滞期费，并在此后支付全额滞期费，直至卸货结束，或者，指令船舶驶往一个没有因罢工或者停工而延误的风险的安全港口卸货。这种指令应在 48 小时内作出，自船长或者出租人将影响卸货的罢工或者停工的情况通知承租人之时起算。在这种港口交付货物时，本租船合同和提单中的所有条款都将适用，并且，应同船舶在原目的港卸货一样，收取相同的运费，但当到替代港口的距离超过 100 海里时，在替代港所交付的货物的运费按比例增加。

(3) 除上述规定的义务外，承租人和出租人对由于任何罢工或者停工而阻碍或者影响货物实际装载或者卸载所引起的后果，概不负责。

（十二）战争条款（war risks clause)

在 1994 年“金康”格式第 17 条中，采用以“VOYWAR 1993”为代号的“战争风险”（war risks）条款，并将“战争风险”定义为包括任何人、组织、恐怖分子或者政治团体、或者任何国家、政府的任何实际的或者威胁性的战争、战争行为、内战、内乱、类似战争的行为、实际或者据报的布雷、海盗行为、恐怖活动、敌对或者恶意损坏的行为、封锁（而不论是针对所有船舶或者有选择地针对某些船旗或者所有人的船舶，或者针对某些货物或者船员或者其他)，并且，船长和（或者）船舶所有人合理地判断这些行为对船舶、货物、船员或者船上任何人可能构成危险。根据该条规定，在船舶开始装货前，出租人有权解除合同或者拒绝履行有风险的区段。如果装货开始后或者卸货结束前，可能遭受战争风险，出租人有权不继续装货、签发提单、开始或者继续航次。如出租人向承租人发出安全港口的请求后 48 小时内，未收到承租人的确认，出租人有权将货物卸在任何安全港口，并视为合同已经履行。

（十三）冰冻条款（ice clause)

该条款对船舶在装卸港因冰冻而阻碍货物装卸时，合同的履行将受到何种影响作出了明确规定。以 1994 年“金康”格式为例，该格式第 18 条规定如下：

“装货港

“（1）当船舶因冰冻不能驶往、抵达或装卸货物，或者，在船舶抵港后发生冰冻，船长因担心船舶被冰封而可以决定不装运货物离港，合同因此失效。

“（2）船长因担心船舶被冰封而认为离港更为有利时，可以载运已装船的货物离港，并可为出租人的利益将船舶驶往任何其他港口，揽运货物至包括卸货港在内的任何其他港口，已装船货物的运费照付，但增加的额外费用由出租人承担。

“（3）如装货港不止一个，并且其中一个或者数个因冰冻而关闭，船长或者出租人可选择在不冻港装载部分货物，并按第 1 款规定，为其自身利益在其他地点揽运货物，或者，当承租人不同意在不冻港装满货物时，宣布本租船合同失效。

“卸货港

“（1）如船舶因冰冻而不能抵达卸货港，承租人可选择使船舶等候至恢复通航，并支付滞期费，或者，指令船舶驶往一安全的、并能立即驶入的港口卸货。这种指令应在船长或者出租人向承租人发出船舶不能抵达目的港的通知后 48 小时内给出。

“（2）如在卸货期间，船长担心船舶被冰封而认为离港更为有利，他可以决定载运船上货物离港，并驶往能驶入并安全卸货的最近港口。在这种港口交货时，提单上的所有条件均应适用，收取相同运费，但如驶往替代港口的距离超过 100 海里，则在替代港口交付的货物的运费应按比例增加。”

（十四）仲裁条款（arbitration clause）

绝大多数租船合同都订有仲裁条款，规定一旦发生争议，应提交仲裁解决，并且规定仲裁的地点或者仲裁机构的名称、仲裁员的指定办法、仲裁程序，以及仲裁裁决的效力。

仲裁条款通常还明确仲裁员必须是商界或者熟悉航运的人士。

（十五）法律适用条款（applicable law clause）

该条款规定租船合同的解释，以及发生争议时，解决这种争议所适用的法律。有时，此条款与仲裁条款合并为一个条款。

第八节 多式联运合同的特别规定

一、国际货物多式联运合同的概念和特征

（一）国际货物多式联运合同的概念

我国《海商法》第102条第1款将多式联运合同（multimodal transport contract）定义为“多式联运经营人以两种以上的不同运输方式，其中一种是海上运输方式，负责将货物从接收地运至目的地交付收货人，并收取全程运费的合同”。此定义结合本章“海上货物运输合同的规定，不适用于中华人民共和国港口之间的海上货物运输”的规定，可以理解为：本节所指的多式联运合同是国际货物多式联运合同，同《联合国国际货物多式联运公约》的定义是一致的。①

（二）国际货物多式联运合同的特征

国际货物多式联运合同与其他货物运输合同相比较，具有如下特征：

（1）多式联运经营人（multimodal transport operator，MTO）是货物多式联运的承运人，《海商法》第102条第2款规定，“前款所称多式联运经营人，是指本人或者委托他人以本人名义与托运人订立多式联运合同的人”。除船公司外，多式联运经营人常常是本身并不拥有船舶，即经营货物多式联运业务的所谓无船经营公共承运人（non-vessel operating common carrier，NVOCC），在实践中又称为无船承运人。

（2）多式联运合同调整多式联运经营人与托运人之间的权利、义务关系。合同明确约定，多式联运经营人对全程运输负责，但为了履行合同，多式联运经营人可以自己的名义，把部分运输委托给分承运人（或称“实际承运人”或者“区段承运人”，local carrier）去履行。

（3）多数情况下使用国际货物多式联运单据（international multimodal transport docu-

① 《联合国国际货物多式联运公约》第1条规定，“‘国际多式联运’是指按照多式联运合同，以至少两种不同的运输方式，由多式联运经营人将货物从一国境内接管货物的地点运至另一国家境内指定交付货物的地点”。胡正良主编．国际海事条约汇编．第6卷．大连：大连海事大学出版社，1994：40.

ment)。它是国际货物多式联运合同的证明，也是承运人在货物接收地收到货物和在目的地交付货物的凭证。国际货物多式联运单据对托运人而言，是多式联运经营人接管该单据所载货物的初步证据，当其转移至善意的第三人手中时，成为绝对证据。它与提单具有相同的功能，但它们的内容有很大差别，当其中一种运输方式是海运时，国际货物多式联运单据多表现为多式联运提单。

(4) 它是两种以上不同运输方式的连贯运输，其中必须包括海运区段；并且货物的接收地和目的地位于不同国家时，多式联运合同方适用。

(5) 从货物发运地至目的地实行全程单一运费费率，并以包干形式一次性向货主收取。

二、多式联运经营人的责任

(一) 责任期间 (period of responsibility)

《海商法》第103条规定："多式联运经营人对多式联运货物的责任期间，自接收货物时起至交付货物时止。"这种责任期间是顺应了国际集装箱货物运输的发展而出现的，实现多式联运经营人从托运人的工厂或者仓库接管货物，负责运至收货人的工厂或者仓库交货的"门到门"(door to door) 运输。

(二) 与区段承运人的责任关系

《海商法》第104条明确规定了多式联运经营人与各区段承运人之间的责任关系，即"多式联运经营人负责履行或者组织履行多式联运合同，并对全程运输负责。多式联运经营人与参加多式联运的各区段承运人，可以就多式联运合同的各区段运输，另以合同约定相互之间的责任。但是，此项合同不得影响多式联运经营人对全程运输所承担的责任"。

(三) 网状责任制

我国《海商法》规定，多式联运经营人、各区段承运人对托运人、收货人承担的责任形式，采用的是"网状责任制"[①]。网状责任制系指，多式联运经营人对全程运输负责，各区段承运人仅对自己履行的运输区段负责，其责任适用调整该区段的法律。

《海商法》第105条规定："货物的灭失或者损坏发生于多式联运的某一运输区段的，多式联运经营人的赔偿责任和责任限额，适用调整该区段运输方式的有关法律规定。""货物灭失或者损坏发生的运输区段不能确定的，多式联运经营人应当依照本章（即《海商法》第四章'海上货物运输合同'）关于承运人赔偿责任和责任限制的规定负赔偿责任"（《海商法》第106条）。从这一条款的规定可以推断出，多式联运经营人对海上区段的责任基础适用"海上货物运输合同"一章有关承运人的责任基础。因为，既然多式联运合同作为特别规定纳入《海商法》第四章"海上货物运输合同"中，那么，本节没有规定的多式联运经营人对海上运输的责任基础，就应适用第四章规定的承运人的责任基础——不完全过失责任制。但是，《海商法》没有规定多式联运经营人需对货物迟延交付负责。

采用网状责任制的好处主要是：(1) 不同的运输方式适用不同的法律，这种灵活的法律适用方法能减少法律冲突；(2) 不能确定货损发生的区段，适用调整海上运输的法律，体现海上

① 除"网状责任制"外，还有"统一责任制"，即多式联运经营人对全程运输负责，各区段承运人需对并且仅对自己完成的运输区段负责。不论损害发生在哪一区段，多式联运经营人或者各区段承运人承担相同的赔偿责任。目前，此种责任制还难以实施。

运输为主的特点；（3）海上运输承运人的责任相对其他运输方式较轻，索赔方如不能证明货损发生的区段，则适用海上承运人的责任，客观上起到促使索赔方积极举证的作用。

三、国际货物多式联运的国际法规

（一）《联合国国际货物多式联运公约》

该公约于1980年5月在日内瓦召开的由84个联合国贸易和发展委员会成员国参加的国际多式联运会议上通过，有包括中国在内的67个国家在会议的最后文本上签字。该公约规定的生效条件为30个国家参加，迄今尚未生效。

公约全文共40条，主要内容包括：

1. 公约的适用范围（scope of application）

公约适用于两个国家之间的货物多式联运合同，但合同中规定的多式联运经营人接管货物或者交付货物的地点必须位于缔约国境内，即公约适用于货物接收地和（或者）目的地位于缔约国境内的国际货物多式联运合同。

2. 多式联运的管理

公约不影响缔约国在国家一级对多式联运业务和多式联运经营人的调整和控制的权利，包括在多式联运经营人、托运人、托运人组织以及有关国家当局之间就运输条件进行协商，多式联运经营人许可证的颁发、运输的参加以及与本国的经济和商业利益有关的其他方面采取措施的权利。

3. 多式联运经营人的赔偿责任

这是公约的核心内容，具体规定包括：

（1）责任基础（basis of liability）

多式联运经营人的责任基础，同《汉堡规则》一样，实行完全的推定过失责任，即多式联运经营人要对其本人的行为或不为，或其受雇人、代理人在受雇或代理范围内行事时的行为或不为造成的货物灭失、损坏或者延迟交付，负赔偿责任。除非他能证明其本人、受雇人、代理人为避免事故的发生及后果已经采取了一切所能合理要求的措施，否则，便推定损害是由于其本人、受雇人或者代理人的过失行为所致，并由其负赔偿责任。

（2）责任形式（form of liability）

公约规定多式联运经营人的责任形式，原则上实行统一责任制，即对货物自接管之时起至交付之时止的全程运输负责。除应对受雇人或者代理人在受雇范围或者代理权限内的行为负责外，多式联运经营人还应对实际承运人的行为负责，即区段承运人的行为负责。如果货物损害发生于多式联运的某一特定区段，并且，适用该区段的其他国际公约或者强制性国内法规定了高于本公约规定的赔偿责任限额，则应以该国际公约或者国内法规定为准。因此，这种责任形式，也可称为经修正后的统一责任制。

（3）责任期间（period of responsibility）

公约规定，多式联运经营人对货物的责任期间是：自接管货物之时起，至交付货物之时为止的整个期间。

（4）责任限制（limitation of liability）

多式联运经营人对货物灭失或者损坏的赔偿责任限额为，每件货物或者每一运输单位920特别提款权，或者按货物毛重计算，每千克2.75特别提款权，二者之中以较高者为准。如果多式联运不包括海上运输或内河运输，则按货物毛重每千克 8.33 计算单位计算。

对延迟交付的赔偿责任限额，相当于对延迟交付的货物应付运费的 2.5 倍，但不得超过多式联运合同规定的应付运费的总额。当货物的灭失、损坏与延迟交付同时发生时，承运人的赔偿责任总额以货物全部灭失时其应负的赔偿责任为限。

上述责任限制的规定，亦适用于因货物灭失、损坏或者延迟交付，索赔方依据侵权行为或者其他理由，向多式联运经营人、其受雇人、代理人，或者任何履行合同的其他人提出的索赔。

如经证明，货物的灭失、损坏或者延迟交付系多式联运经营人的故意或者明知可能造成而轻率地作为或者不作为引起的，多式联运经营人便丧失上述责任限制的权利。同样，当货物损害的索赔是对多式联运经营人的受雇人、代理人或者任何履行合同的其他人提起时，如他们有上述作为或者不作为，亦将丧失责任限制的权利。

4. 索赔通知与诉讼时效

（1）货物灭失、损坏或者延迟交付的通知

如果货物存在着明显的灭失或者损坏，收货人应在收货的下一个工作日之前，将索赔通知书面提交多式联运经营人。否则，此种货物的交付即构成与多式联运单证载明的货物相符的初步证据。在灭失或者损坏不明显时，收货人应在收货后 6 个连续日内提交书面通知。如果多式联运经营人与收货人对货物的状况已进行了联合检查或者检验，则无须书面通知。对于延迟交付货物造成的损害的索赔，收货人必须在收货后 60 个连续日内向多式联运经营人提交书面通知；否则，多式联运经营人免予赔偿。如果由于发货人或其受雇人、代理人的过失或疏忽致使多式联运经营人遭受损失，多式联运经营人应当在损失发生或货物交付后 90 个连续工作日内提交书面通知；否则，即作为多式联运经营人未因发货人的过失或疏忽而遭受损失的初步证据。

（2）诉讼时效

公约规定的诉讼时效为 2 年，自多式联运经营人交付或应交付全部或者部分货物之次日起算。上述时效也适用于仲裁。被索赔的一方可在时效期间内，通过向索赔方提出书面声明而延长时效期间，并且可以延长多次。但是，如果在货物交付或应交付之日起 6 个月内没有提出书面索赔通知，则失去诉讼时效。

与《汉堡规则》的规定相同，公约规定，被索赔的一方向第三者追偿的时效期间不少于 90 日。

5. 管辖权和仲裁

（1）管辖权。公约规定，国际多式联运的任何诉讼，都必须在下列地点有管辖权的法院进行：1）被告主要营业所或者被告的居所所在地；2）合同订立地，并且合同通过被告在该地的营业所、分支或者代理机构订立；3）货物接管地或者交付地；4）合同规定并在多式联运单据中载明的其他地点。如果索赔发生后，双方协议在其他地点进行诉讼，则此协议有效。

（2）仲裁。公约同时规定，合同双方可达成书面协议，将争议提交仲裁。申请方有权选择仲裁地点，但应在上述有管辖权的法院所在地国提交仲裁。

（二）《联合运输单证统一规则》

为了解决国际多式联运带来的法律问题，在国际上尚没有制定适用于国际多式联运的公约之前，国际商会于 1973 年制定了《联合运输单证统一规则》（Uniform Rules for a Combined

Transport Document)，并于 1975 年进行了修订。作为民间规则，其适用虽不具强制性，但因其经常被国际货物多式联运合同的双方当事人协议采用，所以，该规则对国际货物多式联运的国际统一仍然起到积极的作用。

该规则的主要内容如下：

1. 多式联运经营人的责任形式

《联合运输单证统一规则》对于多式联运经营人实行网状责任制。对于发生在其责任期间内的货物灭失或者损坏，如果知道这种灭失或者损坏发生的运输区段，多式联运经营人的赔偿责任依据适用于该区段的国际公约或者国内法予以确定；在不能确定货物灭失或者损坏发生的区段时，即对于隐藏的货物损失，其赔偿责任按完全的过错责任原则予以确定。赔偿责任限额为按灭失或者损坏的货物毛重每千克 30 金法郎计算。但是，如发货人事先征得多式联运经营人同意，已申报超过此限额的货物价值，并在多式联运单据上注明，则其赔偿责任限额为所申报的货物价值。

2. 多式联运经营人的责任期间

与《联合国国际货物多式联运公约》一样，《联合运输单证统一规则》规定，多式联运经营人的责任期间为从接管货物时起至交付货物时止的整个运输期间。

3. 多式联运经营人对货物迟延交付的责任

只有在确知发生迟延的运输区段时，多式联运经营人才有责任支付迟延赔偿金。赔偿金的限额为该运输区段的运费，但适用于该区段的国际公约或者国内法另有规定时除外。

4. 货物灭失或者损坏的通知、诉讼时效

如果货物存在明显的灭失或者损坏，收货人应在收货之前或者当时，将货物灭失或者损坏的情况，书面通知多式联运经营人；如果货物灭失或者损坏不明显，则应在 7 日内提交通知；否则，便构成多式联运经营人已按多式联运单据所述情况交付货物的初步证据。

就货物灭失、损坏或者延迟交付而向多式联运经营人提起索赔诉讼的时效期间为 9 个月，自货物交付之日或者本应交付之日，或者，自收货人有权视货物已灭失之日起算。

（三）《多式联运单证规则》

《多式联运单证规则》（UNCTAD/ICC Rules for Multimodal Transport Document）由联合国贸易和发展委员会与国际商会于 1991 年共同制定，作为民间规则，供当事人自愿采纳。

该规则的主要内容如下：

1. 多式联运经营人的责任形式

该规则对多式联运经营人实行一种介于网状责任制和统一责任制之间的责任形式。多式联运经营人的责任基础与《汉堡规则》的规定相同，但在多式联运中的海上或者内河运输环节，多式联运经营人对船长、船员、引航员或者受雇人在驾驶船舶和管理船舶过失造成的货物灭失、损坏或者迟延交付，不负责任；对非承运人本人的过失造成的火灾所引起的货物灭失、损坏或者迟延交付，多式联运经营人亦不负责任。多式联运经营人的赔偿限额为：当多式联运涉及海上或者内河运输时，与《海牙—维斯比规则》的规定相同；不涉及海上或者内河运输时，以所灭失或者损坏的货物毛重每千克 8.33 特别提款权为限。但是，如果损害发生区段强制适用的国际公约或者国内法规定了高于本规则的责任限额，则适用该高限额。

2. 多式联运经营人的责任期间

与《联合国国际货物多式联运公约》的规定相同。

3. 多式联运经营人对货物迟延交付的责任

迟延交付的定义与《汉堡规则》的规定相同，但只有当托运人对货物按期交付作出声明，并经多式联运经营人接受时，多式联运经营人才对迟延交付造成的损失负赔偿责任。

4. 货物灭失或者损坏的通知、诉讼时效

与《联合运输单证统一规则》不同的是，当货物灭失或者损坏不明显时，收货人应在交货后连续 6 日内提交书面通知。货物灭失或者损坏的诉讼时效期间为 9 个月，但双方可另行协议。

(四)《联合国全程或部分海上国际货物运输合同公约》(《鹿特丹规则》)

为了重新平衡船货双方利益、促进国际货物运输法的统一、顺应航运和科技的发展，2008 年 12 月 11 日联合国大会第 63 届会议第 67 次全体会议上，审议通过了《联合国全程或部分海上国际货物运输合同公约》(United Nations Convention on Contracts for the International Carriage of Goods Wholly or Partly by Sea)。2009 年 9 月 23 日，在荷兰鹿特丹举行了公约的签字仪式，因此，该公约又被称为《鹿特丹规则》。截至目前，已有 25 个国家在公约上签字①，三个国家正式批准加入该公约。②

公约分为 18 章，共 96 条，主要内容有：

1. 公约的适用范围 (scope of application)

第一，从公约适用的连结点看：只要运输合同的收货地、交付地、装货港、卸货港之一位于缔约国内，收货地和交付地位于不同国家，且装货港和卸货港也必须位于不同国家（公约第 5 条），该运输合同便适用本公约。此种运输合同必须包含海运区段，如果含有其他运输区段，便是国际货物多式联运合同，将公约的适用范围，由《汉堡规则》的“港到港”运输，扩展到“海运＋其他”的“门到门”运输（公约第 1 条第 1 款）。

第二，公约适用于承运人与收货人或单证持有人，且无须单证连接。公约第 7 条规定：“虽有第六条的规定，如果收货人、控制方或者持有人不是被排除在本公约适用范围之外的租船合同或者其他运输合同的原始当事人，本公约仍然在承运人与此等当事人之间适用。”

第三，批量合同对第三方适用，无须通知第三方或征得第三方的同意，除非批量合同有背离公约的条款，背离部分需征得第三方的同意（公约第 80 条第 5 款）。

据上，可以得出结论：只要运输合同的收货地、交货地、装货港或者卸货港之一位于缔约国，且符合“两个国际性”条件，即使我国不加入公约，而我们的贸易伙伴是缔约国，我们的承运人或者货方就有可能被动适用公约，但是，对海运履约方的适用（如港口经营人），要求必须是在缔约国内的海运履约方（公约第 19 条第 1 款 a 项），因此，不会发生被动适用公约的情况。

2. 承运人的赔偿责任 (liability of the carrier)

公约基于重新平衡船货双方利益的考虑，对承运人的责任制度作出了较大改变，加重了承运人的义务和责任。这主要表现在：(1) 取消了已过时的承运人航海过失免责和火灾过失免责的权利，使承运人责任基础由“不完全过错责任制”变为了“完全的过错责任制”（公约第 17

① 25 个签字国是：美国、荷兰、法国、丹麦、希腊、挪威、波兰、西班牙、瑞士、刚果、加蓬、加纳、尼日利亚、几内亚、塞内加尔、多哥、马达加斯加、喀麦隆、亚美尼加、尼日尔、马里、卢森堡、刚果民主共和国、瑞典、几内亚比绍。

② 三个批准的国家是：西班牙、多哥、刚果民主共和国。

条第 3 款）；（2）扩大了承运人履行船舶适航义务的期间，要求承运人在“航程中”也须履行谨慎处理使船舶保持适航状态的义务（公约第 14 条）；（3）明确规定了承运人对因迟延交付而造成的货方损失也须承担赔偿责任（公约第 17 条第 1 款）①；（4）较大幅度地提高了承运人的单位赔偿责任限额（公约第 59、60 条）②；（5）在无法识别承运人的场合，公约规定推定注册船东为承运人，除非注册船东举证船舶已经光租或披露真正的承运人是谁，此规定加重了注册船东的举证责任（公约第 37 条）；（6）延长了货方对承运人提起诉讼的诉讼时效，由《海牙—维斯比规则》规定的 1 年延长到了 2 年（公约第 62 条）。

作为一揽子妥协案，公约在加重承运人义务和责任的同时，在某些方面也加重了托运人的义务和责任，尤其是举证责任，包括：（1）对承运人援引的 15 项除外风险事由，承运人是否存在过错的举证责任，公约明确规定由索赔方（货方）负责举证（公约第 17 条第 4 款）；而在《海牙—维斯比规则》下，虽然该规则没有明确规定该项举证责任由谁承担，但通过对该条款的解释以及各国的司法实践，基本上都要求承运人须对此承担举证责任；《汉堡规则》和我国《海商法》更是明确规定，除火灾一项由索赔方举证外，其他免责事由应由承运人举证证明其无过失。（2）当两种原因（一个可以免责，一个不能免责）造成同一货损时，公约规定由承运人和索赔方各自对两种原因分别造成的损失负举证责任，承运人仅须对经证明由其负责的原因所造成的那部分损失承担赔偿责任（公约第 17 条第 6 款）；而在《汉堡规则》下，须由承运人举证证明非因其过失所造成的损失的数额，如其举证不能，即须承担 100%的责任③；《海牙—维斯比规则》（以及我国《海商法》）对此种情况下承运人应如何承担责任、包括双方应分别承担哪些举证责任，没有作出明确规定，但采纳《海牙—维斯比规则》的国家（以及我国）的司法实践中的做法基本上与《汉堡规则》一致。（3）在危险货物运输方面，公约规定，“如果货物在承运人的责任期间内已对或者有理由认为可能会对人身、财产或者环境形成实际危险的”，均属于“危险货物”，这要比《海牙—维斯比规则》《汉堡规则》以及我国《海商法》下“危险货物”的范畴宽泛、灵活得多，因而，对承运人较为有利（公约第 15、32 条）。（4）FOB 下的发货人欲取得运输单证（如提单），不仅需要将其名字记载在运输单证上，成为单证托运人（公约第 1 条第 9 项），还要经托运人同意（公约第 35 条），对承运人向谁签发运输单证明确了，但公约对发货人的要求更严格了。

3. 承运人的责任形式——最小的网状责任制

公约实行最小网状责任制，其含义可总结如下。

---

① 《海牙—维斯比规则》没有明确规定迟延交付的法律后果。通说认为，在《海牙—维斯比规则》下，因迟延交付造成货物灭失、损坏的，承运人亦须承担赔偿责任，但因迟延交付而产生的货物跌价、向第三人支付违约金等纯经济损失，承运人无须赔偿。《汉堡规则》则明确规定，货物未能在合同约定的时间内，或者当合同无此种约定时，未能在一个合理的时间内在约定的卸货港交货的，构成迟延交付；承运人对因迟延交付而造成的纯经济损失也须承担赔偿责任。我国《海商法》也规定了承运人的迟延交付责任，但构成迟延交付的条件仅为“货物未能在明确约定的时间内在约定的卸货港交付”，而未采纳《汉堡规则》中所规定的“合理时间”这一标准。公约明确规定承运人应当对迟延交付承担赔偿责任，构成迟延交付的条件则与我国《海商法》一致。

② 货物灭失、损坏的责任限额由《海牙—维斯比规则》（以及我国《海商法》）所规定的每件 666.67 特别提款权或每毛重公斤 2 特别提款权，提高到了每件 875 特别提款权或每毛重公斤 3 特别提款权，分别增长了 31%和 50%。对于迟延交付所致经济损失的赔偿限额，《汉堡规则》规定为迟延交付部分货物运费的 2.5 倍，但不超过合同约定的应付运费总额；我国《海商法》规定为迟延交付部分货物的运费数额；而公约规定为迟延交付部分货物的运费的 2.5 倍，并不受运费总额的限制。

③ 美国最高法院 1934 年在 Schnell v. Vallescura 案中，判决承运人因不能将两种原因（一个是承运人要负责的，一个是承运人可免责的）所造成的货损分清各自所占的比例，结果承担了全部赔偿责任。此判例便形成了后来的“瓦里斯库拉原则”（Vallescura Rule）。1978 年这一原则被《汉堡规则》所吸纳。

(1) 公约的适用不仅局限于海运区段，还包括海运前后其他运输方式的区段，即“海运＋其他”(maritime plus others) 的模式，也就是说，该公约已经不再是一部纯粹的海运公约。[①]

(2) 公约对非海运区段的调整，是有条件限制的，即：若非海运区段运输不存在可适用的强制性国际公约[②]，则适用本公约；反之，如果非海运区段有强制性的国际公约可适用，则此种国际公约的规定优于本公约适用。这一原则被称为“网状责任制”。

(3) 若非海运区段运输不存在可适用的强制性国际公约，是否国内法优先于本公约适用？公约否定了国内法的适用。非海运区段适用相应的国际公约，也仅限于就货物的灭失、损害以及迟延交付，适用相应的国际公约的责任基础、责任限制和时效的规定。除货物的灭失、损害以及迟延交付以外的其他违约责任，如无单放货等，仍然适用本公约的规定。上述结果使非海运区段排除国内法的适用、适用其他国际公约的范围进一步受到限制，所以也称“最小网状责任制”。

4. 公约为托运人、单证持有人等创设了一种新的权利——“控制权”(right of control)[③]

公约为了与贸易法衔接，有效地保护买卖合同中的卖方，引进了控制权的概念。公约规定，“控制权”是指向承运人下达的与货物有关的指示的权利，包括：(1) 下达或变更与货物有关的但不构成对运输合同修改的指示的权利；(2) 在中途计划挂靠港或地点要求交付货物的权利；(3) 用其他任何人包括控制方替代收货人的权利 (公约第 50 条第 1 款)。

公约引进控制权的背景是：“在提单制度下形成各种惯例，使货物控制权在以前并不显得紧迫需要。如今，海上运输的状况有所变化。在许多贸易中，使用可转让运输单证在迅速减少，甚至完全消失 (托运人——买卖合同的卖方无法通过可转让运输单证 (提单) 来控制货物—笔者注)。而且，一种明确的可转让的货物控制权在发展电子商务系统中可能扮演重要的角色……”[④]

5. 权利转让

公约仅规定了可转让运输单证或电子运输记录的权利转让，不可转让的运输单证或电子运输记录的权利转让，因为过于复杂，各国做法差异较大，公约没有规定，留给国内法解决。公约第 57 条规定，提单持有人受让运输单证的同时就受让了该单证所包含的权利，但其对承运人的义务，只有在他向承运人主张权利时才能发生，即“权利义务异步说”。这与英国《1992 年海上货物运输法》的规定是一致的，但不同于我国《海商法》的规定。[⑤]

关于非托运人的提单持有人如何获得了对承运人的权利，在理论上有不同的学说，例如，“代理说”“证券关系说”“合同让与说”“第三人利益合同说”“法律规定说”，等等。公约专门规定了“权利转让”一章 (第十二章)，采用的显然是“合同权利让与说”。

我国《海商法》第 78 条明确规定：“承运人同收货人、提单持有人之间的权利、义务关系，依据提单的规定确定。”对这条规定的一般理解是，提单持有人在享有权利的同时也要承担相应的义务，即所谓“权利义务同步说”。如此规定，意味着仅仅持有提单而未曾行使提单项下任何权利 (如主张提货) 的中间商或银行，也要面临承担提单项下的各种义务，例如，到

① 参见公约第 1 条 (a)、(e)、(f)、(g) 项以及第 27 条。
② 对“国内法”的适用，各国有着较大的分歧，工作组最终删除了“国内法”，使公约适用的概率增加。
③ 公约第十一章“控制权”。
④ “运输法草案”(WP21) 对于控制权的说明意见。
⑤ 参见公约第 58 条，《海商法》第 78 条，英国《1992 年海上货物运输法》第 3 条。

付运费、目的港滞期费、货物对船舶所造成的损坏等。这显然不利于提单的流转，不利于保护中间的单证持有人。大陆法系许多国家如日本、韩国、瑞典、希腊、德国、挪威、俄罗斯等，都规定收货人只有在提取货物时才承担提单所记载的义务或责任，其实质更接近“权利义务异步说”。因此，公约规定权利转让是有积极意义的。

6. 关于时效延长

公约第63条规定，被索赔人可在时效期间的任何时间内，通过向索赔人声明而延长该时效期间。该时效期间可再次声明或多次声明进一步延长。《海牙—维斯比规则》以及《汉堡规则》都有类似的规定。然而，这与我国时效制度相抵触。①

当事人通过协议延长时效期间的做法，在航运实践中普遍存在，在英美法系下被认为是有效的。但是，在大陆法系以及我国民法下，则有所不同：“民法中关于时效的规定，属于强行性规定，不得由当事人依自由意志予以排除，时效期间不得由当事人协议予以加长或缩短，时效利益不得由当事人预先予以抛弃。当事人关于排除时效适用、变更时效期间或预先抛弃时效利益的约定，依法当然无效。”②

时效延长已是国际公约和航运惯例。我国应认可公约的这种做法，使之成为海商法领域的一项特殊制度，不应成为接纳该公约的障碍。

7. 管辖权和仲裁

公约参考《汉堡规则》的规定，专设两章分别规定了管辖权和仲裁的内容。

（1）管辖权。公约第66条规定，对承运人的诉讼，必须在下列地点有管辖权的法院之一进行：1）承运人的住所；2）运输合同约定的收货地；3）运输合同约定的交付地；或4）货物的最初装船港或货物的最终卸船港；5）承托双方在协议中指定的一个或数个管辖法院。公约第68条规定，对海运履约方的诉讼，必须在下列地点有管辖权的法院之一进行：1）海运履约方的住所；或2）海运履约方接收货物的港口或海运履约方交付货物的港口，或海运履约方从事与货物有关的各种活动的港口。

此外，公约第72条还规定，争议产生后争议各方协议约定的管辖法院或者被告未提出管辖异议，在一管辖法院应诉的，该法院也拥有管辖权。

（2）仲裁。公约规定，对承运人提起索赔的人，有权根据仲裁协议在下列地点选择仲裁地点：1）仲裁协议指定的任何地点；或者2）在一国的其他地点进行，只要该地点位于该国即可：承运人的住所、运输合同约定的收货地、运输合同约定的交付地、货物的最初装船港或货物的最终卸船港（公约第75条）；3）争议产生后，争议各方当事人仍可以协议约定在任何地点以仲裁方式解决争议（公约第77条）。

公约规定管辖权和仲裁内容的积极意义在于货方对承运人的诉讼或仲裁地点在一定范围内有了选择权。此外，对于提单中的管辖权或仲裁地点条款的效力问题，实践中争议较大，各国做法也很不统一，公约对此作了灵活的处理：货方选择了提单中的管辖权或仲裁地点，该条款就是有效的，如果货方没有选择提单中的管辖权或仲裁地点，该条款也就是无效的。但是，对于批量合同的管辖权和仲裁地点的约定具有排他性，不允许货方另行选择其他地点诉讼或仲裁（公约第67条第1款、第75条第3款）。

---

① 参见公约第63条。

② 梁慧星．民法总论．北京：法律出版社，2001：265.

为了不给参加公约的国家增加障碍，公约第 74 条和第 78 条分别规定，管辖权一章和仲裁一章的规定，只有参加国声明受管辖权一章或仲裁一章约束的，方产生对该国的约束力（公约第 91 条）。

专题研讨

一、承运人的识别（identification of carrier）

我国《海商法》第 42 条规定，“承运人”是指本人或者委托他人以本人名义与托运人订立海上货物运输合同的人。承运人的概念是识别承运人的最基本依据。有了法律上的明确定义，承运人的识别本不应成为一个很复杂的问题。然而，航运市场不断发展和竞争过程中所带来的诸如承运人和船舶所有人等运输主体身份的分离和独立，提单管理与签发的不规范，承运人刻意规避风险以及不正当竞争等问题和现象的出现，国际海上货物运输中承运人的识别问题越来越成为海事审判实践中困惑法官及诉讼当事人的一个棘手问题，当然也是一个值得深入研究和重点解决的问题。

在执行“承运人提单制度”[①] 的绝大多数国家，如我国，提单签发人和承运人可以视为同一人。[②] 因此，一般来说，当托运人持有提单时，作为运输合同的一方当事人，他理应知道与其订立运输合同的另一方当事人——承运人是谁，不一定非要依据提单来确定，况且此时提单只是运输合同的证明。但是，当提单流转至托运人以外的第三人手中时，情况便不同了。因为第三方提单持有人往往并不了解运输合同的订立过程，无法从运输合同的角度来弄清承运人是谁，此时他只能依据其持有的提单来识别承运人。通常情况下，提单上关于承运人的记载有三处：一是提单正面抬头印制的承运人名称或标志，二是提单正面右下角的签章，三是提单背面的“承运人识别条款”或“光船租船条款”[③]。

（一）依据提单抬头识别承运人

（1）提单的抬头。这是识别承运人的重要标志之一。[④] 但是，单凭提单的抬头作为识别承运人的唯一标志，有时会得出错误的结论。需知，对提单的管理，我国目前没有对旧提单的报废制度，提单的报备制度也仅仅限于无船承运人提单（《国际海运条例》第 17 条、《国际海运条例实施细则》第 11 条），如果经报备，可通过查询获得承运人的信息。对于不是无船承运人的提单，还是不能通过查询的办法去识别承运人。

航运实务中，滥用其他船公司的提单现象时有发生，在这种情况下，货物索赔方仅以提单的抬头识别承运人，进而视其为诉讼相对人，而不考虑其是否具备承运人主体资格，不管从实体法还是程序法的角度，都是缺乏充分依据的。

---

① 承运人提单制度，是指提单签发被认为是承运人专属的权利义务，船长签发提单视为代表承运人签发。

② 郭瑜．提单法律制度研究．北京：北京大学出版社，1997：51.

③ 提单背面的“承运人识别条款”一般直接指明特定的人或具有某种特征的人为承运人。“光船租船条款”一般是指在光船租船情况以外，即定期租船和航次租船情况下，约定以租船人还是以船舶所有人为承运人。除英国以外，世界上大多数国家都不承认这种条款。我国《海商法》第四章规定了承运人的定义及最低限度的义务，并且上述规定是强制性的，不能由合同条款加以变更。如果允许通过合同条款来对承运人加以约定，无疑是对上述规定的违反，故应认为这类条款无效。

④ 《全国海事法院院长座谈会纪要》（2001 年 7 月 20 日）指出：《海商法》第 42 条规定了海上货物运输中承运人的定义，并规定提单是运输合同的证明。在提单作为唯一运输单证时，若提单没有抬头，除非签发人能证明代签的事实，否则应当以提单签发人作为承运人。

（2）当提单抬头印制的承运人名称与提单签发人名称不一致，而提单签发人又是以代理人（as agent）的名义在提单上签章，且未注明被代理的承运人名称时，承运人的识别问题一般应综合考虑以下情况予以判定：首先，提单签发人应当证明提单上记载的承运人在其签发提单时真实存在；其次，提单签发人应当证明其代理签发提单的行为，是按照法律的明确规定或得到了承运人的明确授权或者事后得到了承运人的追认。否则，提单签发人的行为构成无权代理，法院可以直接判定其为承运人，由其承担相关责任。

（3）当提单抬头印制的承运人名称与提单签发人名称不一致，而提单签发人以承运人（as carrier）的名义在提单上签章时，一般可以直接认定提单签发人为承运人。

（二）依据提单的签发识别承运人

（1）如果提单由承运人签发，这是识别承运人的重要标志（《海商法》第72条第1款）。然而，实践中船长签单或承运人的代理人签单是很普遍的做法，虽然都是代表承运人签单（《海商法》第72条第2款），但并不出现承运人的名字，此时，凭签单识别承运人就困难了。

（2）对于船长或其委托的人签发提单，而提单上有关承运人的记载又不明确时，对承运人的识别应该作具体分析。当托运人持有提单时，他应该通过运输合同来确定承运人。不能仅凭提单是船长或其委托的人签发的，就认定船舶所有人为承运人。因为从本质上说，船长签发提单毕竟是代表承运人而不是代表船舶所有人签发，船长在签发提单时听从的是承运人，而不是船舶所有人的指示。无法正确识别承运人的风险只能由托运人自己承担。当提单流转至托运人之外的第三人，如收货人手中时，提单便成了第三方提单持有人识别承运人的唯一依据。此时，如果船长或其委托的人不能证明被代理的承运人名称，则可以初步认定船舶所有人为承运人，除非船舶所有人在抗辩中能够举证证明真正的承运人。

（3）当运输合同法律关系中体现的承运人与提单表面记载的承运人不一致时，应当通过对运输合同法律关系中体现出的承运人与提单中记载的承运人进行分析比较，并结合运输合同磋商、订立的实际情况，弄清二者之间的转承关系，并认定运输合同法律关系中体现出的承运人为最终承担责任的承运人。

（4）《鹿特丹规则》第38条规定了运输单证和电子记录的“签名”，但没有进一步说明签名在承运人的识别方面的效力。根据该公约第37条的规定，运输单证和电子记录应当记载承运人的名称，如有此项记载，运输单证又是被记载的承运人签发的，那么，承运人的识别就变得简单了。遗憾的是，该公约第39条同时规定，运输单证缺少一项或几项，或者记载不准确，并不影响运输单证的效力，如果单证缺少的或者记载不准确的恰是承运人一项，此时单证上的签名对于识别承运人的意义将大打折扣，甚至失去意义。应当参照《汉堡规则》或我国《海商法》的规定，与运输单证的功能直接相关的记载事项不得缺少，我国《海商法》第73条规定，提单记载事项“应当符合本法第七十一条的规定”，提单作为运输合同的证明，承运人是运输合同的当事方，记载事项不得缺少，在此前提下缺少一项或几项不影响提单的性质。这样，就不会出现上述承运人签字，但因缺少承运人的记载或记载不准确，而无法识别承运人的困境。

（三）依据提单背面的“承运人识别条款”或“光船租船条款”识别承运人

（1）承运人识别条款和光船租船条款，也是识别承运人的标志之一，尽管有的国家可能不承认该条款的效力。

（2）美国法院认为对承运人识别条款的确认，应区别承租人和收货人援引的不同情况而定，当承租人主张适用该条款时应判其无效①，而当收货人援引该条款时，应判有效。② 英国法院更倾向于肯定承运人识别条款和光船租赁条款的效力，认为“光船租赁条款的效力，似乎没有理由不予承认”③。欧洲大陆国家对“光船租赁条款及承运人识别条款从来没有得到过赞许，也很少得到支持，而且越来越遭到怀疑”④。日本司法实践中，对光船租赁条款的效力的认定是不稳定的，1991 年东京地方法院审理“Jasmino”一案时，认为该条款只是指出了谁是承运人，并没有减轻承运人的责任，承认该条款的效力。但是，1998 年在“Camfair”案中，日本的法院认为提单的光船租赁条款意在解除期租承租人作为承运人的责任，对收货人、提单持有人不利，不承认其效力。

（3）我国不承认提单背面“承运人识别条款”或“光船租船条款”的效力，根据我国《海商法》的规定，此类条款被认为有规避法律、减轻承运人责任之嫌（《海商法》第 44 条）。

如果运输单证中未指明承运人，通过上述方法仍无法识别承运人，《鹿特丹规则》第 37 条第 2 款规定：“合同事项中未按第三十六条第二款第二项载明任何人为承运人，但合同事项载明货物已装上指定船舶的，推定该船舶的登记所有人为承运人，除非该登记所有人能够证明运输货物时该船舶处于光船租赁之下，且能够指出该光船承租人及其地址，在这种情况下，推定该光船承租人为承运人。船舶登记所有人也可以通过指出承运人及其地址，推翻将其当作承运人的推定。光船承租人可以按照同样方式推翻将其当作承运人的任何推定。”这种规定似乎为承运人识别条款的合法性找到了法律依据。然而，此规定对船舶所有人有时会产生不公平，在有些情况下，登记船东仅仅是《鹿特丹规则》的海运履约方，并非是“门对门”运输的承运人。这种承运人的推定，可能会对船舶融资产生不利影响，因为船东通常与投资人或者融资机构有联系。

（四）运输单证中没有载明任何人为承运人，但货物已经装上船，此种情况下的承运人的推定

鉴于航运法律主体多元化与法律关系复杂化的现实，《鹿特丹规则》引入了通过注册船东来识别承运人的制度，且实行推定方式。该规则第 37 条规定，运输单证中没有载明任何人为承运人，但货物已经装上船，此种情况下推定船舶登记所有人为承运人。除非船舶已经处于光船租用之中，且能指出光船承租人及其地址，此种情况下，推定光租承租人为承运人，或者船舶登记所有人直接指出承运人及其地址，推翻将其作为承运人的推定。光船承租人也可按同样的方式推翻将其作为承运人的推定。这是带有政策取向的条款，因为推定注册船东为承运人或者规定索赔人举证谁是承运人都有不合理之处，根据“证据距离”理论⑤，权衡之后，认为注册船东承担此风险相对合理。

① Epstein v. United States 55F. Supp728.
② Recovery Service v. Tatiana L. 1988. AM. C788.
③ The “Berkshire” [1974] 1 Lloyd’s Rep. 185.
④ William Tetley. 海上货物索赔（第三版）. 张永坚等译. 大连：大连海运学院出版社，1993：202－206.
⑤ 所谓证据距离，是指在有可能负担举证责任的双方当事人之间，哪一方距离证据的源泉更近一些或更易于取得证据。证据的距离，不是物理学意义上的空间位置，而是当事人控制证据的可能性的度量。货物装上船，表明其注册船东或光船承租人，要么就是承运人，要么是接受承运人的委托或转委托从事此项货物运输，控制证据的可能性，相对于索赔人度量大，证据距离近。

二、承运人的责任基础与举证责任（basis of liability for the carrier and burden of proof）

承运人的责任基础，狭义的解释也称归责原则①，是指海上货物运输国际公约或国内法“赋予承运人对其所承运的货物应承担的责任”原则。任何一个国际公约或国内法，其责任基础始终处于中心地位，它决定着海上货物运输法的基本特征与价值取向。纵观海上货物运输国际公约的沿革，不难发现，承运人责任基础的改变，是海上货物运输国际公约沿革的标志。每当国际贸易、国际航运向前发展，船货双方“力量对比发生变化，就相应地出现一个新的提单公约，在一定的历史时期内，推动着国际班轮运输向前发展”②。

我国《海商法》有关承运人的责任基础，通说认为是适用《海牙规则》的责任基础，即不完全过失责任制。单从归责原则来分析，这种观点是正确的。但是，从举证责任的角度分析，又并非采纳《海牙规则》举证责任分配的模式，而是更接近《汉堡规则》。

（一）我国《海商法》承运人责任基础的性质

综合考虑《海商法》第46条规定的赔偿责任、第47条规定的适航义务、第48条规定的管货义务，以及第51条规定的免责事项，可以得出结论：《海商法》下承运人的归责原则完全等同于《海牙规则》第2至4条的规定，是一种不完全的过失责任制度，因为免责事项中包含了航海过失与火灾过失免责。

（二）我国《海商法》有关承运人责任基础的举证责任分配

1. 第一个推定——承运人有过失推定

《海商法》规定的承运人的责任基础，在举证责任的分配上，在多大范围内实行承运人无过失举证，是不够明确的。《海商法》第46条第1款规定，在承运人的责任期间，货物发生灭失或者损坏，除本节另有规定外，承运人应当负赔偿责任。第51条规定：“在责任期间货物发生的灭失或者损坏是由于下列原因之一造成的，承运人不负赔偿责任……承运人依照前款规定免除赔偿责任的，除第（二）项规定的原因外，应当负举证责任。”对上述规定，笔者认为，除了承运人援引的免责事项第2项“火灾”是由索赔方负责举证外，其余各项均由承运人负责举证，包括免责事项中的第11项“经谨慎处理仍未发现的船舶潜在缺陷”和第12项“非由于承运人或者承运人的受雇人、代理人的过失造成的其他原因”。第11项免责，说明承运人对船舶适航义务的举证责任是证明已经“谨慎处理”；第12项免责说明，承运人或者承运人的受雇人、代理人无过失的举证责任在于承运人一方。如果承运人举证不能，不能证明自己或其受雇人、代理人无过失，就要承担举证不能的不利后果，即推定承运人有过失，承担赔偿责任。这就是《海商法》实行的类似于《汉堡规则》规定的承运人过失推定责任，实行此推定过失责任的必然结果是：承运人在此范围内承担实质性举证责任。③《海商法》实行的推定过失，与《汉堡规则》第5条的推定过失相比较，相同之处在于推定承运人有过失的范围基本相同，都是除了“火灾”的举证之外，实行承运人举证，举证不能

---

① 承运人的责任基础作广义解释，应包含归责原则、除外责任和举证责任。

② 司玉琢．提单责任基础的重大变革//中国国际法年刊．北京：中国对外翻译出版公司，1984.

③ 也有不同观点认为，《海商法》第51条第1款第2项明确规定“火灾”免责是由索赔方举证，其余11项都由承运人举证。管货义务既然没有明确谁来举证，就应该遵循《民事诉讼法》“谁主张，谁举证”的原则，即由索赔方举证，使船货双方的举证责任处于平衡状态。

就推定承运人有过失。不同之处在于：第一，《海商法》包括航海过失免责（第 51 条第 1 款第 1 项免责），《汉堡规则》不包括此项免责。在《海商法》下，承运人能证明是航海过失造成的货物灭失或者损坏，承运人可以免责，而在《汉堡规则》下，承运人即使证明是航海过失所致货损，也不能免除赔偿责任。第二，要求承运人承担举证无过失的程度不同。《汉堡规则》第 5 条要求承运人举证证明“其本人及其受雇人和代理人已为避免事故的发生及其后果而采取一切所能合理要求的措施”，这种无过失举证责任，尽管尚无判例支持，但从条文文义上看，要比《海商法》规定更严格。

2. 第二个推定——承运人无过失推定

如果法律规定举证责任在于索赔方，当索赔方举证不能时，即承担不利的后果。这就是所谓的第二个推定——推定承运人无过失。《海商法》第 51 条第 1 款第 2 项免责规定，“火灾，但是由于承运人本人的过失所造成的除外”。该条第 2 款同时规定，“火灾”免责应由索赔方举证。如果索赔方不能证明火灾是由承运人本人的过失所致，便推定承运人本人无过失，不承担赔偿责任。《海商法》的这一规定，与《汉堡规则》举证责任的分配基本上是一致的，所不同的是，《海商法》中证明的是承运人本人无过失，而《汉堡规则》证明的不仅为承运人本人，也包括承运人的受雇人或代理人。《海商法》的承运人无过失推定与《海牙规则》的无过失推定相比较有更大的区别，《海商法》仅规定火灾免责是由索赔方举证，实行承运人无过失推定；而《海牙规则》是在除第 4 条第 17 项①免责之外的全部免责范围内均由索赔方举证，实行承运人无过失推定。可见《海牙规则》中，索赔方承担的举证责任，要比《海商法》中索赔方承担的举证责任重得多。从这个意义上说，《海商法》规定的承运人举证责任，要比《海牙规则》规定的严格得多。

（三）关于适航义务的举证

在首要义务原则下（具体内容参见本章专题研讨“三、首要义务原则（doctrine of overriding obligation）——《海商法》第 47 条、第 48 条和第 51 条之间的相互关系”），承运人要享受免责条款，必须首先履行谨慎处理使船舶适航的义务，或者虽然未履行谨慎处理使船舶适航义务，但损害后果与船舶不适航无因果关系。

如上所述，我国《海商法》第 51 条规定的免责事项除火灾外，均由承运人举证，其中第 11 项规定的“经谨慎处理仍未发现的船舶潜在缺陷”可能构成船舶不适航，其举证责任也是承运人。《海牙规则》第 4 条规定的第 16 项免责事项，虽然内容与《海商法》的上述规定相同，但举证责任的分配有所不同，《海牙规则》第 4 条规定的免责事项中，仅第 17 项免责事由是由承运人负责举证，言外之意，其余 16 项，包括“谨慎处理”之举证责任均应由索赔方承担。然而，因为《海牙规则》下存在着“首要义务原则”，对承运人的适航义务，包括举证责任作了专门规定，这就是《海牙规则》第 4 条第 1 款的规定，不论是承运人或船舶，对因船舶不适航所造成的灭失或损害，都不负责，除非承运人未尽谨慎处理使船舶适航，且不适航与货损有

① 《海牙规则》第 4 条免责条款第 17 项规定，非由于承运人或者承运人的受雇人、代理人的过失造成的其他原因。

因果关系，此时“谨慎处理”的举证责任由承运人或请求本条免责的其他人承担。[①] 我国《海商法》与《海牙规则》的规定是一致的，均由承运人负责举证。

关于不适航与货损的因果关系的举证，《海牙规则》[②] 和《海商法》第47条对此都没有作出明确规定，从《海商法》第51条规定“在责任期间货物发生的灭失或损坏是由于下列原因之一造成的”，原因之一包括“经谨慎处理仍未发现的船舶潜在缺陷”，该条明确规定此项免责由承运人举证，这就是说，承运人欲援引此项免责，必须证明该不适航不是造成货损的原因。《鹿特丹规则》第17条第5款明确规定，谨慎处理和因果关系的举证责任，均由承运人承担，从理论上分析，这种规定是合理的。因为：

第一，按照举证责任分配理论中的“危险领域说”[③]，应由承运人对适航义务进行全面举证。

“危险领域说”是举证责任分配理论的一种新兴学说，该学说主张，当事人应对其法律上或事实上控制或支配的领域中发生的事实进行举证，因为另一方当事人难以知道处于加害人控制之下的危险领域中的事件发生过程，难以提出证据。

由于船舶是否适航的全部证据都在承运人的控制之下，所以，不管承运人是否已经做到谨慎处理使船舶适航，还是船舶不适航与货损之间是否存在因果关系，都应由承运人进行举证。显然，“货方承担对船舶不适航与货物损失之间存在因果关系这一事实的举证，只有货方证明上述因果关系存在之后，承运人才有义务对其已经谨慎处理进行举证”，这一观点是不合理的。

第二，适航义务系承运人的首要义务，要求承运人对适航义务进行全面举证，符合首要义务原则。

在举证责任分配理论中，至今仍在大陆法系各国占统治地位的是“法律规范说”，这是德国著名诉讼法学者——罗森贝克所创设的。该学说认为，实体法规范的相互逻辑关系中蕴藏着分配的原则，当事人应当对有利于自己的法律规范要件加以主张与举证。[④]

需要指出的是，在《海牙规则》下，适航义务与管货义务的地位是不同的，适航义务在性质上属于首要义务。[⑤] 在首要义务原则下，承运人要享受免责，必须首先完成其适航义务，或者虽然未完成适航义务，但损害后果与船舶不适航无因果关系；而管货义务则不同，即使没有履行“管货义务”，承运人也有可能享受免责（如火灾免责）。[⑥] 显然，按照“法律规范说”，承

① 参见《海牙规则》第4条第1款。在司法实践中，关于《海牙规则》中适航义务举证责任以及相应的举证顺序存在两种完全不同的认识：观点一：承运人主张免责事项时，应首先针对货损证明（in respect of the loss）证明其已经做到“谨慎处理”使船舶适航，或者证明船舶不适航与货损无因果关系。这也是著名海商法专家 William Tetley 先生与杨良宜先生在其著作中所主张的。William Tetley. 海上货物索赔（第三版）．张永坚等译．大连：大连海运学院出版社，1993：294－295；杨良宜．提单及其付运单证．北京：中国政法大学出版社，2001：506－507. 观点二：承运人主张免责事项时，无须首先证明其已经谨慎处理使船舶适航，船舶不适航与货物损失之间存在因果关系这一事实应由货方承担，只有货方证明上述因果关系存在之后，承运人才有义务对其已经做到谨慎处理进行举证。Scruttonp. 446；PaynevIvamyp. 116；Carverpara. 533.

② 《海牙规则》第4条第1款规定，不论是承运人或船舶，对因船舶不适航所引起或造成的灭失或损害，都不负责，除非承运人未按第3条第1款规定，谨慎处理使船舶适航……所引起或造成。一旦由于船舶不适航引起灭失或损坏，谨慎处理的举证责任应由承运人或者请求本条免责的其他人承担。

③ 该学说的倡导者是德国著名学者普霍斯。

④ 莱奥·罗森贝克．证明责任论．庄敬华译．北京：中国法制出版社，2002.

⑤ 参见本章专题研讨“三、首要义务原则（doctrine of overriding obligation）——《海商法》第47条、第48条和第51条之间的相互关系”。

⑥ 具体参见朱作贤，司玉琢．论《海牙规则》“首要义务原则”——兼评 UNCITRAL 运输法承运人责任基础条款．中国海商法年刊，(2002)。

运人应当对适航义务进行举证，因为完成适航义务是承运人能够享受《海牙规则》“免责事项”的前提条件。

第三，由承运人对适航义务进行全面举证是其有义务证明货损原因的必然逻辑要求。

从立法技术上看，《海牙规则》是通过两种方式来最终免除承运人赔偿责任的：其一，货损是由 17 项免责事由之一造成的（第 4 条第 2 款），不是船舶不适航造成的；其二，货损是由船舶不适航造成的，但是承运人已经做到了“谨慎处理”（第 4 条第 1 款）。

承运人可以选择《海牙规则》第 4 条第 1 款，也可以选择第 4 条第 2 款作为免责的依据，而无论选择何种理由免责，其首先面临的将是因果关系的举证，即货损到底是由 17 项免责事由之一造成的，还是由船舶不适航造成的。

因果关系可以说是法律制度中最为复杂的问题之一，以至于有学者无奈地说：“在这个问题上，凡值得说的都已经说了，很多不值得说的也已经说了，近因仍然是一团乱麻和一堆荆棘，一个令人眼花缭乱、扑朔迷离的领域。”① 在海上货物运输法领域，各国司法实践比较一致的观点是，承运人要享受免责，必须能够举证说明货损的具体原因，若货损原因不明，承运人试图通过证明其本人、受雇人或代理人没有过失而要求免责的主张是不可接受的。② 显然，由承运人对适航义务进行全面举证是其有义务证明货损原因的必然逻辑要求。

举证责任本质在于，当某一事实处于模糊不清或者真伪不明的状态时，由负有举证责任的人承担不利益的后果。显然，当货损是否因船舶不适航所致而处于模糊不清的状态时，说明承运人未能证明货损“确实”是《海牙规则》第 4 条所列明的免责事项之一造成的，承运人则不能被免除赔偿责任。因此，对于货损是否是由船舶不适航造成的举证责任在承运人，而不在货方，这是在理论上必须加以澄清的问题。

总之，举证责任分配的标准是一道公认的法律难题，至今尚无人能够加以妥善的解决③，有人形象地称之为“世纪之猜想”④。海上货物运输法中关于“适航义务”的举证责任，也是一个存在大量争议的问题。⑤ 通过上述对《海牙规则》适航义务举证责任的分析，我们可以得出初步的结论：

（1）承运人欲援引免责事项，首先应证明其已履行“谨慎处理”的义务，使船舶适航，或者证明不适航与货损没有因果关系；

（2）索赔方举证货损不是免责事项所致，而是管货过失。

三、首要义务原则（doctrine of overriding obligation）——《海商法》第 47 条、第 48 条和第 51 条之间的相互关系

责任基础条款固然重要，但其并不是孤立存在的，它与《海商法》第四章中的其他条款相互牵制、相互影响，共同构成一个完整的责任体系。在这个体系中，对其影响最大的莫过于关

---

① Prosser，38 *Cal L Rev* 369（1950）.

② 杨良宜．提单及其付运单证．北京：中国政法大学出版社，2001：497.

③ 叶自强．举证责任及其分配标准//载梁慧星主编．民商法论丛．第 7 卷．北京：法律出版社，1997.

④ 张卫平教授的提法，见其为庄敬华所译《证明责任论》（莱奥·罗森贝克著）一书所写的序言“证明责任：世纪之猜想”。

⑤ 《鹿特丹规则》对于适航义务的举证责任作了明确规定，即承运人承担“谨慎处理”和“不适航与货损”不存在因果关系的举证责任（第 17 条第 5 款）。

于承运人适航义务（第47条）、管货义务（第48条）和免责条款（第51条）的规定。在处理承运人的适航义务、管货义务与免责条款之间的关系时，“首要义务”[①] 原则一直扮演着极其重要的角色。

“首要义务”原则是如何产生的？在其发展过程中又发生了怎样的变化？在我国《海商法》中如何体现，在《鹿特丹规则》下是否还有该原则生存的空间？

（一）首要义务原则的产生与发展

1. 首要义务原则的诞生

在普通法下，公共承运人对海上运输的货物安全到达，几乎负有绝对责任（absolute liability），除非损坏是由于天灾、公敌行为、货物的固有缺陷或托运人的过错所致。与此同时，遵循“合同自由”原则，允许承运人在提单上订入许多免责条款，这些条款可视为通过合同形式对普通法下免责事项的补充。这种免责条款从18世纪开始出现，到19世纪中期发展到不可收拾的地步，有的提单上免责事项甚至多达六七十项，以至于有人说，承运人只有收取运费的权利，而无责任可言。[②] 海上货物运输中这种无限免责的状况，妨碍了国际贸易的正常进行，也影响了海运业自身的发展。

面对承运人滥用“合同自由”原则的现象，英美法通过一系列判决创造了“首要义务”原则，本书称之为“原始首要义务原则”：提单免责条款必须服从两项“首要义务”，即谨慎照管货物的义务和航程开始时提供适航船舶的义务。除非提单以非常明确清楚的文字阐明例外，否则，承运人违反这两项首要义务并“促成”损失的发生，将不再适用承运人据以免责的普通法或提单上的免责规定，这是解释提单条款时应遵循的基本原则。[③]

2. 首要义务原则的发展

实施首要义务原则可以在一定程度上解决承运人滥用“合同自由”的问题，但是，该原则的贡献是有限的，因为其仅仅属于一个合同解释规则，假若提单中明确规定，即使违背了所谓的“首要义务”，免责条款也一样适用的话，法院也只能承认其效力。[④] 因此，要从根本上解决问题，必须从立法上对承运人的“合同自由”进行抑制，1924年审议通过的《海牙规则》完成了这一历史使命。

在《海牙规则》下，普通法开始建立起来的“首要义务原则”被重新塑造。由于《海牙规则》得到了海运国家的广泛承认，现代首要义务原则真正成为国际上普遍认可的海商法学说，为海上货物运输法的国际统一作出了重要贡献。

《海牙规则》首要义务原则相关条款是：开航前和开航当时，承运人应当谨慎处理使船舶适航（第3条第1款）；承运人负有妥善与谨慎地管理货物的义务（第3条第2款）；承运人的免责事项［第4条第2款（a）—（q）］。承运人责任将最终取决于这三个条款之间的相互作用与影响，举证顺序与举证责任（the order and burden of proof）亦取决于此。加拿大台特里教授（William Tetley）曾作过一个形象的比喻：这三个条款类似于杂技演员手中的三个球，规则起草者在这三个“球”中所刻求的平衡至关重要，任何微小的变化或误解都将打破这种平衡。

① 在英美法中，“首要义务”大都使用 overriding obligation 一词，偶尔也用 primary obligation 来表示。

② 司玉琢．提单责任基础的重大变革//中国国际法年刊．北京：中国对外翻译出版公司，1984。

③ G. 吉尔摩，C.L. 布莱克．海商法．杨召南等译．北京：中国大百科全书出版社，2000：186－188.

④ 当然，有的国家（如美国）为了维护货主的利益会以违背公共政策为由否定其效力。

《海牙规则》下的“首要义务原则”就诞生于这种微妙的平衡之中。Somervell 勋爵在 Maxine Footwear v. Canada Government Merchant Marine 案[①]中曾写过一段经典的判词，他认为：“第 3 条第 1 款（指承运人的适航义务），是一项首要义务。如果其未被履行且造成损失，则第 4 条所列的免责事项就不能被援用。除了第 3 条第 2 款（指承运人的管货义务）的开首语[②]之外，这是合乎情理的解释。第 3 条第 2 款受制于第 4 条规定而第 3 条第 1 款却不受这样条件限制的事实，使得这一结论十分清楚，无可争议。”[③]

显而易见，“首要义务”原则在这里完成了从原始向现代的转变，其表现如下：(1) 该原则已经从合同解释规则变成了法律解释规则，承运人不再拥有在提单中自由约定以规避首要义务的权利；(2) 管货义务的地位已经衰落，不再属于首要义务的范畴，属于首要义务的只有适航义务；(3) 适航义务本身已经发生了质的变化。在普通法下，承运人的适航义务系默示保证，属于一项绝对义务，不考虑承运人是否有过错的问题，该保证不仅适用于提单航次的开航当时，而且适用于每一不同航段的开航当时；而在海牙规则下，对于适航义务，承运人只要做到在提单航次开航前或开航当时谨慎处理即可。

因而，在现代首要义务原则下，承运人要享受免责条款，必须首先完成其适航义务，或者虽然未完成适航义务，但损害后果与船舶不适航无因果关系；管货义务则不同，即使“管货义务”未被履行，承运人也有可能享受免责。例如，承运船舶在装货港装货过程中，船舶的排污水管因天冷而冰封，船长雇佣岸上工人用“喷灯”烧烤污水管，导致污水管的软木被烧而酿成火灾，从而使已经装上船的货物全损，虽然在《海牙规则》下有火灾免责事项，但由于承运人未完成谨慎处理使船舶适航的义务，所以，承运人无权享受火灾免责；如果火灾发生在承运船舶在海上航行过程中，承运人在船舶开航前与开航当时已经履行了谨慎处理使船舶适航的义务，火灾的原因系船员在管货过程中不慎将未灭的烟蒂扔进了货舱，虽然承运人违反了管货义务，但其依然可以享受火灾免责，因为管货义务服从于（subject to）免责条款（《海牙规则》第 3 条第 2 款）。

同时，关于适航义务与管货义务的举证责任承担也截然不同。台特里教授认为，在首要义务原则下，合理的举证顺序应当是：首先，承运人在主张免责事项以前，必须首先针对货损证明其已经完成适航义务或证明船舶不适航与货损无因果关系[④]；其次，承运人才有权利举证证明货损原因系《海牙规则》第 4 条第 2 款所规定的免责事项之一；至此，举证责任才转移至货

① ［1959］2 Lloyd's Rep. 105.

② “开首语”是 Subject to the provisions of Article 4。

③ 英文原文是：Article，rule 1，is an overriding obligation. If it is not fulfilled and the non-fulfillment causes the damage the immunities of article IV cannot be relied on. This is the natural construction apart from the opening words of article，rule 2. The fact that that rule is made subject to the provisions of article IV and rule 1 is not so conditioned makes the point clear beyond argument。

④ 应当注意的是，由于《海牙规则》第 4 条第 1 款规定，一旦由于船舶不适航引起灭失或损坏，谨慎处理的举证责任应由承运人或请求本条免责的其他人承担，故也有观点认为，只有在货方证明了船舶是不适航的以及不适航与货损之间有因果关系时，承运人才有义务证明其已经履行谨慎处理的义务（See Scrutton p. 446；Payne & Ivamy p. 116；Carver para. 533.）。台特里教授的观点可能更具合理性，更符合首要义务原则以及通常的举证原则。由于本文篇幅所限，在此不作全面分析。

方，货损原因系承运人未能谨慎、妥善履行管货义务的举证责任由货方承担。[①]

（二）首要义务原则的消亡

现代首要义务原则伴随着《海牙规则》的出现而出现，是对《海牙规则》进行体系解释的产物，即根据法律条文在法律体系上的地位以及前后条文之关联位置，阐明其规范意旨。

但是，《汉堡规则》的出现宣布了首要义务原则的消亡，因为在《汉堡规则》下，并未单独规定“适航义务”与“管货义务”的条款，适航义务与管货义务的地位是完全等同的，都是从《汉堡规则》第5条第1款条中引申出来的，承运人无论违反的是适航义务还是管货义务，都将承担赔偿责任；更重要的是，《汉堡规则》并无免责条款的规定，《海牙规则》下的三个“球”已经消失了，“皮之不存，毛将焉附”？“适航义务”属于“首要义务”的理论也自然不复存在。

（三）我国《海商法》下的“首要义务”问题

如前所述，我国《海商法》是参照《海牙—维斯比规则》起草的，《海商法》第47条规定的是承运人的适航义务，第48条规定的是管货义务，第51条是承运人的免责事项。以上三个条款的主要内容与《海牙—维斯比规则》比较，没有本质区别。但是，三个条款的相互关系，条款本身没有作任何规定。也就是说，首要义务原则在我国《海商法》下，还存在否？《海商法》第51条并没有像《海牙—维斯比规则》那样在第4条的第1款明确规定，承运人欲援引免责事项，必须首先履行适航义务。同样，在第48条的管货义务条款中，也没有像《海牙—维斯比规则》第3条第2款那样明确规定“管货义务服从于免责事项”，这样，从《海商法》的上述条款字面看，难以看出首要义务原则的存在，从而会造成承运人举证责任的混乱。无独有偶，这种情况已经不是什么新鲜的问题。美国1936年《海上货物运输法》（美国版海牙规则）就曾经遭遇过，因为在将《海牙规则》转化为国内法时，也没有像《海牙规则》第3条第2款（管货义务）的开首语“管货义务服从于免责事项”（subject to）的措辞。随后，在司法实践中出现了两种截然不同的判例，一种观点认为，免责条款的适用并不以承运人已经谨慎处理使船舶适航为前提条件，如第二巡回法庭在Firestone Syn. Fibers Co. 诉 Black Heron[②]一案中判决：“管理船舶过失的抗辩是没有条件限制的，并不像在《哈特法》下必须以船舶适航或谨慎处理使船舶适航为前提条件”[③]，也有判决认为举证证明谨慎处理使船舶适航并不是适用火灾免责的前提条件。[④] 而另外一种观点认为，关于适航义务的地位与举证责任，“首要义务

---

① This interpretation is in line with the decision in the Glendarroch［1894］，p. 226 and with the dicta of Viscount Simon LC and Lord Wright in Constantine S. S. Co. v. Imperial Smelting Corp. ［1942］ A. C. 154，at pp. 164 and 194. In the latter case Lord Wright expressed the view that “If the carrier pleads an exception the goods-owner may counter by pleading the fault of the carrier，but the onus of proving that…is…on the goods-owner who makes it”. （At p. 164.） The High Court of Australia adopted a similar approach in Shipping Corp. of India v. Gamlen Chemicals （1980） 55 A. L. J. R. 88. See also Cadwallader in Current Legal Problems （1969），p. 41. Cf. Gosse Millard v. Canadian Mercantile Marine［1927］ 2K. B. 432，436.

② 324 F. 2d 835 at p. 3837，1964 AMC 42 at p. 44 （2 Cir. 1963）.

③ “... the defense of error in the management of the ship is not conditioned，as it is under the Harter Act，... on a showing of seaworthiness or due diligence to make the vessel seaworthy.”

④ Complaint of Ta Chi Navigation （Panama） Corp，S. A. 677 F. 2d 225 at p. 229，1982 AMC 1710 at p. 1715 （2 Cir 1982）；Westinghouse Electric Corp. v. M/V Leslie Lykes 734 F. 2d 199 at p. 206，1985 AMC 247 at pp. 255 - 256 （5 Cir 1985）；Banana Services，Inc. v. M/V Tasman Star 68 F. 3d 418 at p. 421，1996 AMC 260 at p. 264 （11 Cir 1995）.

原则”在该法下依然应当适用[①]，美国1936年《海上货物运输法》否定的是《哈特法》不讲因果关系的做法[②]，即在该法下应如《海牙规则》一样，必须考虑因果关系的问题，谨慎处理使船舶适航的义务仅限于“与货损有关”(in respect of the loss)的适航。如果我国承认“首要义务原则”，在修改《海商法》时，应该作出明确规定。目前，只能通过司法解释解决这一问题。

(四)《鹿特丹规则》下适航义务是否为首要义务

《鹿特丹规则》中仍然有承运人的管货义务(第13条)、适航义务(第14条)和除外责任(第17条第3款)的规定。从表面上看，《海牙规则》下的三个“球”依然存在，但是，三个“球”的内在联系不复存在了。这个联系产生于不完全过失责任制，具体地说，产生于“航海过失”和“火灾”过失免责(指承运人的受雇人或代理人的过失造成的火灾免除承运人的赔偿责任)。如前述，船员过失造成的火灾，既可能构成船舶不适航，又可能是违反管货义务，同时又是承运人的免责事项，这就要求法律必须明确三个条款的相互关系。如今虽然三个条款依然存在，但是，联系三个条款的不完全过失责任制改变了，即“航海过失”和“火灾”过失免责取消了，适航义务贯穿始终(《鹿特丹规则》第14条)，除外责任不再有过失因素，不会出现除外责任与管货义务和适航义务的交叉，首要义务原则的条件已不复存在。完全过失责任制度，使上述三个条款独立存在，法律没有必要规定三个条款间的关系。

当然，上述条款有关过失标准的用词有所不同，《鹿特丹规则》第13条关于管货义务是以“妥善”(properly)和“谨慎”(carefully)作为衡量过失的标准；第14条关于适航义务是以“谨慎处理”(exercise due diligence)作为衡量过失的标准；第17条第3款关于除外责任是以一般过失标准来衡量。如果三个条款的过失标准仍然存在差别的话，那么，三个条款仍有相互交叉的可能，首要义务原则仍有生存的空间；如果三个条款的过失标准没有本质的区别，则不论是《汉堡规则》，还是《鹿特丹规则》，首要义务原则均已不复存在，其历史使命已经完结。[③]

四、如何理解《海商法》第49条的绕航

(1)《海商法》没有给出绕航的定义，但其第49条规定：“承运人应当按照约定的或者习惯的或者地理上的航线将货物运往卸货港。船舶在海上为救助或者企图救助人命或者财产而发生的绕航或者其他合理绕航，不属于违反前款规定的行为。”

根据这一条款的文义解释，似乎可以得出这样的结论：绕航仅仅是地理上的概念，承运人只要没有偏离“约定的或者习惯的或者地理上的航线”就是履行了此项义务，这是个狭义的绕航概念，不同于美国法的广义概念：违约也是绕航。根据这一概念，只要船舶没有偏离上述航线，就不能认为是违约行为，因此将这一款解释为承运人的“尽速行驶义务”似乎不妥，这里并没有“尽速”的含义。

---

① 830 F. 2d 1321 at pp. 1327-1328，1988 AMC 1053 at p. 1062 (5 Cir 1987)，invoking as authority a Harter Act decision，International Navigation Co. v. Farr & Bailey Mfg. Co. 181 U. S. 218 at p. 226 (1901). See also another Harter Act judgment，C. Itoh & Co. (America) Inc. v. M/V Hans Leonhardt 719 F. Supp. 479 at p. 503，1990 AMC 733 at p. 743 note 27 (E. D. La. 1989)，invoking the third edition of this book at p. 372，as well as The Wildcroft 201 U. S. 378 at p. 386 (1906).

② 在《哈特法》下承运人要主张免责，首先必须证明其在各个方面都做到了谨慎处理使船舶适航，谨慎处理使船舶适航是享受免责的前提条件(a condition precedent)，任何对适航义务的违反都将剥夺承运人主张免责的权利，而不考虑违反适航义务与损害后果之间是否存在因果关系。

③ 司玉琢．承运人责任基础的新构建——评《鹿特丹规则》下承运人责任基础条款．中国海商法年刊，(2009).

（2）比如某轮在装货港X锚地停留四十余天，据称，为了在锚地安排晒货、取样和检验货物含水量事宜；船舶开航后驶离约定航线前往W港，在W港锚地又停留四十余天，仍是安排晒货、取样和检验事宜，以确保适合安全运输，同时给船舶补充供应品和淡水；之后，船舶驶离W港锚地恢复正常航行。船舶到达目的港后，收货人提取了货物，并向法院提起诉讼，认为该轮绕航和违反速遣义务，未能及时在目的港交付货物，请求法院判令承运人赔偿货物市场差价损失以及该款的利息损失（见下图所示）。

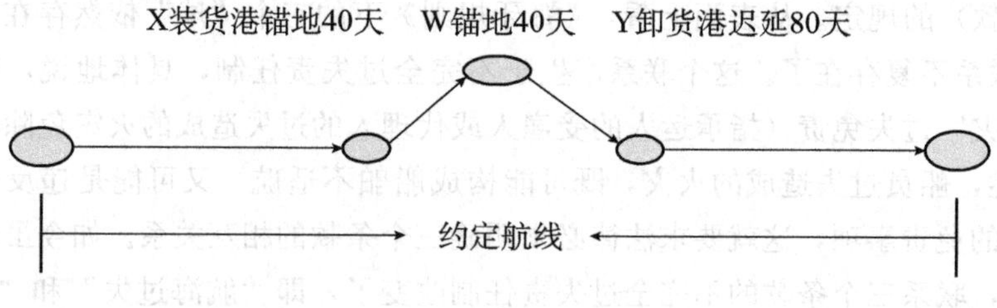

（3）本案船舶在X装货港锚地停留四十余天，并没有违反《海商法》第49条，因为船舶没有偏离约定航线，不构成绕航，更谈不上不合理绕航。如果因此项停留造成货物迟延损失，运输合同中又没有约定货物交付时间，此时可以承运人没有履行“妥善”而“谨慎”地管货义务（运送、保管、照料）或者没有履行“谨慎处理”使船舶适航义务（船舶安全）追究其赔偿责任。此种赔偿责任即使成立，承运人的赔偿范围，仅限于货物的灭失或损坏，不包括迟延造成的（纯）经济损失，但可以享受承运人的单位责任限制。

（4）本案W港锚地停留的四十余天，是偏离了预定航线，构成绕航，如果是不合理的绕航，则是违反了第49条的规定，构成违约责任。《海商法》只规定了货物的灭失、损坏和迟延交付的赔偿责任限制。对于不能满足迟延交付条件（第50条第1款“明确约定”）的迟延，《海商法》并没有作出规定，承运人是否可以限制赔偿责任。笔者认为，承运人发生不合理绕航或者未尽速行驶，仍属在履行运输合同中的行为，应首先适用《海商法》第四章的规定，依第47条和第48条的规定，衡量承运人是否履行了“谨慎处理使船舶适航”和“妥善”而“谨慎”地管货义务（运送、保管、照料），如未履行上述义务，造成货物灭失或者损坏，承运人应承担赔偿责任，但可以享受责任限制（是否赔偿迟延交付的（纯）经济损失，要依据第50条，是否有“明确约定”，如果没有，则没有纯经济损失赔偿，承运人的责任仅限于货物的灭失或损坏）；如果承运人是“故意或者明知”的作为或不作为，造成上述损失，承运人将丧失责任限制的权利（第59条）。如同承运人无单放货一样，不合理绕航往往带有主观故意，所以，一般情况下，根据《海商法》第59条，发生不合理绕航的情况，承运人往往会丧失责任限制的权利。最高人民法院有关无单放货的司法解释，直接规定了无单放货情况下，承运人不得享受责任限制［最高人民法院《关于审理无正本提单交付货物案件适用法律若干问题的规定》（2020年修正）第4条］。

五、如何理解《海商法》第50条的迟延交付

（一）对迟延交付的不同理解

《海商法》第50条第1款规定：“货物未能在明确约定的时间内，在约定的卸货港交付的，为迟延交付。”《民法典》第811条规定：“承运人应当在约定期限或者合理期限内将旅客、货物安全运输到约定地点。”两部法律的差别是，《民法典》规定的迟延交付多了一项未在“合理

时间”内交付货物，也是迟延交付。在此种情况下，如何理解《海商法》没有规定“合理时间”？实践中出现两种观点：

第一种观点认为，《海商法》既然没有规定“合理时间”，就应适用《民法典》的规定，从而实现普通法对《海商法》的补充功能；第二种观点认为，《海商法》对迟延交付已经作了规定，仅规定了“有约定”的一种情况，而特别法有规定就要优先适用普通法的规定，所以，不能适用《民法典》对《海商法》的补充。

不难看出，两种相反观点的区别源自于对《海商法》“没有规定”的理解。第一种观点对“没有规定”的理解是，《海商法》“没有规定”指的是构成迟延交付的某一要素，并非迟延交付事项本身。如果我们把迟延交付事项作为第一层次的内容，把构成迟延交付的要素作为第二层次的内容，持第一种观点的人认为，普通法对海商法的补充作用是以构成事项的要素——第二层次内容为准；持第二种观点的人认为，只有《海商法》对第一层次——迟延交付事项没有规定，才算是《海商法》“没有规定”，适用普通法。

上述所有分歧归结为一个核心问题，就是普通法补充海商法的标准是以第一层次的内容为准，还是以第二层次的内容为准，即以“事项”本身为准，还是以“事项要素”为准？

要回答这个问题，应首先从现行法律中寻找答案。若现行法律对该问题规定不够明确，则可采用一定方法进行法律解释。

（二）寻求法律解释

我国现行法律对上述问题并没有作出明确的规定。《立法法》（2023年修正）第103条成为解决该核心问题的切入点。《立法法》第92条规定：“同一机关制定的法律、行政法规、地方性法规、自治条例和单行条例、规章，特别规定与一般规定不一致的，适用特别规定；新的规定与旧的规定不一致的，适用新的规定。”正是这个条文确定了“特别法优于普通法”的原则。

然而，此条规定过于简略，只是规定了特别规定与一般规定不一致的，适用特别规定，并没有明确本条“规定”究竟是指第一层次的事项，还是指构成该事项的具体要素——第二层次？

《立法法》第105条规定：“法律之间对同一事项的新的一般规定与旧的特别规定不一致，不能确定如何适用时，由全国人民代表大会常务委员会裁决。”根据上下文关系和法律解释中上下文解释原则，应当认为，第103条“特别规定与一般规定不一致的”，省略了“对同一事项”。也即上述情况应该是：对同一事项特别规定与一般规定不一致。显然，《立法法》第105条“规定”的含义应该是指事项，而不是构成事项的要素。根据分类标准一致性的原则，特别法没有规定的含义，也应该是就事项没有规定，而不是事项的要素没有规定。

根据上述分析，我们就能判断特别法与普通法就某一规定发生冲突时，究竟是特别法优先适用，还是普通法予以补充的问题。首先判断特别法对第一层次的某一个事项有没有规定，如果没有，就属于“没有规定”的情形，应当适用普通法的规定对特别法进行补充，除此之外，再无适用普通法的余地；如果对该事项有规定，就要适用特别法，而不论事项要素（第二层次）是否一致。如果对该事项要素规定都一致，那么我们就认为是“规定一致”的情形，仍要适用特别法，尽管适用两部法律效果相同；如果对事项要素的规定不一致或者部分不一致，那就是“规定不一致”的情形，要适用特别法，即使普通法规定的事项要素更多，也不能用其来补充特别法。

以《海商法》第50条第1款的规定为例，该款就第一层次的迟延交付事项已经作出了规定，这就表明《民法典》第811条有关迟延交付的规定不能对《海商法》进行补充，不论《海商法》迟延交付的构成要素与《民法典》规定的一致或者不一致，均应适用《海商法》。因此，不能以《海商法》第50条第1款“没有规定”《民法典》中的“合理期限”事项要素为由，对

《海商法》进行补充。

（三）几点结论

《海商法》第50条除第1款规定外，还有第2款、第3款和第4款的规定：

“除依照本章规定承运人不负赔偿责任的情形外，由于承运人的过失，致使货物因迟延交付而灭失或者损坏的，承运人应当负赔偿责任。

除依照本章规定承运人不负赔偿责任的情形外，由于承运人的过失，致使货物因迟延交付而遭受经济损失的，即使货物没有灭失或者损坏，承运人仍然应当负赔偿责任。

承运人未能在本条第一款规定的时间届满六十日内交付货物，有权对货物灭失提出赔偿请求的人可以认为货物已经灭失。”

通过上述讨论，综合整个第50条的规定，可以得出如下结论：

（1）第1款：只有《海商法》就同一事项没有规定的，才有普通法作补充的问题。只要《海商法》就某一事项已作出了规定，不论事项要素是否一致，均应适用《海商法》的规定。《海商法》第50条第1款既然对迟延交付事项已经作出规定，《民法典》第811条就没有适用的空间，不论迟延交付的要素是否一致；运用这一原则同样可以解释《海商法》与《民法典》有关船舶留置权（《海商法》第25条、《民法典》第447条），船舶抵押权的实现（《海商法》第11条、《民法典》第410条）等规定不一致时的法律适用问题。

（2）第2款：迟延交付实行过失责任。承运人没有过失产生的迟延交付，即使造成货物灭失或损坏，承运人也不负赔偿责任。

（3）第3款：迟延交付的赔偿范围，除赔偿因迟延造成的货物灭失或损坏外，还要赔偿迟延造成大的（纯）经济损失。

（4）承运人未在约定时间届满60日内交付货物，视为货物已经灭失。

（5）承运人赔偿迟延交付造成的货物灭失、损坏或（纯）经济损失，仍可享受单位责任限制，除非“经证明，货物的灭失、损坏或者迟延交付是由于承运人的故意或者明知可能造成损失而轻率地作为或者不作为造成的，承运人不得援用本法第五十六条或者第五十七条限制赔偿责任的规定”（《海商法》第59条）。

六、实际承运人的责任——对《海商法》第61条的理解

（一）实际承运人的责任和责任范围

正确理解我国《海商法》第61条关于“实际承运人”的责任及责任范围，对完善海商法理论，正确解决海事司法实践中的纠纷，都是有重要意义的。

1.“责任”的概念

按我国法学理论，“责任”（liability）是违反“义务”（responsibility or obligation）的结果，所以把“责任”也称为“赔偿责任”，它是与“豁免”（immunity）相对的。“义务”是与“权利”（right）相对的。

《海牙规则》第3条和第4条所规定的承运人的权利、义务、责任和豁免，反映在我国《海商法》中，基本是第四章第二节的内容（只是时效不在此章），标题定名为“承运人的责任”。显然，这里的“责任”一词，包含着《海牙规则》中承运人的权利、义务、责任和豁免。我国《海商法》之所以这样规定，是受《汉堡规则》的影响，《汉堡规则》第4条至第11条的内容与我国《海商法》第四章第二节的内容基本是对应的，《汉堡规则》将这8条置于“承运

人的责任”（liability of the carrier）标题之下，所不同的是，我国《海商法》在翻译成英文时，将承运人的责任译成“carrier's responsibility”，这是我国法律用语与英文词义区别所致。但应特别指出的是，出于立法本意，《海牙规则》《汉堡规则》和我国《海商法》有关承运人权利、义务、责任和豁免的规定，都是围绕着承运人对货物灭失或损坏（包括因货物迟延造成的经济损失）的赔偿责任所作出的规定，并非承运人权利义务的全部。

综上，笔者认为，我国《海商法》第四章第二节使用的“责任”一词包括了承运人的权利、义务、（赔偿）责任和豁免，不应作狭义的理解。① 但这种权利、义务、责任和豁免的内涵是紧密围绕着承运人的赔偿责任作出的，并非承运人的所有权利义务（如第 72 条承运人的签单义务，就不适用于实际承运人）。因此，第 61 条规定的承运人的责任适用于实际承运人，应当限于第二节的内容；超出第二节的范围，只有明确规定适用于实际承运人的条款，方可对实际承运人有约束力。只有一条例外，就是对承运人的 1 年诉讼时效，也应适用于实际承运人，因为立法技术上的安排，人为地将该条款脱离了第四章第二节，而并入专门的时效一章（《海商法》第 257 条）。

2. “实际承运人”的责任范围（extent of liability）

按上述分析，对实际承运人的责任作广义的理解，应涵盖权利、义务、责任和豁免，在第二节里涉及实际承运人权利的条款有：第 56 条至第 59 条、第 64 条和第 65 条，即从限制赔偿责任的角度，规定了责任限制的权利；涉及实际承运人义务的条款有：第 47 条至第 49 条，即有关实际承运人对船舶、货物及速遣的义务；涉及实际承运人责任（赔偿责任）的条款，除第 56 条和第 57 条外，还有第 52 条至第 55 条和第 63 条；实际承运人的豁免：第 51 条。

除第二节外，第四章中没有明确规定的，不能认为该章有关承运人的所有权利义务都适用于“实际承运人”。假如这样理解，“承运人”与“实际承运人”就没有区别了。“实际承运人”的合同自由原则将受到极大的挑战，这并不是立法的本意。

3. 与实际承运人发生法律关系的关系方

（1）在法定责任范围内，围绕货物的灭失或损坏（包括货物迟延造成的经济损失），涉及实际承运人权利、义务、责任和豁免的相对方主要是收货人和提单持有人。

（2）与实际承运人真正有合同关系的当事人只有承运人（《海商法》第 42 条），而实际承运人与提单的发货人、收货人或提单持有人不存在真正意义上的合同关系，而只有法律规定的合同关系。

（二）关于交货义务

“货物交付”作为海上货物运输的一个环节，在《海牙规则》和《海牙—维斯比规则》中，都未强制规定作为承运人的责任期间。这是因为承运人的实际控制能力一般不能及于“交付货物”这一环节。正因为如此，在承运人与收货人之间出现了第三人——“港口经营人”，该人承担卸货至交货期间的责任风险。如果承运人有自己的专用码头，承运人可能会与托运人签订扩大责任期间的协议——责任期间包括“装前卸后”。《汉堡规则》考虑了集装箱运输的特点，将承运人的责任期间作了合理的延伸，但遵循的基本原则仍然是“处于承运人掌管之下”，即“实际控制”理论（《汉堡规则》第 4 条）。

---

① 我国《海商法》第 45 条中出现过“承运人责任和义务”，但在以后的条文中并未明确什么是承运人的义务。

我国《海商法》以《海牙—维斯比规则》为基础，适当吸收了《汉堡规则》的合理规定。在责任期间条款也体现了这一原则：即非集装箱货物运输，承运人的责任期间是“从装船至卸船”，装前卸后可自由协议，“实际承运人”的责任期间不应也不可能超过承运人的此责任期间。承运人都不曾有的责任，“实际承运人”的责任又从何而来？另外，提单由承运人签发，在卸货港应由承运人及其代理人审核提单放行货物，在这种情况下，让实际承运人负责交付货物，一是难以操作，二是不尽合理。

对集装箱货物运输，责任期间是“从装港收受到卸港交付”，如果货物交付是由实际承运人履行的，根据我国《海商法》第 61 条的规定，“实际承运人”也将承担因交付而产生的责任。从实际承运人的定义（《海商法》第 42 条第 2 项）和《海商法》第 85 条的规定①，可以引申出实际承运人承担交付货物的责任，应符合两个条件：第一，实际承运人接受承运人的货物运输委托，包括货物交付环节；第二，实际交付了货物，并在交付货物过程中有过错。符合这样两个条件，实际承运人便产生交付货物的责任。

（三）总结

（1）承运人与实际承运人对第三方的关系表现为外部关系，权利义务关系依据《海商法》第四章的规定确定；而他们之间则是内部关系，内部关系的权利义务由他们之间的合同确定。

（2）实际承运人的责任是法定的，因此必须有明确的法律规定，没有明确的“适用于实际承运人”的规定，则任何条款对实际承运人都不发生法律效力。

（3）“实际承运人”的责任范围在《海商法》第四章第二节范围内应作广义的理解，它应包括承运人的权利、义务、责任和豁免。但这些规定都是围绕着货物的灭失、损坏或迟延造成的经济损失而产生的赔偿责任，并不包括第二节之外的承运人广泛的权利义务，除非有明确规定。如《海商法》第四章第四节规定承运人有签发提单的义务（第 72 条），但没有规定这一义务也适用于实际承运人，因此实际承运人没有签单义务。

（4）对于货物交付必须满足实际承运人接受了承运人交付货物的委托，实际履行了交付义务，并在交付过程中有过错，此时，实际承运人方承担因货物交付不当而产生的赔偿责任。如果实际承运人未经承运人委托，私自无单放货，根据法律的特别规定，也有可能承担连带责任。②

七、承运人与实际承运人的连带责任——对《海商法》第 63 条的理解

（一）连带责任的概念

（1）“连带责任”（jointly and severally liable）也称“连带债务”（joint debt），是“连带之债”③ 的一种。所谓“连带责任”，是指多个债务人基于相同原因而产生的同一内容的给付，

---

① 《海商法》第 85 条规定，货物由实际承运人交付的，收货人依照本法第 81 条的规定向实际承运人提交的书面通知，与向承运人提交书面通知具有同等效力；向承运人提交的书面通知，与向实际承运人提交书面通知具有同等效力。

② 最高人民法院民四庭编写的《涉外商事海事审判实务问题解答（一）》第 132 条第 2 项规定：实际承运人实施无单放货行为的，承运人和实际承运人应对合法的提单持有人因此造成的损失承担连带的赔偿责任。《第二次全国涉外商事海事审判工作会议纪要》（法发〔2005〕26 号）第 103 条规定：承运人与实际承运人对无正本提单放货均负有赔偿责任的，依据《中华人民共和国海商法》第 63 条的规定，应当承担连带责任。

③ “连带之债”是“按份之债”的对称，是指多数债权人间或多数债务人间享有连带的权利和义务关系的债。“连带之债”包括“连带债权”和“连带债务”。“连带债权”即多数债权人中的任何一个债权人均有向债务人请求向其清偿全部债务的权利；“连带债务”是指多个债务人中的任何一个债务人均有向债权人清偿全部债务的义务。司玉琢主编．海商法大辞典．北京：人民交通出版社，1998：376．

其中任何一个债务人均有向债权人清偿全部债务的义务。

在连带责任中，债权人与债务人之间、债务人与债务人之间存在着两种法律关系。债权人与债务人之间为外部关系，为一种连带关系；债务人之间为内部关系，为一种按份关系。当连带债务中的一个债务人清偿了全部债务后，债权人与债务人之间的连带之债（连带债务）归于消灭，而在债务人之间产生了一个新的债。清偿了全部债务的债务人按照份额，就多清偿的部分向其他债务人追偿。

连带责任实行法定主义，只有在法律明文规定或者当事人有明确约定时才产生连带责任，以限制连带责任的滥用。

（2）由判例学说发展起来的“不真正连带责任”已成为一项民法制度，即使在理论上存在分歧的德国，肯定不真正连带责任的观点仍为通说。[①] 不真正连带责任是指多个债务人就基于不同原因而偶然产生的同一内容的给付，各负全部履行之义务，并因债务人之一的履行而使全体债务均归于消灭的债务。[②] 不真正连带责任只是貌似连带责任，实际并非通常所指的连带责任，故有“不真正”之名。

（3）《海牙规则》和《海牙—维斯比规则》均没有连带责任的规定，在这两个国际公约中，除承运人外，再无其他人作为责任主体对货物的索赔方（债权人）独立承担赔偿义务。[③]《汉堡规则》因引进了实际承运人的概念，并赋予实际承运人与承运人相同的权利和义务[④]，为连带责任提供了必要条件。为了保护货物的索赔方，《汉堡规则》在引进实际承运人概念的同时，规定了承运人与实际承运人的责任关系，故出现了连带责任的规定。[⑤]

（4）我国《海商法》仿效《汉堡规则》实际承运人的规定，作了与该规则相同的规定。承运人与实际承运人作为债务人，对货物索赔方（债权人）承担同一给付内容的责任[⑥]，《海商法》第 63 条规定：“承运人与实际承运人都负有赔偿责任的，应当在此项责任范围内负连带责任。”第 65 条同时规定：“本法第六十条至第六十四条的规定，不影响承运人和实际承运人之间相互追偿。”《鹿特丹规则》对此也作了相应的规定。[⑦]

（二）《海商法》第 63 条连带责任的定性分析

《海商法》第 63 条规定的连带责任（简称《海商法》的连带责任）属于民法通常意义上的连带责任，还是不真正连带责任？这在学术界是有争论的。有人认为《海商法》的连带责任属于不真正连带责任。[⑧] 笔者认为，《海商法》的连带责任就是民法通常意义上的连带责任，即法定的连带责任，而不是不真正连带责任，主要理由是：

第一，连带责任采取法定主义，从连带责任的成立要件分析，承运人与实际承运人的连带责任是由《海商法》直接规定而产生的，符合连带责任实行法定主义的要件，而不真正连带责

---

① 郑玉波．民法债编总论．北京：中国政法大学出版社，2004：456.

② 孔祥俊．民商法新问题与判解研究．北京：人民法院出版社，1996：134.

③ 《海牙规则》涉及责任主体时，使用“承运人或船舶”的提法，船舶作为责任主体是为了适应英美法的对物诉讼，对于大陆法国家，应指船舶所有人。《海牙规则》没有规定承运人与船舶之间的责任关系，即没有连带责任的规定。

④ 《汉堡规则》第 10 条第 2 款规定，本公约制约承运人的所有规定，也适用于实际承运人对他所履行的责任。

⑤ 《汉堡规则》第 10 条第 4 款和第 6 款规定，如果承运人和实际承运人均负有赔偿责任，则在其应负责的范围内，他们负有连带责任。本条规定毫不妨碍承运人和实际承运人之间的追偿权利。

⑥ 我国《海商法》第 61 条规定，本章对承运人责任的规定，适用于实际承运人。

⑦ 参见《鹿特丹规则》第 20 条第 1 款。

⑧ 李唯军．论我国《海商法》第 63 条的适用．中国海商法协会通讯，1999（3）.

任中的各项债务均系偶然巧合而产生，是否构成不真正连带责任，要由法院根据不同法律关系酌情而定，无须法律明文规定，更不存在当事人的约定。

第二，连带责任须数个债务具有同一目的，就连带债务而言，这种目的就是对债务的确保和满足。从连带责任的目的分析，承运人与实际承运人对货物索赔方的请求在一定条件下承担连带责任。这种制度的创设，有着明确的立法目的，即是为保证货物索赔方的债权的实现而设立，反映了保护货物索赔方的立法价值取向。不真正连带责任并非法律或当事人为担保债权实现而有意设立，其发生具有偶然性，其数个债务并无同一目的，如因承运人照管货物有疏忽，货物被盗，货物索赔方既可按运输合同请求承运人负赔偿责任，又可据侵权行为诉盗窃者承担赔偿责任。前者基于违约原因，后者则基于侵权原因，二者任何一个赔偿全部货损后，请求权归于消灭，此时，承运人和盗窃者对货物索赔方负不真正连带责任。

第三，从海事诉讼当事人的诉讼地位和责任承担的角度分析，承运人和实际承运人依法可成为海上货物运输合同纠纷的共同被告，当索赔方将承运人和实际承运人作为共同被告且二者应承担赔偿责任时，法院基于《海商法》第 63 条的规定可作出两被告承担连带责任的判决。而这在不真正连带责任的情形下是不可能发生的。假设已投保的货物在运输途中发生实际承运人应承担责任的货损，该货损属保险责任范围内的损失，此时承运人、实际承运人与货物保险人均为债务人，索赔方可以针对承运人、实际承运人提起连带之诉，也可以依据保险合同向保险人提起诉讼，甚至可以同时提出两个诉讼，但不能将承运人、实际承运人或他们中的任何一个与货物保险人作为共同被告。如果索赔方依据保险合同向保险人提出诉讼，承运人、实际承运人至多只能作为无独立请求权的第三人，参加到已经提起的海上保险合同纠纷案中。无论如何，承运人、实际承运人与货物保险人不可能对索赔方承担连带责任。

当然，承运人与实际承运人的连带责任与民法通常意义上的连带责任存在一定区别，前者具有自身的特殊性：

首先，承运人和实际承运人的连带责任属法定的连带责任，这种连带责任只能以合同为发生原因。货物索赔方通常为托运人或收货人。以收货人为例，收货人同承运人之间没有合同关系，但由于合同相对性原则的突破，再没有人认为收货人向承运人索赔的诉由是侵权，因为收货人虽然没有与承运人签署运输合同，缺乏合同成立的形式要件，但收货人与承运人之间的合同权利义务已经由法律规定下来。《海商法》第 78 条第 1 款规定："承运人同收货人、提单持有人之间的权利、义务关系，依据提单的规定确定。"这表明收货人同承运人之间已具备了合同的实质要件，建立了准合同关系。如果说将收货人也视为运输合同的当事方，是对合同当事方——托运人的突破，那么，《海商法》引进实际承运人的概念，实质上是对合同相对性原则在承运人一方的突破。实际承运人虽然与收货人没有直接的运输合同关系，缺乏签署合同的形式要件，但是，《海商法》明确规定"对承运人责任的规定，适用于实际承运人"（第 61 条）。这表明：承运人与收货人是准合同关系，承担同承运人一样责任的实际承运人与收货人之间，也是准合同关系。托运人或提单持有人与实际承运人的关系，可作同样的解释。这种理解不仅说明承运人与实际承运人连带责任的特殊性，也有利于司法实践，不致在连带责任或无单放货的一个诉讼中，既有违约诉由，又有侵权诉由。

其次，在内部追偿的依据上与民法的连带责任有所区别。民法的连带债务人之间存在当然的内部分担关系，据此关系给付债务人享有内部追偿权；承运人与实际承运人的连带责任不存在内部分担关系，即使发生追偿也非基于分担关系，而是基于双方的法律关系及权利义务确定，换言之，承运人与实际承运人之间一般是合同关系（可能是提单证明的运输合同，也可能是转船运输、租船运输、舱位租赁或互换舱位的各种合同），双方是否有权追偿、如何追偿，完全依据双方约定的权利义务，既不存在当然的内部分担关系，也不受《海商法》第 60 条至第 64 条规定的法定责任影响。因此，仅根据《海商法》第 65 条规定尚不足以得出承运人与实际承运人之间可以直接相互追偿的结论。这完全是另外的一种法律关系，因此，《鹿特丹规则》对相互追偿问题没有作出任何规定。

根据以上讨论，我们可以得出这样的结论：承运人与实际承运人的连带责任，是海商法创设的特殊的连带责任，其特殊性表现在发生原因和内部追偿依据上，但这种连带责任从本质要件上分析应属于法定的连带责任，而不是不真正连带责任。

（三）《海商法》第 63 条连带责任的应用分析

对于承运人和实际承运人之间承担连带责任的规定，除了在理论上可能会有不同的观点外，在实践中的分歧主要表现在连带责任的构成要件上。换言之，符合什么样的条件承运人与实际承运人方承担连带责任？我国《海商法》第 63 条规定，承运人和实际承运人“都负有赔偿责任的”，双方承担连带责任。如何理解“都负有赔偿责任”，是司法实践中关注的焦点问题。

学术界对“都负有赔偿责任”存在着两种截然不同的理解：

1. 已然论观点

持此种观点的人认为，只有当承运人与实际承运人均已犯有不可免责的过失时，双方才“都负有赔偿责任”，承担连带责任的条件才成立。[①] 持此种观点的人还进一步认为，索赔方仅仅证明货物的灭失、损坏或迟延交付发生在承运人和实际承运人的责任期间，却不能证明双方均有过失，是不承担连带责任的；同样，只证明承运人或实际承运人一方有过失，不能证明另一方也有过失，连带责任也是不能成立的。

2. 未然论观点

持此种观点的人认为，只要货物的灭失、损坏或迟延交付，发生在承运人与实际承运人的责任期间，即使尚未确定双方是否均犯有不可免责的过失，也应认定他们对货物的灭失、损坏或迟延交付“都负有赔偿责任”，连带责任的条件即已成立。持此种观点的理由是：第一，实际承运人从事货物运输、照管货物，承运人并不实际运输、照管货物，要索赔方证明承运人犯有不可免责的过失，事实上很少见，举证也很困难。第二，承运人与实际承运人是否存在过失，要等到实体审理后方能确定，索赔方提出索赔时，只是初步举证。如果一定要索赔方承担难以做到的举证责任——证明双方均有过失，实质上等于剥夺了索赔方享有向任何承担连带责任的一方索赔的权利，与立法的初衷相悖。

笔者认为，上述已然论观点和未然论观点都存在着一定的片面性。已然论观点的误区在于，误将负有赔偿责任与不可免责的过失等同起来，并认为双方过失是连带责任的必要要件，没有双方过失就没有连带责任。但实际上，因为承运人要对货物运输的全程负责，即使承运人没有过失，也要对实际承运人的行为负责。当货物在实际承运人的掌管之下，负责运输的实际承运人犯有管货过失，不仅实际承运人本人要负责，承运人也要对其过失行为负责。对同一货损，同时出现承运人和实际承运人均有过失的情况是不多见的。持未然论观点的人，则忽略了

① 李唯军．论我国《海商法》第 63 条的适用．中国海商法协会通讯，1999 (3).

法律对索赔方举证责任的要求。如果法律仅要求索赔方证明货损发生在责任人的责任期间和索赔方有货损，并不要求证明承运人有过失，未然论的观点是成立的。如果法律同时还要求索赔方初步证明实际承运人有管货过失，未然论的观点就不成立了。因此，持此观点的人没有把过失与举证责任联系起来，把问题绝对化了。

构成承运人与实际承运人连带责任的条件——“都负有赔偿责任”，不能单从《海商法》第63条本身来理解，应该综合考虑承运人和实际承运人的责任范围条款、责任关系条款以及举证责任的分配，通过逻辑分析，方能得出连带责任的真正内涵。

1. 承运人和实际承运人的责任范围

（1）承运人的责任范围

《海商法》第四章第二节对承运人的责任作了专门的规定，这里所讲的责任是广义的责任，它包括承运人的义务（对船舶和货物的义务：第47、48条）、赔偿责任（包括责任限制：第56、57条）、责任基础及免责（第51条）。

（2）实际承运人的责任范围

《海商法》第61条规定，“本章对承运人责任的规定，适用于实际承运人”①。实际承运人的责任同承运人的责任是一致的，且是法定的。

2. 承运人和实际承运人的责任关系

承运人对全程运输负责，即使“承运人将货物运输或者部分运输委托给实际承运人履行的，承运人仍然应当依照本章规定对全部运输负责。对实际承运人承担的运输，承运人应当对实际承运人的行为或者实际承运人的受雇人、代理人在受雇或者受委托的范围内的行为负责”（《海商法》第60条第1款）。据此可以得出这样的结论：由于实际承运人的责任范围等于或小于承运人，且承运人要对实际承运人或其受雇人、代理人，在其受雇或代理范围内的行为负责，即使承运人没有过失也是如此，而实际承运人仅对自己实际履行的部分负责，所以，从某种意义上讲，连带责任是否成立，将取决于实际承运人在其受托范围内是否负有赔偿责任，如果是肯定的，承运人也将对实际承运人的行为负责，连带责任即成立；如果是否定的，则连带责任不成立。

3. 举证责任

实际承运人负有赔偿责任，与索赔方的举证责任和举证内容密切相关。我国《海商法》中的举证责任分配及内容，是参照《海牙—维斯比规则》规定的，但又不同于《海牙—维斯比规则》。我国《海商法》中货物索赔方与承运人的举证责任分配及举证内容为：（1）首先由索赔方证明遭受货损，且发生在实际承运人的责任期间，如果是火灾引起的货物灭失、损害，还要证明实际承运人本人对发生火灾存在过失；（2）承运人在尽谨慎处理使船舶适航义务的前提下，援引免责条款②，除火灾外，并要证明实际承运人在管货方面无过失。根据这种举证责任的分配，索赔方提出索赔时，除火灾外，不需要证明实际承运人存在管货过失，只要证明有货损，但货损发生在实际承运人掌管货物期间，索赔方即完成了初步举证，即可主张实际承运人

① 《汉堡规则》第10条第2款规定，本公约制约承运人的所有规定，也适用于实际承运人对他所履行的责任。

② 另一种观点是，承运人主张免责事项时，无须首先证明其已经谨慎处理使船舶适航，船舶不适航与货物损失之间存在因果关系这一事实应由货方承担，只有货方证明上述因果关系存在之后，承运人才有义务对其已经做到谨慎处理进行举证。

与承运人承担连带责任。[①]

4. 连带责任的两种情况

上述规定表明，承运人和实际承运人只有对货损均负有赔偿责任（但不等于均有过失）时，方承担连带责任。[②]“均负有赔偿责任”的情况可能发生在如下两种场合：第一，根据《海商法》第61条的规定，实际承运人对货损承担与承运人相同的责任，只要索赔方完成举证责任，证明实际承运人负有赔偿责任；再根据《海商法》第60条的规定，承运人应对实际承运人的行为负责，对此货损也负有赔偿责任，此时，便产生连带责任。第二，承运人和实际承运人对同一货损均犯有不可免责的过失，此时，承运人和实际承运人也要承担连带责任。第一种情况是经常发生的。第二种情况虽不多见，但并非不存在。比如，在我国海商法体制下，提单持有人持有可转让提单，在其尚未行使控制权（《民法典》第829条）的情况下，承运人指示实际承运人无单放货，这是承运人的过失，是对提单持有人控制权的剥夺。实际承运人按承运人的指示无单放货过程中又有过失，如不是凭自己签发或授权签发的提单交货，造成提单持有人或托运人损失，此时，承运人和实际承运人应对提单持有人的损失承担连带责任。[③]

（四）结论

承运人与实际承运人之间的连带责任是我国现行连带责任理论中的一种法定的连带责任，但具有一定的特殊性。依据《海商法》的规定，连带责任的“已然论观点”和“未然论观点”都存在一定的片面性。承运人与实际承运人是否均有赔偿责任，取决于承运人与实际承运人的责任范围、责任关系和举证责任。承运人对全程负责，对实际承运人的行为负责，决定了只要实际承运人负有赔偿责任，即使承运人没有过失，连带责任也会产生；反过来，承运人负有赔偿责任，但实际承运人并无过失，连带责任则不会产生。承运人与实际承运人的追偿权，通常是承运人向实际承运人追偿，实际承运人向承运人追偿的情况是不多见的。

八、航次租船合同关系中是否存在“实际承运人”

航运实务中，常常遇到船舶所有人A将其船舶期租或航次租给承租人B，该期租或航次租的承租人B又与货方签订了航次租船合同，并签发了该出租人B的提单，当该提单在航次承租人C手中和转让到第三人D手中，两种不同情况下，如何认定实际承运人的问题，在学术和司法实践中有着不同的理解。

第一种情况：航次承租人C凭提单将船舶所有人A认定为实际承运人（如下图）。

---

① 《鹿特丹规则》第17条规定：(1) 托运人举证货物有损失，且发生在承运人责任期间，便推定承运人有过失，举证责任即发生转移；(2) 承运人证明本人、履约方、承运人或履约方的受雇人、代理人无过失，否则承担赔偿责任；(3) 承运人不选择证明无过失，而是证明货损是由除外风险事项之一项或几项所致；(4) 托运人证明承运人援引的除外风险是其过失所致或者其原因事项不属除外风险范围，或者证明船舶不适航，且与货损存在或可能存在因果关系；(5) 承运人证明已谨慎处理，或者不适航与货损无因果关系；(6) 除外风险与过失原因共同造成同一货损，按比例承担，分不清时，由法庭或仲裁庭判定。此种举证责任的分配，与《汉堡规则》相比，加重了索赔方的举证责任，这是在《鹿特丹规则》加重了承运人的责任后，寻求船货各方利益平衡的结果。

② 《鹿特丹规则》对同一货损涉及两个以上责任人时，也是规定承担连带责任，参见《鹿特丹规则》第20条。

③ “再审申请人富春航业有限公司、胜惟航业股份有限公司与被申请人鞍钢集团国际经济贸易公司海上货物运输无单放货纠纷案”[最高人民法院（2000）交提字第6号]//司玉琢，王彦君，关正义主编．中国海事案例裁判要旨通纂．海上货物运输卷．下卷．北京：北京大学出版社，2017：557.

在这种情况下，船舶所有人是否是实际承运人的地位？司法实践并没有取得共识。例如，在2008年5月发生的丰锦公司诉华海船务公司和鼎衡船务公司的航次租船合同纠纷一案中，原告丰锦公司即把受航次船舶出租人华海船务公司的委托从事实际运输的鼎衡船务公司认定为实际承运人，请求该公司与华海船务公司一起对涉案货物的损失承担连带责任，法院最终对其请求予以支持。① 但是，在2010年4月发生的另一宗同类性质的案件——“犍为华龙诉上海海联船务公司和茂泰海运公司租船合同纠纷”一案中，原告——犍为华龙公司把接受上海海联船务公司的委托从事运输的茂泰海运公司认定为实际承运人，并且要求该公司与船舶所有人——上海海联船务公司一起承担连带责任的请求，却未得到二审法院（上海市高级人民法院）的支持。②

笔者认为，实际承运人的概念仅存在于提单运输关系中实际从事海上运输或者部分运输的人。航次租船下，不存在实际承运人的概念。③ 换言之，先要有承运人主体的存在才有接受其委托或转委托的实际承运人存在的可能，因为：

第一，提单运输有国际海上货物运输公约或国内法的制约，合同自由受到相当程度的限制，在这种条件下承运人签发的提单，将其适用于承运人以外的第三人——实际从事海上运输或者部分运输的船舶所有人或承租人，突破合同相对性原则，不会对该人产生无法预知的风险和不公。然而，对于遵循合同自由原则或者不受国际海上货物运输公约或国内法制约的合同当事人来说，情况就不同了。以航次租船合同为例，此种合同实行较充分的合同自由，没有统一的国际海上租船合同公约制约，我国《海商法》第四章第七节除船舶适航义务和不得不合理绕航外（第94条），实行较充分的合同自由，出租方与承租方完全可以根据各自的诉求自由约定，只要不违反法律、行政法规的强制性规定，都是合法有效的。在这种条件下订立的航次租船合同，如果突破合同相对性原则，将航次租船合同的出租人B的责任，适用于非航次租船合同的当事方——船舶所有人A，将对该船舶所有人产生不可预测的风险和不公，作为船东，A是根本无法控制的。因此，不论从法理的角度——合同相对性原则，还是从实证角度——公平合理分析，航次租船合同关系中都不应有实际承运人的概念。

第二，我国《海商法》实际承运人制度是借鉴《汉堡规则》的规定制定的。但《汉堡规则》是在排除对租船合同适用的前提下，创设的实际承运人制度。我国《海商法》却把航次租船合同并入第四章，结果带来许多问题。从理论上说，航次租船合同实行较严格的合同相对性原则，该种合同的任何一方都没有突破这一原则的法律根据和惯例。航次租船合同下的提单，在承租人的手里，它不是运输合同的证明，更不是合同本身，仅是货物收据和提货凭证，承租人与出租人的唯一合同关系就是航次租船合同。通常情况下，航次租船合同的出租人与承租人

① （2008）沪海法商初字第892号，见 http：//www.fsou.com。
② 引自北大法宝数据库。
③ 也包括其他租船合同或实行合同自由的非提单关系的运输合同。

之间的权利、义务，不适用于任何第三人，第三人也不享有该合同的权利，承担该合同的义务。①

第三，《海商法》第 94 条规定："本章其他有关合同当事人之间的权利、义务的规定，仅在航次租船合同没有约定或者没有不同约定时，适用于航次租船合同的出租人和承租人。"姑且不谈这条规定正确与否。假定它是正确的，本章合同当事人显然是指第四章第 1～6 节的合同当事人——承运人和托运人，其他人，包括"实际承运人"都不是合同的当事人，而是合同的关系人。因此，实际承运人的权利、义务不会适用第四章。这样解释或许可以弥补一些因第四章并入航次租船合同而带来的困扰。

第二种情况：提单转让到非承租方的持有人 D 手中，如何认定实际承运人（如下图）。

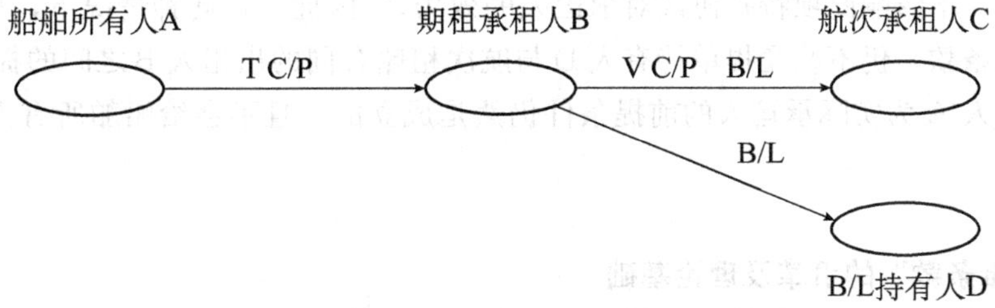

1. 提单转让给持有人 D，此时 A 或 B 是否是实际承运人

在此种情况下，《海商法》第 95 条规定："对按照航次租船合同运输的货物签发的提单，提单持有人不是承租人的，承运人与该提单持有人之间的权利、义务关系适用提单的约定。"这一规定表明，航次租船合同的出租人 B 签发的提单一旦转让到第三人 D 手中，该出租人 B 与提单持有人 D 之间便建立起提单的法律关系，其身份便转换为提单关系的承运人，而不是实际承运人。因为提单持有人 D 与航次租船的承租人 C 之间不存在提单合同关系，而出租人 B 对提单持有人 D 的权利义务依据自己签发的提单来确定，而实际承运人 A 对持有人的权利义务则依据承运人与托运人之间的提单确定，所以，航次租船合同下出租人签发的提单，对非承租人的持有人，他是承运人，不是实际承运人。

如前述，B 与 D 提单关系的确立，是认定船舶所有人 A 为实际承运人的前提条件，如果该船舶所有人接受承运人的委托或转委托，实际从事了货物运输或者部分运输，该船舶所有人 A 就是实际承运人。

2. 提单转让给持有人 D，且该提单并入了航次租船合同的条款，此时 A 或 B 是否是实际承运人

如前所述，航次租船合同的出租人 B 不是实际承运人。提单中存在并入条款时，仅仅表明航次租船合同的条款并入了提单之中，B 与 D 的提单关系并没有改变，船舶所有人还是实际承

① 2006 年 10 月，A 公司为运输一批货物，与 B 公司签订航次租船合同，约定租用 C 轮。D 公司为 C 轮的光船承租人。B 公司在履行航次租船合同过程中，根据接收的货物情况，向 A 公司签发了正本提单。提单上记载 A 公司为托运人，B 公司为承运人。2007 年 1 月 22 日，C 轮大副发表共同海损声明。因货物在运输过程中发生货损，作为货物保险人的 E 公司在支付 A 公司货物保险理赔款后，于 2009 年 1 月 22 日以代位求偿为诉因向某海事法院提起诉讼，要求 B 公司、D 公司连带赔偿货物损失约 100 万美元。一审判决：B 公司作为航次租船合同的出租人，D 公司作为实际承运人，承担连带赔偿责任；二审判决：维持一审判决；最高人民法院再审判决：原审判决 D 公司的法律地位不当，认定其为航次租船合同中法律关系中的实际承运人，无法律依据，不应承担赔偿责任。人民法院报，2012 - 10 - 10，第 7 版。

运人。《海商法》第 95 条规定，“提单持有人不是承租人的，承运人与该提单持有人之间的权利、义务关系适用提单的约定。但是，提单中载明适用航次租船合同条款的，适用该航次租船合同的条款”。这一条的但书表明，航次租船合同的条款并入提单后，该条款已成为提单条款的一部分，这是把航运惯例上升到法律的层面。但带来理论上的问题是，该合并条款既然能约束提单持有人，也应能约束实际承运人。可并入提单中的租船合同条款是通过合同自由订定的，如果并入条款赋予承运人的义务超出提单或《海商法》第四章第一至六节的规定，是否意味着实际承运人将承担不可预测的风险？事实不是这样，如果发生此种情况，实际承运人可援引《海商法》第 62 条规定进行抗辩，该条规定：“承运人承担本章未规定的义务或者放弃本章赋予的权利的任何特别协议，经实际承运人书面明确同意的，对实际承运人发生效力；实际承运人是否同意，不影响此项特别协议对承运人的效力。”因此，在此种情况下，尽管提单并入了租船合同的条款，仍不改变提单持有人 D 与航次租船合同的出租人 B 之间的提单法律关系，认定船舶所有人 A 为实际承运人的前提条件仍然是成立的，且不会给船舶所有人 A 带来不可测的风险。

九、“喜马拉雅条款”的沿革及理论基础

《海商法》第 58 条第 2 款规定，就海上货物运输合同所涉及的货物灭失、损坏或者迟延交付的诉讼“是对承运人的受雇人或者代理人提起的，经承运人的受雇人或者代理人证明，其行为是在受雇或者受委托的范围之内的”，适用第四章关于承运人的抗辩和责任限制的规定。这是典型的、传统的“喜马拉雅条款”。

“喜马拉雅条款”，起源于 50 年前的英国上议院和最高法院的判决①，由此产生了各种法律理论和经典的先例。对于该条款的问世，学者的观点不一。有人认为，该条款是反传统的，即使有效，也要严格限制；也有人认为，它是极具创造力的条款；还有学者认为，“喜马拉雅条款”是解决难题的一种敏捷、快速的方式。尽管目前在法理上认可“喜马拉雅条款”还存在一些分歧，但是其有效性已被相关的国际公约和大多数国家的立法、司法实践所接受。

（一）“喜马拉雅条款”的沿革

在“喜马拉雅条款”发展的进程中，就其适用范围和法律效力而言，大致经历了如下几个阶段：

1. 第一阶段：《海牙规则》阶段

《海牙规则》中没有“喜马拉雅条款”的规定，“喜马拉雅条款”是以提单条款的形式出现的，仅适用于承运人的受雇人和代理人，不适用于独立合同人。此时的“喜马拉雅条款”，其内容可归纳如下：

---

① ［1954］2 Lloyd's Rep. 267，［1955］1 Q. B. 158. “喜马拉雅条款”是针对英国上诉院有关 Adler 诉 Dickson（the ‘Himalaya’）一案中判决而制定的。“喜马拉雅”豪华客轮由于舷梯滑动松脱，致使头等舱乘客年迈寡妇 Adler 夫人失足跌落 16 英尺下的码头，腿部受伤。因为在船票中包含了一条承运人可以免责的“不负责任条款”，Adler 夫人向船长（Dickson 先生）及水手长提起诉讼。上诉院认为，货物运输和旅客运输一样，法律允许承运人为其本人及所雇用的履行合同的人作出规定；同时还认为，这种规定既可以是明示的也可以是默示的。至于 Dickson 先生，法庭认为，由于船票并没有包含任何可以用来保护承运人的受雇人和代理人利益的明示或默示的条款，因而 Dickson 不能受免责条款的保护，船长被判支付 6 000 英镑，嗣后由船舶所有人对其补偿。自此判决作出后，特别制定的用于保护装卸工人及其他承运人的受雇人或代理人的“喜马拉雅条款”，开始被记入提单。

就海上货物运输合同所涉及的货物灭失、损坏或者迟延交付对承运人的受雇人或者代理人（不含独立合同人）提起诉讼的，经承运人的受雇人或者代理人证明，其行为是在受雇或者受委托的范围内的，不论海事请求人是否为合同的一方，也不论是根据合同或者是根据侵权行为提起的，均适用提单中有关承运人的抗辩理由和限制赔偿责任的规定。

从上述概念可以看出，“喜马拉雅条款”在此阶段的几个特点：

（1）“喜马拉雅条款”是一个合同条款，不是法律规定。因此，各国对该条款的效力认同有所不同，适用的范围也有区别。

（2）“喜马拉雅条款”为他方设定的权利，是一种消极的权利，即责任限制的权利和免责的抗辩权。①

（3）“喜马拉雅条款”的本质是为了保护承运人自己的利益，避免因索赔方起诉承运人的受雇人或代理人，最终通过转承责任而使承运人承担无限责任，丧失承运人的抗辩。

（4）承运人“钩到钩”的责任期间，其责任不包括装前卸后。装前卸后的责任是由港口经营人承担，无须运输合同给予保护，承运人对此也并不关心，所以，“喜马拉雅条款”的适用范围限制在承运人的受雇人或代理人，而不适用于独立合同人。

对于提单中“喜马拉雅条款”的效力，在实践中是有疑义的，为此，承运人寻找了一种新的便利方法，即循环赔偿条款（circular indemnity clause）。根据这种条款，货主承诺不向承运人的代理人、受雇人、装卸工人、港口经营人和承运人的分合同人提出索赔，并且进一步约定，如果他违反承诺，向这些人提出索赔，货主应承担承运人由此产生的一切后果。典型的循环赔偿条款规定如下②：

“货方保证不向承运人的代理人、受雇人或分合同人或他们拥有的船舶，就与货物有关的责任向上述人员提出索赔。如果一旦提出索赔，货主将赔偿承运人因此受到的一切损失。”

上述条款的效力同样存在着质疑，为了规范“喜马拉雅条款”的内容，最有效的办法还是通过立法的形式，特别是制定统一的国际公约。随着该条款被普遍接受，其逐渐演变成法律规范的形式。

2. 第二阶段：《海牙—维斯比规则》阶段

“喜马拉雅条款”第一次纳入国际公约，是《海牙—维斯比规则》第 3 条第 2 款的规定：如果此种诉讼是对承运人的受雇人或代理人（该受雇人或代理人并非独立合同人），该受雇人或代理人有权援引承运人依照本公约可援引的各项抗辩和责任限制。

《海牙—维斯比规则》第 3 条第 3 款和第 4 款还规定，从承运人及此种受雇人或代理人所能得到的赔偿总额，在任何情况下，不得超过本公约规定的限度。但是，如经证明，损害系受雇人或代理人故意或明知可能造成损失而轻率地作为或不作为所引起，该承运人的受雇人或代理人便无权援引本条各项规定。

“喜马拉雅条款”引入《海牙—维斯比规则》的重要意义在于，它不仅使该条款具有了法

① 责任限制的权利在我国也被认为是抗辩权，而不是英国法的独立请求权。

② 比较新近的循环赔偿条款另加了一个句子，实际上也是一个“喜马拉雅条款”：“在不影响前款规定的情况下，每一个承运人的受雇人、代理人和分合同人都将从有益于承运人的条款中受益，就好像此种条款对他们的利益作出了明确规定一样。并且，承运人在订立合同时，在这些条款的范围之内，不能仅仅为了自己的利益，还应作为其受雇人、代理人和分合同人的代理人和受托人行事。”

律效力，同时对各国的立法产生了积极的影响。许多国家在其国内法中纷纷引入“喜马拉雅条款”[①]。

此外，“喜马拉雅条款”作为合同条款，在适用范围上除适用于承运人的受雇人和代理人外，有的合同还约定适用于独立合同人——港口经营人。

一个现代的“喜马拉雅条款”的内容如下[②]：

“在此明确同意，在雇佣期间，承运人的受雇人、代理人（包括随时由承运人雇佣的独立合同人）在任何情况下对于其直接或间接的过失所导致的托运人、发货人或货物的所有人，以及提单持有人所遭受的货物灭失、损坏及迟延交付，都不承担责任。在不影响前述规定的情况下，合同规定的任何免责、限制、条件和自由转运权，以及承运人享有的任何权利、免责以及抗辩，都将同样赋予代表承运人或为承运人的利益行事的受雇人或代理人。并且为了该条前款规定的目的，这些随时被承运人雇佣的人员，承运人的代理人（包括独立合同人），或为了承运人利益而从事的代理人或受托人可以在此意义上成为提单所包含的或为提单所证明的海上货物运输合同的当事方。”[③]

“喜马拉雅条款”的这一变化，与承运人的责任期间由“钩到钩”扩大到“港到港”有着密切的关系。在普通法下，不是合同当事方的第三方（如港口经营人）是不可以从合同中获益的，除非他履行了当事人一方基于合同应履行的部分义务。换句话说，如果承运人负责货物交付，装卸工人在卸载和交付货物的过程中造成了货损，装卸工人才有可能援引合同的条款来保护自己。英国上议院在“Paterson，Zochonis & Co. Ltd v. Elder，Dempster Co. Ltd. And Others”案中的立场证实了这一点。[④] 在该案中，根据托运人及承租人之间签发的提单，船舶所有

① 各国立法有关“喜马拉雅条款”的规定：南非：1986 年《海上货物运输法》第 1 条规定，适用《海牙—维斯比规则》。在 Santam Insurance Co. Ltd. V. S. A. Stevedores Ltd（The Sanko Vega）一案中，“喜马拉雅条款”基于罗马—荷兰法而得到支持，Wilson 法官调整了 Reid 法官的标准来使之符合罗马—荷兰法。首先，他解释了第三个标准，依据罗马—荷兰法中的“改变要式口头合约”（Stipulatio Alteri）原理，承运人要么得到码头装卸公司的授权，要么得到他们的批准。其次是第四个标准，对价被抛弃，因为在罗马—荷兰法中它与有约束力的合同无关。日本：经 1992 年修改的《国际海上货物运输法》第 20 条之二第 2 款规定，免除或减轻承运人对货物的赔偿责任的，承运人的受雇人对托运人、收货人及提单持有人就货物损害的侵权责任也相应地在同等程度上得到免除或减轻。韩国：1990 年《商法典》第 789 条第 2、3、4 款规定：“二、货物损害赔偿请求是针对承运人的受雇人或代理人提起的，并且该损害是因受雇人或代理人执行职务中产生的，该受雇人或代理人可以援引承运人的抗辩和责任限制。但货物的损害是由于承运人的受雇人、代理人故意或明知可能造成货物的灭失、损坏、迟延交付而轻率地作为或不作为造成的除外。三、……承运人、受雇人或代理人对货物的责任限额的总额不得超过本法第 789 条第 1 款规定的限额。四、如货物的损害赔偿请求是对除承运人以外的实际承运人及他们的受雇人或代理人提起的，适用本条第 1 款和第 3 款的规定。”瑞典：1994 年《瑞典海商法》第 282 条规定：“……如果诉讼对承运人所负责的人提起，而且此人表明其行为是在受雇或受委托的范围之内，则关于承运人免责和责任限制的规定适用于此人。承运人和其所负责的人承担的责任限额总额不得超过第 280 条规定的限额。”第 283 条规定：“如果货物的灭失或损坏是由于承运人的故意或明知可能造成损失而轻率地作为或不作为造成，则无权享受责任限制。”第 286 条规定：“对于自己承担的部分运输，实际承运人应当与承运人负相同的责任。第 282 条、第 283 条规定应相应适用。”中国：《海商法》第 58 条规定：“就海上货物运输合同所涉及的货物灭失、损坏或者迟延交付对承运人提起的任何诉讼，不论海事请求人是否合同的一方，也不论是根据合同或者是根据侵权行为提起的，均适用本章关于承运人的抗辩理由和限制赔偿责任的规定。前款诉讼是对承运人的受雇人或者代理人提起的，经承运人的受雇人或者代理人证明，其行为是在受雇或者受委托的范围之内的，适用前款规定。”

② The Cleveland（Eisen und Metall A. G. v. Ceres Stevedoring Co. Ltd and Canadian Overseas Shipping Ltd.）[1977] 1 Lloyd's Rep. 665 and in The Eurymedon（New Zealand Shipping Co. Ltd. v. A. M. Satterthwaite & Co. Ltd）[1974] 1 Lloyd's Rep. 534；[1975] A. C.，at 165（P. C.）.

③ 注意，该条款同时采用了代理理论和为第三人利益信托理论。甚至一个更新的“喜马拉雅条款”可能在原有的基础上加上循环赔偿条款。参见本专题循环赔偿条款内容及案例 Godina 诉 Patrick Operations，[1984] 1 Lloyd's Rep. 333，at 334（N. S. W. C. A.）。

④ Paterson，Zochonis & Co. Ltd. v. Elder，Dempster & Co. Ltd. And Others. [1924] 18 Lloyd's Rep. 181，319.

人享有了第三方利益。因此，“喜马拉雅条款”随着承运人责任期间的扩大，该条款的适用范围也随之扩大到独立合同人，有的合同明确订明该条款适用于装卸公司。

3. 第三阶段：《汉堡规则》阶段

《汉堡规则》使“喜马拉雅条款”发生了重要变化。

《汉堡规则》第7条第2款规定，如果此种诉讼是对承运人的受雇人或代理人提起，而且该受雇人或代理人证明，他是在其受雇的范围内行事，他便有权援用承运人依照本公约有权提出的抗辩和责任限制。该款规定与《海牙—维斯比规则》第3条第2款规定唯一的不同是：《汉堡规则》取消了括弧内的“排除独立合同人适用”的内容，有人因此推断出《汉堡规则》的“喜马拉雅条款”包括了“独立合同人”。

笔者认为，《汉堡规则》使“喜马拉雅条款”发生重要变化的原因在于，《汉堡规则》引出了“实际承运人”的概念。《汉堡规则》第1条第2款规定，“‘实际承运人’，是指受承运人委托从事货物运输或部分货物运输的任何人，包括受托从事此项工作的任何其他人”。货物运输应该包括：从装港的接受货物开始，装载、搬移、积载、运输、保管、照料、卸载，直至卸港的交付为止全部期间。①

过去我们理解实际承运人的含义过于狭窄，认为只有从事海上货物运输或部分运输的船舶所有人或承租人才能成为实际承运人。实际上，港口经营人、装卸公司都有可能接受承运人委托，从事货物运输的某个环节，属于实际承运人的范畴。《汉堡规则》的“喜马拉雅条款”将《海牙—维斯比规则》的括号内的内容取消，是因为独立合同人已经成为实际承运人，这是“喜马拉雅条款”的异化。此时，除传统的“喜马拉雅条款”的内容外，对于港口经营人来说，已完全脱离了“喜马拉雅条款”的保护，其权利、义务的设定，直接由法律规定，而且与承运人相同，已成为履行运输合同的独立当事方。我国《海商法》参考《汉堡规则》第10条第2款规定的“制约承运人责任的规定，也适用于实际承运人”，在第61条中规定，“本章对承运人责任的规定，适用于实际承运人”，这里所指的责任（responsibility）应是广义的责任，包括承运人的权利、义务、赔偿责任和豁免（参见本章专题研讨六）。②《汉堡规则》第12条还进一步规定，因托运人或其受雇人、代理人的过失造成承运人或者实际承运人损失的，托运人应承担赔偿责任。由此可以看出，实际承运人不仅享有消极的权利，还应该享有积极的权利。

按照上述分析，《汉堡规则》下，承运人和实际承运人的受雇人或代理人仍然受传统的“喜马拉雅条款”消极权利的保护，有权援引承运人根据本公约有权援引的抗辩和责任限制。但是，对于实际承运人而言，他已经是同承运人相同地位的合同当事方，他的权利已不限于享有喜马拉雅条款的消极权利，还享有承运人的积极权利，同时承担承运人的相同义务，彻底地突破了合同相对性原则，笔者认为，这未免走得太远了。

4. 第四阶段：《鹿特丹规则》阶段

在《汉堡规则》实际承运人制度的基础上，《鹿特丹规则》重新理性地审视了这一制度设计，同时进一步发展了“喜马拉雅条款”。《鹿特丹规则》第4条规定：“1. 承运人根据本公约

---

① 《汉堡规则》第4条规定：“承运人的责任期间包括货物在装货港、运输途中和在卸货港处于承运人掌管之下的期间。具体地讲，自承运人在装港接管货物时起，至卸港交付货物时止，是承运人掌管货物的全部时间。此间发生的货物灭失、损坏或迟延交付，承运人均应负责，包括对装卸公司在合同范围内的作为或不作为负责。”

② 《海商法》第61条规定：“本章对承运人责任的规定，适用于实际承运人”，这里所指的责任（responcibility）应是广义的责任，包括承运人的权利、义务、赔偿责任和豁免（参见本章专题研讨“六、实际承运人的责任——对《海商法》第61条的理解”）。

享有的有关抗辩或者限制其赔偿责任的规定，适用于以违约、侵权或者其他理由为依据，就运输合同所涉货物的灭失、损坏或者迟延交付或者就违反本公约规定的其他任何义务，对下列人提起的任何司法程序或者仲裁程序：（一）承运人或者海运履约方；（二）船长、船员或者在船上履行服务的其他任何人；或者（三）承运人或者海运履约方的受雇人。2. 托运人或者单证托运人根据本公约规定享有的抗辩，适用于以违约、侵权或者其他理由为依据，对托运人、单证托运人或者其分合同人、代理人或者受雇人提起的任何司法程序或者仲裁程序。”

《鹿特丹规则》第 19.1 条还规定：“海运履约方应承担本公约规定的承运人的义务和责任，且有权享有本公约规定的承运人的抗辩和赔偿责任限制。”

从上述规定可以看出，《鹿特丹规则》的“喜马拉雅条款”与传统的“喜马拉雅条款”相比有了如下的变化。

（1）“喜马拉雅条款”的适用范围扩大到货方，即托运人或单证托运人的分合同人、代理人或受雇人；

（2）海运履约方享有喜马拉雅条款的权利（消极的抗辩权），同时承担本公约规定的承运人的义务和责任。海运履约方的积极权利由国内法调整。

（3）港口经营人的地位比《汉堡规则》的实际承运人更明确了，属于海运履约方。

（二）“喜马拉雅条款”的理论基础

关于“喜马拉雅条款”的理论基础，大陆法同英美法之间，以及英美法相互之间，有相同之处，也有不同之处。

1. 代理理论（theory of agent）

对承运人的受雇人或代理人，运用代理理论解释“喜马拉雅条款”，英美法系国家认为“承运人是或应当视为承运人的任何‘受雇人’的代理人或受托人，基于其授权行事并代表其利益”（参见“波罗的海航运协会的 2016 年多式联运提单 COMBICON2016”第 15 条 e 项“喜马拉雅条款”）

大陆法系国家一般无法接受代理理论。因为大陆法国家不论是代理理论，还是转承责任理论，在授权或雇用范围内行事，请求方只能向雇主提出请求，代理人或受雇人在其受雇或代理范围内行事是不能直接作为被告的。即使英美法运用代理原则解释该条款，也必须满足一定的条件。Reid 勋爵在 Midland Silicones Ltd 案中运用代理理论适用“喜马拉雅条款”时，提出四个条件①：

“首先，提单中必须明确表明装卸工人有意图受有关责任限制规定的保护。其次，提单也必须明确表明承运人不仅代表自己，同时也是作为装卸工人的代理人来签订这些条款的。再次，承运人必须有装卸工人的明确授权，或者在事后得到了后者追认。最后，解决了来自装卸工人的对价问题（any difficulties about consideration moving from the stevedore were overcome）。”

Reid 勋爵的代理理论的主要问题是“对价”（consideration）如何从装卸工人转移到托运

① 事实上有五个条件，第五个条件是判词的最后一句话，即 1855 年的《提单法》的 18&19Vict.，c. 111，对于收货人也同样适用。1855 年的《提单法》已被英国《1992 年海上货物运输法》所取代。现在后者也同样适用于可转让提单、海运单以及货物运输单证。

人。The Eurymedon（New Zealand Shipping Co. Ltd VS. A. M. Satterhwaite & Co. Ltd.）案提供了该问题的答案。枢密院认为对价是，装卸工人是为了托运人的利益来卸载货物，判词中写道："为托运人的利益来完成这些工作就是托运人同意的对价，上诉人（装卸工人）应该享有提单中所包括的免责和责任限制条款。"

2. 为第三方设定利益理论

大陆法系国家有为他方设定利益（stipulate of another）的原则作为"喜马拉雅条款"的理论基础。

大陆法系国家的法律允许为他方设定利益的合同，必须满足如下四个条件：

第一，作为基本要求，必须存在一个有效成立的合同；

第二，缔约方必须有合法的利益，特别是在其履行合同义务时，使第三方获得利益；

第三，受益的第三方必须是可以确定的（determinable），并且在缔约方履行义务时真实存在；

第四，受益的第三方必须接受这种协议并向缔约方或承诺方发出通知，确认其接受协议。

当然，也有人认为，"喜马拉雅条款"不符合大陆法系国家法律中有关为他方设定利益的条件，主要理由有三点：

第一，"喜马拉雅条款"不能给予利益，而是授予一种消极的权利，即不能被判定负有责任的权利以及不能被起诉的权利。它是一方当事人协议某一第三方不被起诉的规定。

第二，"喜马拉雅条款"至少有两个条件不能满足为他方设定利益的协议要件：一是"喜马拉雅条款"中提及的第三方，既没有被确定也是不可确定的；二是第三方没有签署以表示他同意接受该协议。

第三，为他方设定利益的协议仅仅是一般原则的例外，法律上应该严格限制。如果"喜马拉雅条款"被视为有效的为他方设定利益的条款，法院必须对其作限制性解释，即该条款必须根据每一特定的人，明确每一具体的权利。①

为了突破普通法长期固守的合同相对性原则，英国国会通过了《1999年合同（第三方权利）法》。这部成文法的全称是《合同条款强制适用于第三方规定的法案》，其中第一部分第1条a项规定，第三方可以在合同有明确规定的前提下，"有权"履行合同。如果合同涉及第三方利益，即使合同中并未记载他的名字，但只要他是某一类别的成员（例如，装卸工人、后来的货主、承租人），或者是符合某一特殊描述的人，仍然可以履行合同。除非合同明确表明缔约方不愿使合同条款被他人强制适用。根据第一部分第6条，"消极权利"（例如免责条款和责任限制条款），在成文法之下也是可以使第三方受益的。

英国1999年的这部成文法为强制适用传统"喜马拉雅条款"提供了法律依据，因为这部成文法仅要求第三方受益人，能够充分明确地证明其身份即可。这种证明可以是合同中明示规定（第一部分第1条a款），也可以是从种类、名称和描述上确定其身份（第一部分第1条b款和第一部分第3条）。这样，相关的业内人士、律师和法官无须再被诸如第三方授权承运人订立该条款的情况，第三方修改合同中所赋予的利益，以及"对价"转移等问题困扰了。

3. 委托理论（theory of authority）

加拿大最高法院在Buenos AiresMaru案中，支持了"喜马拉雅条款"。该判决为以后的司法判决提供了依据，对于装前卸后的责任，第三方（装卸工人和港口经营人）可以享受提单中

---

① William Tetley. "The Himalaya Clause Revisited". *JIML* 9（2003），p. 61.

的免责条款。根据最高法院的判决，提单不仅是运输合同的证明和作为这一合同的承运人所承担的义务的证明，而且提单还是委托（bail）的条款证明，这种委托存在于从接受货物至装货和从卸货至交付货物期间，以及承运人作为受托人（bailee）所承担的义务的证明，因此提单在规则所管辖的期间之前和之后都产生作用。当承运人作为受托人从事运输时，装卸工人和港口经营人就作为转受托人，并且当后者作为受托人从事部分运输时，可以因此享受提单赋予承运人的免责条款。

4. 法定理论

自《海牙—维斯比规则》第一次将“喜马拉雅条款”引入国际公约后，各国立法纷纷在海上货物运输合同法中订入该条款，特别是《汉堡规则》规定了实际承运人的概念，实际是“喜马拉雅条款”的异化。至此，“喜马拉雅条款”已不再是一个合同条款，其理论基础也不再是代理理论、为第三方设定利益理论或者是委托理论，而是基于法定理论，不论是承运人的受雇人或代理人，还是独立合同人或实际承运人，他们的权利、义务都是法定的。所不同的是，法律赋予承运人或实际承运人（海运履约方）的受雇人、代理人的权利，仍然是传统概念的“喜马拉雅条款”——消极的权利，而《汉堡规则》赋予实际承运人的权利既包括消极的权利，也包括积极的权利，同时还承担了承运人的义务，此时，《汉堡规则》下的实际承运人，已完全脱离“喜马拉雅条款”的保护，已成为履行承运人义务的运输合同的独立当事方。

十、承运人管货义务中的 stowing 的真正含义

（一）stow 一词的真正含义

我国《海商法》第 48 条规定：“承运人应当妥善地、谨慎地装载、搬移、积载、运输、保管、照料和卸载所运货物。”这一规定源于《海牙规则》第 3 条第 2 款，“除第四条另有规定外，承运人应当妥善而谨慎地装载、搬运、积载、运输、保管、照料和卸载所运货物。”英文原文是：“Subject to the provisions of Article 4，the carrier shall properly and carefully load，handle，stow，carry，keep，care for and discharge the goods carried.”[①] 显然，最初将《海牙规则》承运人管货义务的七个环节翻译成中文时，stow 一词被译成了“积载”，这一翻译后被广泛使用[②]，以致《海商法》起草时同样照搬了这一用语。那么，stow 一词的真正含义是什么？笔者研究了这一词的使用，认为它不是积载或配载含义[③]，而是“堆置”的意思。

根据我国《民法典》第 466 条第 1 款的规定，解释合同必须先从合同文义入手。从合同文义解释的角度上看，先需确定该词语的通常含义。

《海牙规则》规定货物自装上船起至卸离船止的责任期间内，承运人对所运货物都要履行“妥善而谨慎之责”，除免责事项外不得有管货过失。并且将管货工作具体列明了七个环节：“装载、搬移、stow、运输、保管、照料和卸载。”这七个环节是按货物操作的时间顺序排列的，涵盖了《海牙规则》下，在承运人的责任期间内，其全部货物运输的主要环节。在这里，

① 承运人管货义务的七个环节同样规定在《海牙规则》的第 2 条。其中 stow 也是翻译成“积载”。

② 如 NYPE93 第 8 条：“The Charterers shall perform all cargo handling，including but not limited to loading，stowing，trimming，lashing，securing，dunnaging，unlashing，discharging，and tallying，at their risk and expense，under the supervision of the Master.”其中 stowing 也被翻译成“积载”。司玉琢主编．海事实用英语大全．大连：大连海事大学出版社，1999：715.

③ 积载与配载是同一含义，只是叫法不同，以下积载均包含配载。

货物操作的第一个环节“装载”是按着船长/大副事先已经编制好的积载图（也称配载图）进行的[①]，stow发生在装载环节之后，因此它不可能是船舶积载，而应是货物装载后的堆放位置（简称“堆置”），NYPE93格式将stowing与平舱（trimming）、绑扎（lashing）、加固（securing）、垫舱（dunnaging）环节并列，用意在于stow（堆置）只是针对件杂货而言，平舱是针对散货而言，而绑扎、加固、垫舱则是指重大件货装载后的固定作业。集装箱运输问世后，对于这一传统条款，既有装载后的堆置，也有绑扎和加固环节。卸货环节与装货环节一样，仍然要按着船长/大副编制的积载图进行，否则可能会造成船舶“中拱”或“中垂”。因此，stow在这里的真正含义应是装载之后的“堆置”，而不是装载之前的“积载”。

从语法解释的角度，《海牙规则》七个环节使用的全部是动词形式，NYPE93使用的全部是动名词，表明货物从装到卸主要环节的操作行为。而“船舶积载”是个名词，英文使用stowage表述，表明事物的名称，并不是货物装卸过程中的某种行为。船舶积载包含船舶稳性、吃水差计算和编制船舶积载图。[②] 船舶积载必须在开始装货前就应完成的工作，不属货物运输七个主要环节的任何一个。

（二）船舶积载是承运人的适航义务不是管货义务

实际上，船舶积载因与船舶安全密切相关，所以应属船舶适航范畴，“船舶超载、船舶积载不当、船舶稳性不足，也会导致船舶不适航”[③]。不论是提单运输还是租船运输，承运人或出租人正确进行船舶积载是其履行保持船舶适航义务的一部分。

为了保证船舶安全，满足适航要求，作为承运人（或船东）的受雇人——船长/大副，必然地承担起船舶积载的义务。因为：

第一，船长负有“保障在船人员和船舶安全”的责任。[④] 船舶积载与船舶安全息息相关，正确履行船舶积载义务，正是船长履行其法定职责的具体体现。

第二，计算船舶稳性，编制船舶积载图，需要船舶技术参数和资料，船长/大副占有并保管这些数据。

第三，船舶积载需要专门知识，STCW公约就此方面对船长和大副有特殊的要求，要求500总吨以上的船舶高级船员，最低适任标准包括“稳性、吃水差、应力图表和应力计算仪器

---

① 《鹿特丹规则》改变《海牙规则》装到卸的责任期间，变为由收到交，因此，承运人的管货义务由七个环节变为九个环节：在装货之前，增加了“接受”货物的环节，成为管货义务的第一个环节；在卸货之后，增加了“交付”货物的环节（见《鹿特丹规则》第13条第1款。但遗憾的是stow仍然被翻译成“积载”）。

② 陆谷孙教授主编的《英汉大词典》对stow一词作为动词的解释为：（1）堆垛，装载，装填；（2）储藏，收藏，把……锁起妥藏。其中没有stow作为积载的法律含义。在接下来的stowage词条，该词典明确地解释为：装载（法），积载（法）。《布莱克法律词典》没有收录stow或stowing一词，也就是说在英文中stow或stowing一词不作为法律的特定用语；但是，该词典对stowage一词作了收录，其解释是：“Maritime law. The storing，pack，or arranging of cargo on a vessel to protect the goods from friction，bruising，or water damage during a voyage.” Black's Law Dictionary，8th edition，Thomoson publish，p. 1460。《韦伯氏特字典》对stowing一词作了解释，将stowing作为名词，其含义为：A method of working in which the waste is packed into the space formed by excavating the vein。作为动词使用，其含义为：（1）To place or arrange in a compact mass；to put in its proper place，or in a suitable place；to pack；as，to stowbags，bales，or casks in a ship's hold；to stow hay in a mow；to stow sheaves.（2）To put away in some place；to hide；to lodge.（3）To arrange anything compactly in；to fill，by packing closely；as，to stow a box，car，or the hold of a ship. Webster's Revised Unabridged Dictionary（1913）[web1913]。据上，我们基本可以得出结论，如果要符合积载的特定含义，则在英文中必须使用stowage这样一个名词。

③ 司玉琢主编．海商法．北京：中国人民大学出版社，2008：101.

④ 《海商法》第36条第1款规定，为保障在船人员和船舶的安全，船长有权对在船上进行违法、犯罪活动的人采取禁闭或者其他必要措施，并防止其隐匿、毁灭、伪造证据。

的实际知识和应用”[①]。

正因为积载涉及船舶适航性，所以，承运人的这一义务是不可委托他人从而解除自己的责任的，即使委托他人，责任仍然是承运人的，否则，承运人可以把其所有的义务委托他人，从而不承担任何责任。这有违《海牙规则》和《海商法》减轻承运人责任的强制性规定，从而使该条款无效。《鹿特丹规则》第13条第2款规定，“承运人与托运人可以约定由托运人、单证托运人或者收货人装载、操作、堆置（stowing）或卸载”。接着第17条第3款“除外风险”第9项有规定，这一约定可以免除承运人的装载、操作、堆置或卸载的义务。这一规定，反过来证明堆置（stowing）不是涉及船舶适航的积载，而是装货过程中的一个环节——堆置，如果是积载，则即使委托货方完成，承运人的责任也是不可推脱的。

（三）建议

《鹿特丹规则》翻译成中文时，将此英文词还原本义，避免再在实践中产生不必要的争议。

实务中，为了不致造成混淆，建议“船舶积载”使用“ship stowage”，“货物堆置”使用“cargo stow”或“cargo stowing”，如果将“货物堆置”置于承运人管货义务的七个环节之中，“货物”一词即可省略，单独使用“stow”或“stowing”。而涉及承运人对船舶的适航义务时，“船舶积载”也可单独使用“stowing”一词。

十一、承运人如何援引“海上风险”免除赔偿责任

（一）海上风险的概念

（1）《海商法》第51条第1款规定：“在责任期间货物发生的灭失或者损坏是由于下列原因之一造成的，承运人不负赔偿责任：……（三）天灾，海上或者其他可航水域的危险或者意外事故……”《海牙规则》将“天灾”和“海上或者其他可行水域的危险或者意外事故”免责，分成两项，后者也称“海上风险”。

（2）我国《海商法》对海上风险没有作任何解释。英国司法实践认为，海上风险，“无论在保险单中，还是在租船合同中，或是在提单中，具有相同的含义”[②]。“它包括由于海水、风暴、碰撞、搁浅或其他特殊的、严重的海上或海上船舶危险，包括导致承运货物各种损害的危险，此种危险作为海上风险属不可避免的事故，是船东或其雇员不能预见及防御的。”“它仅仅是指偶然的意外事故或者海上人身伤亡，而不包括通常的风浪所导致的后果”（英国《1906年海上保险法》）。

（3）一艘船舶在海上航行中，碰撞水中的岩石致使船舶沉没，虽未遭受“猛烈外力的袭击”，仍属于海上风险所致之损失。[③]“若海水意外侵入船舶的某部分，以及海水以某种未预料的常规方式进入船舱并导致货损，即初步构成海上风险所致的损害。如果依判例法初步认定构成海上风险，即应由货主证明存在着使船东无权依赖海上风险抗辩的过失。”[④]法官赖特勋爵（Wright）在Canada Rice Mills v. Union Marine and General Insurance一案中说道，“偶然的海

① 船员培训、发证和值班（STCW）规则（1995年7月7日通过）中表A-Ⅱ/1 500总吨以上船舶负责航行值班高级船员的最低适任标准，其中包括“稳性、吃水差、应力图表和应力计算仪器的实际知识和应用”。国际海事条约．第9卷．大连：大连海事大学出版社，1998：79.

② Goodfellow Lumber Sales v. Verreault [1971] 1 Lloyd's Rep. 185.

③ David Foxton等．Scrutton租船合同与提单．郭国汀译．北京：法律出版社，2001：343，345.

④ Canada Rice Mills v. Union Marine [1941] A. C. 55，at 68.

水进入船舱是海上风险的一种”。

(4) 对于台风是否构成海上风险，一般情况下，因为台风都有预报，不认为可以构成海上风险。但是，也不排除特殊情况适用海上风险免除赔偿责任的可能。上海海事法院在“湖南中联国际贸易有限责任公司等与上海捷喜国际货物运输代理有限公司等海上、通海水域货物运输合同纠纷一案”的判决书中有如下观点。

“……台风‘梅花’带来的恶劣海况是造成涉案货损的主要原因。台风的强度预报是公认的世界性难题，影响台风移动路径的不确定因素也很多，以目前的科技水平尚无法对台风作出非常准确的预报。台风的强风直接作用于海面而引起的台风浪对船舶安全构成巨大威胁。即使是在锚地避台的船只，台风来袭时也并不能确保万无一失。面对台风威胁，只能通过采取尽可能合理的避台措施，以尽可能地避免或减小遭受的损害。如上所述，现有证据表明‘尤利’轮当时长时间遭遇了12级以上风力，船舶横摇35度以上，中联国贸与共保人提交的东海预报中心报告也认为‘尤利’轮遭遇的波高可能达到7米～9米。而6米以上波高的海浪对航行在海洋上的绝大多数船只已构成威胁，即使是在大洋航行的巨轮，波高7米～8米的狂浪和波高超过9米的狂涛对其而言亦属灾害性海浪。因此，‘尤利’轮遭遇海况的恶劣程度已非属正常的海上风险，足以构成我国海商法下‘天灾’性质的‘海上风险’，由此造成的损失，承运人依法可以享受免责。”①

(5) 综上所述，“海上风险”具有意外性、偶然性和不可预见性，所以也称“意外事故”(inevitable accident)。如海上遭遇大风浪、船舶触礁、碰撞、搁浅、海上航行撞击不明漂浮物等，都属于“海上风险”，如因此造成货物损失，承运人有权援引海上风险免除赔偿责任。

(二) 海上风险的举证

(1)《海商法》第51条第2款规定，除火灾免责外，其余各项免责事项均由承运人举证。

(2) 承运人欲援引海上风险免责，应完成相应的举证责任，即证明“不能合理预见，超出一艘适航的船舶所能抵御范围”②。就承运人主张不明漂浮物撞击而免除责任为例，应该完成如下具体举证：

第一，证明承运人在开航前和开航当时，已谨慎处理使船舶适航。

第二，对撞击不明漂浮物，承运人不存在故意。

第三，证明船舶或货物发生损害时，船舶能够抵抗海上普通的风险，但无须证明是哪一种具体的海上风险。只要能证明损害是因为某种(some)海上风险就够了(the owners would have succeeded because they are not required to prove a specific peril of the sea. It suffices if they prove a loss by some peril of the sea.)。③

第四，或者通过排除其他所有可能的原因(elimination of all other possible causes)，证明该损失是由不能具体指明的海上风险造成的。

(三) 优势证据规则的运用

(1) 优势证据规则又被称为“高度或然性占优势的证明规则”。即当证据显示，待证事实

① 湖南中联国际贸易有限责任公司等与上海捷喜国际货物运输代理有限公司等海上、通海水域货物运输合同纠纷案一审民事判决［(2012)沪海法商初字第1208号］。

② 司玉琢主编．海商法．4版．北京：法律出版社，2018：91.

③ 参见1984年Popi M案，详见后述。

存在的可能性明显大于不存在的可能性，法官可据此进行合理判断以排除疑问，在已达到能确信其存在的程度时，即使还不能完全排除存在相反的可能性，但也可以根据已有证据认定这一待证事实存在的结论。

（2）概率衡量和或然性比较（balance of probabilities）是一个证据法上优势证据（preponderance of the evidence）的认定问题。《布莱克法律词典》的解释是，“法官虽然在整体上没有充分的理由排除合理的怀疑，但是，他仍然可以从公平、合理的角度考虑支持某一方的证据”①。

（3）承运人不能证明该事故是由某种具体的海上风险造成的，这就使法官要对该事故在推断的基础上作出合理的解释。

（4）对于一方证据证明力是否明显大于另一方证据的证明力的判断，以及要求其证明到何种程度的标准，应结合案件争议内容的性质和案情，由法官依据其职业经验、职业道德和判决结果的社会影响，运用自由心证和其法律理性予以判断和确认，从而确保公平与正义。

（四）判例：1984 年 Popi M 号案

1. 案情

1978 年 5 月 5 日，Popi M 号船在地中海东部海面上——从鲁昂（Rouen）到也门（Yemen）行驶，当时风平浪静。接近上午 11 时，突然从机房舱门方向的船壳电镀层（shell plating）大量进水，很快机房被水淹没（3 000 吨/每小时），中午时分船员弃船。下午 6 点 15 分，其船尾朝下在阿尔及利亚沿岸沉入几英里深的海底。原告船舶（Popi M）的所有人对船舶进行了投保，出具劳氏格式（Lloyd's S. G.）保单，且并入了 Institute Time Clauses，Hulls-F. P. A.，将承保事项扩展到船长、船员和其他人员过失所导致的损失。

2. 诉讼主张

原告（投保人）根据定期保单提起索赔，主张船舶损失是因海上风险（peril of the sea）或者船员的过失（negligence）所致。被告（保险人）否定该损失是因海上风险所致，而认为是由于船舶的缺陷和船舶本身的条件恶化和朽烂所造成的。此外，如果船舶损失是因船员的过失所造成的，那么，船东没有举证证明其尽了合理的、谨慎的义务。

3. 判决［Held，by Q. B.（Com. Ct.）（Bingham，J.）］

一审法官 Bingham，J. 认为：

（1）被告所举证的船舶因为自然磨损（wear and tear）而导致损失的主张不被接受。

（2）原告主张的海水进入船舱是因为与不明的水下移动物体，例如潜艇（submarine）碰撞所致，虽然这种解释不大可能，但是根据概率衡量/或然性比较的证据优势原则（balance of probabilities），这种解释是可以被接受的。由于这种碰撞属于保单所承保的海上风险的范畴，因而原告有权向保险人索赔。

当事人均提起上诉（原告对利息的判决不服）。

二审法官认为：没有充分的证据表明船舶是因为自然磨损而导致进水，Popi M 号进水是因为海上风险的偶然（fortuitous）的原因，因此，原审被告的上诉被驳回。

此案后来上诉到上议院。上议院②布兰顿法官认为：二审法院的错误在于将自己局限在当

① Bryan A. Garner，Black's Law Dictionary，8th edition.

② 英国现已组建最高法院（Supreme Court）取代上议院。

事人之间提供的主张中进行非此即彼的选择，也就是要么赞同船东的与潜艇碰撞的主张，要么赞同保险人的船舶不适航的主张；而忽视了第三种可能：那就是原告的举证责任完成与否。在本案中，布兰顿法官赞成二审中认定的在证据优势规则上没有争议，在事实上也没有争议，唯一争议在于根据双方所提供的事实和证据，能否就根据或然性证据规则认定该损失是由于海上风险造成。在这里有两个重要的问题需要考虑：一是根据或然性证据规则，举证责任自始至终都应由船东负担。即使保险人反驳说不是由于海上风险造成的损失，保险人也没有义务去证明这点。二是在该案中，大量的专家证词也未能表明该船损失的近因是海上风险，所以，船东的举证义务并未完成。船东仅仅主张一艘适航的船舶在良好天气下不可解释的沉没，就构成了海上风险的假定，这在以下两个方面是可以反驳的：第一，船舶是否适航不确定，因为船舶已经灭失，所以其是否适航是可以质疑的。第二，船舶和不明碰撞物碰撞是不可能的，因为水流的作用，不明碰撞物和船舶产生碰撞的部位不大可能是船舶的机舱部位。所以，原审被告的上诉得以被支持。

上议院表面上对该案例的判决结果和一审、二审相反，但实际上运用的理论是一致的，都是优势证据规则的运用。只不过在上议院中，法官认为原告举证的程度并没有达致"优势证据"的地步，因此，以其举证未能完成判决船东败诉。而在原一审、二审中，法官认为原告的举证可以达致"优势证据"的程度，因此，判决船东胜诉。所以，该判决貌似完全改变了结果，但是实质上是一致的。唯一争议在于根据双方所提供的事实和证据，能否就根据或然性证据规则认定该损失是由海上风险造成的。

十二、无船承运人的概念

我国《海商法》并没有给出无船承运人的概念。事实上，从私法的角度，没有必要单独规定无船承运人的概念和地位，无船承运人相对于托运人就是承运人，相对于承运人他又是托运人。提出无船承运人的概念，完全是出于行政法的需要，为了规范市场准入的资格，设定了无船承运人的准入条件。

（一）无船承运人概念的比较

1. 美国法的规定

无船承运人这一术语，最早出现于美国的法律及监管环境中，其准确的表达应该是无船公共承运人（non-vessel-operating common carrier，NVOCC）。1961 年，美国联邦海事委员会在其发布的第 4 号通令中，首次定义了无船公共承运人。《1984 年航运法》第 3.17 条规定，无船经营公共承运人是指不经营提供远洋运输的船舶的公共承运人，其与远洋公共承运人的关系是托运人。远洋公共承运人是指经营船舶的公共承运人。该法律于 1998 年修订，称《1998 年航运改革法》，并于 1999 年 5 月 1 日生效。本次修订将无船公共承运人与远洋货运代理人合称远洋运输中介人。

根据美国法律，无船承运人是指既不拥有船舶，也不经营船舶，而为不特定人提供班轮运输服务者。因此对于真正的货主或者托运人而言，他是承运人；但是他要以托运人的身份与经营班轮运输的公共承运人再订立运输合同，并由真正的远洋公共承运人实际完成海上货物运输。美国联邦海事委员会要求持有执照的无船承运人，提交一份由可接受的美国担保公司签发的数目为 7.5 万美元的保证金，无执照的外国无船承运人须提交 15 万美元的类似保证金，或者提供经联邦海事委员会认定的责任保险，该保证金用以偿付由无船承运人运输及其相关行为引起的损害赔偿判决、联邦海事委员会的恢复原状指令，或对无船承运人的罚金处罚。无船承运人必须公布其运费的费率表。美国法并不完全禁止一个企业同时提供货运代理和无船承运两种服务，但一旦货运代理根据该企业的无船承运费率表对客户收取运费后，就不能再向海运承运人收取佣金。

2. 菲律宾法的规定

菲律宾于1984年8月23日通过了《关于无船公共承运人与海运货运代理人规则》（Rules Governing Non-Vessel-Operating Common Carriers and Ocean Freight Forwarders）。其中第2条第2款明确规定："无船公共承运人是指以自己的名义签发提单，对于真正的货主——托运人直接承担公共承运人责任，并且不经营提供远洋运输服务船舶的公共承运人，其与远洋公共承运人之间的关系是托运人。"在第3款中对于远洋货运代理人则界定为："面向公众提供下列服务的人：a. 安排运输并且完成货物的集拼工作；b. 对于集拼的货物进行卸货和分拨；c. 与上述a、b工作有关的辅助性服务。"同时规定，如果远洋货运代理人不是仅仅以代理人的名义签发运输单证，而是签发自己的运输单证或者对于运输的履行承担责任，则适用本规则关于无船公共承运人的规定。第4款则规定，远洋公共承运人是指经营船舶的公共承运人，但是不包括从事租船运输的人。与美国法律规定相比较，菲律宾关于无船承运人的界定，更加突出了"不经营"船舶的特征，而且明确规定不能用于租船运输，仅限于班轮运输。①

3. 中国法的规定

我国借鉴美国航运法的规定，引入了"无船承运人"的概念。

依《中华人民共和国国际海运条例》（2019年修订，以下简称《海运条例》）② 第7条第2款的规定，无船承运业务是指无船承运业务经营者以承运人身份接受托运人的货载，签发自己的提单或者其他运输单证，向托运人收取运费，通过国际船舶运输经营者完成国际海上货物运输，承担承运人责任的国际海上运输经营活动。《海运条例》第8条还规定：无船承运业务经营者应当在向国务院交通主管部门提出办理提单登记申请的同时，附送证明已经按照本条例的规定交纳保证金的相关材料。前款保证金金额为80万元人民币；每设立一个分支机构，增加保证金20万元人民币。保证金应当向中国境内的银行开立专门账户交存。保证金用于无船承运业务经营者清偿因其不履行承运人义务或者履行义务不当所产生的债务以及支付罚款。保证金及其利息，归无船承运业务经营者所有。

4. 小结

从上述有关无船承运人的立法例可以看出，无船承运人具有如下特点：

第一，符合一定的市场准入条件，须有一定的责任能力，公布自己的运费费率表。无船承运人是行政法的概念。

第二，不经营船舶，提供海上班轮运输服务。他对托运人是以承运人身份签订货物运输合同，并签发自己的运输单证。而对海运承运人则是以托运人的身份签订货物运输合同，履行托运人的义务，享有托运人的权利。

第三，《海运条例》有关无船承运人与国际船舶运输经营者的关系，并不强调一定是班轮运输关系，租船合同关系也应适用。

（二）无船承运人的界定

《中华人民共和国国际海运条例实施细则》（2019年第二次修正，以下简称《海运条例实

① 郭萍．国际货运代理法律问题研究．大连：大连海事大学，2006.

② 《海运条例》于2002年1月1日起实施，于2013、2016、2019年被修订。

施细则》[①]）将无船承运业务细化为：以承运人身份与托运人订立国际货物运输合同；以承运人身份接收货物、交付货物；签发提单或者其他运输单证；收取运费及其他服务报酬；向国际船舶运输经营者或者其他运输方式经营者为所承运的货物订舱和办理托运；支付港到港运费或者其他运输费用；集装箱拆箱、集拼箱业务；其他相关的业务。

《海运条例》及其实施细则属行政法，所要解决的是无船承运人的市场准入和监管问题，从海商法的角度分析，无船承运人与非无船承运人都是承运人。所不同的是，无船承运人要受到行政法某些条件的限制。这些条件是：第一，在国际海上货物运输中不经营国际运输船舶，但依法缴纳保证金、报备提单取得经营资格；第二，以承运人的名义揽货，并签发自己的提单或其他运输单据；第三，再以托运人或承租人的身份向国际船舶运输经营者托运货物，以履行其承运人责任。需要说明的是：

1. 无船承运人是否可以拥有船舶

《海运条例》使用了"无船承运业务"或"无船承运业务经营者"这两个术语，但何谓"无船"没有明确的定义。从语义上理解，无船应作没有船舶、不拥有船舶解释。[②] 其实，关于无船承运人定义的关键之处在于无船承运人不拥有、不经营特定国际货物运输中的船舶，而未禁止无船承运人拥有非特定国际货物运输的船舶。Non-Vessel-Operating 中的 Operating 应取经营之意，美国和菲律宾法也强调无船承运人在特定的国际货物运输中不经营船舶。拥有船舶的企业在缴纳保证金并将其提单向交通运输部报备后，显然符合无船承运人的市场准入条件，可以从事无船承运业务。只要在其所经营的无船承运业务中并不使用自有的船舶，而是通过其他国际运输船舶经营者完成国际货物运输，并签发已报备的提单，履行承运人的责任，其身份仍然应界定为无船承运人。

2. 无船承运业务是否限于班轮运输

美国和菲律宾一般将无船承运业务限于班轮运输，《海运条例》及其实施细则主要也是规范班轮运输的，且《海运条例》及其实施细则同时规定了无船承运业务，但没有将无船承运业务限于班轮运输的直接规定，将无船承运业务限于班轮运输没有法律根据。根据"通过国际船舶运输经营者完成国际海上货物运输"的规定来看，无船承运业务应限于国际海上货物运输，而国际海上货物运输的方式不止班轮运输一种，至少在我国《海商法》下，航次租船非班轮运输也属于国际海上货物运输。不过应该看到班轮运输是国际海上货物运输的主要方式，也是实务中无船承运业务的主要部分。

3. 无船承运人的特定性

在同一航次国际货物海上运输中，无船承运人相对托运人他是承运人，相对海运承运人他是托运人，我国《海运条例》规定，无船承运业务经营者"通过国际船舶运输经营者完成国际海上货物运输"（《海运条例》第 7 条第 2 款），是直接"通过"还是间接"通过"至少是不明确的，如果允许间接"通过"，则允许在一次国际海上货物运输中有两个以上的无船承运人。《海运条例实施细则》第 3 条规定，无船承运业务是《海运条例》第 7 条第 2 款规定的业务。

但在我国航运实践中，一次运输存在多个无船承运人的情况是很普遍的，因此，上述解释

---

① 《海运条例实施细则》于 2003 年 3 月 1 日起施行，于 2013 年、2017 年、2019 年三次修改。

② 参见关正义、陈敬根的观点：无船承运人不拥有、不经营船舶。"无船"应是指不拥有船舶，且对他人船舶也不拥有合法地实际占有、使用或控制的权利。关正义，陈敬根．无船承运人相关法律问题研究．中国海商法年刊，2006 (2)：102-103.

是否符合立法本意有待商榷。根据美国航运法，在托运人和远洋公共承运人之间只能有一个无船经营公共承运人。当然在实际操作中，规避法律出现两个以上无船经营公共承运人的做法，并非立法本意。

4. 无船承运人与国际货运代理人的关系

国际货运代理企业可以作为独立经营人，其与无船承运人属何种关系值得探讨。《海运条例》颁布以前，调整国际货运代理和无船承运业务的主要是根据原外经贸部1995年发布实施的《国际货物运输代理业管理规定》（以下简称《货代管理规定》）和原外经贸部1998年发布的《国际货物运输代理业管理规定实施细则（试行）》（2003年修订，以下简称《货代管理规定实施细则》）。《货代管理规定》第2条规定：国际货运代理业“是指接受进出口货物收货人、发货人的委托，以委托人的名义或者以自己的名义，为委托人办理国际货物运输及相关业务并收取服务报酬的行业”。该条允许货运代理以自己的名义为委托人办理货物运输及相关业务，为货运代理人从事无船承运业务提供了现实的可能性。《货代管理规定实施细则》第2条第1款规定：“国际货物运输代理企业（以下简称国际货运代理企业）可以作为进出口货物收货人、发货人的代理人，也可以作为独立经营人，从事国际货运代理业务。”独立经营人是指“接受进出口货物收货人、发货人或其代理人的委托，签发运输单证、履行运输合同并收取运费以及服务费的行为”。该条规定突破了《货代管理规定》，在货运代理企业以独立经营人从事经营活动时，实际上就是从事《海运条例》规定的无船承运业务。

《海运条例》由国务院发布，属行政法规，《货代管理规定》《货代管理规定实施细则》由当时的外经贸部发布，属部门规章。《立法法》第99条规定，“法律的效力高于行政法规、地方性法规、规章”。“行政法规的效力高于地方性法规、规章。”《海运条例》作为行政法规，其效力高于作为部门规章的《货代管理规定实施细则》。因此，在《海运条例》施行后，国际货物运输代理企业必须根据《海运条例》的规定交纳保证金并向交通运输部报备提单，取得无船承运人的经营资格，否则就不能继续从事无船承运业务。

十三、海商法下无船承运人的法律地位

在无船承运人从事的业务中，涉及两个不同的运输合同关系，即无船承运人与作为真正货主的托运人、无船承运人和实际承运人（或下程无船承运人）之间的运输合同关系，所以，考察无船承运人的法律地位也必须区分不同的运输合同关系。

（一）无船承运人作为承运人

根据《海运条例》及其实施细则的规定，无船承运人可以承运人身份与托运人订立国际货物运输合同；以承运人身份接收货物、交付货物；签发提单或者其他运输单证；收取运费及其他服务报酬。《海商法》第41条规定：“海上货物运输合同，是指承运人收取运费，负责将托运人托运的货物经海路由一港运至另一港的合同。”第42条规定，承运人“是指本人或者委托他人以本人名义与托运人订立海上货物运输合同的人”。以上述规定审视诸无船承运人，对作为真正货主的托运人而言，无船承运人符合《海商法》关于承运人的定义，是与托运人订立海上货物运输合同的人，无船承运人就是《海商法》规定的（缔约）承运人，承担承运人的义务，享受承运人的权利。

（二）无船承运人作为托运人

根据《海运条例》及其实施细则的规定，无船承运人通过国际船舶运输经营者完成国际海

上货物运输，无船承运人向国际船舶运输经营者或者其他运输方式经营者为所承运的货物订舱和办理托运，并支付港到港运费或者其他运输费用。根据《海商法》第42条，“托运人”是指：(1) 本人或者委托他人以本人名义或者委托他人为本人与承运人订立海上货物运输合同的人；(2) 本人或者委托他人以本人名义或者委托他人为本人将货物交给与海上货物运输合同有关的承运人的人。可见，根据《海商法》及《海运条例》的规定，无船承运人是《海商法》意义上的托运人，与海运承运人的责任关系等同于托运人与承运人的责任关系。

无船承运人虽以托运人身份向海运承运人（对真正的托运人而言，即是实际承运人）托运货物，但其并非真正的货主或货物的所有权人，在实际承运人责任期间货物发生灭失损坏，无船承运人在赔付真正的货主——托运人先向实际承运人提出索赔，似乎会因对方主张无船承运人没有损失而败诉。这就涉及如何理解损失，一般地说，损失是指现有财产的减少、可得利益的丧失，至于将来会承担潜在的责任是否构成损失是有争议的。如果无船承运人向实际承运人成功索赔，尔后托运人并未提起预计中的索赔或诉讼，那么，无船承运人有不当得利之嫌。如果将托运人未向无船承运人索赔视为托运人行使处分权，放弃对无船承运人的债权，那无船承运人得到实际承运人的赔偿无可厚非，不过对此应严加把握，即托运人行使处分权应明示或有作为的默认，不能凭托运人在诉讼时效内未起诉即作出推定。

（三）无船承运人与实际承运人的关系

在无船承运人与托运人和国际船舶运输经营者之间的两个合同关系中，无船承运人对于托运人而言是承运人，对国际船舶运输经营者来说是托运人；国际船舶运输经营者对无船承运人而言是承运人，对托运人而言是实际承运人；而无船承运人和国际船舶运输经营者对于托运人来说是（缔约）承运人和实际承运人的关系，适用《海商法》第60条至第65条的规定：无船承运人对全程运输负责，实际承运人仅对自己实际履行的部分负责；无船承运人对实际承运人及其受雇人、代理人的行为负责；无船承运人与实际承运人在一定条件下承担连带责任（见本章专题研讨“七、承运人与实际承运人的连带责任——对《海商法》第63条的理解”）；无船承运人与实际承运人之间可相互追偿。

（四）无船承运人对货物的留置权

《海商法》第87条规定：“应当向承运人支付的运费、共同海损分摊、滞期费和承运人为货物垫付的必要费用以及应当向承运人支付的其他费用没有付清，又没有提供适当担保的，承运人可以在合理的限度内留置其货物。”《海商法》的这一规定，应属民法的占有留置权性质，承运人一，旦失去对货物的占有，该留置权随即消失。同时该条还强调货物与债务人之间的权属关系，由于船舶和货物均由实际承运人占有和控制，无船承运人不实际占有货物，故不能行使对货物的留置权。而实际占有货物的海运承运人（《海运条例》称“国际船舶运输经营人”）如果知道与其订立运输合同的托运人是无船承运人，该人对货物并不享有所有权，此时，海运承运人留置货物将面临货物所有权人索赔的风险。因此，在现行法下，海运承运人不宜对无船承运人托运的货物行使留置权，除非《海商法》修改了留置权的成立要件，放弃货物与债务人之间的权属关系，即删除“留置其货物”的“其”字。

在目前情况下，无船承运人欲行使对货物的留置权，或许出现在下列两种情况中。

1. 直接占有货物时的留置权

无船承运人直接占有货物的情形有两种：在从货主处接收货物至将货物交实际承运人前直接占有货物；从实际承运人处凭海运提单提取货物后至将货物交 House B/L 持有人前也是直接

占有货物。在无船承运人将货物交实际承运人前，该货物仍在装港，在装港留置货物和承运人承担的将货物运输至目的地的义务相抵触，根据留置权的要件，在无船承运人将货物交付实际承运人运输前不得留置货物。因而只有在后一种情况下，无船承运人对货物才可能享有留置权。

2. 间接占有货物时的留置权

当无船承运人将货物交付实际承运人后就丧失对货物的实际占有，但无船承运人持有实际承运人签发的全套正本提单。虽然对提单是物权凭证这一论断存在争议，但提单至少表彰着货物的占有权，谁持有提单谁就等于间接占有货物，其可凭该提单向实际承运人提取货物，恢复对货物的占有。因此，无船承运人可通过持有提单而间接占有货物，间接占有也是对货物的管领，在满足其他要件的情况下，无船承运人可行使留置权。

需要说明的是，《民法典》第 829 条规定："在承运人将货物交付收货人之前，托运人可以要求承运人中止运输、返还货物、变更到达地或者将货物交给其他收货人，但应当赔偿承运人因此受到的损失。"该规定的实际效果其实就是赋予托运人控制货物的权利，在间接占有货物时，无船承运人作为托运人还可通过向实际承运人出示全套提单而行使对提单项下货物的控制权，没有必要借助留置权保护自己的权益，何况间接占有货物的留置权还可能会受到质疑。

（五）无船承运人的赔偿责任限制

在《海商法》中，存在两次的赔偿责任限制：第一次是单位赔偿责任限制；第二次是总的赔偿责任限制，即海事赔偿责任限制。当第一次限制的赔偿总额超过海事赔偿责任限额时，第二次限制将起作用。无船承运人作为承运人，其能否享受两次责任限制，主要应从责任限制的权利主体进行考察分析。

1. 单位责任限制

《海商法》第 56 条第 1 款中规定："承运人对货物的灭失或者损坏的赔偿限额，按照货物件数或者其他货运单位数计算，每件或者每个其他货运单位为 666.67 计算单位，或者按照货物毛重计算，每公斤为 2 计算单位，以二者中赔偿限额较高的为准。"第 57 条规定："承运人对货物因迟延交付造成经济损失的赔偿限额，为所迟延交付的货物的运费数额。货物的灭失或者损坏和迟延交付同时发生的，承运人的赔偿责任限额适用本法第五十六条第一款规定的限额。"《海商法》关于承运人单位责任限制的上述规定，并未对享有责任限制的权利主体作出特殊要求，凡是承运人均有权享受单位赔偿责任限制。如上所述，无船承运人相对于托运人而言处于承运人的地位，理应享有单位责任限制的权利。

2. 海事赔偿责任限制

海事赔偿责任限制是从船舶所有人责任限制基础上发展而来，谁有权享受赔偿责任限制？《海商法》第 204 条规定："船舶所有人、救助人，对本法第二百零七条所列海事赔偿请求，可以依照本章规定限制赔偿责任。前款所称的船舶所有人，包括船舶承租人和船舶经营人。"该条是《海商法》关于海事赔偿责任限制权利主体的规定，即能享受海事赔偿责任限制的主体包括船舶所有人、承租人、经营人和救助人。除此之外，《海商法》第 205 条和第 206 条还分别规定了上述责任主体的受雇人或代理人，以及责任保险人，都是海事赔偿责任限制的权利主体。无船承运人在其所从事的无船承运业务中不拥有船舶，也不经营船舶，这就决定了无船承运人不可能是船舶所有人、船舶经营人，如果无船承运人对国际船舶运输经营者（实际承运人）而言，处于托运人的地位，即为班轮运输，他也不是承租人。而且无船承运人既不是特定运输航次船舶的所有人，也不经营船舶，也不是救助人。可见，一般情况下，无船承运人不是《海商法》规定的能享受海事赔偿责任限制的权利主体，其不能享受海事赔偿责任限制。但如前所述，无船承运人与国际船舶运输经营者之间，并不排除是租船运输关系，在这种情况下，无船承运人是承租人，其符合海事赔偿限制主体资格，有权享受第二次限制。①

无船承运人不能享受海事赔偿责任限制，与此种制度的立法初衷有关。海事赔偿责任限制最初仅仅是为了保护船舶所有人利益，但随着真正船舶所有人与船舶经营人的分离以及海难救助的发展，渐渐地船舶经营人、承租人、救助人等也被纳入了保护范围。虽然责任限制主体有扩大的趋势，但不应把无船承运人包括在内。海事赔偿责任限制制度产生和存在乃至继续存在的理由在于，该制度充分考虑到海上运输所面临的特殊风险和航运业所需的巨大投资，为保障海上运输业的稳步发展，有必要设立一种特殊的损害赔偿制度，而无船承运人就其所从事的无船承运业务而言，既不拥有船舶、不经营船舶，也不实际从事面临海上风险的运输，其对海运业并无大额投资，没有必要给予特殊保护。法律、行政法规对无船承运人的注册资本金额无较高的特殊规定，适用《公司法》的一般规定，且将 80 万元保证金作为无船承运人的市场准入条件之一，这其实已在一定程度上限制了无船承运人的赔偿能力，起到限制其赔偿责任的实际效果。所以，无船承运人不应享有海事赔偿责任限制的权利。

3. 小结

实践中，无船承运人向托运人签发提单，该提单是用于银行结汇的提单，提单正面较为详细地记载承运货物的件数及重量。通常情况下，无船承运人作为托运人向实际承运人托运货物，取得实际承运人签发的提单，该提单往往只是作为无船承运人与实际承运人货物交接的凭据，提单上关于货物件数、重量的记载比较简单。当发生货损时就可能产生问题，无船承运人的赔偿责任往往大于其能从实际承运人处得到的赔偿，当这种赔偿责任在享受单位责任限制后仍超过海事赔偿责任限制的，无船承运人将面临巨额索赔。为规避这种风险，建议无船承运人在向实际承运人托运货物时，也应按其所签发提单上关于货物的记载向实际承运人申报货物详情，并取得如此记载的提单。即使这样，在实际承运人享受海事赔偿责任限制的场合，无船承运人在从事无船承运业务时仍可能面临巨额索赔的风险。

十四、无船承运人提单（House B/L）的法律性质

《海商法》第 73 条规定了提单应记载的事项，并规定提单缺少第 73 条列明的一项或者几项，不影响提单的性质；但是，提单应当符合《海商法》第 71 条规定的提单功能的要求。无船承运人签发的提单称 House B/L，通常除签发提单主体不同外，大体上是 Ocean B/L（Master B/L）的翻版。因此，无船承运人签发的提单符合《海商法》第 73 条规定的内容。问题在于无船承运人签发的提单是否符合《海商法》第 71 条的规定，即："提单，是指用以证明海上货物运输合同和货物已经由承运人接收或者装船，以及承运人保证据以交付货物的单证。提单中载明的向记名人交付货物，或者按照指示人的指示交付货物，或者向提单持有人交付货物的条款，构成承运人据以交付货物的保证。"据此，一般认为，提单是承运人与托运人之间达成的国际海上货物运输合同的证明；提单是承运人接收货物或者将货物装船的证明；提单是承运

① 不同观点：无船承运人由于"不经营船舶"的特征，所以不享有海事赔偿责任限制的权利。朱曾杰．论无船承运人．中国远洋航务公告，2003（10）：68.

人保证据以交付货物的凭据。以第 71 条的规定衡量无船承运人的提单完全具有上述提单的三个功能，是《海商法》意义上的提单。

无船承运人取得 Ocean B/L 的目的是在目的港凭单向海运承运人提取货物，以便向 House B/L 的持有人交付货物，完成其承运人的义务。因此，无船承运人或其代理人只需在目的港向实际承运人出示全套 Ocean B/L 即可，Ocean B/L 基本无转让的需求，Ocean B/L 甚至可以说是无船承运人与实际承运人内部交接货物的凭据，是一种近似封闭的运输单据，因此不具有物权性（详见本章专题研讨十九，提单功能阶段论说）。典型的例子是无船承运人将小批量货物拼装到一个集装箱内，并以整箱货的形式向集装箱班轮公司托运取得 Ocean B/L；在目的港，无船承运人或其在当地的代理人再凭单以整箱货的形式提取货物，拆箱后分别将货物交给各个收货人。国际商会《跟单信用证统一惯例》（UCP500）第 30 条规定[①]，"运输行出具的运输单据"，除非信用证另有授权，否则银行仅接受运输行出具的具有注明下列内容的运输单据：(1) 注明作为承运人或多式联运营运人的运输行的名称，并由作为承运人或多式联运营运人的运输行签字或以其他方式证实；或 (2) 注明承运人或多式联运营运人的名称并由作为承运人或多式联运营运人的具名代理或代表的运输行签字或以其他方式证实。根据该条，House B/L 和 Ocean B/L 均是银行可接受的运输单据，但在《海运条例》颁布后，House B/L 取得了合法的法律地位；如上所述，Ocean B/L 基本无发生流转的需求和可能，作为相对于无船承运人的托运人来说，因为他与海运承运人不存在运输合同关系，不可能取得海运承运人签发的 Ocean B/L；托运人在取得 House B/L 后，是凭该提单向银行议付货款，而且凭该提单实际也是可以议付货款的，因此，House B/L 具有物权凭证效力。

有观点认为，根据"一物一权原则"，House B/L 不具有物权凭证的效力，不能通过银行议付货款[②]，这其实是一种误解。"一物一权原则"不过是物权绝对效力或物权排他效力的表现。由于物权的排他性，一物之上当然不可能存在两个以上的所有权，也不可存在两个以上种类一致、效力相当的用益物权或担保物权。这就是"一物一权原则"本来要表达的意思。"一物一权原则"，作为法学上的概念，远远不如"物权排他性原则"科学和准确。因为自用益物权和担保物权产生之后，所谓的"一物一权原则"，只能适用于所有权，而不能适用于他物权。在一物上存在两个以上担保物权，或并存用益物权和担保物权是常见的。可见，"一物一权原则"只适用于所有权，提单是物权凭证，但一般认为提单不是所有权凭证，不适用"一物一权原则"。

在无船承运业务下，惯常的业务操作是海运承运人将 Ocean B/L 签发给无船承运人，无船承运人签发 House B/L 给他的托运人。在 FOB 出口贸易下，无船承运人为外国买方指定，国内货物代理企业通常的角色是根据国内出口企业的通知代其将货物交付给国外买方指定的无船承运人，部分情况下，国内货物代理企业同时接受该无船承运人的委托代为向其指定的船公司订舱。国内货运代理企业通常既无法控制无船承运人的选任，也无法控制无船承运人提单的签发，因为他不是运输合同的当事方。如果出口商选择的国外买方不当，国外买方选择的无船承运人不当，甚至他们相互勾结进行欺诈，这不是靠法律，更不是靠运输法所能避免的问题。出口商欲保护自己的权益，第一选好贸易伙伴，第二签订好买卖合同，在信用证结汇条件下，保

---

① UCP600 第 19、20、21 条涵盖了 UCP500 第 30 条的内容。
② 张海滨．论无船承运人的法律地位及其提单的性质．世界海运，2003 (5).

证可转让提单签发给自己，运输法在对于承运人签发提单问题上做到与贸易法相衔接。

无论是中国还是外国的无船承运人均应具备市场准入。根据《海运条例》第 43 条的规定，国务院交通主管部门或者其授权的地方人民政府交通主管部门，应当对这种未办理提单登记、交纳保证金，而擅自经营无船承运业务的行为进行行政处罚。未取得无船承运人资格而以无船承运人身份从事无船承运业务，签发 House B/L 应受行政处罚。但从私法的角度判断，该提单仍具有法律效力。

首先，根据《海运条例》及其实施细则的规定，无船承运业务经营资格的取得采登记制而非许可证制度，不具备无船承运人资格而签发 House B/L 不属违反国家限制经营、特许经营以及法律、行政法规禁止经营的规定。

其次，《民法典》第 153 条规定："违反法律、行政法规的强制性规定的民事法律行为无效……"不具备无船承运人资格而签发 House B/L 似乎违反行政法规的强制性规定，应认定为无效，这种观点也是错的。《民法典》规定的"违反法律、行政法规的强制性规定"是指违反法律、行政法规中民事法律规范中的强制性规定，而不是违反法律、行政法规中行政法律规范中的强制性规定。强制性规定分为两种：取缔规范和效力规范。对《民法典》第 153 条中关于违反强制性规定致民事法律行为无效的解释是：法律法规明确规定违反禁止性规定将导致民事法律行为无效的，属于效力规范；法律法规没有明确规定违反禁止性规定将导致民事法律行为无效的，违反该规定以后若民事法律行为继续有效并不损害国家利益和社会公共利益，该规定属于取缔规范。因此，即使违反法律、行政法规中民事法律规范中的强制性规定的民事法律行为，也不必然无效，只有违反了法律、行政法规中民事法律规范的效力规范的民事法律行为，才能认定为无效。《海运条例》关于未办理提单登记并交纳保证金的不得经营无船承运业务的规定属于取缔性规范而非效力性规范，对仅违反取缔性规范的行为不应认定为无效。①

最后，《民法典》第 157 条规定："民事法律行为无效或者被撤销后，行为人因该行为取得的财产，应当予以返还；不能返还或者没有必要返还的，应当折价补偿。有过错的一方应当赔偿对方因此所受到的损失，各方都有过错的，应当各自承担相应的责任……"但在审判实践中，即使认定运输合同无效或提单不具有法律效力，一般也是按照合同有效来处理的。因为货物已经发生位移，没有必要回运，承运人取得运费也没有必要返还；如果是折价补偿，即应剔除运费中的利润，这显然是一项难以完成的工作，故认定无资格而以无船承运人的身份签发的提单无效在审判实践中意义不大。

十五、中国海商法中港口经营人的法律地位

（一）港口经营人法律地位问题的提出

《港口经营管理规定》（2020 年修正）第 3 条规定，港口经营人，是指依法取得经营资格从事港口经营活动的组织和个人。关于港口经营活动该条第 1 项作了具体规定，从这一定义可以看出，《港口法》中港口经营人的概念要比实际承运人或海运履约方的概念宽泛，也是就说，《港口法》中的港口经营人并不都是实际承运人或海运履约方。这里讨论的仅限于属于实际承运人部分的港口经营人。

在海上货物运输中，承运人不可避免地要将装卸、仓储、港内运输等业务委托给港口经营人来完成。当货物的灭失或损坏发生在港口经营人掌管货物期间时，港口经营人如何承担民事

---

① 王中华．未获得无船承运人资格订立的运输合同是否有效．中国海商法年刊，(2004)：336，337.

责任的问题便凸显出来，例如：港口经营人直接对货方[①]承担民事责任的责任基础是什么？其是否可以享受海上承运人在《海商法》下可以主张的免责、责任限制或其他抗辩？其是否与承运人承担连带责任？

应当承认，这些问题在中国的海事司法实践中还充满着争议，而争议的焦点最终往往集中在港口经营人的法律地位：港口经营人是否属于《海商法》下的实际承运人？或是否属于承运人的受雇人或代理人？对此，理论上尚缺乏清晰的梳理。笔者根据中国《海商法》的规定以及民法的基本原理，并参照《海牙规则》《海牙—维斯比规则》《汉堡规则》的规定[②]，对中国海商法中港口经营人的法律地位进行分析。

（二）海事法院对港口经营人法律地位的不同案例

1. 港口经营人不适用《海商法》的判例

2001 年 5 月 14 日，原告中银集团保险有限公司承保的冷冻机，运抵上海港张华浜码头 19 箱区 51 号位。由于被告上海交运集装箱发展有限公司驾驶员的疏忽大意，其驾驶的“沪A50443”号集装箱卡车与前述集装箱猛烈碰撞造成严重货损。原告根据保险合同的约定，对收货人上海华虹 NEC 电子有限公司作出了 289 375 美元的保险赔付，并依法取得了代位求偿权。本案承运人中远公司根据提单责任限制条款赔付保险人（原告）39 662.64 美元，原告收到赔款后向中远公司出具了“责任解除书”，原告在本案的诉讼中未将其扣除。后中远公司在上海宝山区法院起诉本案被告，经协商被告实际赔付中远公司 30 000 美元。

原告请求法院判令被告赔偿货物损失 289 375 美元及该款自 2001 年 11 月 15 日至被告实际支付之日止的同期银行贷款利息，并由被告承担本案诉讼费和其他费用。

上海海事法院判决：原告依据运输合同得到部分赔偿，不足部分仍可向侵权人（被告）再行索赔，因为被告不适用《海商法》（不是实际承运人），不能享受责任限制，承担全部货损责任。因设备有 20 000 美元残值，并从承运人处已获得的 39 662.64 美元赔偿，均应扣除，被告上海交运集装箱发展有限公司实际应赔偿 229 712.36 美元。

2. 港口经营人适用《海商法》，作为承运人的受雇人的判例

在中国沈阳矿山机械（集团）进出口公司诉韩国现代商船有限公司、中国大连保税区万通物流总公司海上货物运输合同货损赔偿纠纷案中，从事集装箱场地堆存作业的万通物流公司，被大连海事法院认定为承运人韩国现代商船有限公司的受雇人，有权享受《海商法》赋予承运人的抗辩和责任限制的权利。[③]

2004 年 4 月 5 日，原告福建顶益食品有限公司诉被告广州集装箱码头有限公司港口作业纠纷案中，广州海事法院判决：在中远公司承运货物的责任期间内，被告作为港口经营人，与中远公司签订了“外贸船舶装卸协议”，该协议具有雇佣合同的性质，被告实质上可认定为中远公司承运货物过程中的受雇人。根据《海商法》第 58 条第 2 款、第 59 条第 2 款的规定，被告对在港口作业过程中造成的该货物损失，有权援用该法第四章关于承运人的抗辩理由和限制赔偿责任的规定。被告作为直接与中远公司签订《外贸船舶装卸协议》的独立合同人，并不影响其享受限制赔偿责任的权利，因为《海商法》并没有排除独立合同人享受限制赔偿责任的规

---

① 在中国海商法中，对承运人享有诉权的人可能是托运人、提单持有人、收货人或货物所有权人，为论述的方便，本书使用“货方”一词泛指在具体纠纷中享有诉权的人。

② 中国《海商法》第四章“海上货物运输合同”的规定是在综合参考《海牙规则》《海牙—维斯比规则》《汉堡规则》的基础上形成的，因此，分析这些海运公约有利于正确理解中国《海商法》的规定。

③ 参见（2001）大海法商初字第 246 号民事判决书，该判决书已被公布在 http：//www.ccmt.org.cn/。

定。原告在本案中向被告另行请求赔偿超过该赔偿限额的损失，没有法律依据，不予支持。

（三）港口经营人的定位

港口经营人处于什么样的法律地位？这个问题，笔者在本章专题研讨“九、‘喜马拉雅条款’的沿革及理论基础”中，得出的结论是：在中国法下，港口经营人作为独立合同人，应属实际承运人的地位。[①] 然而从上述判例可以看出，除不适用《海商法》的判例外，适用《海商法》的判例都是以承运人的受雇人地位而适用的。

1.《汉堡规则》下的实际承运人与港口经营人

首先，不管《海牙—维斯比规则》还是《汉堡规则》中“受雇人”或“代理人”一词的含义如何，我们在解释《海商法》时，必须首先考虑的是中国的法律环境。在中国法下，“受雇人”与“雇主”是相对应的概念，它们属于雇佣合同的主体，而承运人与港口经营人之间订立的是“港口装卸作业合同”或“仓储合同”[②]，该合同在性质上肯定不属于雇佣合同，何来港口经营人属于承运人的“受雇人”一说？在港口经营人从事装卸、仓储等港口作业时，承运人与港口经营人之间也显然不是代理法律关系，不可能得出港口经营人属于“代理人”的结论。

其次，中国《海商法》在制定时为何未像《海牙—维斯比规则》那样，在“受雇人或代理人”后面加上“该受雇人或代理人并非独立合同人”一语，已经无从考证。但是，我们知道，“独立合同人”（independent contractor）作为一个法律概念，完全系英美法所特有，而中国法继受的是大陆法系，在中国法下不存在相对应的法律概念，在中国的法律环境下，很难界定其准确含义，在理解上也容易产生歧义；况且，按照我们的理解，“独立合同人”与“受雇人”也根本不可能发生重合。因此，从立法技术的角度考察，《海商法》中没有出现这样的概念，完全在情理之中。

另外，我们需要特别注意的是，在中国《海商法》中，不管是实际承运人制度，还是将“喜马拉雅条款”法定化的规定，都是参照《汉堡规则》而来的。因此，在解释《海商法》时，有必要参考国际上对《汉堡规则》的理解。

如果将港口经营人认定为是承运人的受雇人或代理人，在证明其行为是在受雇或者受委托的范围之内，其行为的后果应由承运人承担，从而请求人不得对承运人的受雇人或代理人提出索赔（除非在人身损害赔偿中，雇员因故意或重大过失致人损害的，应当和雇主承担连带责任）[③]，因而在一般侵权和合同之债情况下，根本不会涉及受雇人或代理人援引承运人的抗辩理由和赔偿责任限制的问题[④]，《海商法》第 58 条第 2 款也将形同虚设。货方唯一可选择的途径是对港口经营人提起侵权之诉。然而，侵权之诉货方必须证明在侵权行为发生之时，其对货

① 国务院法制局原局长杨景宇同志在第七届全国人民代表大会常务委员会第二十六次会议上发表的《关于〈中华人民共和国海商法（草案）〉的说明》之“二、关于海商法的调整范围中”指出：“承运人专指船方，不包括港口经营人。”但是，承运人和实际承运人在我国《海商法》下是并列的法律概念，彼此不存在互为包容的关系，故将港口经营人纳入实际承运人的范畴并不违背《海商法》的原意。

② 《民法典》第三编第二十二章。专门对“仓储合同”进行了规定，其中，第 904 条对仓储合同所作的定义是：“仓储合同是保管人储存存货人交付的仓储物，存货人支付仓储费的合同。”

③ 参见最高人民法院《关于审理人身损害赔偿案件适用法律若干问题的解释》（法释〔2003〕20 号，2022 年修正）第 9 条第 1 款。

④ 司玉琢主编．海商法．2 版．北京：法律出版社，2007：117．在我国民法理论界，比较常见的观点认为，根据“转承理论”或“雇主责任理论”，雇员在执行职务过程中的侵权行为的责任主体是雇主，而非雇员，即受害人只能向雇主提出索赔（王利明．民法·侵权行为法．北京：中国人民大学出版社，1993：492）。在中国沈阳矿山机械（集团）进出口公司诉韩国现代商船有限公司、中国大连保税区万通物流总公司海上货物运输合同货损赔偿纠纷案中，大连海事法院也认为：“被告万通物流是受雇于被告韩国现代，是被告韩国现代的受雇人，其与原告没有直接的法律关系，没有直接赔偿原告损失的义务。”

物享有所有权，这对于货方来说，往往是一道难以逾越的屏障。

因此，将港口经营人认定为承运人的受雇人或代理人，从理论到实践都有不妥之处。

2.《海商法》下的实际承运人与港口经营人

中国《海商法》下实际承运人的定义，是参考《汉堡规则》的规定作出的①，《海商法》第42条第2项规定："'实际承运人'，是指接受承运人委托，从事货物运输或者部分运输的人，包括接受转委托从事此项运输的其他人。"

对《海商法》的这一规定，目前尚存在理解上的分歧。多数观点认为，实际承运人仅限于实际承担了货物运输或部分运输的船舶所有人或承租人。② 显然，这一观点将港口经营人排除在实际承运人的范畴之外。这是对实际承运人定义中的"货物运输"一词进行狭义的字面解释得出的结论，即"货物运输"一词的含义仅限于货物装在船舶上进行的海上运输，而不包括货物装上或卸下船以及装卸前后的仓储、保管行为。③

笔者认为，对实际承运人定义中的"货物运输"一词进行狭窄的字面解释是不妥当的。众所周知，对法律词汇的理解从来都不能仅仅拘泥于其字面含义或日常生活的含义，海上货物运输合同或海上货物运输法中使用的"货物运输"一词的法律内涵是丰富多变的。"货物运输"一词是否应当包括装卸两港的装卸、仓储等港口作业，取决于特定的法律环境，即海上货物运输合同本身的约定以及其所适用的法律。在不同的海上货物运输国际公约或国内法中，"货物运输"的内涵是不同的。对于有的国际公约或国内法，承运人应履行的"货物运输"义务可能仅限于船舶在海上航行所实现的货物位移过程；而对于有的国际公约或国内法，承运人所要履行的"货物运输"义务，就不仅限于此过程，可能包括装卸两港港口经营人的各种作业。

由于我国《海商法》并未对该词进行单独定义，在解释的时候需要运用"体系解释"④ 的方法。笔者认为，从《海商法》第41条（海上货物运输合同的定义）、第46条（承运人的责任期间）与第48条（承运人的管货义务）的规定以及这些条款的内在联系中，不难寻找到问题的答案。

《海商法》第41条规定："海上货物运输合同，是指承运人收取运费，负责将托运人托运的货物经海路由一港运至另一港的合同。"该定义是参照《汉堡规则》第1条至第6条制定的。从该定义中，我们不难看出《海商法》所调整的货物运输合同在地理上的区段是"港至港"。依据该定义，"货物运输"一词应当包括装卸两港的装卸与仓储等作业，但应当注意的是，《海商法》第46条关于责任期间的规定，又对该词的内涵进行了进一步的限定。

《海商法》第46条第1款规定，"承运人对集装箱装运的货物的责任期间，是指从装货港接受货物时起至卸货港交付货物时止，货物处于承运人掌管之下的全部期间。承运人对非集装箱装运的货物的责任期间，是指从货物装上船时起至卸下船时止，货物处于承运人掌管之下的全部期间"。《海商法》的该条规定兼顾了《海牙规则》与《汉堡规则》承运人责任期间的规定。对

---

① 《汉堡规则》第1条第2款规定："'实际承运人'，是指受承运人委托从事货物运输或部分货物运输的任何人，包括受托从事此项工作的任何其他人。"

② 交通部政策法规司，交通法律事务中心编．中华人民共和国海商法条文释义．北京：人民交通出版社，1993：33-34；司玉琢主编．海商法．2版．北京：法律出版社，2007：122；吴焕宁主编．海商法学．北京：法律出版社，1996：91.

③ 郭瑜．论我国海商法中的实际承运人制度．民事责任与民法典体系．北京：法律出版社，2002：372-387.

④ 所谓体系解释方法，是指以法律条文在法律体系上的地位，即依其编、章、节、条、款、项之前后关联位置，或相关法条之法意，阐明其规范意旨之解释方法。梁慧星．民法解释学．北京：中国政法大学出版社，1995：217.

于集装箱货物运输的责任期间，《海商法》采用的是《汉堡规则》模式[①]，即“港至港”；而对于非集装箱货物运输的责任期间，《海商法》采用的是《海牙规则》模式[②]，即“钩至钩”[③]。

根据上述承运人责任期间的规定，笔者认为，对于集装箱货物运输，“货物运输”一词应包括装卸两港的装卸与仓储等其他港口作业；而对于非集装箱货物运输，“货物运输”一词的内涵还需要进一步参考《海商法》第48条（承运人的管货义务）的规定。

《海商法》第48条规定：“承运人应当妥善地、谨慎地装载、搬移、积载、运输、保管、照料和卸载所运货物。”根据该条规定，“装载、卸载”是承运人在进行“货物运输”时必须履行的法定义务，因此，在非集装箱货物运输方式下，“货物运输”一词将涵盖在装卸两港的装卸作业，但不包括仓储等其他港口作业。

综上，关于中国《海商法》实际承运人定义中“货物运输”一词的含义，将取决于所采用的运输方式是集装箱货物运输还是非集装箱货物运输。因此，对于接受承运人委托从事“货物运输”的港口经营人是否是实际承运人的问题，答案应是区分两种情况：对于非集装箱货物运输，接受承运人委托从事装卸作业的港口经营人，由于其履行的装卸作业属于承运人的责任范围，而装卸作业又属于“货物运输”的一部分，其应具有实际承运人的法律地位。但如果港口经营人从事的是仓储等其他港口业务，则其不能被认定为是实际承运人[④]；对集装箱货物运输而言，无论港口经营人履行的是装卸作业还是仓储、港内运输等其他港口作业，只要他接受的是承运人的委托，其都将具备实际承运人的法律地位。

（四）学术观点和发展趋势

1. 威廉姆·台特里教授认为：“《汉堡规则》第4条将承运人的责任扩展至港口到港口，从而解决了‘喜马拉雅条款’的问题。同时，第10条规定承运人对实际承运人的行为负责，根据《汉堡规则》第1条第2款的规定，实际承运人应当包括装卸工人及港口经营人。”[⑤]

2. 美国的Machael. F. Steley教授对《汉堡规则》中“货物运输”的定义作这样的评述：“货物运输”应该是指承运人将货物从接受地运至交付地的义务，那种认为装船卸载环节不属于承运人的一般义务的说法是根本站不住脚的。[⑥]

3. 在《鹿特丹规则》的制定过程中，除了规定缔约承运人和货方之间建立赔偿责任制度之外，还规定了“海运履约方”——履行或承诺履行港到港运输区段缔约承运人义务的履约方——实质性的赔偿责任规则，海运履约方包括海运承运人、支线海运承运人、港区作业装卸公

---

① 《汉堡规则》第4条第1款规定，按照本公约，承运人对货物的责任期限包括货物在装货港、运输途中和在卸货港处于承运人掌管之下的期间。

② Article 1 (e) of Hague rules provides: “Carriage of goods” covers the period from the time when the goods are loaded on to the time they are discharged from the ship.

③ “钩至钩”通常理解为：使用船上吊货设备时，在装港吊钩吃力时起到卸港吊钩脱钩时止的期间；使用岸上装卸设备时，是以装港越过船舷至卸港卸离船舷的所谓“舷至舷”为责任期间。

④ 例如，非集装箱货物在目的港卸货后，由于提单持有人A未能及时提货，承运人B将货物委托给港口经营人C保管，由于C未能妥善保管导致货损，此时，提单持有人A可以依据《民法通则》对C提起侵权之诉，但是，C并不具备实际承运人的地位，不能享受《海商法》规定的免责、单位责任限制与其他抗辩。

⑤ William Tetley, “The Himalaya Clause Revisited”, JIML 9 [2003] 1 p. 64. “The Hamburg Rules solve the problem of the Himalaya Clause at Article 4 which extends the responsibility of the carrier from port to port, while Article 10 holds the carrier responsible for the acts of the actual carrier, who by the definition in Article 1 (2), would include the stevedore and the terminal agent.”

⑥ Machael. F. Steley. “Scope of Coverage under the UNCITRAL Draft Instrument”. *JIML* 10 (2004) 2, p. 148.

司和海运港站经营人。可见，《鹿特丹规则》已将港口经营人、装卸公司、港口仓储公司等纳入“海运履约方”[①]，适用该规则规定的承运人的义务和责任限制与抗辩（《鹿特丹规则》第19.1条）。[②]

（五）总结

在我国《海商法》体制下，港口经营人应属于实际承运人的范畴。对于集装箱运输，如果港口经营人接受承运人的委托或转委托，从事港口内的装卸、仓储、保管等业务，属货物运输的一部分，港口经营人处于实际承运人的地位。对于非集装箱运输，仅仅是装卸作业属于货物运输的环节，如果装卸公司接受承运人的委托或转委托从事此项作业，装卸公司即处于实际承运人的地位。

十六、发货人及单证托运人的权利义务

（一）运输法中难以确立发货人的地位

我国《海商法》和《汉堡规则》中规定了两种托运人：即与承运人订立运输合同的人（缔约托运人）；向承运人交付货物的人（发货人，也有称实际托运人）。两种托运人各自的权利义务没有明确的规定，尤其我国《海商法》第42条第3项取消了《汉堡规则》第1条第3款两种托运人之间的“或者”（or）一词，结果变成了中国《海商法》下，在同一时间存在两种具有托运人身份的人。在实践中，就出现了两种托运人都要求承运人签发提单时，承运人无法确定应该签单给谁的尴尬局面。

在联合国国际贸易法委员会第三工作组研讨《鹿特丹规则》的开始阶段，中国代表团曾提出将缔约托运人与发货人分开定义[③]，分开规定各自的权利义务。但分开之后发现，发货人因不是运输合同的当事方，不承担任何合同义务，唯一的权利是以交付货物为条件索要一个货物收据[④]，而货物收据在《鹿特丹规则》中没有任何地位。因此，这种规定没有实质意义。最终不得不放弃确立发货人地位的立法模式，另辟蹊径解决实务中所关切的问题。

（二）单证托运人制度的创设

放弃发货人的立法模式后，《鹿特丹规则》创设了“单证托运人”的概念。“单证托运人的含义是指托运人以外的，同意在运输单证或者电子运输记录中被记名为托运人的人。”（《鹿特丹规则》第1条第9款）。关于单证托运人的权利义务，《鹿特丹规则》第33条作了明确规定：“单证托运人应承担本章（指第七章‘托运人对承运人的义务’——笔者注）和第55条规定的托运人的义务和赔偿责任，且有权享有本章和第十三章规定的托运人的权利和抗辩。”但这一条仍然没有解决单证托运人要求承运人签发提单的权利，单证托运人欲从承运人处获得提单，还需经托运人的同意。[⑤] 根据这一条规定，单证托运人的具体义务是：

---

① 《鹿特丹规则》第1条。

② 2013年4月25日生效的《德国商法典》引入了实际承运人（actual carrier）概念，根据新法第509条第1款的规定，实际承运人为全部或者部分进行海上运输的第三人。新法没有引进《鹿特丹规则》中“海运履约方”（maritime performing carrier）的概念，原因在于新法仅仅规范海上运输，陆上运输与多式联运均由一般运输法规定。因而，根据新法的规定，提供货物搬运、仓储服务的码头经营者并非实际承运人，而提供装卸服务的码头经营者则视为实际承运人。王彦．德国海商法的改革及评价．中国海商法研究，2015（2）：79.

③ WP.21第1.3条定义：“发货人”系指将货物交给承运人运输的人。

④ WP.21第8.1条定义：“发货人将货物交给承运人或者海运履约方后有权索取一货物收据”。

⑤ 参见《鹿特丹规则》第35条。

（1）备妥待运货物，交付运输的义务（第 27 条第 1 款）。

（2）如果单证托运人负责装载、操作、堆置和卸载货物，应尽“妥善而谨慎”之责（第 27 条第 2 款）；如果集装箱或车辆由单证托运人装载，应尽妥善而谨慎地堆置、绑扎和加固的义务（第 27 条第 3 款）。

（3）向承运人提供信息、指示和文件的义务（第 28、29、31 条）。

（4）除提供信息和危险货物运输，单证托运人对承运人承担严格赔偿责任外，其责任基础为过失责任（第 30、32 条）。

（5）单证托运人对其受雇人、代理人和分合同人的行为负责（第 34 条）。

单证托运人的具体权利是：

（1）有权要求承运人提供信息和指示的权利（第 28 条）；

（2）有权享有第 13 章有关时效的规定。

《鹿特丹规则》将单证托运人区别于发货人。也就是说，发货人如果不被记载于提单成为“单证托运人”，则其与承运人不产生运输合同下的法律关系。发货人成为“单证托运人”后，将享受并承担运输法规定托运人的某些权利与义务。当然，能被记载为“单证托运人”的人并不限于发货人，其他相关贸易方也有可能成为“单证托运人”。

可见，《鹿特丹规则》中关于“单证托运人”概念的设立，不仅符合贸易和航运实务的做法，也解决了海商法理论中记载于提单中的“托运人”的法律地位的疑问。

（三）如何评价单证托运人

1.“单证托运人”概念的出现满足了航运实务发展的需要

“托运人”的记载在委托单、装船单、场站收据和提单中都有记载。从理论上说，这些单证中所记载的托运人名称应该相同。但有时贸易商会因为种种商业考虑而修改“托运人”一栏中的记载。例如，有的内地出口商本身没有能力将货物运至海港办理报关装船事项时，通常全权委托货运代理人（有时被称为运输行）办理，提单托运人栏可能被记载为货运代理人或者无船承运人；在中间商贸易中，中间商为避免出口商与进口商直接接触，或者中间商出于其他目的，可以要求签发托运人为中间商名称的提单；在某些背对背信用证业务中，背对背信用证的受益人（实际供货人）在提单或其他运输单据中不出现，而中间商以托运人的身份出现在提单上。总之，提单中所记载的托运人的名称可能因贸易的需要而改变，这种改变已经被贸易实务所接受，并且在信用证规则中规定了“第三方提单” （Third Party B/L）的内容。例如，UCP600 第 14 条（K）规定：“在任何单据中注明的托运人或发货人无须为信用证的受益人。”这说明，提单中的托运人不一定就是信用证中所体现的受益人（或卖方）。

2.“单证托运人”概念的出现是现代航运实务变革的体现

现代航运的操作流程与传统航运相比已经发生了巨大的变化，通信、网络等高科技使许多具有重要法律意义的程序被简化或被虚拟，曾经的“以单证换单证”或者“以单证换货物”的传统做法已经被电子交换系统、电子邮件或传真的确认所取代。

在传统的航运实务中，承运人收到货物后会向发货人（或发货人的委托代理人）签发一份大副收据。船长或船舶代理会根据货方提供的大副收据及其他相关信息签发提单。因此，向交付货物的人签发大副收据，然后向出具大副收据的人签发提单，这一切都是根据“以单证换单证”的程序来操作的，从逻辑上看，承运人不可能将提单交付给不能出具大副收据的其他人。

至于出具大副收据的人是否是贸易合同的卖方，从承运人的角度而言可能无法判断。也就是说，承运人只是负责将提单签发给交付货物的人。这是从承运人的角度看提单并非一定签发给贸易合同卖方的例证。

现代航运实务则发生了巨大变化，其中，网络及现代通信科技在集装箱运输领域中的使用最有代表性：（1）出口货物的运输不是由工厂或贸易商亲自安排，而是分别委托货运代理、报关行和拖车队完成。（2）装货单的三联单，即装运单（shipping order）、留底联（counterfoil）和大副收据（mate's receipt，有时亦被称为"场站收据"），通常是由报关行填制，待货物装箱并到达集装箱场地理货后由报关行持有该单据以及理货单、箱单和发票和报关委托等单据到海关报关。（3）船公司或承运人以后所签发的提单中所显示的集装箱箱号也并非是从"场站收据"中获取。在货物进港之前，船公司已经从货运代理处获知该信息并在系统中已经登录。（4）货物不再是直接在船上进行交接，而是由集装箱拖车持有"场站收据"与代表船方的港口进行交接。（5）货物交接的过程简化为拖车经过港口闸口的一段时间。货物进港后，港口闸门随即将"场站收据"收回。由于现代航运中货物在进港之前已经完成报关手续，当货物进港经过闸口时，电脑系统中已经存在所要进港的货物的信息。所以，货物的交接已经改变了传统的"以单证换货物"模式，港口不再是收到货物后签发"场站收据"，反而是在收到货物同时将其回收。如果"场站收据"中货物信息与系统中的信息不符，货物进港装船都可能受到阻碍。（6）港口收到装货单的三联单后会自己保留盖有海关放行章的一联，还有一联交给大副，用来进行货物转船，最后一联交给船代留底，这一联也将最终返回船公司作为签发提单的依据。值得注意的是，现代海运中船公司并非见到"场站收据"后才签发提单。提单的样本早已根据货运代理通过网络所传递的信息由船公司制作完毕，实务中的通常做法是：待货运代理向船公司支付完毕港杂费、安保费、制单费和码头操作费（THC）后，船公司就会将提单放给货代。因此，从承运人的角度看，其将提单签发给与其联系出运货物并且缴纳相关费用的货运代理，而不一定是贸易合同中的卖方或者发货人。

实践中，CIF 贸易条件下出口的货物通常由卖方委托货运代理人；在 FOB 贸易条件下出口的货物则由收货人在出运港指定货运代理人（对货运代理人而言被称为"指定货代"）。很少出现两家货运代理人同时与承运人办理货物出运手续的情形，因此，理论上所存在的"向哪一个托运人签发提单的争论"并不突出。

3. 发货人取得提单的严格要求，提示 FOB 的出口商要善于在买卖合同中保护自己

当然，对于我国 FOB 条件成交的出口贸易，卖方面临一定风险：（1）FOB 贸易下的卖方即使是单证托运人，其要求承运人签发提单的权利也要受到托运人的制约：因为承运人只有在得到托运人的同意后，才能向单证托运人签发提单；卖方如果不能获得提单，就不能进行信用证下的结汇，及时获得货款，就不能获得控制权和诉权。（2）如果卖方的身份仅仅是发货人，而没有成为"单证托运人"，则其除了有权要求获得一份货物收据外，不能享有运输合同下的任何权利，包括控制权和诉权。其后果是：一旦货物运输后，依据《鹿特丹规则》，他将完全失去对货物的控制，并且，也不能基于运输合同向承运人索赔有关损失。

要克服上述问题，只有靠出口商充分注意买卖合同约定的重要性，要使自己成为"单证托运人"，就要在买卖合同中约定在提单托运人栏中载明发货人的名字，要取得提单还要约定托运人同意承运人签单给发货人。因为这毕竟是贸易法要解决的问题，不能期待运输法中规定更

多的贸易法的内容。[①]

4. 结论

《鹿特丹规则》创设的“单证托运人”概念，使FOB卖方可以“单证托运人”的身份介入承运人与买方订立的运输合同之中，进而规定了FOB卖方获取提单权利的条件，实际上也可以说是对客观贸易实践的总结与法律化。只要FOB卖方依《鹿特丹规则》的规定行事，即在买卖合同洽谈时明确自己是“单证托运人”，并有权从承运人处获得提单，买方即托运人应告知承运人将提单签发给发货人。这样卖方不仅在买卖合同中，同时也在运输合同中具有获取提单的依据，应看成是弥补了过去公约、国内法的不足，是进步和有益的创新，应被贸易实践积极接受，而不是拒之门外。

十七、保护FOB下发货人权益的另一种选择——提单货物运输合同相对性原则的第三次突破

合同相对性原则是两大法系的合同法中一条共用的重要原则，是指合同主要在特定的合同当事人之间发生法律约束力，只有合同当事人一方能基于合同向合同对方提出请求或者提起诉讼，而不能向与其无合同关系的第三人提出请求，也不能擅自为第三人设定合同上的义务，合同债权也主要受合同法的保护。但是，随着商品经济的发展和市场经济体制的建立与完善，合同相对性原则已在许多交易领域变得力不从心，严重影响了社会交易的效率和安全。为此，许多国家都对该原则给予了突破。在海上货物运输法领域，提单所证明的海上货物运输合同，已经发生了两次突破。

（一）提单关系的两次突破

第一次突破：收货人、提单持有人不是托运人时（如CIF下，卖方是托运人，收货人的买方不是托运人），他们与承运人没有运输合同关系，《海牙—维斯比规则》及各国海商法都对合同相对性予以了突破，《海牙—维斯比规则》第10条第1款c项规定，“被提单所包含或者证明的合同受本公约各项规定或者给予这些规定以法律效力的任一国家立法的约束，而不论船舶、承运人、托运人、收货人或者任何其他关系人的国籍如何”。该条第2款还规定，“每一缔约国应将本公约各项规定适用于上述提单”。《海商法》第78条规定，“承运人同收货人、提单持有人之间的权利、义务关系，依据提单的规定确定。”航运实务中不签运输单证的情况时有发生，《鹿特丹规则》[②] 规定无单证链接的收货人、持有人与承运人之间仍然适用该规则（参见《鹿特丹规则》第7条）。海上货物运输，经常发生纠纷的环节是，收货人在目的港接收货物时发现的货损货差。这一次突破的意义在于收货人、提单持有人虽然与承运人没有运输合同关系，但是他们可以依据提单或者法律规定向承运人主张权利，便于请求与诉讼，提高交易效率，节省诉讼成本。

第二次突破：承运人与托运人签订了运输合同之后，承运人并没有实际履行，而是委托了实际承运人履行该运输合同，这在航运实务中是常见的现象。实际承运人与托运人、收货人和

---

① 针对实践中大量存在的FOB下发货人的诉权争议问题，最高人民法院以发货人为实际托运人的法律地位为由对其诉权进行保护。《关于审理无正本提单交付货物案件适用法律若干问题的规定》（法释〔2009〕1号）第12条规定：“向承运人实际交付货物并持有指示提单的托运人，虽然在正本提单上没有载明其托运人身份，因承运人无正本提单交付货物，要求承运人依据海上货物运输合同承担无正本提单交付货物民事责任的，人民法院应予支持。”

② 《鹿特丹规则》于2008年12月11日，联合国第63届大会第67次会议通过。全称为《全程或者部分海上国际货物运输合同公约》，截至2017年年底已有26个国家签字，3个国家正式批准。

提单持有人都无合同关系，但《汉堡规则》第10条第2款规定，“本公约制约承运人责任的所有规定，也适用于实际承运人对他所履行的运输的责任”。《海商法》第61条规定，“承运人责任的规定，适用于实际承运人”①。这就是说，在实际承运人实际履行承运人责任的期间，其与托运人、收货人、提单持有人之间的权利义务关系同承运人是一样的。② 这一次突破与第一次突破不同的是，收货人、提单持有人请求、诉讼的对象不是承运人，而是已扩大到实际承运人。如果说第一次突破是在托运人一方的突破，第二次突破则是在承运人一方的突破。两次突破的意义从本质上都是一样的，都是为了便于货方的索赔与诉讼。

（二）提单关系两次突破的原因

提单合同关系为什么能突破合同相对性原则，为第三方设定义务，产生约束第三方的法律约束力呢？可从两个方面分析。

首先，海上货物运输合同所涉主体的多元性。同一海上货物运输合同涉及多个利益关系方，除承运人与托运人外，还可能有实际承运人、实际托运人（发货人）、提单持有人、收货人等。如果运输合同仅仅调整合同相对方——承托双方，那么同一运输合同的各利益方将需要多个法律调整，各关系人之间将形成复杂的法律关系。如果统一适用同一法律，使复杂的法律关系简单化，将有利于运输合同的履行，便于货方的索赔诉讼，符合海商法、运输合同注重效率的宗旨，有利于促进航运业发展。

其次，突破合同相对性原则风险的可控性。提单证明的海上货物运输合同与其他海上货物运输合同，如航次租船合同、批量合同等，最大的不同是，前者有国际公约和国内法，强制性规定了承运人的最大权利和最小义务，即权利不得通过合同自由予以扩大，义务也不得通过合同自由予以降低。不管有无提单或者提单流转到何人手里，这对运输合同的各利益关系方来说，承运人的权利义务都在国际公约和国内法的规定范围内，不论是在托运人一方的突破（收货人、提单持有人），还是在承运人一方的突破（实际承运人），对任何一方都不会产生不可预测的风险；概言之，不管谁来索赔，其享有的权利都不会超过提单或法定的范围；不管向谁索赔，其承担的责任也不会超过提单或法定的范围。

（三）提单关系的第三次突破

我国FOB外贸出口货占总出口货物的80%以上，中小货主居多，谈判实力有限，运输合同的当事方是承运人和国外的买方——托运人（也称缔约托运人），货物交上船后，应缔约托运人的要求，承运人有义务签发提单给缔约托运人。实际托运人（发货人）因为不是运输合同的当事方，根据合同相对性原则，其无权要求承运人签发提单，承运人也无此项义务。《汉堡规则》和《海商法》虽然想解决这个问题，但规定得很不明确。③ 在这种情况下，为了保护我国FOB卖方权益，最高人民法院《关于审理海上货运代理纠纷案件若干问题的规定》（2020年修正）第8条规定，“货运代理企业接收契约托运人的委托办理订舱事务，同时接受实际托运人的委托向承运人交付货物，实际托运人请求货运代理企业交付其取得的提单、海运单或者其他运输单证的，人民法院应予支持”。这是当前我国司法实践的实际做法。分析这一规定，包

---

① 这里的责任是广义的责任，即包括权利、义务、赔偿责任和豁免。详见本章专题研讨六。

② 需要注意的是，《鹿特丹规则》第4条规定，海运履约方仅享有承运人的抗辩权和责任限制，并不享有积极的权利，就是说，《鹿特丹规则》的第二次突破是有限的。

③ 《汉堡规则》第1条第3项、《海商法》第42条第3项均规定缔约托运人和发货人都是托运人，但对于各自具体的权利义务并未规定，究竟谁有权向承运人索取提单不明确。

含两层含义。第一，货代企业接受托运人委托与承运人订舱，表明货代企业是运输合同的当事方托运人的代理人，承运人将提单签发给货代企业意味着签发给了合同的当事方——托运人（代理人），而不是签发给了实际托运人（代理人），尽管两个代理人是同一人，不然实际托运人不会使用"请求"货代企业交付提单。第二，承运人将提单签发给托运人的代理人，符合合同相对性原则，法院支持实际托运人向货代企业索要提单，是从实际出发，为了保护FOB卖方权益的硬性规定。

FOB卖方权益保护本来是贸易法应该解决的问题，在运输法下，既要遵循合同相对性原则，又要保护FOB卖方，这本身就是难以两全的事情。《鹿特丹规则》最终寻找到解决这一难题的办法：这就是实际托运人名字记载在提单托运人一栏，成为单证托运人①，并经托运人同意，提单可签发给实际托运人。② 满足这样的条件，在谈判买卖合同时，是不难做到的③，而且卖方无须承担运输合同下的义务。遗憾的是，这一保护模式引起了国内货方的强烈不满④，在这样的背景下，笔者提出提单合同关系相对性的第三次突破问题。

（四）第三次突破的构想

1. 第三次突破的内涵

运输法下，遵循合同相对性原则是FOB卖方权益保护的最大障碍。欲跨越这一障碍，只有通过法律规定，突破合同相对性原则。这就是仿照实际承运人的模式，规定实际托运人在履行托运人的义务——交付货物环节时，承担托运人的义务，享受托运人的权利，具体地讲，实际托运人既有权要求承运人签发提单，同时承担与交付货物有关的托运人的义务。条件是实际托运人需将自己的名字记载在托运人一栏中（或者运输单证中单设"实际托运人"一栏），以便承运人识别。此种规定，是海上货物运输法领域对合同相对性原则的再突破，它确立了一个新的制度体系，在这个制度体系中，实际托运人在向承运人交付货物的环节中，成了运输合同的主体，规定了该主体的权利义务，以及该主体与托运人之间的责任关系。不能像《汉堡规则》那样，没有任何制度设计，简单地规定两种托运人的定义，更不能像中国《海商法》那样把两种托运人简单地并列。因为此种规定，不但没有解决任何问题，相反给航运实践和司法实践带了许多困扰。

2. 第三次突破的制度设计

A. 确立实际托运人运输合同主体地位

（1）实际托运人是指接受托运人委托向承运人交付货物的人；

（2）托运人交付货物的义务、责任，以及权利适用于实际托运人；

（3）货物装上船，应实际托运人的要求，承运人有义务向其签发提单（CIF，C&F下，托运人与实际托运人是同一人），条件是实际托运人同意将自己的名义载入运输单证"托运人"一栏中。

B. 实际托运人的具体义务

（1）运输合同约定的时间地点向承运人履行托运人交付约定货物的义务；

（2）妥善包装、标志货物；

---

① 参见《鹿特丹规则》第1条第9项。

② 参见《鹿特丹规则》第35条。

③ 张玉卿．《鹿特丹规则》的"单证托运人"之规定：兼与FOB卖方权益零保护观点之商榷．中国海商法研究，2012（2）：3-10.

④ 夏庆生．"运输公约草案"对FOB发货人的权利实行"零"保护．国际商报，20107-06-25（B03）．

（3）如实填报货物信息；

（4）危险品性质、措施；

（5）办理货物出口手续，承担有关费用，但该费用有权向托运人追偿；

（6）除上述（2）、（3）、（4）项外，实际托运人在实际履行交付货物期间因其过失违反上述义务；

（7）造成承运人或者第三人的损失承担赔偿责任。

C. 实际托运人除要求签单以外的其他权利

（1）货物控制权（限于控制运输单证期间）；

（2）权利转让（限于可转让运输单证）；

（3）诉权（仅限于空白运输单证或可转让单证）；

（4）实际托运人及其受雇人或代理人享有托运人的抗辩权和免责；

D. 托运人与实际托运人的责任关系

（1）托运人对实际托运人及其受雇人、代理人的行为负责；

（2）托运人与实际托运人对承运人都负有赔偿责任的，承担连带责任。

（五）结语

保护FOB下卖方权益，这是我国目前的国情决定的。究竟应如何保护，可以有多种选择。第一种选择是完全依靠买卖合同保护，在买卖合同中明确约定，买方同意并通知承运人将提单签发给卖方。该选择的优点是不承担运输合同下的义务。第二种选择是在运输法中寻求保护，即在遵循合同相对性原则的条件下，实行《鹿特丹规则》的做法。该选择的优点是既遵循了合同相对性原则，又在运输法中保护了实际托运人，容易被国际社会接受。但这两种选择都存在实际托运人在索要提单权利上处于被动的不利地位。第三种选择是突破合同相对性原则，实行上文所提出的办法，即实际托运人在履行托运人交付货物义务的同时，法律赋予其有权获取提单的权利，并承担相应的义务。此种选择的优点是实际托运人在索要提单权利上处于主动位，缺点是实际托运人不但要承担运输合同下的相应义务，还应有突破合同相对性原则带来的不被国际社会接受的风险。

十八、收货人的权利、义务

海上货物运输合同与第三方收货人的利益密切相关，收货人是海上货物运输法律关系的重要关系方。虽然我国《海商法》仿效《汉堡规则》引入了“收货人”这一概念，但对于收货人的定义、识别和权责划分等方面的规定并不完善，客观上造成航运实务和司法实践中的诸多认识误区，有必要加以澄清。

（一）收货人的含义

在关于海上货物运输的国际公约中，《海牙规则》和《海牙—维斯比规则》并未明确规定“收货人”这一概念，但《海牙规则》在第3条关于货物灭失或损坏的通知义务的规定中，提到了“依据运输合同有权提货的人”（the person entitled to delivery thereof under the contract of carriage），实际上就是通常理解的收货人，同条第4款则提到了收货人（receiver）这一概念，即收到货物的一方当事人。《汉堡规则》仿效《国际公路货物运输合同公约》，在第1条第4款中设置了“收货人”这一概念，将其定义为“有权提取货物的人”（the person entitled to take delivery of the goods）。《鹿特丹规则》在第1条第11项也规定了收货人的概念，“收货人是指根据运输合同或根据运输单证或电子运输记录有权提取货物的人”。与《汉堡规则》的定义相比，这一定义明确了收货人提货请求权的依据，排除了非依据运输合同或是运输单证的提货请求人（例如被盗货物的所有人）。

我国《海商法》第42条采纳了《汉堡规则》对于收货人的定义，同样将收货人定义为“有权提取货物的人”，而未明确收货人提货请求权的依据。从其他国家的国内法来看，尽管对收货人定义的认识各不相同，但基本也都使用了“收货人”这一概念，如英国《1855年提单法》及其后的《1992年海上货物运输法》，美国《1916年联邦提单法》和《统一商法典》以及《德国商法典》等。

（二）收货人的界定

1. 收货人与提单持有人

《海商法》规定，“‘收货人’是指有权提取货物的人”①，《鹿特丹规则》规定“收货人是指根据运输合同或根据运输单证或电子运输记录有权提取货物的人”②。

提单持有人是指实际占有提单并有权转让提单权利的人，它是提单法的概念。美国《1916年联邦提单法》第122条规定，提单持有人指实际占有提单并享有提单权利的人，但不包括通过承运人签发提单而持有提单的托运人。英国《1992年海上货物运输法》第5条第2款则规定，就提单而言，本法所称持有人是指以下各种人：(1) 在提单上记载因而成为提单项下货物的收货人的占有提单的人；(2) 因为提单的交付而完成提单的背书转让或在空白提单下因其他方式完成提单转让，因而占有提单的人；(3) 因商事交易而占有提单的人，虽然该商事交易进行之时占有提单已不能赋予占有人以对承运人主张占有提单所代指货物的权利，但若非此原因，该商事交易的进行将使提单占有人成为 (1)、(2) 两项所指的提单持有人。在《鹿特丹规则》中，第一次在国际货物运输的国际公约中引入了持有人（holder）的概念，规定持有人是指持有可转让运输单证或电子运输记录的人（第1条）。③

考察上述法律规定，提单持有人仅适用于可转让提单，在英美法有关提单持有人的规定中，提单持有人不包括托运人，而《鹿特丹规则》所使用的持有人概念则较为宽泛，包括了托运人。

比较收货人和提单持有人这两个法律概念可以看出，两者既密切相关又彼此区别，而且可能存在相互重合的情况。如果在海上货物运输中，承运人未签发提单，则收货人不是提单持有人，收货人依据运输合同或海运单等不可转让单证向承运人提取货物。在签发提单的海上货物运输中，收货人和提单持有人的关系则较为复杂。一些国家规定，记名提单的记名收货人无须出示提单，甚至无需占有提单即有权提货，此时收货人不是提单持有人。即使持有记名提单的收货人凭记名提单提货，也不构成法律意义上的提单持有人，因为提单持有人这一概念仅适用于可转让提单。此外，包括我国在内的多数国家虽要求提货人出示提单，但在明确有权提取货物的人并非提单持有人的情况下，承运人则不应对提单持有人交货。如美国《1916年联邦提单法》第10条规定，如果承运人将货物交付给未被合法授权占有货物的人，而且，也未构成向记名提单中记明的收货人或指示提单持有人的交付，则承运人应对享有货物所有权或占有权的任何人负责。即使承运人向记名提单的收货人或指示提单持有人交付，他仍应负责，如果在此交付前，享有货物所有权或占有权的人或其代理人已要求不得作此交付，或在此交付之时承

① 《海商法》第42条第4项。
② 《鹿特丹规则》第1条第11项。
③ 参见《鹿特丹规则》第1条第10项。

运人已获通知，即属向未被合法授权的人交付。因此，提单持有人并非是唯一有权提货的人，收货人并不局限于提单持有人。如果在签发提单的海上货物运输中，合法提单持有人凭全套正本提单向承运人提货，其身份转化为收货人，此时，收货人和提单持有人两个主体重合，《鹿特丹规则》对于“持有人”的定义及其说明也表明了这一点。

从英美法的规定来看，收货人和提单持有人这两个概念主要是在提单法而非海上货物运输法中使用，而且收货人这一概念的适用范围较窄，只在两种情况下出现，一种情况是承运人未签发提单时；另一种情况则是记名提单的记名收货人（如美国《1916年联邦提单法》规定“收货人指提单上记名应对其交付货物的人”）。对于签发指示或空白提单的情况，则以提单持有人这一概念取代收货人。《汉堡规则》则采取了相反的做法，引入收货人的概念但未使用提单持有人这一概念。《鹿特丹规则》尽管在定义部分同时出现了收货人和持有人这两个概念，但在有关承运人具体权利义务的规定中，除了第56条第2款关于可转让运输单证项下控制权由持有人享有的规定外，其他并未涉及持有人，这些权利义务分别是由托运人和收货人来享有和承担的。

我国《海商法》第78条第1款规定，“承运人同收货人、提单持有人之间的权利、义务关系，依据提单的规定确定”。本条规定是确立收货人、提单持有人与承运人之间权利、义务关系的法律依据，同时也说明《海商法》的现行体系是将收货人与提单持有人视为并行的两个概念。然而，从前文分析可知，收货人和提单持有人这两个法律概念具有一定的重合性，如果承运人签发了可转让提单，合法提单持有人又凭正本提单主张提货，他的身份就由持有人转变为收货人。可转让提单法律关系涵盖的范围非常广泛，从海上货物运输到进出口贸易融资，都涉及提单的流转，而设定提单持有人这一概念的意义，主要在于贸易和融资环节而非海上货物运输环节。例如，在货物买卖合同所涉及的信用证支付方式中，装货港的卖方和卸货港的买方可分别凭提单向银行办理出口押汇和进口押汇业务以取得贸易融资，结汇银行或融资银行取得提单后成为提单持有人并享有提单质权。但在银行行使提单质权向承运人主张提货时，他实际上进入了海上货物运输领域并完全符合收货人的主体要件。因此，在调整海上货物运输关系的《海商法》中，可以考虑仅使用收货人这一概念，并以之来取代提单持有人。只有在海上货物运输法中引入了控制权和权利转让制度时，方需要提单持有人的概念。①

2. 收货人与托运人、承租人

从收货人与托运人两者的关系来看，当货物买卖合同以CIF或CFR贸易术语成交时，如果承运人签发的是记名提单，则买方是收货人，卖方是托运人，托运人和收货人是不同主体，托运人卖方和收货人买方之间的法律关系依货物买卖合同确定。如果承运人签发指示提单或空白提单，则在提单多次转售后，原托运人与最终收货人间已无直接的货物买卖合同的牵连。当货物买卖合同以FOB贸易术语成交时，若最终提单持有人是原货物买卖合同的买方，则无论货物是否转售，该买方既是与承运人订立海上货物运输合同的托运人，也是有权提取货物的人即收货人，此时，托运人与收货人两个主体是重合的；而如果最终提单持有人不再是原货物买卖合同的买方，则托运人与收货人两个主体依然相互独立。

在航次租船合同下，如果货物买卖合同以FOB贸易术语成交，买方作为承租人与航次租船合同的出租人签订航次租船合同，同样，在最终合法提单持有人为原货物买卖合同买方的情况下，收货人和承租人是同一主体，即原货物买卖合同的买方，收货人作为承租人，其与出租

① 参见《鹿特丹规则》第51条第3款“签发可转让运输单证的，持有人为控制方”；第十一章“权利转让”。

人之间的权利、义务关系依据航次租船合同而非提单来确定。若货物买卖合同以 CIF 或 CFR 贸易术语成交或者货物买卖合同以 FOB 贸易术语成交但最终合法提单持有人不是原货物买卖合同的买方时，则收货人不是承租人，根据《海商法》第 95 条的规定，收货人与出租人之间的权利义务关系依航次租船合同下所签发的提单来确定，即使航次租船合同的条款有效并入提单，仍是以提单条款的组成部分而适用。①

（三）收货人的权利、义务和责任

1. 收货人对承运人享有权利、承担义务和责任的法律依据

随着商事交易和合同法基本理论的发展，合同相对性原则（privity of contract）被突破，合同效力向第三方扩展已成为必然的趋势，海上货物运输合同即为一典型代表。海上货物运输合同由承运人和托运人订立，收货人虽未参加运输合同的签订，却可享有运输合同规定的权利并在一定条件下受运输合同的约束。从保护包括收货人在内的提单善意受让人的合法权利不受侵犯这一点来看，赋予收货人以提单权利也是必要的。

既然收货人不是运输合同的当事人，收货人对承运人享有权利、并在满足一定条件的情况下承担义务和责任的法律依据是什么？对此，有诸多观点，其中最具代表性的是以下四种：

（1）为第三人利益说

此种学说认为托运人和收货人不是同一人时，托运人是为收货人的利益订立运输合同。但若依此学说，收货人的权利完全取决于承托双方的约定，收货人的权利应受承运人对托运人的一切抗辩的约束，这与承运人不得以提单记载之外的运输合同下的抗辩事由对抗收货人相悖。

（2）合同转让说

英国《1855 年提单法》和《1992 年海上货物运输法》采纳了这一学说，该学说认为提单从托运人转移或转让至第三者收货人或提单持有人手中时，提单所证明的海上货物运输合同也随之转移。但依该学说，存在两个问题：第一，让与第三人的合同只能限定为“提单包括或证明的合同”，托运人与承运人之间在提单之外达成的协议虽是运输合同的一部分，却不能随提单转让而约束第三人，而且租船合同下签发的提单，在托运人手中只是货物收据而不是运输合同或其证明，依合同转让说难以说明收货人/提单持有人与承运人之间所确立的运输合同关系。第二，依据《1992 年海上货物运输法》，提单转让仅表明提单上体现的权利转让，义务并不同时转让，只有收货人或提单持有人行使权利时，义务才转让。② 因此，与其说是“合同转让说”，不如说是“权利转让说”。

（3）证券关系说

该学说认为，提单在提单持有人与承运人之间是设权证券，提单持有人与承运人之间的债权关系应用有价证券关系解释，即基于证券签发而产生并和证券本身结合在一起，提单在提单持有人与承运人之间具有文义性。提单债权债务关系独立于运输合同下的债权债务关系，提单签发后，承运人和第三者收货人或提单持有人之间的权利义务关系以提单规定为准，而不受承运人与托运人双方间的特别协议的约束。但该学说也有缺陷：首先，提单虽是有价证券，是广

① 《海商法》第 95 条规定航次租船的出租人与提单持有人之间，如果“提单中载明适用航次租船合同条款的，适用航次租船合同的条款”。此规定中“适用航次租船合同的条款”的提法值得商榷，提单有效并入航次租船合同的条款后，应视为是提单条款的组成部分，适用航次租船的出租人与提单持有人，而不是作为租船合同的条款来适用的。因为，提单条款不得违背本章运输法的强制性规定，而租船合同是实行合同自由的。

② 参见英国《1992 年海上货物运输法》第 3 条。

义票据的一种，但仅具有准流通性，后手提单持有人的权利不能优于前手提单持有人，这和汇票、本票、支票等狭义票据有着显著不同。其次，提单文义性适用于提单持有人与承运人之间，但只有善意提单持有人能援引提单文义性保护自己，承运人并不能利用提单的文义性。再次，在托运人和承运人之间，提单只是证权证券，一种有价证券同时具有证权和设权两种属性，难以解释。最后，在承运人与托运人之间，提单应具有要因性，这与狭义票据的无因性相悖。

(4) 法律规定说

该说认为收货人或提单持有人取得权利是基于法律直接规定，而非让与合同或订立合同，但承托双方的约定权利与承收双方的法定权利同一，只是收货人取得权利后，托运人权利处于休止状态（也有称"睡眠状态"）。我国《海商法》第78条规定，承运人同收货人、提单持有人之间的权利、义务关系，依据提单的规定确定。《德国商法典》第656条规定，提单制约承运人与收货人间的法律关系，都体现了这种学说精神。

2. 收货人对承运人的权利

收货人对承运人的基本权利包括：

(1) 对货物的控制权（right of control）

如前述，在签发可转让运输单证时，对货物的控制权是由持有人享有（《鹿特丹规则》第51条第3款）。而在签发不可转让运输单证时，除非托运人和收货人另有约定并由托运人通知承运人，托运人是控制权人，托运人和收货人可以约定收货人是控制权人（《鹿特丹规则》第51条第2款），无论签发的是可转让运输单证还是不可转让运输单证，控制权都可以转让［《鹿特丹规则》第51条第1款（b）项和第51条第3款（b）项］。依据这些规定，收货人在两种情况下享有货物的控制权：1）签发不可转让运输单证时，托运人和收货人约定由收货人作为货物控制权人；2）原控制权人将控制权转让给收货人。

(2) 提货请求权

在使用海运单等不可转让运输单证情况下，承运人按托运人指示对收货人交货。如果签发了提单，依我国《海商法》第71条对提单的定义，提单是指用以证明海上货物运输合同和货物已经由承运人接收或者装船，以及承运人保证据以交付货物的单证。据此，只要收货人出具正本提单，承运人就有义务对其交付货物，收货人对承运人享有提货请求权。

(3) 对承运人无单放货时的索赔权

承运人未凭正本提单将货物交付给有权提货的人，便构成无单放货。有些国家，包括我国的海事司法实践，对承运人签发的记名提单，也要凭单放货。英国的司法实践较为灵活，对于承运人有足够的令人信服的理由相信提货人有权拥有货物，而且提货人对无提单的情况作出了正确解释，承运人可以无单放货。①

(4) 对货损货差的索赔权

当货物在承运人责任期间发生灭失、损坏或迟延交付时，收货人可就因此而产生的损失向承运人提出索赔。根据我国《海商法》第81条至第85条的规定，收货人应将货物灭失、损坏或迟延交付的情况在法定期限内书面通知承运人（《海商法》第81条和第82条），否则对于货物的灭失或损坏，视为承运人按运输单证记载交付货物以及货物状况良好的初步证据（《海商法》第81条、《民法典》第831条），对于货物的迟延交付，承运人不负赔偿责任（《海商法》

① The "Sormovskiy 3068" (1994) 2 *LLR*, 266.

第 82 条)。收货人提交的书面通知可向承运人和实际承运人中的任何一方递交并具有同等效力(《海商法》第 85 条)。对于货损的检验应在提货或交货前进行，费用由要求检验的一方支付，但可向造成货损的一方追偿(《海商法》第 83 条)，收货人和承运人应当相互提供合理的便利条件(《海商法》第 84 条)。

3. 收货人对承运人的义务

收货人对承运人的基本义务包括：

(1) 支付运费的义务

我国《海商法》第 69 条第 2 款规定："托运人与承运人可以约定运费由收货人支付；但是，此项约定应当在运输单证中载明。"在实务中，如果买卖双方约定买方负责租船订舱并支付运费，买方开出的信用证中会要求卖方提交到付运费提单，即提单上应载明"运费到付"(freight to collect)，提单上的这种说明，应被理解为承托双方存在运费由收货人支付的约定，并已在提单上作了记载，而不是仅指运费在货物运抵卸货港时才支付。但是，如果承托双方约定或者租船合同规定运费由收货人支付，而运输单证仅记载"按安排"(as arranged)，或者"依据租船合同"(as per charter party)，并不能说明承托双方关于运费由收货人支付的约定已经在运输单证上载明。

(2) 支付亏舱费、滞期费和其他与装卸货有关费用的义务

收货人有义务支付在卸货港发生的滞期费及与卸货有关的费用，对于在装货港发生的费用，《海商法》第 78 条第 2 款规定："收货人、提单持有人不承担在装货港发生的滞期费、亏舱费和其他与装货有关的费用，但是提单中明确载明上述费用由收货人、提单持有人承担的除外。"在航次租船的情况下，如果租船合同中订有责任中止或留置条款(Cesser or Lien Clause)，而且又被有效地并入提单，则承运人为取得运费、亏舱费、滞期费、滞期损失以及其他费用，可在卸货港对货物行使留置权，但留置权的行使并不一定意味着收货人对这些费用负有支付义务。

尽管有《海商法》第 78 条第 2 款的规定，CIF 或 CFR 交易下的收货人依然有可能免受责任中止或留置条款的影响。国际商会《跟单信用证统一惯例》(UCP600) 第 20 条"提单"规定，如果信用证要求提交港至港提单，则银行将接受未注明受租船合同约束的提单；第 22 条"租船合同提单"规定，如果信用证要求或允许提交租船合同提单，则除非另有规定，银行将接受注明受租船合同约束的提单但对租船合同本身并不审核。因此，在信用证结汇方式下，除非信用证中明文规定接受租船合同提单，否则，卖方受益人无法以租船合同提单结汇。作为收货人的买方由于未付货款，可避免在无支付义务的情况下为提货而被迫向承运人支付相应费用的窘境。如果买卖合同以 FOB 贸易术语成交，则收货人作为承租人，对装卸两港的滞期费都应承担支付义务。

(3) 及时向承运人提取货物的义务

我国《海商法》虽未明确规定收货人及时提取货物的义务，但其第 86 条规定："在卸货港无人提取货物或者收货人迟延、拒绝提取货物的，船长可以将货物卸在仓库或者其他适当场所，由此产生的费用和风险由收货人承担。"《民法典》第 830 条则对收货人及时提货的义务作了明确规定："货物运输到达后，承运人知道收货人的，应当及时通知收货人，收货人应当及时提货。收货人逾期提货的，应当向承运人支付保管费等费用。"据此，收货人对承运人负有及时提取货物的义务。

4. 收货人对承运人的责任

收货人对承运人的责任包括：

(1) 收货人因行使对货物控制权而给承运人带来损失的赔偿责任

如果承运人能合理预见到货物控制权的行使将影响他的正常营运或者导致他或同一航程的其他利益方的额外支出和损失，则承运人有权不执行货物控制权人的指示或者要求货物控制权人提供相应的担保，即使承运人执行了指示，他也有权要求下达提示的控制权人赔偿其因执行指示而产生的额外支出和损失。[①] 我国《民法典》第829条也规定："在承运人将货物交付收货人之前，托运人可以要求承运人中止运输、返还货物、变更到达地或者将货物交给其他收货人，但应当赔偿承运人因此受到的损失。"

(2) 收货人提货迟延或拒绝提货而给承运人带来损失的赔偿责任

《海商法》第86条规定："在卸货港无人提取货物或者收货人迟延、拒绝提取货物的，船长可以将货物卸在仓库或者其他适当场所，由此产生的费用和风险由收货人承担。"据此，如果收货人不明或者收货人迟延或拒绝提取货物，收货人应向承运人支付货物存于仓库或者其他适当场所的仓储、保管费用并承担相应的风险。

十九、提单功能阶段论说

提单在运输领域具有货物收据、提货凭证、运输合同证明三大功能，这已由法律作出了明确的规定。[②] 对于提单的物权功能，近年来学术界围绕着无单放货的辩论，对提单性质与功能的研究异常活跃。最高人民法院于2004年4月6日对东方海外货柜航运有限公司与青岛海神食品有限公司、三湖物产株式会社海上货物运输无单放货纠纷案作出的民事判决[③]，以及英国法下最近的记名提单案的判决[④]，再一次推动了学术界关于记名提单的研究。对法官、学者们的观点进行比较研究后不难看出，提单的提货凭证功能及物权凭证功能仍是判断承运人是否对无单放货承担责任的理论依据。但可能被忽视的问题是：(1) 承运人是运输合同中的一方当事人，其需要履行的义务应根据运输合同衡量；(2) 提单的物权凭证功能并非存在于任何时刻，适用于任何人。笔者通过对提单在不同阶段或领域所具备的功能进行剖析，进而得出结论：提单功能阶段论说，并运用这一结论分析在我国《海商法》下，承运人的无单放货问题。

(一) 提单功能的再审视

可以说，当前关于提单功能的论述已经达到近乎穷尽的地步。除了上述无争议的传统功能外，对于物权功能，又有所有权说、占有权说。笔者认为，提单的功能可以理解为提单在其流转过程中，在不同领域扮演着不同的角色，发挥着不同的作用。由于任何事物所起的作用都具有相对性，所以，考察其作用时，应将其放在特定的环境中。如同宝剑具有鉴赏性和杀伤性一样，需要在不同的场合去考量，在其被武士用于沙场杀敌时，是不具备鉴赏性的。对提单的功能的论证也需要放在特定的环境中进行[⑤]，"提单具有多种功能，在不同领域中流通，其显示

---

① 参见《鹿特丹规则》第52条第2款。

② 参见我国《海商法》第71条，《汉堡规则》第1条第7款。

③ 参见最高人民法院（2002）民四提字第10号。

④ "The Rafaela S"—f I Macwilliam Co Inc v. Mediterranean Shipping Co SA (The Rafaela S) [2005] 1 Lloyd's Rep 347 at 350 [4]. 在该案中，签发的记名提单明确载明"凭一份正本提单提货，其余提单作废"。法院判决，未凭正本提单放货属无单放货。

⑤ 也可以从特定的主体关系论证提单的功能，其结果是一样的，只是研究的角度不同而已。

的功能是不同的”①。为此，我们不妨先回顾一下提单发展历史，从中审视提单何时并基于何种环境具备了多种功能。

（二）提单功能的沿革

1. 货物收据功能

中世纪，货主随船航行，因而承运人无须签发提单。大约从14世纪开始，商航一体的情况发生变化，货主逐渐信任船东，不再随船而行，此时需要签发一份收据，到目的港凭此收据交货。这种收据就是后来的提单，曾出现一种对缝交货提单，该提单被做成一式二联，从骑缝处裁开，承运人与托运人各执一联，在目的地拼接起来，对缝即交货。② 这种提单是作为船东签发的不可转让的收据而存在，以证明货物已经装上船，其中包括货物的形状、数量和状况的记载。此时的提单不含有背面条款，即没有承托双方权利义务的约定，因此，其不具备合同证明的功能，因不具流通性，也没有物权功能，唯一的功能是货物收据。

2. 合同证明功能

随着航海贸易的发展和承托双方经验的不断积累，提单单一功能已不能满足航运实践的需要，大约到17世纪，在提单中开始并入承托双方权利义务的条款，以解决运输中产生的纠纷。开始提单只有一页纸，货物的情况和合同条款在同一面。后来人们将印刷的合同条款与运输细节分开，发展成今天的提单格式。运输细节记载在提单正面，通常包括当事人名称、船舶装卸港、运费以及对货物的详细描述；而合同条款大部分是在提单背面。③ 后来，承运人为方便起见，开始制作统一的标准格式提单，提单的背面预先印制好运输合同条款，承运人收到货物时，只要在提单正面记载收到货物的情况，就可以签发提单给货主。因此，尽管现代提单只是一页文件，但实质上可以视其为订在一起的两个文件，即，代表货物的收据和确立承托双方权利义务的运输合同。两种功能在履行运输义务的过程中，发挥着各自的作用。

3. 提货凭证和物权凭证功能

到了18世纪，为了满足贸易商在货物到达目的港之前处置货物的要求，人们开创性地创立了通过背书转让提单的制度，使得提单具备了特殊的功能——提货凭证和物权凭证功能。“当提单发展为在目的港向承运人提货的唯一凭证后，持有提单者就能在目的港最终收取货物”④，这就是提单在运输领域的提货功能；此时，商人们已经把“提单和货物密切联系起来，开始赋予提单一种新的功能，即用以代表运输途中的货物，并代替货物本身进行转让”⑤。至此，提单在流通领域又被赋予了新的功能——提单物权性功能。

4. 诉权凭证和控制权凭证功能

进入20世纪，随着航运的发展，海运欺诈也蔓延开来，货物装上船后，由于卖方在买卖合同中的权利没能在运输法中体现，卖方的权益往往无法保障。为了保护卖方利益，使贸易合同和运输合同更好地衔接，航空和铁路的国际货物运输公约率先引进了“控制权”的概念。⑥《鹿特丹规则》第十一章也对“控制权”作了专章规定，即只要占有可转让提单，持有人便有

① 司玉琢等．关于无单放货的理论与实践．中国海商法年刊，(2000)．

② 司玉琢．提单责任基础的重大变革——对《汉堡规则》实行完全过失责任制的分析．中国国际法年刊．北京：中国对外翻译出版公司．

③ Nicholas Gaskell. Bill of Lading：Law and Contracts，LLP，2002.

④⑤ 郭瑜．提单法律制度研究．北京：北京大学出版社，1997：2.

⑥ 参见《统一国际航空运输某些规则的公约》（简称《华沙公约》，1933年2月13日生效）第12条，《国际铁路货物运送公约》（1961年2月25日签订）第21条。

权对所运货物行使控制权，对于没有签发运输单证或者签发不可转让的运输单证，托运人是唯一享有控制权的人。该公约的最初草案还设有专章——“诉权”的规定，即单证持有人享有诉权，即使没有损害也有诉权。后因各国法律制度的差异，取消了该章，但提单诉权仍然是客观存在的。至此，提单又多了两项功能——控制权功能和诉权功能。

从提单功能的沿革可以清楚地看出，提单的产生及其功能的发展，是海上运输和国际贸易发展的必然结果。提单功能在航运实践中产生，在航运实践中发展，并逐步走向完善。因此，对提单功能的研究，必须历史地、客观地观察和分析，在此基础上将其上升到理论层面，而不能简单地从法律原理出发，试图用已有的理论机械地解释实践中所产生的现象。

（三）提单功能阶段论说的内涵

提单功能阶段论说不是时间的概念，而是空间的概念，即提单流转到不同的领域，其显现的功能是不同的。

1. 运输领域——收据、合同证明、提货凭证、诉权和控制权

（1）收据

从提单的发展史来看，提单原始的功能是承运人收到货物的收据。其记载的货物的内容包括托运人的名称，货物品名、数量、质量和规格等。如果货物在装船之前或装船过程中出现损坏，则该收据上会进行记载，作为日后交货时免除责任的凭据。

提单的收据功能与民事活动中普通收据的功能没有任何区别。提单的这一功能完全在运输领域中得以体现。

（2）合同证明

提单附上运输条款之后，在托运人与承运人之间，提单具有了运输合同或证明运输合同的功能，其需要明确的内容通常包括：1）承托双方及收货人的名称；2）承托双方的权利义务；3）起运地及目的地的名称；4）运输过程中争议的解决等内容。

在承托双方没有另外签订运输合同或合同约定的情况下，提单本身就是运输合同。即使承托双方此前已有海上货物运输合同的约定，其中也会有某些细节在装船之前无法确定，例如货物的最终装船数量、装船的日期等。提单的内容构成了运输合同本身或对已签订的运输合同的补充。① 承运人按照提单记载的状况向运输合同所载明的收货人交付货物，是承运人在运输合同下的基本义务。因此，提单的运输合同功能是相对于承运人而言，表现于整个运输领域之中。

（3）提货凭证

承运人按照提单的记载将货物交给收货人后，标志着海上货物运输合同履行完毕。因此，交付货物是履行货物运输合同的最后一个环节。提单的提货凭证功能，实际上是对提单在目的港交付货物时所能发挥的作用的概括和总结。

回顾提单的发展历史可以知道，随着单证贸易的发展，出现了指示提单，贸易商开始通过转让单证来达到转让货物的目的。承运人在目的地向谁交货，从本质上说，源于托运人的指

---

① 提单发展到今天，更多地表现为运输合同而非运输合同的证明。尤其是在集装箱运输中，承运人与托运人或收货人的权利义务几乎都是依据提单条款来确定。因此，出现了“提单就是运输合同”的新观点。笔者认为，即使承运人与发货人或收货人之间订有运输合同，由于提单的部分细节航次租船合同不可能确定，提单的内容构成了对运输合同的补充。所以，提单完全有可能是运输合同本身或是对运输合同的补充。

令[①]，但因为此种提单可通过连续背书转让，托运人也仅知道第一个被背书人，无法知道最终的收货人是谁，承运人在签发提单时更是无从知道提单持有人是谁。只有见到正本提单，通过该提单的连续背书，才有可能确定最终的合法的提单持有人。所以，当可转让的提单签发之后，承运人必然要求收货人出示经连续背书的正本提单，识别最终的被背书人——收货人，方能交货。要求出示正本可转让提单的原因，是为了确定将提单项下的货物交给谁，为了履行提单所证明的运输合同的最后一项义务——向收货人交付货物，而不是因为提单本身是物权凭证。这就是对可转让提单是提货凭证的诠释。

《汉堡规则》首次将提单定义为：提单，是指用以证明海上货物运输合同和货物由承运人装船或接管，以及承运人据以保证交付货物的单证。单证中关于货物应根据记名人的指示交付或按指示交付，或交付提单持有人的规定，即构成了这一保证。[②]《汉堡规则》对提单的定义说明：可转让提单是一种向承运人提取货物的凭证，承运人按照提单的记载交付货物，即履行了交付货物的保证。

将“提货凭证”作为提单的特征之一是基于两个方面的考虑：第一，承运人识别收货人的需要；第二，保证提单持有人能够控制货物。因此，《鹿特丹规则》规定了可转让运输单证的持有人是唯一行使控制权的人，以保护提单持有人在不占有货物的情况下，能有效地控制货物。[③]

从前面论述可以看出，谁持有提单谁就享有请求承运人交付提单上所载明的货物的权利，即提货请求权。此种权利显然属于债权，因为它符合债权的一般特征：第一，提货请求权发生的权利主体和义务主体分别为提单持有人和承运人，二者均具有特定性。第二，在权利的内容和客体方面，提货请求权属于对人的请求权，而非对物的支配权。权利的客体为给付行为，而非货物。第三，从权利行使的后果来看，提货请求权的行使与实现是为了终止受提单约束的承运人与收货人之间的权利义务关系。即收货人提取货物，实现对货物的支配与控制；承运人交付货物，完成提单运输的交货义务。提货请求权的行使与实现产生了消灭提单债权债务关系的后果。

综上，提单表征的提货请求权为债权性质。我国《海商法》第78条也规定，“承运人同收货人、提单持有人之间的权利、义务关系，依据提单的规定确定”。

2. 贸易领域——物权凭证

如前所述，国际贸易中，提单常被用来代替货物进行买卖、交付，即所谓的提单买卖。谁持有提单，就如同他已经拿到了货物本身。另外提单还有助于消除买卖双方的信任危机，买方在得到提单后就应该支付货款，而不应等到货物实际到港后再支付，以使跟单支付方式得以顺利进行。

综上，理论界普遍认为在贸易领域中，提单具有物权凭证功能。但是，对于提单的物权功能，究竟属于所有权还是占有权，理论界尚存争议（详见本章专题研讨二十、无单放货的定性

---

① 司玉琢，蒋跃川．论记名提单下的无单放货//万鄂湘主编．中国涉外商事海事审判指导与研究．第2卷．北京：人民法院出版社，2003.

② 由于《汉堡规则》不调整记名提单，因而《海商法》第71条后段中“向记名人”的英文翻译就不能照搬《汉堡规则》的英文原文，而应当变通地译作“A provision in the document stating that the goods are to be delivered to the order to a named person, or to order, or to bearer, constitutes such an undertaking”，这样才既符合立法本意，又不致自相矛盾。

③ 参见《鹿特丹规则》第51条第3款。

问题）。

3. 金融领域——物权凭证（担保物权）

在国际结算中，提单的作用主要体现在银行所具有的担保物权关系中。[①] 目前最常用的国际结算方式是跟单信用证付款方式。在这种方式下，银行对卖方付款，是以卖方提供符合信用证规定的，包括提单在内的全套单证为条件的。提单是银行获得买方付款的最终保障，即银行以提单为担保为买方提供信用担保和资金融通。另外，提单持有人也可以提单进行进口押汇，以融通资金，或为提单本身设定权利质押。我国《民法典》第440条规定，债务人或者第三人有权处分的下列权利可以出质："……（三）仓单、提单……"《物权法》并没有说明此权利是属于债权质押还是物权质押，根据上述分析，提单质押应属债权质押，但具有担保物权的性质，即债权物权化之彰显。依通说，给付物为物之外的权利时，一般应依强制执行方法实现。[②]

（四）结论

提单的功能的评价离不开其特定的环境。提单在运输领域，其发挥的是货物收据、交货凭证和运输合同证明或补充的功能；在贸易领域，提单发挥的是物权凭证的功能，这种物权功能具体体现为"间接占有权"[③]；在金融领域发挥的是物权凭证功能，具体体现为担保物权。有关提单法律属性的争论，随着最高人民法院在"建行荔湾分行诉粤蓝能源等"再审案件中，针对信用证下提单质押的法律性质的认定[④]，这一长达20年的提单性质大论战[⑤]，应该落下帷幕了。

二十、记名提单是否要凭单放货——对我国《海商法》第71条的理解

这里所说的"无单放货"（delivery of the goods without the original Bill of Lading），是指承运人未凭正本提单将货物交付给有权提取货物的人——收货人（《海商法》第42条第4款）。它不同于错交货（mis-delivery of the goods）。错交货是指承运人将货物交付给无权提取货物的人，此人可能不持有提单，也可能持有提单。

无单放货与错交货的法律后果是完全不同的：无单放货属海商法调整的范围，通常情况下，承运人应对此承担违约责任；而错交货已超出海商法的调整范围，承运人应承担侵权责任。本专题讨论的是无单放货，而不是错交货。

无单放货是个很复杂的问题，它既涉及提单的基本功能，又与航运实践的普遍做法密切相关。我们既不能放纵无单放货，影响提单的信誉，使提单不再是"打开浮动仓库的钥匙"，使

---

① 最高人民法院《关于提单持有人向收货人实际取得货物后能否再向承运人主张提单项下货物物权的复函》（〔2000〕交他字第1号）认为：承运人负有凭正本提单交付货物的义务。其接受托运人的保函并将货物交付给非提单持有人（贸易合同的买方），侵犯了提单持有人的担保物权，违反我国法律规定和国际航运惯例，本应承担无单放货违约赔偿责任。但是，提单担保物权人通过与提货人、托运人签订补充协议重新取得了提单项下货物的占有权，并从中收取了部分款项，致使提单失去了担保物权凭证的效力。故提单担保物权人丧失了因无单放货向承运人索赔提单项下货款的权利。

② 谢在全．民法物权论（下）．台北：三民书局，1992：349.

③ 参见本章专题研讨二十一、无单放货的定性问题。

④ 最高人民法院（2015）民提字第126号判决。崔建远、耿林认为，最高院该判决创设了若干法律规则，其中之一为：提单持有人是否就因受领提单的交付而取得物权以及取得何种类型的物权，均取决于其所依据的合同如何约定。崔建远，耿林．一份创设法律规则的判决：最高人民法院（2015）民提字第126号民事判决之评释．华东政法大学学报，2016（3）：191.

⑤ 李海．关于"提单是物权凭证"的反思．中国海商法年刊，1996.

承运人变成“银行的担保人”；也不能不顾现实，一味地不承认无单放货，从而不利于航运和贸易的顺利进行。如何把握分寸，保持两者的平衡，从立法的角度来看，是有一定难度的。

对于记名提单下的货物交付是否也要凭单进行，海事审判实践一度很不统一。多数判决认为，即使是记名提单也要凭单交货[①]，直到最高人民法院对“东方海外货柜航运有限公司”的申诉案作出判决，才在司法实践上得到了统一。[②] 但在理论上，仍然存在分歧。笔者认为，在我国《海商法》下，记名提单不需要凭单交货。如果托运人没有在货物交付之前行使控制权[③]，托运人与记名收货人也没有达成新的协议改变收货人，则只要承运人将货物交给了记名提单上的记名人，即使未收回提单，也不构成通常所说的“无单放货”，承运人无须承担违约责任。

（一）理论上的分析

承运人在目的港向谁交付货物，其实质源于托运人的指令。托运人的这种指令，通常是通过在提单正面“收货人”一栏的记载以及其后的行使控制权的行为，并体现于提单之上[④]，使得承运人在目的港可以知悉托运人或控制权人的指令，应将货物交给谁。对于承运人而言，在起运港按照托运人的要求（体现在收货人一栏中的记载）签发提单，就意味着他接受了托运人的指令，承诺并保证按托运人的指令去交货。而在目的港，承运人根据提单所显示的托运人的指令去交货，是承运人对于其承诺和保证的信守。除非在货物交付前，托运人行使控制权或托运人与收货人达成新的协议，改变收货人。

在签发指示提单的情况下，由于指示提单必须通过背书转让，所以，托运人给承运人的交货指令只有通过背书转让提单这一行为使承运人知悉，承运人在目的港当然需要检查提单的背书，以确定托运人是否指令他将货物交给向其要求提货的人。而要检查提单的背书，当然得要求提货人出示（to present）提单。换句话说，在签发指示提单的情况下，承运人必须凭单交货。

在签发不记名提单的情况下，由于不记名提单无须背书即可转让，托运人给承运人的交货指令通过转让提单这一行为下达给承运人。所以，在目的港，承运人也必须要求向其提货的人出示提单，以证明托运人已将提单转让给该人。换句话说，在签发不记名提单的情况下，承运人也必须凭单交货。

但在签发记名提单的情况下，托运人的交货指令在货物交运时就已经确定，即将货物交给提单上记名的收货人。由于我国《海商法》明确规定记名提单不得转让，所以，除行使控制权外，托运人不能通过转让提单等其他行为对其下达给承运人的交货指令予以变更。也就是说，承运人只需在目的港查明向其提货的人是否是提单上的记名人，如果是，向其交付货物，即已履行了按照托运人的指令去交货的承诺和保证。托运人是否已将正本提单“流转”给记名人，或者记名人是否持有正本提单，并不能证明或推翻托运人已经下达给承运人的交货指令。因此，要求承运人在签发记名提单时也要凭单交货，没有理论根据。

---

① 参见青岛海事法院民事判决书（1999）青海法海商初字第88号，山东省高级人民法院民事判决书（2001）鲁经终字第240号。

② 参见最高人民法院（2002）民四提字第10号东方海外货柜航运有限公司与青岛海神食品有限公司、第三人三湖物产株式会社海上货物运输无单放货纠纷案申请再审民事判决书。

③ 控制权是《鹿特丹规则》移植贸易法上的有关规定新引入的一个概念，参见《鹿特丹规则》第十章。

④ 参见《鹿特丹规则》第54条第2款。

当然，在记名提单可以转让或可以有条件转让的立法例下，托运人有可能通过转让记名提单更改其交货指令，因此，在提单适用这些法律的情况下，对于记名提单，承运人就必须凭单交货。

（二）对《海商法》第71条的理解

我国《海商法》第71条规定："提单，是指用以证明海上货物运输合同和货物已经由承运人接收或者装船，以及承运人保证据以交付货物的单证。提单中载明的向记名人交付货物，或者按照指示人的指示交付货物，或者向提单持有人交付货物的条款，构成承运人据以交付货物的保证。"该条第一句话规定的是提单的三个功能，即合同证明、货物收据和提货凭证。该条的第二句话是对提单第三个功能的进一步明确，即"保证据以交付货物"适用何种提单。第二句话的表述是："向记名人交付货物"（记名提单），"按照指示人的指示交付货物"（指示提单，包括记名指示提单和不记名指示提单两种），"向提单持有人交付货物"（空白提单）便"构成承运人据以交付货物的保证"。由此可得出记名提单也要"据以"（凭单）交付货物的结论。

《海商法》第71条的规定源于《汉堡规则》第1条第7款，但与《汉堡规则》的规定又有重要区别。《汉堡规则》第1条第7款规定，提单，是指用以证明海上运输合同和货物由承运人接收或装船，以及承运人保证据以交付货物的单证。单证中关于货物应按记名人的指示交付，或者按指示交付，或者向提单持有人交付的规定，构成此种保证。

《汉堡规则》的上述规定，第一句有关提单的三个功能与《海商法》第71条的第一句话相同。但第二句话，有关提单提货凭证功能的适用提单种类，就有了重要差别。第二句话的表述是："按记名人的指示交付"（记名指示提单）、"按指示交付"（不记名指示提单）、"或者向提单持有人交付"（空白提单），便"构成此种保证"。显然《汉堡规则》凭单交货仅适用于指示提单（记名指示和不记名指示提单）和空白提单，而不适用于记名提单，至少对记名提单未作规定。

《鹿特丹规则》既适用于可转让的运输单证，也适用于不可转让的运输单证，因此，该公约规定的运输单证的共同功能是：货物收据或合同证明（《鹿特丹规则》第1条第14项）。至于提货凭证的功能，则在第九章中分别就可转让和不可转让的运输单证作了不同规定。其中，当签发不可转让的运输单证或没有签发任何单证时，承运人根据单证上所记载的收货人的名称或控制方的指示，凭收货人出示的身份证明即可交货，无须要求对方出示运输单证（《鹿特丹公约》第46条）。换句话说，不可转让单证不具有提货凭证的功能；当签发可转让运输单证时，承运人则必须"凭单"方可交货（《鹿特丹规则》第47条）。亦即，可转让单证具有提货凭证的功能。应该说，《鹿特丹规则》的规定是非常清楚的，它比《汉堡规则》和《海牙—维斯比规则》又前进了一步：明确规定当签发不可转让的运输单证时，无须凭单交货。

我国《海商法》也同时适用于可转让和不可转让的两种提单，但在对提单的提货凭证功能的处理上却未加区别，均统一规定在第71条之中，这难免带来解释上的困难和认识上的不统一。

需要指出的是，《海商法》第71条的中文表述虽然作了不同于《汉堡规则》第1条第7款的规定，然而，该条的英文翻译完全是《汉堡规则》的文字，结果导致条文的中、英文本不对应。

为了避免解释上的困难，使法律条文更加明确，统一司法实践，笔者建议《海商法》修改时，参照《鹿特丹规则》和《汉堡规则》的规定，修改第71条为："提单，是指用以证明海上货物运输合同和货物已经由承运人接收或者装船的单证。指示提单和不记名提单是承运人保证据以交付货物的单证。提单中关于货物应按记名人的指示交付，或者按照指示交付，或者向提单持有人交付货物的条款，构成此种保证。"

（三）司法实践的最新发展

《最高人民法院公报》2002年第5期全文刊登了最高人民法院〔1998〕交提字第3号民事判决书的内容。[①] 该案再审申请人（原审上诉人、一审被告）为美国总统轮船公司（以下简称“轮船公司”），该案原审被上诉人（一审原告）为万宝集团广州菲达电器厂（以下简称“菲达厂”）。

涉案货物在中国黄埔港装上船舶之后，作为承运人的“轮船公司”签发了记名提单。承运船舶抵达提单记载的卸货港新加坡后，“轮船公司”在没有收回正本提单的情况下，将提单项下的货物交付给了提单上记名的收货人。作为该批货物卖方的“菲达厂”没有收到货款，但仍持有全套记名正本提单。

钱货两空的“菲达厂”在广州海事法院（以下简称一审法院）对“轮船公司”提起了诉讼并胜诉。但“轮船公司”不服一审法院的判决，在广东省高级人民法院（以下简称二审法院）提出了上诉；被驳回后，又不服二审法院的判决，在最高人民法院（以下简称再审法院）提出了再审申请。再审法院提审后，撤销了一、二审法院的判决，并改判驳回提单持有人“菲达厂”针对承运人“轮船公司”的诉讼请求。再审法院的主要理由是：由于本案提单约定适用美国法，所以本案纠纷应当适用美国法；根据美国1936年《海上货物运输法》和美国《联邦提单法》第2条、第9条（b）款的规定，承运人有理由将货物交付给托运人在记名提单上记名的收货人。承运人向记名提单的记名收货人交付货物时，不负有要求记名收货人出示或提交记名提单的义务。作为承运人的“轮船公司”根据记名提单的约定将货物交给记名收货人的行为符合美国法律，并无过错。因此，持有记名提单的托运人针对承运人的诉讼请求应予驳回。

值得注意的是，虽然该案最终是适用美国法律作出了改判，而不是适用我国《海商法》，但最高人民法院在判决中明确指出：“本案提单是记名提单，不具有物权凭证效力。”应当说，对于记名提单不属于物权凭证这一观点，在我国司法界已经取得了共识。既然记名提单不属于物权凭证，也就没有理由要求记名提单下的货物交付一定要凭单进行。

因此，记名提单实际上已经不具有提单的性质，只不过是海运单的别名而已。[②] 英国1992年的COGSA明确规定记名提单是海运单的一种。[③]

《鹿特丹规则》在总结国际海事司法实践的基础上，就上述问题在第45条中作出了明确的规定：如果没有签发可转让运输单证或可转让电子记录：

（1）控制方应在货物到达目的地之前或到达时将收货人的姓名告知承运人。

（2）承运人应在第43条所提及的时间和地点在收货人出示适当的身份证明后将货物交给收货人。[④]

该条规定适用于签发了一份不可转让的运输单证（包括记名提单）或电子记录和没有签发

---

① 中华人民共和国最高人民法院公报，2002（5）：175－178；中华人民共和国最高人民法院民事审判第四庭编．中国涉外商事海事审判指导与研究．第2卷（总第3卷）．北京：人民法院出版社，2002：186－193．但值得注意的是，上述两个刊物中的判决书的内容似乎并不完全一致。本书以《中华人民共和国最高人民法院公告》刊登的判决书的内容为准。

② 辛玉兴．一种新型的运输单据——海运单．国际商务，1995（5）．

③ 但是，英国的贵族院（最高院）在 MacWilliam Company Inc. v. Mediterranean Shipping Company SA 案中作出的判决是记名提单是《海牙—维斯比规则》所指的提单或类似的权利凭证。根据此判决，记名提单也必须凭单放货（［2005］1 Lloyd's Rep. 347）。新加坡有关此问题的观点与英国法院一致。新加坡上诉法院在2002年 VOSS v. APL CO. PTE. LTD. ［2002］2 Lloyd's Rep. 707案中作出同样的判决。

④ 参见《鹿特丹规则》第45条。

任何单证的情况。第1款规定了控制方（通常为托运人）行使控制权或者没有签发任何单证的情况下指定或变更收货人的条件——货物到达目的地之前或到达时；第2款则规定，承运人应当向不可转让的运输单证上记载的或控制方指示的收货人，或者在没有签发任何单证的情况下，向托运人指定的收货人交付货物。而交货的条件是，只需要该收货人出示适当的身份，并不需要其出示运输单证。

我国没有提单法，对提单的功能不可能作出全面的规定。《海商法》将记名提单也纳入第四章的调整范围，但同时规定记名提单不得转让（第79条）。在货物交付前，托运人可以凭其持有的记名提单行使中途停运权，甚至与收货人协商修改提单记载的事项。但是在货物交付给提单上记名的收货人之后，托运人即丧失了对其所持有的提单项下货物的任何权利。托运人凭记名提单向承运人主张无单放货造成货物损失的，其诉讼请求不应得到保护。然而，这种观点并未取得共识。相反，2004年5月最高人民法院就东方海外货柜航运有限公司记名提单无单放货案作出判决，记名提单也要凭单放货。[①] 至此，记名提单应否凭单放货，在司法实践层面上得到了基本统一，但理论上的问题并没有解决。

二十一、无单放货的定性问题

就可转让提单的无单放货的定性问题，我国司法实践经历了几个不同的阶段：

1. 认定侵权阶段（1984年—1992年）

在此阶段，由于我国海事法院刚成立不久，《海商法》尚未出台，审理无单放货案件，既无立法依据，又缺乏审判经验。受提单是物权凭证的理论和英国判例的影响，法院把提单视为绝对的物权凭证，“只认单，不认人，且此单为物权凭证”，大都认定承运人无单放货属于侵权行为，承担侵权责任。[②] 在兴利公司、广澳公司与印度国贸公司等货物所有权争议申诉案中，最高人民法院认为，“提单是一种物权凭证，提单的持有人就是提单项下货物的所有权人”[③]。最高人民法院关于提单是所有权凭证的认定，对无单放货的定性产生了重要的影响。

2. 侵权与违约并存的阶段（1993年—2001年）

我国《海商法》于1993年7月1日开始实行，对无单放货的性质提供了法律依据。随着海商法学界对提单性质的研究不断深入，海事审判的经验不断积累，法官们的观点发生了新的变化。法院认定承运人无单放货的性质，既有违约，也有侵权。具体案由分三种情况：第一，当事人以什么案由起诉就定无单放货为什么性质；第二，根据违约排斥侵权原则将案由定为违约[④]，但并不否认提单是物权凭证；第三，根据提单物权凭证的性质定为侵权纠纷。[⑤]

---

① 最高人民法院（2002）民四提字第10号东方海外货柜航运有限公司与青岛海神食品有限公司、第三人三湖物产株式会社海上货物运输无单放货纠纷申请案再审民事判决书。

② 司玉琢等．关于无单放货的理论与实践．中国海商法年刊，(2000).

③ 兴利公司、广澳公司与印度国贸公司、马来西亚巴拉普尔公司、库帕克公司、纳林公司货物所有权争议上诉案．中国法院网，2002-11-04。

④ 例如，中国（深圳）对外贸易中心有限公司诉丰泰企业有限公司无单放货纠纷案。法院认为，本案属于海上货物运输合同纠纷，原告起诉时已超过1年的诉讼时效，遂判决驳回原告的诉讼请求。

⑤ 浙江土产畜产进出口公司与国桥联运（中国）国际海上货物运输合同无单放货纠纷案，一审判决违约，二审判决侵权，最高人民法院提审推翻原终审判决，按违约作出判决［参见上海市高级人民法院（1994）沪高经终字第108号民事判决书；最高人民法院（1997）交提字第1号民事裁定书］。粤海公司与仓码公司、特发公司等海上货物运输无单放货案，一、二审法院认为，本案属侵权纠纷，时效适用2年。1997年，最高人民法院再审认为，此案仍属海上货物运输合同关系，适用《海牙规则》，时效为1年。西安宇声国际经济贸易公司诉广州华盛国际货运代理有限公司等无单放货案，一审法院仍然定性为侵权，适用《民法通则》［参见广州海事法院（2001）广海法初字第1号民事判决书］。

3. 认定违约阶段（2001年—2009年）

为了规范无单放货案件的审理，最高人民法院在深入调查的基础上，对此类案件的定性问题提出了指导性意见，并于2001年7月19日在宁波召开了全国海事法院院长座谈会，会后以最高人民法院的名义下发了《全国海事法院院长座谈会纪要》，该纪要指出，“一般情况下，合法持有提单的人向承运人主张无单放货赔偿的，应定性为违约纠纷，承运人应当承担与无单放货行为有直接因果关系的损失赔偿责任”。该纪要属于全国性司法文件，具有参照执行的效力。2002年8月，在青岛召开的全国涉外民事商事海事审判工作座谈会上，对无单放货的讨论有了新发展，“根据提单的性质，无单放货纠纷可能会产生违约和侵权竞合的法律责任。在审判实践中应当掌握，一般情况下，在海上货物运输中合法的提单持有人向承运人请求无单放货纠纷损害赔偿的视为违约”。此意见代表了海事司法界的主流观点，但并未公布实施。2004年5月，最高人民法院民四庭《涉外商事海事审判实务问题解答》中第133条重新就“如何认定无正本提单放货纠纷案件的性质”再次明确：“根据提单的性质，无单放货纠纷既可能产生违约的民事责任，也可能产生侵权的民事责任。在审判实践中应当掌握：一般情况下，在海上货物运输中合法的提单持有人向承运人请求无单放货损害赔偿的，视为违约；提单持有人向无单提货人主张权利的，以侵权论。”①

4. 侵权违约竞合，且是“在合同框架内的侵权责任”阶段（2009年至今）

2009年2月，最高人民法院《关于审理无正本提单交付货物案件适用法律若干问题的规定》法释〔2009〕1号，（2020年修正，以下简称《规定》）第2条规定：“承运人违反法律规定，无正本提单交付货物，损害正本提单持有人提单权利的，正本提单持有人可以要求承运人承担由此造成损失的民事责任。”第3条同时规定：“承运人因无正本提单交付货物造成正本提单持有人损失的，正本提单持有人可以要求承运人承担违约责任，或者承担侵权责任。”“正本提单持有人要求承运人承担无正本提单交付货物民事责任的，适用海商法规定；海商法没有规定的，适用其他法律规定。”

2009年3月4日，最高人民法院民四庭负责人在回答记者询问“承运人应当如何承担责任”时②，对《规定》中的上述条款作了这样的解读，承运人无单放货承担“在合同框架内的侵权责任”。该负责人说：“无正本提单交付货物的行为发生在承运人履行海上货物运输过程中的货物交付环节，损害了提单持有人的提单物权，构成了请求权竞合。正本提单持有人根据我国法律规定，有权选择依照海商法有关海上货物运输合同权利义务关系的规定请求承运人承担违约责任，或者基于承运人无正本提单交付货物侵害了提单持有人的提单物权③，依照《民法通则》的规定请求承运人承担侵权责任。无正本提单交付货物的侵权是在履行合同中的侵权，属于合同框架内的侵权，不同于普通的民事侵权。因此，在审理无正本提单交付货物案件中所涉及的损害赔偿范围、承运人交付货物抗辩的认定以及诉讼时效的认定等问题时，应当按照特别法优于普通法的原则，首先适用海商法的规定。”“承运人因无正本提单交付货物不适用我国海商法关于限制赔偿责任的规定，与我国海商法规定的承运人责任限制的立法本意相符。”④

---

① 万鄂湘主编．涉外商事海事审判指导．第1辑，北京：人民法院出版社，2004.

② 刘晓燕．承运人的责任义务与收货人的诉讼权利：最高人民法院民四庭负责人详解《规定》．见 http://rmfyb.chinacourt.org/public/detail.php?id=126405。

③ 《规定》中的措辞是“损害正本提单持有人提单权利的”，不是“提单物权”。

④ 《规定》第4条规定：“承运人因无正本提单交付货物承担民事责任的，不适用海商法第五十六条关于限制赔偿责任的规定。”

对于记名提单，《规定》第1条就明确了："本规定所称正本提单包括记名提单、指示提单和不记名提单。"与最高人民法院审判委员会就东方海外货柜航运有限公司无单放货案的讨论决定是一致的，记名提单也要凭单放货。[①] 至此，无单放货问题从司法实践的角度基本得到解决。但是，理论问题并没有得到统一，集中在对提单物权性的认识上。

二十二、提单物权性的争论

（一）提单是否具有物权性

提单物权性的辩论从20世纪90年代中期开始，已经争论二十多年了，争论各方的观点有：

1. 否定提单物权性——否定论

提单物权性的辩论是1996年李海教授在《关于"提单是物权凭证"的反思》[②] 一文中提出的。当时针对提单具有绝对的物权性，无单放货一律定性为侵权，承运人承担实际赔偿的责任没有责任限制，对承运人压力很大，李海认为，赋予提单物权性是"历史的误会"。从此掀起了对提单物权性的大讨论。

2. 承认提单物权性——肯定论

持此观点的人认为，谁持有提单，谁就拥有提单项下的货物所有权观点[③]；谁持有提单，谁就占有提单项下的货物占有权观点。[④] 肯定提单物权性，从空间效力划分，又分两种观点：绝对物权效力观点，即提单在任何时候任何场合都具物权性；相对物权效力观点，即提单物权性是分阶段的，只有提单进入贸易和金融结算领域，才具有物权性。笔者持相对物权效力观点。[⑤]

（二）提单属何种物权

提单具有物权性，这是普遍接受的观点，但提单具有何种物权，理论界并不统一。

1. 所有权说

提单是所有权凭证，谁持有提单，谁就拥有提单上所载明的货物。提单的交付与货物的交付据有相同的效力。[⑥] 此说被称为"绝对所有权说"。这种观点在赋予提单物权性的初期，起到了强化提单的物权功能，增强提单信誉的作用，有利于提单的流转，是有积极意义的。但是，这种观点随着时间的推移，逐渐被弱化。到了1992年，英国的1992COGSA问世，结束了"诉权"（title to sue）之争，提单的诉权与所有权分离，提单不再被认为是所有权的绝对凭证。

所有权说的另一种观点是：提单不具有绝对的所有权效力。货物所有权的转移，除提单的转移或转让外，还需满足民法中所有权转移的条件。[⑦] 此种观点称为"相对所有权说"。

如今将提单视为所有权凭证的观点遇到两个难以逾越的障碍：第一，货物所有权并非总是

---

① 参见最高人民法院（2002）民四提字第10号东方海外货柜航运有限公司与青岛海神食品有限公司、第三人三湖物产株式会社海上货物运输无单放货纠纷申请再审民事判决书。

② 中国海商法年刊，1996.

③ 司玉琢等编著．新编海商法学．大连：大连海事大学出版社，1999：160；张特生．海商法实务问题专论．台北：五南图书出版公司，1998.

④ 吴焕宁主编．海商法学．北京：法律出版社，1996；郭瑜．提单法律制度研究．北京：北京大学出版社，1997；姚洪秀．浅论海运提单所证明的权利属性．中国海商法年刊，1997.

⑤ 司玉琢等．关于无单放货的理论与实践．中国海商法年刊，2000.

⑥ 张特生．海商法事务问题专论．台北：五南图书出版公司，1998：169.

⑦ 胡正良，曹冲．对提单的物权凭证功能的再思考．中国海商法年刊，1996.

同提单一起转让。提单项下货物所有权的转移要符合买卖合同的约定或法律的规定，提单的转让并不当然导致货物所有权的转移，这是一个很复杂的问题，简单地以提单转移作为货物所有权转移的标志，是不科学的。特别是当提单诈骗屡屡发生，纸面提单逐步为其他运输单证所取代的今天，过分强调提单的所有权属性，似乎有些不合时宜。第二，如果提单是所有权凭证，它应具有对世性，然而《汉堡规则》（第1条第7款）、我国《海商法》（第71条）等现代国际公约或国内法，都明确规定提单仅是提货凭证，对承运人而言，仅是提货的请求权，是债权，不是物权，更不是所有权。按照所有权观点提单应具有对世性，为什么提单到了运输领域就不能对抗承运人？理论上解释不通。

2. 占有权说

占有权说认为提单所体现的物权功能应归结为占有权的范畴。当然，占有是否属于物权，尚有争论。

该学说中具代表性的观点有两种。一种观点是"直接占有说"，认为"提单是货物的象征。持有提单即表明对货物的占有，故此，提单证明提单持有人对货物的占有，提单的转让即货物的实际交付，仅此而已，提单本身并不能说明更多的问题。所以，如果将提单是物权凭证改为占有凭证可能更准确，这样就能避免派生出提单是所有权凭证的观点"①。另一种观点是"推定实际占有说"，类似于英国的"拟制占有"理论。谁占有了提单，推定其占有了提单上所载明的货物，此观点实际上同"直接占有说"没有本质的区别。"直接占有说"和"推定实际占有说"的观点有悖于"双重占有"（《德国民法典》创立的理论）理论所揭示的：实际占有只是一种事实，不是一种权利，更不是物权。

3. 间接占有权说

间接占有是相对于实际占有而言的。

间接占有权与"提单本身结合在一起，持有提单即享有这种占有权，丧失提单也就丧失了这种占有权，提单正是这种意义上可称为'物权证券'"②。"直接占有权说"和"间接占有权说"理论都体现了"谁持有提单，谁就取得了占有货物的权利"③ 的内涵，但前者并不认为其是物权凭证。

长期以来，学者们对占有是一种权利还是一种事实，一直争论不休，《德国民法典》在确立了双重占有制度的基础上，确认直接占有是一种事实，而间接占有则是一种权利。因为"间接占有的形成不是基于实际握有的事实，而是基于能够取回物、支配物的权利，故其客观要件变成了权利存在的事实"④。"在占有媒介关系上，直接占有其物者须有为他人占有的意思。"⑤"由于直接占有人和间接占有人之间本身存在着某种法律关系"，"此种法律关系通常发生在直接占有和间接占有人之间的运送、信托、承揽、租赁等信用关系以及依法律规定而产生的财产管理关系"，"在此关系存续期间，间接占有人并不能享有返还原物的请求权"⑥，只能依据他们存在的法律关系确定其权利义务。

一般认为直接占有人侵害间接占有不适用"占有保护请求权"，我国台湾地区各学者在物

---

① 姚洪秀，王千华．浅论海运提单所证明的权利属性．中国海商法年刊，1997.

② 郭瑜．提单法律制度研究．北京：北京大学出版社，1997：87.

③ 吴焕宁主编．海商法学．北京：法律出版社，1998.

④ 孟勤国．物权二元结构论．北京：人民法院出版社，2002：70.

⑤ 王泽鉴．民法物权·用益物权·占有．北京：中国政法大学出版社，2001：45.

⑥ 王利明．物权法论．北京：中国政法大学出版社，1998：820-821.

权法论述中均有提及，以王泽鉴先生的《民法物权·用益物权·占有》一书最为详尽，其中，以下观点很有说服力："……间接占有人与直接占有人关于占有之关系，惟依其相互间之法律关系定之，尚不发生占有被侵害之侵权问题，此与主张占有受第三人侵害之情形，固不相同……"①

（三）我国《物权法》的规定

占有是不是物权？学界一直有争论。我国《民法典》第二编专门规定了"占有"，表明占有属于物权法调整的范畴。但是，该法并没有区分直接占有和间接占有，只规定了占有人（相当于实际占有人）和权利人（相当于间接占有人）。占有人又分为有权占有和无权占有；无权占有又分为善意占有和恶意占有。

《民法典》第458条规定："基于合同关系等产生的占有，有关不动产或者动产的使用、收益、违约责任等，按照合同约定；合同没有约定或者约定不明确的，依照有关法律规定。"根据这一规定，承运人基于运输合同合法占有所运货物，其与货物的权利人——提单持有人之间，不是占有关系，而是运输合同关系。提单持有人向承运人提取货物，不是行使《物权法》第243条赋予的"权利人可以请求返还原物"的权利，而是依据提单赋予的提货权，这是运输合同项下的债权，不是物权法下的物权。

但是，如果承运人无单放货，提货人与提单持有人之间便形成了物权法下的占有关系。提单持有人作为权利人有权请求提货人返还货物（《民法典》第460条）。并且根据《民法典》第459条的规定，如果是恶意占有人，对货物受到的损害，应当承担赔偿责任；但如果是善意占有人，根据《民法典》该条规定，提货人无须承担赔偿责任。

《民法典》并没有界定何谓善意占有和恶意占有，笔者理解，以无单放货为例：如果提货人是真正的收货人，但不持有正本提单，凭副本加保函提取了并占有了货物，应该属于善意占有；如果提货人是无权提取货人的人，并以副本加保函提取了并占有了货物，应该属于恶意占有。至于为什么善意占有人造成货物灭失、损坏不负赔偿责任，恶意占有人造成货物灭失损坏就要承担赔偿责任，这是立法者的价值取向问题。②

（四）结论

根据我国物权法的规定，就提单法律属性问题可以得出如下三点结论：

(1) 提单持有人与承运人之间的权利义务关系，不是依占有法律关系调整，而是依其相互间的提单法律关系确定，此种关系同样适用于无船承运人与实际承运人的关系。

(2) 如果发生无单放货，持单人以提单向承运人主张权利，是一种债权关系，承运人承担违约责任；持单人与提货人之间构成了占有关系，持有人作为权利人有权向提货人提出返还货物的权利。如果货物在提货人占有期间发生灭失或损坏，恶意占有人应负赔偿责任。

(3) 如果持有人同时证明自己对货物享有所有权，且承运人对此所有权知情，此时，便发生违约与侵权的竞合。特别法对选择侵权的限制条件，应该作出明确规定，否则，持单人将根据合同法的规定，就违约和侵权二者中享有选择权。

二十三、货物自燃，承运人是否可援引火灾免责

船舶装运鱼粉等易燃货物，时有因货物自燃而造成货物灭失或损害，承运人对此种损害可

---

① 王泽鉴．民法物权·用益物权·占有．北京：中国政法大学出版社，2001：365-366.

② 胡康生主编．中华人民共和国物权法释义．北京：法律出版社，2007：514-519.

否援引“火灾”免责进行抗辩，时而引起争议。关于此类争议，涉及如下两个问题：

（1）货物自燃是属于自然特性还是火灾；

（2）货物自然特性、火灾与管货过失的关系。

关于第一个问题：货物自燃是属于货物的自然特性还是火灾？回答这个问题的关键是界定清楚什么是自然特性，什么是火灾。

我国《海商法》和相关的国际公约都没有给出货物的自然特性或固有缺陷的定义。通常理解货物的自然特性是指货物固有的、自然的或者正常的品质；而货物的固有缺陷是指货物中某种隐藏的、有缺陷的，且在通常情况下不易发现的瑕疵。鱼粉等货物易自燃是此类货物固有的、自然的品质，应该属于货物的自然特性。

什么是火灾？《海商法》及相关的国际公约也没有给出明确的定义。笔者认为，火灾至少应满足如下两个条件：

第一，空间位置条件。火灾是指火发生在不该发生的地方。如果火发生在其本应发生的地方，就不是火灾。英国法院曾审理一典型案件，船员疏忽烧干了锅炉中的水，发生锅炉爆炸，造成货损。承运人抗辩道，货损是由于火烧干锅炉的水发生爆炸所致，属船上火灾，即使存在船员疏忽，承运人也可援引火灾免责。法庭驳回承运人的抗辩，法官的经典判词是，“火，只有在它不该在的地方，才是火灾”。火在锅炉中燃烧恰是它应该在的地方，所以不是火灾。

第二，物理状态条件。发热不是火灾，只有燃烧才是火灾。Wright 法官在 Tempus Shipping Co. v. Louis Dreyfus 案中曾解释道，“单纯的发热而没有达到白炽化燃点的程度，并不属于‘火灾’”。但是在自燃的情况下，如果在造成进一步损害的火灾发生之前，由于发热期间造成的货物损害，根据除外条款的规定，两种损害均可得到保护。① 根据上述火灾的概念，鱼粉自燃，如有明火，当然是火灾。如果鱼粉仅仅是发热，尚未达到燃点燃烧，此种发热造成的货物损害，只要不是承运人的管货过失所致，则承运人可援引货物的自然特性免除责任。如果已经燃烧，则发热和燃烧造成的损害均属火灾造成的损害，承运人可援引火灾免责。

关于货物的自然特性、火灾与管货过失的关系，实际上反映的是举证责任的不同。根据我国《海商法》第 51 条规定，“在责任期间货物发生的灭失或者损坏是由于下列原因之一造成的，承运人不负赔偿责任：……（二）火灾，但是由于承运人本人的过失所造成的除外……（九）货物的自然特性或者固有缺陷……承运人依照前款规定免除赔偿责任的，除第（二）项规定的原因外，应当负举证责任”。从该条的表述中，可以明确“火灾免责”在承运人享受的免责条款中，具有一定的特殊性，主要表现在：（1）承运人的受雇人或代理人的故意或过失行为，不影响承运人享受免责，使得“自然之火”与“人为之火”的划分显得不再重要；（2）火灾免责的唯一条件是承运人本人无过失，它不同于其他承运人免责条款的适用条件；（3）承运人无须对火灾产生原因承担举证责任。当承运船舶发生火灾，承运人即可援引火灾免责条款，免除其对承运货物的赔偿责任。除非赔偿请求人能证明，火灾系由承运人本人的过失所致，具

---

① “definition of fire”：“Fire” means a flame and not merely heat. “Mere heating，which has not arrived at the stage of incandescence or ignition，” explained Wright J. in Tempus Shipping Co. v. Louis Dreyfus Co.，“is not within the specific word ‘fire’.” In the case of spontaneous combustion，however，where damage is done to cargo by heat for a period of time before fire breaks out causing further damage，both heads of damage are protected under the exception. [1930] 1 K. B. 699 at p. 708. See William Tetley，Marine Cargo Claims，4th Edition.

体地讲，证明火灾系船舶在开航前或开航当时就存在着火灾隐患，承运人未予消除或存在过错所致。如果火灾起因系船员管货过失，甚至故意所致，如将未熄灭的烟蒂扔入货舱内着火，承运人仍然可以享受免责，因为不是承运人本人的过失。船员扔烟蒂的行为，既属管货过失，不可免责；又属船上火灾，可以免责。在这种情况下，根据《海牙规则》的规定，管货义务要服从于免责，即免责优先（《海牙规则》第3条第2款）。但是，如果船员的过失是导致船舶开航前和开航当时不适航的原因，该不适航又是造成火灾的原因，亦即船员的同一行为，既属于承运人违反适航义务，不可免责；又属火灾起因，可以免责，在这种情况下，根据《海牙规则》的首要义务原则（第4条第1款），承运人的适航义务是首要义务，在承运人未履行适航义务的情况下，无权享受免责条款。① 而我国《海商法》对《海牙规则》的首要义务原则没有作出相应的规定。②

如果将货物自燃定性为自然特性，如上述，自然特性是货物固有的、自然的特性，与人的行为无关，管货过失属于人的行为，与自然特性完全是两个独立的概念，不会发生冲突。如果货物自燃是自然特性所致，就与管货过失无关，承运人便可享受免责；如果货物自燃是管货过失所致，又与货物的自然特性无关，则承运人不得免责。由于自然特性的举证责任在于承运人一方，故承运人应证明货物自燃是其特性，承运人不存在管货过失，仅仅证明货物具有自燃的特性是不够的。

如上所述，将货物自燃定性为火灾或定性为自然特性，对于承运人来说，在举证责任上是有区别的。如果货物自燃认定为火灾，其举证责任在索赔方；如果认定是货物的自然特性，举证责任则由承运人负责。前者承运人无须证明火灾的起因，即无须证明管货过失；而后者，则需证明货物自燃不存在管货过失。

如果承运人以货物自然特性主张免责，首先要举证其已妥善而谨慎地履行管货义务，货损是货物自身特性所致。索赔方通过举证，证明承运人犯有管货过失，推翻承运人的自然特性的抗辩，方可索赔成功。

二十四、“不知条款”的效力

（一）“不知条款”（unknown clause）的概念

在英美法中也称“否定性条款”或“否定性批注”（disclaimer）（以下统称“不知条款”）。是指承运人对提单中记载的货物重量、数量、品质、内容等有怀疑或者无法核对，带有声明性质，目的在于如果因此造成货损货差，承运人不负赔偿责任。通常所说的“不知条款”分为两种情况：一是签发提单时批注在提单上的不知条款，如承运人在提单上批注该批货物“重量不知”（Weight Unknown）、“托运人提供的重量”（Shiper's Weight）或“据称××吨”（Said to be ×× Tons）等；二是将不知条款格式化印就在提单上③，如CONGENBILL印就的“不知条款”，笼统地讲：“重量、尺寸、质量、数量、状态、内容和价值不知”（Weight、Measure、Quality、Quantity、Condition、Contents and Value Unknown）。

① 朱作贤，司玉琢．论《海牙规则》“首要义务”原则．中国海商法年刊，2002.

② 参见《海商法》第47条（适航义务）、第48条（管货义务）和第51条（免责事项），从条款本身看不出三者的关系。

③ 当然也有既在提单上加注不知条款的批注，同时提单中又有印有格式化的不知条款。

（二）英国法下“不知条款”的效力分析

英国法律承认“不知条款”的有效性[①]，不论是在提单上批注“不知条款”，还是在提单上格式化的“不知条款”。在判例“Herroe”and“Askoe”中，该案承运人采用的提单格式是CONGENBILL，提单中有格式条款“重量、尺寸、质量、数量、状态、内容和价值不知”，但该运载货物的提单中明确载明货物的袋装数量。当收货人索赔货物短量时，船东以“货物数量不知”抗辩，伦敦仲裁裁决船东败诉。理由是：“数量不知”的“否定性条款”（不知条款）印在提单上，也不能改变提单中已经明确记载的货物数量，除非承运人能证明提单上载明的货物数量确实不准确，但该案承运人举不出这种证据。然而，仲裁裁决的上述结论被英国高等法院推翻，Hobhouse大法官指出，仲裁庭错误地理解了英国法律，英国法的确定原则是，提单上有“否定性批注”（不知条款），相当于承运人在提单上没有签认任何货物数量，因此，承运人无须承担责任。[②]

（三）美国法下“不知条款”的效力分析

美国《1936年海上货物运输法》（以下简称“美国COGSA1936”）第3条第3款规定：提单的内容：收到货物后，承运人……应当依照托运人的请求，给托运人签发提单，其上载明：

货物的主标志；

由托运人书面提供的包数和件数，或数量，或重量；

货物的外表状况；

但是，如果承运人……有适当根据怀疑标志、件数、数量或重量不能准确地代表其实际收到的货物，或无适当的办法对其核对，便不必将其在提单上加以记载和注明。

该条第4款同时规定，此种提单应作为承运人……收到该提单中所载货物的初步证据。

该条第8款还规定，运输合同中的任何条款、约定或协议，凡解除承运人或船舶对由于疏忽、过失或未履行本条[③]规定的责任与义务，因而引起货物或与货物有关的灭失或损害责任的，或以本法规定以外的方式减轻这种责任的，均属无效。[④]

“美国COGSA1936”的上述条款内容，与《海牙规则》的规定基本是一致的。但是，由于《海牙规则》规定的不明确，给不知条款的效力留下了争议的空间。美国法下有关“不知条款”效力的最重要的判例是Plastique Tags，Inc. v. Asia Trans Line，Inc.。[⑤] 在该案中，提单中有批注为“托运人装载并点数”（shipper's load & count），“据称5 600箱……塑料袋”（said to contain 5600 boxes……plastic bags）。货物到港后发现数量比记载的少，发生争议。法院（联邦第11巡回法院）判决这个“不知条款”有效：理由是在集装箱已经封箱，承运人无合理方式核实数量的情况下，这种不知条款是有效的，提单上记载的数字不构成货物丢失的初步证据。

但在这个案件以及此后的Fox & Assocs. v. M/V Hanjin Yokohama[⑥]案中，法官都认为如

---

① New Chinese Co. v. Ocean S. S. Co. (1917) 2 KB 664；Canada and Dominion Sugar v. Canadian National (1946) 80 Lloyd's Rep. 13；Attorney-General of Ceylon v. Scindia SS Co. Ltd. (1961) 2 Lloyd's Rep. 173；The“Mata K”[1998] 2 Lloyd's Rep. 614.

② 杨良宜．提单及其付运单证．北京：中国政法大学出版社，2001：766-767.

③ 第3条是有关“承运人和船舶的责任与义务”的规定，涉及谨慎处理使船舶适航和妥善而谨慎的管货义务。

④ 韩立新，王秀芬主编．各国（地区）海商法汇编（中英文对照）．上卷．大连：大连海事大学出版社，2003：375.

⑤ 83 F. 3d 1367 (11th Cir. 1996)

⑥ 977 F. Supp. 1022

果“不知条款”涉及的是货物的重量，则此种“不知条款”无效，因为法官认为对于货物的重量，承运人是有合理的方式核实的。

因此，对于“不知条款”，美国法下的观点是如果“不知条款”所涉及的内容是承运人无法通过合理的方式核实的（如已封箱的集装箱内的货物件数），则该种“不知条款”有效，如果涉及的内容是承运人可以通过合理的方式核实的（如重量），则这种“不知条款”无效。

法国、比利时、希腊等国家的法律在对待“不知条款”的问题上，原则上不承认“不知条款”的效力。①

（四）《海牙规则》下“不知条款”的效力分析

《海牙规则》第3条第3款规定：承运人或船长或承运人的代理人在收受货物归其照管后，经托运人的请求，应向托运人签发提单，其上载明下列各项：

（1）与开始装货前由托运人书面提供者相同的、为辨认货物所需的主要标志，如果这项标志是以印戳或其他方式标示在不带包装的货物上，或在其中装有货物的箱子或包装物上，该项标志通常应在航程终了时仍能保持清晰可认。

（2）托运人用书面提供的包数或件数，或数量，或重量。

（3）货物的表面状况。

但是，承运人、船长或承运人的代理人，不必将任何货物的标志、号码、数量或重量表明或标示在提单上，如果他有合理根据怀疑提单不能正确代表实际收到的货物，或无适当方法进行核对的话。

该条第4款同时规定：依照第3款第1、2、3项所载内容的提单，应作为承运人收到该提单中所载货物的初步证据。

该条第8款还规定：运输合同中的任何条款、约定或协议，凡是解除承运人或船舶对由于疏忽、过失或未履行本条规定的责任和义务，因而引起货物或关于货物的灭失或损害的责任的，或以下同于本公约的规定减轻这种责任的，则一律无效。

分析《海牙规则》的上述规定，我们可以得出如下几点结论：

第一，“不知条款”的批注仅适用该法第3条第3款的前两项，即货物的主标志和货物的包数、件数，或数量，或重量；货物的外表状况不属于不知条款的批注范围。

第二，如果承运人无适当方法核对货物的数量或重量，可不必在提单上记载，并没有排除是否可以批注数量、重量不知，或者在提单上印就格式化的“不知条款”。因此，根据《海牙规则》，关于标志、号码、数量或重量或标示的“不知条款”有适用的空间。

第三，如果承运人签发的提单既没有批注式的不知条款，也没有货物外表状况不良的批注，此提单上的记载对托运人而言是初步证据，但对善意取得提单的持有人是否是绝对证据，《海牙规则》并没有给出明确的规定，这样似乎给格式化的不知条款留下了适用空间。

第四，承运人签发了清洁提单，其以格式化的不知条款对抗善意的提单持有人，因各国的法律或司法实践不同可能会有不同的结果；同样，对于锈蚀条款的效力，因为《海牙规则》没有像《汉堡规则》那样，规定承运人就货物的外表状况未加批注，视为货物外表状况良好。因此，当承运人以不知条款对抗善意的提单持有人，否定提单的清洁性时，是否承认该条款的有效性，同样是不明确的，各国对该条款的适用也就存在差异。

总之，《海牙规则》下的不知条款是否有效，完全取决于各国的立法和司法实践。

---

① 杨良宜．提单及付运单证．北京：中国政法大学出版社，2001：776.

（五）《汉堡规则》下“不知条款”的效力分析

《汉堡规则》第16条“提单：保留和证据效力”规定：

（1）如果承运人或代其签发提单的其他人确知或有合理的根据怀疑提单所载有关货物的品类、主要标志，包数或件数、重量或数量项目没有准确地表示实际接管的货物，或在签发“已装船”提单的情况下，没有准确地表示已实际装船的货物，或者他无适当的方法来核对这些项目，则承运人或该其他人必须在提单上作出保留，注明不符之处、怀疑根据或无适当的核对方法。

（2）如果承运人或代他签发提单的其他人未在提单上批注货物的外表状况，则应视为他已在提单上注明货物的外表状况良好。

（3）除按本条第1款规定就有关项目和其范围作出许可在保留以外：

1）提单是承运人接管，或如签发“已装船”提单时，装载提单所述货物的初步证据；

2）如果提单已转让给相信提单上有关货物的描述而照此行事的包括收货人在内的第三方，则承运人提出与此相反的证据不予接受。

该规则第10条第3款还规定：承运人据以承担本公约所未规定的义务或放弃本公约所赋予的权利的任何特别协议，只有在实际承运人书面明确表示同意时，才能对他发生影响。

《汉堡规则》第16条的规定表明：

第一，承运人对货物的“品类、主要标志，包数或件数、重量或数量项目”如有怀疑或无适当方法核对，承运人“必须”批注在提单上，它已成为承运人的一项义务，违反此项义务，应该批注而没有批注，将承担相应的赔偿责任。

第二，此项有关批注的规定，在范围上和方法上都作了严格的限制，范围仅限于“品类、主要标志，包数或件数、重量或数量”，超出此范围则不属该条调整的范围，如货物的品质、内容不属批注范围；在方法上，必须注明“不符之处、怀疑根据或无适当的核对方法”。笼统地讲“重量不知”“托运人提供”“据称”等批注，在《汉堡规则》下，应认定为无效。

第三，该条规定要求“说明不符之处、怀疑根据或无适当的核对方法”，表明一定是针对特定的运载货物，笼统的格式化“不知条款”，将失去有效性的空间。

（六）我国《海商法》下“不知条款”的效力分析

我国《海商法》第四章“海上货物运输合同”是以《海牙—维斯比规则》为基础，引进《汉堡规则》的部分条款混合而成，在提单批注的处理上则是参照《汉堡规则》的规定。因此，根据《海商法》的规定，不知条款应属无效条款。

《海商法》第75条规定：“承运人或者代其签发提单的人，知道或者有合理的根据怀疑提单记载的货物的品名、标志、包数或者件数、重量或者体积与实际接收的货物不符，在签发已装船提单的情况下怀疑与已装船的货物不符，或者没有适当的方法核对提单记载的，可以在提单上批注，说明不符之处、怀疑的根据或者说明无法核对。”

《海商法》的这一规定源自《汉堡规则》第16条第1款。如上述，这是针对不知条款的规定。这一规定明确了承运人不知条款的三个有效要件：第一，批注在提单上，范围限定在“货物的品名、标志、包数或者件数、重量或者体积”；第二，批注一定是针对特定的货物，而不是格式化的条款；第三，批注的方法，要求“说明不符之处、怀疑的根据或者说明无法核对”。如果批注不符上述任何一个要件，都将构成不知条款的无效；上海海事法院在“雅典梭仓”案的判决中曾写道：“提单上的‘不知条款’以承运人在提单上批注，说明不符之处、怀疑的根据或者说明无法核对为生效条件。”①

《海商法》第75条的规定与《汉堡规则》第16条第1款、《海牙规则》第3条3款的规定比较，区别之处在于：《汉堡规则》规定“必须”批注，《海商法》规定“可以”批注，《海牙规则》规定“不必”批注。也就是说，《汉堡规则》将承运人的批注作为一项义务，违反义务需承担赔偿责任；而《海商法》则是将批注作为承运人的一项权利，不加批注表明权利的放弃，自愿承担不利后果，两种规定不同，其后果是一样的，只是《汉堡规则》的规定更加严格，缺乏灵活性。而《海牙规则》规定“不必”批注，表明承运人不加批注并不意味着对装载的货物标志、件数、重量或数量没有怀疑，这就给不知条款留下了适用的空间。

“中国人民财产保险股份有限公司上海市分公司与富源船务有限公司、中外运船舶管理有限公司海上、通海水域货物运输合同纠纷案”② 中，法院认为，《海商法》第75条规定，承运人在签发已装船提单的情况下怀疑与已装船的货物不符，或者没有适当的方法核对提单记载的，可以在提单上批注，说明不符之处、怀疑的根据或者说明无法核对。该条对“说明无法核对”的批注设定的前提条件是“没有适当的方法核对提单记载”，所以，是一项附条件的权利，且该条给承运人施加了一个潜在的核对货物的义务。而案涉“不知条款”表明承运人并未核对货物，遑论说明无法核对的理由，故该条款不满足上述第75条的规定，不构成有效的批注。因此，在中国法下，不知条款是否有效，应该依据《海商法》第75条，针对具体案件，衡量是否满足该条规定的三个有效要件，符合的将是有效的不知条款，缺少任何一个要件，都是无效的不知条款。

二十五、“锈蚀条款”的效力

（一）锈蚀条款的概念

在承运钢铁或金属制品时，提单正面一般都印刷有锈蚀条款（retla clause），锈蚀条款是印就在提单上的格式化条款。其内容是：“当‘表面状况良好’术语被使用在关于铁、钢或金属产品的本提单之中时，其并不意味着货物在收到之时无可见的锈迹与水迹。如果托运人如此要求，承运人将签发替代提单，该提单会删除上述定义，而且详细列明大副或理货员收据内注明的每一处锈迹或水迹”（retla clause：the term‘apparent good order and condition’when used in this bill of lading with reference to iron，steel or metal products does not mean that the goods，when received，were free of visible rust or moisture. If the shipper so request，a substitute bill of lading will be issued omitting the above definition and setting forth any notations as to rust or moisture which may appear on the mate's or tally clerk's receipts.）。

（二）锈蚀条款与不知条款的区别

首先，锈蚀条款应归属于货物的外表状况，而不知条款（不论是批注式的，还是格式化的

① 1997年7月22日和8月4日，“雅典梭仓”轮分别在阿根廷和巴西受载豆粕32 792.916万吨，两份提单的批注是“据称重量”（Said to Weight），并在提单的右下角印有格式化的“不知条款”：“重量、尺寸、质量、数量、状态、内容和价值不知”（Weight、Measure、Quality、Quantity、Condition、Contents and Value Unknown）。船舶到港卸载后，发现短卸564.16吨，并有明显的结块和霉变，货物估损16%，收货人向承运人提出索赔，并诉至上海海事法院。法院判决：“提单上的‘不知条款’以承运人在提单上批注，说明不符之处、怀疑的根据或者说明无法核对为生效条件。”“涉案提单除印有‘不知条款’外，并未作出任何批注（说明），该条款因之而无效。”郑肇芳主编．涉外海事案例精选．上海：上海人民出版社，2004：72-76.

② 参见（2016）鄂民终861号。

不知条款)，都是限于货物的品质、内容[①]、数量或重量等，也即都不属于货物的外表状况。从有关海上货物运输的国际公约或国内法的规定看，调整货物外表状况与调整不知条款的规范，分别在不同条款中加以规定，也就是说，它们不属同一性质的问题。其次，反映在提单上涉及不知条款的内容，是托运人提供的，而货物的外表状况无须托运人提供，它是由承运人/船长根据自己看得见、嗅得到、感觉得到的事实准确反映/表述在提单表面上。[②] 锈蚀条款由承运人单方面制定，作用是将货物的表面状况格式化。因此，锈蚀条款只是形式上雷同于格式化的不知条款，但实质上不属于不知条款，而是有关货物外表状况的格式化声明。

（三）英国法下锈蚀条款的效力分析

Hobhouse大法官在“Herroe”案的判词中写道，英国法确定不知条款有效性的原则是，提单上印有不知条款，相当于在提单上承运人没有签认任何货物数量，尽管托运人在提单上记载了货物袋数，但并不表明没有短量。按此逻辑，锈蚀条款同样是承运人没有在提单上批注任何锈蚀或水迹，但并不表明货物没有锈蚀或水迹，似乎也应该承认锈蚀条款的有效性。然而，2012年11月7日，英国皇家高等法院就“Saga Explorer案”作出判决，否认了锈蚀条款的效力。Simon法官说，船长接受货物时，必须对货物状况形成诚实的、合理的、非专家的观点，特别是关于货物表面状况。货物装船后表面状况描述完全是其自行判断而形成的。锈蚀条款应作这样的理解：该条款仅是装船钢材表面状况的法律说明，而不是对“货物表面状况良好”这个批注本身的否认。如果将“可见的锈蚀和水迹”排除在“货物表面状况良好”的定义之外，那么将导致认定货物表面状况上的困难。因此，英国保赔协会近期签发的公告[③]在涉及锈蚀条款时强调“为避免货损索赔，唯一安全的方式是确保提单加批注，以反映在装货时货物表面的状况”。

（四）美国法下锈蚀条款的效力分析

在美国，虽然曾经出现过判例认为“承运人虽然签发了清洁提单，但是这种‘清洁’已经被锈蚀条款所覆盖，不能说明该提单上的货物没有锈蚀与水迹”[④]。但是，该判例备受批判，普遍认为收货人或受让人因此种条款的设计而被剥夺应有的保护是不合理的[⑤]；国际著名海商法专家William Tetley教授更是旗帜鲜明地指出，该判决是错误的。[⑥] 而且，此判例也没有反映美国的一贯立场，尤其是，美国在随后的判例中对此已有收紧，多次否认类似的条款效力。[⑦] 法国、比利时、希腊等国家的法律对待锈蚀条款采取了类似于美国的立场，即原则上不承认锈蚀条款的效力。[⑧]

（五）《海牙规则》下锈蚀条款的效力分析

《海牙规则》第3条第3款规定：承运人或船长或承运人的代理人在收受货物归其照管后，经托运人的请求，应向托运人签发提单，其上载明下列各项：

---

① 其实货物的品质、内容无须批注，因为承运人仅对货物的表面状况负责。参见《海牙规则》第3条第3款(c)项。

② 杨良宜．提单及其付运单证．北京：中国政法大学出版社，2001：731.

③ A bulletin issued by the UK P&I Club (2011/11/01).

④ Tokio Marine & Fire Inc. v. Retla (1970) 2 Lloyd's Rep. 91.

⑤ Tetley, W, Marine Cargo Claims, 4th ed, Blais (2008), p. 694; Sir Guenter and Reynolds, FMB, Carver on Bills of Lading, 2nd ed, Sweet & Maxwell, 9.169; Gaskell N, Asariotis, R, and Baatz, Y, Bills of Lading-Law and Contract, LLP (2000), 7.74.

⑥ William Tetley. 海上货物索赔．张永坚，胡正良，傅廷忠等译．大连：大连海运学院出版社，1993：667.

⑦ 杨良宜．提单及其付运单证．北京：中国政法大学出版社，2001：777.

⑧ 杨良宜．提单及其付运单证．北京：中国政法大学出版社，2001：776.

(1) 与开始装货前由托运人书面提供者相同的、为辨认货物所需的主要标志，如果这项标志是以印戳或其他方式标示在不带包装的货物上，或在其中装有货物的箱子或包装物上，该项标志通常应在航程终了时仍能保持清晰可认。

(2) 托运人用书面提供的包数或件数，或数量，或重量。

(3) 货物的表面状况。

但是，承运人、船长或承运人的代理人，不必将任何货物的标志、号码、数量或重量表明或标示在提单上，如果他有合理根据怀疑提单不能正确代表实际收到的货物，或无适当方法进行核对的话。

该条第4款同时规定：依照第3款第1、2、3项所载内容的提单，应作为承运人收到该提单中所载货物的初步证据。

分析《海牙规则》的上述规定，我们可以得出如下几点结论：

第一，锈蚀条款涉及货物的外表状况，货物的外表状况不属于不知条款的批注范围。

第二，如果承运人没有货物外表状况的不良批注，此提单上的记载作为承运人收到提单所载货物的初步证据，对善意取得提单的持有人是否是绝对证据，《海牙规则》也没有给出明确的规定，这样似乎给格式化的锈蚀条款留下了适用的空间。

第三，因为《海牙规则》没有像《汉堡规则》那样，规定承运人就货物的外表状况未加批注，视为货物外表状况良好。所以，当承运人以锈蚀条款对抗善意的提单持有人，否定提单的清洁性时，是否承认该条款的有效性，同样是不明确的，各国对该条款的适用也就存在差异。

总之，《海牙规则》下的锈蚀条款是否有效，完全取决于各国的立法和司法实践。如前述，英国法和美国法的规定都源于《海牙规则》，但司法实践对其作了不同的解读，前者有适用的空间，后者则不承认其效力。

（六）《汉堡规则》下锈蚀条款的效力分析

《汉堡规则》第16条第2、3款规定：如果承运人或代他签发提单的其他人未在提单上批注货物的外表状况，则应视为他已在提单上注明货物的外表状况良好。提单是承运人接管，或如签发“已装船”提单时，装载提单所述货物的初步证据；如果提单已转让给相信提单上有关货物的描述而照此行事的包括收货人在内的第三方，则承运人提出与此相反的证据不予接受。

《汉堡规则》第16条第2、3款规定表明：

第一，承运人未在提单上批注货物的外表状况，视为货物外表状况良好。这是《海牙规则》所没有的规定。《汉堡规则》的这一规定，从根本上否定了锈蚀条款的效力，锈蚀条款认为，承运人签发清洁提单，并不表明货物没有锈蚀或水迹。

第二，如果承认锈蚀条款的有效性，即意味着清洁提单记载的货物不一定没有锈蚀或水迹，这将违反了《汉堡规则》第16条第3款第2项的规定，清洁提单对于托运人之外的善意第三人已成为绝对证据。

第三，如果承认锈蚀条款的效力，以此条款对抗善意取得提单的第三人，将有违该规则第10条第3款的规定，减轻承运人签发清洁提单应承担的责任。

因此，依据《汉堡规则》，锈蚀条款是无效的。

（七）我国《海商法》下锈蚀条款的效力分析

我国《海商法》第四章“海上货物运输合同”是以《海牙—维斯比规则》为基础，引进《汉堡规则》的部分条款混合而成，在提单批注的处理上则是参照《汉堡规则》的规定。因此，根据《海商法》的规定，锈蚀条款应属无效条款。理由是：

第一，《海商法》第76条规定：“承运人或者代其签发提单的人未在提单上批注货物表面状况的，视为货物的表面状况良好。”

《海商法》的这一规定源自《汉堡规则》第3条第2款，承运人未在提单上批注货物的外表状况，视为货物外表状况良好。这一规定，从根本上否定了锈蚀条款的效力，锈蚀条款认为，承运人未在提单上批注货物表面状况不良，签发了清洁提单，并不表明货物没有锈蚀或水迹，明显与《海商法》第76条规定相抵触。《海商法》第44条规定：“……提单或者其他运输单证中的条款，违反本章规定的，无效。”

第二，《海商法》第77条规定：“承运人向善意受让提单的包括收货人在内的第三人提出的与提单所载状况不同的证据，不予承认。”

如果承认锈蚀条款的有效性，意味着承运人即使签发了清洁提单，也并不意味着货物一定没有锈蚀或水迹，承运人以此条款对抗包括收货人在内的善意第三人，将违反《海商法》第77条的规定，清洁提单对于托运人之外的善意第三人已成为绝对证据。

第三，《海商法》第44条规定：“海上货物运输合同和作为合同凭证的提单或者其他运输单证中的条款，违反本章规定的，无效。”第45条又规定：“本法第四十四条的规定不影响承运人在本章规定的承运人责任和义务之外，增加其责任和义务。”

根据《海商法》上述两条的规定，可以得出这样的结论：增加承运人的责任和义务不违反第44条的规定，而减轻承运人的责任和义务，将构成对第44条的违反。如果承认锈蚀条款的有效性，意味着承运人不必承担货物表面状况事实上并不良好，却签发了清洁提单而产生的对托运人之外善意第三人的责任，减轻了承运人的责任和义务，违反了《海商法》第44条和第45条的规定，应属无效条款。

在中国法下，提单中的锈蚀条款既然属无效条款，实务中应对货物的锈蚀情况进行批注，但是，如果要批注每一锈迹，将是非常烦琐的事，而且必然影响到提单的清洁性。如何批注，可参考1964年国际船东互保协会曾发出的一份通告。①

二十六、提单中合并租约仲裁条款的效力——兼评《海商法》第95条的规定

提单中合并租约中的仲裁条款，符合什么条件才是有效合并，在实践中常常引起争议。

国内外比较统一的认识是，租约中的仲裁条款必须明确地并入提单中，方能约束提单的关系方。何谓“明确并入”，认识和做法并不统一，大致存在以下三种情况：

第一种情况是宽松的规定，如《海商法》第95条规定，“提单中载明适用航次租船合同条款的，适用该航次租船合同的条款”。此条按字面解释，似乎只能作出宽松的解释，并入条款不限于租约中权利义务的主旨条款，也包括仲裁条款。只要订明并入租约条款，既不要求注明租约日期，也不必单独提及仲裁条款，该仲裁条款便有效并入，约束提单当事人。这样的规定，显然缺乏可操作性，如果在同一运输中存在多个航次租船合同，提单并入的是哪一个租船合同的仲裁条款，就会无法判断。因此，在我国司法实践中，并没有严格执行这一宽松的规定。② 美国的判例并非所有的都相互一致，曾经出现过以宽松的做法判断并入条款的效力。其权威的判例是Son Shipping Co. v. De Fosse & Tanghe案。提单的并入条款并未提及仲裁条款，仅仅写道，“本次运输按照出租人Son Shipping Co. 和承租人De Fosse & Tanghe于1948年6月在安

---

① 详见杨良宜．提单及其付运单证．北京：中国政法大学出版社，2001：742－743，776.

② 青岛海事法院（2004）青海法海商初字第245号，该案虽是期租合同的仲裁条款，但有效并入的条件有共同性，法院判决，租船合同的所有条款并入提单的约定，不能产生法定意义上并入仲裁条款的效力，租船合同的仲裁条款不能成为解决因提单运输引起纠纷的依据。中国海事案例裁判要旨通纂．海上货物运输合同卷．（下卷）．北京：北京大学出版社，2017：476－488.

特卫普订立的租船合同条款进行。除约定的运费费率及支付外，上述合同中的所有条款适用并调整本项运输中各有关当事方的权利”。第二巡回审判庭认为，该提单的并入条款“……词句明确无误，其含义是不容置疑的”。因此，审判庭判决，该并入条款有效，承运人必须参加仲裁。① 在 Henkel v. Stolt Hippo 案和 Bunge Corp v. Stolt Hipp 案中，提单并入条款写道，“上述租船合同中的所有条款……适用于调整与本次运输有关的各当事方的权利”。尽管提单持有人不是航次租船合同的订约方，但租约中的仲裁条款规定，“船东与承租人各指定一名仲裁员……”，这也就足以迫使提单持有人在适当的时候就索赔问题与船东寻求仲裁。② 但现在美国也开始遵循严格的并入标准。③

第二种情况是适中的做法，即提单中的并入条款明确租约中的仲裁条款并入提单，注明租约日期，方构成仲裁条款有效并入。租船合同条款有效并入提单后，承运人和提单持有人（非承租人）的关系属于提单运输法律关系，而非租船合同法律关系。用笼统的词句并入租船合同条款，仅能并入那些与提单运输“直接相关”的货物装船、积载、保管、照料、运送及卸载等条款，并不足以并入仲裁条款。这是英国法院或仲裁普遍遵循的原则。在 The Annefield 案中，租约中有仲裁条款，但提单中的并入条款并未提及仲裁条款，英国上诉法院裁定仲裁条款与货物的装船、运输和交付无直接关系，因而笼统的词句不能并入仲裁条款。④

例如，某航次租船合同（2004 年 11 月 2 日）第 28 条约定：“如果任何争议发生在船舶所有人和租船人之间，所有与争议有关的事项都应在伦敦提交两名仲裁员，依据从 1950 年到 1979 年修订过的《仲裁法》进行仲裁。”该航次租船合同下的提单订有并入条款，写明：“2004 年 11 月 2 日租船合同中的所有条款、条件、责任和免责，包括法律和仲裁条款，均已并入本提单。”依适中做法，这种仲裁条款的并入，应该认为是有效的。

第三种情况是较严格的做法，即明确租约中的仲裁条款并入提单，注明租约日期，同时租约中的仲裁条款明确表述适用于提单关系的关系人，并入这样的仲裁条款才是有效并入。换言之，如果租船合同中的仲裁条款仅适用于“船东和承租人”，并没有指明也适用于提单争议，这种并入的仲裁条款不能约束收货人或提单持有人。除非并入条款明确写明该仲裁条款适用于收货人或提单持有人。例如，某航次租船合同的仲裁条款约定，“出租人、承租人、提单持有人关于本租船合同或根据本租船合同签发的提单的任何争议，提交……仲裁”⑤，提单明确并入这样的仲裁条款，就是有效并入。

我国学术界和司法实践对上述三种观点和做法，并没有统一的认识。从国内出现的判例来看，多数赞同第二种观点。⑥ 笔者也认为，第二种观点和做法更符合我国的立法精神和司法实践。⑦

---

① 19 F. 2d 687 at p. 688，1952 AMC 1931 at p. 1932（2 Cir. 1952）. See also Transocean Gulf v. Parapada Shipping，547 F. Supp，93，1983 AMC 1257（D. Del. 1983）.

② 1980AMC 2618（S. D. N. Y. 1980）；1980 AMC 2611（S. D. N. Y. 1979）.

③ 杨良宜．提单及其付运单证．北京：中国政法大学出版社，2015：2.2.4 节．

④ ［1971］1 Lloyd's Rep. 1 at p. 4，referring to T. W. Thomas & Co Ltd. V. Portsea Steamship Co. Ltd.，［1912］A. C. 1（H. L.）.

⑤ 金正佳，赖尚斌．提单仲裁条款研究//万鄂湘主编．中国海事审判论文选集．北京：人民法院出版社，2004.

⑥ 参见青岛海事法院审理的“KEFALONIA HOPE”1985，The West of England Annual Review，1985，p. 54；大连海事法院审理的大连华农集团有限公司提单并入条款效力的争议案，（2001）大海法商初字第 252 号。

⑦ 最高人民法院关于《福建省生产资料总公司与金鸽航运有限公司国际海运纠纷一案中提单仲裁条款效力问题的复函》（法函〔1995〕135 号）中也指出，“［提单持有人］虽然不是租船合同和海上货物运输合同的签约人，但其持有承运人签发的含有合并租约和仲裁条款的提单，并明示接受该仲裁条款，因此，该条款对承运人和提单持有人均有约束力”。

第一种观点忽略了仲裁条款与租船合同的区别，认为仲裁条款是租约的组成部分，租约条款并入提单，自然包括仲裁条款。事实并非如此，不论是在国际上还是在我国，通说是采取仲裁条款与合同的可分性原则，即仲裁条款是独立于租船合同的条款。一般意义上的租船合同条款，并不包括仲裁条款，而仅指约束合同双方的权利义务主旨条款。合同的一般无效，也并不影响仲裁条款的效力。所以，在提单并入租约时，虽然提单上写明并入租约的所有条款，但效力仅及于有关货物装船、积载、保管、照料、卸载及运费支付等与货物运输有关的实体权利义务条款，并不包括仲裁条款。

第三种观点过分强调了仲裁条款的特殊性，机械地认为仲裁条款在任何情况下，只能适用于租船合同的出租人（船东）和承租人。如是，租船合同的其他条款何尝不是适用于租船合同的出租人和承租人？同样的并入条款，为何其他条款的并入就可以产生约束第三人——提单持有人的效力，而仲裁并入条款就不能产生约束第三人——提单持有人的效力？这似乎解释不通。国际上持第三种观点的学者，并非僵硬地认为，租约中的仲裁条款在任何情况下都只能适用于租约的出租人和承租人，“如果租约中的仲裁条款未明确限定仅适用出租人和承租人，而只笼统地提到，‘由本合同产生的一切争议’（即 Centrocon 合同格式用语），则此条款所能约束的就‘不限于原来的缔约方，而且还包括其后同意受该条款约束的各方当事人’”[①]。

当然，在国内海事司法实践中，也有不承认提单中合并仲裁条款效力的判例，认为提单持有人在取得提单之前和之后，都不知道仲裁条款的具体内容，“不能认定提单持有人有以仲裁作为解决纠纷方式的意思表示”[②]，判决提单中并入的租约合同仲裁条款无效。此案引发的问题是：如果提单转让时附上租船合同（如 UCP600 要求的那样），那么，提单中的并入仲裁条款是否应认定有效呢？对此，《海商法》第 95 条并没有明确规定。因此，《海商法》修改时，第 95 条有待更加明确、具体。

二十七、货物灭失或损害赔偿的计算

当货物在海上运输过程中因承运人不能免责的事由灭失的，如何确定其赔偿数额是无法回避的问题。

（一）两种不同的计算方法

我国沿海货物运输与国际海上货物运输所适用的现行法律不尽相同，根据各自适用的法律，在货物灭失时，其损失赔偿额有两种不同的计算方法：

1. 沿海货物运输

规范沿海货物运输合同的法律主要是《民法典》，该法第 833 条规定：“货物的毁损、灭失的赔偿额，当事人有约定的，按照其约定；没有约定或者约定不明确的，依照本法第六十一条的规定仍不能确定的，按照交付或应当交付时货物到达地的市场价格计算。法律、行政法规对赔偿额的计算方法和赔偿限额另有规定的，依照其规定。”

就沿海货物运输而言，法律及行政法规并未对货物灭失赔偿额另有规定。可见，在沿海货物运输中，货物灭失赔偿额有约定的按约定，没有约定或约定不明的，按应当交付时货物到达

---

① William Tetley. 海上货物索赔（第三版）. 张永坚等译 . 大连：大连海运学院出版社，1993：487 - 488.

② “中国人民保险公司福建省分公司营业管理部诉 EMERALD REEFER LINES，LLC. 海上货物运输保险合同代位求偿确认租船合同未随提单流转的租船合同仲裁条款并入提单的法律效力案”. 人民法院案例选 . 北京：人民法院出版社，2003：351 - 358.

地的市场价格计算（由于货物已灭失，不存在交付问题，故此处取的是“应当交付时”）。一般地说，货物从一地运往另一地总是有其商业目的的，如南运的粮食和北调的瓷砖均有一定的利润空间，所以市场价格往往包含商业上预期可得的利润，这是承运人知道或应当知道的。当然，市场价格是一个变数，价格总是根据供求关系等因素围绕价值上下波动，不排除目的港的货物价格低于货物的到岸价格，而这只是一种特殊情况。因此，承运人应对预期利润承担赔偿责任。作此理解的直接根据是《民法典》第 584 条第 1 款的规定：“当事人一方不履行合同义务或者履行合同义务不符合约定，造成对方损失的，损失赔偿额应当相当于因违约所造成的损失，包括合同履行后可以获得的利益，但是，不得超过违反合同一方订立合同时预见到或者应当预见到的因违反合同可能造成的损失。”

2. 国际海上货物运输

虽然《民法典》也规范国际海上货物运输，但作为特别法的《海商法》对货物灭失赔偿额已另有规定。《海商法》第 55 条规定，货物灭失的赔偿额，按照货物的实际价值计算；货物损坏的赔偿额，按照货物受损前后实际价值的差额或者货物的修复费用计算。货物的实际价值，按照货物装船时的价值加保险费加运费计算。前款规定的货物实际价值，赔偿时应当减去因货物灭失或者损坏而少付或者免付的有关费用。

可见，我国国际海上货物运输中，货物灭失的赔偿额按照货物的到岸价计算，而不考虑货物在目的港应当交付之时的市场价格。因此，索赔人不能索赔货物灭失所致可得利润的损失，但当货物在目的港应当交付之时的市场价格低于货物实际价值时，收货人可得到高于市场价格赔偿。①

（二）适当的确定方法

从上述可知，两种计算方法最大的差异在于承运人是否承担预期可得利润损失的赔偿责任。笔者认为，承运人应当按照应当交付时货物到达地的交易所商品价格［commodity exchange price（法文是 cours de Bourse），i. e. the stock exchange price］赔偿，没有交易所价格的，按市场价格［market price（法文是 prix courant sur le marché），i. e. the price at which the goods are currently sold in the stores］承担赔偿责任是合理的。②

根据违约赔偿的一般原则，债务人应对其违约行为所造成的全部损失负责，包括预期可得利润，当然，这种完全赔偿原则也有一定的限制，如以可预见性为标准，甚至对赔偿责任设立责任限制。一般而言，在货物能完好交付的情况下，收货人预期可得的是正常的商业利润，这是承运人所能预见到，也应当能预见到的，根据完全赔偿原则，承运人对此应予赔偿。尤其是在《海商法》已对承运人的赔偿责任设立了单位责任限制（承运人如果同时也是船舶所有人或

① 有学者认为在按照现行《海商法》的规定确定实际损失时有必要计入贬值率。熊靖．论海上货物运输中货物实际损失的认定——《海商法》第 55 条的理解与适用．中国海商法研究，2015（1）．该文作者先引用“哈池曼海运公司与上海申福化工有限公司、日本德宝海运株式会社海上货物运输合同货损纠纷案”［（2013）民提字第 6 号］中法院的观点：申福公司的损失应当按照“货物受损前后实际价值的差额计算”，“货物的实际价值，应当按照货物装船时的价值加保险费及运费计算”，即以货物受损前后的到岸价之差为准。因海运时间较长，货物价值易受市场波动影响，《中华人民共和国海商法》第五十五条规定的货物实际价值的计算方法排除了市价损失，符合合同违约赔偿之因果关系原则和合理预见原则。并且认为，为了剔除市场因素对货物价格带来的影响，避免货方、船方因此承担不应承担的损失，有必要引入贬值率的概念来解决这一问题。上述案例中，法院实际上也适用了贬值率，即“本案因苯酚色度值变化导致的货物贬损率的计算应当以目的港货物完好的市场价值减去受损货物的销售价值，再除以货物完好的市场价值。”

② 参见《海牙—维斯比规则》第 4 条第 5 款，《鹿特丹规则》第 22 条。请注意：《海牙—维斯比规则》和《鹿特丹规则》将 commodity exchange price 翻译成中文时，均译成“交易价格”，这是不准确的，参见本章专题研讨第二十八。

承租人的，还可享受海事赔偿责任限制）的情况下，更应如此。按到岸价计算货物灭失的赔偿额，不但使索赔人得不到预期利润的赔偿，有违完全赔偿原则，也使承运人在市场价格低于到岸价时承担二者差额的赔偿责任，这种计算方法对双方均无公平可言，并不科学。

另从比较法的角度分析，德国、瑞典、日本、韩国等多数国家均规定承运人应按照应当交付时货物到达地的市场价格承担赔偿责任，从《海牙—维斯比规则》到《鹿特丹规则》均明确了灭失、损坏赔偿的计算方法，这就是货物的价值应根据其交货地交货时的商品交易所价格确定，无此种价格的，根据其市场价格确定，既无商品交易所价格又无市场价格的，参照交货地同种类和同品质货物的通常价值确定。①

当然，《海商法》规定的赔偿额计算方法在实践中具有易于计算、确定的特点，但不能因此而抛弃正确的计算方法。

（三）需要明确的问题

如果货物发生灭失，没有实际交付，如何确定交付时的市场价格呢?《海牙—维斯比规则》第2条b项规定以“应当交付时”（should have been so discharged）的实际价值，《鹿特丹规则》第43条规定是以“合理预期时间”（reasonably be expected）为准计算实际价值。何谓“应当交付时”和“合理预期时间”，这是事实问题，其内涵是一样的，应由法官根据具体情况予以确定。货物的交付往往跨越一段时间，在港口卸货能力有限时，这一期间甚至会比较长，在这期间货物的市场价格发生变动是正常的，为免生歧义，“应当交付时”和“合理预期时间”应理解为一时间点，而不能理解为一时间段即应当理解为开始卸货之时。

交易所价格可以查询。市场价格也是一事实问题，可通过有资质的中介机构确定货物市场价格，当某种货物无市场价格时，可参照同类同质货物的市场价格予以确定。

二十八、关于“Commodity Exchange Price”的含义

“Commodity Exchange Price”一词出现在《海牙—维斯比规则》第4条第5款b项，货物价值赔偿计算（Calculation of compensation）之中，根据该项规定，当货物灭失或损坏时，承运人赔偿责任的计算首先应根据交付地和交付时的货物“Commodity Exchange Price”计算；当没有“Commodity Exchange Price”时，依据货物的“市场价格（Current Market Price)”；若既没有“Commodity Exchange Price”又没有“市场价格”时，按货物的“通常价格”计算。对于“Commodity Exchange Price”词语的中文翻译，国内主流观点将其翻译成“商品交易价格”②，将“Exchange Price”翻译成“交易价格”③。

笔者认为将“Commodity Exchange Price”翻译成“商品交易价格”，将“Exchange Price”翻译成“交易价格”是值得商榷的。前者确切的含义应是“商品交易所价格”，后者是“交易所价格”，理由如下。

---

① 《海牙—维斯比规则》第4条第5款（b）项，《鹿特丹规则》第22条。但必须说明的是，从《海牙—维斯比规则》开始，就把“exchange price”翻译成“交易价格”，这是误译。因为，《海牙—维斯比规则》第4条第5款（b）项的第一句话和《鹿特丹规则》第22条的第1款均明确规定了计算赔偿额应以“交货地交货时”价值计算。这也是合同法和海运公约一直遵循的一项原则。接着，上述公约给出了计算到货价值的几种方法：交易所价格作为首选，因为交易所每天的价格最能反映货物的到达时的价值。而货物的交易价格是不确定的，也不符合第1款规定的到货价值的原则；其次是市场价格；最后是通常价格。

② 国际海事条约汇编．第6卷．大连：大连海运学院出版社，1994：7.

③ 《鹿特丹规则》第22条，联合国官方文本2003年版。

（一）《海牙—维斯比规则》规定的逻辑分析

根据“整体解释”原则，在理解“Commodity Exchange Price”的含义时不能脱离该条前后文之规定。

《海牙—维斯比规则》第4条第5款b项规定，承运人对货物灭失或者损坏支付的赔偿额，应按交货地和交货之时的货物价值计算，这是承运人赔偿计算方面的原则。不难看出，紧随其后的第2段实际上是对第1段赔偿原则——交货地和交货之时货物价值的具体化，即首先要依据“Commodity Exchange Price”，其次才是“市场价格”“通常价值”，这三种标准在适用上有先后顺序，但共同之处是都应以第1段规定的“交货地和交货之时”价值为条件。

如果将“Commodity Exchange Price”一词翻译成“商品交易价格”的话，在逻辑上很难成立，因为在国际贸易中货物的“交易价格”取决买卖双方合同的具体约定，无法与货物的“交货地和交货之时”价值画上等号，尤其是，提单的多次转让，代表着货物的多次交易，而每次“交易价格”往往各不相同，很难想象公约会将不确定的“商品交易价格”作为货物“交货地和交货之时”价值的标准，进而作为承运人赔偿计算的依据。

而将“Commodity Exchange Price”译成“商品交易所价格”的话，在逻辑上将是顺畅的，即：承运人的赔偿计算标准首先要以“交货地和交货之时”的“商品交易所价格”为准，因为此种价格最能代表该货物在交货地的价值，并且，其具有确定、清晰的优点，易于适用，故被公约选择为赔偿的首要标准。当然，不是所有货物都属于交易所中交易的商品，也不是所有交货地都会有商品交易所，因此，公约才继续规定如果没有“商品交易所价格”的话，再依次依据交货地的“市场价格”与“通常价值”。

不难看出，公约意图将承运人赔偿责任的计算标准“客观化”——以货物交付地和交付时的价值为准，而不与当事人的具体买卖价格“挂钩”。如果将“Commodity Exchange Price”翻译成“商品交易价格”的话，将直接背离公约的这一意图，因而是不恰当的。从《联合国国际货物销售合同公约》的角度分析，在公约的一般赔偿原则下，买卖合同违约方应当赔偿另一方因违约方违反合同而遭受的包括利润在内的损失，这种包括利润在内的损失，应当由一种客观的标准来确定，因为利润的确定，就需要对合同订立时的价格和应当交货时的交货地价格进行比较。所以说，“商品交易所价格”这一客观标准的译法，不仅在立法意图上与《联合国国际货物销售合同公约》相契合，在实际损失额的确定上，也更为接近。

（二）“Commodity Exchange Price”的法文表述

《海牙—维斯比规则》在解释“Commodity Exchange Price”短语时，表述为：“the commodity exchange price is the cours de Bourse，i. e. the stock price”，即“the commodity exchange price”是“ours de Bourse”，即“商品交易所价格”。在解释“市场价格”时，表述是：“the current market price is the prix courant sur le marché，i. e. the price at which the goods are currently sold in the stores”，“current market price ”是“ prix courant sur le marché”，即货物在商场出售时的市场价格。在解释“通常价格”时，表述是：“the normal value is the valeur usuelle：in this case the French translation is not helpful. I believe that recourse to this third alternative will be made in respect of things that have not a market price，such as，for example，paintings.”

“normal value”是“valeur usuelle”，此种价格的表述，法语翻译并没有太大的帮助。求助第三种选择的价格标准，是那些没有市场价格的物品，像油画等。

对本专题有借鉴意义的是第一句话“the commodity exchange price”，即“商品交易所价格”。

（三）学者观点

在 Caver On Bills of Lading 一书中，对《海牙—维斯比规则》第 4 条第 5 款 b 项的产生过程以及含义有简要说明，其中，如下论述涉及“ Commodity Exchange Price”的含义：

如果不存在“Commodity Exchange Price”的话，参照此种价格没有意义，或许唯一可获得的价格是建立在 CIF 或 FOB 价值的基础上而非卸货港的价值；而且，当货物是特别制造的话，参照“市场价格”或“通常价格”也没有多大价值……①

从以上论述不难看出，货物的 CIF 价格或 FOB 价格不属于卸货港的货物价值，更不属于“Commodity Exchange Price”的范畴，因此，CIF 价格或 FOB 价格不能作为计算承运人赔偿责任的依据。《海牙—维斯比规则》下的结论，《鹿特丹规则》理应作相同理解。问题是，CIF 价格或 FOB 价格属于国际贸易中典型的“交易价格”，如果我们将“Commodity Exchange Price”翻译成“商品交易价格”的话，将使 CIF 价格或 FOB 价格归于“Commodity Exchange Price”范畴，因而也就成为承运人赔偿的标准，这显然是错误的。因此，从这个角度来看，也不应将“Commodity Exchange Price”翻译成“商品交易价格”。笔者进一步认为“Exchange Price”前面加 commodity 一词实属没有必要。The value of the goods is fixed according to the commodity exchange price……显然，commodity 一词与前边的 goods 是同一含义，如果公约意欲将 exchange price 定位于货物的“交易价格”的话，则直接使用 exchange price 即可，无须再缀加一个与 goods 含义相同的词——commodity，因此，《鹿特丹规则》第 22 条省去了 commodity 一词。

（四）依据英汉/汉英词典

当对一个词的翻译把握不准时，最为重要的方法之一是要借助普通词典或专门词典的帮助。在研究过程中，我们在普通词典中未能查到“Exchange Price”这一词条；而法学专门词典中出现该词条的是下面提及的两本，一本是汉英词典，而另一本是英汉词典：

(1) 在著名法学家余叔通教授主编的《新汉英法学词典》中，“交易所价格”一词翻译成“Exchange Price”，而“交易所商品价格”一词翻译成“Commodity Exchange Price”②。

(2) 在法律出版社组织国内法学院校与外语院校专家编写的《英汉法律词典》一书中，“Exchange Price”被译为“行价，交易所价格”③。

显然，上述两本词典均说明“Exchange Price”作为一个专门词汇有其固定含义，即“交易所价格”。迄今并未查到任何一本英汉或汉英词典将“Commodity Exchange Price”与“商品交易价格”，“Exchange Price”与“交易价格”进行互译。

综上，笔者认为：“Commodity Exchange Price”应当翻译成“商品交易所价格”，“Exchange Price”应当翻译成“交易所价格”。

---

① Caver On Bills of Lading, First Edition, Published in 2001 by Sweet & Maxwell Limited, p. 527. “The reference to ‘commodity exchange price’ may be unhelpful if there is none, or the only price available is given on the basis of c. i. f. or f. o. b. values and not values at the port of discharge, and the reference to ‘market price’ or ‘normal price’ may not be of much value where the goods are specifically manufactured...”

② 余叔通，文嘉主编．新汉英法学词典．北京：法律出版社，1998：423.

③ 英汉法律词典（修订本）．北京：法律出版社，1999：284.

二十九、原油运输合理短量问题

（一）从定性分析原油运输合理短量是否属货物特性免责范畴

（1）船舶从事原油运输时，除计量误差外，还会出现黏附舱壁、不易泵出、管路残留以及出现游离水（free water）等合理短量，这种短量是由原油的自身特性决定的，是不可避免的“正常耗损”（normal loss），通常属船方免责范畴。

（2）以油船航次租船合同“ASBATANKVOY”格式为例，该合同第19条规定：“重量或体积的减少或其他因货物的自然特性、质量或瑕疵引起的灭失或损害”，船东对此不负赔偿责任。[①] 如果是提单运输，或者航次租船合同中订有适用《海牙规则》的首要条款，我国《海商法》和《海牙规则》均规定“货物的自然特性或者固有缺陷”，“非由于承运人或者承运人的受雇人、代理人的过失造成的其他原因”，承运人对货物的灭失或损害均不负赔偿责任。[②]

（3）我国《民法典》第832条规定，承运人对运输过程中货物的毁损、灭失承担损害赔偿责任，但承运人证明货物的毁损、灭失是因不可抗力、货物本身的自然性质或者合理损耗以及托运人、收货人的过错造成的，不承担损害赔偿责任。

（4）最高人民法院经济审判庭曾在《合同法解释与适用》[③] 中解释道：“货物的自然性质是指货物的内在属性。它是由货物的成分、品质决定，并使货物呈现出不同的特性。例如吸湿性、黏附染尘性、冻结性、热变性、易腐性、挥发性、自燃性、锈蚀性、脆弱性、危险性、互抵性等。因为这些自然特性而影响货运质量的，承运人可以免责。合理损耗是指因货物自然特性和运输特性不可避免的货物数量、重量的减少，如散装货物在装卸时的损耗，因货物水分蒸发而使重量减少等。”笔者认为，合同法中的自然性质与《海商法》中的自然特性，并无实质区别。

（5）2001年7月20日《全国海事法院院长座谈会纪要》谈到：在海上货物运输特别是大宗散装货物的运输纠纷案件中，根据海商法的规定，由于货物本身的质量或者潜在缺陷造成的货损和属于正常范围内的货物减量、耗损或重量误差，承运人不承担赔偿责任。

（6）货物的自然特性或固有缺陷，并没有一个统一的标准，这是一个事实问题，因不同的货物而有不同的表现。加拿大学者台特里教授认为，固有缺陷（相当于“自然特性”——笔者注）是货物固有的自然的或正常的品质，例如面粉随时间的流逝重量会减少和损失；潜在缺陷是指存在于货物之中的某种隐藏的和有缺陷的东西，并在通常的情况下不易发现。[④] 我国台湾地区学者杨仁寿认为，固有缺陷，是就货物所具有本来的及普通的、自然的性质而言；而品质之耗损，如液体因挥发而减少重量，谷类之蒸损等。[⑤] 英国学者约翰·F. 威尔逊认为，货物的自然特性适用于载运过程之中不可避免的耗损的大宗散货，如油类或谷物类，假定该消耗是商业交易中所能容忍的。[⑥] 我国《海商法》是参考《海牙规则》第4条第2款第13项免责起草

---

① 司玉琢主编．海事实用英语大全．大连：大连海事大学出版社，2000：628，643.

② 参见《海商法》第51条第1款第9、12项规定的免责事项；《海牙规则》第4条第2款第13、17项规定的免责事项。

③ 最高人民法院经济审判庭编著．合同法解释与适用．北京：新华出版社，1999.

④ William Tetley. 海上货物索赔（第三版）．张永坚等译．大连：大连海运学院出版社，1993：381.

⑤ 杨仁寿．最新海商法论．台北：作者自版，2000：316.

⑥ Wilson，John. F. Carriage of Goods by Sea. 3rd ed.（London：Financial Times Pitman Publishing，1998）p. 247.

的，该项规定，“由于货物的固有缺陷、质量或缺陷所造成的容积或重量的损失，或其他灭失或损害”①，承运人不负赔偿责任。由此可见，国内外权威学者的意见和国内外立法例都清楚地表明了，像油类这种黏附性造成的容积或重量的损失属于货物自然特性所致损失的范畴。

（二）从定量分析原油运输合理短量能否确定一个固定免赔比例

（1）不论油船航次租船合同标准格式，还是我国《海商法》《合同法》或是《海牙规则》的规定，对承运人免除因自然耗损所致的货物灭失或损害，都是从定性角度作出规定的，免责的数额需依据个案的事实，通过举证由法院或仲裁庭认定。例如火灾免责，这是从定性的角度规定的，至于免赔的数额，是靠举证证明哪些货物是被火灾烧的，哪些货物不是被火灾烧的，而是管货过失所致。

（2）举证证明原油自然特性造成多少货物短量，这是很困难的。正因为如此，在英美法下，法官对于散货运输5‰以下的货物短少，一般可直接认定为“合理损耗”（normal trade loss，normal transit loss）从而判承运人不负赔偿责任。承运人无须举证，即可得到法院或仲裁庭的认可，超过此比例，法院或仲裁庭不予认可。②

（3）将5‰作为免赔比例的上限，虽然比较简单、适用，但难免过于机械。因为原油运输合理短量与诸多因素有关：原油自身的黏度、船舶结构、环境温度、海况、洗舱系统、抽油系统的结构及其性能、岸上的反压力等因素均会影响合理短量的变化。所以，原油运输的合理短量所占运输总量的比例，不应该也不会是个定值。美国第三巡回法院审理的SUN OIL CO. OF PA. v. M/T CARISLE［771 F. 2d 805，1986 A. M. C. 305］案件中，法官并未支持被告0.5%的货损差的抗辩，法官认为在没有充分的证据证明承运人没有实际过失的情况下，肯定该0.5%的交易习惯，即认定承运人每次都可以交付提单记载数量的99.5%的货物，这对收货人来说是不公平的。③

（4）美国律师Clark先生在其《正常耗损也适用于油轮运输短量索赔》④一文中指出：过去仲裁员和法官都能接受5‰为原油运输正常耗损；现在，大多数仲裁员仍认可5‰耗损，但是，法院已不再简单地拘泥于5‰短量免责的“一刀切”做法，而是根据每批货物特定航次的具体情况，根据双方的举证情况，认定一个合理短量，作为承运人的免赔数量。

---

① 46 USCS Appx § 1304（2）（m）［Neither the carrier nor the ship shall be responsible for loss or damage arising or resulting from—（m）Wastage in bulk or weight or any other loss or damage arising from inherent defect，quality，or vice of the goods;］.

② Amoco Oil Co. v. Parpada Shipping Co. Ltd［1987］2 Lloyd's Rep. 69；BP Oil International Ltd.，BP International Ltd and Societe Francaise des Petroles BP v. Surena Delmar Navegacion S. A.［1988］1 Lloyd's Rep. 253；Indian Oil Corporation Ltd. v. Greenstone Shipping S. A.（Panama）［1988］Q. B. 345；Palmco，Inc. and Fireman's Fund Insurance Company v. American President Lines，Ltd.，D/B/A American Mail Line Ltd. 1978 A. M. C. 1715；S. T. S. International，Ltd v. Laurel Sea Transport Ltd. 1990 WL 10083860；Trading Corporation of Pakistan v. Inter-Continental Oceanic Enterprises Corporation and Others（the “Nitsa”）National Insurance Corporation v. M/s Maritime Agencies Ltd. and Others（the “Sinoda”）［2000］1 Lloyd's Rep. 563.

③ SUN OIL CO. OF PA. v. M/T CARISLE［771 F. 2d 805］1986 A. M. C. 305案法院判词原文“The present case is one of four similar cases filed by Sun in 1980 and 1981 in the same district court. In each case，one of the defendants raised the affirmative defense that by custom and practice the carrier has a 0.5% trade allowance，which was an implied term in the charter party contract. Pursuant thereto，unexplained losses of less than 0.5% do not give rise to any claim against the carrier，and unexplained losses of more than 0.5% give rise to claims only for the amount by which the loss exceeds that figure. Thus，the carrier would be obligated to deliver only 99.5% of the oil loaded unless the loss was due to some specific，known cause，such as a collision，in which case the allowance would not apply.”

④ Peter D. Clark，“Trade Allowance Still Applied to Oil Tanker Shortage Claims”.

（5）尽管原油运输的合理短量没有一个统一的免责比例标准，但是，从国内外的司法实践，可以看出：5‰的货物短量作为承运人的免责和不免责的临界点，仍然有着重要的参考价值。①

（6）我国判例：

判例一：2002 年，中石化公司从阿曼进口原油 550 000 净美制桶（可增减 5%），由悬挂巴拿马旗船舶“泥鳅鱼”轮承运。船舶到达中国水东港后，经茂名市进出口检验局检验发现原油减少了 1 376.591 公吨。双方当事人选择适用中国法，被告认为损失应当包括自然耗损 0.5%。理由是我国《进出口商品重量鉴定规程——石油及其液态产品静态计重》第 5.1 条规定：计量容器准确度应≤0.2%；静态计量系统误差应≤0.3%。最后，广州海事法院判决：即使除去 0.5%，原油损失仍然存在，被告没能举证证明本案货物短量是因免责事项造成的，所以被告应当赔偿原告的全部短量损失。②

判例二：2004 年，中石化公司从印度尼西亚辛塔港进口 28 835MT 原油，由“喜鹊”轮装运。卸货后，经浙江省进出口检验局检验，发现原油短量 495.394MT。法院认为，尽管有原油损失，但损失低于 0.5%的国际惯例，所以法院没有支持原告的请求。③

（三）关于举证责任

（1）《海牙规则》第 4 条第 2 款有关免责事项的举证责任是这样规定的：除第 17 项“非由于承运人的实际过失或私谋，或承运人的代理人或受雇人的过失或疏忽所引起的其他任何原因”是由承运人承担举证责任外，对于其余 16 项免责的举证责任未作出明确规定。根据惯常理解，承运人只要证明货损/货差系由免责事项中的一项或几项引起的，举证责任即转移给索赔方，索赔方则应承担承运人无权免责的举证责任。这就是说，若索赔方拒绝承运人根据免责事项的第 13 项“由于货物的固有缺陷、质量或瑕疵所造成的体积或重量的损失，或任何其他灭失或损害”进行免责，则应承担相应的举证责任，证明货损/货差不是由“货物的固有缺陷”引起的，或者存在其他承运人无权免责的事由。

（2）我国《海商法》第 51 条第 2 款规定，除火灾免责由索赔方举证外，其余免责事项均由承运人负责举证。也就是说，第 51 条免责事项的第 9 项“货物的自然特性或者固有缺陷”的免责举证，由承运人承担，承运人不仅要证明自然特性是造成原油短量的原因，还要进一步证明具体短量的数量，从这点考量，我国《海商法》就免责事项而言，承运人承担了较为严格的举证责任。

（3）如前述，原油运输合理短量的举证是非常困难的，Clark 先生在其《正常耗损也适用于油轮运输短量索赔》一文中认为：“原油运输正常耗损免责是为了解除船东对于货物自身特性和实际运输条件限制而引起的无法证明并不可避免的损失的赔偿责任。”在 Clark 看来，原油运输正常耗损是“无法证明并不可避免的损失”。在这种情况下，举证责任落在承运人或索赔方任何一方，都是一个沉重的负担。

（4）最高人民法院《关于民事诉讼证据的若干规定》（以下简称《证据规定》）第 73 条第 1 款规定：“双方当事人对同一事实分别举出相反的证据，但都没有足够的依据否定对方证据的，人民法院应当结合案件情况，判断一方提供证据的证明力是否明显大于另一方提供证据的证明

① 李杰．关于承运人对 5‰货差赔偿问题的思考．中国海商法年刊，2000．文中提到我国海事法院判决的两个案例：一个是货物短量超过 5‰，法院判决承运人不得免责；另一个是货物短量低于 5‰，法院判决承运人免责。

② 详见（2003）广海法初字第 265 号判决书。

③ 详见（2003）甬海商初字第 353 号判决书。

力，并对证明力较大的证据予以确认。”通说认为该条规定表明了在因果关系上采用了“或然率说”。或然率说主张以待证事实发生的或然率的高低，作为举证责任分配的依据。在待证事实真伪不明的情况下，依人类的生活经验及统计数据，该事实发生或然率高的，主张该事实发生的当事人不负举证责任，而应由相对人就该事实不发生进行举证。①

（5）鉴于原油运输短量免责举证困难的特殊情况，根据《证据规定》第73条规定的精神，笔者认为，原油短量在5‰以下的，免责的或然率要高于5‰以上货物短量免责的或然率。所以，在举证责任的分配上，可以考虑，将货物短量的固定比例与举证责任的分配结合起来：当原油短量小于5‰时，主张免责的承运人不负举证责任，由索赔方承担该货物短量不是或不全是货物自然特性造成的，而是因管货过失所致的举证责任；当原油短量大于5‰时，举证责任的分配则反过来，索赔方不承担举证责任，而主张免责的承运人，应证明货物短量是或部分是货物的自然特性所致。

（6）上述举证责任的分配及举证责任的转移，应通过法官行使自由裁量权来实现。

① 陈荣宗．举证责任分配与民事程序法．台北：三民书局，1984：54.

第五章 海上旅客运输合同

基础知识

一、海上旅客运输合同的概念和特征

（一）海上旅客运输合同的概念

我国《海商法》第 107 条将海上旅客运输合同定义为："承运人以适合运送旅客的船舶经海路将旅客及其行李从一港运送至另一港，由旅客支付票款的合同。"

承运人和旅客是海上旅客运输合同的双方当事人。根据我国《海商法》第 108 条的规定，承运人是指本人或者委托他人以本人名义与旅客订立海上旅客运输合同的人；旅客是指根据海上旅客运输合同运送的人。此外，经承运人同意，根据海上货物运输合同，随船护送货物的人，视为旅客。

运送旅客及其行李的行为是海上旅客运输合同的标的。根据我国《海商法》第 108 条的规定，行李是指根据海上旅客运输合同由承运人载运的任何物品和车辆，但是活动物除外。行李包括自带行李和非自带行李。其中，自带行李（cabin luggage）是指旅客自行携带、保管或者放置在客舱中的行李。我国《海商法》未对随旅客上船车辆上载有或放置物品是否属于行李的问题作出规定。根据 1974 年《雅典公约》第 1 条第 6 项有关自带行李的界定，自带行李是指旅客在其客舱内的行李或其他由其携带、保管或控制的行李。除适用该公约有关运输期间和行李灭失或损坏的责任限额的规定外，自带行李还包括旅客在其车内或车上的行李。非自带行李，往往是指旅客交由承运人托运、保管的行李。

海上旅客运输合同根据起运港和目的港所处地点的不同，可分为国际海上旅客运输合同和国内海上旅客运输合同两种。当两港均为国内港口时，这种合同称为国内海上旅客运输合同，也称沿海旅客运输合同。在我国，沿海旅客运输合同与江、河、湖泊等内水旅客运输合同又被合称为水路旅客运输合同。在沿海旅客运输合同中，如果起运港或目的港为香港港口或澳门港

口的，此类沿海旅客运输合同的法律适用，参照我国《海商法》有关国际海上旅客运输合同的规定处理。如果两港位于不同国家，这种合同称为国际海上旅客运输合同。

（二）海上旅客运输合同的特征

海上旅客运输合同除了具有一般合同的共有特征外，与海上货物运输合同相比还具有如下显著特征：

1. 海上旅客运输自19世纪下半叶，从海上货物运输中分离出来而成为独立的运输行业，此后，海上货物运输一直在迅速发展，其在货物运输领域的作用无可取代；而海上旅客运输，自第二次世界大战后，由于航空业快速发展，海上旅客运输受到极大的冲击，传统的海上旅客运输开始向海上旅游转变。

自2004年第一艘外籍邮轮来华，邮轮经济开始在中国起步。近年来邮轮经济及相关产业在我国发展非常迅速。国家有关部门也非常重视，国务院以及交通运输部、国家旅游局等有关部委也先后出台一些政策或颁布规范性文件。邮轮从最初主要针对运送邮件，到后来稍带一些旅客，到20世纪60年代专门用于载客。邮轮的功能也开始逐渐由运输邮件转向运载旅客，并提供综合性休闲娱乐旅游服务，就像是“移动式五星级酒店”，也被称为“浮动的旅游景区”。邮轮目前采用的经营模式主要包括邮轮公司向游客直销船票模式（包括邮轮公司委托代理公司代为销售船票模式）和旅行社直接与游客签订邮轮旅游合同模式。由于受我国相关政策、法律等限制，目前邮轮在我国主要是通过旅行社直接与游客签订邮轮旅游合同或旅游服务合同，而旅行社则通过包船、包舱、切舱等方式与邮轮公司签订相关邮轮旅游协议，并由邮轮公司实际完成邮轮旅游航次及运营。因此，邮轮公司与游客之间并无直接的合同关系，就邮轮旅游、运输航次而言，涉及游客、旅行社、邮轮公司三方法律主体。根据我国《海商法》有关旅客运输合同的规定，显然邮轮旅游合同或者邮轮合同区别于海上旅客运输合同。二者的区别主要表现在：(1) 合同履行的主要目的不同。海上旅客运输合同目的是将旅客及其行李经海路从一港运送至另一港，实现空间上的转移。目的比较单一。而邮轮旅游合同是为了在航期间为旅客提供旅游观光、娱乐休闲等服务，甚至在邮轮挂靠某个港口时，允许乘客登陆地进行观光旅游，海上运输只是为了实现提供这样的服务所必需的一个环节。目的具有多元化。(2) 海上旅客运输合同中，船舶是从启运港出发，至另一个不同的目的港。实现经海路，从原点至另外一点运送的“非闭环线路”。邮轮航线从一港出发，在海上航行不停泊任何中途港或者按照约定挂靠中途港，但是邮轮最终需要返回启运港，合同才履行完毕。因此实现了从原点出发，经海上运送再回到原点的“闭环线路”。(3) 海上旅客运输合同的客体是海上运送行为，而邮轮旅游合同的客体并非单一的运送行为，还包括休闲、娱乐等旅游服务行为。(4) 两个合同的内容也存在很多不同。邮轮合同通常对乘客的行李作出一些限制。对于乘客随身物品的限额类似于酒店管理，一般设定最高额限制。因此有学者提出，邮轮旅游合同是兼具海上旅客运输合同和旅游合同内容的一种新型的混合合同。需要我国未来修改《海商法》时对此予以明确规定。[①]

2. 海上旅客运输合同中，旅客既是合同的主体，同时又是合同的运送对象，而完成海上旅客运送的行为是合同的标的。

3. 海上旅客运输合同以客票为其成立的证明，由于这种合同具有极强的附合性质，旅客在缔结合同时，只能无条件地接受承运人的合同条件，所以，为了保护旅客的合法权益，有关

① 郭萍．对邮轮合同法律性质的探究和思考．中国海商法研究，2016 (1)：55-62.

国际公约和各国法律对承运人的权利义务，都作出强制性规定。

4. 出于对人身权益的保护，有关国际公约对旅客人身伤亡的赔偿限额不断提高，并开始实行强制保险制度。

二、海上旅客运输合同的订立

我国《海商法》第 110 条规定："旅客客票是海上旅客运输合同成立的凭证。"承运人或代其出售客票的客运站或其他单位向旅客出售客票后，合同即告成立。客票上一般载明船名、航次、开航日期、起运港、目的港、客舱等级、铺（座）号、票价等。国际海上旅客运输的客票上，通常还载明承运人的名称与地址、旅客姓名与地址、船舶抵达目的港日期、海上客运条件或旅客须知，以及合同适用的法律等事项。载明旅客姓名的客票，称为记名客票，不能任意转让，只供记名的旅客本人使用。不记名客票在客船开航前可以转让，但是，即使是不记名客票，在开航以后也失去了可转让性。

三、海上旅客运输合同的解除

海上旅客运输合同一经订立，就对双方当事人具有约束力，任何一方不得擅自解除。但在有些情况下，法律也赋予当事人解除合同的权利。我国《海商法》没有规定有关海上旅客运输合同的解除，有关合同的解除应适用《民法典》合同编的相关规定。

（一）因旅客自身原因而变更或者解除

根据《合同法》第 295 条，旅客因自己的原因不能按照客票记载的时间乘坐客船，可以在约定时间内办理退票或者变更手续。退票使海上旅客运输合同得以解除，变更乘船的时间、航次或班次或舱位等级，则使海上旅客运输合同产生变更。

旅客退票或者变更手续的时间，通常由法规作出规定或者承运人事先规定。按照退票或者变更手续距离船舶开航时间的长短，旅客退票应支付一定的退票手续费，以补偿承运人的损失。退票时间过晚，例如在船舶开航后办理退票，根据我国《民法典》第 816 条，承运人可以不退票款，并不再承担运输义务。

（二）因承运人原因而变更或者解除

承运人按预定时间开航，涉及公共利益，所以，对于承运人来说，只有发生法定原因时才有权解除合同。有些国家的法律规定，除免责原因外，如船舶不在预定时间开航，旅客可以退票而解除合同，并要求退还全部票款。我国《民法典》第 820 条规定，如果承运人不能按照客票载明的时间和班次运输旅客，旅客可以要求承运人安排改乘其他班次或者退票。如果旅客要求承运人安排改乘其他时间或班次或者退票的，承运人应当予以安排或者退票。对于因此额外产生的费用该如何处理，《民法典》规定，由此造成旅客损失的，承运人应当承担赔偿责任，但是不可归责于承运人的除外。

此外，根据《民法典》第 821 条的规定，如果承运人擅自变更船舶而降低服务标准，旅客可以要求退票而解除合同，或者要求减收票款而变更合同。但是，如果由于变更船舶而提高服务标准，承运人不应当加收票款。

（三）因不可抗力或海上特殊风险而变更或者解除

各国法律普遍规定，如船舶在开航之前灭失或者被征用，或者由于军事行动有被捕获或者劫夺的危险，或者由于与合同双方当事人无关的原因被政府扣押，或者起运港或者目的港被宣布封锁等不可抗力原因，以及因海上特殊风险，如台风、恶劣天气等船舶不能开航，使合同履行受阻或无法履行时，双方当事人均可要求变更或解除合同，解除合同的，承运人应退还票款。但是，如船舶在开航后，因不可抗力不能驶抵目的港，承运人应将旅客运送至预定的中途港或者就近港口，并应退还全程票价减去旅客已乘区段票价后的票价差额。如所乘里程超过票价里程，超过部分旅客不补付票款。如承运人将旅客运回起运港，承运人应退还全部票款。

四、承运人的权利和义务

（一）承运人的责任期间

承运人的责任期间即海上旅客运输的运送期间。《海商法》第111条规定："海上旅客运输的运送期间，自旅客登船时起至旅客离船时止。客票票价含接送费用的，运送期间并包括承运人经水路将旅客从岸上接到船上和从船上送到岸上的时间，但是不包括旅客在港站内、码头上或者在港口其他设施内的时间。旅客的自带行李，运送期间同前款规定。旅客自带行李以外的其他行李，运送期间自旅客将行李交付承运人或者承运人的受雇人、代理人时起至承运人或者承运人的受雇人、代理人交还旅客时止。"

旅客踏上客船舷梯视为登船时间，旅客离开舷梯视为离船时间。

（二）承运人的责任基础

本章有关承运人对旅客的人身伤亡或者行李的灭失、损坏的赔偿责任的规定，与修订后的《1974年雅典公约》[①] 的规定相同，实行完全过失责任归责原则，并在一定范围内实行推定过失责任原则。

《海商法》第114条规定，在承运人的责任期间，"因承运人或者承运人的受雇人、代理人在受雇或者受委托的范围内的过失引起事故，造成旅客人身伤亡或者行李灭失、损坏的，承运人应当负赔偿责任"。

对承运人及其受雇人、代理人过失的举证，按下列情况处理：第一，旅客遭受人身伤亡，或者其自带行李遭受灭失或者损坏时，如由于船舶沉没、碰撞、搁浅、爆炸、火灾所引起，或者由于船舶的缺陷所引起，则推定承运人及其受雇人、代理人有过失；第二，旅客自带行李以外的其他行李遭受灭失或者损坏时，不论由于何种事故所引起，均推定承运人及其受雇人、代理人有过失；第三，在其他情况下，请求人应举证证明承运人或者其受雇人、代理人有过失。

如果旅客的人身伤亡，或者行李的灭失或者损坏，是由于旅客本人故意造成，或者旅客的人身伤亡系其健康状况所致，则承运人可以免责；如果旅客的人身伤亡，或者行李的灭失、损坏，是由于旅客本人的过失和承运人的过失共同造成，则可以免除或者相应减轻承运人的赔偿责任。但是，在上述两种情况下，旅客遭受人身伤亡，或者其行李遭受灭失或者损坏的原因应由承运人举证。对旅客的货币、金银、珠宝、有价证券或者其他贵重物品所发生的灭失或者损坏，如果此种物品由旅客自行保管，则承运人不负赔偿责任；如果此种物品交由承运人保管，则承运人应按旅客的非自带行李对此灭失或者损坏承担责任。

（三）承运人的主要义务

1. 提供适航船舶并保持适航状态

承运人应在船舶开航前和开航当时，提供适航船舶，并在整个运送期间保持适航状态，适

① 指《1974年雅典公约》的《1976年议定书》。

当配备船员、装备船舶和配备供应品，以保证旅客运送的安全。

2. 提供适当舱位

承运人在旅客登船后，必须提供与客票等级相符的舱室与铺位或者座位，以便旅客搭乘。舱室内的设备应符合与客票等级相应的规定。

3. 合理尽速、直航目的港

《民法典》第811条规定，承运人应当在约定期间或者合理期间内，按照约定航线或者通常航线将旅客运送至目的港。船舶在航行过程中，不应有不合理的延误，并且，除救助或者企图救助海上人命或者财产，或者其他合理情况外，承运人或者船长不得变更航线，否则，承运人应对旅客因此遭受的损害负赔偿责任。所谓其他合理情况，包括为保证船舶和旅客安全而避台风、海上恶劣天气或者其他海上风险，政府或者有关当局命令船舶变更航线，旅客、船员在船上患重病必须立即上岸治疗等情况。

4. 为旅客供应膳食或相应服务

如票款中已包括膳食费，则在船舶航行期间，承运人应向旅客提供相应的膳食。如票款中未包括膳食费用，且航程较长，承运人应向旅客提供有偿膳食服务。

5. 运送旅客行李

承运人应免费为旅客运送一定数量的行李，并对旅客的非自带行李负有妥善而谨慎的保管义务。

6. 因过失造成旅客的人身伤亡或者行李的灭失、损坏的赔偿责任。

（四）承运人的主要权利

1. 票款请求权

作为运送旅客及其行李的对价，承运人有权请求客票上规定的票款。根据《海商法》第112条，当旅客无票乘船、越级乘船或者超程乘船时，承运人有权要求旅客补足票款，并可按规定加收票款；如旅客拒不交付，船长有权在适当地点令其离船，承运人有权向其追偿。当然依据有关法律规定，免票乘船的旅客或允许以优惠价格购买票款的旅客，不受上述规定的限制。此外，根据《民法典》第815条，旅客如果持失效的客票乘船，也应补交票款，承运人有权按照规定加收票款。

2. 留置权

如旅客未付或者未足额支付票款、行李费、承运人为旅客垫付的款项或者其他应付费用，承运人有权对旅客交运的行李行使留置权。

3. 船舶开航权

旅客在起运港或者船舶中途挂靠港，不在约定时间内登船时，船长有权按时开航或者续航，并且，承运人不退还票款。

4. 请求责任限制的权利

承运人对旅客的人身伤亡或者行李的灭失或者损坏负有赔偿责任时，可依法援引责任限制。

根据《海商法》第117条，国际海上旅客运输中承运人赔偿责任限制为：（1）对旅客的人身伤亡，每名旅客不超过46 666计算单位；（2）对旅客自带行李的灭失或者损坏，每名旅客不超过833计算单位；（3）对旅客车辆包括该车辆所载行李的灭失或者损坏，每一车辆不超过

3 333 计算单位；（4）对旅客其他行李的灭失或者损坏，每名旅客不超过 1 200 计算单位。承运人和旅客可以书面约定高于上述限额的承运人赔偿责任限额。承运人可以和旅客约定其对旅客的车辆和其他行李损失的免赔额。但是，对每一车辆损失的免赔额不超过 117 计算单位，对其他行李损失的免赔额不超过 13 计算单位。此种免赔额应在承运人赔偿金额中扣除。

有关我国港口间的海上旅客运输，承运人的赔偿责任限额，根据《海商法》第 117 条第 4 款的规定，原交通部（现名为交通运输部）制定了《中华人民共和国港口间海上旅客运输赔偿责任限额规定》（以下简称《限额规定》）。《限额规定》于 1993 年 11 月 20 日报经国务院批准，自 1994 年 1 月 1 日起施行。《限额规定》第 3 条规定，承运人在每次海上旅客运输中的赔偿责任限额是：（1）对旅客的人身伤亡的，每名旅客不超过 4 万元人民币；（2）旅客自带行李灭失或者损坏的，每名旅客不超过 800 元人民币；（3）旅客车辆包括该车辆所载行李灭失或者损坏的，每一车辆不超过 3 200 元人民币[①]；（4）上述（2）、（3）项以外的旅客其他行李灭失或者损坏，每千克不超过 20 元人民币。承运人和旅客可以书面约定高于前述规定的赔偿责任限额。《限额规定》第 4 条同时规定，承运人对旅客人身伤亡赔偿责任总的限额，最高不超过 2 100 万元人民币。

随着我国经济的迅速发展和人民生活水平的提高，前述承运人对旅客人身伤亡的赔偿限额明显过低。1999 年 11 月 24 日，“大舜”轮海难后[②]，国务院责成有关部门修改旅客人身伤亡的赔偿限额规定，《海商法》修改后，上述限额将会有较大的提高。

《海商法》第 118 条第 1 款规定了承运人丧失责任限制权利的情况，即旅客的人身伤亡，或者行李的灭失、损坏，是由于承运人的故意或者明知可能造成损害而轻率地作为或者不作为造成时，承运人不得援用前述赔偿责任限制。该条第 2 款同时规定，承运人的受雇人、代理人的上述行为造成旅客的人身伤亡，或者行李的灭失、损坏，该受雇人、代理人不得援用前述赔偿责任限制。

承运人依据《海商法》所承担的义务是最低限度的义务，而承运人享有的权利是最大限度的权利。承运人可以增加其义务或者放弃其权利，但不得降低其义务或者增加其权利。对此，《海商法》第 126 条规定：“海上旅客运输合同中含有下列内容之一的条款无效：（一）免除承运人对旅客应当承担的法定责任；（二）降低本章规定的承运人责任限额；（三）对本章规定的举证责任作出相反的约定；（四）限制旅客提出赔偿请求的权利。前款规定的合同条款的无效，不影响合同其他条款的效力。”

五、旅客的权利和义务

旅客的主要权利就是承运人的主要义务，即旅客在支付票款后有权要求承运人将其安全运送至目的港，免费携带一定数量的行李，以及对承运人请求赔偿人身伤害或者行李的灭失、损坏的权利等。

---

① 根据 2019 年 7 月 1 日公布的《海上滚装船舶安全监督管理规定》第 36 条的规定，滚装船舶是指具有滚装装货处所或者装车处所的船舶，包括滚装客船和滚装货船，其中滚装客船是指具有乘客定额证书且核定乘客定额（包括车辆驾驶员）12 人以上的滚装船舶。

② 1999 年 11 月 24 日，山东某船公司所属“大舜”轮海上起火沉没，造成 282 名旅客及船员遇难。该船又称“20 世纪东方‘泰坦尼克号’”。此案按交通运输部《中华人民共和国港口间海上旅客运输赔偿责任限额规定》，每名旅客最高限额 4 万元人民币，加上丧葬费、差旅费等，每名遇难者实际得到的赔偿是 6 万多元人民币。

除支付票款和其他应付款项外，旅客还具有下列义务：

第一，在船期间，应遵守客运规章，服从船长的指挥与管理。

第二，按照约定携带限量的行李，“超过限量或违反品类要求携带行李的，应当办理托运手续”[①]。根据《海商法》第113条的规定，旅客不得随身擅自携带或者在行李中夹带违禁品或者易燃、易爆、有毒、有腐蚀性、有放射性以及有可能危及船上人身和财产安全的其他危险品。对于旅客擅自携带或者在行李中夹带违禁品或者危险品的，承运人可以在任何时间和地点，将其卸下、销毁或者使之不能为害，或者送交有关部门，而不负赔偿责任。如旅客违反此项义务，对因此造成的船舶损害或者承运人的其他损害，旅客应负赔偿责任。

第三，提交行李灭失或者损坏的通知。根据《海商法》第119条，旅客对其自带行李发生的明显损坏，应在离船前或者离船时，向承运人或者其受雇人、代理人提交书面通知；如果其他行李发生明显损坏，旅客应在该行李交还给他之前或者当时提交此种通知。如果行李损坏不明显，或者行李发生灭失，此种通知应在旅客离船之日，或者行李交还之日，或者本应交还之日起15日之内提交。如旅客不按上述要求提交通知，便推定其已收到完好的行李，但旅客可以提出反证。如在旅客提取行李时，双方已对损害状况进行联合检查，就无须提交损害的通知。

六、承运人的受雇人、代理人、实际承运人及其受雇人、代理人的法律地位

根据《海商法》第120条的规定，当旅客的人身伤亡、行李的灭失或者损坏的赔偿请求是向承运人的受雇人或者代理人提出，或者向实际承运人的受雇人或者代理人提出时，如果该受雇人或者代理人能证明，其行为是在受雇或者受委托的范围之内，便有权援引承运人的抗辩理由和赔偿责任限制。[②]但是，当旅客的人身伤亡或者行李的灭失、损坏是由于该受雇人或者代理人的故意或者明知可能造成损害而轻率地作为或者不作为造成时，该受雇人或者代理人便丧失援引赔偿责任限制的权利。

《海商法》第108条将实际承运人定义为“接受承运人委托，从事旅客运送或者部分运送的人，包括接受转委托从事此项运送的其他人”。根据该条规定，旅客运送或者部分运送由实际承运人履行时，承运人仍然应对全程运送负责；根据《海商法》第123条和第125条，承运人应对实际承运人及其受雇人、代理人在受雇或者受委托范围内的行为负责；当承运人与实际承运人均负有赔偿责任时，两者应负连带责任，但两者之间可相互追偿。但是，本章缺少一条像“海上货物运输合同”一章的规定，即“承运人责任的规定，适用于实际承运人”（《海商法》第61条）。而1974年《雅典公约》第10条第2款有类似我国《海商法》第61条的规定。因此建议未来修改《海商法》时，能够就海上旅客运输合同下实际承运人是否可以援引《海商法》有关海上旅客运输合同承运人相关权利、义务和责任的问题予以明确。

根据《海商法》第124条的规定，当旅客的人身伤亡或者行李的灭失、损坏的赔偿请求，分别向承运人、实际承运人及其受雇人、代理人提出时，赔偿总额不得超过承运人的责任限额，但被索赔人中有丧失赔偿责任限制权利的不在此限。

---

① 《民法典》第817条。

② 与《海商法》第58条规定的情况相似，《海商法》第120条关于承运人的受雇人或者代理人、实际承运人的受雇人或者代理人援引承运人的抗辩理由和赔偿责任限制的规定，系参照《1974年雅典公约》第11条的规定作出。

七、海上旅客运输合同的国际公约

为了统一各国有关海上旅客运输的法律，国际海事组织（IMO）于1974年12月在希腊雅典通过了《1974年海上旅客及其行李运输雅典公约》（Athens Convention Relating to the Carriage of Passengers and Their Luggages by Sea，1974，简称《1974年雅典公约》）。该公约于1987年4月28日生效。我国于1994年3月5日，经第八届全国人民代表大会常务委员会第六次会议通过决定，加入该公约。《1974年雅典公约》经1976年、1990年和2002年三次修改，分别通过了《1974年雅典公约的1976年议定书》《1974年雅典公约的1990年议定书》《1974年雅典公约的2002年议定书》，特别是后两个议定书，对《1974年雅典公约》进行了实质性修改，大幅度提高了赔偿限额。三个议定书，《1974年雅典公约的1976年议定书》已于1989年4月30日生效，我国于1994年3月5日加入该议定书，《1974年雅典公约的1990年议定书》至今尚未生效，《1974年雅典公约的2002年议定书》已经于2014年4月23日正式生效。

（一）《1974年雅典公约》产生的背景

为统一各国有关海上旅客运输的法律，1957年10月10日在比利时首都布鲁塞尔召开的第十届海洋法会议上，通过了《1957年统一海上旅客运输若干法律规则的国际公约》。嗣后，在此公约基础上，1961年4月在布鲁塞尔第十一届海洋法会议上通过了《1961年统一海上旅客运输若干规则的国际公约》。1967年5月27日在布鲁塞尔通过了《1967年统一海上旅客行李运输的国际公约》。由于《1961年统一海上旅客运输若干规则的国际公约》规定的承运人对旅客人身伤亡赔偿责任限额过低，该公约收效甚微。为此，国际海事委员会于1969年又通过一个公约草案，并在此基础上，原政府间海事协商组织（IMCO）于1974年12月2日至13日在希腊雅典召开的海上旅客及其行李运输国际法律会议上，通过了《1974年雅典公约》。参加该公约的有阿根廷、巴哈马、比利时、中国、埃及、希腊、利比里亚、波兰、西班牙、瑞士、英国等二十几个国家。后比利时、希腊、西班牙、英国退出1974年公约，转而加入《1974年雅典公约的2002年议定书》。①

（二）《1974年雅典公约》的主要内容

该公约中关于承运人的责任与免责、旅客贵重物品灭失或者损坏、承运人的受雇人、代理人、履约承运人（performing carrier）及其受雇人、代理人的法律地位、行李灭失或者损坏的通知等规定，与《海商法》的规定基本相同。此外，公约还包括如下主要内容。

1. 承运人赔偿责任限制

该公约第7条和第8条规定，承运人对每名旅客的伤亡应承担的赔偿责任，每次运输不超过700 000金法郎，但各缔约国可在国内法中，为其本国的承运人规定高于此数额的责任限额。承运人对旅客自带行李灭失或者损坏的赔偿责任限额为每一旅客每次运输12 500金法郎；承运人对车辆及车上所载行李的灭失或者损坏的赔偿责任限额为每一车辆每次运输50 000金法郎；承运人对旅客其他行李灭失或者损坏的赔偿责任限额为每一旅客每次运输18 000金法郎。承运人可就其赔偿责任与旅客约定免赔额，但每一车辆的灭失或者损坏的免赔额不得超过1 750金法郎，其他行李的灭失或者损坏的免赔额，不超过每一旅客200金法郎。承运人赔偿

① IMO官网，http://www.imo.org/en/About/Conventions/StatusOfConventions/Pages/Default.aspx［2017-10-23］.

责任限制权利的丧失条件亦与《海商法》的规定相同。

2. 诉讼时效

该公约第16条规定，旅客人身伤亡或者行李灭失或者损坏赔偿的诉讼时效为2年。就旅客伤害而言，自旅客离船或者本应离船之日起算；如旅客在运输期间受到伤害并导致离船后死亡，则自死亡之日起算，但不超过自离船之日起3年。旅客的行李灭失或者损坏，上述时效期间自行李离船或者本应离船之日起算，以较晚者为准。公约允许承运人书面声明延长上述时效期间或者在诉因发生后，双方书面协议延长。

3. 公约的适用范围

该公约第2条规定，公约适用于国际海上旅客运输，即合同规定的起运港和目的港位于不同国家，或者起运港和目的港在同一国家之内，但根据运输合同或船期表，中途港位于另一国家的情况。其条件是：船舶悬挂公约缔约国的旗帜，或者在缔约国登记，或者运输合同在缔约国订立，或者合同规定的起运港或者目的港位于缔约国内。

4. 管辖权

公约第17条规定，对于争议的诉讼，原告有权选择位于缔约国的下列法院之一提起诉讼，(1) 被告永久居住地或者主要营业所所在国法院；(2) 运输合同规定的起运港或者目的港所在国法院；(3) 原告住所地或者永久居住地所在国法院，但被告在该国须设有营业所，并受该国管辖。此外，在造成损害的事故发生后，双方可以约定赔偿案件诉讼的法院，或者将案件提交仲裁。

(三)《1974年雅典公约的1976年议定书》

1976年11月19日，原政府间海事协商组织（IMCO，IMO的前身）在伦敦召开的修订《1974雅典公约》计算单位的会议上，通过了《1974年雅典公约的1976年议定书》。该议定书于1989年4月30日生效。参加该议定书的有阿根廷、巴哈马、中国、利比里亚、波兰、瑞士等十几个国家。[①]

该议定书第Ⅱ条将《1974年雅典公约》第7条和第8条中有关承运人赔偿责任限制和免赔额所使用的金法郎，修改为国际货币基金组织规定的特别提款权（SDR），并按照1特别提款权等于15金法郎计算。议定书的旅客人身伤亡、自带行李、车辆及车上所载行李，以及其他行李的灭失或者损坏的赔偿责任限额同我国《海商法》的规定。

(四)《1974年雅典公约的1990年议定书》

1987年3月6日，英国汤森·托普森公司所属的"自由企业先驱"号渡船，在比利时泽布吕赫港附近倾覆，致使188人丧生，这一事故在英国公众中引起很大反响。英国在其国内法中将旅客人身伤亡的赔偿限额从70万金法郎（46 666特别提款权）提高到152.5万金法郎（100 000特别提款权），并强烈要求国际海事组织修订《1974年雅典公约》。英国的这一要求得到北美一些国家的支持。为此，国际海事组织在1987年10月12日至16日举行的第58届会议上，开始讨论对《1974年雅典公约》的进一步修订，以较大幅度提高旅客伤亡的赔偿限额。经过两年四次会议的讨论，形成一议定书草案，国际海事组织于1990年3月26日至30日在伦敦召开的修订《1974年雅典公约》的外交大会上，审议并通过了《修订1974年雅典公约的

---

① IMO官网，http://www.imo.org/en/About/Conventions/StatusOfConventions/Pages/Default.aspx [2017-10-23].

1990 年议定书》。该议定书的生效条件为 10 个国家参加，至今尚未生效。

该议定书将承运人对旅客人身伤亡的赔偿责任限额提高到每名旅客每次运输 175 000 特别提款权；承运人对旅客自带行李、其他行李和车辆的赔偿限额分别提高到 1 800、2 700 和 10 000 特别提款权。此外，承运人对旅客自带行李以外的其他行李和车辆损失的免赔额分别规定为 135 和 300 特别提款权。如果至少有 6 个国家提议，可以对承运人的赔偿限额作进一步修订。

（五）《1974 年雅典公约的 2002 年议定书》

进入 20 世纪八九十年代，随着海上旅客运输的灾难性事故不断发生，各国开始清醒地认识到，对旅客人身伤亡和财产损失切实、充分的补偿，除了提高承运人的赔偿限额外，还需要建立多角度的保护机制。

2002 年 11 月 1 日，国际海事组织在伦敦召开的修订《1974 年雅典公约》的外交大会上，通过了《修订 1974 年海上旅客及其行李运输雅典公约的 2002 年议定书》，简称《1974 年雅典公约的 2002 年议定书》。2013 年 4 月 23 日，随着比利时正式批准《2002 年海上旅客及其行李运输雅典公约》（以下简称《2002 年雅典公约》），该公约已满足 10 个国家正式批准的生效条件。根据公约规定，满足 10 个国家批准之后 12 个月，即 2014 年的 4 月 23 日，《2002 年雅典公约》正式生效。该议定书取代《1974 年雅典公约的 1990 年议定书》，并对《1974 年雅典公约》作了全面修改。修改的核心内容是借鉴国际油污损害赔偿责任制度中的严格责任原则和强制责任保险机制，一定程度上加重了承运人责任。截止到 2017 年 10 月，参加该议定书的国家主要包括阿尔巴尼亚、比利时、希腊、爱尔兰、拉脱维亚、马耳他、荷兰、挪威、巴拿马、葡萄牙、西班牙、瑞典、英国等 28 个国家，这些国家商船吨位总和占世界商船吨位总和的 44.41%。①

1. 承运人的责任基础由过错责任原则修改为严格责任原则和过错责任原则并用

该议定书规定，承运人对因船舶航行事故（shipping incident）造成的旅客人身伤亡，对每名旅客在每一事故中的赔偿责任在 250 000 特别提款权的限额内，实行严格责任。即除非承运人证明事故是由于战争行为、敌对行为、内战、暴乱或者异常的、不可避免和不可抗拒的自然现象所致，或者完全由于第三者有意造成事故的作为或者不作为所致外，承运人应承担赔偿责任；超出上述限额，实行过错责任，即如果承运人不能证明，其本人或其受雇人、代理人在受雇或受委托范围内的行为没有过错，应进一步承担赔偿责任，但是最高不超过 400 000 特别提款权；承运人对于非因船舶航行事故造成的旅客人身伤亡的赔偿责任，亦实行过错责任，但举证责任由索赔方承担。船舶航行事故是指船舶沉没、碰撞、搁浅、火灾或者船舶的缺陷。

承运人对旅客行李的灭失或者损坏的赔偿责任，仍然实行过错责任，并且是推定过错。

2. 大幅度提高承运人对旅客人身伤亡、行李灭失或者损坏的赔偿责任限额

如上述《2002 年雅典公约》将旅客人身伤亡赔偿限额分别提高到 250 000（严格责任）和 400 000 特别提款权（过错责任）。同时，该议定书订有“宣布放弃选择权条款”（opt-out-clause），规定参加国可以在其国内法中明确作出高于此限额的规定。

《2002 年雅典公约》将承运人对旅客自带行李灭失或者损坏的赔偿责任限额提高到每名旅客每次运输 2 250 特别提款权，对车辆包括车辆上所载的所有行李的灭失或者损坏的赔偿责任

① IMO 官网，http：//www.imo.org/en/About/Conventions/StatusOfConventions/Pages/Default.aspx［2017－10－23］.

限额提高到每一车辆每次运输 12 700 特别提款权，对其他行李灭失或者损坏的赔偿责任限额提高到每名旅客每次运输 3 375 特别提款权。承运人和旅客可以约定承运人对行李灭失或者损坏的免赔额，但每一车辆的免赔额不超过 330 特别提款权，其他行李灭失或者损坏的免赔额不超过 149 特别提款权。

3. 强制保险和直接诉讼

《2002 年雅典公约》规定了承运人对其旅客人身伤亡责任实行强制保险制度，或者提供财务担保。承运人或者履约承运人投保责任保险保额，或者提供财务担保的金额，以每名旅客每一事故 250 000 特别提款权计算。同时，船上应随时携带有效的保险或者财务担保证书。

旅客人身伤亡的索赔人可对责任保险人或者财务保证人直接提出索赔诉讼，责任保险人或者财务保证人有权援引《2002 年雅典公约》赋予承运人的免责事由和赔偿责任限制，即使承运人或者履约承运人丧失赔偿责任限制和抗辩事由的权利。此外，责任保险人或者财务保证人可援引旅客人身伤亡系被保险人或者被保证人有意的不当行为造成的抗辩。责任保险人或者财务保证人还有权要求承运人和履约承运人参加诉讼。

专题研讨

旅客运输国际公约与我国《海商法》的比较

（一）我国有关海上旅客运输的法律、规章

我国港口之间的海上旅客运输，适用我国《海商法》第五章及其他有关规定，《民法典》第三编第十九章及其他有关规定，以及 1996 年 6 月 1 日起施行的原交通部《水路旅客运输规则》（经过 1997 年 8 月和 2014 年 1 月两次修订）（以下简称《客规》）。根据法律效力层次的原则，《海商法》的规定优先于合同法的规定适用；《海商法》没有规定时适用合同法。《客规》不但适用于我国沿海港口之间的旅客运输，也适用于我国内陆水域的旅客运输。当其适用于沿海旅客运输时，不得与《海商法》和合同法的规定相抵触；当其适用于内陆水域的旅客运输时，不得与合同法的规定相抵触。

《客规》针对我国水路旅客运输的特点，对旅客运输合同的订立和履行、行李运输合同的履行、旅客运输代理业务、客运费用、运输发生意外情况的处理、运输合同争议的处理等，作了详细的规定，可操作性较强。

（二）旅客运输国际公约与我国《海商法》主要条款比较

旅客运输的国际公约或《海商法》的主要条款是指：承运人的责任基础、承运人的赔偿限额和强制保险等条款。这些条款反映了相关国际公约或《海商法》的本质特征和时代性。通过下表可以看出，我国《海商法》的这些条款，已经显得滞后，有待作适当的修改与调整。

公约/CMC 内容比较	《1974年雅典公约》	《1976年议定书》	《1990年议定书》	《2002年议定书》	中国《海商法》	说　明
承运人的责任基础	除沉没、碰撞、搁浅、爆炸、火灾或船舶缺陷实行推定过失外，实行过失责任。 （第3条1.3款）	同《1974年雅典公约》。	同《1974年雅典公约》。	旅客伤亡：航行事故采严格责任； 非航行事故采过失责任。 自带行李：航行事故采推定过失； 非航行事故采过失责任。（第3条）	同《1974年雅典公约》。	航行事故指海难、捕获、碰撞、搁浅、爆炸、火灾或船舶缺陷（《2002年议定书》第3条第5款）。
承运人的责任限额	旅客伤亡：70万金法郎； 自带行李：12.5万金法郎； 其他行李：1.8万金法郎； 车辆：5万金法郎。 （第7、8条）	旅客伤亡：46 666SDR； 自带行李：833 SDR； 其他行李：1 200 SDR； 车辆：3 333 SDR。（第Ⅱ条）	旅客伤亡：17.5万SDR； 自带行李：1 800 SDR； 其他行李：2 700SDR（免赔额135SDR）； 车辆：10 000 SDR（免赔额300SDR）。 （第Ⅱ条）	旅客伤亡：25万～40万SDR； 自带行李：2 250 SDR； 其他行李：3 375SDR（免赔额149SDR）； 车辆：12 700 SDR（免赔额330SDR）。 （第Ⅱ条）	国际海上旅客运输：同《1974年雅典公约》； 沿海旅客运输：旅客伤亡4万元人民币； 自带行李：800元人民币； 其他行李：20元/公斤； 车辆：3 200元人民币。 （原交通部规定第3条）*	
强制保险	无	无	无	实行强制保险（第4条）	无	

* “原交通部规定”系指《限额规定》。

第六章 船舶租用合同

基础知识

第一节 一般规定

一、“船舶租用合同”一章的适用

《海商法》第 127 条规定：“本章关于出租人和承租人之间权利、义务的规定，仅在船舶租用合同没有约定或者没有不同约定时适用。”这一规定，明确了“船舶租用合同”一章均为任意性条款，仅在当事人签订的租船合同没有约定或没有不同约定的情况下适用。一般情况下，当事人均在合同中明确约定各自的权利义务，此时，应适用合同的约定，而不适用本章的规定。国内沿海运输所适用的租船合同比较简单，一旦发生争议，定期租船合同和光船租赁合同没有约定的，将适用本章规定。

二、租船合同的种类和订立形式

《海商法》第 128 条规定：“船舶租用合同，包括定期租船合同和光船租赁合同，均应当书面订立。”航次租船合同在性质上属于海上货物运输合同，已在第四章中作出特别规定。本章船舶租用合同只包括定期租船合同和光船租赁合同两种。对于期租合同的性质，理论上尚存在分歧，有人认为属货物运输合同性质，也有人认为属财产租赁性质，还有人认为两者皆有之。为了避免争论，《海商法》起草时，这一章的名称有意避开“租赁”一词，而使用了中性的“租用合同”一词来涵盖定期租船合同和光船租赁合同。

船舶租用合同的形式，通常是当事方在参考和使用一些标准格式合同的基础上洽谈协商订立的。国际上常用的定期租船合同格式包括：

波罗的海国际航运公会制定的《统一定期租船合同》[Uniform Time Charter，代号“波尔的姆”(BALTIME)]，美国纽约土产交易所（New York Produce Exchange：NYPE）《定期租船合同》[Time Charter，代号“土产格式”(Produce Form) 或 NYPE 格式]。在我国沿海租船业务中，一般不使用标准格式合同，而由双方当事人通过平等协商达成一致，签订租船合同，合同内容比较简单，也不够规范，经常引起争议。

不论是定期租船合同还是光船租赁合同，都应书面订立，对此我国《海商法》第 128 条作出明确规定。书面形式的类型包括船舶租用合同文书、附加条款或补充协议以及涉及双方权利义务关系的来往传真、电报、电传及信函等，这些文件均构成合同的组成部分。

第二节 定期租船合同

一、定期租船合同的概念、特点与性质

定期租船合同（time charter party，TC/P），又称期租合同。《海商法》第 129 条将其定义为，“船舶出租人向承租人提供约定的由出租人配备船员的船舶，由承租人在约定的期间内按照约定的用途使用，并支付租金的合同”。

定期租船合同具有下列特点：

第一，出租人负责配备船长和船员，负责船舶航行和内部管理事务，并负担船舶固定费用和船员工资、伙食及其他相关费用；

第二，承租人负责船舶调度和营运，并负担因此产生的船舶营运费用；

第三，租金按租用船舶时间长短，并参考市场租金率计算。

关于定期租船合同的性质，理论界没有定论。从法律关系上看，定期租船合同的当事人一方是出租人，英文表述为 shipowner，与船舶所有人的英文表述一致，但是期租出租人未必是船舶的所有人，实务中通常被称为“船东”或“船方”；另一方是承租人，英文表述为 charterer，实务中通常被称为“租家”。船舶出租人通过签订期租合同将船舶的部分使用权和收益权转让给承租人一段时间，由承租人对船舶实施货运调度、营运，出租人按合同约定收取租金。可见，期租合同所调整的是当事人双方对船舶的出租和使用的关系，而不是直接调整货物运输中承运人和托运人之间的权利义务关系，具有明显的财产租赁性质。然而，根据我国民法理论，财产租赁合同的法律特征之一是，合同标的物的占有和使用权从出租人转移至承租人。而

在定期租船合同情况下，船舶在租期内仍由出租人通过其雇佣的船长、船员占有，故不同于一般的财产租赁。绝大多数情况下，船舶作为运输工具，定期租船合同的船舶是用来运送自己或他人的货物的，均会产生货物运输关系。因而，从船舶的用途分析，定期租船合同具有海上货物运输合同的某些特征。但是，确定租船合同的性质，不应以合同标的物的用途来确定，而应以合同本身来确定。所以，笔者认为，定期租船合同的性质应属于不转移船舶占有的财产租赁性质。

二、定期租船合同的主要内容

《海商法》第130条规定，定期租船合同的内容，主要包括出租人和承租人的名称、船名、船籍、船级、吨位、容积、船速、燃油消耗、航区、用途、租船期间、交船和还船的时间和地点以及条件、租金及其支付，以及其他有关事项。

（一）船速与燃油消耗量（vessel's speed，fuel consumption）

船速与燃油消耗量，是定期租船合同不同于航次租船合同的一项重要说明。这是因为，在定期租船合同情况下，承租人按照使用船舶的时间支付租金，并负责租期内的船舶燃料费用。所以，船舶航行速度和燃料消耗量直接影响承租人在租期内使用船舶的经济效益。出租人有义务提供符合合同约定的船速与燃油消耗量的船舶。如果实际船速低于合同的约定，对因此造成的时间损失，承租人可向出租人索赔，称为船速索赔（speed claim）。如船舶实际燃油消耗量大于合同约定，承租人可就因船舶多消耗燃油而造成的损失向出租人索赔。

船速与航速属不同概念。船速系船舶相对于水的速度，而航速系船舶相对于海底或者岸上固定物体的速度。航速等于船速与流速的向量之和。船舶出租人保证的是船速而不是航速。

（二）交船与解约条款（delivery of vessel，cancelling clause）

交船是指船舶出租人按合同约定的时间、地点和状态，将船舶交给承租人使用。

出租人应在合同规定的时间或者期限内，将船舶交给承租人。通常规定，交船期的最后一天为解约日（cancelling date），即如果出租人未能在这一天之前，将船舶按约定条件交与承租人，承租人有权解除合同。也有合同约定，解约日为交船期届满后的某一天。如出租人在交船期届满之日与解约日之间交船，视为出租人违约，但承租人不能解除合同。《海商法》第131条规定，出租人应当按照约定的时间交付船舶，否则，承租人有权解除合同。该条进一步规定，出租人将船舶延误情况和船舶预期抵达交船港的日期通知承租人的，承租人应当自接到通知时起48小时内，将解除合同或者继续租用船舶的决定通知出租人。因出租人过失延误提供船舶致使承租人遭受损失的，出租人应当负赔偿责任。

关于交船时船舶的状态，《海商法》第132条规定，“出租人交付船舶时，应当做到谨慎处理，使船舶适航，交付的船舶应当适于约定的用途”，否则，“承租人有权解除合同，并有权要求赔偿因此遭受的损失”。但是这里规定的船舶适航的条件，并不必然依据《海商法》第47条有关承运人适航义务的规定，主要还是依据期租合同的约定予以确定。

（三）租期（period of hire）

租期，又称租船期间，是承租人租用船舶的期限。有的以日历月（calendar month）表示，有的以30天作为一个月。租期通常从交船之时起算。租期届满时，承租人应将船舶交还出租人。但是，由于海上运输的特点，租期届满之日与承租人使用船舶的最后航次结束之日很难吻合，所以合同中通常约定宽限期。在英美等国，即使合同中未规定宽限期，法院或者仲裁庭在合同解释上，也给予承租人一默示宽限期。承租人在宽限期内还船，不视为违约。有的合同规定，租期为船舶完成从一港至另一港的一个或者几个航次所需的时间。这种合同称为航次期租合同（time charter on trip basis，TCT），即形式上与航次租船合同类似，但是以航次时间（天数）计算租金的定期租船合同，因而也被认为是融合了航次租船合同和定期租船合同的一种混合合同。

（四）货物（cargo）

《海商法》第135条规定，承租人应当保证船舶用于运输约定的合法的货物。承租人将船舶用于运输活动物或者危险货物的，应当事先征得出租人的同意。承租人违反此规定“致使出租人遭受损失的，应当负赔偿责任”。合法货物是指货物符合装货港、卸货港、中途挂靠港所在地法律、船旗国法律或者合同所适用的其他法律。如果承租人指示船舶装运的货物不符合合同约定，船长有权拒绝装运。

（五）航行区域与安全港口（trading limit，safety port）

《海商法》第134条规定：“承租人应当保证船舶在约定航区内的安全港口或者地点之间从事约定的海上运输。承租人违反前款规定的，出租人有权解除合同，并有权要求赔偿因此遭受的损失。”

合同中一般列明承租人可以指示船舶前往的区域。有的特别订明承租人不能指示船舶前往的地区，通常包括战区、冰冻区、与船旗国处于敌对状态的国家或者地区、传染病流行的地区、冬季北半球高纬度地区、海盗经常出没的区域等。如承租人指示船舶前往上述地区，除非事先征得出租人同意，否则，船长有权拒绝接受承租人的指示。

在租期内，承租人应保证其指示船舶前往的港口或者泊位是安全港口或者泊位。所谓安全港口或者泊位，指船舶能安全地进入、停靠和驶离，而不会遭受不能避免的损害风险的港口或者泊位。[①] 一个安全的港口或者泊位，一是地理上是安全的，包括港口航道水深和气象条件、助航设施、系泊设备等应满足上述要求；二是政治上是安全的，包括船舶不会遭遇战争、敌对行为、恐怖活动、捕获、充公等风险。承租人应在给船长下达指示时，即指定港口或者泊位时，保证船舶预期能安全地驶入、停靠和驶离。如果承租人发出指示后港口或者泊位变得不安全，只要有重新指定的合理时间，承租人就应另行指定安全的港口或者泊位。英国上议院对“Evia”轮一案的判决表明[②]，只有当港口或者泊位的不安全系承租人不能预料的异常事件（abnormal occurence）所致时，承租人才能对因此造成的船舶损害免责。如岸上发生大火蔓延到船上；引航员在引领船舶过程中偶尔指挥失误；岸上一疯子溜到船上，并纵火将船舶烧毁等，表明异常事件不能归咎于港口或者泊位本身的特点。所以，即使船舶在进港时与海图上未标明的沉船相碰撞，虽然承租人没有过错，他亦不能免责。按照一些大陆法系国家的法律规定，当承租人指定的港口或者泊位不安全，并因此造成船舶损害时，除合同另有约定外，只有当承租人有过错时，才对损害负责。《海商法》第134条的规定，显然是英美法的观点，没有以过失为要件，但是，根据《民法典》第590条，如港口或者泊位的不安全系不可抗力所致，则承租人对出租人因此遭受的损失应免除赔偿责任，除非合同另有约定。此外，如果出租人或者船长明知或者应知道承租人指定的港口或者泊位不安全，但仍接受承租人的指示，即出租人

---

① Michael Wilford etc.，Time Charters，4th Edition，LLP，1995，p. 177.

② ［1982］2 Lloyd's Rep. 307.

或者船长本身有过错，则承租人对因此造成的船舶损害免责。倘若损害系双方过错所致，则应按各自过错程度的比例承担责任。

（六）出租人和承租人负责提供并支付费用的项目（shipowner's and charterer's expenses）

出租人负责支付船长和船员的工资，提供船长和船员的伙食和给养，以及甲板和机舱的备用品及船用品并支付费用，支付船舶保险费、折旧费、检验费、修理费和船舶日常开支。

承租人负责提供船舶燃油、淡水（船员生活用水另有约定的除外）、垫舱物料和防移板（船上已有的除外）并支付费用，安排货物装卸，支付货物装卸费及其他港口使用费、代理费、税金等费用。如承租人要求船员加班，则应负担船员加班费。如经船长要求，承租人应垫付船舶日常开支，但可根据合同约定，在事后支付的租金中予以扣除。承租人可以免费使用船上的装卸设备及照明设备。

（七）租金支付与撤船（payment of hire，withdrawal of vessel）

按合同约定的租金数额、货币名称、支付方式、时间和地点支付租金是承租人的主要义务。一般规定，每一期租金应预付，而且应当准时支付，即承租人应当使出租人或者其指定的银行，在每一期租金应付之日之前或者当天，收到该期租金。如果租金支付之日是银行非工作日，则承租人应在前一银行工作日支付。租金应全额支付，承租人不应擅自扣减，但根据合同约定，在应支付之日之前已出现的船舶停租、承租人为出租人垫付的款项，以及承租人向出租人提出的船速索赔和船舶额外消耗燃油的索赔等，承租人可以从租金中扣减。

如承租人不按合同规定准时、全额支付每一期租金，不论承租人有无过错，出租人有权通过撤回船舶而解除合同，并且不影响出租人对承租人的索赔。对此，《海商法》第140条规定，“承运人未按照合同约定支付租金的，出租人有权解除合同，并有权要求赔偿因此遭受的损失”。

撤船系出租人单方的法律行为，无须征得承租人同意，也无须通过法院或者履行其他手续，但出租人应在合同约定的或者合理的时间内行使这一权利，否则，便构成弃权。合同通常约定，出租人行使撤船权利，必须向承租人发出撤船通知（notice of withdrawal），撤船自承租人收到该通知时产生效力。否则，亦构成对撤船权利的放弃。

当航运市场上涨时，出租人常以承租人未准时支付全额租金为由，通过撤船使合同归于解除。为此，不少合同订有“抵御市场波动条款”，也称“反技巧性条款”（anti-technicality clause）[①]，规定：如承租人未准时和全额支付每一期租金，出租人应书面通知承租人在若干个银行工作日内予以弥补。只有当承租人未及时予以弥补时，出租人才能行使撤船的权利。如果合同中订有此类条款，可以在一定程度上限制或避免出租人利用市场波动而擅自行使撤船权。

出租人行使撤船权利后，由于出租人不能立即将船舶再出租，或者由于市场租金率低于合同约定的租金率，出租人能否就在合同效力提前终止的时间内遭受的损失向承租人索赔，《海商法》第140条规定，“承租人未按照合同约定支付租金的，出租人有权解除合同，并有权要求赔偿因此遭受的损失”。可见，根据我国《海商法》，出租人亦有权要求赔偿此种损失。对于该问题，国际上无统一的观点。根据英国判例法，出租人一般无索赔权，除非他证明承租人有意不履行合同，或者丧失履行合同的能力。[②] 根据美国判例法，出租人行使撤船权利后，仍可

① 杨良宜．租约．大连：大连海事大学出版社，1994：89．原文为“反技术性取巧条款”。

② Michael Wilford etc. Time Charters. 4th Edition. LLP，1995，pp. 268，269.

请求此种损失赔偿，但以承租人在订立合同时能够合理预见的为限。[①]

《海商法》第141条规定："承租人未向出租人支付租金或者合同约定的其他款项的，出租人对船上属于承租人的货物和财产以及转租船舶的收入有留置权。""财产"通常是指承租人提供的燃油。"转租船舶的收入"是指承租人将船舶以期租或程租的形式转租而收取的租金或运费。对于租金或运费，只有转租承租人支付后，已进承租人的账户，出租人才能对其采取行动。但不应是留置权的概念，而是申请法院"冻结"债务人的银行账户。因为我国《民法典》规定的留置权是以占有为条件，即"债务人不履行到期债务，债权人可以留置已经合法占有的债务人的动产，并有权就该动产优先受偿"[②]。

（八）停租条款（off-hire clause）

停租是指在租期内，根据合同约定，非由于承租人的原因，致使承租人不能使用船舶，在该段时间内，承租人可以停付租金。对此，《海商法》第133条第2款规定，船舶不符合约定的适航状态或者其他状态而不能正常营运连续满24小时的，对因此而损失的营运时间，承租人不付租金，但是上述状态是由承租人造成的除外。

常见的停租事项主要有：(1) 船员或者物料不足（deficiency of men or stores）；(2) 船体、船机或者设备的故障或者损坏（breakdown or damage to hull，machinery or equipment）；(3) 船舶或者货物遭受海损事故而引起延误（detention by average to ship or cargo）；(4) 船舶入干坞（dry docking）或者清洗锅炉；(5) 防止或阻碍船舶处于完全工作状态的其他情形（preventing the full working of the vessel）。在上述几种情形下，不论出租人有无过错，承租人均可停租，除非上述情况的发生系承租人应负责的原因所致。如果租约没有明确约定停租事项，承租人欲援引停租条款就比较困难。租约中也可约定，只有上述原因持续一定时间，如24小时，承租人方可停租，不足约定时间，即使存在承租人无法使用船舶或者安排船舶营运，遭受了时间损失，也是不能停租的。

（九）还船（redelivery of vessel）

还船是指承租人按合同约定的时间、地点和状态，将船舶交还给船舶出租人。原则上，承租人应在约定的租期届满时，将船舶还给出租人。但是，在很多情况下，船舶最后航次结束之日不是租期届满之时。因而，有时是延期还船，有时是提前还船。

承租人是否能够按时还船，很大程度上取决于最后一个航次的履行情况，因此，最后航次可以分为以下两种情况。

1. 合法的最后航次（legitimate last voyage）

《海商法》第143条规定："经合理计算，完成最后航次的日期约为合同约定的还船日期，但可能超过合同约定的还船日期的，承租人有权超期用船以完成该航次。超期期间，承租人应当按照合同约定的租金率支付租金；市场的租金率高于合同约定的租金率的，承租人应当按照市场租金率支付租金。"承租人指示船舶进行合法的最后航次，出租人有义务履行该航次。

按照英国判例法，如果承租人在租期内指示船舶最后航次时，合理地预期该航次能在租期（包括明示或者默示的宽限期在内）届满前结束，则该航次为合法的最后航次。[③] 按照美国判

① Michael Wilford etc. Time Charters. 4th Edition. LLP，1995，pp. 276，277.

② 《民法典》第447条第1款。

③ "Peonia"轮案，见：[1991] 1 Lloyd's Rep100。

例法，只要承租人在指示船舶最后航次时，预期该航次结束时产生的超期的时间（overlap），将短于如不进行该航次将提前的时间（underlap），该航次即为合法的最后航次。[①] 如果履行合法的最后航次，超过合同约定的还船日期，按英国判例法，视为承租人违约，对超出还船日期的租金支付，与我国《海商法》第143条的规定相同[②]；根据美国判例法，不论是超期的期间（overlap）还是提前的期间（underlap）所支付的租金都应当参考市场租金率。即如果市场租金率超出合同约定的租金率，则承租人除了按照合同约定的租金率支付租金之外，还应当就市场租金率与合同约定租金率之间的差额部分给予出租人赔偿。其效果与我国《海商法》第143条的规定类似。[③]

2. 非法的最后航次（illegitimate last voyage）

与合法的最后航次相反，如承租人指示船舶进行非法的最后航次，出租人或者船长有权拒绝接受承租人指示，并要求承租人另行指示合法的最后航次。如承租人不另行指示，出租人有权解除合同，并以承租人违约为由，请求合同提前终止期间的租金损失赔偿。如出租人或者船长接受承租人的指示，承租人应支付约定租金直至租期届满，并且，对于超期的时间，如航运市场上涨，承租人应按市场租金率支付租金；如航运市场下跌，承租人仍应按约定租金率支付租金。

承租人提前还船时，出租人应接受船舶，但有权就因此遭受的租金损失向承租人索赔。但是，出租人应采取措施减轻损失，例如，尽快将船舶再行出租，或者以其他方式从事营运。

关于还船地点，通常规定为两个或者几个港口，或者一个区域，由承租人选择具体的还船地点。

关于还船时船舶的状况，《海商法》第142条第1款规定："承租人向出租人交还船舶时，该船舶应当具有与出租人交船时相同的良好状态，但是船舶本身的自然磨损（ordinary wear and tear）除外。"如果还船时船舶损坏超出自然耗损的范围，承租人应当负责修复或者给予赔偿。如果承租人不予修复就提出还船，出租人仍应接受还船，但可以请求损害赔偿，包括船舶损坏的修理费和修理期间的净营运损失等。

（十）出租人的责任与免责（owner's responsibilities and exceptions）

通常规定，出租人应提供适航的船舶，包括船舶最初适航和保持船舶适航状态两个部分。船舶最初适航是指在交船时，出租人应谨慎处理使船舶适航，并使船舶在各方面适合于约定的用途。保持船舶适航状态是指在租期内，保持船体、船机和设备处于充分有效的状态。如船舶在租期内丧失适航性，出租人应及时采取合理措施予以恢复。

定期租船合同下，货物的装载、积载、平舱和卸载等作业均由承租人负责。1993年"土产格式"规定，货物的作业虽由承租人负责，但"在船长监督之下"（under the supervision of the master）进行，有的合同在监督一词后附加"及负责"（and responsibility）的字样，意味着虽然装卸工人由承租人雇佣，但出租人对装卸工人在货物的装载、积载、平舱和卸载作业中未能尽到合理监督的过失造成的货物灭失或损害仍需负责。为了分清在"土产格式"合同下，出租人的保赔协会和承租人的保赔协会之间对不同原因造成的货物灭失或者损坏的责任，国际上

---

① Michael Wilford etc.. Time Charters. 4th Edition. LLP，1995，p. 132.

② "Peonia"轮案，见［1991］1 Lloyd's Rep100；"Gregos"轮案，见［1995］1 Lloyd's Rep. 1；Michael Wilford etc.，Time Charters，4th Edition，LLP，1995，p. 136。

③ Michael Wilford etc.. Time Charters. 6th Edition. LLP，2008，Para. 4. 144.

主要船东保赔协会均制定了《保赔协会内部土产格式协议》(Inter Club New York Produce Exchange Agreement)，分别在1996年和2011年进行过修订。在当事方普遍选择的NYPE格式基础上，常常会将该协议引入到期租合同中，直接用于确定出租人和承租人之间对不同原因造成的货物灭失或者损坏的责任。

关于出租人的免责，2001年波尔的姆格式第12条作了广泛的规定，即："对于交船时的延误或者租期内的延误，以及船上货物的灭失或者损坏，只有当这种延误、灭失系船舶出租人或者其经理人在使船舶适航并适合于航次上未谨慎处理，或者船舶出租人或者其经理人本人的行为、不行为或者不履行职责所造成时，船舶出租人才予以负责。在其他任何情况下，船舶出租人对不论什么原因，以及如何引起的损害或者延误，即使是其受雇人的疏忽或者不履行职责所致，亦不负责。"在实践中，上述条款通常被删除，而另订一首要条款，规定船舶出租人的一切责任、权利和豁免，依据《海牙规则》《海牙—维斯比规则》或者相应的国内立法予以确定。1993年"土产格式"规定适用《1936年美国海上货物运输法》《海牙规则》《海牙—维斯比规则》，具体根据各自适用的范围而定，或者适用强制适用的其他类似的国内立法。订入首要条款的结果是，出租人应按条款指明的国际公约或者国内法的规定，承担义务和责任；出租人在租期内船舶每一航次开航前和开航当时，均应谨慎处理使船舶适航，并享受免责及其他权利。但是，这种条款不改变合同义务在双方当事人之间的分配，即本应由承租人负责提供或者安排的事宜，如货物的装载、积载、平舱和卸载，仍由承租人负责，而只是决定出租人履行合同规定义务的程度。

（十一）使用与赔偿条款（employment & indemnity clause）

《海商法》第136条规定："承租人有权就船舶的营运向船长发出指示，但是不得违反定期租船合同的约定。"船长虽然由船舶出租人任用，但在船舶使用、代理或者其他有关营运安排上，应服从承租人的指示。

"使用"是指船舶的营运，包括船舶驶往什么港口，装运货物种类及数量，在什么港口卸货等船舶营运事宜。船长有义务为货物签发所递呈的（as presented）提单或其他运输单证。但是，承租人向船长发出的指示，必须符合合同约定和法律规定，承租人无权就船舶安全、船舶内部的管理事宜，向船长发出指示，更无权发出非法指示。

"赔偿"是指由于船长、船员服从承租人指示，造成船舶的损害，或者使出租人因此遭受其他经济损失，包括对第三方——收货人或者其他人承担的赔偿责任，应由承租人负责，出租人可就其经济损失向承租人索赔或者追偿（详见本章专题研讨"四、承租人的命令和指示"）。

（十二）转租条款（sublet clause）

合同中一般订明，承租人可将船舶转租给第三方——转租承租人，但原承租人始终负有履行合同的责任。《海商法》第137条还规定："承租人可以将租用的船舶转租，但是应当将转租的情况及时通知出租人。租用的船舶转租后，原租船合同约定的权利和义务不受影响。"承租人转租船舶时，应将转租的情况及时通知出租人。

承租人转租船舶，与转租承租人订立的转租合同，在船舶航行区域、装运货物的范围等方面，不能与原租船合同相抵触。否则，船长有权拒绝接受转租承租人的指示。如果转租合同规定的出租人的责任超出原租船合同规定的范围，原出租人所承担的责任仍以原租船合同为准。

第三节 光船租赁合同

一、光船租赁合同的概念、特点与性质

光船租赁合同（bareboat charter party，charter party by demise），又称光船租船合同，或者光租合同。《海商法》第 144 条将其定义为，“船舶出租人向承租人提供不配备船员的船舶，在约定的期间内由承租人占有、使用和营运，并向出租人支付租金的合同”。

在国际航运市场上，光船租赁呈上升趋势。一些航运发达国家的船舶所有人，由于受到雇佣外国船员的限制及本国船员工资上涨等原因影响，船舶营运成本增加，而一些发展中国家拥有丰富的劳动力资源，又能掌握一定的货源，但缺乏足够资金建造或者购买船舶。所以，航运发达国家的船舶所有人与发展中国家的航运企业之间，就容易建立起光船租赁关系。

光船租赁合同具有下列特点：

第一，船舶在租期内，由承租人雇佣和配备船员，并由其占有、使用和经营船舶，但船舶的处分权仍属于出租人。光船租赁合同的这一特点，决定了其性质属于财产租赁合同。

第二，光船租赁关系属于债权债务关系，但具有某些物权的特点。表现为合同成立后，承租人在租期内对船舶的租赁权受到保护，排斥出租人的侵犯。即使出租人将船舶让与第三人，原光船租赁合同继续有效，新的船舶所有人必须尊重承租人对船舶的租赁权。对此，《合同法》第 229 条规定，租赁物在租赁期间发生所有权变动的，不影响租赁合同的效力。

二、光船租赁合同格式和主要内容

目前，国际上使用比较广泛的光船租赁合同格式是波罗的海国际航运公会于 1974 年制定的《标准光船租赁合同》(Standard Bareboat Charter)，租约代号“贝尔康”(BARECON)。该格式经过 1989 年和 2001 年两次修订。经 2001 年修订后的格式由五个部分组成，其中：第一、第二部分是光船租赁的基本条款，第三部分是新造船舶光船租赁的附加条款，第四部分是光船租购的附加条款，第五部分是针对光船租赁合同进行登记的附加条款。

光船租赁合同的内容，《海商法》第 145 条作了具体规定：“光船租赁合同的内容，主要包括出租人和承租人的名称、船名、船籍、船级、吨位、容积、航区、用途、租船期间、交船和还船的时间和地点以及条件、船舶检验、船舶的保养维修、租金及其支付、船舶保险、合同解除的时间和条件，以及其他有关事项。”这些条款与期租合同相比，除都是非强制适用的条款外，在内容上，还有很多相同或相似之处。当然，光船租赁合同的有些条款，有自己的特点。比如，船舶检验、船舶维修与保养、船舶抵押，以及船舶保险等。

除上述内容外，光船租赁合同中通常还订有留置权、救助报酬、共同海损、提单、船舶征用、战争、佣金、法律适用和仲裁等条款。此外，根据《海商法》第 153 条，《海商法》第 134 条关于承租人保证船舶在约定航区内的安全港口之间运输约定货物、第 135 条第 1 款关于承租人保证运输约定的合法货物、第 142 条关于还船时船舶的状态，以及第 143 条关于最后航次的

规定，均适用于光船租赁合同。

三、光船租赁合同当事人的权利和义务

同期租合同一样，光租合同双方当事人对其权利义务没有约定或没有不同约定时，《海商法》的规定便适用。

（一）出租人的义务和责任

1. 交船并使船舶适航

出租人的这一义务，同期租合同出租人的义务是一样的。

2. 不设定船舶抵押和无其他权利争议的保证

《海商法》第151条第1款规定："未经承租人事先书面同意，出租人不得在光船租赁期间对船舶设定抵押权。"如果交船前船舶已经抵押，出租人应在合同中予以说明，并将抵押合同的内容告知承租人。在未得到承租人和抵押权人同意之前，出租人不得在船舶上再设定抵押权。显然此种情况下，光船承租人享有的光船租赁权在一定程度上限制了出租人对船舶设定抵押权。《海商法》第149条第2款还规定，因船舶所有权争议或者出租人所负的债务致使船舶被扣押的，出租人应当保证承租人的利益不受影响；致使承租人遭受损失的，出租人应当负赔偿责任。即明确规定出租人应当保证不会因为船舶本身附着的债权、债务关系或者一些担保物权的存在，从而影响光租承租人的利益。

（二）承租人的义务和责任

1. 船舶的维修保养

船舶在租期内，完全由承租人占有，并为其自己目的对船舶进行控制和支配。对此，《海商法》第147条规定："在光船租赁期间，承租人负责船舶的保养、维修。"承租人在租期内应保持船舶（包括船机、锅炉、属具和备件）处于良好状态。承租人还应保持船舶具有交船时的船级和各种所要求的船舶证书的有效性。如船舶在租用中发生损坏，承租人应立即采取措施，在合理时间内进行必要的修理。否则，出租人可以解除合同，将船舶从承租人手中撤回，并且不妨碍其向承租人进行索赔。

2. 为船舶投保

《海商法》第148条规定："在光船租赁期间，承租人应当按照合同约定的船舶价值，以出租人同意的保险方式为船舶进行保险，并负担保险费用。"在租期内，由哪一方当事人投保并负担费用，双方当事人可以协议确定。合同没有约定或没有不同约定时，由承租人投保。如承租人未予投保，出租人应通知承租人在一定时间内进行投保，逾期不予投保，出租人有权解除合同撤回船舶，并不影响其向承租人索赔的权利。即使由承租人投保，如果船舶遭受承保范围内的风险而造成实际全损或者推定全损，保险赔款应付给出租人。

3. 支付租金

承租人负有支付租金的义务，但此项义务的履行应以双方在合同中约定的条件和方式进行。

4. 合同的转让与船舶转租

《海商法》第150条规定，在光船租赁期间，未经出租人书面同意，承租人不得转让合同的权利和义务或者以光船租赁的方式将船舶进行转租。显然我国《海商法》仅仅对光船租赁合同的转让和光船租赁转租予以限制，如果承租人仅以定期租船或者航次租船的方式将船舶转

租，并不会因此增加出租人的风险，因此光船租赁合同也往往不对此予以限制，也无须征得出租人书面同意。

5. 在约定航区内营运并保证运输约定的合法货物

这是承租人的一项重要保证，违反此保证，出租人有权解除合同并请求赔偿。

6. 交船时使船舶保持良好状态

这项义务与期租合同相同。

7. 维护出租人权益保证

《海商法》第 149 条第 1 款规定，在光船租赁期间，因承租人对船舶占有、使用和营运的原因使出租人的利益受到影响或者遭受损失的，承租人应当负责消除影响或者赔偿损失。即如果因为光租承租人的原因，致使船舶上附着一些担保物权，例如船舶优先权（由于光船租赁期间，承租人负责配备船长、船员，因此可能因为拖欠工资而产生船舶优先权）、船舶留置权等，则对因此影响到出租人利益或者使出租人遭受损失的，承租人应当负责消除影响或者承担赔偿责任。

四、船舶租购合同

（一）船舶租购合同的概念与性质

船舶租购合同（bareboat charter with hire purchase），指船舶出租人向承租人提供不配备船员的船舶，在约定的期间内由承租人占有、使用和营运，并在约定期间届满时将船舶所有权转移给承租人，而由承租人支付租购费的合同。船舶租购合同又称光船租购合同，是光船租赁合同的一种特殊形式，船舶租购合同具有光船租赁合同和船舶买卖合同的双重属性。船舶出租人同时又是船舶出卖人，船舶承租人同时又是船舶买受人。在这种合同中，承租人在租期内按约定需支付的每一期租金，大大高于光船租赁之下船舶的租金，因为船舶租购合同下的租金中包含了船舶价值在每一期租金中的分摊。

（二）船舶租购合同的特殊规定

船舶租购合同通常是在光船租赁合同基础上订立船舶买卖条款而形成的。船舶租购合同条款一般订有以下有关船舶买卖的特殊约定。

1. 船舶所有权与风险的转移

在租期届满之时，如果承租人履行了合同规定的义务，则在其支付最后一期租金后，视为承租人购买了船舶，并付清了全部船舶购买价款，船舶连同属于船舶的一切财产的所有权立即转移至承租人。对此，《海商法》第 154 条明确规定："订有租购条款的光船租赁合同，承租人按照合同约定向出租人付清租购费时，船舶所有权即归于承租人。"需要注意的是，双方当事人仍应到船舶登记机关办理船舶过户登记，否则不能对抗第三人。在船舶于租期届满交给承租人之前，船舶的风险由出租人承担。但是，一经进行船舶买卖交接，这种风险便转移至承租人。有的合同约定，在船舶买卖交接后，出租人对船舶可能存在的缺陷不再负责。

2. 船舶无债务担保

出租人应保证在船舶买卖交接时，除由于承租人的行为产生的债务和已告知承租人的船舶抵押权外，没有依附于船舶上的船舶优先权或者其他担保物权所担保的债务。如果在船舶买卖交接后，因在此之前产生的债务而使债权人对船舶行使担保物权，出租人应赔偿承租人因此遭受的损失，但以出租人对这种债务负有清偿责任为条件。

3. 船舶文书

在承租人支付最后一期租金时，出租人应向承租人提供一份经过妥善公证的船舶合法卖据(bill of sale)。在船舶买卖交接时，出租人应向承租人提供船舶已注销原登记的证明书，以及船级证书和其他各种船舶文件与资料。

4. 费用的承担

承租人应当承担因购买船舶所产生的税款、重新登记船舶的费用和其他费用，出租人应当承担与注销船舶登记有关的费用。如果船长或者船员由出租人雇佣，按照约定，由承租人承担遣返费用。

专题研讨

一、对“没有约定”和“没有不同约定”的思考

《海商法》在任意性规定章节中，多次出现合同当事方在“没有约定”或者“没有不同约定”的，适用《海商法》相应章节的规定。①《海商法》修改时，是否继续保留这样的规定，值得认真思考。

1. 何谓“约定”

“约定”是合同双方意思一致的承诺，就某一特定合同而言，首先应该明确的是构成合同“约定”的基本单位是什么。根据《立法法》的相关规定②，“约定”应该是以合同的“事项”为单位，而不是“事项”中所包含的“要素”③。例如，迟延交付是货物运输合同的一个具体事项。迟延交付事项包含的要素有：(1) 未在双方约定的时间内交付；(2) 未在合理时间内交付。有没有约定是指合同当事方就迟延交付事项有无约定，如有约定，不论要素有何不同，均属有约定。简言之，判断合同有无约定的基本单位是事项，不是事项中的要素。

2. 何谓“没有约定”

基于上述，“没有约定”是指合同当事方就某一事项（包括事项包含的要素）未作任何约定。如航次租船合同当事方，没有就滞期速遣作出任何约定，就属“没有约定”，而只约定了滞期没有约定速遣，不应视为双方就滞期速遣事项没有约定，只是约定的要素不同，属“有不同约定”。

3. 何谓“没有不同约定”

“没有约定”的对应用语是“有约定”，有约定包含两种情况：一是约定事项的所有要素与《海商法》的规定完全相同，即“没有不同约定”；二是约定事项的要素不相同，即“有不同约定”。比如，货物运输合同的当事方约定了迟延交付事项，且构成迟延交付的条件与《海商法》第50条完全相同，此种情况即属“没有不同约定”，如果双方约定的迟延交付要素超出《海商法》第50条规定，即“合理时间”交付也构成迟延交付，此种情况应属“有不同约定”。

4. 对“没有约定”的思考

如果合同双方就某事项“没有约定”，《海商法》就该事项的非强制性规定便得以适用，非强制性条款即变成了强制性条款。如果不考虑“没有不同约定”一句，这与英美法的“除非另

① 参见《海商法》第94条第2款；第127条；第162条第3款。

② 参见《立法法》第105条、第103条。

③ 详见本书第一章“总则”专题研讨五。

有约定”（unless otherwise agreed）[①] 或者“除非当事方另有约定”（unless otherwise agreed by parties）[②] 的结果是一样的：有约定从约定，没有约定适用《海商法》。两种立法模式只是规定的角度不同：一个是从合同当事方“没有约定”的角度作出的规定，一个是从当事方“有约定”的角度作出的规定。但是，《海商法》有了“没有不同约定”一句后，结果就有所不同了。

5. 对“没有不同约定”的思考

如上述，有约定的情况包括与《海商法》完全相同的约定，即“没有不同约定”，《海商法》将此种情况与“没有约定”并列，即“合同没有约定或者没有不同约定的”，适用《海商法》的相应规定，这就有悖于“有约定从约定”的原则了，使得在“有约定”的情况下，《海商法》的非强制性条款仍然适用，使之变成了强制性条款，这是不可取的。尽管适用“约定”和适用《海商法》的结果都是一样的。

6. 结论

为了避免上述困扰，建议采用国际上较为通用的立法模式，即“除非另有约定”或者“除非当事方另有约定”，此种立法模式已被我国《海商法》第 15 条、第 16 条、第 179 条使用。这样，既保持了法律用语的前后统一，又完全遵循了“有约定从约定，无约定适用《海商法》”的基本原则。“有约定”包括与《海商法》一致的约定，也包括与《海商法》不一致的约定。

二、定期租船合同的法定解除[③]

合同的法定解除，是指当事人根据法律直接规定的事由和程序，行使解除权而解除合同。《民法典》第 563 条规定的是各种合同共同的法定解除事由，称为一般法定解除权；除此之外，又有若干合同独自的法定解除原因。[④] 在《民法典》所确立的合同一般法定解除事由之外，规定特殊合同的法定解除事由，是考虑到若干合同具有自身的特点。《海商法》中所规定的四种针对定期租船合同的法定解除权，有的是借鉴了国外立法（第 131 条），有的是将格式合同范本的条款直接上升为法律（第 140 条），有的则是我国的独创立法（第 132 条和第 134 条）。

（一）因出租人迟延交付船舶而产生的解除权

《海商法》第 131 条规定，出租人应当按照合同约定的时间交付船舶。出租人违反前款规定的，承租人有权解除合同，出租人将船舶延误情况和船舶预期抵达交船港的日期通知承租人的，承租人应当自接到通知时起 48 小时内，将解除合同或者继续租用船舶的决定通知出租人。因出租人过失延误提供船舶致使承租人遭受损失的，出租人应当负赔偿责任。

如果适用《民法典》第 563 条规定的一般法定解除条件，出租人向承租人迟延交付船舶时，并不必然使承租人取得解除合同的权利。因为定期租船合同的履行均需持续一定的时间，出现出租人迟延交付船舶的情况，并不一定导致定期租船合同的目的不能实现。但考虑到航运实践中定期租船涉及各个环节的衔接性，如可能涉及贸易货物的及时出运、船舶转租时下一个租约的交船期等情况，定期租船合同中当事人通常明确规定出租人的交船日期和解约日。[⑤] 即

---

① Sale of Goods Act1979，ss20，28，29（6），31（1），32（3），33，34&36.

② Arbitration Act 1996，ss，8（1），15（2），26（2），30（1），32（4），37（1），38（2），42（1），44（1），45（1）&（4），47（1），48（2），49（2），50（1），51（1），53，54（1），58（1），64（1），69（1）&77（2）.

③ 袁绍春．定期租船合同法定解除事由评析．中国海商法年刊，2005.

④ 如《民法典》第 716 条、第 729 条、第 772 条、第 778 条、第 787 条等。

⑤ 如 NYPE93 的第 16 条、BALTIME74 的第 22 条。

通过合同约定的方式使承租人在发生迟延交船时取得解除合同的权利。

英国法中没有关于定期租船合同的成文法，租船合同的解除条件适用普通法中的相关判例。英国判例法中，合同的条款被区分为条件条款、保证条款和中间性条款。只有在一方违反条件条款时，另一方才可以采取解除合同的救济措施；违反保证条款时，非违约方只能请求因违约而产生的损失赔偿，而不能取得解除合同权；违反中间性条款时，要视违约后果的严重程度来确定非违约方是否可以解除合同。对于如何区分条件条款和保证条款，迪普洛克（Diplock）勋爵在 Hong Kong Fir Shipping Co v. Kawasaki 案中作出了权威解释，迪普洛克勋爵认为："如果合同中约定的一项义务被违反后，将导致非违约方因该违反而被实质性地剥夺了其可以从该合同中期待的全部利益，则该约定的义务为合同的条件性条款。"①

如上文所述，出租人迟延交付船舶时，并不一定导致定期租船合同的目的不能实现，因此按照迪普洛克勋爵所作的解释，及时交付船舶义务并非租船合同中的条件条款，对该义务的违反并不能使非违约方当然取得解除合同的权利。如果租约约定了解约日条款，是否可以解释为，当事人的意图是使及时交付船舶义务成为合同的条件条款呢？英国学者认为也不尽然。因为当一方当事人违反条件条款时，另一方不仅取得解除合同的权利，而且还可以就该违反取得请求赔偿的权利；而行使解约日条款所规定的解约权时，除非迟延交付是出租人的过错所导致，否则解约方并不能取得就迟延而要求赔偿的权利。②

总之，英国判例法中，迟延交船本身并非当然的合同解除事项。

与英国法不同，我国《海商法》同北欧四国海商法、《荷兰海商法》中的规定相似③，直接以成文法的方式，将迟延交付船舶规定为法定的合同解除事项。这种立法例的优点在于简洁、明确，只要租约中没有相反的约定，出现迟延交付船舶时，承租人即取得解除合同的权利，不必考察迟延交付是否有实质性影响。考虑到大部分定期租船合同中均有解约日的约定，《海商法》中的这种规定并不会给出租人带来不公平。

（二）因船舶不适航而产生的解除权

因船舶不适航而引起合同解除包括两种情形：其一，出租人交付船舶时，船舶不适航；其二，在租期内，船舶出现不适航情况。

1. 出租人交付船舶时不适航

《海商法》第 132 条规定，出租人交付船舶时，应当做到谨慎处理，使船舶适航。交付的船舶应当适于约定的用途。出租人违反前款规定的，承租人有权解除合同，并有权要求赔偿因此遭受的损失。

本条第 1 款规定了出租人交付船舶时应履行的两项义务：第一，谨慎处理，使船舶适航；第二，交付的船舶应当适于约定的用途。如果对本条第 2 款的规定适用文义解释，则违反这两项义务中的任何一项，承租人均有权解除合同。

---

① ［1962］2 QB 26，p. 69.

② 杨良宜．期租合约．大连：大连海事大学出版社，1997：93－94；John F. Wilson. Carriage of Goods by Sea. Pitman Publishing，2000，pp. 334－335.

③ 参见 1994 年《挪威海商法》第 375 条、《荷兰海商法》第 458 条。我国《海商法》与前两部法律的差异之处在于，承租人就出租人过失迟延提供船舶行使损失索赔权时，前两部法律均规定举证责任在出租人一方，即除非出租人能够证明自己对迟延提供船舶无过失，否则将赔偿承租人因迟延而遭受的损失；而根据我国《海商法》第 131 条第 2 款的规定，举证责任在承租人一方，即如果承租人不能就出租人的过失完成举证义务，将无法就迟延造成的损失成功索赔。

船舶适航涉及的方面非常广泛，总的来说包括船舶本身适于航行和适于货物运输两个方面。例如船上少了一件救生衣、没有配备最新的海图等，都会导致船舶不适航。出现这种情况时，出租人应证明自己已经履行了谨慎处理的义务。

谨慎处理使船舶适航义务最先在美国的《哈特法》中确立，随后因《海牙规则》的采纳而被各国立法所接受。但熟悉航运的人士均知，该义务针对的是海上货物运输合同，而非船舶租用合同。在海上货物运输法中，只有货物发生灭失、损坏，且灭失、损坏与船舶不适航（未谨慎处理）有因果关系时，承运人才会因未谨慎处理使船舶适航而承担责任。换言之，即使承运人未谨慎处理使船舶适航，但只要将货物完好交付给收货人，其就不必因船舶不适航而承担任何后果。

而我国《海商法》第 132 条将谨慎处理使船舶适航拓展为船舶交付时应履行的一项义务，而且将违反该义务的后果确定为产生法定解除权，很难找到有说服力的理由。

从国外的立法来看，1994 年《挪威海商法》第 372 条规定了出租人交船时，应当确保船舶适于合同中规定的贸易区域的通常要求。该法第 376 条规定，“若交船时，船舶或者其设备有缺陷，期租承租人有权要求减少运费或者严重违约情况下，解除合同。若出租人在承租人按照本法第 375 条规定的解除合同期限前及时弥补缺陷的，则本款不适用”。

从上述规定看，《挪威海商法》中同样参考了常见租船合同格式范本中的条款，但并未提到谨慎处理的适航义务，而是视出租人的违约程度来确定承租人是否有解除合同的权利。

英国法中没有规定关于出租人交付船舶时应履行的义务，对于租船合同格式范本中常见的“船舶须紧密、坚实、强固，并在各方面适用于服务”① 条款的解释，英国法院及仲裁庭将交船时船舶存在的缺陷分为主要缺陷和次要缺陷，如果船舶存在主要缺陷，承租人有权解除合同，存在次要缺陷，承租人则无权解除合同。② 由此可见，英国法中同样视出租人的违约程度来确定承租人是否有解除合同的权利。

我国《海商法》出现第 132 条现行条文和解释结果绝非立法者的本意。考察《海商法》的立法背景，由于国际上对定期租船合同没有成文立法，所以我国法中定期租船合同的条文主要是将一些适用范围较广的租船合同格式范本（主要是 NYPE 和 BALTIME 两个范本）中的条款上升为法律条文。在 NYPE 和 BALTIME 两个范本中，均规定出租人在交付船舶时，“船舶须紧密、坚实、强固，并在各方面适用于服务”，考虑到要求“船舶在各方面适用于服务”对出租人过于严格，我国在制定《海商法》时，便希望通过“谨慎处理”来缓解出租人的义务，于是产生了我们现在看到的立法条文。国内的海商法学者已经发现了《海商法》本条所存在的问题，建议通过完善本条第 2 款的方式来解决③，但第 1 款存在问题同样值得关注，否则本条两款之间的衔接便缺乏逻辑性。因此，有学者建议将《海商法》第 132 条第 1 款中的“谨慎处理义务”删除，即将第 1 款改为：“出租人交付船舶时，应当使船舶适于约定的用途。”④

---

① NYPE93 的第 2 条、BALTIME74 的第 1 条，虽然 BALTIME 的第 13 条中出现了谨慎处理的义务，但该义务相对应的同样是货损、货差赔偿责任，而不是解除合同权利。

② 关于主要缺陷和次要缺陷的具体分析，杨良宜．期租合约．大连：大连海事大学出版社，1997：83 - 88.

③ 参见司玉琢，胡正良主编．海商法修改建议稿条文、参考立法例、说明．大连：大连海事大学出版社，2003：368. 该书作者建议将《海商法》第 132 条第 2 款修改为：出租人违反前款规定的，承租人有权要求赔偿因此遭受的损失；使承租人不能实现合同目的的，承租人有权解除合同。

④ 袁绍春．定期租船合同法定解除事由评析．中国海商法年刊，2005.

2. 在租期内，船舶出现不适航情况

《海商法》第133条规定，船舶在租期内不符合约定的适航状态或者其他状态，出租人应当采取可能采取的合理措施，使之尽快恢复。船舶不符合约定的适航状态或者其他状态而不能正常营运连续满24小时的，对因此而损失的营运时间，承租人不付租金，但是上述状态是由承租人造成的除外。

该条没有规定承租人在租期内因船舶不适航而取得解除合同的权利，而只是规定了承租人可以停止支付租金。但并不等于说出现这种情况时，承租人永远不能解除合同。根据普通法与特别法之间的关系，当出租人未能在租期内维持船舶的适航状态，影响船舶营运达到承租人不能实现合同目的程度时，承租人可以援引《合同法》第94条中所规定的一般法定解除权而解除期租合同，并要求出租人赔偿因此而造成的损失。

对于《海商法》第133条没有规定特别法中的合同解除权，至少可以说明立法者认为在租期内船舶出现不适航情况时，法律不应当轻易允许承租人解除合同。

从国外立法看，1994年《挪威海商法》第384条规定，若船舶未保持适航或者合同规定的状态，或者未能及时履行合同，使合同的履行严重受挫，则期租承租人有权解除合同。即《挪威海商法》中虽规定了针对未保持适航状态的解除合同权，但以该违约达到使合同受挫（合同目的无法实现）为条件。

英国法中将出租人在租期内维持船舶适航的约定视为合同的中间性条款，违反该约定时，要视违约后果的严重程度来确定承租人是否有解除合同的权利。在Hong Kong Fir Shipping Co v. Kawasaki[①]一案中，船舶租期2年，在交船后的连续20周内，因船舶不适航而持续停付租金，承租人提出解除合同。英国上诉法院认为，对一个租期为2年的期租合同来说，连续20周船舶不适航这一事实，并未严重到足以使承租人取得解除合同的权利。

综上可以认为，各国对于违反租期内维持船舶适航性这一义务的后果，均以停付租金为一般的救济措施，而以解除合同为例外。

（三）因违反船舶航行区域、安全港口约定而解除合同

《海商法》第134条规定，承租人应当保证船舶在约定航区内的安全港口或者地点之间从事约定的海上运输。承租人违反前款规定的，出租人有权解除合同，并有权要求赔偿因此遭受的损失。

本条规定存在的问题颇多，实践中具体适用时非常容易产生争议。根据现有资料，其他国家的立法中均不存在类似的规定。

本条涉及约定航区和安全港口两方面的问题，“鉴于这两方面问题的重要性和复杂性，以及责任方面具有不同的特点”[②]，将二者规定在一个法条进行调整过于简单。

根据该条规定，出租人解除合同的权利，必须同时满足如下条件：第一，承租人发出的航次命令违反了租约中约定的航行区域，或者指定的装卸港口不安全；第二，只有当出租人实际执行了承租人的违约指示后，出租人才有权依据该条解除合同。

首先，对航行区域来说，约定的航区限制，出租人是明了的。当承租人发出的航次命令违

---

① [1962] 2 QB 26, p. 71.

② 司玉琢，胡正良主编．海商法修改建议稿条文、参考立法例、说明．大连：大连海事大学出版社，2003：374.

反航区约定，出租人完全有权、而且有机会拒绝执行，不致使船舶超越约定航区航行。如果出租人明知承租人的航次命令违反约定航区，仍然执行该命令，出租人将无权解除合同。例如某租约中约定，“租期：6个月+6个月，承租人在期满前20天通知出租人是否续租本船……”在合同前6个月的履行过程中，承租人共向出租人发出7个航次命令，且这7个航次命令均超出了合同中双方约定的航行区域。出租人在执行了前6个航次后，拒绝执行第7个航次命令，并以承租人违反《海商法》第134条为由，单方撤船解除合同。出租人提出撤船解约的实际原因是，执行完6个航次后，当时的航运市场租金大幅上扬，出租人意图提前解除合同而赚取更高的租金。从第134条条文看，并未提到“承租人航次命令”的字样，而是规定承租人应保证船舶在约定的“航行区域内运输”，所以，即使存在承租人超出航行区域的命令，只要船舶未超出约定区域运输，就不应当认为承租人违反了该款义务，则出租人无权解除合同。因为在定期租船情况下，船舶在租期内实际上仍旧由出租人占有和控制，虽然承租人可以发出营运指示，但如果出租人（船长）拒绝，承租人的指示仍旧无法实现。就航行区域而言，无论承租人的指示是符合约定还是违反合同约定，如果没有出租人（船长）的配合，承租人的航行区域指示根本无法实现。在上举案中，出租人（船长）对承租人的航行区域指示未进行任何程度的拒绝而予以执行，据此，应认为出租人同意了承租人的航次命令。如果出租人（船长）拒绝执行承租人的违约航次命令，船舶就不可能超越航区航行。因此，出租人很难根据《海商法》第134条的规定，因承租人超越约定航区而取得解除合同的权利，这一点已得到国内学者的普遍认同。①

英国法中，船长或者出租人如果同意驶入除外区域，出租人要求赔偿损失的权利不受影响。实践中，在同意船舶进入除外区域时，出租人或者船长应声明保留索赔的权利。另外，在船舶经出租人允许进入除外区域时，除非合同另有约定，承租人保证港口安全的义务并不免除。②

其次，对于安全港问题，涉及安全港的含义、承租人保证港口安全的时间和该义务的例外。承租人违反安全港义务时，争议主要关系船舶损失赔偿、船期损失和对第三者赔偿责任的问题。与航行区域问题相似，出租人即使没有解除合同权利的救济措施，也并不会使自己陷入法律困境。换言之，如果船长在接到航次指示时，知道港口是不安全的，拒绝执行该航次即可，出现这种情况时，并不影响出租人收取租金的权利。

国际上也未见因违反安全港口保证而解除合同的立法。对于承租人违反该义务的救济，北欧四国和意大利的立法中规定，如果承租人指定的航次将使船舶或者船上人员面临订立合同时无法预见的风险或者严重不利情况，出租人可以拒绝履行。③

通过上述分析可以看出，我国《海商法》第134条所规定的法定解除权缺乏理论依据和实践中的可行性，对于承租人违反航行区域和港口安全保证的，法律明确赋予出租人拒绝执行航次和损害赔偿权利已经足够。④

---

① 交通部政策法规司，交通法律事务中心编．中华人民共和国海商法条文释义．北京：人民交通出版社，1993；傅旭梅主编．中华人民共和国海商法诠释．北京：人民法院出版社，1995：236；赵德铭主编．国际海事法学．北京：北京大学出版社，1999：387.

② The Helen Miller. [1980] 1 Lloyd's Rep. 95.

③ 参见1994年《挪威海商法》第378条；1993年《意大利航海法典》第388条。

④ 关于航行区域和安全港口是否应当分别以条章加以规定的问题，鉴于本章的主题，此处不详细分析。

（四）因承租人未按照约定支付租金而解除合同

《海商法》第140条规定："承租人应当按照合同约定支付租金。承租人未按照合同约定支付租金的，出租人有权解除合同，并有权要求赔偿因此遭受的损失。"

根据本条的规定，只要承租人未按照合同约定的时间、方式、数额支付租金，哪怕仅仅是些许的迟延或者微小的差额，无须承租人同意，出租人就有权解除合同，撤回船舶。[①] 因此，本条是绝对有利于出租人的法律条文。在定期租船合同履行期间，如果航运市场发生运价上扬性波动，本条规定可成为出租人提前解除合同的"最佳工具"。

根据英国最新判例显示，承租人按照合同约定支付租金的义务不构成条件条款，除非租船合同中有明确规定的解约条款，承租人迟延支付一期租金，出租人仅能要求赔偿损失，不能提出解除合同。迪普洛克（Diplock）勋爵认为，"这种迟延支付半月一期的租金，并不会产生实质性剥夺出租人本可以从该租船合同所期望的利益的后果"[②]。当然，如果有证据证明承租人已经不想再支付租金或者无力支付租金，或承租人未按期支付租金已经构成毁约，出租人则可以提出解除合同。[③]

《挪威海商法》明确规定迟延支付租金的救济方式，即出租人应通知承租人，通知发出后，出租人有权暂停履行合同，包括拒绝装货或者签发提单。若通知发出后72小时内仍未收到租金，出租人有权解除合同。意大利、俄罗斯海商法中规定了承租人支付租金的义务，但未规定因迟延支付租金而使得出租人享有法定解除权，只有韩国法同我国《海商法》的规定基本相同。[④]

笔者认为，我国《海商法》第140条的规定缺乏足够的合理性。支付租金的确是定期租船合同中承租人的最基本义务，法律应当以明确的条款强调该义务的充分履行，以保证出租人订立合同的目的能够得以实现；迟延支付租金会对出租人的利益产生一定的影响，但偶然性的、短暂的未及时支付，并不会损害到出租人源于租船合同的根本利益。如果赋予出租人过于充分的法定解除权，将会造成出租人对此权利的滥用，诱发其在航运市场波动时的投机行为，不仅必然损害承租人的利益[⑤]，而且会对整个航运秩序产生不利影响。

尽管常用租船合同格式范本中均规定了出租人因未按时支付租金而拥有解约权[⑥]，但格式范本并非法律，其中的解约权条款最多只能称为约定的合同解除权，而且实际订立租约时，当事人可以对此种解约权进行修改和限制，如增加出租人解约前的通知义务。而成文法中所规定的法定解约权则不同，法定的解约权表现了立法者的价值取向和选择，具有普遍适用性。虽然我国《海商法》有关定期租船合同的规定均为任意性条款[⑦]，但当合同中没有相关约定或者约定不明确时，《海商法》第六章规定就将成为强制性条款适用，所以《海商法》中的法定解除权和格式范本中的解约条款效力是不同的。

---

① 傅旭梅主编．中华人民共和国海商法诠释．北京：人民法院出版社，1995：240.

② The Afovos.［1983］1 Lloyd's Rep. 335，p. 341.

③ Michael Wilford，Terence Coghlin and John D Kimball. Time Charters. 4th edition，1995，p. 243.

④ 参见1994年《挪威海商法》第391条，1990年《韩国商法典》第812E条。

⑤ 租金可能会因承租人工作人员的疏忽、承租人代理银行的行为而发生些许差额或者迟延，因这种微小的疏忽而要求承租人牺牲整个合同的利益，有失公平。

⑥ NYPE93的第11条、BALTIME74的第6条。

⑦《海商法》第127条规定，本章关于出租人和承租人之间权利、义务的规定，仅在船舶租用合同没有约定或者没有不同约定时适用。

合同解除制度的目的是当合同履行成为不必要或者不可能，使得合同当事人一方甚至双方订立合同目的无法实现时，让合同提前消灭；其功能在于对非违约方“合同义务的解放”，对违约方“合同利益的剥夺”[①]，但如果法定解除权可以成为合同当事人投机取巧的手段，则不仅合同解除制度的目的和功能无法实现，合同神圣和合同严守原则也将受到侵害。

综上，承租人按时支付租金的义务应当在《海商法》中予以明确，但对于违反该义务的法律救济则应当合理设置。比较国际立法、常见租船格式范本中的条款和航运实践中的做法，《挪威海商法》的规定值得我们借鉴，该法既强调了支付租金义务的重要性，设置了法定解除权制度，同时对解除合同的条件限定了通知义务，与航运实践中所采纳的“反技巧性条款”相一致[②]，达到出租人、承租人利益的合理平衡。

（五）结论

鉴于合同解除对合同“法锁力”、合同订立的目的、双方当事人的利益以及社会整体利益均具有较大影响，《民法典》合同编以合同神圣和合同严守为原则[③]，在强调合同法律约束力的同时，对合同法定解除的事由作出了严格、明确的限定。而《海商法》中的某些合同法定解除权的规定，虽然考虑到了定期租船合同的特殊性，但显得过于随意，不仅极易诱发航运交易中的机会主义行为，而且与国际海事立法和航运惯例不协调。此外，合同解除权条款含义不够清晰，为条款的具体适用带来了很大困难。所有这些，都是修改《海商法》时需要考虑的问题。

三、关于船速索赔

在租船合同中，一般对于船速会有一个明确的约定，例如 NYPE93 中规定：“该轮可容纳××吨燃料，及在满载、天气良好的情况下耗油量为××吨并能达到××节船速。”如果出租人在合约期内违反该项规定，则承租人可以根据租约的约定进行索赔。如果在租约订立时船舶达不到规定的船速，则是一种误述；交船后由于事故或者船底变得不清洁而使船速下降，或者租期较长随着船龄的增长船速减慢，只要是在合理的范围内，应该是允许的。

1. 良好天气（good weather condition）的衡量标准。良好天气是个事实问题，视个案情况不同而不同。根据英国判例，一般情况下，指的是蒲氏四级（Beaufort Scale 4），但在风平浪静的湖面上，可能蒲氏二级才算良好天气；对于远洋航线的超级油轮来说，蒲氏六级也可能算是良好天气。所以，最好的办法是在租约中明确约定良好天气的风力级数，免得事后发生争议，导致法律后果的不确定性。

2. 船速前冠以“大约”。如船速“大约是 14 节”，英国的司法实践认为，“大约”指的是误差不超过 5％[④]，即船速达到（14－14×5％＝）13.3 节则认定符合约定，上浮一般不会存在船速索赔问题。但该误差率不是固定的，船速越大，该误差率会越低[⑤]，反之亦然。由于船速争议涉及许多技术上的问题，如风速、风向、水流等天气条件都会影响到船速，所以，必须根据各种综合的因素来考虑船速是否达到合约规定，而不能仅仅依靠航海日志记载的航速，就作出最终的判断。

---

① 韩世远．合同法总论．北京：法律出版社，2004：595．

② 杨良宜．期租合约．大连：大连海事大学出版社，1997：213－216．

③ 参见《民法典》第 119 条。

④ 参见 1961 年 Niarchos v. Shell Tankers 一案。

⑤ 参见 1958 年 Cargo ship EL—Yam v. Invotra 一案。

3. 船底积污（bottom fouling）对于船速的影响。由于船舶长期处于水中，位于水位以下部分会滋生微生物、海藻和甲壳类动物，这些积污会对船速造成很大的影响。在正常情况下，这些积污会随着时间的推移不可避免地慢慢增加，承租人不能对此提出索赔，除非租约中规定在整个合约期间内都必须保持规定的船速。而船东是否需要对此积污进行除污处理，则是船舶维修责任的问题，与船速规定没有直接关系。

4. 由于原油质量问题导致的耗油量上升。因为船舶燃油的利润较低，现今船舶使用的燃油都是比较低劣的石油产品，加上燃油本身所含有的大量硫黄、杂质等，质量因此大大降低。这种燃油不仅会导致耗油量增加，严重的还会造成船舶机械故障。由于一些租约对承租人提供的燃油往往只有浓度的限定，而没有质量和成分的限定，所以，即使燃油中含有大量的硫黄、化学废料和水分，均不构成承租人的违约。如果因此而造成船舶损害，出租人也很难向承租人索赔。所以，BIMCO 等船东组织建议其下属成员在租约内增加一条“燃油质量条款”（bunker quality clause），要求承租人保证提供的燃油符合约定的质量，从而保障出租人的利益。如果承租人在租约期间内无法保证自己能够在添加燃油时控制燃油的质量，则对此条款的订入需要小心行事。

5. 船速降低和耗油量节约的相抵。船速下降，但节约了耗油量，出租人可否对承租人提出的船速下降损失提出相抵？一种观点认为，损失方在获得赔偿时应以其所遭受的实际损失为准，应适用相抵。另一种观点认为，船速损失和耗油节省所获得的利益是两个不同的法律问题，彼此不应该相抵。笔者认为，根据民事损害赔偿损益相抵原则，应该可以进行相抵。所谓损益相抵，也称之为损益同销，是指受害人基于损失发生的同一原因而获得利益时，则在其应得的损害赔偿数额中扣除其所获得的利益部分。①

四、承租人的命令和指示

1. 船长虽然由出租人任用，但是有关船舶营运方面应当遵从承租人的命令和指示。此条款默示若船长因依从承租人的命令和指示而使船舶遭受损失，承租人应赔偿出租人相应的损失。因而，该条款也被称为“受雇和赔偿条款”（employment and indemnity clause）。

首先，承租人的命令和指示不能扩展到航行和船舶安全方面，例如对船舶稳性和适航的指示。如果船长依照承租人发出的有关船舶安全和航行方面的命令和指示行事，从而造成船舶损害，是不能向承租人索赔的。因为承租人负责赔偿的是其有权发出的命令和指示，船长没有拒绝，而是听从了承租人无权给出的指令，则由出租人自负其责。

其次，承租人亦不能发出和该租约无关或者不合法的命令和指示。如为了节省燃油费用绕航到燃油比较便宜的港口加油；如要求船长倒签提单、无单放货等。即使在合同中约定出租人必须按照承租人的指示倒签提单，因为该约定本身是违法的，也应认定该约定无效，出租人仍旧可以不按照该约定行事而不被认为是违约。

最后，承租人的命令和指示不能超越租约的范围。如承租人要求装运合同规定的除外货物

---

① 损益相抵规则在罗马法中便存在了，在查士丁尼《法学总论》中，关于“一切善意诉权的诉讼，审判员享有全权根据公平原则决定返还原告之数”的规定就含有损益相抵的内容。美国《统一商法典》（UCC）明确规定，在考虑赔偿数额时，应当“减去因卖方违约而使买方节约的支出”。因而，作为民事损害赔偿的重要原则之一，损益相抵在船速索赔时也应同样予以遵守。我国民事法律虽然对此没有明确的规定，但《民法通则》第 112 条第 1 款的规定，似乎可以解释出损益相抵原则，该款规定，当事一方违反合同的赔偿责任，应当相当于另一方因此所受到的损失。

或者超越约定航区航行，要求出租人履行的最后航次是非法的最后航次，等等，如果船长按照承租人的指示签发了提单，因提单的签发使出租人承担了超过租船合同约定的责任，承租人应向出租人补偿该超过部分的经济损失。

2. 如果船长、船员没有遵从承租人的合法命令和指示，出租人应当对此负赔偿责任。因此，船长、船员应当谨慎且尽快地对承租人的命令和指示作出处置。但是只要船长、船员的行为是谨慎的，即使在时间上没有立即作出处置，承租人也不能对此时间损失要求索赔。在1971年“Anastasia案”中，船舶离开装货港时只装一半货物，船长依照承租人的命令向港口当局虚报了下一个目的港，开航后半途中承租人要求船舶折回再装另一半货物，船长没有立即折回，只复电提醒承租人曾向港口虚报目的港之事，折回可能会产生对承租人不利的后果。承租人坚持要求折回，船长然后将船舶折回到装货港，但是，此时船舶已经多航行了一天。事后承租人要求出租人赔偿多花费一天的相关损失，英国法院判决船东胜诉。因为船长当时没有折回是基于善意谨慎的做法，不存在过错，也不存在违约。

3. 承租人须对船长、船员因服从其命令和指示所造成的后果负责。在NYPE93中，虽然对此没有明确的规定，但是，英国法认为该义务乃属法律的默示义务。Devlin法官在The Ann Stathatos案（1949年）中认为：尽管涉案货物及航区是租约允许的，但只要是船方因遵从承租人的命令和指示装运货物到这些航区而签发有关单证造成的损失，且这些损失与承租人的命令和指示有因果关系，则承租人必须负责，否则，承租人将不负责。例如上述The Ann Stathatos一案，船舶在修理时因工人不小心引发火花，导致沼气爆炸使船舶烧毁，这与承租人租用该船装煤没有直接的因果关系，因而承租人无须负责。即使承租人的命令和指示是违法的，只要船方遵从了该违法的命令和指示，因而造成了损失，由于船方遵从该命令和指示本身便存在过错，所以可以认定承租人的命令、指示和损害后果之间没有必然的因果关系，英国法院认为，承租人也不负责。

4. 在船长监督下承租人负责部分工作的责任承担问题。租约一般约定承租人在船长的监督下负责装货、存储、平仓绑扎和卸货等工作，其费用也相应地由承租人负责。值得注意的是，这里的“船长监督下”并不意味着可以把承租人在上述工作中产生的责任移转至出租人负责。但是如果在监督一词后加上“及负责”的定语，则可以把船长未能尽到监督义务所产生的责任转移到出租人身上。此外，这里承租人负责的装卸工作只是指在装港或者卸港的工作，在途中前往避难港内的重新装卸或者搬移货物以方便船舶的修理则需要船方负责，因为这是船方完成航程所必需的工作。当然，这些费用可能会被计入共同海损的分摊中。按照1974年《约克—安特卫普规则》，仅仅是重整移位的舱面货是不能作为共同海损处理的，因而，船方有必要在合同中订明该类情况的处理，或者向船东保赔协会尝试获取补偿。

五、停租条款

1. 停租是指合同当事方在合同中约定，如果出现约定的事由对船舶的使用造成影响或者妨碍时，承租人可以中止支付租金的规定。在租船合同中，承租人支付租金是其基本义务。而且，租金的支付和船方违约所造成的损失是两个不同的法律问题，在合同没有规定的情况下不能直接抵销。

依据停租条款受益的是承租人而不是出租人，因为如果没有停租条款，即使船舶或者船员出现暂时不能继续履行合约的情况，只要不属于出租人的违约行为，承租人就不能中止支付租金，甚至连事后的索赔也不能。例如船舶发生碰撞，不属于出租方违约，如果没有停租条款，因碰撞造成的时间损失，承租人不能停付租金；又如船长在履约过程中突然死亡，等待新船长到任的时间损失，如果没有停租条款，承租人也不能停付租金。所以，承租人为了保护自己的利益，在签订租船合同时，需要订立停租条款，在列明停租事由的情况下，不管出租方有过失与否，只要引起时间损失就一律可以停止支付租金。

停租条款一般被法院认为是承租人的一种免责条款，在判决的时候往往会作严格解释。因而，在订立合同时，应尽量做到列明范围广泛、具体，用语准确、清晰。NYPE93 第 17 条比 NYPE46 的停租条款广泛具体，并增加了一些新的内容，如：船舶被扣押而延误，船舶或货物遭受海损事故而延误以及船舶在航行中违反承租人的指示或者命令而发生的任何原因的绕航或者返航，等等。但如果绕航或者返航是因货物发生事故或为了救助海上人命或者财产，承租人无权要求停租。

在下列情况下，一般是不能算作停租事项的：船舶纯粹因 ITF（The International Transport Workers Federation）的限制而不能正常装卸货物、悬挂方便旗的船舶在有些国家受到刁难、合理绕航、救助和运送难民、把船舶上的偷渡者运到岸上、遭遇海盗劫持等，当然如果当事双方在合同中对此已有明确约定的，不在此限。

2. 停租时间目前主要采用两种计算方法：一种是即时起算，即从承租人实际遭受时间损失时起开始计算停租时间；另一种是期限起算，即指承租人只能在连续遭受时间损失超过一定的期限（如 24 小时）才能起算。NYPE93 采用的是第一种计算方法。在实践中，有的租船合同订入“返航条款”（put back clause）或“等距离条款”（equidistant clause），NYPE93 采用了后者。意指，船舶无论因任何原因包括绕航或返航的停租，均必须回到开始停租原地，停租时间才告结束，或者一个从停租原地至航次恢复地的距离与到目的地等距离的位置上，开始恢复支付租金。

停租时间指的是“净时间损失”。所谓净时间损失（net time lost），是指承租人不但要证明发生过停租条款订明的事项，而且还要证明这些事项的发生和自己不能有效地使用该船舶之间有因果关系。例如在航行过程中船上吊货装置发生故障，在承租人需要使用之前是不会有时间损失的，因而也就不存在停租事由。①

此外，如果在合同中约定了停租达到多少天（例如 20 天）可解除合同，则只要满足该条件，承租人即可解除合同，而无须考虑出租人是否存在过失，违约行为是否达到合同目的无法实现的程度。因而在订立类似条款时需要特别小心。

3. 停租条款的法律性质。学界主要有两种观点，一是损害赔偿条款，一是风险分摊条款。损害赔偿责任是民事责任中最重要、最常见的责任形式，其实质是法律强制违约方向受害方支付一定数额的金钱，以弥补受害方因违约方的违约行为而遭受的损失。同时，由于损害赔偿金是由违反合同一方向受损的守约方支付，所以损害赔偿也是对违约方的制裁，体现了法律责任的惩罚性质，即损害赔偿责任同时体现了对守约方的补偿和对违约方的制裁。违约损害赔偿的

---

① 净时间损失在英国法下，已经获得广泛的支持，但如果双方在合同内订人“自缺陷开始至回复原状这段时间内停付租金”的附加条款，则法院的解释就会大异其趣，也就是说，法院在该情况下就不会深究到底此期间包含了多少的净时间损失，只要故障开始，承租人就一律可以停付租金。例如一个本来 5 天的航次，因为机械故障，一共行驶了 10 天，根据 NYPE93，则承租方可以停止支付 5 天的租金；而订入了该附加条款，则承租人即可停止支付自机器缺陷开始时（开航时）至抵达时的全部租金，也就是 10 天的租金。参见 1891 年 Hogarth v. Miller 一案。

通常目的，乃是使非违约方处于好像合同已被履行的状态，学者们一般称之为原告的预期利益的保护，同时损害赔偿也可使原告处于未订立合同一样的情形。损害赔偿是基于履约过程中的违约或侵权行为，适用损害赔偿时，原告有义务减少其自身的损失，那些本应可合理避免的损失将得不到赔偿。

定期租船下时间损失可能有多种方式，例如：属于停租时间，但出租人没有违约，如计划中的坞修；属于停租时间，但系出租人违约造成；属于停租时间，但产生于承租人的违约，如提供不合格的燃油；表面上看属于停租范围，但实际上却是承租人合法使用船舶的结果（租期内由于在热带水域内停泊，使船底海生物生长，导致船速下降）。在上述情况中，前两者是由于出租人的原因造成的停租，后两种情况是承租人的原因造成停租时间损失，在这些原因中并不严格区分双方的违约与否，而是按照约定进行损失分摊。因而，把停租条款认定为风险分摊条款更能符合租约双方订立该条款的目的。

根据英国判例法，如果由于承租人过失导致时间损失，即使因承租人过失而产生的事项，属于合同约定的停租事项范围，承租人也不能以此停止支付租金。①

六、关于最后航次

（一）最后航次的含义

定期租船合同项下的最后航次，是指承租人使用船舶完成的最后一个航次。英美法都把最后航次分为合法的最后航次（legitimate last voyage）和非法的最后航次（illegitimate last voyage），但认定标准却各不相同。依据英国法，如果船舶在开始最后航次时，承租人能合理预计到最后航次将在租期内完成，则此最后航次即为合法，而不论实际还船日期是否超过合同约定的还船日；非法的最后航次是指承租人经合理预计，该航次不能在租期内完成，但仍指定的最后航次。美国法则将船舶履行最后航次而使实际还船日超过约定还船日的那段时间称为超期“overlap”，把船舶不履行此最后航次而使实际还船日早于约定还船日的那段时间称为提前期“underlap”，如果经承租人的合理预计，“overlap”将不超过“underlap”，则该最后航次为合法，否则即为非法。下面的概念皆以英国法为准，以便分析。

上述最后航次的概念以“合理预计”为基础。至于何时进行合理预计，是否需要像期租合同下承租人对安全港口的“二次指定”义务来解决此问题，我国《海商法》并未予以明确规定。笔者认为，由于安全港涉及船舶安全及航行安全问题，因而英国法赋予了承租人第二次指定的义务。但是最后航次不同，如果承租人已经指定了最后航次，只要指定时基于合理预计，即使后续情况发生变化，也无须再有二次指定义务。因为承租人作出最后合法航次指示的时候，时间上已经往往临近该最后航次的实际履行时间。因为履行最后合法航次所导致的迟延还船，承租人仅需按照合同租金率支付租金，并依据市场租金率和合同租金率的差额支付（当市场租金率上扬时）即可，无须对此种迟延导致的出租人其他实际损失负责；但是如果属于非法的最后航次，则承租人需要对非法最后航次造成的迟延还船所产生的出租人全部实际损失承担赔偿责任，只要出租人可以举证证明该损失以及损失与迟延还船之间的因果关系，如承租人没有按时还船，出租人面临对后一租船承租人解约的索赔等。

① Michael Wilford. Time Charters. 6 版，LLP，2008：25.128 段落．

（二）我国法律的相关规定

1. 我国《海商法》的规定

《海商法》仅在第143条对最后航次作了模糊的规定："经合理计算，完成最后航次的日期约为合同约定的还船日期，但可能超过合同约定的还船日期的，承租人有权超期用船以完成该航次。超期期间，承租人应当按照合同约定的租金率支付租金；市场的租金率高于合同约定的租金率的，承租人应当按照市场租金率支付租金。"分析其内容，整体上与英国法对合法最后航次的相关表述相似，但仍有区别，从"约"和"可能超过"两个用词上看，《海商法》规定的经合理计算的最后航次是否合法的条件较为宽松。此外，该规定还有不合理之处：首先，"约"和"可能超过"语义重复，"约"本身即表明一种不确定的状态，可能提前也可能超过。其次，对可能超过的程度没有予以限制。从学理上讲，法律规定最后航次的目的在于保护出租人的利益，因为出租人是提前或迟延还船的不利益方，他处于被动的地位。承租人恰与此相反，对于提前或迟延还船及最后航次的指定有相对主动权。基于此，应认为"约"即含有"合理"的限制，以保护出租人的利益。再次，此条没有将"非法最后航次"的概念及法律后果予以规定，虽其概念可依"不是合法的即为非法"进行推定，但法律后果不甚明确。

《海商法》对定期租船合同的规定为任意性规定，故当事双方可在合同中明确最后航次之合法与非法的划分及其法律后果，以避免不必要的争议。

2. 我国《民法典》的规定

如果认定定期租船合同具有财产租赁合同的性质，则可适用《民法典》第三编的通则部分和第十四章"租赁合同"中符合定期租船合同特点的条款，对《海商法》未规定的"非法最后航次"的法律后果予以明确。

依《民法典》第577条的规定，承租人未按合同约定的期限还船，构成"履行合同义务不符合约定"，应当承担违约责任。《民法典》规定的承担违约责任的方式也适用于非法最后航次的承租人。在合同约定租期届满仍未还船的违约事实发生后，为避免迟延还船造成出租人的损失或防止损失扩大，承租人应尽可能地采取补救措施，如尽快速遣驶往还船地点，继续履行还船义务。依《民法典》第583、584条的规定，承租人还应当赔偿出租人的实际损失，主要是由于承租人的迟延还船，致使出租人无法按下一合同的约定，及时交船或履行其他义务而产生的对下一合同当事人的违约赔偿，以及出租人可得利益的损失。可得利益的损失多出现在市场租金率上涨时，若承租人如期还船，出租人便可立即将船舶投入营运，或者另行出租从而获得更多的利润。在迟延期间，依市场租金率可得到的租金与依合同租金率得到的租金之间的差额，即为出租人可得利益的损失。所以，在赔偿可得利益的损失时，承租人实际上是按合同租金率和市场租金率中的较高者支付了租金。①

综上所述，期租合同当事人关于最后航次的权利义务可概括为以下几点：(1) 当承租人发出最后航次的命令，经合理预计为合法时，出租人无权拒绝。但在船舶准备执行命令时，如该命令已变为非法，则出租人有权拒绝遵从。(2) 当承租人发出的命令为非法，出租人可以拒绝执行，并要求其重新发出合法指令。(3) 出租人对于非法命令，可以放弃拒绝执行的权利，但是对于因执行该命令而导致的损失，可以索赔，其数额一般为自租期届满之日至交船时租约租金率和市场租金率之间的差额。(4) 当承租人发出的命令为合法命令，由于某种非当事人之原

---

① 于婷．定期租船合同下最后航次的法律分析．世界海运，2003 (3).

因而造成的交船迟延，如按照租船合同约定承租人可予免责，则承租人不负赔偿责任。[①]

七、条件条款、保证条款和中间性条款

根据英国法，合同的条款分为条件条款、保证条款和中间性条款。我国《海商法》没有区分什么是条件条款，什么是保证条款或中间性条款。但英国法及其司法实践对我国的海事司法实践还是有参考价值的。

1. 条件条款、保证条款和中间性条款

所谓条件条款、保证条款和中间性条款，是指根据合同条款的重要性，把合同条款分为条件条款（condition terms）、保证条款（warranty terms）和介于条件条款和保证条款之间的中间性条款（intermediate terms）。这是英国法下的传统做法。一般认为，条件条款是指那些构成合同基础的实质性允诺和陈述，如果一方违反该允诺或陈述，无论违反的程度多么轻微，另一方都有权解除或终止合同，并要求违约方进行损害赔偿。其表现形式分为三种：一是双方当事人在合同中明示约定该类条款为条件条款；二是成文法规定的某些合同条款为条件条款；三是根据以前的判例法，有些条款一直以来被认为是条件条款，以后的案例予以遵循。保证条款是指合同中的次要性条款，违反此类条款不能直接带来解除或终止合同的效力，而无论违反的程度多么严重，而只能要求损害赔偿。它往往和条件条款放在一起比较而不作单独的定义。但是英国法在长期的实践中，发觉仅仅把合同条款分为条件条款和保证条款远远不能满足判案的需要。因为随着经济活动的日趋复杂化，在实践中往往有一些“灰色区”（grey area），既不属于条件条款也不属于保证条款；于是，在19世纪60年代，英国法院便承认有一类中间性条款的存在。最早承认该类条款的案例是1777年Boone v. Eyre一案，但是在1893年英国《货物买卖法》（Sale of Good Act）把合同条款分为条件条款和保证条款后，大家似乎忘却了还有中间性条款的存在。现在，人所共知的是1961年Hong Kong Fir Shipping Co. Ltd. v. Kawasaki Kaisen Kaisha Ltd. 一案，Diplock法官认为：原告违反了适航条款后，被告能否因此解除租约，并不是由该条款是属于条件条款还是属于保证条款来决定的，而是由违反该条款所产生的实际效果来决定的，即事实的后果决定法律的后果。从Diplock法官的意见中我们可以看出，英国法以前对待该问题采取的是一种比较固化僵硬的方法来进行的，也就是说，严格按照法律对条款规定的性质不同而赋予不同的法律后果。这在现实中容易造成不公平的后果，比如一方极其轻微的违反条件条款，可能导致解除合同并赔偿损害的后果，这对当事人是不公平的，容易被一些不诚信的当事人钻空子。

中间性条款（英国法下也称为无名条款，innominate term）的出现较好地解决了这个问题，即法院不再严格区分合同条款性质本身，而是看一方违反该条款所造成的法律后果是严重的，还是轻微的，从而决定对当事人采取不同的救济方式。但是，英国法院并没有废除条件条款和保证条款的分类，例如在1979年《货物买卖法》中规定的货物应该具有适销性（merchantable quality）就是一种默示条件，如果该货物根本没法销售或者不具有双方约定的用途，则违反了合同的默示条件条款。所以，就目前来说，为了保持英国法律的稳定性，承认三种条款的共存是一个比较现实的办法，毕竟它们之间仍存在着较为明显的区别。

2. 适航条款

在定期租船合同中，适航是指交船时船舶的状态。例如我国《海商法》第132条规定，出

---

① 沈木珠．海商法比较研究．北京：中国政法大学出版社，1998：219.

租人交付船舶时，应做到谨慎处理，使船舶适航，交付的船舶应该适用于约定的用途。对于适航的主体、内容及其特征并不是本专题讨论的重点，这里关注的重点是适航条款属于条件条款、保证条款还是中间性条款。有的学者认为适航条款是保证条款，但同时认为如果船方违反了该条款，则承租方有权解除合同，并要求赔偿因此而导致的损失。这种观点实际上混淆了保证条款与条件条款的界限。

根据英国普通法，船舶所有人应当对船舶负绝对适航责任，这样的表述很容易让人误解为适航条款是条件条款。但是事实上，这里的绝对责任是指必须承担一定的法律责任。从前文提及的 Hong Kong Fir 案，我们已经注意到在英国法下，违反适航条款不一定必然导致合同解除，完全视不适航所造成的后果严重程度而定。此种后果可能仅仅是因不适航造成的货损索赔，也可能是整个租约的取消。因而，该条款一般被认为是中间性条款。适航是一个极其广泛的概念，如果任何微小的不适航都会导致解除租约的后果，明显是不合理的。例如，在开航时救生艇没有足够的淡水，船上吊钩损坏没有修复，都可能导致船舶不适航，从而违反合同，但不能仅仅因为该微小的违约而终止一份价值很大的合同。此外，如果严重违反了船舶适航条款，以至于当事人无法达到租用该船舶的预期目的，则完全可以解除该合同。比如，船舶不适航达到如此严重的程度，以至于一旦开航就有可能沉没。所以，英国法院重点是看已经发生的违约情况，并估计它对进一步履行合同所造成的影响。如果违约方在实质上仍能完成他所承诺的事情，那么，受害方就无权终止合同。如果违反合同实质上剥夺了受害方从合同中预期的大部分或者全部利益，则受害方有权解除合同，并可要求对方给予损害赔偿。

然而，这并不意味着承租人必须接受一艘交船时不适航的船舶。承租人可以要求出租人在合理的时间内消除船舶不适航状况，如果出租人拒绝修理或者不能在合理的时间内消除该种状况，根据英国法，承租人有权终止合同。当然，如果当事人在解约条款中对此有明确的约定，比如承租人只要在船舶不适航的情况下就可以解除合约，则按照当事人的约定处理。此时，适航条款因为当事人的明示约定而取得条件条款的地位，当然，该约定必须达到清晰明白无误的程度，才会得到法院的认可。

由于适航条款在英国往往被认为是一种中间性条款，所以，对于损害的计算必须遵从合同法关于损害赔偿的一般原则。如必须存在违约行为，造成了实际损失，违约行为和损失之间要有因果关系。总之，在期租合同下，适航条款本身并不能当然取得条件条款的地位。那种认为因船舶不适航就可以解除合同，甚至不论有无因果关系而要出租人对一切损失负责的看法是不妥的。

第七章

海上拖航合同

基础知识

一、海上拖航合同的概念

海上拖航合同（towage contract），又称海上拖带合同。我国《海商法》第 155 条将其定义为“承托方用拖轮将被拖物经海路从一地拖至另一地，而由被拖方支付拖航费的合同”。

承拖方（也称拖方）是海上拖航合同的一方当事人，指用其自己拥有的或者租用的船舶，为他人提供海上拖航服务并收取拖航费的人。承拖方有的是专业性海上拖航企业；有的是打捞、救助企业，因当今世界海上打捞、救助业不景气而兼营海上拖航服务。随着海运业的发展，由自身无动力的驳船（barge）运输货物的日益增多，而驳船需靠拖船（tug）拖带；用于海上石油开发的钻井平台等钻井设备，多为自身无动力，对海上拖航服务有较大需求，也促进了海上拖航业的发展。很多航运国家成立了专营或者兼营海上拖航的企业，如我国的中国拖轮公司和中国海洋工程服务有限公司、日本的协同组株式会社（Kyodogumi Co.，Ltd.）、荷兰的斯密特国际远洋拖航救助公司（Smit International Ocean Towage and Salvage Company）等。

被拖方是海上拖航合同的另一方当事人，是被拖物的所有人或者其他利害关系人。被拖物包括驳船或者其他无动力的船舶、钻井平台、浮码头、浮船坞、浮吊等海上漂浮装置以及失去动力的船舶等。

《海商法》第七章关于“海上拖航合同”的规定，不适用于下列三种情况：

第一，拖船在港区内对船舶靠离码头及其他操纵所提供的服务。因为，在港区内，拖船协助大船靠离码头，是由大船指挥，持续时间较短，手续简便，并且这种服务十分频繁。这种服务按其他有关规定处理。

第二，救助方拖带被救助物（船）的救助行为。详见后述。

第三，拖轮所有人拖带其所有的或者经营的驳船载运货物，经海路由一港运至另一港的，视为海上货物运输。详见后述。

二、海上拖航合同的种类

（一）按起拖地和目的地区分

1. 沿海拖航合同

即起拖地和目的地均位于一国境内的海上拖航合同。不少国家的法律规定，沿海拖航只能由其本国的拖船经营。《海商法》第 4 条规定，我国港口之间的海上拖航，由悬挂中华人民共和国国旗的船舶经营。但是，法律、行政法规另有规定的除外。非经国务院交通主管部门批准，外国籍船舶不得经营中华人民共和国港口之间的拖航。

2. 国际海上拖航合同

即起拖地与目的地位于不同国家港口的海上拖航合同。

（二）按拖航费的计收方式区分

1. 日租型海上拖航合同

此即在海上拖航期间，按双方约定的拖船日租金率计收拖航费的海上拖航合同。

2. 承包型海上拖航合同

此即拖航费为双方约定的一笔金额的海上拖航合同。有的承包型海上拖航合同中，同时规定拖船日租金率，作为当被拖方因在起拖地延误起拖和在目的地延误解拖，以及拖航过程中的延误，而向承拖方支付损失赔偿金的计算标准。

三、海上拖航合同的性质

在海商法领域，海上拖航合同是作为独立合同的一种，一般情况下，它不同于海上货物运输合同。主要表现在：第一，海上货物运输合同的标的是运送货物，货物装于作为运输工具的船舶上；在海上拖航情况下，拖航合同的标的物是被拖物，它并不装于拖船或被拖的驳船上，而是与拖船用索具或者其他特定装置连接。第二，在海上货物运输情况下，承运人不但提供运力，而且负责货物的装船、搬移、积载、运输、照料、保管与卸船；海上拖航合同的承拖方一般只负责提供拖力，对被拖物视作一个整体承担过失或者不完全过失责任，甚至不负过失责任。

如果拖船所拖的驳船上又装载着货物，此种拖航属何种性质，应区分两种情况：第一，当拖船所有人、经营人或者承租人拖带其自己拥有、经营或者承租的驳船，并根据与货物所有人订立的合同，在驳船上载运其货物，则拖轮所有人与驳船上所载货物的所有人之间是一种运输合同关系，如果是国际拖航合同，适用《海商法》第四章。对此，我国《海商法》第 164 条规定："拖轮所有人拖带其所有的或者经营的驳船载运货物，经海路由一港运至另一港的，视为海上货物运输。"这种合同称为拖驳运输合同，相当于托运人的货物不是装在承运人所使用的船舶舱内、甲板上或者集装箱内，而是装在承运人所使用的驳船上，驳船视为承运人货舱的延伸。第二，如果拖船与被拖的驳船属不同的人所有或者经营时，拖船所有人或者经营人与驳船所有人或者经营人之间属于拖航合同关系，而驳船所有人或者经营人与驳船所载货物的所有人之间属于运输合同关系，拖船所有人与货主之间是实际承运人与货方的关系。

海上拖航合同与传统的海上雇佣救助合同有着相同之处：第一，海上雇佣救助表现的形式常常也是海上拖航，两者都具有海上服务的性质；第二，两者通常都是按使用拖船的时间计算报酬。两者不同之处在于：海上拖航合同情况下，拖航的对象是不处于危险之中的船舶或者其他物体，而在海上雇佣救助情况下，拖航的对象是处于危险之中的船舶或者其他物体。

海上拖航合同与以海上拖航为救助行为表现形式的海上救助合同亦有着相同和相异之处。两者均以海上拖航为表现形式。两者的本质区别在于：海上救助合同的报酬取得，以被拖物安全拖抵目的地，即处于危险之中的被拖物获救为前提条件；而在海上拖航合同情况下，拖航的报酬按照双方约定的固定费率计算，与被拖物是否安全拖抵目的地无必然关联。

四、海上拖航合同的形式和内容

《海商法》第156条规定，“海上拖航合同应当书面订立”。并且，海上拖航合同通常在事先拟就的合同格式基础上达成。目前，各国的海上拖航公司一般都有自己的合同格式。例如：

(1) 日本航运交易所拖航合同［The Japan Shipping Exchange, Inc“TOWAGE CONTRACT (Lump Sum Basis)”，代号“NIPPONTOW”］。

(2) 日本协同组株式会社拖航合同（承包）［Kyodogumi CO.，Ltd“TOWAGECONTRACT”(Standard Form on Lump Sum Basis)］。

(3) 荷兰斯密特国际远洋拖航救助公司拖航合同（承包）（Smit International Ocean Towage and Salvage Company“CONTRACT” Lump Sum）。

(4) 荷兰斯密特国际远洋拖航救助公司拖航合同（日租）（Smit International Ocean Towage and Salvage Company“CONTRACT” Daily Hire）。

(5) 斯堪的那维亚拖航合同（SCAN TOW LUMP SUM）。

(6) 英国拖航及其他服务标准条件［United Kingdom Standard Condition for Towage and Other Services (Revised) 1974］。

(7) 中国拖轮公司拖航合同（承包）［China Towage Company“TOWAGE CONTRACT” (Lump Sum)］。

(8) 中国拖轮公司拖航合同（日租）［China Towage Company“TOWAGE CONTRACT” (Daily Hire)］。①

此外，中国海洋工程服务有限公司拖航合同（承包）格式（代号为“CHINATOW”），国际救助同盟（International Salvage Union-ISU）、欧洲拖船所有人协会（European Tugowners Association-ETA）和波罗的海国际航运公会三家联合推荐的“国际远洋拖航协议（日租）”格式（代号为“TOWHIRE”）和（承包）格式（代号为“TOWCON”）等都是拖航市场中常被采用的合同格式。

根据《海商法》第156条，海上拖航合同的内容主要包括“承拖方和被拖方的名称和住所、拖轮和被拖物的名称和主要尺度，拖轮马力、起拖地和目的地、起拖日期、拖航费及其支付方式，以及其他有关事项”。其他有关事项通常包括：解约日，预计到达目的地的日期，拖船和被拖物的适航性和适拖性，拖船的替换，随船船员，安全港口，承拖方的留置权，绕航，救助，共同海损，以及港口费用等双方权利、义务、责任与免责的条款，合同的解除，索赔，仲裁，法律适用和经纪人佣金等条款。

① 以上资料参见中国拖轮公司：《国际拖航合同格式选编》，1984年4月1日印刷。

五、海上拖航合同当事人的主要权利和义务

（一）承拖方的主要义务

1. 提供拖船并使之适航、适拖

承拖方应在约定的时间和地点，提供约定的拖船，除非合同中规定承拖方具有替换拖船的权利。《海商法》第157条第1款规定：“承拖方在起拖前和起拖当时，应当谨慎处理，使拖轮处于适航、适拖状态，妥善配备船员，配置拖航索具和配备供应品以及该航次必备的其他装置、设备。”拖轮适航是对拖轮本身而言，适拖是对被拖物而言，相当于《海商法》第四章中规定的船舶适航和货舱适货。这是一条强制性规定，其立法模式参考了《海商法》第47条的规定。

2. 负责拖航作业的指挥

除合同另有约定外，拖航一般由承拖方指挥。承拖方应负责拖船与被拖物之间的接拖与解拖，以及拖带航行的安全。在拖航过程中，如拖船与被拖物相脱离，拖船应守护被拖物，尽力重新接上拖缆，救援被拖物，并且不得请求救助报酬，除非超出拖航合同的服务范围。

3. 合理尽速、不进行不合理绕航

承拖方应尽快完成拖航作业，不应当产生不合理的延误。除为救助或者企图救助海上人命或者财产，以及为了拖航的安全而避台风等合理情况外，承拖方应按约定的、习惯的或者地理上的航线，将被拖物安全地从起拖地拖至目的地。

（二）承拖方的主要权利

1. 拖航费请求权

海上拖航合同是有偿合同，承拖方完成约定拖航服务，有权按合同约定收取拖航费作为报酬。

2. 对被拖物的留置权

《海商法》第161条规定：“被拖方未按照约定支付拖航费和其他合理费用的，承拖方对被拖物有留置权。”当被拖方不按约定支付拖航费、滞期费、承拖方为被拖方垫付的款项，以及其他被拖方应付的费用时，承拖方可对处于其占有之下的被拖物进行留置。

（三）被拖方的主要义务

1. 提供被拖物并使之适拖

《海商法》第157条第2款规定，被拖方在起拖前和起拖当时，应当做好被拖物的拖航准备，谨慎处理，使被拖物处于适拖状态，并向承拖方如实说明被拖物的情况，提供有关检验机构签发的被拖物适合拖航的证书和有关文件。

这条规定表明：第一，被拖方应在约定的时间和地点，提供被拖物，这是被拖方做好拖航准备的重要内容；第二，在起拖前和起拖当时，被拖方应谨慎处理，使被拖物处于适拖状态，符合法定检验机构、被拖物保险人聘请的验船师或者拖船船长要求的适拖条件，包括保证有关的拖航设备处于正常状态，并向承拖方提交由验船师签发的被拖物适拖证书；第三，如相关法规、承拖方、法定检验机构或者验船师有要求，在被拖物上应配备人员或者传缆手时，被拖方应保证配备适职的人员，并配备充分的供应品；第四，被拖方应向承拖方如实说明被拖物的情况。

2. 服从拖船船长的指挥

当合同约定拖带作业由承拖方指挥时，在拖航过程中，被拖物上的人员应接受拖船船长的

指挥，并给予拖船必要的配合。

3. 保证港口安全

被拖方应保证起拖港、目的港和合同规定的中途港的安全。有的合同还明确规定，拖船和被拖物在起拖港、目的港和约定的中途港，在任何潮汐情况下，均能处于安全浮泊状态。

4. 接受被拖物

被拖方在目的地接到承拖方发出的准备交付被拖物的通知后，应及时接受被拖物。否则，应按合同约定的费率向承拖方支付滞期费，或者其他额外赔偿费用，除非被拖方未及时接受被拖物系天气原因或者其他可免责的原因所致。

5. 支付拖航费及其他费用

被拖方应按合同约定的费率或者金额以及支付的时间、地点和方式，支付拖航费。由于被拖方应负责的原因，造成起拖地起拖延误、目的地解拖延误或者航行中的时间损失，被拖方应按约定支付滞期费或者其他额外赔偿费用。被拖物的一切港口费用、引航费、代理费、税款、运河通行费、保险费、第三方责任保险费，以及与被拖物有关的其他费用，包括必要的辅助拖船服务费等，均应由被拖方支付。

六、海上拖航合同的变更与解除

（一）海上拖航合同的变更

除承拖方和被拖方协商一致或者因法律规定的合同变更的情形外，《海商法》第 160 条规定了海上拖航合同变更的一种特殊情况，即“因不可抗力或者其他不能归责于双方的原因致使被拖物不能拖至目的地的，除合同另有约定外，承拖方可以在目的地的邻近地点或者拖轮船长选定的安全的港口或者锚泊地，将被拖物移交给被拖方或者其代理人，视为已经履行合同”。

（二）海上拖航合同的解除

除承拖方和被拖方协商一致解除合同外，海上拖航合同的解除主要有下列两种情形：

1. 因当事人一方违反合同而解除

如果承拖方未能在合同规定的解约日之前，在约定的地点提供约定的拖船，并使拖船处于适航、适拖状态，被拖方有权解除合同；或者，被拖方未能在合同规定的解约日之前，在约定的地点，使被拖物处于适拖状态，承拖方有权解除合同。此种解除属于合同约定解除。承拖方或者被拖方有其他违约行为，致使不能实现合同目的的，根据法律的规定，如我国《合同法》第 94 条第 4 项的规定，另一方可以解除合同。违反合同的一方当事人对另一方因此遭受的损失，除依照法律或者合同的约定可以免责外，应负赔偿责任。

2. 因非双方当事人应负责的原因而解除

根据《海商法》第 158 条和第 159 条的规定，起拖前或者起拖后，因“不可抗力或者其他不能归责于双方的原因致使合同不能履行的”，双方均可解除合同，并互相不负赔偿责任。如果在起拖前，合同因此而被解除，并且被拖方已支付拖航费，则除合同另有约定外，承拖方应当退还该拖航费。

七、海上拖航合同履行过程中的损害赔偿责任

海上拖航合同履行过程中的损害赔偿责任，包含承拖方与被拖方相互之间的损害赔偿责任和承拖方或被拖方对第三方的损害赔偿责任。

（一）承拖方与被拖方之间的损害赔偿责任

承拖方与被拖方相互之间的损害赔偿责任，一般属于违约责任，适用违约责任的一般规定，但也可能存在侵权责任。《海商法》第162条规定："在海上拖航过程中，承拖方或者被拖方遭受的损失，由一方的过失造成的，有过失的一方应当负赔偿责任；由双方过失造成的，各方按照过失程度的比例负赔偿责任。"但是，海上拖航合同归责原则的上述规定是非强制性的，各国法律允许海上拖航合同的当事方自由协商，约定具体的免责事项，而且没有国际公约的约束。因此，在实践中，承拖方的责任要比海上货物运输合同的承运人的责任轻。如日本航运交易所拖航合同（承包）格式规定，对被拖物的损失或者对第三方所遭受的一切损失，即使是由于拖船所有人或者拖船船员、引航员的过失，或者由于拖船设备的缺陷所致，赔偿责任均由被拖方承担。我国《海商法》起草时，考虑公平性与合理性，在承拖方与被拖方的赔偿责任上，实行过错责任原则，并在第162条第2款规定了有限的免责事项，即"经承拖方证明，被拖方的损失是由于下列原因之一造成的，承拖方不负赔偿责任：（一）拖轮船长、船员、引航员或者承拖方的其他受雇人、代理人在驾驶拖轮或者管理拖轮中的过失；（二）拖轮在海上救助或者企图救助人命或者财产时的过失"，但该条第3款同时规定了本条属任意性规定，给承拖双方留有自由协商的空间。由于明确了本条属任意性规定，引发了未明确规定的本章其他条款是否是强制性规定的疑虑。这是修改《海商法》时应当予以明确的问题。

（二）承拖方、被拖方与第三方之间的损害赔偿责任

为了保护第三方的利益，司法实践中，强调拖船与被拖物的不可分性，把拖船与被拖物视为单一船舶或者统一航行体，把承拖方与被拖方视为一方，对第三方承担连带责任。《海商法》第163条规定，在海上拖航过程中，由于承拖方或者被拖方的过失，造成第三人人身伤亡或者财产损失的，承拖方和被拖方对第三人负连带赔偿责任。除合同另有约定外，一方连带支付的赔偿超过其应当承担的比例的，对另一方有追偿权。

专题研讨

一、承拖方的留置权问题

《海商法》第161条规定："被拖方未按照约定支付拖航费和其他合理费用的，承拖方对被拖物有留置权。"有人提出这样的问题：如果承拖方拖带的是船舶，被拖方不按约定支付拖航费、滞期费，承拖方对该船舶进行留置，与《海商法》第25条规定的船舶留置权有何不同？对此，笔者认为，根据物权法定原则，船舶留置权属于担保物权，《海商法》上述两条款都可能涉及船舶担保物权的规定，如何看待它们的效力，对理论和实践都是有意义的。

首先，从权利主体看，《海商法》第25条规定，"船舶留置权，是指造船人、修船人在合同另一方未履行合同时，可以留置所占有的船舶，以保证造船费用或者修船费用得以偿还的权利"。从这一条规定可以明确地看出，《海商法》规定的享有船舶留置权的权利主体，仅限于造船人和修船人，没有承拖方。

其次，从留置的目的看，船舶留置权的目的是造船费用或者修船费用的偿还，而拖航的留置权的目的是拖航费和其他合理费用的支付。从这一条规定可以明确地看出，《海商法》规定船舶留置权的，仅限于造船费用和修船费用的偿还，不包括其他费用。

最后，从留置权的对象看，船舶留置权的对象一定是海商法意义上的船舶，拖航留置权往

往是被拖物，即使是船舶在拖航合同中也是被拖物的地位。

因此，《海商法》第161条规定的承拖方对被拖物的留置权，不是《海商法》第25条规定的船舶留置权，不享有《海商法》规定的优先受偿的地位，拖航留置权属于担保法意义上的普通留置权。船舶留置权与拖航留置权最大的不同在于，前者优先于船舶抵押权受偿，后者排在船舶抵押权之后受偿。《海商法》第188条第3款规定，救助人对获救的船舶或者其他财产未提供满意的担保以前"不得移走"，该款规定是否属船舶留置权？笔者认为，当然也不是船舶留置权。"不得移走"不属于船舶留置权的范畴，应属于对物的占有范畴，或称实际占有。实际占有不是一种权利，只是一种事实。[①] 正因为实际占有只是一种事实，不是一种权利，所以，实际占有同留置权最大的不同在于，前者对其所占有的物没有处分的权利，而后者则对其留置的物有处分的权利。如果救助的标的物是船舶，因救助报酬而产生的债权属船舶优先权所担保的债权，一直跟随该船舶，即使所有权变动，也不影响船舶优先权的效力，不必占有被救船舶。在船舶优先权的除斥期间内，随时可按船舶优先权的程序扣押被救船舶，直至拍卖之。照理而言，有了船舶优先权，完全可以不赋予救助人对获救船舶的占有权，但考虑到救助人如果不立即占有被救船舶，一旦该船舶遭遇新的风险，船舶优先权不能得到保障。所以，救助人对获救船舶的占有，实际上是在船舶优先权的基础上，又多了一层保护罢了。

二、拖航合同的当事方如何对第三方承担连带赔偿责任

根据《海商法》第163条，不论是承拖方还是被拖方的过失，造成第三方人身伤亡或者财产损失的，承拖方和被拖方对该第三方负连带赔偿责任。对于本条连带责任的规定，应从两个方面理解：一是法律为什么作出这样的规定，二是如何进行连带。

拖航合同的当事方对第三方承担连带赔偿责任，属于海上侵权责任的一种，按照侵权责任的一般规定，该第三方有义务举证证明，拖方或被拖方有过失。但是，由于拖航方式、指挥方式的不同，第三方很难举证确定造成其损害是何种过失所致，是何方所为。为了保护受害的第三方，本条规定将拖方与被拖方视为侵权的一方，拖方或被拖方承担了连带责任后，可根据他们之间的合同约定或法律规定进行追偿。拖航实务中，拖航合同往往约定免除拖方对第三方的赔偿责任，即使是由于拖方的过失所致。[②]

承拖方或被拖方如何进行连带，长期以来国际公约和司法实践都极为不统一。关键是责任限额是以拖船、被拖船（如果被拖物是船舶），还是二者相加的吨位计算限额为准，对第三方承担赔偿责任。

实践中，既然将拖船与被拖船视为一方对第三方承担连带责任，那么，基于拖船非常小的责任限制数额，同样在计算赔偿限额时也应该把拖船与被拖船视为一体（flotilla），即将二者吨位叠加计算责任限额。[③]

《1976年海事赔偿责任限制公约》以前，英国法院曾判决，因拖船驾驶船舶或管理船舶的过失，导致被拖船与第三船碰撞，造成第三船的损失，拖船所有人的责任限制以拖船和被拖船

---

① 参见第四章专题研讨"十九、提单功能阶段论说"和"二十一、无单放货的定性问题"。

② 参见 BIMCO TOWCON 2008，Art. 25（b）（ii）；United Kingdom standard conditions for towage and other services（revised 1986），Art. 4；Hawaiian Tug & Barge-TOWAGE AGREEMENT，Art. 11.（1）；中国海事仲裁委员会 拖航合同范本 18（2）（b）。

③ Richard Davison B. A. and Anthony Snelson LL. B.. The Law of Towage. LLP，1990.

的吨位总合计算其责任限额。[①] 其理论根据是：拖船的过失与损害之间存在因果关系，有"因果关系过失"（causative negligence）之称，且是两船的动量作用的结果。《1957 年船舶所有人责任限制公约》第 1 条第 1 款 b 项将英国的上述判例原则吸纳到国际公约中来，即只有驾驶船舶或管理船舶的疏忽过失造成的人身伤亡或财产损失，船舶所有人方有权限制赔偿责任。

后来，英国判例出现复杂的局面。在 The Bramley Moore 案件中，一动力船与拖带中的驳船相撞，拖船与被拖船分属不同的所有人，地区法院和上诉院判定，拖船有权以其自身的船舶吨位计算责任限额，免除驳船的赔偿责任，并且怀疑以往的判例是否正确。在 The Sir Joseph Rawlinson 案中[②]，拖船与被拖船属同一所有人，驳船造成第三人损害，但驳船并无过失，Kerr 法官支持了拖船的主张，以拖船吨位计算责任限额。上述两案均是拖船单方过失造成第三人损害，如果拖船与被拖船均有过失，且同属同一所有人，情况又有不同。在 The Harlow 案中，拖船拖带五艘非自航驳船，碰撞发生在第三船与驳船中的一艘之间，但损害是其中的两艘驳船作用的结果，法院判决以拖船和该两艘驳船的吨位叠加计算拖船所有人的责任限额。类似的判例还可见 The Smjel 案。[③]

《1976 年海事赔偿责任限制公约》问世之后，情况发生了重要的变化。该公约第 2 条第 1 款 a 项规定，"不论责任基础如何（whatever the basis of liability may be）"，只要责任限制的权利主体证明产生的责任"直接与船舶作业（操纵）有关（in direct connection with the operation of the ship）"[④]，权利人即可享受责任限制。这一变化表明：第一，责任限制的权利主体限制赔偿责任已不再仅限于驾驶船舶或管理船舶的过失所致的损害，即使船舶所有人有过失，只要不是故意或明知，均可享受责任限制。第二，损害一定是直接与船舶作业（操纵）有关，不再强调因果关系。拖船在整个拖带作业过程中，造成第三人损害，不论是拖船过失还是被拖船过失或者双方互有过失，也不论船员是在拖船上指挥，还是在被拖船上指挥，拖船所有人的责任限额均应以拖船吨位计算限额。

法律作出这样的规定，是基于下列理由：

（1）责任限制作为特殊的法律制度，任一特定的责任限制事件，其构成要件（主体、客体、内容）都是特定的，拖船的责任限制不因拖带不同的拖带物，其船舶吨位就发生了变化（叠加），从而使责任限额也随之变化。

（2）责任限制的立法目的之一是使责任人的责任风险控制在可预见的范围之内。如果拖船所有人的责任限制随被拖船舶的吨位变化而变化，其责任风险始终处于不确定的状态。

（3）以拖船吨位计算责任限额对无辜的第三方是否产生不公？对此，英国大法官丹宁勋爵早有一句话："责任限制是基于政策层面的权利，不是建立在公正基础上的权利。"[⑤] 恰当地解释了这一疑问。

《海商法》第 163 条规定："在海上拖行过程中，由于承拖方或者被拖方的过失，造成第三人人身伤亡或者财产损失的，承拖方和被拖方对第三人负连带赔偿责任。"如果第三人向承拖方请求赔偿，承拖方可按《海商法》第十一章的规定，在其限额内承担连带责任。如果第三人

---

① The Ran and Graygarth [1922] p. 80；The Vigilant [1921] p. 312；The Ant [1924] 19Ll. L. Rep. 211.

② [1972] 2 Lioyd's. Rep. 437.

③ [1982] 2 Lioyd's. Rep. 74.

④ 《海商法》第207条第1项规定，是与船舶"营运"有关的，"营运"一词是从"operation"翻译而来，李海教授认为，准确的翻译应该是船舶"作业"而不是船舶"营运"，笔者在本书第二版中使用的是"操纵"。

⑤ Lord Denning in The Bramley Moore "limitation is a right based on policy and not on justice", Supra n. 40.

向被拖方请求赔偿，被拖物又是海商法意义上的船舶，被拖方同样有权按《海商法》第十一章的规定，在其限额内承担连带责任。如果被拖物不是海商法意义上的船舶，被拖方无权享受责任限制，应在第三人的索赔数额内负连带责任。

《海商法》第163条规定，“除合同另有约定外，一方连带支付的赔偿超过其应当承担的比例的，对另一方有追偿权”。承拖方与被拖方的相互追偿应依据合同的约定或法律的规定。

至此，我们可以得出如下结论：

对《海商法》第163条连带责任的理解是：基于对无辜第三方的利益保护，无论是拖船还是被拖船，只要是因拖航合同一方或双方的过失造成损害的，均应对第三人的人身伤亡或财产损害负连带赔偿责任。依据合同的约定或法律的规定，一方连带支付的赔偿超过其应当承担的比例的，对另一方有追偿权，当追偿的数额超出另一方的赔偿责任限额时，另一方只承担限额内的赔偿责任（参见第十一章“海事赔偿责任限制”专题研讨“一、关于海事赔偿责任限制优先适用原则”），因此，对于被拖物不是船舶的，其所有人不能享受责任限制，连带责任带来的风险较大，应通过购买责任保险分散此种风险。

第八章

船舶碰撞

基础知识

船舶碰撞是直接威胁海上安全的海损事故之一。自 19 世纪蒸汽机钢质船问世之后，船舶碰撞更加引起了人们的注意。从 20 世纪 50 年代开始，海上原油运输迅速增长，海上风险出现了新特点，如今发生船舶碰撞，其后果远远超过蒸汽机时代，更是帆船时代所无法比拟的。因此，各海运国家及有关国际组织采取了种种措施，以避免船舶碰撞，确保海上安全和保护海洋环境。

由于引起船舶碰撞的原因颇为复杂，对其责任关系的判别及损失的计算皆非易事，单凭民法中的侵权行为法来调整船舶碰撞引起的各种关系甚感不足。所以，在各国海商法中，对船舶碰撞都设有专章予以规定，或者通过法规、部门规章及司法解释予以明确。

一、船舶碰撞构成要件

我国《海商法》第八章是参照《1910 年碰撞公约》起草的。[①] 就船舶碰撞的构成要件而言，与该公约是完全一致的。

《海商法》第 165 条规定：“船舶碰撞，是指船舶在海上或者与海相通的可航水域发生接触造成损害的事故。前款所称船舶，包括与本法第三条所指船舶碰撞的任何其他非用于军事的或者政府公务的船艇。”

根据这一条规定，构成船舶碰撞需具备如下几个要件：

第一，必须要有接触。没有接触，不构成本条规定的船舶碰撞。从这个意义上说，间接碰撞或浪损，不属于船舶碰撞的范畴。为了使之适用船舶碰撞法，必须在本章中另作明确规定，

① 我国起草和通过《海商法》时，尚未参加《1910 年碰撞公约》，1993 年 3 月，第八届全国人大常委会第六次会议正式通过决议，加入该公约。

规定间接碰撞或浪损视为船舶碰撞，准用本章有关船舶碰撞的法律规定。

第二，必须发生在船舶间。这一要件排除了船舶同非船舶，或者非船舶同非船舶间的碰撞，如船舶触碰码头、灯塔、灯船、防波堤或其他固定建筑物。船舶触碰造成损害引起的侵权纠纷案件，适用《民法通则》以及最高人民法院《关于审理船舶碰撞和触碰案件财产损害赔偿的规定》，确定各方当事人的权利义务以及损害赔偿责任范围。

第三，碰撞一方必须是《海商法》第3条规定的船舶，即非用于军事的或者政府公务的海船或者20总吨以下的小型船艇。而对于碰撞的另一方（或多方）船舶并没有吨位和海船的限制，只要不是用于军事的或者政府公务的船艇均适用本章规定。[①] 可见，内河船与内河船间的碰撞排除适用第八章。军事船舶、政府公务船舶在从事海上生产经营活动时与《海商法》第165条第2款所称的船舶发生碰撞的，适用《海商法》的有关规定。

第四，必须要有损害，碰撞的结果要使一方或几方发生损害。碰撞法律之所以必要，最终就是为了解决损害赔偿问题。换言之，倘若任何一方都没有损害，也就不产生诉因。可见，只发生碰撞，而未产生损害，船舶碰撞法律关系仍不能成立。

几乎所有著作都把“发生在海上或与海相通的水域”也作为碰撞要件之一，其实是没有必要的。因为，与海不相通的可航水域（如湖泊）或者虽然与海相通但是不可航（如江河支线浅水区段）的水域，就不可能满足碰撞要件之三——碰撞一方必须是《海商法》第3条规定的海船，因此，这一要件完全可以省去。

《海商法》第170条规定：“船舶因操纵不当或者不遵守航行规章，虽然实际上没有同其他船舶发生碰撞，但是使其他船舶以及船上的人员、货物或者其他财产遭受损失的，适用本章的规定。”这里讲的“使其他船舶以及船上的人员、货物或者其他财产遭受损失”通常是指船舶间接碰撞或浪损。如某轮狭水道航行，未按规定右侧通行，迫使左侧航行的船舶搁浅或者与他船碰撞，造成人身或财产损害；又如，某轮狭水道航行，速度过快，掀起波浪致使码头停泊的船舶断缆或船体与码头撞损。

根据该条规定，构成船舶间接碰撞或浪损的要件有：

第一，船舶间没有实际接触。“无接触”是指过失船与他船无接触，他船间的碰撞对于过失船来说，是间接碰撞。他船的损害，是由于过失船的过失所致，损害的表现形式为间接碰撞或浪损；如果他船间的碰撞又有过失因素，则在一次事故中，既包括间接碰撞，又包括有过失的直接碰撞。如，A船航行过失，致使B船碰撞C船，在B、C船碰撞中，B船又有操纵不当，此案中，B船与C船是有过失的直接碰撞，B、C船对A船而言，属间接碰撞。A、B两船将根据本章规定按过失比例承担本次事故中损害赔偿责任。

第二，过失成为间接碰撞或浪损的前提条件。这是直接碰撞所没有的要件，没有过失船的“操纵不当或者不遵守航行规章”，就不会有间接碰撞或浪损。但是，无过失船的过失，仍可能有直接碰撞，如不可抗力或不能归责于当事双方的原因造成的碰撞。

第三，他船有损害。这一要件与直接碰撞是相同的。

---

① 《1910年碰撞公约》第11条规定，“本公约不适用于军用船舶或专门用于公务的政府船舶”；《俄罗斯联邦商船航运法典》第310条第2款规定，“本章适用范围扩大到（extendto）俄罗斯联邦及俄罗斯联邦国民所有或经营的，在碰撞时仅用政府非商业服务的船舶，但军舰、海军辅助船及边防船除外”。这些立法表明：碰撞规定适用公务船，不适用军舰；《波兰海商法》船舶碰撞一章既适用于公务船，“也适用于海军、边防和军事舰艇”（《波兰海商法》第224条）。

根据《海商法》第165条和第170条的规定，不论是直接碰撞还是间接碰撞，尽管构成要件不同，均受本章船舶碰撞法律的调整。

二、船舶碰撞的种类

船舶碰撞从不同角度划分，可得到不同的分类结果。一般有如下两种分类方法：

（一）从责任方划分

1. 单方过失责任。单方过失造成船舶碰撞，由过失方单独负责。这一原则在国际上是统一的。我国《海商法》第168条规定："船舶发生碰撞，是由于一船的过失造成的，由有过失的船舶负赔偿责任。"①

2. 双方过失责任。双方互有过失造成船舶碰撞，一般的原则是按各自的过失比例分担损失。如果双方过失比例相当或过失比例难以确定，则各承担50%碰撞责任。对于人身伤亡，碰撞当事方应负连带责任。

双方过失按过失比例承担碰撞责任的原则——"过失比例原则"，这是《1910年碰撞公约》所确立的重要原则。② 在此之前，英国和美国均实行"平分过失原则"。"平分过失原则"在很多情况下会显失公平。美国因没有参加《1910年碰撞公约》，在船舶碰撞问题上，许多方面与世界其他海运国家的做法不一致，其中包括美国一直沿袭的平分过失原则，直至1975年才第一次出现按过失比例判定碰撞责任的案例③，改变了坚持一百二十多年的做法。但这只是美国最高法院的判例，至今并没有从法律上把这一原则确认下来。

1994年3月，第八届全国人大常委会第六次会议正式通过并加入《1910年碰撞公约》。在此之前，我国的司法实践一直遵循过失比例原则。我国《海商法》第169条规定，"碰撞的船舶互有过失的，各船按照过失程度的比例负赔偿责任；过失程度相当或者过失程度的比例无法判定的，平均负赔偿责任"。第2款同时还规定，"互有过失的船舶，对碰撞造成的船舶以及船上货物和其他财产的损失，依照前款规定的比例负赔偿责任。碰撞造成第三人财产损失的，各船的赔偿责任均不超过其应当承担的比例"。第3款又规定，"互有过失的船舶，对造成的第三人的人身伤亡，负连带赔偿责任。一船连带支付的赔偿超过本条第1款规定的比例的，有权向其他有过失的船舶追偿"④。

3. 双方无过失责任。双方无过失责任是指碰撞不存在人为的因素，或者即使存在人为因素，但不构成碰撞的原因或者原因无法查明，此种情况下的船舶碰撞所造成的损失，碰撞各方互不负赔偿责任。我国《海商法》第167条规定："船舶发生碰撞，是由于不可抗力或者其他不能归责于任何一方的原因或者无法查明的原因造成的，碰撞各方互相不负赔偿责任。"⑤

---

① 《1910年碰撞公约》第3条，《俄罗斯联邦商船航运法典》第312条，《波兰海商法》第225条，《希腊海商法》第236条第1款，《挪威海商法》第1610条第1款，都有相同的规定。韩立新，王秀芬主编．各国（地区）海商法汇编（中英文对照）．下卷．大连：大连海事大学出版社，2003.

② 《1910年碰撞公约》第4条，《俄罗斯联邦商船航运法典》第313条，《希腊海商法》第236条第2款，《挪威海商法》第161条第2款都有相同的规定。

③ 1975年，美国最高法院在"United StatesV. Reliable Transfer Co.，Inc."案中，作出了按过失比例判定碰撞责任的判决。

④ 《1910年碰撞公约》第4条，《俄罗斯联邦商船航运法典》第313条，《希腊海商法》第236条第2、3款，第237条，《挪威海商法》第161条第2、3、4款，都有相同的规定。

⑤ 《1910年碰撞公约》第2条，《俄罗斯联邦商船航运法典》第311条，《希腊海商法》第235条，《挪威海商法》第162条都有相同的规定。

这一条包含了三种情况：

（1）不可抗力造成的船舶碰撞。根据“天灾由受害人承担原则”（resperitdomino），因不可抗力导致的船舶碰撞，其损失无例外地都由受损方自行负担。例如，台风季节船在锚地避风，并采取了一切抗台措施，但终因风力过大，致使走锚碰撞了邻近的船舶。在此种情况下，该碰撞事故即属不可抗力的原因造成的。对于系泊或锚泊的船舶，如欲归因于不可抗力的风力造成的碰撞，必须满足下列三个条件：1）风力是不可预见的；2）船舶曾妥善地系泊或锚泊；3）照管船舶方面不存在疏忽。

（2）意外事故造成的船舶碰撞。所谓意外事故是指船方已达到了通常的谨慎和技术要求，仍不能避免的事故，英文用“不可避免的事故”（Inevitable Accident）表示。意外事故必须符合如下四个条件：1）非有意的行为；2）已尽合理的谨慎；3）不可避免；4）不可预测。

意外事故的抗辩关键是证据问题。欲援引意外事故抗辩的一方，负有举证责任。如果举证方所提出的证据，不足以证明碰撞是因为意外事故引起的，则不能免除应负的责任。事实上，符合意外事故条件的碰撞并不多见。同时，对于举证人来说，只证明碰撞当时，或者紧迫危险形成之后的短暂时刻，碰撞不可避免是不够的，只有从危险局面形成之前开始，直到碰撞发生或即将发生为止的整个期间，没有疏忽，方可构成意外事故的碰撞。

（3）不明过失碰撞。不明过失（inscrutable fault）是指碰撞的原因无法查清。属于这种情况的碰撞，颇为罕见。假设在白天，视线良好，海面风平浪静，结果两船相撞都沉掉了，船员全部遇难。究竟是一方过失，还是双方过失，无从查清，此时便可认定是不明过失。这种原因引起的碰撞，同不可抗力和意外事故造成的碰撞一样，应各自承担损失。它不同于过失程度难以判定的情况。过失程度难以判定，是在肯定双方互有过失的前提下，碰撞各方的过失究竟各占多大的比例难以确定。

按责任方确定碰撞赔偿责任的规定，同样适用于停泊船舶之间的碰撞，或者碰撞船舶之一是停泊船舶的碰撞。

（二）从碰撞的起因划分

从碰撞的起因划分，船舶碰撞可分为三种：

1. 过失碰撞。包括上述单方过失责任和双方互有过失责任的碰撞，这是船舶碰撞的主要形式。英美法中把过失碰撞称为“疏忽碰撞”。司法解释和实践中很少将过失与疏忽加以区别。我国《海商法》使用的是“过失”，因为在我国的民法中，过失的概念也包含疏忽。

2. 不可抗力或意外事故碰撞。

3. 故意碰撞。因故意行为引起的碰撞极为罕见。如果船员或引航员故意碰撞他船或者其他海上财产，除承担全部赔偿责任外，还可能要承担刑事责任。这种碰撞不是我们讨论的主要对象。

碰撞过失方是承担碰撞损害赔偿的责任主体，按通常理解，责任主体是指船舶所有人。但在光租情况下，有学者主张光船承租人对船舶碰撞有过失的，应与船舶所有人承担连带责任，承担连带责任的一方有权向另一方追偿，法律应对此作出明确规定。

三、船舶碰撞过失

过失碰撞是船舶碰撞事故中最常发生的。船舶碰撞中的过失和对船舶碰撞中过失的确定，是计算船舶碰撞损害赔偿的前提，也是构成船舶碰撞损害赔偿的要件之一。

（一）过失概念

在民法中，过失是指行为人并不存在希望损害发生的意图，但对损害的发生应该或能够预见却没有预见，致使损害发生。可见，民法中对过失的判断是以行为人的预见能力和预见范围为基础的。究竟是以行为人应该预见的范围为准，还是以行为人能够预见的范围为准？这是民法学界两种不同的学术观点。主张以前者判断过失的，为客观标准；主张以后者判断过失的，为主观标准。主观标准真正反映了行为人的心理状态，客观标准则以统一的应当预见的范围为条件，而不是以特定的行为人的预见能力为条件。

在海商法中，通常所说的过失（fault，negligence）是指行为人具有过失心理状态时作出的行为，即过失行为，而不是单指过失的心理状态。从长期的海事审判实践来看，船舶碰撞的过失标准采用的是客观标准，即船员、引航员在驾驶船舶、管理船舶过程中，具有通常技术和谨慎从事的航海人员，应该预见碰撞损害的发生而没有预见，或者应该防止碰撞损害的发生或扩大而没有防止其发生或扩大，在此种情况下所作出的行为或不行为，即构成船舶碰撞中的过失。这一标准，不仅适用于通常情况，而且也适用于特殊情况，即要求航海人员在特殊情况下，要履行适应特殊情况的通常技术和谨慎。[①] 这种做法与《1972 年国际海上避碰规则》第 2 条的规定是一致的。该规则规定，"本规则各条并不免除任何船舶所有人……对海员通常做法或当时特殊情况可能要求的任何戒备上的疏忽而产生的各种后果的责任"，"为避免紧迫危险而需背离本规则各条规定"。未尽上述义务，被认为有过失，对碰撞后果仍要承担一定的责任。

（二）过失种类

在船舶碰撞法中，过失可分为实际过失和推定过失两大类。推定过失又可分为法律推定过失和事实推定过失。

1. 实际过失

通过举证证明一方在驾驶船舶或管理船舶方面犯有某种具体的过失，就是船舶碰撞的实际过失。驾驶船舶的过失是指海员违反良好船艺（goodseamanship）或避碰规则所引起的碰撞。比如，疏忽瞭望、雾中航行速度过快、没有或不正确显示锚泊号灯号型等引发碰撞。管理船舶的过失是指作为一名合格船员，未尽合理谨慎或未能发挥应有的技能，以及船舶所有人未提供良好船舶，并保持船舶处于良好状态，导致碰撞他船。比如，船体或船上设备有缺陷、船员配备不当、汽笛系统损坏或失灵、不适当的吃水差使船舶操纵有困难或有危险、应该使用拖船而没有使用或使用不足、号灯射程不符合要求等，由上述原因引起的碰撞，都可能归因于船舶所有人的管船过失。

2. 法律推定过失

推定（presumption，inference）是一项法律原则，存在于成文法或司法实践之中。它是从已经确立的基本事实推断出假定事实的存在，直至这一推定遭到相反证据的反驳或否认。船舶碰撞法中的法律推定过失原则，其内涵是：如果一船违反法定航行规则（包括国际性的或地方性的规则），除非该船能证明在当时情况下，背离航行规则是必要的，或者违反规则在当时条件下不可能导致船舶碰撞损害的发生，否则，法律便推定违反航行规则的船舶犯有造成碰撞损害的过失。

---

① The Velox（1955），Lloyd's，Rep376.

法律推定过失原则曾在一些国家，特别是英国和美国，得以广泛适用，美国至今也没有从法律上对之加以废除。这一原则存在明显的不合理性，主要表现在以下两个方面：

（1）违背了侵权行为损害赔偿的过失与损害之间必须具有因果关系要件。违反航行规则只是为该方犯有过失碰撞提供了可能性，欲使这种可能性成为事实，就必须有充分确凿的证据加以证实。将违反航行规则与造成碰撞损害的过失法定地联系起来不尽合理，违背了因果关系原则。

（2）给违反规则的一方带来了过重的、不合理的举证责任。尽管法律推定过失本身不是证据，但这种推定影响举证责任。原告只要证明被告违反了航行规则，举证责任便可轻易地转移给被告，而被告要提出证据证明违反规则这一事实在当时情况下不可能导致碰撞损害，或者背离规则是必需的，不是一件容易的事情。总之，适用法律推定过失原则，纵然有保护受害方的一面，会给法官判案带来方便，但由于这样做可能会产生不合理的结果，因而是不可取的，应予废除。《1910年碰撞公约》第6条规定："有关碰撞责任的一切法律推定均应废除。"我国同多数海运国家一样，不承认法律推定过失原则。我国加入《1910年碰撞公约》之后，废除法律推定便从立法上明确下来。

3. 事实推定过失

所谓事实推定，就是从已经证实的基本事实中，推断出假定事实的存在。船舶碰撞法律中的事实推定系指船舶发生碰撞，如果受损一方能够证明其遭受损害的事实以及其他符合一定要求的基本事实，法庭就可以从这种基本事实推断出另一方犯有过失的假定事实。除非另一方能证明损害是不可避免的，或者自身没有过失，或者过失并没有造成损害结果，否则便应负损害赔偿责任。

事实推定是人们借助因果关系的原理、逻辑规则或生活经验推断作出的。客观世界中存在着这样一些事实，它们具有说明其自身发展趋势的特征，在拉丁文中称之为"事物本身说明问题"（resipealoquitur）。比如，一在航船与一锚泊船碰撞，如果锚泊船能证明其锚泊位置适当，并按规定显示号灯号型，有效地指示了它的存在，而在航船对此提不出相反的证据予以反驳，法院便可根据已知的事实，推定在航船犯有过失，除非在航船能证明碰撞系不可抗力或意外事故所致，否则便应单独负责赔偿。

事实推定在处理船舶碰撞案中仍为各国所普遍采用。我国《海商法》虽然没有明确规定，但在司法实践中也是承认这一原则的。《1910年碰撞公约》废除的只是法律推定过失，并没有废除事实推定过失。

（三）过失确定

确定船舶碰撞过失，遵循一般原则和特殊原则。前者适用于通常情况，后者仅适用于特殊场合，而且在不同国家，适用的情况也有所不同。

1. 确定碰撞过失的一般原则

（1）确定驾驶船舶过失的一般原则。一起船舶碰撞案是否存在驾驶船舶的过失，其判定的一般原则是把碰撞的全过程分为几个不同航行阶段，即会遇（headonsituationormeeting）—构成碰撞危险（riskofcollision）—形成紧迫局面（closequarterssituation）—出现紧迫危险（immediate danger）—碰撞（collision），在每一阶段中均以合格船员的良好船艺（goodseamanship）和国际或地方的航行避碰规则为尺度来分析、判定是否构成碰撞过失。所有碰撞过失连接起来，便形成了碰撞的原因链，支持原因链的证据，便形成了碰撞的证据链，法院或仲裁庭依据每条船舶在碰撞原因链中所处的地位，认定其应承担的碰撞责任。可见，驾驶船舶的过失往往是一个连续的过程，这个过程要比其他运输方式长得多。需要强调的是，碰撞过失是指造成碰撞的原因，如果违反避碰规则与碰撞没有因果关系，仍然不承担碰撞责任。如某轮在“分道通航制”（trafficseparationschemes）区域内违反右侧通行规则，经认定此违规行为不是造成碰撞的原因，在这种情况下，违规船舶可能受到航行安全主管部门的行政罚款，但不应承担碰撞责任。

(2) 确定管理船舶过失的一般原则。确定因管船过失造成的碰撞，应包括船员和船舶所有人的管船过失造成的碰撞。衡量船员管船是否存在过失，其标准是：作为一名合格船员在管理船舶中是否已尽合理谨慎和良好技能。船舶所有人管船过失范围较广，其主要依据是国际公约或国内法。比如，有关船员资格、船舶设备、船舶适航性等国际公约或国内法的规定。违反其中的任何一种，都有可能构成管船过失。如果这种过失恰好是导致碰撞的原因，那么，过失方就要承担碰撞责任。

2. 确定碰撞过失的特殊原则

确定碰撞过失的一般原则还不能完全满足司法实践的需要，在特殊场合还需要有特殊原则给予补充。一般原则大多是成文法，在世界范围内适用较为普遍，而特殊原则多半是海运国家在长期司法实践中形成的习惯，为人们所遵循。此种原则因国而异，适用范围有一定的局限性。如在英美国家一度流行的“最后机会原则”（last opportunity rule）和“宾夕法尼亚规则”（Pennsylvania rule）①，除此之外，在特殊作业中确定船舶碰撞过失的原则也有所不同。

特殊作业中的过失确定是指沉船所有人在安装沉船标志或打捞中的过失，以及拖带、引航和救助作业中的过失造成船舶碰撞时，责任如何确定的问题。

(1) 沉船船舶所有人的过失。沉船所有人得知船舶沉没后，应在合理时间内给沉船作出妥善的标志，这是沉船所有人的一项义务。如果船舶所有人没有履行这一义务，其他船舶与沉船发生碰撞，认为沉船所有人有过失，应承担碰撞责任。什么是合理时间？这是事实问题，应视案件的具体情况而定。②

船舶所有人的责任是基于他占有并控制沉船，一旦沉船被转让他人或委付给保险人，船舶所有人的责任即行终止。需要特别注意的是，并非沉船船舶所有人履行了加标义务，他的一切义务就此终止了，他应一直保持这种标志清晰醒目，直到沉船被打捞或委付为止。

多数情况下，沉船所有人不是直接对沉船加标，而是在合理时间内报告港口当局，由港口主管当局发布航海通告或航海警告，提醒航行船舶注意，或者由港口主管当局负责加标。如果沉船所有人已及时报告了港口主管当局，由于主管当局的疏忽，未能及时加标或发布航海通告，是否解除沉船所有人的责任？对此，英美国家的做法不尽一致。英国曾判决在上述情况下，解除沉船所有人的责任③，而在相同的情况下，美国曾判决不解除沉船所有人的责任。④我国法律对此未作出明确的规定，根据行政法的有关规定，要判断给沉船加标是否属于行政机关或行政工作人员作出的“行政行为”，如果属于“行政行为”，则适用《行政诉讼法》第12条的规定，行政机关应负责赔偿；如果不属于，就不能适用，应根据民事委托的有关规定处

---

① 司玉琢，吴兆麟. 船舶碰撞法. 大连：大连海事大学出版社，1995：31-44.
② OByle. LimProcs (1947) MAC1127，AnnaMFahy (1907) 153Fed. 866.
③ Douglas (1882).
④ Pitney (1951).

理。笔者赞同后一种观点。

沉船所有人对沉船打捞的义务同对沉船加标的义务，原则上是相同的。

（2）拖航作业中的过失，参见本书第七章"海上拖航合同"①。

（3）引航作业中的过失。引航员的引领过失造成船舶碰撞，同船长的过失造成的碰撞一样，其船舶所有人应对损害负责。这一原则被多数国家所接受，即使是强制引航的情况也是如此。② 这是由引航员的法律地位所决定的。少数国家引航当局对引航员的过失引起的损害，象征性地给予赔偿。如《俄罗斯联邦商船航运法典》第 103 条规定："雇用引航员的组织对引航员的过失不当引航导致船舶发生的损失负责。"但该法典第 104 条同时规定，其赔偿责任的"限额为应支付的引航费的 10 倍"③。《波兰海商法》规定，因引航员过失造成的损害，引航当局赔偿额以该引航费的 20 倍为限。只有比利时和巴拿马运河当局例外，如因引航员的过失造成损害，由该当局承担全部责任。④ 有的国家海商法规定，引航员本人要负经济赔偿责任，但同时又规定责任限制，如赔偿额不超过应收取的引航费。实际上，这种规定没有实际意义，因为引航员轻微的疏忽可能造成相当严重的碰撞损失。

（4）救助作业中的过失。救助方在救助作业中的过失造成船舶碰撞，救助方要承担经济责任，这种事例并不多见。多半是船舶碰撞后，因救助方的过失造成被救助船损失的扩大，或增加救助作业的难度，不管是哪种情况，如果救助方在救助作业中有过失，其结果都是一样的：救助报酬减少或免除，甚至给被救船以赔偿。

四、船舶碰撞损害赔偿

（一）船舶碰撞损害赔偿的要件

船舶碰撞损害赔偿的要件，与民法中民事侵权责任损害赔偿的要件是一致的，即：过失；碰撞事实；损害的事实；过失与损害的因果关系。

一起碰撞案发生之后，受害方首先要证明对方有过失。如果原告方只能证明自己有损害，却不能证明被告有过失；或者虽然能证明被告有过失，但却没有发生碰撞，或者没有损害；或者过失并不是造成损害的真正原因，此时，船舶碰撞损害赔偿仍不能成立。只有上述四个要件同时得到满足，才发生船舶碰撞损害赔偿问题。

（二）船舶碰撞损害赔偿的原则

1. 恢复原状原则

恢复原状（restitutioin integrum）是碰撞损害赔偿的基本原则之一，在英美法中也叫"完全赔偿权"（the right to a full and complete indemnity）。在船舶碰撞案件中，这是受害方追偿损害的尺度与标准。我国《民法典》第 179 条是对承担民事责任方式的规定，其中也包括"恢复原状"。《1985 年碰撞损害公约》第 3 条规定，"碰撞损害赔偿应使索赔方尽量接近索赔事故发

---

① 司玉琢，吴兆麟．船舶碰撞法．大连：大连海事大学出版社，1995：46－49.

② 参见《中华人民共和国交通部海港引航工作规定》（1976 年 11 月 12 日）第 8 条。

③ 韩立新，王秀芬主编．各国（地区）海商法汇编（中英文对照）．下卷．大连：大连海事大学出版社，2003：1382.

④ 1977 年我广远所属"大德"轮通过巴拿马运河时，与一外轮相撞，两船都有巴拿马引航员在船，因引航员过失，巴拿马引航当局承担了 95％的碰撞责任。

生之前的状况”。这一原则长期以来为各国处理船舶碰撞案时所遵循[①]，体现了法律的公正性。因此，对受害方的利益起到了保护作用。应该指出的是，这一原则不只是民法意义上的物质形态的恢复原状，多数场合体现为对受害方的金钱补偿。

对于碰撞造成的人身伤亡，不适用于恢复原状原则。

2. 直接损失赔偿原则

《1985 年碰撞损害公约》第 5 条规定，“除本公约另有规定外，碰撞直接造成的损害方可追偿”（Unless otherwise provided in this convention only damages proximately caused by the collision shall be recoverable）。上述条文明确了能得到赔偿的损害必须是碰撞的直接后果，这是碰撞损害赔偿普遍遵守的又一原则。判断某一损失是否属于碰撞直接损失，不能狭义地理解，应把握如下几点：

（1）损失必须是碰撞的直接后果，如碰撞直接造成的船货损失或人身伤亡等，包括间接碰撞或浪损船货损失或人身伤亡等。

（2）损失必须是相继碰撞事故之后立即发生的后果（Immediate Consequence of the Collision）。诸如因碰撞后需要救助、拖航或打捞而产生的费用损失，修理期间的营运损失，均可作为直接损失向责任方追偿，但受损方不能追偿因营利损失而失去的投资、投标、贷款等机会的损失。

（3）损失必须是伴随碰撞事故的发生可合理预见的后果。换言之，损失虽不是碰撞事故的直接后果，也不是相继碰撞之后立即发生的后果，但是可合理预见的损失，此种损失也可视为直接损失，予以赔偿。比如，因船舶碰撞而使航次租船合同解除，对于本应赚得而没有赚得的运费等营运损失，以及渔船丧失捕捞季节的生产损失，受损方有权向责任方进行索赔。

3. 受损方尽力减少损失原则

在船舶碰撞中，加害方赔偿受害方的损害，这是加害方的责任；而受害方尽一切可能减少加害方对其造成的损害，这是受害方对应的责任。长期以来，海事司法实践都把“受害方减少损害的相应责任”（correlative duty of injured party to minimize damages）作为碰撞损害赔偿的原则之一。我国《民法典》第 1173 条规定：“被侵权人对于同一损害的发生或者扩大有过错的，可以减轻侵权人的责任。”《海商法》未作明确规定，《民法典》的这一规定显然是适用的。比如，船舶发生碰撞后沉没，如经证明，沉没是由于碰撞受损后，船员未尽应有的努力采取合理措施避免船舶沉没，那么船舶沉没导致的全损，不能作为碰撞的直接损失向过失方追偿。这属于受害方未尽减少损害之责的不合理的扩大损失。再比如，碰撞后有两地可以进行修理，船舶所有人从中选择了修理费较昂贵的地点，这也是受损方未尽减少损害之责。特别需要提及的是，发生船舶碰撞后，时有故意扩大损失的现象，尤其是单方过失或估计一方过失较大的碰撞，受损方更容易有意使损失扩大，借此向责任方索赔，诸如制造假现场、制作假单证等。出现这种情况，责任方都会理所当然地拒绝赔偿。

受损方尽力减少损失之责的标准是：作为一个谨慎的船舶所有人，当船舶发生碰撞后，是否会采取同样的措施。换句话说，就是“索赔方尽合理谨慎能避免或减少的损害不得追偿”（《1985 年碰撞损害公约》第 4 条）。

---

① 最早明确提出这一概念的是卢森顿（Lushington）博士，他在克拉伦斯（Clarence，1850）案中提出：“碰撞中遭受损害的当事方有权尽实际可能将自己置于如同没有遭受损害时的同样状况。”

在实施受损方尽力减少损失原则时，应注意如下几点：

（1）受损方为减少损害而合理支付的费用和由此导致的新的损害都可以得到赔偿，但以“合理”为限。

（2）受损方采取合理措施，成功地减少了加害方的过失所造成的损害，加害方有权从中获益，即他可不对已经减少了的损失负赔偿责任。

（3）受损方因经济实力不足，而不能减少损失，对这部分不能减少的损失，受损方不能获得赔偿。因为，受损方的资金不足不是加害方的过失造成的。作为一个企业，应该有足够的经济实力抵御一般风险。

（三）船舶碰撞损害赔偿的计算

船舶碰撞的损害赔偿，包括船舶的损害和船上所载货物的损害，以及船上旅客、船员的人身伤亡及其财产的损失。

应该指出，船舶对货物的损害赔偿，一般不包括对本船所载运的货物的赔偿。因为按照通常所采用的海上货物运输合同的规定，由于船长、船员、引航员在驾驶和管理船舶中的疏忽或过失造成本船所载货物的损失，承运人不负赔偿责任。对于对方船舶所载运的货物损失，应按过失比例负赔偿责任。当然这里所说船舶对货物的损害赔偿，在我国现行海商法制度下，仅适用于从事国际海上货物运输的船舶对碰撞货损的责任，不适用于国内沿海货物运输船舶碰撞对本船的货损责任。

《1985年碰撞损害公约》除规定了碰撞损害赔偿原则外，还提出了不同损害情况下的计算办法。[①] 一起船舶碰撞案，假设已确定了碰撞双方的过失责任比例，根据上述损害赔偿原则和有关规定确定了损害数额，当事双方实际赔偿就比较简单了。

必须说明的是，上述人身伤亡赔付方的追偿权利，有可能受到国内法有关规定的制约。譬如，在海上旅客运输中，有的国家承认承运人对旅客人身伤亡的免责权利，如果该所属船舶发生旅客人身伤亡，受害人不能向本船承运人提出索赔。根据碰撞公约规定，对人身伤亡，过失方负连带责任，可向对方请求100%的损害赔偿，对方船赔付后，因无法追偿，只好负全部责任。再如，有的国家法律规定，本国船船员的人身伤亡，如果是船上人员过失行为的结果，船舶所有人亦可免除责任。在这种情况下，另一过失方有可能按连带责任原则承担全部责任。

在美国，因共同侵权发生两船碰撞，致使货物遭受损害，法律规定责任方对此损害也要负连带责任。例如，甲船货主损失200 000美元，他从乙船船方取得200 000美元的赔偿，但按美国法律，乙船只负50%的过失责任，所以乙船船舶所有人可将200 000美元的50%即100 000美元，加在乙船船舶损失上向甲船追偿。这样，甲船等于间接地赔付了甲船货主损失的50%。同样，乙船货主也可用同样的方法，从甲船船方取得100%的货损赔偿，乙船最终间接地赔偿了乙船货主损失的50%。

美国对于碰撞损失赔偿的这种处理办法，既不符合《1910年碰撞公约》的规定，也不符合承运人与货主签订的运输合同上有关航海过失免责条款的规定。所以，为了解决这个问题，自1951年以来，凡是去美国的载货船舶都在其租船合同或提单上订入“双方互有责任碰撞条款”（both-to-blame collision clause）。订入该条款的目的在于，使载货船舶的承运人有权向本

① 限于篇幅，这里不作介绍。详见司玉琢，吴兆麟．船舶碰撞法．大连：大连海事大学出版社，1995：第四章：114-179。

船货主追回其本应免责、但却间接地赔付了50%的货物损害。美国法院承认租船合同中的互有责任碰撞条款的效力，但是否承认提单中的这种条款的有效性，法院对该条款的不同态度，唯一合理的解释是，租船合同是双方合意的结果，而提单是单方面制定的。

应该指出，美国最高法院于1975年在"United States v. Reliable Transfer Co."案中改变了平分过失责任原则。1979年美国路易斯安那州东区法院在审理"Alamo Chemical Transportation Co. v. Valdes"案时，判决只允许货主向非承运船按其过失比例索赔货物损失，从而再次否定了互有责任的碰撞双方对由于碰撞而造成的船上货物损失负连带责任的做法。上述两个判例，似乎已使美国与其他大多数海运国家在碰撞损害赔偿方面的做法趋向一致，但它们能否为美国法院普遍接受，仍然是个问题。所以，去美国的船舶，在其合同上仍载有"双方互有责任碰撞条款"。

五、船舶碰撞的国际公约

长期来，在国际海事立法中，侵权立法落后于合同立法。船舶碰撞损害赔偿应遵循什么样的原则以及碰撞损害赔偿的计算问题，一直没有得到统一。国际海事委员会（CMI）于1957年着手准备碰撞损害赔偿的国际公约，1985年草拟出《确定海上碰撞损害的国际公约草案》(Preliminary Draft International Convention on the Assessment of Damages in Maritime Collisions)（简称《1985年碰撞损害公约》)。该公约于1987年讨论修改一次，称《1987年里斯本规则》，但至今未获得通过。

专题研讨

一、船舶碰撞的概念

理解我国《海商法》中船舶碰撞的概念，解决在司法实践中常常引起的争议，这是船舶碰撞法律中首先应该解决的问题。

（一）国际公约及有关国家的法律规定

1. 相关国际公约的规定

(1)《1910年碰撞公约》第1条规定，海船与海船或海船与内河船舶发生碰撞，致使有关船舶或船上人身、财产遭受损害时，不论碰撞发生在任何水域，对这种损害的赔偿都应按下列规定处理。

《1910年碰撞公约》第13条同时规定，"本公约扩大适用于一船由于进行或不进行某种操纵，或由于不遵守规则，而给他船或任一船上的货物或人员造成的损害的赔偿，即使碰撞实际上未曾发生"。

(2)《1952年船舶碰撞中民事管辖权若干规定的国际公约》第4条规定，"本公约适用于一船因进行某项操作，或因不遵守航行规则而造成的对另一船或该船所载货物或人身的损害引起的诉讼。即使未曾发生实际碰撞，亦得适用"。

(3) 国际海事委员会（CMI)《1987年船舶碰撞损害赔偿公约草案》（简称《1987年里斯本规则》）第1条给出了两个定义：

其一，"船舶碰撞是指船舶间发生的造成灭失或损害的任何事故，即使没有发生实际接触"("Collision" means any accident occurring between vessels which causes loss or damage even if no actual contact has taken place)；

其二，“船舶碰撞是指一船或几船的过失造成两船或多船间的相互作用所引起的灭失或损害，而不论船舶间是否发生接触”（Collision means any interaction between worm or vessels caused by the fault of one or more of them resulting in loss or damage whether or not contact between the vessels has occurred)。

2. 各国立法的规定

(1)《瑞典海商法》第 8 章第 3 条规定，“由于船舶航行或其他类似的行为，虽然实际上没有同其他船舶发生碰撞，但是使其他船舶以及船上人员或货物遭受损失的，适用本法关于船舶碰撞的规定”。

(2)《希腊海事私法典》第 12 章“船舶碰撞”是根据《1910 年碰撞公约》制定的，该法典第 241 条规定，“由于船舶操纵或不操纵，或不遵守规则而造成另一船舶、船上人员及财产的灭失或损害，即使未发生实际碰撞，也应以前条规定对对方的灭失、损害负赔偿责任”。

(3)《德国商法典》第 738c 条规定，“由于船舶操纵上的过失或违反规则，虽然没有发生碰撞而引起的他船或人员或船上财产的损害，适用本节规定”。

(4)《荷兰海商法》第 534 条规定，“如果海船发生碰撞，造成船舶和船上财产灭失或损害或人员伤亡，受本章规定管辖，‘碰撞’一词是指船舶间的撞击或接触”。该法第 544 条同时规定，“如果船舶虽未发生碰撞，但由于其航行操纵或不遵守法定规则而引起另一船舶或其上人员或货物发生损害，本章的规定同样适用”。荷兰是《1910 年碰撞公约》的成员国，但其国内法有关船舶碰撞的概念已超出公约的范围，表现在该法修订时的补充条款第 544c 条，“1. 本章规定（指船舶碰撞一章——笔者注）同样适用于船舶与其他可移动或不可移动物体间的撞击或接触。2. 船舶与另一位于适当地点并在必要时显示适当号灯的固定或系妥的物体发生碰撞，该船应对灭失或损害负责，除非证明该碰撞并非由于该船的过失所致”。

(5)《韩国商法典》第 843 条规定，“本章规定适用于海船之间或海船与内河航行的船舶之间，在任何水域发生船舶碰撞时，对于船舶、船上物品或人员损害的赔偿”。

从上述国际公约及一些国家国内法的规定可以看出，船舶碰撞的概念，从内容上划分，可分为两种：一是将碰撞的内涵与外延分别作出规定（《1910 年碰撞公约》《荷兰海商法》），或者只规定船舶碰撞的外延（《瑞典海商法》《希腊海事私法典》）；一是将碰撞的内涵与外延合并作出规定（《1987 年里斯本规则》）。船舶碰撞的概念从表述上划分，可分为“定义”形式和“适用”形式两种：《1987 年里斯本规则》属于“定义”形式的规定，《1910 年碰撞公约》及上述各国的海商法均属“适用”形式的规定。

（二）我国《海商法》及司法解释

1. 我国《海商法》第 165 条规定，船舶碰撞，是指船舶在海上或者与海相通的可航水域发生接触造成损害的事故。《海商法》第 170 条规定，船舶因操纵不当或者不遵守航行规章，虽然实际上没有同其他船舶发生碰撞，但是使其他船舶以及船上的人员、货物或者其他财产遭受损失的，适用本章规定。

2. 最高人民法院《关于审理船舶碰撞和触碰案件财产损害赔偿的规定》（法发［1995］17 号，2020 年修正）第 16 条规定，“‘船舶碰撞’是指在海上或者与海相通的可航水域，两艘或者两艘以上的船舶之间发生接触或者没有直接接触，造成财产损害的事故”。

3. 最高人民法院《关于海事法院受理案件范围的若干规定》第 1 条规定：“船舶碰撞损害

赔偿案件，包括浪损等间接碰撞的损害赔偿纠纷案件。”

（三）我国海商法的规定与国际公约规定的比较

我国《海商法》第八章是参照《1910 年碰撞公约》起草的。[①] 就船舶碰撞的构成要件而言，两者是完全一致的，但是在船舶碰撞的表述方式上，《海商法》与公约表述有所不同。主要表现在：《1910 年碰撞公约》采用确定公约适用范围的表述方式，符合第 1 条要件的按公约规定“处理”，符合第 13 条要件的“扩大”（extendsto）适用本公约。我国《海商法》第 165 条是以定义的形式规定船舶碰撞的内涵，第 170 条作为船舶碰撞的例外，扩大适用第八章的规定。从《海商法》的起草背景考察，该条虽未写进“扩大”二字，但其立法本意仍是《1910 年碰撞公约》的提法，是“扩大适用”。1995 年最高人民法院司法解释的规定表达得更清楚一些。

《1910 年碰撞公约》和我国《海商法》有关间接碰撞尽管表述有所不同，但其实质是相同的，即没有接触的船舶碰撞，也适用《1910 年碰撞公约》和我国《海商法》。

（四）如何理解船舶碰撞的概念

从国际公约和各国海商法的规定可以看出：传统的船舶碰撞应该有狭义和广义之分。狭义的船舶碰撞是指有接触的碰撞，即我国《海商法》第 165 条和《1910 年碰撞公约》第 1 条的规定；广义的船舶碰撞除有接触的船舶碰撞外，还包括没有接触的间接碰撞，即我国《海商法》第 170 条和《1910 年碰撞公约》第 13 条的规定。

1. 狭义的船舶碰撞——有接触的船舶碰撞的要件是：

（1）碰撞发生在船舶间；

（2）船舶要有接触；

（3）有损害；

（4）发生在任何水域（《1910 年碰撞公约》第 1 条），发生在海上或与海相通的可航水域（我国《海商法》第 165 条）。

这里没有过失要件，这是因为无过失仍然可能发生有接触的船舶碰撞，根据过失原则，此种情况并不产生碰撞损害赔偿责任（《海商法》第 167 条）。

2. 广义的船舶碰撞——除狭义的船舶碰撞外，还包括没有接触的船舶碰撞，其构成要件是：

（1）一方要有航行过失；

（2）两船或两船以上无接触；

（3）另一方或多方要有损害；

（4）发生在任何水域（《1910 年碰撞公约》第 1 条、第 13 条），发生在海上或与海相通的可航水域（我国《海商法》第 165 条、第 170 条）。

没有接触的碰撞多了“过失”要件，这是因为如果没有过失，又没有接触，就无从适用船舶碰撞的法律。

船舶碰撞的概念是否还可以再延伸，适用除油污以外的一切海上侵权事故，而不限于航行过失造成的直接或间接碰撞和浪损，国际上已经出现这样的立法尝试。如上述 CMI 修订的《1987 年里斯本规则》，从该规则给出的两个定义可以看出：第一，不把“接触”作为船舶碰

---

① 我国起草和通过《海商法》时，尚未参加《1910 年碰撞公约》。

撞的必要条件；第二，船舶碰撞适用于船舶间相互作用的任何事故。[①] 最高人民法院的上述司法解释就是参考了《1987 年里斯本规则》，对《海商法》第 165 条和第 170 条作了统一的解释，即把狭义的船舶碰撞和广义的船舶碰撞统一了。它并没有改变船舶碰撞的实质，但改变了船舶碰撞的表述方式，忽略了有接触的碰撞不要求必有过失，无接触的碰撞必有过失要件的两种不同的碰撞形式。

根据以上讨论，我们可以得出以下结论：依据我国现行法律，船舶碰撞的狭义概念的依据是《1910 年碰撞公约》第 1 条和我国《海商法》第 165 条；广义概念的依据是《1910 年碰撞公约》第 1 条和第 13 条，我国《海商法》第 165 条和第 170 条。

二、碰撞造成"第三人财产"损失的概念

我国《海商法》第 169 条第 1、2 款规定："船舶发生碰撞，碰撞的船舶互有过失的，各船按照过失程度的比例负赔偿责任；过失程度相当或者过失程度的比例无法判定的，平均负赔偿责任。互有过失的船舶，对碰撞造成的船舶以及船上货物和其他财产的损失，依照前款规定的比例负赔偿责任。碰撞造成第三人财产损失的，各船的赔偿责任均不超过其应当承担的比例。"如何理解上述条款中的"第三人财产"？

1. 从法条的字面解释和立法本意考察，第三人的财产并不仅限于当事船（碰撞双方或多方船舶均为当事船舶）上的财产，还包括当事船舶以外的任何第三人的财产。

《海商法》生效不久[②]，交通部政策法规司、交通部法律事务中心在解释"第三人财产"时认为，互有责任碰撞造成的全部财产损失，不论是当事船舶的损失、当事船舶船上财产的损失，还是任何其他第三人的财产损失，各当事船舶都应该依照前款规定确定的过失程度比例负赔偿责任，而不负连带赔偿责任。[③]

《中华人民共和国海商法诠释》一书中对"第三人财产"也有类似的解释，"无论是碰撞造成的双方或者第三人的财产损失，各船的赔偿责任均不应超过其应当承担的比例，也即财产损害赔偿不适用连带责任"[④]。最高人民法院在总结我国各海事司法审判实践后，提出"《中华人民共和国海商法》第一百六十九条第二款规定的第三人财产损失，是指除互有过失船舶上所载货物或船员、旅客或船上其他人员的物品外，由于船舶碰撞事故所直接造成的其他财产损失"[⑤]。

2. 碰撞造成第三人财产损害，如果当事船舶同第三人产生新的法律关系，并有专门法律调整此种关系的，本条的适用将不影响该专门法律的适用。如悬挂外国旗船舶因碰撞漏油造成我国沿海油污，油污的受害方同漏油船舶形成了油污民事责任的法律关系，调整此种法律关系的是我国参加的《1992 年国际油污损害民事责任公约》（简称《1992 年责任公约》），索赔方将依据该公约第 4 条第 1 款向漏油船舶索赔 100%的损害，该船舶再依据碰撞的责任比例，向碰撞对方船舶追偿。如果碰撞双方均有漏油，且各自的污染程度无法合理分开时，碰撞双方应负连带责任（《1992 年责任公约》第 5 条第 1 款）。如果漏油的原因完全是由于碰撞对方的故意行

① 参见《1987 年里斯本规则》第 1 条定义一和定义二。

② 我国《海商法》1993 年 7 月 1 日生效。

③ 交通部政策法规司，交通部法律事务中心编．中华人民共和国海商法条文释义．北京：人民交通出版社，1993：136.

④ 傅旭梅主编．中华人民共和国海商法诠释．北京：人民法院出版社，1995：282.

⑤ 2005 年 11 月《第二次全国涉外商事海事审判工作会议纪要》第 132 条。

为所致（69CLC 第 3 条第 2 款，《1992 年责任公约》此款无变化），油污受害方可向非漏油方，即碰撞的另一方索赔 100%损失。

3. 若碰撞造成第三人污染损害，但不适用我国参加的油污民事责任公约（如非公约所规定的油类等）。此时，适用我国《海洋环境保护法》[①] 第 89 条的规定，“造成海洋环境污染损害的责任者，应当排除危害，并赔偿损失”。这一条款虽然不像《1992 年责任公约》第 4 条第 1 款、1996 年《有毒有害物质公约》（简称 96HNS）第 7 条第 1 款和 1971 年《核材料运输民事责任公约》第 3 条那样明确，但与这些条款的内涵应该是一致的，即法律关系的特定“责任主体”，一般情况仅仅指造成海洋环境污染损害的漏油船舶、载运有毒有害物质或核材料船舶，以及排放或泄漏污染物船舶的所有人，不应包括导致污染损害有过失的第三者[②]，但法律必须同时赋予责任者向第三者追偿的权利（69CLC 第 4 条第 5 款，《1992 年责任公约》此条无变化；96HNS 第 7 条第 6 款）。污染责任方赔偿受害方全部损失后（如无责任限制），待碰撞责任比例确定后，向碰撞的另一方追偿其责任比例。只有当碰撞造成的污染损害完全是由于碰撞对方（第三者）的“故意造成海洋环境污染损害的”（《海洋环境保护法》第 89 条第 1 款还包括了第三者的“过失”，这就破坏了油污严格责任制度），该第三者方才成为污染损害的责任主体，由该碰撞方“排除危害，并承担赔偿责任”，此时污染行为人的责任被依法免除。

4. 碰撞当事船舶以外的第三人财产遭受碰撞损害，是否必须属船舶碰撞法所调整的范围，即是否必须符合船舶碰撞的几个要件（有接触或符合《海商法》第 170 条的规定，有损害，发生在船舶间）?[③] 对此存在两种观点：一种观点认为，超出碰撞法所调整的范围，即使第三人遭受了碰撞损害，也不适用船舶碰撞的规定。如两船碰撞致使一船或两船又与码头相撞，造成码头损害，此损害虽属第三人的财产损害，但船舶与码头的碰撞不属船舶碰撞，不适用船舶碰撞法[④]，而应由普通法调整，碰撞双方互有过失，构成共同侵权的，双方应当承担连带责任。第二种观点认为，第三人财产损害只要是碰撞造成的，即可适用本款规定，不受碰撞法调整范围的限制。我国《海商法》第 169 条规定，“碰撞造成第三人财产损失的，各船的赔偿责任均不超过其应当承担的比例”。从法条的字面解释和立法本意考察，第三人的财产损害不限于一定要发生在船上。此条款作为特别法规定，应优先于普通法适用。司法实践中皆采纳第二种观点。

5.《1910 年碰撞公约》第 4 条第 2 款规定，“船舶或其所载货物，或船员、旅客或船上其他人员的物品或其他财产所遭受的损害，应由过失船舶按上述比例承担。即使对于第三方，对此种损害承担的责任，也不超过此种比例”（The damages caused, either to the vessel or to their cargoes or to the effects or other property of the crews, passengers, or other persons on board, are borne by the vessels in fault in the above proportions, and even to third parties a vessel is not liable for more than such proportion of such damages）。该款中第三人的“此种损害”，应是指本款第一句话中的船舶和船上财产，因此，第三人的财产损害限定在碰撞船舶以外的其他船舶和船上财产的范围。从字面解释得出这种结论是有道理的。从立法背景考察，在《1910

---

① 《中华人民共和国海洋环境保护法》已由第九届全国人大常委会第十三次会议于 1999 年 12 月 25 日修订通过，自 2000 年 4 月 1 日起施行。最新修订版本 2016 年 11 月 7 日第十二届全国人民代表大会常务委员会第二十四次会议通过。

② 余晓汉．船舶互有过失碰撞所致油污损害的责任主体．中国海商法年刊，1999.

③ 司玉琢，吴兆麟．船舶碰撞法．大连：大连海事大学出版社，1995：6－8.

④ 傅旭梅主编．中华人民共和国海商法诠释．北京：人民法院出版社，1995：282. 该书认为，“本条第二款所指的第三人财产不包括设于海上与岸线上的固定建筑物”。

年碰撞公约》产生的年代，海上财产不像现在呈多样性，碰撞码头或岸上固定建筑物可适用普通法。

6. 根据上述讨论，似乎能够得出这样的结论：适用《1910年碰撞公约》，第三人的财产应限定在碰撞船舶以外的其他船舶和船上财产的范围内；适用我国《海商法》第八章，第三人的财产没有任何限制。我国是《1910年碰撞公约》的参加国，当有涉外因素的碰撞案件发生，国际公约与国内法有不同规定时，国际公约优先适用（《海商法》第268条第1款），第三人财产是有限制的；当无涉外因素的碰撞案件发生，适用《海商法》第八章的规定，对第三人的财产没有任何限制。

7. 碰撞造成第三人财产损害适用《海商法》第八章和适用普通法的主要区别在于：第一，连带责任的区别。《海商法》第八章规定碰撞各方对第三人的财产损害不承担连带责任。《民法典》第178条规定，"连带责任，由法律规定或者当事人约定"。第二，公平责任的区别。《民法典》第1186条规定："受害人和行为人对损害的发生都没有过错的，依照法律的规定由双方分担损失。"这就是所谓的"公平责任"原则，比如因不可抗力两船碰撞同时造成码头损坏，两船均无过失，依据《海商法》的规定，两船均不承担赔偿责任；但依据《民法典》，就有可能由双方分担民事责任。当然，《海商法》优先于《民法典》适用，这种情况不应该发生。

三、碰撞造成"第三人"人身伤亡的概念

（一）第三人人身伤亡的概念

人身伤亡，是指侵害他人的生命健康权，而导致受害人死亡或受到伤害的后果。死亡是指人的生命终结，伤害是指受害人身体之生理意义上的完好性受到破坏。碰撞事故造成人身伤亡是指由于碰撞事故，侵害他人的生命健康权，而导致的伤亡后果。我国《海商法》第169条第3款规定："互有过失的船舶，对造成的第三人的人身伤亡，负连带赔偿责任。一船连带支付的赔偿超过本条第一款规定的比例的，有权向其他有过失的船舶追偿。"针对《海商法》的上述规定，在海事司法实践中，对该规定中的"第三人"含义有着不同的理解。有观点认为"第三人"仅指除碰撞当事船舶上的船员、旅客和其他人员以外的第三人；另有观点认为，"第三人"应包括碰撞当事船舶上的船员、旅客和其他人员的任何第三人。"第三人"是否包括碰撞当事船舶上的船员、旅客和其他人员，将直接影响到这些人在碰撞事故中造成伤亡时的赔偿法律适用问题，因此，正确理解"第三人"的含义，并通过修改相关的法律规定或作出相关的司法解释予以明确，对保护受害人的人身权益有着重要的意义。

笔者认为，碰撞当事船舶上的船员、旅客和其他人员都应当属于《海商法》第169条第3款规定的"第三人"，理由如下：

1. 从理论上分析，对碰撞负有赔偿责任的人是碰撞船舶所有人，他们是碰撞侵权责任的当事人，船舶上的船员、旅客和其他人员均为第三人。除非法律另有明确的规定，否则，这些人应当属于"第三人"的范畴。

2. 与碰撞船舶当事人一方存在其他法律关系（如雇佣合同关系、劳动合同关系、旅客运输合同关系等）并不影响侵权法律关系的构成。互有过失碰撞导致的碰撞当事船舶上的船员、旅客和其他人员的人身伤亡，符合侵权法律关系的构成要件，即碰撞当事船舶存在过错，有损害的后果（人身伤亡），损害与过错之间存在因果关系。因此，同一事件中，可能产生两个损害赔偿法律关系，即侵权损害赔偿法律关系和违约损害赔偿法律关系。这就是民法理论上的民

事责任竞合，即同一行为事实在同一当事人之间，同时符合违约责任与侵权责任的构成要件，并发生以同一给付内容为目的的请求权。《民法典》第186条明文规定："因当事人一方的违约行为，侵害对方人身权益、财产权益的，受损害方有权选择请求其承担违约责任或者侵权责任"，明确规定了责任竞合问题。由此船员、旅客和其他人员与碰撞当事船舶一方存在某种合同法律关系，并不影响侵权责任法律关系的构成。认为"第三人"仅指与碰撞当事人不存在其他的民事法律关系人员的观点是没有法律依据的。

3. 将船员、旅客以及船舶上的其他人员也作为第三人，有利于保护第三人的合法权利，符合现代船舶侵权行为法的发展趋势。生命健康权作为自然人的基本权利之一，是其享有及行使包括财产权在内的一切其他权利之基础。因此，有学者认为，现代船舶侵权法的发展趋势之一是确定人命价值的优先地位，即在现代船舶侵权法中，对人身安全的保障与对人身伤亡的补救应居于中心地位①，将船员、旅客和其他人员作为第三人，使其既可以向其所在的船舶（所有人）根据合同法律关系索赔，也可以向碰撞的任何一方根据侵权法律关系索赔，从而有力地保障这些人的合法权益。

4. 将船员、旅客以及船舶上的其他人员作为第三人，既符合我国海事司法实践的总的趋势，也代表了我国学者的主流观点。《〈中华人民共和国海商法修改建议稿〉条文》建议案中提出将《海商法》第169条第3款修改为："互有过失的船舶，对碰撞造成的人身伤亡，负连带赔偿责任。一船连带支付的赔偿超过本条第一款规定的比例的，有权向其他有过失的船舶追偿。"从我国的海事司法实践看，海事法院的相关判决，均将船员、旅客以及船舶上的其他人员作为第三人，碰撞当事船舶各方对船员、旅客的人身伤亡负连带责任。

5. 从国际公约、国外的海事立法和司法实践看，第三人一般均包括碰撞当事船舶上的任何人员。

《1910年碰撞公约》第4条第3款规定，对于人身伤亡所造成的损害，各过失船舶对第三方负连带责任，但这并不影响已经支付超过按第4条第1款规定其最终应承担的赔偿数额的船舶，从其他过失船舶取得摊款的权利。

尽管上述公约并没有明确其在第三人的人身伤亡是否包括碰撞当事船舶上的其他人员，但该公约的规定在立法体例上是借鉴《德国商法典》第736条之规定，而《德国商法典》第736条规定的对碰撞造成的人身伤亡，互有过失船舶的船舶所有人应对其负连带责任。由此，似乎也可以推出公约中所指的第三人的人身伤亡应包括碰撞当事船舶上的人员的人身伤亡。②

《瑞典海商法》（1994）第八章第1条③、《希腊海事私法典》第237条④、《挪威海商法》

---

① 邓瑞平．船舶侵权行为法基础理论问题研究．北京：法律出版社，1999：100.

② 《德国商法典》第736条规定，由双方船员过失引起的船舶碰撞：第一，如果由于双方均有过失而引起的碰撞，则应根据双方的过失程度比例承担碰撞中受损的船舶及船上财产的赔偿责任；如果无法确定双方的过失程度或双方过失比例相等，则双方应承担相同责任。第二，如果碰撞由于双方过失而引起，并导致了人身伤亡，则各船舶所有人应对人身伤亡的损害承担连带责任。本条前款的规定适用于船舶所有人间对该赔偿的责任划分。

③ 船舶发生碰撞，对其中一船，或者船上的货物，或者船上人员造成损失的，是由一船的过失造成的，由有过失的一方承担损害或损失。碰撞的船舶互有过失的，各船按照过失程度的比例负赔偿责任，如果过失程度的比例无法判定，双方平均负赔偿责任。双方仅对自己的赔偿部分负责，对人身伤害双方应负连带责任。如果一方的赔偿超出了自己应负责的部分，有权向另一方就超出部分进行追偿。另一方可以援引本法或适用的外国法以及相应的规定中有关对抗受损方的免责或责任限制事由来进行抗辩。这种规定不能被援引用来解除或减轻超过第13至15章或外国法中相关条款规定的责任。在决定过失作为碰撞原因的时候，应当特别考虑是否有时间作出深思熟虑。

④ 对人身伤亡或健康受损所引起的灭失或损害，过失船舶对此负连带责任。责任方赔偿的金额如果超过根据前条规定应负的赔偿责任，则有权索回多付的金额。索回权从付款当年年底起1年内有效。

第220条①、《意大利航海法典》第484条（共同过失之碰撞）② 等均规定，互有过失的船舶对碰撞造成的人身伤亡负连带责任，而没有规定仅对第三人的人身伤亡负连带责任。

英国虽然是《1910年碰撞公约》的参加国，但有关碰撞造成的人身伤亡适用《1976年的伤亡事故法》和《1995年商船航运法》的规定。③ 英国对碰撞事故导致的人身伤亡，有判例已经表明，碰撞当事船舶对碰撞当事船舶上的船员的伤亡损害赔偿负连带责任。④

综上所述，我国《海商法》第169条第3款所指的第三人的人身伤亡应当是广义的，包括碰撞当事船舶上的船员、旅客和其他人员。

（二）现有法律规定存在的问题

我国目前还没有针对海上人身伤亡的专门立法。《海商法》仅对船舶碰撞中造成人身伤亡的责任承担和海上人身伤亡的责任限制作出了规定，最高人民法院的司法解释对涉外海上人身伤亡的有关问题的规定已于2013年1月14日予以废止。由于《民法典》只对人身伤亡的损害赔偿作出了原则性的规定，在具体处理海上人身伤亡损害案件的过程中，有的参照《国家赔偿法》的有关规定，有的参照《道路交通事故处理办法》，有的参照有关省（直辖市）的规章，从而造成了海上人身伤亡损害赔偿法律适用上的混乱。实际上国内大部分碰撞造成的人身伤亡案件都在适用《关于审理人身损害赔偿案件适用法律若干问题的解释》的范围和标准确定损害赔偿。现有法律规定主要存在下列两个方面的问题。

1. 尽管《海商法》第169条对碰撞导致的人身伤亡的责任承担作了规定，但由于部分条文语意不甚明确，从而导致责任（义务）主体不明确

《海商法》第169条第3款规定互有过失的船舶对碰撞造成的第三人的人身伤亡负连带赔偿责任，但不明确的是：(1) 责任主体规定为船舶，一是不符合中国现行法律制度，即物不能做主体；二是没有明确除船舶所有人外，光船承租人、船舶经营人和管理人是否是责任主体。(2) 没有明确“第三人”是否包括碰撞当事船舶上的船员、旅客和其他人员，从而引起了互有过失的船舶是否应当对当事船舶上的船员、旅客和其他人员负连带责任的歧义。

2. 海上人身伤亡损害赔偿范围不甚明确，缺乏不具涉外因素的海上人身伤亡的赔偿标准（具有涉外因素的海上人身伤亡的赔偿，由于1992年司法解释的废止，实际也并无专门的赔偿标准）。

《海商法》并没有明确海上人身伤亡损害赔偿的范围，因此在涉及海上人身伤亡赔偿时，只能适用《民法通则》第119条的规定，但该规定仅仅对人身伤亡的赔偿范围作出了原则性规定，不具有可操作性。另外，对于海上人身伤亡中的精神损害赔偿问题没有明确，实践中操作

---

① 如果船舶碰撞所造成的船舶、货物损害或人员伤害是由于一艘船舶的过失所引起，损害赔偿的责任便应由该艘过失船来承担。如果双方都负有责任，各船应按其所犯过失程度，按比例分担责任。但如考虑到客观环境，不可能确定各船所应承担责任的明确比例，则应平均分担责任。每一过失方仅按照他对损害应负责任的比例承担责任。但如果造成了人身伤亡，索赔人可以要求负有责任的任何一方承担全部赔偿责任。如果一方已经支付了较其应承担的损害比例为多的数额，他可以要求其他过失方偿还这一超出部分。其他过失方也可以援引有关运用的法律或合同中有关的免责条款他能够用来对抗受害人的免责和责任限制规定来对抗上述的追偿。但在这些免责和责任限制中所作的保留不能超出第118、120、188～194条，或者该种情况下应适用的外国法律对受害人的有关规定。确定过失时，法院应特别注意考虑是否存在着可供反应的时间。

② 如果过失是几艘船共同的，各船依其过失程度比例及相关后果比例承担责任，但由于特殊情况无法确定其比例，责任由各船平均分担。对人身伤亡造成的损害，各过失船舶承担连带责任。

③ 英国《1995年商船航运法》第188条规定：“Wherelossoflifeorpersonalinjuriesaresuffered byanypersononboardashipowingtothefaultofthatshipandofanyothershiporships，theliabilityoftheownersoftheshipsshallbejointandseveral”。

④ The Esso Malaysia ［1974］ 2Lloyd'sRep. 143.

随意性较大。

此外，在海事司法实践中，还涉及海上人身伤亡损害赔偿的法律适用问题。

（1）碰撞造成当事船舶上旅客人身伤亡，如受害人向对方船舶请求赔偿，对方船舶是否可以依据旅客单位赔偿责任限制的规定限制其责任？这个问题《1910 年统一船舶碰撞若干法律规定的国际公约》（简称《1910 年碰撞公约》）第 10 条已经给出了明确的回答，该条规定："本公约的规定不以任何方式影响各国现行的有关限制船舶所有人责任的法律，亦不改变因运输合同或任何其他合同产生的法律义务。"这一规定体现了责任限制优先适用原则，体现了碰撞的法律规定服从与合同义务。因此，当碰撞一方向另一方追偿时，如果另一方享有海事赔偿责任限制，或者承运人单位责任限制，被追偿一方的责任限制的权利不受影响。我国《海商法》修改时，应该吸纳《1910 年碰撞公约》第 10 条的规定。

（2）司法实践中，对于非涉外海上人身伤亡案件的赔偿范围和赔偿标准，一般依据最高人民法院于 2003 年发布的《关于审理人身损害赔偿案件适用法律若干问题的解释》（2020 年修正）进行确定。而不论是涉外案件，还是非涉外案件，关于精神损害赔偿，一般依据最高人民法院于 2001 年发布的《关于确定民事侵权精神损害赔偿责任若干问题的解释》（2020 年修正）进行确定。我国《海商法》修改时，要否明确碰撞损害赔偿的原则与范围，特别是精神损害赔偿问题，值得考虑。

四、商船与军舰碰撞的法律适用

商船与军事舰艇在海上或者与海相通的可航水域的碰撞时有发生。[①] 碰撞发生后，应如何适用法律，是一个复杂而又现实的问题。[②] 在我国《海商法》下，情况亦是如此。

商船与军舰之碰撞涉及的法律问题主要是对《海商法》第 1 条、第 3 条和第八章、第十一章的适用问题。其中有两个关键问题需要进行解释：一是根据《海商法》第 1 条和第 3 条之规定，能否得出结论，与军舰发生的任何法律关系均不适用于《海商法》各章。二是商船所有人是否可以享受中国《海商法》下的责任限。

（一）商船与军舰的碰撞责任不适用《海商法》第八章的规定

船舶碰撞引起的海事请求，其损害赔偿基本原则所适用的法律，首先应考虑我国《海商法》是否适用。《海商法》第 165 条规定："船舶碰撞，是指船舶在海上或者与海相通的可航水域发生接触造成损害的事故。前款所称船舶，包括与本法第三条所指船舶碰撞的任何其他非用于军事的或者政府公务的船艇。"[③] 本条第 2 款对碰撞当事船舶的限定是：碰撞的一方为本法第 3 条规定的船舶，即"本法所称船舶，是指海船和其他海上移动式装置，但是用于军事的、政

---

① 2006 年 6 月 23 日，悬挂香港旗的"Pacific Adventurer"商船与南海舰队导弹快艇发生碰撞，造成军舰 13 名官兵死亡，军舰沉没；2011 年 1 月 30 日下午，军舰"Vindhyagiri"及其后面的商船"SeaEagle"轮在进入孟买港期间，该军舰与出港船舶"Nordlake"轮由于对交通情况出现误判以及沟通协调方面存在问题最终发生碰撞事故导致军舰"Vindhyagiri"起火并进水。后来，军舰被带往海军码头靠泊；由于受损严重，相关人员未能成功控制住进水，在军舰上的弹药被卸下后，船舶最终在码头边沉没。此次事故没有造成人员伤亡。2017 年 6 月，菲律宾货船 ACX Crystal 与美国宙斯盾驱逐舰"菲茨杰拉德"号发生相撞事故，致 7 名美海军士兵丧生，此后美军舰正副舰长"犯重大过失"被解职。时隔两个月，即 8 月 21 日，美国"麦凯恩"号导弹驱逐舰在新加坡东部和马六甲海峡附近与一艘商船 Alnic MC 发生碰撞，"麦凯恩"号导弹驱逐舰左舷受损严重，目前搜救工作正在进行中。（参见"海外网"2017-08-21，朱萧）

② David R. Owen. The Origins and Development of Marine Collision Law. 51 *Tul. L. Rev.* 759 (1977).

③ 《1910 年碰撞公约》第 1 条、第 11 条也有类似规定。

府公务的船舶和20总吨以下的小型船艇除外”；另一方为“任何其他非用于军事的或者政府公务的船艇”。这就是说，军舰和商船之间的碰撞并不符合《海商法》中船舶碰撞定义中的主体要件，因此，碰撞双方有任何一方是用于军事的或者政府公务的船艇，都不适用我国《海商法》第八章的规定，而应适用一般侵权行为法之规定。

我国《民法典》第1165条规定，行为人因过错侵害他人民事权益，造成损害的，应当承担民事责任。依照法律推定行为人有过错，其不能证明自己没有过错的，应当承担民事责任。第1179条规定，侵害他人造成人身损害的，应当赔偿医疗费、护理费、交通费、营养费、住院伙食补助费等为治疗和康复支出的费用、因误工减少的收入；造成残疾的，还应当赔偿辅助器具费和残疾补偿金；造成死亡的，并应当赔偿丧葬费和死亡赔偿金。

根据《民法典》的上述规定，可以看出，军舰与商船的碰撞责任适用：

第一，过错责任原则。侵权造成的人身、财产损害原则上实行过错原则，除非法律另有规定。《民法典》第1186条规定：“受害人和行为人对损害的发生都没有过错的，依照法律规定由双方分担损失。”这是公平原则的规定，适用这一条款的条件是碰撞双方都无过错。这在船舶碰撞中是少有的。

第二，实际赔偿原则。侵权造成的国家的、集体的或个人的财产损害，实行实际赔偿原则，除非特别法另有规定。《民法典》没有规定侵权人的责任限制问题，而且这一原则与财产的所有制性质没有关系。

但是，商船与军舰的碰撞责任不适用《海商法》第八章，并不意味着与军舰有关的碰撞责任的过失认定、责任划分和责任限制都不适用《海商法》的规定。

（二）商船与军舰发生的所有法律关系并非均不适用《海商法》

商船与军舰可能产生多种法律关系：人身伤亡、财产损害的侵权法律关系；船舶优先权法律关系；海事赔偿责任限制法律关系；海难救助法律关系等。判断某种法律制度是否适用一个具体的法律关系，既要看该法律制度的适用范围或调整范围，又要看调整该法律关系的具体规定。《海商法》第1条规定：“为了调整海上运输关系、船舶关系，维护当事人各方的合法权益，促进海上运输和经济贸易的发展，制定本法。”根据本条规定，显而易见，军舰和商船之间发生的碰撞侵权不属于海上运输关系，但是否属于海上船舶关系？

一种观点认为，因为《海商法》在总则部分第3条明确规定了用于军事的、政府公务的船舶被排除在《海商法》的船舶定义之外，所以，军舰与他船发生的法律关系不能被纳入海上船舶关系的范畴，从而就排除了整个《海商法》对其的适用。

笔者认为，《海商法》条文区分“总则与分则”，这是一种基本的立法技术。对于二者之间的关系，下面的观点可以说是共识性的：“分则规定可以弥补总则规定的法则或法命题”，以及“分则规定可以部分或全部修正总则规定”，而且“当分则规定部分或全部修正总则规定时，就在修正范围内排斥了总则的适用。在此情形下，分则规定与总则规定具有特别法与普通法的关系，适用特别法优于普通法的原则”①。因此，在决定某一社会关系是否适用某种法律制度的规定时，必须具体考察分则中不同章节的具体规定。《海商法》调整着各种各样的特定社会关系，每一章针对不同的社会关系都有其独立的适用条件，根据《海商法》第3条船舶的规定，笼统地讲《海商法》在整体上是否适用，其实是没有什么实质意义的。军舰对《海商

① 易军，宁红丽．合同法分则制度研究．北京：人民法院出版社，2003：17-24.

法》的适用问题应当具体情况具体分析，看《海商法》每一章的规定是否变更了总则的一般性规定。

例如，《1952年船舶碰撞民事管辖权若干规定的国际公约》第5条规定："本公约中的任何规定，不得改变目前或者此后在各缔约国实施的关于军舰或国家所有的货从事国家事务船舶碰撞方面的法律规定。"所以，我国《海商法》第165条明确规定排除了用于军事或公务的船舶对船舶碰撞一章的适用。又比如，《1989年国际救助公约》规定，当军舰或公务船作为救助船舶时，是否适用公约，该公约第5条规定由缔约国国内法解决。所以，《海商法》第192条规定，国家主管机关从事的救助，不论是军舰还是公务船救助，都有权适用第九章获得救助款项，并且救助报酬对获救的船舶享有船舶优先权（第22条）；当军舰或公务船作为被救助标的时，公约第4条则排除对公约的适用，除非缔约国另有规定。这就是说，军舰或公务船不论是作为救助船舶，还是作为被救船舶，国内法均可作出适用或不适用公约的规定。我国《海商法》第172条，对救助标的的船舶排除了军舰或公务船。①

总之，军舰或政府公务船享有公法赋予的豁免权利，但并非豁免其民事责任，《海商法》所调整的民事关系，不论是侵权关系还是合同关系，如果不排除对军舰、公务船的适用，也应该是适用的。具体要看《海商法》各章的规定。

（三）商船与军舰碰撞，商船适用《海商法》第十一章海事赔偿责任限制的规定

1. 法律解释

军舰一方向商船一方提出的侵权索赔，商船应有权援引《海商法》有关海事赔偿责任限制的规定。运用法律解释的方法，其理由如下：

第一，从文义解释上看，《海商法》在总则第3条将用于军事的、政府公务船排除在"船舶"的概念之外；在第204条又规定，"船舶所有人、救助人，对本法第二百零七条所列海事赔偿请求，可以依照本章规定限制赔偿责任"。结合这两条，将《海商法》第3条船舶的定义纳入第204条的规定，进行字面上的理解就是：军舰所有人不能享受责任限制权利，而商船所有人可以享受责任限制。因此，在军舰和商船碰撞中所产生的责任限制问题就有适用《海商法》的余地。

第二，从比较法解释来看，有的国家的立法例可以佐证这一点。例如《俄罗斯联邦商船航运法典》（1999年4月22日俄联邦议会通过）第3条第2款规定："除本法直接具体规定的情形外，本法典不适用于：军舰、海军辅助设施和其他国家所有或经营的和仅用于政府非商业服务的船舶；国家所有的非商业货物。在本法典直接规定的情况下，本法典规定适用于本款所列的船舶和货物，但该规定不能作为捕获、扣押或拘留此类船舶和货物的依据。"②

《俄罗斯联邦商船航运法典》的规定表明了虽然将军舰排除在船舶的定义之外，但是，该规定并没有排除该法律具体各章涉及与军舰有关的法律关系的法律适用问题。我国《海商法》第3条的除外规定，没有像《俄罗斯联邦商船航运法典》规定的那样严谨，但从立法本意考察，并非将所有与军舰发生的法律关系排除在外，只是出于保护国家利益的需要，赋予军舰在

---

① 《海商法》第172条将军舰或公务船作为救助方的船舶也予排除就与第192条的规定发生矛盾了，这是立法时的笔误。该条款是参照《1989年国际救助公约》第1条b项制定的，但公约该项是对救助标的的船舶的界定，不是救助方与被救助方船舶的界定。

② 韩立新，王秀芬主编．各国（地区）海商法汇编（中英文对照）．下卷．大连：大连海事大学出版社，2003：1363.

捕获、扣押或执行方面的特权，这在各国都是一致的。

第三，从扩张解释来看，其系指法律条文之文义失之过窄，不足以表示立法真意，乃扩张法律条文之文义，以求正确阐释法律意义内容之一种解释方法。①它和目的性扩张是不同的，前者属于法律解释方法之一，而目的性扩张则是法律漏洞的补充方法。②《海商法》第1条之规定，将其适用范围限定在“海上运输关系和船舶关系”，文义失之过狭，无法表示立法真意。故应对其作扩张解释，即使军舰不符合《海商法》第3条定义之船舶，但与军舰发生的法律关系仍在《海商法》第1条文义“射程”范围内，应属于《海商法》第1条之调整范畴，有其适用之余地。

第四，从历史解释来看，它通过对立法过程中资料、背景、记录和文件进行参酌。“主要在探求，某一个法律概念是如何发生，如何被接受到法条中来；某一条文、规定、制度是如何被接受到法秩序（die Rechtsordnung）中来；立法者是基于哪些价值决定去制定它们，以帮助了解法律意旨之所在。”③ 我国《海商法》船舶碰撞一章是参考《1910年碰撞公约》起草的，第七届全国人大常委会第二十八次会议通过《海商法》后不久，我国就参加了该公约。④ 该公约第10条规定，“在不影响以后可能缔结的任何公约的情况下，本公约的规定不以任何方式影响各国现行有关限制船舶所有人责任的法律”。这就是说，责任限制法律制度是独立于船舶碰撞法律制度、且优先适用的（参见第十一章“海事赔偿责任限制”专题研讨“一、关于海事赔偿责任限制优先适用原则”）。军舰与商船碰撞不适用《海商法》第八章之规定，并不影响商船所有人责任限制适用《海商法》第十一章之规定。

第五，从目的解释上看，“在任何法律规范后面都隐藏着服从特定目的与目标的、立法者的、法政策学的形成意志”⑤。目的解释是指以法律规范目的为依据，阐释法律疑义的一种解释方法。在作目的解释时，不可局限于法律之整体目的，应包括个别规定、个别制度之规范目的。我国《海商法》第十一章规定的责任限制和《1976年海事赔偿责任限制公约》是一致的。二者之所以规定与民法损害赔偿制度相悖的特殊赔偿制度，将责任人的赔偿责任限制在一定范围内，其立法旨意在于保护航运中的船舶所有人，促进海运业的发展。⑥ 因此，在解释《海商法》第十一章时，应该注意到该个别制度之规范目的。此外，《海商法》第207条第1项规定的“对港口工程、港池、航道和助航设施造成的损坏”的限制性债权，多数情况下属于国家财产的损失，同军舰损害的性质类似。根据《海商法》的规定，并没有因为港口设施损害性质的特殊和不是《海商法》第3条所适用的船舶而使其不适用《海商法》第十一章关于责任限制的规定。同样，也不能因为军舰的特殊法律地位和不是《海商法》第3条所适用的船舶而改变商船责任限制的立法宗旨。因此，不管碰撞的对方是谁，给予商船责任限制是符合我国《海商法》第十一章的立法目的的。

第六，从体系解释上看，体系解释乃指“以法律条文在法律体系上之地位，即依其编、

---

① 梁慧星．民法解释学．北京：中国政法大学出版社，1995：222.

② 目的性扩张是指为贯彻法律规范意旨，将本不为该法律条文的文义所涵盖的案型，包括于该法律条文涵盖之案型种类之内。

③ 黄茂荣．法学方法与现代民法．北京：中国政法大学出版社，2001：276.

④ 中国《海商法》于1992年11月7日通过；1993年3月第八届全国人大第六次会议通过中国加入《1910年碰撞公约》；1993年7月1日《海商法》生效。

⑤ 伯恩·魏德士．法理学．北京：法律出版社，2003：319.

⑥ 吴焕宁主编．海商法学．北京：法律出版社，1996：347.

章、节、条、项、款之前后关联位置，或相关法条之法意，阐明规范意旨之解释方法”[①]。它的作用在于消除法条之间的互相矛盾和体系违反。《海商法》第十一章的立法意旨在于给予船舶所有人的责任限制利益，而不管该限制债权的相对方是谁，而《海商法》第3条将军舰排除在海商法的调整之外。从表面上看，《海商法》第3条之规定和第十一章的规定似乎存在着矛盾，但是，根据该不同规定在海商法中所处的位置进行体系解释，这种矛盾是可以消除的。第3条位于《海商法》第一章“总则”部分，而第十一章关于责任限制的规定是在分则部分。如上文所述，《海商法》的总则部分为一般概括性规定，而分则部分是针对特别法律情形之特别规定。更重要的是，《海商法》第3条是从法律关系客体的角度进行规定的，而第204条是从法律关系主体的角度去规定的，所以，两者是互相补充的，根本不会产生矛盾。[②] 结合两者，合理的解释应该是：在商船和军舰之间发生的侵权行为而导致的赔偿责任，商船所有人适用于责任限制规定，而军舰所有人则不适用于责任限制的规定。这样，体系解释得出的结论和目的解释是一致的，完全符合《海商法》第十一章的立法本意。

2. 司法判例

1960年加拿大最高法院在“The Queen”案中，作出终审判决。案件涉及皇室所有的活动式浮桥被船舶W. E. Fitzgerald号碰撞致损。一审法院判决全部由被告船舶所有人承担责任，但是可以享受责任限制。原告不服，上诉到加拿大最高法院，加拿大最高法院只更改了责任比例，判定双方互有过失，而对于责任限制，仍然认同了一审法院的判决，赋予被告责任限制的权利。[③]

最为类似的案例是1999年美国海军军舰Radford号和沙特阿拉伯商船Riyadh号碰撞案（USS Arthur W. Radford），该案涉及双方互有过失的碰撞责任问题，法院判决沙特商船有权享受责任限制。[④]

2006年6月23日，悬挂香港旗的“Pacific Adventurer”商船与南海舰队导弹快艇发生碰撞，造成军舰13名官兵死亡，军舰沉没。香港向广州海事法院提供了2 100万美金的担保，案件最终基本以商船的责任限额为基础，在法庭的主持下，达成了和解。

3. 立法例

在1916年以前，囿于严格的主权豁免原则，美国对有关与军舰发生侵害的法律关系一律实行豁免的政策，但是随着军舰和商船侵权案例的增多，美国在1920年制定了《海事诉讼法》（the Suits in Admiralty Act，简称SAA），规定禁止对国有船舶进行扣押。除此之外，如果国有船舶从事的行为是商事行为，其造成的损害不具有豁免权，但是，该法并没有解决国有船舶从事公务行为所造成的损害问题。[⑤] 尤为惊人的是，从1922年到1925年间，美国共发生了450起国有船舶和商船相撞的事故。于是，美国在1925年制定了《公务船舶法》（PublicVessels Act，简称PVA），目的是使公务船所有人（国家）和商船所有人一样承担海事法下的责

① 杨仁寿．法学方法论．北京：中国政法大学出版社，1999：140. 各国法律章节编排稍有不同，我国《立法法》第65条第1款规定：“法律根据内容需要，可以分编、章、节、条、款、项、目。”

② 笔者认为很多人之所以会觉得《海商法》第3条和第204条的规定矛盾，是因为根深蒂固地将“船舶”拟人化的结果，船舶在《海商法》里往往成了法律关系的主体，而不是客体。

③ Gartland Steamship Company and Lablancev. The Queen，Canada Supreme Court，[1960] 1 Lloyd's Rep. 388.

④ Inre Nat'l Shipping Co. of Saudi Arabia，147F. Supp. 2d425，440-446（E. D. Va. 2000).

⑤ Clayton G. Ramsey & Vivienne Monachino. Admiralty Claims against the United States. 5*Mar. Law* 31，33（1980）.

任。① 由于在很多情况下难以区分国有船舶是从事商业活动还是公务活动，美国于1960年删除了《海事诉讼法》中“作为商船受雇于国家”（employed as a merchant vessel）的规定，显示了进一步减弱对公务船进行特殊保护的迹象。所以，从比较法的角度观之，给予商船方责任限制的权利是合乎情理的，否则很难解释为什么同一商船因为碰撞对象的不同而要承担截然不同的责任。

我国《海商法》第十一章作为《民法典》的特别法规定，恰恰是在《民法典》没有规定或与《民法典》规定不一致时才起作用。责任限制是对民法实际赔偿责任的一种例外规定，属于特别法的范畴。在不违背《民法典》基本精神的前提下，根据特别法优先于普通法的法律适用原则，《海商法》第十一章具有优先适用的地位。同理，假如我国将来规定了军舰的特殊赔偿责任制度的《国家补偿法》，那么，军舰对商船的碰撞赔偿责任将是按照调整军舰赔偿责任的特别法——《国家补偿法》，而不是依据《民法典》进行确定，这也是符合法律合宪性要求的。

（四）小结

一部法律制定出来，只不过对某种社会关系进行调整提供了一种可能性，只是纸上的法律。而将纸上的法律具化成现实的法律则是通过法律解释进行的。法律解释是法律文本和解释者两方面的视阈融合（fusion of horizon）的过程。一方面，解释者需要通过各种手段去恢复历史的原本视阈，这包括历史解释、文义解释等；另一方面，解释者又要根据自己的视阈——特别是经过甄别后的合法先见——与历史视阈达成一种持续性的转换。解释者不断地扩大并修正自己原有的视阈，其结果会形成一种新的、更大的视阈，而这种视阈又会成为更新、更大一轮理解的出发点。② 在法律解释中，不仅要注意到法律文本的含义本身，更要注意到法律文本所欲达到的目的，从而更好、更准确地去理解、解释和应用法律。

五、沿海船对本船货损能否按碰撞责任比例赔偿

我国最高人民法院《关于审理船舶碰撞纠纷案件若干问题的规定》③ 第7条规定，船载货物的权利人因船舶碰撞造成其货物损失向承运货物的本船提起诉讼的，承运船舶可以依照《海商法》第169条第2款的规定主张按照过失程度的比例承担赔偿责任。

据称，这一司法解释的理论根据是“碰撞的法律关系优先于合同的法律关系适用”。笔者认为这种观点是值得商榷的，理由是：

1. 从请求权竞合的视角看，调整沿海、内河船舶货物运输存在着两个请求权规范，一是根据《民法典》第832条的规定，请求违约损害赔偿，承运人应该承担全部损失的严格责任。二是根据《海商法》第169条的规定向碰撞对方船舶请求侵权损害赔偿，按照对方在碰撞中的过失比例进行索赔。因此，这两个请求权是并行的，当事人可以根据有利于自身的原则选择，不存在《海商法》第169条优先于《民法典》的问题。

2. 从《海商法》第八章的调整范围看，其仅仅是调整船舶碰撞的侵权法律关系。而货主和承运人之间是根据《民法典》的规定确定的一种合同法律关系。因此，以侵权关系超越合同关系断言《海商法》第169条优先适用于沿海、内河和远洋船舶碰撞造成的损害，而不考虑当事船舶之间的合同关系，有混淆两个法律关系之嫌。

---

① Allen v. United States. 338F. 2d160. 162 (9thCir. 1964). cert. denied. 380U. S. 961 (1965).

② 何卫平．通向解释学辩证法之途．上海：上海三联书店，2001：201.

③ 法释〔2008〕7号，2008年4月28日最高人民法院审判委员会第1446次会议通过，2020年修正。

3. 我国参加的《1910年碰撞公约》第10条规定："在不影响以后可能缔结的任何公约的情况下，本公约的规定不以任何方式影响各国现行有关限制船舶所有人责任的法律，亦不改变因运输合同或任何其他合同产生的法律义务。"可见，依该公约，碰撞的法律关系并不改变运输合同的法律关系。如果"碰撞的法律关系优先于合同的法律关系适用"成立，那么，远洋运输船舶发生碰撞，载货承运人也要按碰撞过失比例承担货损的赔偿责任，而不能主张《海商法》第51条规定的航海过失免责，这部分损失又不能向对方船舶追偿，其结果是司法解释剥夺了承运人的免责权利，改变了现行法律的规定，已经超越了司法解释的权限，这显然是不妥的。

4. 上述最高人民法院的规定会造成沿海、内河运输中货主获得损害赔偿的不确定性，因为货主在订立合同时无法预见到本来按照合同规定可以全部得到赔偿的损失，仅仅因为外力（碰撞）的介入而改变了自己的法律地位。这样的话，可能需要新的配套保险险种来分散风险。

综上，《海商法》第169条第2款规定，互有过失的船舶，对碰撞造成的船舶以及船上货物和其他财产的损失，按照互有过失的比例负赔偿责任。依据该款，没有也不应该得出货主向本船也只能按照过失比例进行索赔的结论。船舶碰撞和运输合同是两个法律关系，当有选择权的沿海运输货方当事人选择以合同关系为诉因时，合同的相对方不得以侵权事由进行抗辩，即沿海、内河运输的承运人不能以碰撞中的过失比例对抗索赔方所依据的适用严格责任的《合同法》；如果是国际货物运输的货方当事人，以合同关系起诉承运人，承运人可以运输合同赋予的免责事由进行抗辩；如果以侵权关系起诉承运人，承运人可依据《1910年碰撞公约》第10条"公约不改变运输合同义务"的规定，仍可以运输合同赋予的免责事由进行抗辩。需要说明的是，在产生请求权竞合的情况下，法律赋予权利人的选择权，更多地应该是从减轻权利人举证责任、方便其索赔的角度出发，不应因权利人选择不同的诉因，导致最终获得赔偿的结果有很大差异，否则容易造成其中一种法律规定形同虚设的后果。

第九章
海难救助

基础知识

一、海难救助概述

（一）海难救助的概念

海难救助（salvage at sea）又称海上救助，是指对遭遇海难的船舶、货物和客货运费以及海上其他财产的全部或部分，由外来力量对其进行救助并获取报酬的行为，而不论这种行为发生在任何水域。实施救助的外来力量可以是从事救助工作的专业救助人，也可以是过往船只或者其他人。在这里，要区分海难救助和救助作业，只要从事了海上救助的行为均可称为救助作业，而海难救助作为一个法律制度来说，救助方获取救助报酬应被包含在内。

海难救助是海上运输中古老的法律制度。至少在公元前数世纪，零散的海难救助法例就曾不断地出现在古希腊和腓尼基人的法律中。最古老的成文海商法之一《罗得法》（Rhodian Law）中有这样一段描述，“为了拯救一艘船舶而需要支付费用，这些费用应由船的整体来负责”。显然，这里所指的费用即是给救助人的救助报酬。① 该法第64条规定，“船舶在远海颠覆或毁坏，从船上把任何物品安全救到陆地上的人可得到获救财产价值1/5的报酬”②。

海难救助是海商法所特有的一种法律制度。救助人在海上或其他可航水域，如能成功地使得遇险船舶、货物等海上财产脱离危险，他即有权为自己的救助行为请求报酬，并对获救财产享有留置权。海难救助的这一特点是任何陆上救助行为所不具有的，是由海上特殊风险所决定的。

（二）海难救助国际立法的沿革

海难救助的国际立法，从历史的角度可划分为如下几个时期：

① 司玉琢主编．海商法．3版．北京：法律出版社，2012：290.

② 王小波．罗得海商法．3版．北京：中国政法大学出版社，2011：219.

1. 遇险物自由掠夺时期。古代法律对遭遇海难的船舶或货物并没有什么保护性的规定，任凭强者自由掠夺。因此，这个时期，根本不存在任何海难救助的概念。

2. 占有遇难物时期。中世纪前，欧洲沿海各国为增加收入，认为对遇难物享有占有权（Juslitoris，Strandrecht，Droit de Cote），但只准各国诸侯公开占有，禁止民众自由掠夺。此种做法以大西洋沿岸诸国最盛，而地中海沿岸诸国则比较缓和。

3. 禁止占有遇难物时期。自12世纪的《奥列隆惯例集》问世以后，各国不仅禁止对遇难物自由掠夺，而且逐渐禁止诸侯的公然占有。这个惯例集对大西洋沿岸诸国颇有影响。到了15世纪，各国法律均对遇难物占有权加以否定。

4. 奖励海难救助时期。法国路易十四的《海事条例》设有对遇难物的救助给予奖励的规定，开辟了海难救助法律制度的新纪元。从立法者的角度考虑，他们希望通过制定特殊的救助法律，达到鼓励人们去救助危难中的船舶的目的；从遇难船舶所有人的角度考虑，与其让天灾将船货吞没或让海盗将船舶掠走，不如请他人前来救助，救助成功则给予报酬。正是在这种情况下，海上救助的普遍立法首先在欧洲各国开始了。但因各国经济政治制度的不同，有关规定不尽统一。

5. 国际统一时期。1910年在布鲁塞尔召开的第3届海洋法外交会议上，各国签订了《1910年救助公约》（Salvage Convention of 1910）。该公约于1913年3月1日起生效，将近五十个国家和地区加入了该公约，其对统一海难救助的法律制度起到了积极的重要作用。1981年国际海事委员会又起草了新的救助公约草案，该草案于1989年4月28日在国际海事组织外交大会上正式通过，定名为《1989年国际救助公约》（International Convention on Salvage，1989）。

（三）海难救助的性质

就海难救助而言，救助方与被救助方之间存在一种民事法律关系。对于这种法律关系的性质，理论界存在各种不同学说，包括：无因管理说、准契约说、不当得利说、特殊事件说等，其中以无因管理说较为普遍。不过，海难救助制度中的无因管理与民法中的无因管理有所不同。民法上的无因管理制度，财产所有人有义务向管理人支付必要的费用或管理人因管理事务而遭受的财产损失，但管理人无报酬请求权，而海难救助有报酬请求权。因此，从这个角度上来说，海难救助和无因管理有较大的差异，实际上，海难救助中未签订合同的纯救助，由于在法律适用上可以准用合同的有关规定，故被称为准契约比较恰当；而对于合同救助，由于其本身就是合同，故不存在性质之争。海难救助法律关系的性质之所以找不到恰当的法学理论予以解释，原因在于海难救助的法律制度是来自于实践，而不是基于某种理论而产生。

（四）海难救助的形式

海难救助是从纯救助（pure salvage）开始的，后来发展为合同救助（contract salvage）。

1. 纯救助

纯救助是指船舶遇难后，事先没有签订救助协议，救助方自愿救助的行为。如果救助获得成功，救助方有权获得救助报酬。

从以上概念可以看出，纯救助有如下两个特点：(1) 采用纯救助的形式，救助方与被救助方无须签订任何救助协议。(2) 纯救助实行"无效果，无报酬"原则（no cure，no pay）。正因为如此，有的救助方为了获取救助报酬，不经遇险船舶所有人或船长的同意，即自行救助，如果救助有效果，被救助方就不得不支付报酬。因此，当遇险船舶不同意救助方前来救助时，必须明确表示拒绝，否则有可能构成纯救助。

纯救助的形式，早在罗马时代就很普遍，因不签订合同，双方当事人常常为救助报酬等发生争议，现已很少采用，只有在特殊场合还可能采用纯救助，比如，遇难船上无人，过路船施救了此遇难船。

2. 合同救助

合同救助通常是指根据“无效果，无报酬”原则的救助协议所进行的救助。这是当今海难救助应用最普遍的形式。“无效果，无报酬”是海上救助法律制度中最著名的原则。《1910 年救助公约》正式确认了这一原则，各国制订的救助合同格式上都印有“no cure, no pay”的字样。即使救助当事双方未签订书面合同，只要有口头约定，这一原则亦同样适用。如果双方在合同中约定救助成功可以获得固定的救助报酬，并不改变其海难救助合同的性质，不过，法院有权根据具体情形对其金额进行增减。

1891 年英国律师威廉姆·瓦尔敦首次设计了“劳氏救助标准合同格式”（Lloyd's Open Form LOF）。它避免了在危难时刻签订的合同给被救方带来不利和当事双方冗长的谈判。在各种救助合同格式中，目前使用最广泛的就是英国劳合社的合同格式。该格式经过多次修改，现在使用的是“LOF2011 劳合社救助合同标准格式”①，该合同格式也以“无效果，无报酬”原则为条件，同时，还规定了救助报酬的支付方式、仲裁地点等其他内容。

中国海事仲裁委员会的救助合同格式与英国劳合社 1910 年救助合同格式没有原则上的差别，也是采用“无效果，无报酬”原则。《1989 年国际救助公约》问世后，中国海事仲裁委员会修改了上述救助合同格式，增加了“特别补偿条款”。

3. 雇佣救助（employed salvage service）

雇佣救助，又称固定费用救助。这种救助以救助方所使用的人力和设备按时计付报酬，不论救助是否有效果，均应支付约定的雇佣救助费率。因此，就雇佣救助的性质而言，更多地体现海上雇佣劳务的性质（详见本章专题研讨十一、雇佣救助是否适用《海商法》第九章）。魏文翰教授曾指出，“有效果才能有报酬，这是不易的原则，在救助者和被救助者之间没有订立合同是如此，在双方订有救助合同亦是如此。至于双方所订立的合同如果不是根据‘无效果，无报酬’的原则，而是按一定的劳务取得报酬，例如按时间或按件数给付报酬，那就不属于海上救助合同的范围②”。

二、海难救助成立的要件

海难救助法律关系的成立，应具备如下几个要件。

（一）被救物必须是法律所承认的标的

这一要件表明：

1. 救助的标的是物，一般不包括对人的救助。人命救助因缺少这一要件而不构成海难救助，进而无报酬请求权。③

2. 并非对所有遇险的财产实施的救助行为，都构成海难救助，只有救助标的是法律所承

① https://wenku.baidu.com/view/afa098fd04a1b0717fd5dd55.html? re=view，2017-08-21.

② 魏文翰．海商法．北京：法律出版社，1965：150.

③ 对人救助，英国法律承认有报酬请求权，但国际公约、我国海商法、日本商法、德国商法等，原则上都不承认有报酬请求权，除非在救财产的同时又救助了人命，救助报酬可适当增加。

认的（objects recognized by law），海难救助才能成立。如浮船坞着火，对其灭火行为不构成海难救助，因为浮船坞是“永久的、有意地依附于岸线的财产”（《海商法》第 172 条第 2 项），不是法律承认的救助标的。[①] 如果船舶在浮船坞上修船着火，灭火行为是否构成海难救助？笔者认为，此种灭火行为仍然不构成海难救助。因为，船舶虽然是海难救助的标的，但救助行为已经不是“在海上或者与海相通的可航水域”（《海商法》第 171 条），此救助行为被浮船坞阻隔了，如同在固定在岸边废钢船上的水上餐厅灭火一样，无报酬请求权。

这里所说的法律，既包括我国加入的国际救助公约，也包括国内有关法律。以国际公约为例，其所承认的救助标的与我国《海商法》比较，区别如下表。

我国《海商法》与国际救助公约关于救助标的的比较

《1910 年救助公约》	《1967 年救助公约》	《1989 年国际救助公约》	《中华人民共和国海商法》
海船、船上财产和客货运费（第 1 条）；不适用于军舰和政府公务船（第 14 条）	一切船舶，包括军舰和政府公务船（第 1 条）	船舶或任何其他海上财产（第 1 条第 1 款）；不适用于军舰和政府公务船（第 2 条）	船舶和其他财产（第 171 条）；不适用于军事的、政府公务的船舶（第 172 条）

目前，《1910 年救助公约》和《1989 年国际救助公约》同时在生效，但两个公约的救助标的差别甚大。我国《海商法》是参照《1989 年国际救助公约》制定的，已将救助标的扩大到船舶以外的海上或与海相通水域的其他财产。

（二）被救物处于危险之中

海上危险的存在是救助行为得以产生的前提条件。《海商法》第 171 条规定，“对遇险的船舶和其他财产进行的救助”是构成海难救助的要件之一，即被救物一定是处于危险之中（in danger）。

何种危险构成海难救助的危险，国际公约没有统一规定，各国海商法一般也未列明。英国海事法列举了 26 种海上危险，如遭遇台风、船有倾覆的危险、碰撞后船有沉没的危险、船被海盗掠走、船舶搁浅、火灾，等等。

（三）救助行为是自愿的行为

自愿原则是海难救助的构成要件之一。自愿救助（voluntary salvage）是指救助方或被救助方在发生救助法律关系时，其作为或不作为完全出于自愿。对救助方来说，这一原则意味着在对救助标的实施救助时，完全出于救助方的自愿。救助成功了，有权获得报酬；不救也不承担任何责任。与此不同的是非自愿救助，即合同约定或法律规定的义务救助，救助即使获得成功也无权获得报酬，不救将承担合同或法律规定的责任。自愿原则同样适用于被救助方，体现在被救助方不仅有请求救助的权利，而且有禁止救助的权利，禁止救助权可以在救助作业开始前或开始后的任何时间行使。为了不致因被救助方行使此项权利给救助方或第三方（如保险人）带来不公正，法律要求被救助方在行使此项权利时，必须有“明确的和合理的拒绝”（《海商法》第 186 条第 2 款），有了这种表示，救助方即使救助成功了，也无权请求救助报酬，因为此种救助缺少自愿要件。如果被救助方未作明确而合理的禁止救助的意思表示，表明是默示

---

① 浮船坞是否是救助标的，应从其功能上定性其是海上财产还是陆用设备，根据《海商法》第 172 条之规定，海上财产是指非永久地和非有意地依附于岸线的任何财产。浮船坞虽然在海上漂浮，但不是为了航行而漂浮，因其没有动力，也不能自航，所以不是海商法意义上的船舶；再者，浮船坞是永久地系泊在岸边的，是船厂的延伸，所以，浮船坞也不是海上财产。

自愿，尽管没有签订救助合同，救助人救助成功，亦有权请求救助报酬，这属于纯救助的形式。实践中，当涉及公共安全或公共利益的海难事故时，国家行政主管机关往往是下达强制命令或者采取强制措施，取代自愿原则，即所谓的强制救助。对此，笔者认为，如果行政主管机关下达的是强制救助命令，行政主管机关与行政相对人间构成行政法律关系；行政相对人请求救助是民事行为，仍然遵循“平等”“自愿”原则。如果行政相对人不作为，行政机关有权采取行政强制措施，进行强制救助，此时，因公权力的介入，强制救助已不是民事活动了，不适用海难救助的法律规定，而属于行政代履行。

（四）实行“无效果，无报酬”原则

就海难救助行为而言，具备前述三个要件就够了，但作为完整的海难救助法律制度，还要有“无效果，无报酬”原则。[①] 这四个要件构成完整的、特殊的海难救助的法律制度，“无效果，无报酬”原则是海难救助的本质特征。（详见本章专题研讨十一）

三、救助报酬

（一）救助报酬请求权的当事人

救助报酬请求权的当事人是指救助报酬的债权人和债务人。

1. 债权人。救助报酬请求权的债权人是实施海难救助的救助人。救助人为多人时，便发生报酬分配问题。[②] 对于姊妹船救助，《海商法》第 191 条规定，“同一船舶所有人的船舶之间进行的救助，救助方获得救助款项的权利适用本章规定”[③]。各国海商法也都作了类似的规定。这是因为：（1）尽管两船同属一个所有人，但两船都是独立的船舶，一般涉及不同的保险人，如船上有货物，还涉及货物保险人，彼此间并不存在救助义务；（2）参与救助的船长及其他船员享有对救助报酬的请求权，这种权利不因被救船舶系属于同一船舶所有人而被剥夺。所以姊妹船之间的救助，救助的一方仍享有报酬请求权。

2. 债务人。根据现行法律，债务人为被救助船舶的所有人，货物、运费的所有人或其他海上获救财产的所有人。

（二）救助报酬原则

根据现行国际公约和各国海商法的规定，确定“无效果，无报酬”的救助报酬，通常遵循如下两个原则：

1. 救助报酬金额不得超过获救财产的价值。我国《海商法》第 180 条和第 181 条规定，救助报酬不得超过船舶和其他财产的获救价值。获救价值是指获救的船舶、船上货物和其他财产在当时当地的估价，或者出卖所得的金额。但是，其中应当扣除有关税款和海关、检疫、检验

---

① 在理解何谓“效果”时，应注意如下两个问题：其一，关于间接效果问题。间接效果应视情况而定，如船舶搁浅，救助方第一次脱浅没有成功，第二次脱浅成功了，则第一次脱浅视为间接效果，第二次脱浅为直接效果，计算报酬时应合并考虑。如果第一次脱浅没成功不再施救了，这是没有效果，无权请求报酬。其二，关于无形效果问题。无形效果通常也作为有效果，其衡量标准是救助方是否提供了有益的服务。当船舶着火，救助方无力灭火，但尾随护航或在遇难船旁守候，虽未作出有形的效果，但仍有权请求救助报酬，属无形效果。因为，至少救助方给予了精神上的“援救”。在英国法中，把间接效果和无形效果叫做对救助作业作出了“实质性贡献”（meritorious contribution）或“有效服务”（effective service）。

② 《1910 年救助公约》第 6 条规定，救助方之间分配报酬的比例，“根据当事人协议确定，协议不成，由法院决定”，“每一救助船舶的船舶所有人、船长和船上其他工作人员之间对于报酬的分配，按船旗国法律规定办理”。我国《海商法》第 184 条也作了类似的规定。

③ 《1910 年救助公约》第 5 条作了同样的规定，即“属于同一船舶所有人的船舶之间的救助，也应给予报酬”。

费用以及进行卸载、保管、估价、出卖而产生的费用。在计算救助价值时，获救船员的私人物品和旅客行李不构成获救财产的价值。救助报酬的上述确定原则是基于过去船价较低的情况，获救价值通常都能达到船价的50%，有“Moiety Rule”（一半的意思）之称。现在救助报酬一般很少超过获救船价的20%。[①]

船员物品和旅客行李不分摊救助报酬。这是由于：(1) 这些财产数量很小，不构成救助的主要标的；(2) 性质特殊。所以做了与不分摊共同海损同样的处理。[②]

2. 救助方有过失，报酬将予以减少或取消，以至承担赔偿责任。我国《海商法》第187条规定：“由于救助方的过失致使救助作业成为必需或者更加困难的，或者救助方有欺诈或者其他不诚实行为的，应当取消或者减少向救助方支付的救助款项。”救助方有过失，造成被救助方更大损失时，被救助方是否可以侵权诉救助方并请求赔偿？赔偿时救助方可否享受责任限制？关于这个问题，《1957年船舶所有人责任限制公约》没有解决。“东城丸（Tojo Maru）”案发生后[③]，《1976年海事赔偿责任限制公约》解决了这个问题。救助方可以享受责任限制，当救助方不在救助船上进行救助时，其责任限制按船舶总吨位1 500吨计算。[④] 我国《海商法》第210条作了与公约相同的规定。

（三）救助报酬数额的确定

救助报酬通常都以金钱支付，其数额应由救助方和被救助方协议确定，协议不成时，可提请仲裁或法院裁决或判决。法庭或仲裁庭在确定救助报酬时，应根据《海商法》第180条或《1989年国际救助公约》第13条规定的10项因素确定数额的高低。有时，在实施救助作业之前，当事人就已约定了报酬金额，因为该数额是在紧急情况下约定的，难免出现不公平或对客观形势估计不足的情况。为了保护救助当事方，特别是被救助方的利益，我国《海商法》第176条规定：“有下列情形之一，经一方当事人起诉或者双方当事人协议仲裁的，受理争议的法院或者仲裁机构可以判决或者裁决变更救助合同：（一）合同在不正当的或者危险情况的影响下订立，合同条款显失公平的；（二）根据合同支付的救助款项明显过高或者过低于实际提供的救助服务的。”

各国海商法和国际公约都有类似规定，如果合同是在受到威胁或者处于危险情况影响下订立，其条款显失公平的，法院和仲裁庭可以宣告救助合同无效；如果合同约定的救助报酬与实际提供的救助服务相比，明显过高或者过低的，法院和仲裁庭可以变更合同。[⑤]

---

① 英国劳合社公布的救助报酬与获救价值的平均比例显示：2000年为获救财产价值的10%～7%；2001年为16%～7%；2002年为14%～2%；2003年为14%～7%；2004年为9%～9%；2005年1至6月为14%～4%。网址链接：http//wwwlloydscom/Lloyds _ Market/Lloyds _ Agency/Salvage _ Arbitration _ branch/LOF _ facts _ And _ figures. htm。

② 参见1974年《约克—安特卫普规则》，规则17第4款。

③ 1971年“东城丸”油船在波斯湾沉没，该船所有人与荷兰Safaw救助公司签订了劳氏救助合同（LOF）。潜水员用电光枪将铆钉打入船壳时，因油船内有可燃气体未排净，发生爆炸，损失达33.1万英镑，而救助报酬只有12.5万英镑。此案经仲裁后，起诉至上议院，判决救助方赔偿损失，而且不能限制责任，理由是救助方未在船上作业，不适用《1957年船舶所有人责任限制公约》。

④ 参见《1910年救助公约》第7条第1、2款；《1989年国际救助公约》第7条；我国《海商法》第210条。

⑤ 参见《1910年救助公约》第7条；《1989年国际救助公约》第17条。我国《海商法》第176条并未规定取消合同，起草时主要考虑不打算把撤销合同的权利赋予仲裁庭。但是我国已经参加了《1989年国际救助公约》，该公约是赋予仲裁庭撤销合同的权利的，结果又出现适用公约和适用《海商法》的不同情况。

四、特别补偿

《1989年国际救助公约》的最大特点莫过于增设了特别补偿条款。我国《海商法》第182条吸纳了公约的这一条款①，规定：

“对构成环境污染损害危险的船舶或者船上货物进行的救助，救助方依照本法第180条规定获得的救助报酬，少于依照本条规定可以得到的特别补偿的，救助方有权依照本条规定，从船舶所有人处获得相当于救助费用的特别补偿。

“救助人进行前款规定的救助作业，取得防止或者减少环境污染损害效果的，船舶所有人依照前款规定应当向救助方支付的特别补偿可以另行增加，增加的数额可以达到救助费用的百分之三十。受理争议的法院或者仲裁机构认为适当，并且考虑到本法第一百八十条第一款的规定，可以判决或者裁决进一步增加特别补偿数额；但是，在任何情况下，增加部分不得超过救助费用的百分之一百。

“本条所称救助费用，是指救助方在救助作业中直接支付的合理费用以及实际使用救助设备、投入救助人员的合理费用。确定救助费用应当考虑本法第一百八十条第一款第（八）、（九）、（十）项的规定。

“在任何情况下，本条规定的全部特别补偿，只有在超过救助方依照本法第一百八十条规定能够获得的救助报酬时，方可支付，支付金额为特别补偿超过救助报酬的差额部分。”

可见，《海商法》第182条特别补偿条款与第180条救助报酬条款既存在着本质的差别，又有着密切的内在联系。② 这种区别和内在联系集中表现在以下几种情况：

报酬与补偿条款关系的比较

海商法报酬或补偿项目	第180条	第182条	支付
救助作业成功且保护了环境	可得报酬A	第2款确定特别补偿B_2 $100\%<B_2<200\%$	$A>B_2\rightarrow A$ $A=B_2\rightarrow A$ $A<B_2\rightarrow A+(B_2-A)$
救助作业成功未能保护环境	可得报酬A	第1款确定特别补偿B_1 （100%救助费用）	$A>B_1\rightarrow A$ $A=B_1\rightarrow A$ $A<B_1\rightarrow A+(B_1-A)$
救助作业未成功但保护了环境	无报酬	B_2	B_2
救助作业未成功且未保护环境	无报酬	B_1	B_1

注：A——根据第180条确定的救助报酬

B_1——根据第182条第1款确定的特别补偿

B_2——根据第182条第2款确定的特别补偿。

在理解第182条特别补偿条款时，有以下几点需加以说明：

1. 根据第182条的规定，可以产生特别补偿的情形是一种救助作业，这种救助作业的对象，只能是威胁海洋环境的船或货。如果对其救助成功，又达到了防止或减轻环境污染的目的，救助方对环境的救助既可以在第180条确定救助报酬时得以体现，又可以用以确定特别补偿。如果救助作业未成功，救助方可以获得特别补偿，假设救助方在整个救助过程中所花费用以X表示，其中既包括救助不会带来环境污损的船或货的费用Y，也包括救助会对环境构成威

① 参见《1989年国际救助公约》第14条。

② 参见《1989年国际救助公约》中救助报酬与特别补偿条款的关系体现在第13条与第14条。

胁的船或货的费用Z。救助作业成功，根据第180条的规定，在确定救助报酬时，既考虑Y，也考虑Z，而根据第182条确定特别补偿时，只考虑Z，如果救助作业未获得成功，根据第180条规定没有救助报酬，因此，YZ都不予考虑（即不考虑X）。但根据第182条的规定，只要针对威胁海洋环境的船或货进行了救助作业，便可以产生特别补偿，当然这里考虑的只是Z。可见，在同一救助作业中要区分开哪些是Y，哪些是Z，这是一个很复杂的问题，需要根据具体案件的具体情况加以判断。

2. 并非所有防止或减轻环境污损的措施都可以获得特别补偿。某些救助作业中，为防止难船油舱燃油外溢，需在周围采取铺设围油栏等预防措施。虽然这种措施的成功可以防止或减轻环境污损，但是此种措施是救助方与被救助方在救助作业中必须承担的一项强制性义务，它的实施既不能依赖于第180条的规定确定救助报酬，也不能依赖于第182条的规定确定特别补偿。《海商法》第177条和第178条规定，在救助作业过程中，救助方与被救方要以应有的谨慎防止或减轻环境污损。[①]

3. 特别补偿计算的起止时间和“公平费率”应如何理解，对此国际学术界和实务界尚存在许多分歧。特别补偿条款并没有作出明确规定。1997年2月6日英国上议院对“长崎精神”（Nagasaki Spirit）轮案件作出的终审判决，使上述争论有了初步结论：（1）救助人对环境损害的威胁存在之前提供的救助作业不能享受特别补偿，只有对威胁存在之后提供的救助作业方可享受特别补偿，直到完成救助作业，而不管这种环境损害的威胁是否已经消除。（2）“公平费率”（fair rate）应以实际发生的费用来确定，不应把利润的因素考虑在内。

五、船长在救助作业中的地位

发生海难，作为被救船的船长，应当明确自己所处的地位和应当注意的事项。

1. 船长有权代表船、货双方签订救助合同，并应及时签订救助合同。我国《海商法》第175条明确规定，“遇险船舶的船长有权代表船舶所有人订立救助合同。遇险船舶的船长或者船舶所有人有权代表船上财产所有人订立救助合同”。船长的这一权利为国际上普遍承认，但在《1910年救助公约》中并没有明确规定，直到《1989年国际救助公约》才予以确认。[②] 船长明确自己有签订救助合同的权利，当遭遇海难，特别是情况紧急时，应及时签订救助合同，以避免贻误时机。当然，不该签订救助合同时也不应轻率地签订，以免造成无谓的费用损失。

2. 船长的救助义务。船舶发生事故，危及船上人员和财产安全时，船长应当组织船员和旅客尽力施救。船长认为船舶的沉没、毁灭不可避免，可以作出弃船决定；但是，除紧急情况外，应当先将弃船决定报经船舶所有人同意。弃船时，船长必须采取一切措施，首先组织旅客安全离船，然后安排船员离船，船长应当最后离船。在离船以前，船长应当指挥船员尽力抢救航海日志、机舱日志、油类记录簿、无线电台日志、本航次使用过的海图和文件以及贵重物品、邮件和现金等（《海商法》第38条）。许多国家的海商法规定，船长违反上述义务应承担法律责任。此外，发生海难事故时，船长应当采取一切可能的措施，防止损失扩大，并作成海损事故报告书。海损事故报告书，应当附有事故发生时两名以上在船船员或者知情旅客的书面证明。

---

① 参见《1989年国际救助公约》第8条。

② 参见《1989年国际救助公约》第6条第2款。

3. 对救助方有权进行选择。在情况不是十分紧急的情况下，多数是由船舶所有人选择救助方；情况紧急，需要船长签订救助合同时，船长有权选择救助方。选择救助方须考虑技术水平、报酬高低、信誉情况以及友善关系等。

4. 救助船船长作为救助船舶所有人的法定代表人，有权代表其签订救助合同，也有权代表其请求救助报酬。但船长是否有独立于船舶所有人的救助报酬请求权呢？《1989 年国际救助公约》没有规定，应依据各国国内法确定。《瑞典海商法》第十六章第 6 条规定："如果船舶在航行过程中实施了救助行为，则救助报酬应首先支付下列请求：……3. 对任何作出了实质性努力的船员，或者面临特殊风险的船员所给予的特别报酬。其余的救助报酬，船舶所有人应获得五分之三。在确保船长所得的份额，最低应当为船舶在编人员所获份额最高者 2 倍的前提下，剩余部分的三分之一应由船长获得，三分之二由船员根据各自的工资进行分配。船上引航员可视为船上的在编人员取得相应份额。"① 根据此条规定，救助船船长、船员、引航员均有独立的救助报酬请求权。我国《海商法》第九章没有类似规定，仅规定"救助方对遇险的船舶和其他财产的救助，取得效果的，有权获得救助报酬"②，《船员条例》也没有船长、船员有关救助报酬的请求权的规定。因此，在我国现行法下，船长、船员没有独立的救助报酬请求权，这是在保护船员权益方面的立法缺失。

六、有关的国际公约

（一）《1989 年国际救助公约》产生的背景③

《1910 年救助公约》距今已有一个多世纪的历史，虽然仍不失为有关海难救助领域里的一个重要法律，但毋庸讳言，公约在许多方面已不再适应今天航运的需要。海难救助的客观实际要求产生新的国际救助公约。

1. 产生《1989 年国际救助公约》的根本原因——构成海难救助的要件发生了变化

（1）救助标的的变化。随着航运和海上活动的迅速发展，海上财产出现了多样化，如勘探和开发海底资源的设备、浮船坞、海上仓库等，这些海上财产同船舶一样，处于同样的海上特殊风险之中。《1910 年救助公约》所规定的单一救助标的——船舶及船上财产，已不适应海上财产多样化的形势，亟须扩大救助标的的范围。

（2）海上风险的变化。对于救助人来说，海上风险既包括自然界给救助标的带来的风险，也包括救助标的本身存在的风险。这两种风险都有可能给救助标的带来实际的危险，发生海难救助，进而给救助人的救助作业带来风险。

随着海洋科学技术的发展，人类抗御自然界的能力增强，自然界给救助标的和救助人带来的风险已有所减弱，然而救助标的本身的风险不但没有因航运技术的进步而有所减弱，相反，

① 韩立新，王秀芬主编．各国（地区）海商法汇编（中英文对照）．下卷．大连：大连海事大学出版社，2003：807；《日本商法典》第 805 条；《希腊海事私法典》第 251 条等。

② 《海商法》第 179 条。

③ 我国政府是《1989 年国际救助公约》的缔约国，并于 1993 年 12 月 29 日，经第八届全国人大第五次会议批准，我国政府正式加入《1989 年国际救助公约》，同时对公约第 30 条第 1 款的（a）、（b）、（d）三项作出了保留。（a）项规定的内容是："救助作业发生在内陆水域，而且涉及的所有船舶均为内陆水域航行的船舶。"（b）项规定的内容是："救助作业发生在内陆水域，而且不涉及船舶。"（d）项规定的内容是："有关财产为位于海床上的具有史前的、考古的或历史价值的海上文化财产。"这表明我国对海难救助的界定不想扩大到上述范围，故作此种保留，从而弥补了我国《海商法》未作明确规定的缺憾。

越来越显得突出和严重。首先，就船舶而言，自20世纪60年代以来，船舶出现了大型化、自动化、集装化和专用化的特点。资本的高度集中必然带来风险的高度集中，救助方从事救助作业将面临较大的风险。其次，货物的形态出现了多样化。特别是自20世纪50年代起，海上石油运输迅速增加，有毒有害物质运输相继出现，海洋环境不安全因素变得格外突出。一艘满载油船失事以后，污染造成的损害有时会大大超过船货遭受的直接损失。上述风险的变化，已使非专业救助人很难从事海上救助作业；而专业救助人也必须改进救助设备、提高救助技术，这就需要大规模投资。总之，海上风险的变化，要求各国重新调整救助法律机制，以鼓励救助人的救助业务。

(3) 自愿原则的变化。自从海洋环境污染为世界各国普遍重视之后，传统的海难救助自愿原则也发生了变化。当发生海难时，沿海国有权采取必要措施来保护其海岸线或有关利益方免遭污染或污染威胁，包括就救助作业作出指示的权利。沿海国的这一权利，既包括沿海国当局直接采取的强制措施，也包括沿海国对救助方救助作业的干预。许多沿海国，特别是美国、法国都极力主张这一权利应在国际救助公约中有所反映。《1969年国际干预公海油污事件公约》的通过与实施，反映了这一要求。①

(4)“无效果，无报酬”原则的变化。“无效果，无报酬”原则已不适应海上救助发展的新形势，特别是救助有潜在污染环境危险的船舶时，这一原则将使救助方面临不利的情况：第一，当船货损失扩大时，溢油和污染的程度在增加，船货的价值在减少，获救的可能性相应也在减少，救助方获得报酬的机会也就减少。第二，溢油事故一方面给救助作业本身带来困难，另一方面使救助作业可能受到沿岸国的干预或禁止难船进港或进入安全水域，结果使其成为“环球航行的荷兰人”(Flying Dutchmen)②。即使沿海国接受难船，条件也可能十分苛刻，使得救助方可能得不到或得到较小的报酬。第三，对造成环境污损或构成对环境污损威胁的船舶进行救助的救助方，所付出的费用可能高于其所能获得的报酬。这些问题都表明，如果“无效果，无报酬”原则不予改变，就很难鼓励救助方去积极地救助那些处于危险之中并威胁到海洋环境的遇难船。

传统海难救助构成要件受到挑战，是产生新救助公约的客观原因。

2. 产生《1989年国际救助公约》的直接原因——“阿莫柯·卡迪兹”案件

产生《1989年国际救助公约》的直接原因或称导火线，是“阿莫柯·卡迪兹”(Amoco Cadiz) 案件。1978年3月16日，在英吉利海峡发生了一起历史上最大的油污事件。利比里亚籍巨型油船“阿莫柯·卡迪兹”号，因舵机失灵而坐浅在法国西海岸布列塔尼(Brittany)附近的礁石上，23万吨原油溢出，造成法国沿海水域的严重污染。

事故发生后，国际海事组织责成该组织的秘书处，就“阿莫柯”案件的救助法律问题起草报告。报告中涉及：(1) 船长签订救助合同的权利是否要明确写进公约。这个问题《1910年救助公约》没有明确规定。在“阿莫柯”案中，“太平洋”(Pacific) 拖船要求签订劳氏救助合同，遭船长拒绝，待请示船舶所有人同意时，已为时过晚。(2) 救助方施救油船无效果，是否给予报酬。

1979年9月，国际海事委员会(CMI)受国际海事组织(IMO)的委托，成立了专门小

① 司玉琢主编．海商法大辞典．北京：人民交通出版社，1998：17.

② 荷兰救助业较发达，当被救船有潜在污染损害时，往往遭到沿岸国禁止进港，无奈只好拖着被救船航行。

组，研究救助法律，起草救助公约草案。1981 年 5 月，公约草案在蒙特利尔通过，草案反映了救助方、保险人和保赔协会各方利益的妥协，有人称之为“蒙特利尔妥协案”（Montreal Compromise）。

1989 年 4 月 15 日至 28 日，IMO 召开外交大会，正式讨论通过了该公约草案，定名为《1989 年国际救助公约》。

该公约已于 1996 年 7 月 14 日生效，同时对我国生效。我国是该公约的缔约国，1993 年 12 月 29 日，经第八届全国人大第五次会议通过，我国加入了该公约，同时对公约第 30 条第 1 款（a）、（b）、（d）几项作了保留。

（二）《1989 年国际救助公约》的特点

《1989 年国际救助公约》除增加“特别补偿条款”外，还有如下主要特点：

1. 扩大了救助标的的范围

《1989 年国际救助公约》顺应了海上财产多样化的形势，扩大了救助标的的范围。主要表现在：

（1）船舶。《1910 年救助公约》把作为救助标的的船舶限制在海船或内河船的范围，而且内河船作为救助标的时，要求救助船必须是海船（第 1 条）。《1989 年国际救助公约》对作为救助标的的船舶，做了这样的定义：“船舶系指任何船只、船筏或任何能够航行的构造物”（第 1 条 b 项）。第 4 条第 1 款规定：“除一国另有规定外，本公约不适用于军舰或国家所有或经营的、根据公认的国际法准则在发生救助作业时享有主权豁免的其他非商业性船舶。”可见，《1989 年国际救助公约》对船舶未作任何限定，缔约国也可以将军舰或政府公务用船纳入公约的船舶范围，不过缔约国应将此事通知秘书长，并说明此种适用的条款和条件（第 4 条第 1 款）。船舶是个总概念，既可以是海船，也可以是内河船；既可以是大型船舶，也可以是小型船艇；既包括可航的船舶，也包括搁浅船、失控船、漂浮船或沉船。而且，从其第 1 条（a）项对“救助作业”的定义可以看出，公约对救助方也未作任何限定。这就是说，任何船舶都可以成为救助标的，任何人都可以作为救助人，未附以任何限制条件。为了使更多国家接受本公约，不致因扩大救助标的和救助人的范围而影响其加入，公约第 30 条允许各国在参加本公约时，对内河船舶间的相互救助和救助当事方中不涉及任何船舶的救助作出保留。由此可见，《1989 年国际救助公约》不仅扩大了作为救助标的船舶的范围，还扩大了救助方的范围，不再要求救助方必须在船上，也可以在船舶以外的任何地点进行救助作业。

（2）财产。《1910 年救助公约》的救助标的仅适用于船上财产。《1989 年国际救助公约》则扩大适用于船舶以外的任何海上财产，如浮船坞、浮筒、渔具以及飞机、坠落在海中的卫星等，均可成为救助标的。

《1989 年国际救助公约》排除了对“就位的从事海底矿物资源的勘探、开发或生产的固定式、浮动式平台或移动式沿海钻井装置”的适用（第 3 条），理由是救助此类财产需要专门的技术，如果救助不当，反而会造成更大的损失。援用此规定时，此种平台或装置必须同时满足两个条件：1）从事海底矿物资源的勘探、开发或生产；2）已就位。如果在海上移动时，则仍适用本公约。

运费属于海上财产，但租金并不属于运费，除非租船合同中有明确的规定。

《1989 年国际救助公约》将救助标的扩大到海上任何财产，且对救助方不作任何限制，使海上救助冲破了传统的模式——救助作业限制在船舶之间，而且其中一方必须是海船。

(3) 环境救助。《1989 年国际救助公约》的救助标的并未包括单纯地防止或减轻环境污损，但是如果救助方所施救的是可能对环境构成污损威胁的船货，环保因素便成了确定救助报酬的因素之一，并且是确定特别补偿的基础。从这个意义上讲，环境也成了救助的标的之一。

(4) 人命救助。人命救助属公法性质的救助。长期以来，人命救助一直作为救助的标的被订进救助公约，且是法定义务。《1989 年国际救助公约》仍沿袭了传统的做法。不同的是，在确定救助报酬时，该公约明确规定应考虑救助方在救助人命时所表现的技能和所做的努力。但是，不与财产救助同时发生的单纯人命救助仍不能请求救助报酬。

2. 扩大了公约的适用范围

《1910 年救助公约》第 15 条规定，公约仅适用于属于缔约国所有的救助船或被救助船。也就是说，救助的当事方之中必有一缔约国的船舶，否则公约就不适用。《1989 年国际救助公约》扩大了公约的适用范围，其第 2 条规定，"本公约适用于在公约成员国提起的有关本公约所辖事项的诉讼或仲裁"。这就意味着即使救助当事方都不是公约成员国所属的船舶，只要救助当事方的某一方在某一公约成员国境内提起诉讼或仲裁，本公约就对该救助当事方有约束力。

至于救助的当事方都是公约成员国，到非成员国提起诉讼或仲裁，因而排除对公约适用的可能性则很小。因为：(1) 救助的原告或申诉方往往是救助方，救助方不会有意规避对自己有利的公约而去非公约成员国寻求不利于自己的法律或不明的法律；(2) 即使是非公约成员国，也并非绝对不适用《1989 年国际救助公约》——这取决于该国的冲突规范。

公约适用范围的扩大还表现在适用水域的扩大。公约第 1 条对适用水域的规定是"可航水域或任何其他水域"。由于救助作业不要求一定在船舶之间进行，也不要求必有一方是海船，故"任何其他水域"可以是不与海相通的内陆水域，所以，本公约所指的救助不再仅指海上救助。

3. 公约增加了一些新条款

(1) 被救助方接受救助财产的义务。《1989 年国际救助公约》第 8 条第 2 款规定，当船舶或其他财产已被送到安全地点后，如救助方提出合理的移交要求，船舶所有人或其他财产所有人有接受此种移交的义务。此项规定是从保护救助方的利益出发，避免给救助方带来额外负担，被救财产所有人应及时接受获救财产，但这种接受是有条件的：首先，获救财产已被送至安全地点；其次，救助方有合理的移交要求。所谓合理，指对被救助方来说，这种移交是切实可行的；同时也说明救助方已获得某种形式的担保。

(2) 被救财产所有人提供担保的义务。《1989 年国际救助公约》第 21 条规定，被救助方应对救助方的索赔提供满意担保，并对获救船舶的所有人附加一项协助性义务，即尽最大努力保证货主提供担保。如果获救财产所有人未提供满意担保，救助方对获救财产享有留置权，这种留置权是占有留置。因救助报酬属船舶优先权，对于获救船舶本可不实行占有，但考虑下列情况，也可立即扣留获救船舶：1) 不立即扣船，唯恐该船再发生救助请求权或其他排列在该救助请求权之前的船舶优先权，影响该救助报酬的偿还；2) 船舶发生全损，使船舶优先权消灭。

(3) 被救财产所有人先行给付的义务。这是国际公约中第一次出现此项规定，该规定无疑对救助方的资金流转是有利的。《1989 年国际救助公约》第 22 条并没有规定先行给付的具体条件和数额，而是赋予有管辖权的法院或仲裁庭很大的自由裁量权：1) 根据案情决定是否做先行给付的裁定或裁决；2) 先行给付的数额没有统一规定，由法院或仲裁庭根据情况确定一公平合理的数额。如果被救助方已做先行给付，其所提供的担保应作相应的扣减。

（4）评定救助报酬的标准体现了鼓励救助方的宗旨。为了改善救助方的地位，并达到鼓励救助方的目的，《1989 年国际救助公约》第 13 条一开始就重申了这一立法宗旨，并在评定报酬标准方面，较《1910 年救助公约》有了重要变化，表现在救助方在防止或减轻环境污损及救助人命方面发挥的技能和作出的努力，也作为评定救助报酬的标准。

需要说明的是，《1989 年国际救助公约》最终能获得通过，是救助人、保险人、保赔协会之间相互妥协使各利益方达到新的平衡的结果。这种妥协体现在：救助报酬的确定体现鼓励救助，特别补偿最终提高到救助费用的两倍，救助人不再坚持更高的要求；保险人作出的让步是在救助报酬标准考虑了环保因素之后，将使报酬提高，特别补偿大于报酬的几率减小；保赔协会承诺最终承担两倍于救助费用的特别补偿。

专题研讨

一、中国《海商法》第九章是否是强制性规范

《海商法》第九章第 171 条规定："本章规定适用于在海上或者与海相通的可航水域，对遇险的船舶和其他财产进行的救助。"需要探讨的是，该章规定是属于强制性规范还是任意性规范？是否允许当事人通过合同条款，如 SCOPIC 条款［船东互保协会特别补偿条款（Special Compensation of P&I Clause-SCOPIC）］对其内容进行变更？

我们知道，除了极少数条款以及个别措辞上的差异，中国《海商法》第九章"海难救助"的实质内容基本上是《1989 年国际救助公约》的"翻版"。因此，研究公约中相关规定的性质对理解中国《海商法》第九章是有一定借鉴意义的。

《1989 年国际救助公约》第 6 条第 1 款规定："除合同另有明示或默示的规定外，本公约适用于任何救助作业。"这说明在一般情形下，公约对"合同自由"原则是认可的，当事人可以约定排除公约的适用。但是，该条第 3 款又进一步规定："本条不影响第七条①的适用，也不影响防止或减轻环境损害的义务。"因此，在《1989 年国际救助公约》下，公约第 7 条"合同废止与修改"（annulment and modification of contracts）以及公约下有关防止或减轻环境损害的义务是强制性的，不允许当事人在救助合同中做不同的约定；即使有不同的约定，也是无效的。这是为了坚持公平原则以及保护海洋环境而对"合同自由"原则所做的必要限制，除此之外的规定都应当是任意性的。

我国《海商法》第九章规定并未像《1989 年国际救助公约》那样承认"合同自由"原则，更没有对该章哪些条文是强制性规范、哪些是任意性规范作出明确规定，法律规定是否是强制性规范还是任意性规范需要从该条文本身的性质分析入手。因此，在司法实践中难免引起争议。不过，基于我国是《1989 年国际救助公约》的成员国，笔者认为，《海商法》第九章原则上也应当秉承"合同自由"原则。参照《1989 年国际救助公约》的做法，笔者认为《海商法》第九章中大多数条款都属于任意性规范，完全允许当事人在救助合同中做不同的约定。强制性规范主要有如下几条：（1）第 174 条"船长在不严重危及本船和船上人员安全的情况下，有义

---

① 《1989 年国际救助公约》第 7 条是关于"合同废止与修改"的规定，具体内容是，"如有以下情况，可以废止或修改合同或其任何条款：（a）在胁迫或危险情况影响下签订的合同，且其条款不公平；或（b）合同项下的支付款项同实际提供的服务不大相称，过高或过低。"

务尽力救助海上人命。”以及第185条规定的单纯人命救助对获救人员不得请求酬金。这些规定被普遍认为是一条公法性质的规定，属于强制性的规范当无疑义。(2) 第176条“有下列情形之一的，经一方当事人起诉或者双方当事人协议仲裁的，受理争议的法院或仲裁机构可以判决或裁决变更救助合同：(一) 合同在不正当的或者危险情况的影响下订立，合同条款显失公平的；(二) 根据合同支付的救助款项明显过高或过低于实际提供的救助服务的。”(该条对应的是《1989年国际救助公约》的第7条①。)(3) 第177条和第178条中规定的救助方与被救助方“以应有的谨慎防止或者减少环境污染损害”。(4) 第187条规定的救助方不当行为的后果以及第186条第2项被救助方明确合理地拒绝救助的权利。此外，第262条规定的海难救助的诉讼时效为2年，也应该是强制性规定。

通过以上分析可以得出，《海商法》第九章中除上述强制性条款外，其余条款基本应属于任意性规范。需要说明的是，如果当事人秉承“合同自由”原则订立的合同背离了海难救助构成要件的任何一个要件（参见本章基础知识二），都不构成适用本章的海难救助合同。② 只有在不改变海难救助构成要件的前提下，实行“合同自由”，方可适用本章规定。比如，通过在救助合同中并入SCOPIC条款的方式，取代第182条特别补偿条款，并没有改变海难救助的构成要件，应当承认其是有效的，该救助合同适用《海商法》第九章。

二、如何理解和判断财产处于危险中

(一) 危险是海难救助的前提，是构成海难救助的要件之一

全面理解这一要件，应把握如下几个方面的内容：

1. 危险必须发生在海上或与海相通的可航水域。我国《海商法》第171条明确规定，海难救助“适用于在海上或者与海相通的可航水域”，不与海相通的内陆湖泊发生的救助则不适用本章。③ 如果船舶在修造船厂中修理或建造时发生了火灾，则不属海难救助所指的危险，海难救助的法律关系即不能成立。

2. 危险必须真实存在或不可避免。船舶或其他财产只有存在真实危险，方有救助的必要，虚拟的危险不能海难救助。危险是否真实存在，是针对危险性质而言的，无须考虑危险性大小。只要对船舶或其他财产构成威胁，即使危险很小，同样能构成救助的要件，只不过要求采取的相应救助措施应以合理为限。比如，船舶在泥底水域搁浅，海面风平浪静，合理的救助措施应是等候潮水，先用自身动力设法脱浅，如不成功，再请第三者前来救助。如果在采取措施时危险尚未真实存在，但是不采取措施危险将不可避免，此种情况仍视为危险，可构成救助的要件。比如，1962年1月9日，灯塔附属船“雪梨”(Siren) 号被两艘拖船拖走，后因风力增大，拖船拖力不足，被置于途中。当时并不存在真实的危险，但如不及时拖走，几个小时后，

---

① 《1989年国际救助公约》第7条与我国《海商法》第176条稍有不同，即法院或者仲裁庭对救助合同的废除权在《海商法》中被取消了。

② 参见 (2016) 最高法民再61号。“加百利”轮海难救助合同纠纷再审案判决摘要，本案实际是雇佣救助，当事方约定，不论救助是否有无效果，被救方均应按救助船的马力小时支付费用。这背离了“无效果，无报酬”原则，不应适用第九章。

③ 《1989年国际救助公约》第1条第1款规定：“救助作业系指在可航水域或任何其他水域发生的为救助处于危险中的船舶或任何其他财产而采取的行为或活动 (Salvage operations mean any act or activity undertaken to assist a vessel or any other property in danger in navigable waters or in any other waters whatsoever)。”与我国《海商法》不同的是，公约所指的救助可以发生在“任何水域”，如在湖中救助。

泥土和礁石将露出水面，“雪梨”号势必坐浅，危险即为“不可避免”。因此，这种情况下的拖航属救助性质。

3. 危险要件不考虑起因。海难救助的危险不论是自然灾害，还是人为事故，或是潜在缺陷所造成的，都不影响海难救助的性质。即使是被救方的过失或故意造成的危险，也不影响救助方请求救助报酬的权利。而且，这里不要求危险必须对船货是共同的，仅船舶或货物存在危险即可。这一点与共同海损所要求的危险不同（参见第十章“共同海损”）。

（二）正确判断危险是实施海难救助的条件

判断危险的标准，关键在于合理性的认定。合理性并不要求危险“必定”（certain）发生，或者危险一定是“马上面临”（imminent），只要是客观、合理地去判断存在危险即可。有学者认为，对于危险是否存在的认定，有客观标准说和主观标准说。客观标准说认为，危险是以救助时船货是否处于客观危险状态为准，这是德国法律的观点。主观标准说认为，危险存在是以一个谨慎的船员经合理的审查并决定接受救助的危险程度为准，这是英美法律的观点。这种观点强调船员对危险存在的态度，强求船员的主观正确认识，具有较大的不确定性，比较而论，客观标准认定明了，易于采用。为鼓励海难救助，德国法的客观标准说较佳。所以，如果存在真正的危险，而船长拒绝救助，但最终救助人还是成功地进行了救助，也可以获得救助报酬。英国法下并不是完全严格的主观标准，例如，在 1902 年 The Auguste Legembre 案中，一艘失去动力的船舶在海上漂浮，当时天气良好，也不必担心碰撞，法官仍认定它存在真正的危险。因为海洋环境虽然暂时不影响船舶安全，但一旦搁浅肯定会导致危险的最终发生。另外，在 1999 年的 The Pa Mar 案中，情况类似，船舶因发电机问题而失去动力，Clarke 法官判决船舶当时虽已在红海抛锚，也没有走锚，但船舶仍面对风浪的危险，加上它是无期限地失去动力，故救助人证明船舶仍在险境，救助是必需的。同年，The St. John 案再次表明了英美法的这一立场。该船在靠泊时被大风吹断尾缆，使船尾漂往一立灯标，一拖轮“Hamtum”赶到，把船尾拖往深水，事后要求救助报酬。法官判决危险不大，但仍宽松地认定这是海难救助。

笔者认为，判断危险是否存在，首先是船长凭自己的直觉、经验作出主观判断，救助人的判断也是主观的，双方站在各自的立场上作出的判断，难免带有片面性。当发生矛盾时，应以一个第三人（理性人）的角度去作出价值判断。因此，合理性的认定标准应该先以被救助方当时主观上认为危险存在与否作为标准，如果当事人有争议，再以一个客观理性人的认识为标准。

需要说明的是，上述主客观标准只有在危险不明显、不紧急的场合适用。明显的危险不需要经过合理性的判断，紧急的危险只能由船长作出主观的判断。

应用主客观统一的标准进行判断的优点在于：合理性经过了两次应用，对危险性的主观认定，又进行一次客观判断，弥补了仅使用一个标准带来的片面性，也可以鼓励海上救助，更好地维护当事双方的合法权利。

当然，主客观统一标准需要经过实践检验，证明其是否可行。

三、如何理解救助的自愿原则

如上所述，自愿原则是海难救助的构成要件之一，是指救助方或被救助方在发生救助法律关系时或在救助过程中，其作为或不作为完全出于自愿。自愿救助的根本特征在于无法定义务而自愿实行和接受救助的一种意思表示。该意思表示具有以下几个特征：第一，该意思表示是在船舶发生危险时或救助过程中作出的，如果在船舶发生危险前约定，则不属于自愿的范畴，而是义务救助的表现；第二，该意思表示要符合要约和承诺的一般规定；第三，该意思表示的形式除法律有规定外，采取口头或者书面方式均可（但也有学者认为，自愿救助双方当事人无须签订任何救助协议）；第四，作出该意思表示的救助方应该没有法定或者约定的救助义务。

（一）公法上的救助义务

公法上的救助义务是指救助方负有法律上规定的救助义务，如《1910 年救助公约》第 11 条规定，“对于海上发现的遭遇生命危险的每一个人，即使是敌人，只要对其船舶、船员和旅客不致造成严重危险，每一船长都必须施救。船舶所有人对违反前款规定的事项，不承担责任”。我国《海商法》第 166 条第 1 款规定，“船舶发生碰撞，当事船舶的船长在不严重危及本船和船上人员安全的情况下，对于相碰的船舶和船上人员必须尽力施救”。此外，对公共事务具有管理和监督职责的机构和部门，如港口当局、海事局、海岸警卫队、消防队和军队等，它们的职责一般是行使行政管理职能，它们实施救助能否取得报酬取决于各国国内法的规定。如《日本海难救助法》第 13 条规定，不得获得救助报酬，但可以得到合理补偿；我国《海商法》第 192 条规定主管当局参加的救助可以获得救助报酬（详见本章专题研讨“九、如何理解《海商法》第 192 条主管机关从事或控制的救助”）；英国 1947 年《皇家程序法》（Crown Proceeding Act）也规定，海军可以像一般救助人一样索取救助报酬。

消防队员扑灭船上火灾是否属救助行为，国际公约对此没有明确规定。对此，有两种不同观点：一种观点认为，港内船舶着火应同陆上财产着火一样，均属消防队的法定义务，无权请求救助报酬；另一种观点认为，即使对停泊在港内的失事船舶提供灭火或其他服务，也应区别对待。如果火灾仅危及岸上安全，消防队员灭火属履行法定义务，无权请求救助报酬。如果火灾仅危及船货安全，《海商法》第 192 条规定，“国家有关主管机关从事或者控制的救助作业，救助方有权享受本章规定的关于救助作业的权利和补偿”，消防队从事了救助作业，有权请求救助报酬。笔者倾向于后一种观点。也就是说，消防队员灭火的主要是为了公共利益，还是为了解除船舶危险，如果是前者，就不属于海难救助，无报酬请求权；如果是后者，则属于海难救助，消防队员有报酬请求权。实践中，船舶在港内着火，往往同时危及船货和岸上安全，同一灭火行为，具有两种不同性质，有时难分薄重，遇到此种情况，笔者倾向于由法庭或仲裁庭确定。

（二）私法上的救助义务

私法上的救助义务是指救助双方在救助关系成立前就存在着私法上的权利义务关系，一方具有救助另一方的义务。该类私法上的义务最多表现在合同的约定中。例如，在拖带合同中一般规定拖方有救助被拖方的义务。当然，如果拖带风险超过双方订立拖带合同时可以预见的风险，则可以转化为救助。

一方先行行为致使另外一方处于危险境地，因其须对先行行为带来的法律后果负责，则具有救助义务；一方的过错或者故意造成另外一方处于危险境地，则同样不属于自愿救助，因为这是法律规定它必须进行救助的义务。

除拖带合同以外，合同约束的救助，还包括如下几种：

1. 遇难船船员救助本船。因为雇佣合同赋予船员对本船及船上财产安全有救助的义务，因而不发生报酬请求权。[①] 但是，如果根据雇佣合同或国家法律规定，因海难事故而使雇佣合

① 我国《海商法》第 186 条第 1 款规定，正常履行拖航合同或者其他服务合同义务的，不产生救助报酬。

同终止，船员再救本船，就有报酬请求权。[①] 在"San Demetrio"案中，船长宣布弃船后，两位船员回船将火扑灭，是否有权请求救助报酬？[②]

答案应该分两种情况：(1) 如果法律规定，船长宣布弃船，船员的雇佣合同就此结束。那么，船员再回到船上救火，这是一种纯救助的行为，有效果就有权请求救助报酬。(2) 如果本案适用的法律规定即使船长宣布弃船，船员的雇佣合同并不自然解除，则船员参与救助，已超出正常的工作范围，应有报酬请求权，但在报酬计算上与前者应有所区别。因为后者仍然有工资所得，而前者已经失去了其工资所得。因此，两者均可成立海难救助，但是其计酬金额应加以区别。

2. 引航员在履行其职责范围内的救助。引航员执行引领任务，因引领疏忽等原因造成船舶遇险，如搁浅等，引航员采取脱险措施，这是他履行引领职责内的义务，无权请求救助报酬；只有在无过失的情况下，又参与了引领工作之外的救助工作，方有权请求救助报酬。《海商法》第 186 条规定，"下列救助行为无权获得救助款项：(一) 正常履行拖航合同或者其他服务合同的义务进行救助的，但是提供不属于履行上述义务的特殊劳务除外……"。

3. 遇难船上的旅客救本船。旅客救助是否有权请求救助报酬？如何解决这个问题不够明确。一般认为，旅客无权请求救助报酬，原因是旅客对船舶的航行安全同样负有义务，这是旅客运输合同所要求的。但是，当旅客运输合同因海难而终止后，旅客已逃至岸上（或被救上他船）或者有机会优先离开遇难船保全自己生命，却仍回到或仍留在遇难船上提供救助，或旅客提供的服务已经超出了一般旅客所应承担的义务，例如利用专业技能修好主机等，此时应有救助报酬请求权。

因而，要理解救助的自愿原则必须从它的构成要件出发，综合考虑遭遇海上危险当时的具体情况，作出准确判断。

四、如何理解救助效果

救助效果是请求救助报酬的构成要件之一，关系到救助报酬的支付。对救助效果的认定因救助对象的不同而不同。

（一）人命救助

海难救助标的通常认为不包括人命。但仔细研究会发现，广义的救助理论认为，人命应当包括在救助标的之中，继而出现所谓的"绝对承认说"和"相对承认说"。两种学说都认为，人命救助虽说是一项国际人道主义的义务，也是法定义务，但不能因此剥夺救助人的救助报酬请求权。两说的分歧主要在于是否承认救助报酬请求权的独立性。我国《海商法》第 185 条规定："在救助作业中救助人命的救助方，对获救人员不得请求酬金，但有权从救助船舶或者其他财产、防止或者减少环境污染损害的救助方获得的救助款项中，获得合理的份额。"这一规定是基于《海商法》第 180 条，确定救助报酬时要考虑救助方在救助人命方面的技能和努力。

---

① 《海员协议条款公约》第 10 条规定："凡订明一次航程或有定期或不定期的协议，如遇下列情况，应属当然终止：……（c）船舶灭失，或完全不适航。"交通运输部国际合作司编写．国际海事条约汇编．第 7 卷．大连：大连海运学院出版社，1994：7.

② The "San Demetrio" (1941) 69 Ll. L. Rep 5. The "San Demetrio" was on fire after being attacked by an enemy raider in 1940 in the South Atlantic. The vessel was abandoned on the master's order. Some of the crew boarded her two days later and extinguished the fire. They brought her safely to a Scottish port.

从这两条规定可否认为救助了人命也是有救助效果呢？能否进而认为，在我国目前法律下，采用的是“相对承认说”？

笔者认为，人命救助不属于海难救助的范畴，因此人命也就不是海难救助的标的。虽然法律规定可以酌情给予报酬，但仅仅是出于道义上的考虑而给予对救助人的奖励。重要的是，对人命救助的被救人来说，不产生私法上的债权债务关系。

（二）财产救助

海难救助有效果，核心是指通过救助使遇险的海上财产转危为安。例如把搁浅的船只拖至安全的避难港，如果船舶所有人不在避难港作出永久性修理，而是安排到另一港口进行修理，那么，救助人把船舶救至安全的避难港就算是有效果。至于再到另一港口，途中又遭遇危险，那是又一次救助。如果在途中船舶灭失，也不影响在前次救助中可以获得的救助报酬。

正确理解救助效果，应把握以下几个方面：

1. 救助效果指的是一次救助行为的最终效果（ultimate outcome）。例如把船舶拖离危险地，但是在到达安全港的过程中沉没，该救助就不能认为有效果。

2. 救助效果可以是部分海上财产获救。例如部分货物获救，而部分货物灭失，根据救助报酬不得超过获救财产的价值原则，该救助报酬不能超过该部分获救财产的价值。但是，并不需要将所有的遇险财产全部安全地救助才算是有救助效果。

3. 救助效果不一定是要有形的，只要它对最终的救助效果作出了实质性贡献即可。例如，一船遇险，另外一船守护在旁边，直到该船获救，通说认为该守护船也可获得部分救助报酬。1955 年英国“The Rene”一案中，救助方最终没有救助成功，反而因为救助方的过错致使两船形成碰撞的危险局面。法官认为虽然救助方在本案中不能获取报酬，但是如果该船没有过错的话，即使最终该财产不是该船救助成功的，也可以获得救助报酬。

4. 救助效果指的是实质性效果。在 1921 年英国“The Tarbert”一案中，救助人试图把一艘下沉中的船舶拖上浅滩，但船舶最终全损。船舶沉没在浅滩，方便了把 17 000 英镑的船上货物捞救上岸，但货方证明即使沉没在深水处，打捞出货物的费用仍是一样的。因此，Hill 法官认定该救助没有效果，救助方不能获得报酬。①

（三）环境救助

为了鼓励救助人对构成环境污染损害危险的船舶或船上货物进行救助，《1989 年国际救助公约》和我国《海商法》对此都作了特别规定。根据该规定，救助人可以获得特别补偿的先决条件是对造成环境污染损害威胁的船舶或者船上货物进行了救助。另外，该救助不一定要有实际效果，如果救助确实防止或减少了环境污染损害，可以增加特别补偿的数额，但是，在任何情况下，增加部分不得超过救助费用的 100%。

该规定的问题在于：环境救助是属于我们通常说的“无效果，无报酬”意义上的救助，还是此种救助的例外情况。我国大部分学者认为，这仅仅是海难救助的一种例外情况。但是，笔者认为，承认环境救助是海难救助的一种并不会破坏传统“无效果，无报酬”救助的法律体制。首先，如果实行了环境救助，没有对环境取得实质上的救助效果，但是，被救助方的财产得到了救助，对于此种情况，特别补偿一般不会超过救助报酬，没有支付特别补偿的问题，但

① 对此案会有争议之处是，船舶沉没在深水处打捞货物的费用与沉没在浅滩上的船舶捞救货物的费用不可能一样，前者大于后者，应该认定脱浅救助还是有一定效果的。

救助报酬的数额还是要考虑环境因素（《海商法》第 180 条第 2 项），可以认为是对财产救助作出了贡献或者提供了利益，是一种无形的救助效果。其次，如果防止或减轻了环境损害，有可能支付特别补偿，自然可以视为救助有效果，获得报酬或补偿是理所当然的。当然，要把环境救助纳入传统海难救助的范畴，需要在定义上扩展海上财产的定义，将环境纳入海上财产的范围。再次，《1989 年国际救助公约》第 1 条第 4 款明确规定了“环境损害”（danger to the environment），从而对“防止或减轻环境损害赔偿责任”作了详尽规定。据此，可以认定“防止或减轻环境损害的责任”即“环境责任”已成为现代海难救助的新标的。环境责任无疑是责任的一种，这为责任救助概念的确立和承认打开了一个缺口，救助人、船东互保协会、保险人等各方为特别补偿条款所作的妥协，就是围绕环境责任达成的。

总而言之，传统海难救助的救助效果是指对于海上财产的救助效果。当环境成为海难救助的新标的之后，救助效果同样应该包括对环境责任的救助效果，这是海难救助法律制度发展的新标志。

五、SCOPIC 条款的产生与应用

（一）《1989 年国际救助公约》第 14 条产生的问题

《1989 年国际救助公约》的救助报酬（第 13 条）和特别补偿（第 14 条）条款（也称“安全网条款”）提出后，在具体操作过程中，产生了许多问题：首先，特别补偿的计算方式特别复杂，以至于有两起大案分别耗费了 4 年和 6 年时间。其次，特别补偿的起止时间不够明确。尽管有“长崎精神”（Nagasaki Spirit）案件所确立的标准，即计算特别补偿的起止时间自威胁产生之时起至救助作业结束时为止，但问题远没有解决。该案的判决将“环境损害威胁”的举证责任推给了救助人，这种苛刻的要求使救助人难以接受。再次，救助人取得被救助人的担保困难重重。这些问题引起了船舶所有人、互保协会以及救助人的关注。

互保协会担心“安全网条款”的设立，可能会使自己及船舶所有人在救助人故意拖延工作时间，或者财产保险人推迟认定船舶推定全损时，处于无法控制局面的境地。

救助人则担心特别补偿条款仅在有环境损害威胁，由其证明后才适用，从而对自己很不利。而且，该条款不适用于沿海、内河及其相邻水域之外的地方，其适用范围存在地理上的局限性。

由于上述原因，“国际救助联盟”（International Salvage Union，ISU）、国际船东互保协会集团（International Group of P&I Club）、财产保险人（Property Underwriter）与国际航运公会（International Chamber of Shipping）四方代表协商一致，最终产生了“船东互保协会特别补偿条款”（Special Compensation of P&I Clause—SCOPIC），这是一个既能加快海难事故处理速度，又能减少特别补偿法律争议的新机制。在该机制下，SCOPIC 酬金取代了《1989 年国际救助公约》下的特别补偿，而且该酬金的计算一律以附件 A 中所确定的费率为准，从而避免了《1989 年国际救助公约》下关于“合理费率”的法律争议以及烦琐程序。

需要注意的是，这里的“特别补偿”不同于第 14 条的特别补偿，这里不要求船货一定要对环境构成损害威胁。虽然 SCOPIC 不能改变法律，但救助当事方可以选择适用含有 SCOPIC 条款的救助合同来规避《1989 年国际救助公约》第 14 条的烦琐规定，较好地解决了上述实际问题。SCOPIC 条款已于 1999 年 8 月正式使用，经过 2 年的试用后，拟入 LOF 格式，互保协会将向其成员船舶所有人推荐使用该条款。

（二）SCOPIC 条款的主要内容①

1. 救助方可在其选择的任何时间书面通知船舶所有人使用SCOPIC条款，无须考虑当时情况，尤其无须考虑船货是否有“损害环境的威胁”。SCOPIC酬金自书面通知到达船舶所有人处时起算。

2. 船舶所有人应在收到SCOPIC条款书面通知后2个工作日内，向救助方提供银行或互保协会的满意担保，担保数额为300万美元，包括利息和费用（称为“最初担保”）。

3.“最初担保”提供后，经合理计算，认为担保数额不足或超出SCOPIC酬金的，当事方可重新协议，增加或减少担保数额。如就担保人、担保形式、增加或减少担保额不能达成协议，就此有关的任何争议都应提交仲裁解决。

4. 如果船舶所有人未在2个工作日内提供担保，救助方可在通知船舶所有人后，撤销使用SCOPIC条款。此时，《1989年国际救助公约》第14条的特别补偿条款恢复其效力。

5. SCOPIC酬金按给出的费率表计算，其应得费用总和包括：人工、拖轮和其他船艇、可携式救助设备、实际支付的费用及应付奖金。②

6. 即使救助的当事方就SCOPIC条款已达成协议，也不影响按《1989年国际救助公约》第13条计算救助报酬，且SCOPIC酬金仅在高出救助报酬时，支付其高出部分。

7. SCOPIC酬金高出第13条救助报酬的部分不应列为共同海损费用，应由船舶所有人单独承担。

8. 任何因使用SCOPIC条款或因适用此规定的救助作业而产生的争议，应依主协议的规定提交仲裁解决。

（三）关于SCOPIC酬金的具体计算

1. 起算时间

SCOPIC条款第2条明确规定：“SCOPIC酬金自书面通知到达船舶所有人处时起算，于上述书面通知到达以前提供的服务不得依据本SCOPIC条款获得酬金，但可依据已并入主协议的公约第13条获得救助报酬。”

因此，救助合同虽然在订立时已经明确并入了SCOPIC条款，但该条款的生效是附带条件的，只有在所附带的条件成就时，即履行了通知启用的义务后SCOPIC条款才能产生法律效力。

2. 人员、船舶及设备的实际使用时间

在计算SCOPIC酬金的时候，原则上应以在整个救助过程中各种人员、船舶以及设备的各自实际使用时间为准，不过，启用SCOPIC条款的书面通知到达船舶所有人处之前，救助人提供的服务不在此限。

关于人员、船舶及设备的实际使用时间，是计算SCOPIC酬金的基础。因此，需要救助人提出充分的证据予以证明。

3. 奖金

在SCOPIC条款下，“奖金”是SCOPIC酬金的一个必然的组成部分。因为该条款第5条第1款规定：“SCOPIC酬金指下列项目按费率表计算所得费用的总和：人工、拖轮和其他船艇、可携式救助设备、实际支付的费用以及应付奖金。”③

该条第4款规定：“除上述所列费用外，服务提供方还有权获得相当于这些费用25%的一

① SCOPIC条款的详细内容，请参见中国海商法年刊，2000，400-414。

② 中国海商法年刊，2000：405-412：费率表附件A、B、C。

③ 英文原文：(i) SCOPIC remuneration shall mean the total of the tariff rates of personnel; tugs and other craft; portable salvage equipment; out of pocket expenses; and bonus due。

个标准奖金，但如果第5条第3款（b）项述及的实际支付的费用超过了按附件A中适用的费率计算的费用，服务提供方有权获得奖金可使其总收入达到下列数额：（a）这类人力、拖轮、其他船艇或设备的实际花费加上附件A中的费率计算的费用的10%，或（b）这类人力、拖轮、其他船艇或者设备按附件A中的费率计算的费用加上该费用的25%，取二者较高者。”①

（四）关于SCOPIC酬金与救助报酬之间的关系

在《1989年国际救助公约》以及我国《海商法》下，特别补偿与救助报酬不是相互孤立存在的，而是相互联系、相互影响的。同样的，替代特别补偿的SCOPIC酬金与救助报酬之间也是密切关联的。但是，需要指出的是，由于SCOPIC酬金在其适用条件、计算方法以及起止时间方面都不同于《1989年国际救助公约》以及我国《海商法》下关于特别补偿的规定，因而，SCOPIC酬金与救助报酬之间的关系，在SCOPIC条款中被重新进行了界定，从而在各利益方之间形成了一个新的平衡。二者之间的关系，主要可总结为如下三点：

第一，如果救助报酬大于“最高SCOPIC酬金”的话，根据SCOPIC条款第7条的规定，其差额的25%将从救助报酬中扣减。具体而言，扣减总额将由各被救方按其应支付的救助报酬的比例受益。

这里的“最高SCOPIC酬金”指的是假设从救助服务的第一天起即援用SCOPIC条款所能计算出来的酬金。

第二，如果救助报酬小于“实际SCOPIC酬金”的话，根据SCOPIC条款第6条的规定，由船舶所有人负责支付差额部分。

这里的“实际SCOPIC酬金”指的是救助方根据SCOPIC条款第2条发出的援用该条款书面通知到达船舶所有人处时起算得出的酬金。

第三，如果救助报酬大于“实际SCOPIC酬金”，但小于“最高SCOPIC酬金”，则按《1989年国际救助公约》或我国《海商法》计算出来的救助报酬维持不变，船舶所有人也不需要支付SCOPIC酬金。

因此，就一具体救助案件，被救助人是否需要支付SCOPIC酬金，必须计算出：

（1）最高SCOPIC酬金；

（2）实际SCOPIC酬金；

（3）救助报酬。

三者的关系如下表：

关系	SCOPIC酬金	救助报酬
救助报酬>最高SCOPIC酬金	无支付	救助报酬扣减差额部分的25%
救助报酬<实际SCOPIC酬金	支付差额	不变
实际SCOPIC酬金<救助报酬<最高SCOPIC酬金	无支付	不变

（五）我国沿海救助合同并入SCOPIC条款的效力问题

1. 关于SCOPIC条款是否有效并入救助合同

我国沿海救助合同是指没有涉外因素的救助合同，不论救助合同采用的是LOF2000标准

① 英文原文：(iv) In addition to the rates set out above and any out of pocket expenses, the Contractor shall be entitled to a standard bonus of 25% of those rates except that if the out of pocket expenses described in sub paragraph 5 (iii) (b) exceed the applicable tariff rates in Appendix “A” the contractor shall be entitled to a bonus such that he shall receive in total. (a) The actual cost of such men, tugs, other craft and equipment plus 10% of the tariff rate, or (b) The tariff rate for such men, tugs, other craft and equipment plus 25% of the tariff rate Whichever is the greater.

救助合同还是中国海事仲裁委员会的标准救助合同，是否有效地将 SCOPIC 条款并入了救助合同中，是实践中首先要回答的问题。

我国《合同法》第 4 条规定："当事人依法享有自愿订立合同的权利，任何单位和个人不得非法干预。"这正是"合同意思自治"原则的法律确认。因此，在判断 SCOPIC 条款是否有效地并入救助合同时，应对"意思自治"原则予以尊重。如果救助当事方就 SCOPIC 条款，包括其附件 A 的并入协商达成一致，则应当承认其有效并入，SCOPIC 条款及其附件 A 成为了救助合同不可分割的一部分。

2. 关于 SCOPIC 条款附件 A 约定的各种费率是否具有法律约束力

虽然 SCOPIC 条款及其附件 A 有效地并入了救助合同之中，但并不意味《海商法》第 176 条不再适用。《海商法》第 176 条赋予法院以及仲裁庭在一定条件下变更救助合同的权力，包括变更 SCOPIC 条款及其附件 A 的内容。该条规定："有下列情形之一，经一方当事人起诉或者双方当事人协议仲裁的，受理争议的法院或者仲裁机构可以判决或裁决变更救助合同：（一）合同在不正当的或者危险情况的影响下订立，合同条款显失公平的；（二）根据合同支付的救助款项明显过高或者过低于实际提供的救助服务的。"

需要指出的是，附件 A 所规定的费率，基本上能够反映航运发达国家中救助人通常发生的合理成本费用。并且，为了尽可能与市场情况保持一致，有一个专门的委员会定期对该价目表进行审核、修改。

毫无疑问，由于国内外劳动力成本以及物价等方面的差距，按 SCOPIC 条款附件 A 费率计算出来的结果将远远超出我国国内救助作业的合理成本费用。因而，将附件 A 中的费率直接应用到我国沿海救助活动中，将使"SCOPIC 酬金"的计算基础偏离救助成本费用，从而偏离了"SCOPIC 酬金"所具有的"安全网"作用，也与制定 SCOPIC 条款的初衷不符，在实践中会产生不合理的后果。在这种情况下，法院或仲裁庭有权依据《海商法》第 176 条的规定，根据合同支付的救助款项明显高于实际提供的救助服务的，变更救助合同。

鉴于我国《海商法》目前在旅客人身伤亡和海事赔偿责任限额的计算上，实际上存在着国际和国内两种不同标准，对于 SCOPIC 条款的 A 附件也应有所区别，无涉外因素的海难救助，可考虑在《中国海事仲裁委员会救助合同》下，补充相对独立的"中国船东互保协会特别补偿条款"（见本章专题研讨"六、中国沿海救助运用 SCOPIC 条款时存在的缺陷"）。

六、中国沿海救助运用 SCOPIC 条款时存在的缺陷

在中国无涉外因素的救助作业中，如果救助方与被救助方协商一致将 SCOPIC 条款并入救助合同之中，如本章前一专题分析，这种约定在中国法下将是有效的。但是，法律上的有效并不等于商业上的有效率，更不意味着 SCOPIC 机制在中国真正得到了实现。其实，国内沿海救助在运用 SCOPIC 条款时，还存在着一些不容忽视的问题，这些问题的存在直接影响了 SCOPIC 条款发挥其应有的作用。

（一）问题一：缺乏"船东事故代表"机制

国内援用 SCOPIC 条款的实例表明，救助方与被救方一般仅约定将 SCOPIC 条款及其附件 A 并入，而对附件 B 与附件 C 则予以忽略。此种做法是否妥当？对 SCOPIC 条款所精心构筑的体制又会产生怎样的影响？这些都是我们需要考虑的问题。

SCOPIC 条款设计了一套完整的制度来取代《1989 年国际救助公约》（第 14 条）及中国

《海商法》（第 182 条）下的特别补偿条款，该制度主要由 SCOPIC 主条款和 A、B、C 三个附件组成。其中，附件 A 是关于费率方面的规定，附件 B 是关于“船东事故代表”（SCR）的规定，附件 C 是对“特别代表”的规定。附件 B 与附件 C 并不是可有可无的条款，而是 SCOPIC 完整机制中不可分割的一部分。①

附件 B 的“船东事故代表”制度是基于船东互保协会的利益诉求而有意设计的。在《1989 年国际救助公约》推出特别补偿制度以来，船东互保协会一直认为它们不能充分了解救助作业是如何进行的，以致可能会影响到它们的利益。具体而言，船东互保协会担心救助方可能为了获得更多的特别补偿而故意拖延工作时间，财产保险人也可能推迟认定船舶构成推定全损(constructive total loss)，从而使救助时间延长，而船东互保协会根本无法控制此类情况的出现。待救助活动结束后，由于时过境迁，救助方究竟在救助过程中投入并实际使用了多少人工、船艇、救助设备、燃料、物料等事实问题，当事人往往都很难举证，合理与否就更难断定。如果存在“船东事故代表”机制的话，按附件 B 的设计，船东互保协会所担心的上述问题就迎刃而解了。因此，委派船东事故代表对船东互保协会来说非常重要，这是它们能够接受 SCOPIC 条款的一个重要条件。根据附件 B，船东事故代表将发挥如下作用：

1. 船东事故代表对海难救助全过程实行监控，并确认救助人每天的救助工作；

2. 救助长有义务向船东事故代表递交每日报告，该报告应包含救助计划，事故现场及周围情况，救助作业的进度，当天使用的人力、设备、拖轮和其他船艇等；

3. 船东事故代表收到每日报告后，要及时向劳合社、船舶所有人及国际保赔协会等各方发送报告副本；

4. 船东事故代表还要制作《最终救助报告》，该报告应列有他知道的救助作业的事实情况，救助方雇佣的进行救助作业的拖轮、人工和设备，救助方可能有权获得的 SCOPIC 酬金计算，等等。该报告构成解决 SCOPIC 酬金争议的基础。

然而，如上所述，在中国沿海对国轮的救助中，往往忽略了附件 B 的并入，被救助船舶所有人并不委派“船东事故代表”，更谈不上具体实施附件 B 所规定的各项职责。进一步分析还可发现，即使附件 B 被并入救助合同中，“船东事故代表”机制要真正得以实施，在操作层面上也存在问题。根据 SCOPIC 条款附件 B 规定，船东事故代表必须从“SCR (Shipowner's Casualty Representative) 委员会”中选择，而该委员会由下列人员组成：3 名来自国际保赔协会集团的代表，3 名来自国际救助联盟的代表，3 名来自国际海上保险联盟的代表，3 名来自国际航运公会的代表。一个很现实的问题是，中国救捞公司是国际救助联盟的成员，但中国船东互保协会却不是“国际保赔协会集团”的成员，中国的财产保险公司也非“国际海上保险联盟”的成员，中国的船舶所有人显然不能从“SCR 委员会”中委派船东事故代表。

综上，在中国无涉外因素的救助作业中，虽然当事人协商引入了 SCOPIC 条款，但是，此种引入是不完整的，其所导致的后果是，SCOPIC 条款所精心设计的完整机制被打破了。单纯地引入 SCOPIC 主条款及规定费率的附件 A，而忽视附件 B 与附件 C 的做法，使 SCOPIC 条款在一定程度上失去了各利益方所达成妥协的平衡点，尤其是“船舶事故代表”机制的缺失，使

① 相对而言，附件 B 所规定的“船东事故代表”机制可能更为重要一些，故本文仅对此项机制的缺失进行必要的分析。

船东互保协会无法了解及监控救助活动，这对最终需要承担 SCOPIC 酬金的船舶互保协会来说是不公平的。

（二）问题二：缺乏救助方、船东互保协会与财产保险公司之间的合作机制

众所周知，被救方需要支付的救助报酬及 SCOPIC 酬金，最终是由其财产保险公司及船舶互保协会承担的，如果没有救助方、船东互保协会与财产保险公司之间的诚意合作，SCOPIC 条款将无法发挥其应有的作用。因此，SCOPIC 不仅是一个海难救助的合同机制，更是一个各利益方之间的合作机制，各方通力合作是 SCOPIC 机制真正发挥作用的一个重要保障。在 SCOPIC 的架构下，除了 SCOPIC 主条款与 A、B、C 三个附件外，还有两个重要的行动守则，即《国际救助联盟与国际船东互保协会集团行动守则》（以下简称《守则一》）以及《国际船东互保协会集团和伦敦财产保险人关于支付 SCOPIC 船东事故代表的服务费和开销行动守则》（以下简称《守则二》）。虽然这两个行动守则仅仅是"君子协定"，并无法律上的约束力[①]，却是 SCOPIC 构建的海难救助机制所不可或缺的。

例如，SCOPIC 条款规定船舶所有人应在收到救助方援用 SCOPIC 条款的书面通知后 2 个工作日内提供 300 万美元的担保，否则，救助人有权撤销其援用，从而恢复至《1989 年国际救助公约》的特别补偿。所以，担保的及时提供直接关系到 SCOPIC 条款的适用，于是，《守则一》第 4 条确认船舶互保协会愿意为 SCOPIC 酬金提供充分担保。再如，SCOPIC 条款规定，在救助方援用 SCOPIC 条款后，船舶所有人可随时终止 SCOPIC 的适用。为避免该条被滥用，《守则一》第 8 条又特别规定："在依据并有 SCOPIC 条款的劳氏救助合同进行救助作业的情况下，船东互保协会应通知船舶所有人若无合理理由不得行使 SCOPIC 第 9 条第（Ⅱ）款规定的合同终止权。"

但是，我国适用 SCOPIC 条款，目前显然不存在上述合作机制。从这个角度来看，即使救助方与被救方同意将 SCOPIC 条款并入救助合同，而且被援用，但是否可以达到预期效果有待保险人与保赔协会是否能够通力协作。

（三）问题三：关于附件 A 所规定的费率标准

SCOPIC 条款附件 A 所规定的各种费率，在国内曾引起较大的争论。此费率是根据西方发达国家救助市场的基本情况而定的。一个不容忽视的现实是，中国还是一个发展中国家，国内外劳动力成本、工资水平以及物价等方面的差距客观存在。因此，在发达国家看来合理的费率，在中国沿海对国轮的救助是否依然合理就需要打一个问号了。很明显，附件 A 中所规定的人工费率远高于中国的实际情况。附件 A 中的其他各种费率标准即使与中国沿海市场的合理费率相差无几，仍应该承认，我们还存在管理水平、技术水平和工作效率上的差异。在这种情况下，使用 SCOPIC 费率标准，有可能会出现救助款项过高的情形，从而违背 SCOPIC 条款的宗旨。因为 SCOPIC 条款本质上依然是一个"安全网条款"，具有补偿性质，而绝非一个力图使救助方获得高额利润的机制。

为了解决中国沿海救助运用 SCOPIC 条款存在的缺陷，可考虑在《中国海事仲裁委员会救助合同》下补充相对独立的"中国船东互保协会特别补偿条款"。

"中国船东互保协会特别补偿条款"适用于一切没有涉外因素的沿海救助活动。其主要内

① 参见《国际救助联盟与国际船东互保协会集团行动守则》第 11 条；《国际船东互保协会集团和伦敦财产保险人关于支付 SCOPIC 中船东事故代表的服务费和开销行动守则》第 3 条。

容应当包括：

1. 参考 SCOPIC2000 之规定，包括 A、B、C 三个附件以及两个守则——《守则一》以及《守则二》，构建一套完整的特别补偿机制。

2. 坚持“安全网”宗旨。基于中国国情，在考察沿海市场费率的基础上，设计合理的费率。总的来说，费率标准应比 SCOPIC2000 附件 A 的标准适当降低。随着经济的发展，逐步提高。

3. 构建“船东事故代表制度”，并设立“船东事故代表委员会”，建议该委员会由下列人员组成：来自中国船东互保协会的代表；来自救助打捞局的代表；来自国内财产保险公司的代表；来自国内船公司（和保赔协会）的代表。

七、SCOPIC 条款给《海商法》救助一章带来的变化

SCOPIC 条款取代《1989 年国际救助公约》的特别补偿条款后，给救助一章带来了细微的变化，我国《海商法》海难救助一章是参考《1989 年国际救助公约》起草的，因此，研究并准确把握这些变化，对正确实施海难救助的法律制度是有意义的。

变化一：SCOPIC 酬金取代了《海商法》下的特别补偿。

SCOPIC 酬金是指在 SCOPIC 条款下救助方有权获得的人工、拖轮和其他船艇、可携式救助设备、实际支付的费用以及应付奖金的总和。

SCOPIC 条款第 1 条“总则”① 开宗明义：《1989 年国际救助公约》第 14 条第 1 至 4 款所确定特别补偿的方法将被 SCOPIC 条款所规定的方法取代，而且一旦 SCOPIC 条款被并入主救助合同，救助方就不得再根据公约第 14 条向船舶所有人主张特别补偿，除非救助方根据 SCOPIC 条款第 4 条的规定撤销了对该条款的援用。

可见，SCOPIC 酬金是对《海商法》下特别补偿的取代，它与特别补偿的不同主要体现在如下几个方面：

1. 适用条件不同

按照《海商法》第 182 条的规定，特别补偿适用于“对构成环境污染损害危险的船舶或者船上货物进行的救助”，也就是说，特别补偿的适用条件，一定是船舶或船上货物已对环境构成了污染损害的危险；而在 SCOPIC 条款下，SCOPIC 酬金的启动与船货是否构成环境损害的威胁无关，换言之，在援用 SCOPIC 条款时，不考虑是否有“损害环境的威胁”（SCOPIC 条款第 2 条），但在计算 SCOPIC 酬金时，要考虑“清除船舶周围的污染物”“防止污染”的措施（SCOPIC 条款第 13 条）。

---

① 其英文原文是：This SCOPIC clause is supplementary to any Lloyd's Form Salvage Agreement “No Cure-No Pay” （“Main Agreement”） which incorporates the provisions of Article 14 of the International Convention on Salvage 1980 （“Article 14”）. The definitions in the Main Agreement are incorporated into this SCOPIC clause. If the SCOPIC clause is inconsistent with any provisions of the Main Agreement or inconsistent with the law applicable hereto, the SCOPIC clause, once invoked under sub-clause 2 hereof, shall override such other provisions to the extent necessary to give business efficacy to the agreement. Subject to the provisions of Clause 4 hereof, the method of assessing Special Compensation under Article 14 （1） to 14 （4） inclusive shall be substituted by the method of assessment set out hereinafter. If this SCOPIC clause has been incorporated into the Main Agreement the Contractor may make no claim pursuant to Article 14 except in the circumstances described sub-clause 4 hereof. For the purposes of liens and time limits the services hereunder will be treated in the same manner as salvage.

2. 适用时间不同

特别补偿应从何时开始起算，计算到何时为止，对救助方的利益影响非常大。如果在救助作业开始时就存在环境损害的威胁，并且该威胁一直持续到救助作业完成之时，则在整个救助作业期间都应当计算特别补偿，这一点不会产生争议。但是，如果环境损害威胁产生于救助作业实施后的某个时间点，或者环境损害的威胁在完成救助作业之前的某个时间点就消除了的话，那么，应在哪个时间段计算特别补偿？中国海事司法实践尚未直接遇到这方面的争议，而在英国"The Nagasaki Spirit"① 一案中，英国上议院的结论是：环境损害威胁产生前的救助作业时间不能计算特别补偿，但环境损害威胁一旦产生，此后的所有救助作业时间都应计算特别补偿，而不管这种环境污染损害的威胁随后是否已经消除。这个案件的准据法是《1989年国际救助公约》，而如上所述，中国《海商法》基本上是该公约的"翻版"，因此，虽然我们不能肯定中国的海事法院会采取同样的结论，但英国上议院的结论至少是一种可借鉴的观点。

而SCOPIC酬金的起算时间非常明确，具体体现在该条款的第2条："SCOPIC酬金自书面通知（注：指的是援用SCOPIC条款的通知）到达船舶所有人处时起算。"从救助方援用该条款到救助作业完成之时，都应按照条款的规定计算SCOPIC酬金。

3. 计算标准不同

特别补偿是以"救助费用"为基础进行计算的。中国《海商法》规定的"救助费用"是指救助方在救助作业中直接支付的合理费用以及实际使用救助设备、投入救助人员的合理费用。《1989年国际救助公约》所对应的规定是："救助人所花费用，就第1款和第2款而言，系指救助人在救助作业中合理支出的现付费用和在救助作业中实际并合理使用设备和人员的公平费率。同时应考虑第13条第1款（h）（i）（j）项规定的标准。"在"The Nagasaki Spirit"一案中，英国上议院认为，公约中关于使用设备和人员的"公平费率"仅仅是指救助方"费用支出的公平费率"（a fair rate of expenditure），而非"报酬的公平费率"（a fair rate of remuneration），因此，"公平费率"不包括任何利润因素。笔者认为，中国《海商法》下的"合理费用"在解释上也不应包括利润因素。

SCOPIC酬金的计算是以附件A中确定的费率取代了我国《海商法》下对"合理费用"的烦琐评估。

另外，SCOPIC酬金以固定的25%奖励取代了《海商法》下不同幅度的奖励。

变化二：SCOPIC条款的实施不再以存在环境污染损害威胁为适用条件。

在中国《海商法》下，特别补偿制度是以"构成环境污染损害危险的船舶或船上货物进行的救助"为条件，SCOPIC条款不同，由于SCOPIC条款在启用时不再以存在环境污染损害威胁为适用条件，虽然理论上可能存在与环境污染无关的救助也可以产生SCOPIC酬金，但在实践中，如果不存在环境污染损害危险的救助，被救方是不会接受SCOPIC条款的。其结果是，SCOPIC条款并没有从根本上改变特别补偿条款的性质，虽然对"无效果，无报酬"原则有所突破，但仍然是建立在"无效果，无报酬"原则基础上的突破，即依据"无效果，无报酬"原则计算的报酬，小于SCOPIC条款的补偿时，SCOPIC条款才有适用的空间。

著名海商法专家威廉姆·台特里教授对此的解读是，SCOPIC条款使救助合同在总体上和

① The Nagasaki Spirit [1995] 2Lloyd's Rep. 44; [1996] 1Lloyd's Rep. 449; [1997] 1Lloyd's Rep. 323.

实践中更接近传统民法下的“协助”（assistance）理论，“协助”理论曾是大陆法系国家对海难救助所采取的法律机制，它是建立在“无因管理”原则基础之上，即不论协助是否成功，协助人因为提供协助服务均可获得一定补偿。

变化三：SCOPIC 酬金与救助报酬的关系有别于特别补偿与救助报酬的关系。

SCOPIC 酬金取代了《海商法》下的特别补偿，然而，它与救助报酬之间的关系却并不完全等同于特别补偿与救助报酬之间的关系。此处最为显著的变化是引入了“扣减机制”。

第一，如果救助方有权取得的救助报酬小于“实际 SCOPIC 酬金”的话，则船舶所有人应负责支付二者之间的差额部分。① 这里的“实际 SCOPIC 酬金”指的是从救助方援用 SCOPIC 条款的书面通知到达船舶所有人处时开始起算得出的酬金。此种关系的设置与中国《海商法》下救助报酬与特别补偿的关系是一致的，其目的是避免救助方获得救助报酬与特别补偿（SCOPIC 酬金）的双重救济。

不过，对于 SCOPIC 酬金与救助报酬之间的关系，SCOPIC 条款的规定并没有到此为止，其又进一步规定了扣减机制。

第二，所谓扣减机制，是指如果救助方有权取得的救助报酬大于“最高 SCOPIC 酬金”的话，其差额的 25%将从救助报酬中扣减，而扣减总额将由各被救方按其应支付的救助报酬的比例受益。② 这里的“最高 SCOPIC 酬金”指的是假设从救助服务的第一天起即援用 SCOPIC 条款所能计算出来的酬金。

此种扣减机制在我国《海商法》下并不存在，而其作为一种制裁手段在 SCOPIC 条款下出现，旨在惩罚救助人在救助作业中轻率地援用 SCOPIC 条款。由此可见，SCOPIC 条款并非鼓励救助方无一例外地援用该条款，而只有当救助人合理地预计其有权获得的救助报酬可能不充分时，他才应选择援用 SCOPIC 条款。

第三，如果救助报酬仅仅是大于“实际 SCOPIC 酬金”，但小于“最高 SCOPIC 酬金”，则救助方有权取得救助报酬维持不变，扣减机制将不发挥作用。

八、中国《海商法》第 176 条的规定能否变更 SCOPIC 酬金

（一）对《海商法》第 176 条的解读

《海商法》第 176 条是参照《1989 年国际救助公约》第 7 条制定的，其规定如下：“有下列情形之一，经一方当事人起诉或双方当事人协议仲裁的，受理争议的法院或者仲裁机构可以判决或者裁决变更救助合同：（一）合同在不正当的或者危险情况的影响下订立，合同条款显失公平的；（二）根据合同支付的救助款项明显过高或者过低于实际提供的救助服务的。”

根据《海商法》第 172 条对该章法律用语的界定，该条第 2 项中“救助款项”一词的含义是指“依照本章规定，被救助方应当向救助方支付的任何救助报酬、酬金或者补偿”。由于“SCOPIC 酬金”是对特别补偿的一种代替，因而，“救助款项”一词在解释上完全可以涵盖“SCOPIC 酬金”。

对比《海商法》第 176 条第 1 项可知，本条第 2 项的适用不需要合同或合同条款受“不正当的或者危险情况的影响”，也无须满足任何其他限制性条件。只要客观情况确属于“根据合

① 参见 SCOPIC2000 第 6 条。
② 参见 SCOPIC2000 第 7 条。

同支付的救助款项明显过高或者过低于实际提供的救助服务”即可判决或裁决变更救助合同。其实，此种法律规定是秉承了英国普通法的传统做法。例如，在1858年“The Theodore”[①]一案中，Lushington博士裁定变更了约定救助报酬为200英镑的救助合同，理由并不是救助合同因不当影响而订立，而仅仅是因为根据该案救助的具体情况来看，约定的救助报酬数额过高。而且，50英镑的救助报酬被认为已经足够。

从法理上讲，《海商法》第176条是公平原则对“合同自由”的一种必要限制[②]，此种限制在中国合同法领域中是普遍存在的。例如，《民法典》第147条规定：“基于重大误解实施的民事法律行为，行为人有权请求人民法院或者仲裁机构予以撤销。”再如，对于合同中约定的违约金的效力，《民法典》第585条第2款中规定，“约定的违约金过分高于造成的损失的，人民法院或仲裁机构可以根据当事人的请求予以适当减少”。“合同自由”虽然是合同法乃至市场经济的灵魂，甚至有“契约神圣”之称，但绝对的“合同自由”在任何法域、任何时期都是不存在的，海难救助也不能例外。从《海商法》第176条本身可以看出，一方面，海难救助合同是在特殊环境下达成的，容易出现显失公平，对合同自由给予必要的限制是客观的需要；另一方面，公平原则对“合同自由”的干预是非常有“节制”的，即只有在“显失公平”“救助款项过高或过低”的情形下才能适用公平原则，强制性地调整当事人之间过于失衡的利益关系。

（二）SCOPIC条款是否有效地排除了《海商法》第176条的适用

有观点认为，SCOPIC条款所精心构筑的海难救助体制已经排除了《海商法》第176条的适用，即使根据SCOPIC条款计算出来的SCOPIC酬金过高，作为被救方的船舶所有人也无权根据《海商法》第176条的规定要求仲裁庭或法院对之进行减少，这是因为：

1. SCOPIC条款第1条规定，一旦本SCOPIC条款根据其第2条规定被援用，则其在与主协议的规定或适用的相关法律不符时，本SCOPIC条款应在足以使该主协议具有商业效率的范围内，优于其他规定适用。

2. SCOPIC条款第9条规定，即使援用了SCOPIC条款，被救船舶所有人也有权随时终止SCOPIC条款的适用。船舶所有人（被救方）在救助作业过程中不终止条款的适用，就不应在救助结束后再主张SCOPIC酬金过高。

3. SCOPIC条款是一把“双刃剑”，在SCOPIC酬金高于救助报酬时，船舶所有人需要向救助人支付二者的差额[③]，但在“最高SCOPIC酬金”还低于救助报酬时，救助人非但得不到SCOPIC酬金，反而需要从本来有权获得的救助报酬中扣减其差额的25%。[④]这样的规定使救助双方的利益平衡得到制约，从而不会出现救助报酬过高或者过低的情形。

笔者认为，上述观点是不正确的，原因在于：

1. SCOPIC条款第1条虽然规定其在使主协议具有商业效率的范围内将优先于相关法律规定，但是，根据前文专题研讨“一、中国《海商法》第九章是否是强制性规范”得出的结论，《海商法》第176条在性质上属于强制性规范，不能被当事人之间的协议排除适用。

2. 虽然SCOPIC条款规定船舶所有人可随时终止SCOPIC条款的适用，但这样的规定并不

---

① (1858) Swa. 351.

② 王利明，崔建远．合同法新论·总则．北京：中国政法大学出版社，1996：275.

③ 参见SCOPIC2000第6条。

④ 参见SCOPIC2000第7条。

意味着当事人不再需要《海商法》第176条的“保护”。是否符合上述《海商法》第176条第2项规定的“根据合同支付的救助款项明显过高或者过低于实际提供的救助服务的”情形，只有在救助作业完成后才能予以判断。因为救助人“实际提供的救助服务”只有救助作业完成之时才可以“固定”下来，进而才可以将约定的救助款项（包括SCOPIC酬金）与“实际提供的救助服务”相比较，以决定二者是否“相去甚远”。而当救助作业完成后，船舶所有人当然就丧失了终止适用SCOPIC条款的权利。因此，船舶所有人可随时行使终止SCOPIC条款的权利，并不能有效防止“根据合同支付的救助款项过高”情形的出现。

3. 对于救助双方而言，SCOPIC条款的确是一把“双刃剑”，但是，毫无疑问，有利有弊的机制构建并不能从根本上防止SCOPIC酬金过高情形的出现。

我们不应否认，SCOPIC条款所构建的机制对双方利益平衡的设计较为公允，尤其是在很多情形下，当事人通过选择行使合同权利本身就完全可以维护自身权益，从而防止显失公平的情形出现。但是，如上所述，这样的合同机制也并不是尽善尽美的，更不能排除强制性法律规范的介入。的确，与一般的救助合同相比，SCOPIC机制将使《海商法》第176条的适用机会大大减少，法院或仲裁庭也应更加谨慎地适用该条来变更SCOPIC条款。但是，无论如何都不能说SCOPIC条款已经完全排除了《海商法》第176条的适用，这样的观点无论从合法性的角度还是从合理性的角度都是不可取的。

九、如何理解《海商法》第192条主管机关从事或控制的救助

（一）主管机关从事或控制的救助的相关规定

《1989年国际救助公约》① 第5条对“公共当局控制的救助作业”作了如下规定：

“1. 本公约不影响国内法或国际公约有关由公共当局从事或控制的救助作业的任何规定。

2. 然而，从事此种救助作业的救助人，有权享有本公约所规定的有关救助作业的权利和补偿。

3. 负有救助义务的公共当局所能享有的本公约规定的权利和补偿的程度，应根据该当局所在国的法律确定。”

公约的这一规定表明：

第一，本公约对公共当局的救助没有作出具体规定，但公约并不影响国内法或者国际公约有关公共当局从事或控制的救助作业的任何规定。

第二，在任何情况下，实际参与救助作业的救助人都有权享有公约规定的权利和补偿。

第三，负有救助义务的公共当局能否享受、如何享受本公约规定的权利和补偿，由国内法规定。

我国《海商法》第192条规定：“国家有关主管机关从事或者控制的救助作业，救助方有权享受本章规定的关于救助作业的权利和补偿。”

从上述规定可以看出，《海商法》的这一条将《1989年国际救助公约》第5条的第2、3款规定变成了一个条款，根据该条规定，如果是国家主管机关从事的救助作业，其本身就是救助方，则可享受本章规定的救助款项的请求权，关于本章规定的权利和补偿程度，该条没有进一

① 我国是《1989年国际救助公约》的缔约国，于1993年12月29日经第八届全国人大第五次会议批准正式加入该公约，同时对公约的第30条第1款（a）、（b）、（d）三项作出了保留。

步规定；如果是国家主管机关控制的救助作业，被控制的救助作业的救助方是实际履行救助作业的救助人，他有报酬和补偿的请求权，主管当局是否有权请求救助报酬，文义解释似乎得不出有权请求救助报酬，至少该条规定不够明确。

（二）关于主管机关的强制救助

《海商法》第192条规定的主管机关从事或控制的救助，仍然符合海难救助的构成要件，所不同的只是救助人是主管机关。主管机关的强制救助因缺少海难救助的"自愿原则"要件，且强制救助的目的通常是海上航行安全和/或保护海洋环境等公共利益。公共利益不是法律承认的救助标的，已不属海难救助性质，是行政法的概念，是法律赋予主管机关的公权力，即海事主管机关采取强制救助是法律赋予公权力的具体体现。但是，依据行政法的基本理论，海事行政主管机关依法履行职责是无偿的。即使强制救助措施在解除威胁航行安全和/或保护海洋环境的同时，也救助了危险中的船舶和财产，一般也不能获得海难救助报酬。因为，采取强制救助措施主要是为了公共利益，而不是为了救助危险中的海上财产。比如，船舶在港内着火，威胁着港口和他船安全，消防机关采取强制措施，扑灭了船上明火，保证了港口和其他船舶安全，虽然着火的船舶从中受益，免遭损失，但因强制措施主要是为了公共利益。故不视为海难救助，无权请求救助报酬。

（三）主管机关强制救助的法律依据

我国1984年施行的《海上交通安全法》（以下简称《海安法》）第31条规定："船舶、设施发生事故，对交通安全造成或者可能造成危害时，主管机关有权采取必要的强制性处置措施。"经2016年修订的《海洋保护环境法》（以下简称《海环法》）第71条规定："船舶发生海难事故，造成或者可能造成海洋环境重大污染损害的，国家海事行政主管部门有权强制采取避免或者减少污染损害的措施。"《海安法》和《海环法》的这两条规定明确了，为了海上交通安全和保护海洋环境，法律赋予了主管机关采取强制措施的权力。《海安法》第38条还规定："主管机关接到求救信号后，应立即组织救助。有关单位和事故现场附近的船舶，设施，必须听从主管机关的统一指挥。"对于此条规定，笔者认为应该区别情况，"有关单位和事故现场附近的船舶"听从统一指挥，实施救助的义务，应该仅仅适用于人命救助，因为救助海上人命是所有有能力救助的人的法定义务，即使是敌人也要救助。① 如果是为了航行安全、保护海洋环境或者是为了救助海上财产赋予他船此项义务，就是公权力对私权力的过分干预了。如前例，救助船舶将着火船拖至港外，因没有救助效果，不能获得救助报酬，但如果把救火作为在港船舶的法定义务，所有船舶的正常营运将受到影响，公权力与私权力将产生严重冲突。

上述法律规定表明海事主管机关采取强制措施是有法律依据的，但这种强制措施有严格的条件限制：

第一、强制措施的目的是交通安全和保护海洋环境，而不是救助海上财产；

第二、强制措施仅指向海上事故的肇事者，不能指向任何第三者，国家主管机关组织第三者参与救助仍然应遵循平等、自愿原则。

（四）《海商法》第192条规定的效力

我国《海商法》第192条规定："国家有关主管机关从事或者控制的救助作业，救助方有

---

①《1910年救助公约》第11条规定："船长在海上发现遭遇生命危险的每一个人，即使是敌人，都必须救助，只要这样做对其船舶、船员和旅客没有严重危险。"

权享受本章规定的关于救助作业的权利和补偿。”这一条款的立法背景是《1989 年国际救助公约》第 5 条的规定，即“负有救助义务的公共当局所能享有的本公约规定的权利和补偿的程度，应根据该，当局所在国的法律确定”。因此，这一规定产生的法律效果是：

第一，《海商法》承认了国家有关主管机关从事或者控制的救助作业形式，这种救助作业是《海商法》第九章所指的救助作业，不包括主管机关授权履职的强制救助。第二，国家主管机关从事或控制的救助，谁有权享有报酬请求权？该条规定“救助方”是权利主体。因此，从文义解释得出的结论是，在国家主管机关控制的救助中，实施救助的救助方是有权享有报酬请求权的人，而控制救助的国家主管机关因不是救助方，不能享有报酬请求权。主管机关控制救助人，是在依法行使其行政职责，根据行政法的基本原则，履行职权范围内的行政职责是无偿的。然而，国家主管机关实际从事的救助作业情况就不同了。《海商法》基于我国的具体情况作出了规定，从事救助作业的主管当局有权请求救助报酬。因为毕竟国家给予海事主管机关的投入并不是为了满足专业救助所需的人员和设备，所以，当海事主管机关实际参与救助时，必须付出额外的人力和物力。基于这种考虑，在国家主管机关实际从事救助作业时，给予海事主管机关报酬请求权是合理的。但在计算救助报酬时，海事主管机关与专业救助公司应有所区别，前者人员工资、设备投入都是国家承担的，不应作为报酬考虑的因素。而后者，救助人的人员及设备都是专门用来从事救助作业的，是救助费用的重要组成部分，计算报酬时必须予以考虑，在这方面，我国还没有明确、具体的规定，有待进一步完善。

为了完善我国《海商法》第 192 条关于公共当局从事或控制的救助作业所产生的救助报酬请求权问题，建议在修改《海商法》时参考《1989 年国际救助公约》第 5 条的规定，作出如下修改：

国家有关主管机关控制的救助作业，实际实施救助作业的救助方的权利义务依据本章（《海商法》第九章）规定。

国家有关主管机关从事的救助作业，本章规定的救助方的权利和义务适用于该主管机关。有关救助报酬的计算，应扣除参与救助的人员工资、设备的因素。具体办法由交通主管部门根据本章第 180 条的规定另作具体规定。

十、强制打捞残骸是不是海难救助

强制打捞残骸是不是海难救助，首先应理清强制打捞残骸的构成要件，进而明确残骸强制清除的法律属性。当残骸对航道安全和海洋环境等公共安全和公共利益构成现实的或者潜在的危害时，残骸责任人在限期内不履行行政命令，海事行政主管机关委托第三方清除残骸，或者紧急情况下海事行政机关来不及下达行政命令，直接委托第三方清除残骸，此时的强制清除行为属于行政强制执行的代履行。① 从上述概念可以概括出强制打捞残骸的构成要件：(1) 打捞的标的——残骸本身并非处于危险之中，而是残骸对航行和/或环境构成不安全；(2) 强制打捞残骸的行为属于国家海事行政主管机关行政强制执行的代履行，具有强制性，不适用自愿原则；(3) 海事行政主管机关委托第三方清除残骸，清除费用双方约定，该费用对于行政主管机关属民事合同性质，而对于残骸责任人而言属行政代履行费用，只能由残骸责任人承担。将强

① 理论界对强制清除残骸的法律属性具有代表性的观点可总结为以下几种类型：行政强制措施说、行政代履行与即时执行说、行政命令说、行政命令和行政强制措施说、行政强制执行和行政强制措施说、物权请求权说。

制打捞残骸的构成要件与海难救助的构成要件对比（参见本章基础知识二“海难救助成立的要件”），会发现这是两种完全不同的法律制度。（1）标的不同。强制打捞残骸的标的没有任何限制，只要是威胁到航行安全和/或海洋环境；海难救助的标的一定是法律承认的。（2）危险不同。强制打捞残骸的危险不是指标的本身，而是指对客观环境。[①]（3）原则不同。海难救助遵循“无效果，无报酬”和“自愿原则”，强制打捞残骸不适用这些原则。因此，强制打捞残骸不是海难救助。

1. 1989 年 4 月国际海事组织（IMO）讨论《1989 年国际救助公约》时，公约草案将救助标的“船舶”定义为“任何船只、艇筏或任何能够航行的构造物，包括沉船”[②]。而在第 2 条规定的适用范围中明确将“残骸打捞”（wreck remove）排除在外。由于公约对“沉船”（适用公约）和“残骸”（不适用公约）难以清晰地区分，最后将“沉船”和“残骸”都从公约中删除，留待国内法去解决。我国《海商法》对此也没有作出明确的规定，因此，对沉船或残骸的打捞是不是救助，就不是很明确了。

2. 《1989 年国际救助公约》为什么将沉船作为救助的标的，打捞沉船就是海难救助，而残骸不作为救助标的，打捞残骸就不是救助？最重要的原因就是，沉船仍然处于危险之中，而残骸自身已无危险可言。同样是打捞行为，对于前者是救助，适用《1989 年国际救助公约》《海商法》；对后者则是打捞，不适用该公约和《海商法》。因此，只要定性为沉船，不管是正在下沉的船舶（sinking vessel），还是已经沉没的船舶（sunken vessel），就是海难救助的标的；定性为残骸，就不是海难救助的标的，就不适用《海商法》的“海难救助”一章。

3. 既然对残骸的打捞不是海难救助，那么，对其进行强制打捞同样也不是海难救助。强制打捞的目的不是将遭遇海上危险的船舶救离危险境地，而是出于公共利益的需要，为了防止残骸对于将来的航行产生危险，或者是为了避免造成海洋环境污染，强制有关当事人打捞的行政强制措施。因而，它不符合海难救助的法律构成要件。

4. 对残骸的强制打捞，因不具救助性质，不论谁去打捞，要解决的都是打捞费的支付问题，不存在救助报酬请求权问题。

十一、雇佣救助是否适用《海商法》第九章

海上雇佣救助又称固定费用救助，是指救助方依据被救助方的请求实施救助，不论救助成功与否，都按照约定的费率收取报酬的行为。[③] 目前，实务中对雇佣救助的法律适用存在两种不同的观点：一种观点认为，雇佣救助属于中国法下的海难救助，签订的合同为海难救助合同，其费用为救助报酬，应适用《海商法》第九章或中国参加的《1989 年国际海上救助公约》（简称《1989 年国际救助公约》）的相关规定[④]；另一种观点认为，雇佣救助虽然从事了救助作业，但雇佣救助不采取“无效果，无报酬”的原则，不要求有救助效果，故其并非《海商法》第九章和《1989 年国际救助公约》意义上的海难救助，其费用也不是海难救助报酬，故不应

① 现代的海难救助包括了环境救助，无效果也有特别补偿，但此补偿是建立在“无效果，无报酬”所确立的救助报酬的基础上（参见本章专题研讨十一）。

② 《1989 年国际救助公约草案》第 1 条（b）项规定，“Vessel means any ship or craft, or any structure capable of navigation including sinking vessel”。

③ 傅廷中．海商法论．北京：法律出版社，2007：334.

④ 李海．关于“加百利”轮救助案若干问题的思考．中国海商法研究，2016（3）：24-34.

适用中国《海商法》第九章和《1989年国际救助公约》的相关规定。①

（一）中国法下的雇佣救助

在中国，法律中并无雇佣救助的规定，只是在有关著述中有此类划分。② 雇佣救助的上述含义，与英国法中的“雇佣服务”（engaged service）有联系又有区别。其联系在于：在英国法下，如果雇佣救助本身没有效果，但是财产因其他原因最终获救，其可能符合“engaged service”的规定而获得一定的救助报酬作为对救助方的补偿。其区别在于：第一，救助无效果的含义不同。英国法下，“engaged service”无效果只是指雇佣服务行为本身没有效果，但整个救助需要有效果，此时救助方才能获得报酬；中国法下，雇佣救助既不考虑其本身的救助效果，也不考虑救助的最终效果，均可以获得合同约定的报酬。第二，英国法下，“engaged service”与约不约定固定的费用没有关系；中国法下，雇佣救助必须约定固定的救助费用或费率。第三，中国法下，雇佣救助合同中必须要有“不论救助成功与否，均可获得固定的报酬”的明确约定；而英国法下，由于默认“engaged service”本身并无救助效果，因而不需要如此约定。如果该行为本身有效果，就不是“engaged service”了，而是一般的海难救助。第四，“engaged service”的目的在于给予救助方所花费的时间、劳务、费用、所承担的风险和丧失的机会以补偿，其数额由法院比照救助报酬的计算方式裁量。而在雇佣救助中，救助方可以诉请合同约定的报酬，除符合法律规定的欺诈、胁迫和显失公平外，法院对此不予增减。所以，中国法下的雇佣救助和英国法下的雇佣服务虽然均有雇佣两字，但其含义已经有了根本的改变，不能将两者混同。事实上，中国法的雇佣救助更接近美国的“不论救助成功与否都可以获得约定的固定报酬”的救助合同。③

（二）海难救助的基本原则——“无效果，无报酬”

确定雇佣救助是否是法律规定的海难救助的标准有两个：一是该行为是否是一种救助行为，这是客观要件；二是该行为是否为了获得法律规定的救助报酬，这是主观要件。只有同时符合这两个要件的行为才能被纳入海难救助的范畴。尽管“在任何书中都找不到一个确切的海难救助的定义”④，但学理上认为其需要具备四个要件：被救财产为法律所认可、被救财产处于危险之中、救助人进行救助与被救人接受救助均为自愿和“无效果，无报酬”⑤。四个要件构成完整的、特殊的海难救助的法律制度，说它特殊就特殊在“无效果，无报酬”原则的报酬计算上，这是海难救助的本质特征，并且在报酬的计算和支付上体现了鼓励救助的目的。⑥《海商法》第九章第171条规定了海难救助的适用范围：“本章规定适用于在海上或者与海相通的可航水域，对遇险的船舶和其他财产进行的救助。”本条规定并未揭示出当事人意欲发生的

---

① 司玉琢，吴煦．雇佣救助的法律属性及法律适用．中国海商法研究，2016（3）：3-11.

② 张既义，司玉琢，尹东年，於世成编著．海商法概论．北京：人民交通出版社，1983：152.

③ 美国的海上救助法的有关判例，将合同救助和救助合同加以区分，前者一般性描述一种救助行为，后者则是对包括救助报酬在内的双方法律行为的一种概括。合同救助属于海难救助，但是该救助所签订的合同则不一定属于海难救助法意义上的救助合同，美国法对救助合同的约定有一定的限制：如果合同约定在任何情况下，不论救助成功与否都可以获得约定的固定报酬，即所谓的雇佣救助，这种约定本身并不一定影响救助合同的性质，但是救助方在诉请救助报酬时，会阻碍其提起海难救助之诉的提起，而只能根据合同请求约定的报酬，这种合同约定的报酬并非法定的救助报酬，而是一般的服务合同的约定报酬。Munson Lines v. Seidl，71 F. 2d 791（7th Cir.），cert. denied sub non. Farley v. Seidl，293 U. S. 6o6（1934）；The Parisian，264 Fed. 511（5th Cir.），cert. denied sub nor. Stancil v. Leyland S& Co.，253 U. S. 491（1920）.

④ Stowell. The Governor Raffles（1818）2 Dods. 14. At p. 17.

⑤ 司玉琢主编．海商法．4版．北京：法律出版社，2018：251-254.

⑥ 司玉琢主编．海商法．4版．北京：法律出版社，2018：254.

法律效果，不是对海难救助的法律行为定义，而是对救助作业的事实行为定义。[①] 海难救助法律行为是指救助方从事了海上救助作业并意欲获得救助报酬的行为。因此，雇佣救助是否是救助行为，首先要看雇佣救助合同所约定的内容到底实施的是救助作业，还是合同约定的一般作业。例如，雇佣拖轮将港口中起火的船舶脱离港口而不涉及灭火，或者将一艘失去动力的船舶拖至港口修理而不涉及对被拖船的救助，则不能认定其为救助作业，这是判断救助行为的客观要件。其次，如果雇佣救助符合《海商法》或《1989 年国际救助公约》所规定的救助作业要件，判断其是否为《海商法》第九章的海难救助，还要从该行为是否符合法律所规定的主观要件——欲获得“无效果，无报酬”原则下的救助报酬。亦即，该行为是否为法律规定的救助作业并不当然决定因该行为而订立的“救助合同”的法律适用。

此外，《海商法》第 180 条规定的救助报酬和第 182 条规定的特别补偿[②]，虽然具有不同的法律含义，但特别补偿是建立在对构成环境污染损害危险的船舶或者船上货物进行的救助，且是在按照“无效果，无报酬”原则获得的救助报酬，少于依照第 182 条规定可以得到的特别补偿，方有特别补偿的支付。这也从侧面印证了《海商法》特别补偿的规定仍然是建立在救助报酬的“无效果，无报酬”原则基础之上。同样，人命救助的酬金，也是建立在对财产救助的“无效果，无报酬”原则的基础之上：在同一海难救助事故中，即使人命救助有效果但如果没有救助报酬和特别补偿的支付，就不可能有人命救助的酬金。因此，在《海商法》下，如果没有“无效果，无报酬”原则，就不会有按此原则计算的海难救助报酬，没有“无效果，无报酬”原则下的救助报酬，也就没有特别补偿和人命救助酬金。一句话，没有“无效果，无报酬”原则，就没有《海商法》第九章的海难救助法律制度。

（三）*雇佣救助合同属性——海上服务合同*

雇佣救助虽然与海难救助有相似之处，如救助标的处于危险之中，合同双方都是一种自愿的行为等。但是，它们最为本质的区别在于报酬的计算上，海难救助实行的是“无效果，无报酬”原则，而雇佣救助不实行这一原则。这就是说，海难救助的救助作业，其目的是解除或者减轻被救物的危险，解除或者减轻了被救物的危险，救助人有权依据《海商法》第 180 条计算救助报酬；没有解除或者减轻被救物的危险，则无权获得救助报酬。而雇佣救助的救助作业，其目的不是解除或者减轻被救物的危险，而是提供一种海上服务，不论此种服务是否解除或者减轻被救物的危险，救助人都有权获得约定的报酬，作为海上服务的对价。因此，从法律性质考量，雇佣救助是海上服务合同的一种，其仅有救助之名，不具救助之实。这种服务合同，可能是《海商法》中的有名合同——海上拖航合同，也可能是《合同法》中的承揽合同、委托合同等有名合同。

例如，根据日本学者的观点，日本的海难救助可以分为广义的海难救助和狭义的海难救助。广义的海难救助“是指对遭遇海难的船舶或者货物进行救助的行为，其中包括基于合同进行的救助”。“狭义的海难救助，即商法规定的海难救助，是指非基于既有义务对遭遇海难的船舶或者货物的全部或部分进行救助的形式”。故在日本，一般认为海难救助成立的要件为：（1）船舶或者货物遭遇海难；（2）非基于义务所实施的救助；（3）船舶或货物的全部或者部分得到救助。不过日本学者也指出，“在救助不成功时，也可以通过特别约定要求支付

---

① 《1989 年国际救助公约》第 1 条（a）项规定，“救助作业，系指可航水域或其他任何水域中援救处于危险中的船舶或任何其他财产的行为或活动”。

② 《1989 年国际救助公约》对应《海商法》第 180 条和第 182 条的分别是第 13 条和第 14 条。

一定的报酬，因此，与其将该要件称为海难救助的成立要件，不如将其称为产生救助报酬的原则性要件”①。

从《日本商法典》的规定和日本学者的观点可以看出，《日本商法典》第800条中的“无救助义务”仅仅针对纯救助而言，一旦签订了救助合同则因约定义务而成为合同救助，转而适用民法的规定。由此可见，日本法上的海难救助法律规定均采结果主义，调整的只是“无效果，无报酬”的纯救助，即狭义的海难救助；广义的海难救助中的合同救助视其合同性质由民法进行调整，雇佣救助只不过是合同救助之一种。

（四）雇佣救助的法律适用——不适用《海商法》第九章和《1989年国际救助公约》

由于合同的意思自治，于法无明文禁止的情况下，当事人可以在合同中选择适用法律的全部或部分。

《1989年国际救助公约》在制定的过程中，对公约的强制性和任意性有过争论，最终，除个别条款外，选择了任意性。② 我国《海商法》第九章是参照《1989年国际救助公约》制定的，在该章强制性和任意性的问题上，同样也是任意性的规定。既然《海商法》第九章和《1989年国际救助公约》是任意性公约，当事人当然可以选择排除公约的整体适用。此时，其实不存在雇佣救助合同对《海商法》第九章和《1989年国际救助公约》的适用问题。现在的问题是，如何理解《海商法》第179条（公约的第12条）规定的“救助未取得效果的，除本法第一百八十二条或者其他法律另有规定或者合同另有约定外，无权获得救助款项”。该条中的“另有规定”当然是指中国法另有规定，中国法除《海商法》第182条特别补偿的例外规定外，再无其他有关的例外法律规定。关于“合同另有约定”，据权威的《肯尼迪和罗斯海难救助法》一书介绍：如果合同约定与《1989年国际救助公约》第12条第2款（《海商法》第179条）“无效果，无报酬”规定相反，合同约定的条款可以约束当事人，但这种约定的报酬并非“本公约下”（under this Convention）的救助报酬。③ 有学者认为，《海商法》第179条规定的“合同另有约定”不适用“无效果，无报酬”原则，但《海商法》第九章的其他条款还是可以适用的。④

笔者认为，海难救助法律制度是一个有机的整体，其核心是“无效果，无报酬”，这是决定合同性质的灵魂，抽掉海难救助的灵魂，与之相配套的其他规定也就失去单独存在的意义，当然也就谈不上对其他规定的适用。至于公约虽然规定特别补偿作为“无效果，无报酬”的例外，这是法定的排除而非意定的排除，并不改变《海商法》第179条和《1989年国际救助公约》第12条规定的法律效力。因此，在现行法下，雇佣救助不仅仅是对《海商法》第179条“无效果，无报酬”的不适用，而是对《海商法》第九章和《1989年国际救助公约》的整体不

---

① 中村真澄，箱井崇史．日本海商法．张秀娟等译．北京：法律出版社，2015：328-334.

② CMI的草案报告阐述了这些争论：（1）公约的强制适用会使很多国家不愿加入，会延缓公约的生效并降低海难救助法律的国际统一性。（2）强制适用在某些情况下并不比合同自由更优，例如对环境损害来说，合同中规定按照救助进度即时支付特别补偿比在救助结束后支付对救助人更安全。（3）在公约制定过程中有些协会提出规定公约的某几条或某一条强制适用，但是在讨论中并未获得足够的支持。（4）支持公约强制性适用的观点认为，为避免类似阿莫柯·卡迪兹号（Amoco Cadiz）油轮事故的发生，至少要在减少和防止环境损害方面的条款规定强制适用。但反对者认为，在油污的特别补偿上，劳氏救助合同（LOF）下的“安全网条款”能更好地平衡各方的利益，不需要公约的强制适用，而且公约特别补偿的条文就是按照劳氏救助合同设计的。最终，除《1989年国际救助公约》少数条款为强制性条款外，其余条款基本上选择了任意性规范（详见本章专题一、“中国《海商法》第九章是否是强制性规范”。）

③ Francis D. Rose. Kennedy and rose law of salvage [M]. London: Sweet and Maxwell, 2009, p. 368.

④ 李海．关于“加百利”轮救助案若干问题的思考．中国海商法研究，2016（3）：24-34.

适用[①]，除非我国法律另行作出明确的规定。

需要说明的是，《海商法》第174条、第177条（《1989年国际救助公约》第8条和第10条）涉及对人命和环境救助的公法义务，雇佣救助不适用《1989年国际救助公约》，不等于也排除了对环境和人命救助的公法义务。即使救助公约中没有作此规定，救助人仍然有此义务，《联合国海洋法公约》和《中华人民共和国海洋环境保护法》[②] 都有相应的规定。

因此，在雇佣救助情形下，《海商法》第175条规定的"遇险船舶的船长或者船舶所有人有权代表船上财产所有人订立救助合同"，要求救助没有效果货主仍要分担相应的费用并不合理，因而不宜赋予其这种代理权。同样，由于双方约定固定的费用，雇佣救助方不能因有效果而诉请更高金额的救助报酬或因防止或减少了海洋环境污染要求获得特别补偿。

十二、雇佣救助费用与船舶优先权、共同海损、保险赔偿和责任限制的关系

雇佣救助不适用《海商法》第九章和《1989年国际救助公约》。那么，雇佣救助费用是否享有船舶优先权，是否可以列为共同海损费用，要求船货各方进行共同海损分摊，是否可以获得保险赔偿，以及雇佣救助的救助方是否是海事赔偿责任限制的适格主体呢？这些都是理论与实践要求必须予以明确的问题。

（一）雇佣救助费用是否享有船舶优先权

中国《海商法》第22条规定了五类海事债权为船舶优先权担保的债权，其中第四项为海难救助的救助款项的给付请求。如果雇佣救助不具有海难救助的性质，其约定的固定费用就只能按照一般的海上服务合同进行定性，亦即为一般的合同债权请求权。根据中国船舶优先权的规定，合同债权中除了船长、船员和在船上工作的其他在编人员根据劳动法律、行政法规或者劳动合同所产生的工资、其他劳动报酬、船员遣返费用和社会保险费用的给付请求和救助报酬外，并不具有优先权的性质。这样处理是合理的。第一，从船舶优先权制定的目的来看，是基于一国的法律政策对一些特殊债权的保护，从而将其物权化的一种法律措施。因雇佣救助以固定费用的形式规避了无效果，无报酬的风险，属一般合同债权，无须船舶优先权予以特殊保护。第二，如果雇佣救助最终无效果，如船舶沉没，此时以船舶为担保物的船舶优先权也就不复存在，但雇佣救助合同约定的报酬，救助方仍然可以获得，其所得到的法律保护甚至比船舶优先权更优，雇佣救助不能享有船舶优先权较为合理。第三，雇佣救助的方式多种多样，如果要给予其船舶优先权，也就意味着大量的海上雇佣合同、服务合同和承揽合同都能被赋予船舶优先权的性质，其范围大大地扩张，这种扩张与压缩船舶优先权范围的国际趋势相悖，不利于船舶抵押，缓解船舶优先权和船舶抵押权的法律冲突。因此，中国法律不宜赋予雇佣救助债权的船舶优先权效力。

（二）雇佣救助费用是否可以要求货方进行共同海损分摊

传统上，救助报酬属于典型的共同海损费用，应由航程中的各受益方按分摊价值比例予以

---

① 在这一点上，笔者的观点与最高人民法院2016年7月26日"加百利"轮海难救助合同纠纷再审裁判要旨有所不同。该案判决认为，雇佣救助仅仅是不符《海商法》第九章的"无效果，无报酬"原则。The "Archangelos Gabriel", *Supreme People's Court of China* (Civil Judgment) 7 July 2016, 2016 (7), CMCLR 1；司玉琢，吴煦．雇佣救助的法律属性及法律适用．中国海商法研究，2016 (3)：3-11.

② 参见《联合国海洋法公约》第Ⅻ部分"海洋环境的保护和保全"以及《中华人民共和国海洋环境保护法》第八章"防治船舶及有关作业活动对海洋环境的污染损害"的规定。

分摊。例如“加百利”案雇佣救助救助人认为，由于雇佣救助不再具有海难救助的性质，其救助报酬也只是一般的海上服务合同的对价，因而其不能要求货方进行分摊，只能根据雇佣救助合同的约定，向“加百利”船舶所有人请求全部雇佣救助费用。“加百利”船舶所有人则认为，雇佣救助费用也是救助报酬，根据《海商法》第183条规定，救助报酬应由获救财产所有人按获救财产价值占全部获救价值的比例承担，否则会影响共同海损的构成。笔者认为，雇佣救助费用不属海难救助报酬，不适用《海商法》第183条规定，雇佣救助在签订合同时，由于它并非中国《海商法》中的救助合同而是一般意义上的海上服务合同，因而船方并无法定的代理权来代理货方签订相关的救助合同，故其签订的合同只能约束船方和雇佣救助方，货方并无直接向救助方付款的义务，雇佣救助合同的被救方——船方也就无权要求雇佣救助合同之外的货方按其获救财产的价值比例分担雇佣救助费用。

至于判断雇佣救助费用能否列入共同海损，需要依照《海商法》第十章共同海损的相关规定确定。《海商法》第195条规定：“为代替可以列为共同海损的特殊费用而支付的额外费用，可以作为代替费用列入共同海损；但是，列入共同海损的代替费用的金额，不得超过被代替的共同海损的特殊费用。”[①] 因此，雇佣救助费用如果代替了原本可以列入共损的“无效果，无报酬”的海难救助，其可以被纳入共损费用之内。雇佣救助费用被纳入共同海损分摊需要满足以下几点。

第一，雇佣救助费用作为共同海损代替费用，船方请求货方分摊时，船方需证明，签订雇佣救助合同的当时，船货面临着共同危险，需要采取救助措施解脱这种危险（《海商法》第193条），也就是存在共损构成的客观要件。

第二，请求货方分摊的船方，还需进一步证明，如果进行海难救助而不是雇佣救助，一定会取得效果。如果船货都已灭失，即救助没有取得效果，也就意味着失去了共损分摊的基础，无法请求货方分摊。

第三，请求货方分摊雇佣救助费用的船方，最后还要证明，假如采取海难救助措施的话，雇佣救助的费用并没有超过海难救助报酬。

如果船方不能证明上述三点的任何一点，雇佣救助费用作为共同海损的代替费用都不能成立，从而也就无法请求货方分摊。

综上所述，在中国《海商法》下，雇佣救助的费用不具有救助报酬的性质，不能认定为救助报酬而将其列入共同海损的分摊范围。但是，理论上存在共损代替费用的可能，在满足一定条件下，它有可能因节省了原本可以列入共同海损的救助费用而转化成代替费用而予以分摊。

（三）雇佣救助的费用能否向保险人索赔

不管是船舶一切险还是货物一切险，保险人都对海难救助的救助报酬和因此产生的船方或货方的共同海损分摊予以赔偿。但是，由于在保险合同中一般并不会规定海难救助的定义，因此，其是否赔偿雇佣救助的费用还得看该费用是否符合中国《海商法》或其他法律的有关规定。

第一，如前文所述，雇佣救助的费用并不具有《海商法》中海难救助的救助报酬性质，因此，对于该费用不能按照救助报酬向保险人索赔。

---

① 《1994年约克·安特卫普规则》规则F规定：“凡为代替本可作为共同海损的费用而支付的额外费用，可作为共同海损并受到补偿，无须考虑对于其他有关方有无节省，但其数额不得超过被代替的共同海损费用。”

第二，是否可以以救助报酬的代替费用列入共同海损，从而在保险人处以共同海损获得赔偿，本专题第（二）点已经分析了这种可能性。

第三，雇佣救助虽然不具有海难救助报酬的法律性质，但它能否符合施救费用而由保险人进行赔偿呢？施救费用是指保险标的遭遇保险责任范围内的灾害事故，被保险人或其代理人、受雇人为了减少事故损失而采取适当措施抢救保险标的时支出的必要、合理的额外费用。《海商法》第 236 条规定，“一旦保险事故发生，被保险人应当立即通知保险人，并采取必要的合理措施，防止或者减少损失”。雇佣救助对于保险人来说，是被保险人自行采取的合理措施。雇佣救助费用作为施救费用获得保险人的赔偿，应该是在合理的范围内，即施救措施是合理的，施救费用的支出也是合理的。在此情况下，不管雇佣救助是否有效果，保险人对施救费用都应予以赔偿，但保险人对保险标的本身的赔偿和施救费用的责任最多各为一个保额。此外，施救费用是一般因被保险人为减少约定保险标的损失采取施救措施而产生的，与共同海损一般没有联系。因此，我们可以得出结论，在中国《海商法》中，雇佣救助费用不能依据救助报酬向保险人索赔，但是在满足一定条件下，其可以以施救费用向保险人要求赔偿。

（四）雇佣救助的救助方是否可以享受责任限制

就责任限制权利主体而言，根据我国《海商法》第 204 条：“船舶所有人、救助人，对本法第二百零七条所列海事赔偿请求，可以依照本章规定限制赔偿责任。前款所称的船舶所有人，包括船舶承租人和船舶经营人。”在我国《海商法》第十一章中并没有对救助人下定义，根据《1976 年海事赔偿责任限制公约》第 1 条第 1 款的规定，救助人是指从事与救助作业直接相关的服务工作的任何人，包括残骸清除人和施救人。

我国《海商法》第十一章是参考《1976 年海事赔偿责任限制公约》制定的，如果依据该公约对救助人的界定，凡是从事救助作业的人都是责任限制的适格主体。那么，在雇佣救助中，如果雇佣救助的救助方是以船舶进行救助，不管是以自有船舶还是租赁船舶，其均可以船舶所有人（包括承租人）的名义享受海事赔偿责任限制的权利，其在服务的过程中如果给被救助方或第三人造成《海商法》第 207 条规定的损失，则可依据《海商法》第十一章规定限制赔偿责任。如果雇佣救助方不以船舶进行救助，则可根据《海商法》第 210 条的规定，“其责任限额按照总吨位为 1 500 吨的船舶计算”。

第十章 共同海损

基础知识

一、共同海损的概念和构成要件

（一）共同海损的概念

《海商法》第 193 条规定，“共同海损，是指在同一海上航程中，船舶、货物和其他财产遭遇共同危险，为了共同安全，有意地合理地采取措施所直接造成的特殊牺牲、支付的特殊费用”。《海商法》的这一条规定实际上是共同海损行为的概念①，作为共同海损的完整概念，还应包括《海商法》第 199 条第 1 款的规定，即“共同海损应当由受益方按照各自的分摊价值的比例分摊”②。

综上，“共同海损”一词，应该包含共同海损行为、共同海损牺牲与费用以及共同海损分摊三个方面的内容，三者结合，构成了共同海损法律制度。

（二）共同海损的构成要件

按照共同海损的上述定义，共同海损必须符合下列条件：

1. 共同危险（common danger）

这里所说的共同危险包含了双重含义：

（1）危险是同一海上航程中的财产所共同面临的。所谓同一海上航程（common maritime adventure），是指船舶、货物或其他财产同舟共济的海上航行期间。当自然灾害、意外事故或其他特殊情况危及了船舶、货物或其他财产的共同安全时，若不及时采取措施，则船舶、货物或其他财产就有灭失或损坏的危险，为了使船、货和其他财产免遭损害而作出的物质上的特殊

① 参见 2016 年《约克—安特卫普规则》规则 A 第 1 款。

② 2016 年《约克—安特卫普规则》规则 A 第 2 款。

牺牲或费用上的额外支出，方可列为共同海损。空载航行的船舶或者危险仅威胁某一方的利益而作出的牺牲或发生的费用，因缺少共同危险要件，不能作为共同海损。

(2) 危险是真实存在的。所谓真实危险（real peril），是指存在着危及船、货和其他财产安全的客观事实。主观推断出的危险不是真正的危险，基于错误判断而采取的措施也不属于共同海损行为。如在战争期间，某轮的船长担心船舶遭到敌军潜艇的袭击，雇用拖轮，对船舶实行全程护航，事后证明，该船在全程运输中并未发现一艘潜艇，所谓遭遇潜艇袭击，纯系船方主观臆测。显然，这笔雇佣拖船的费用不属于共同海损费用。

这里所说的真实危险，并不等于急迫危险（immediate danger），换言之，即使某种危险不会即刻发生，但只要不采取措施，危险就不可避免，亦属于危险是真实存在的。例如，船舶在大洋中航行，主机发生故障，使船舶失去动力，虽然当时风和日丽，但若不及时修复船舶，一旦天气骤变，船舶便有倾覆或沉没的危险，这样的危险也属于真实危险。

2. 措施有意而合理（intentional and reasonable act）

所谓有意采取的措施，是指船长在主观上明知采取某种措施会导致船舶或货物的损害，但为了避免船货的共同危险而不得不采取的行为。例如，当货舱起火时，船长明知灌水灭火会造成货物的湿损，但舍此便无其他有效途径来摆脱船货的共同危险，因此行为而使未起火部分的货物遭受的湿损，当然应该列入共同海损。

如果船长不在船上，共损措施是在值班驾驶员指挥下采取的，只要符合共同海损的成立条件，则此种措施造成的损失也可被列为共同海损。①

合理措施，是指以最小的牺牲换取船货安全最大效果的措施。在共同海损措施中含有不合理成分时，并不完全排除共同海损的分摊，只是应把不合理的部分在分摊过程中扣除。

3. 牺牲和费用必须是特殊的（extraordinary sacrifices and expenditure）

牺牲和费用特殊是指在通常营运情况下，此种牺牲和费用不会发生。例如，船舶遭遇海难事故以后进入避难港修理，如果该避难港不是原定挂靠港，则由于进入避难港而发生的港口费用就属于特殊费用。又如，为了使船舶起浮而抛弃部分船上货物，被抛弃的货物即是特殊牺牲。

4. 关于共损行为的效果问题

《海商法》的上述规定是以共同海损定义的形式出现的，符合上述三个要件即构成共同海损。2016 年《约克—安特卫普规则》（规则 A）是将符合上述三个要件的共同海损定义为“共同海损行为”（general average act），这是比较确切的。共同海损最终是否能够得到分摊，还要看共损行为最终是否有效果，所谓有效果（useful effect），是指船长所采取的共损行为最终达到了使船货或其他财产脱离危险、得到保全或部分保全的目的。从理论上讲，共同海损分摊应

---

① 在普赖斯诉诺布尔（Price v Noble）一案中，某船被法国的一艘私人武装船只捕获并处于捕获船船长和船员的控制之下，被捕获船只有大副和两名船员被留在了船上。在遭遇大风暴的紧急情况下，为了减轻被捕获船舶的负荷，捕获船的船员命令被捕获船舶的大副协助操纵被捕获的船舶。在捕获船大副的建议之下，将被捕获的船舶所载运的部分货物、物料和用具抛弃入海，然后捕获船又恢复了对该船的占有和控制。当被捕获的船舶脱离了捕获者的控制之后，被捕获船舶的所有人向货主提出分摊共同海损的请求但遭到拒绝，理由是：上述抛弃货物的行为并非是按本船船长的命令所进行，而是在一个不相关的人的指挥下完成的。对此，法院判决认为，虽然抛弃货物的行为是在捕获船的指挥下所进行，但事实证明在当时条件下采取抛弃货物的行为是完全必要的。而且，在抛弃货物时，捕获船的船长和船员只起到一个顾问的作用，故该项抛弃货物的行为与本船船长自行采取的措施无异，因而共同海损成立（Raoul P Colinvaux，General Average and York Antwerp Rules，The Law Book Co. of Australia Pty Ltd.，1975，p. 59；Raoul P Colinvaux，General Average and York Antwerp Rules，1990，p. 104.）。

以获救财产的价值为基础，如果某一财产所有人的财产因海损事故而损失殆尽，即说明其并未因共同海损措施而受益，故不能要求他用航程以外的其他财产分摊别人的损失。从这个意义上来讲，船长为避免船货的共同危险，已采取有意而合理的措施并作出了很大的牺牲甚至支付了巨额费用，尽管符合共同海损的三个要件，但最终船、货或其他财产还是遭受全损，共同海损依然无法分摊。所以，《海商法》第 199 条规定的“共同海损应当由各受益方按照各自的分摊价值的比例分摊”没有放在第 193 条的定义中作为共同海损行为的要件之一。

根据我国《海商法》，判断一个具体的海损事故，船长采取的措施是否属于共同海损行为，应同时满足上述前三个条件，缺一不可。而共同海损分摊除这三个要件外，还要满足第四个要件——共损行为最终要有效果。

二、共同海损的表现形式

按照 2016 年《约克—安特卫普规则》所列举的表现形式，共同海损可以分为共同海损牺牲和共同海损费用。

（一）共同海损牺牲（general average sacrifice）

共同海损牺牲是指由共同海损措施直接造成的船舶或者货物或其他财产在形态上的灭失或损坏，其中包括如下基本形式：

1. 抛弃货物（jettison of cargo）

共同海损措施的最初表现形式就是抛弃货物，此种情况虽然在现代海运中已不多见，但鉴于海上货物运输的复杂性，这一概念仍有保留的必要。例如，当船舶遭遇触礁、搁浅等海难事故时，船长为了使船货免遭沉没危险，或为了使其重新起浮而将部分货物抛弃，则被抛弃货物的货主可以向船方和其他货方请求分摊共同海损。

不符合航运惯例而运输的货物被抛弃的，不得列为特殊牺牲请求分摊。对此，1994 年、2004 年和 2016 年《约克—安特卫普规则》中都规定：“被抛弃的货物，除非按照公认的航运习惯运送，不得作为共同海损受到补偿。”①

抛弃货物的损失，包括被抛弃货物本身的损失、为抛弃货物而进行前期准备造成的损失②以及因抛弃货物而引起的财产的进一步损失。

2. 扑灭船上火灾（extinguishing fire on shipboard）造成的损失

扑灭船上火灾所造成的损失，是指在船上发生火灾的情况下，因采取灭火措施（例如灌水、注入蒸汽，或将失火船舶搁浅、凿沉等）造成的船舶或货物的进一步损失。由于此种灭火行为符合共同海损的构成要件，因而可以作为共同海损。为了简化手续便于理算，烟熏或热烤所造成的损失，不作为共同海损。

3. 切除残损物造成的损失（cutting away wreck）

切除残损物，是指为了船舶和货物的共同安全，将原已折断或实际上已经毁损的船舶残留部分加以割弃所造成的损失。例如，切除因海难事故而损坏的船桅或栏杆等。如果被切除的残损物已经丧失使用价值，将其割弃时不能作为共同海损处理。由于割弃残损物而造成的船舶或货物的进一步损害或产生的费用，可列入共同海损。

---

① 1994 年《约克—安特卫普规则》和 2016 年《约克—安特卫普规则》规则 1。

② 参见 1994 年《约克—安特卫普规则》和 2016 年《约克—安特卫普规则》规则 2。

4. 有意搁浅所致的损害（damage done by voluntary stranding）

为了避免因船舶触礁、沉没或火灾导致更大的损失，而主动将船舶驶往浅滩或将船底凿洞搁浅在浅水区，称为有意搁浅。只要此种搁浅是为了船货或其他财产的共同安全，则由于有意搁浅所致的船货或其他财产的损失，均可作为共同海损。

5. 机器和锅炉的损害（damage to engines and boilers）

对于已经搁浅并处于危险境地的船舶，为了使其重新浮起，对机器或锅炉超负荷使用而造成损害，只要这种措施是为了共同安全而采取的，由此导致的损失应列入共同海损。但是，船舶在浮动状态下因使用推进器或锅炉而遭受的损害，一般不能列为共同海损。《约克—安特卫普规则》规则 7 的后半段规定："但是，船舶在浮动状态下因使用推进机器和锅炉所造成的灭失或损坏，在任何情况下都不得作为共同海损收到补偿。"

6. 对搁浅船舶采取减载措施所引起的损坏

当船舶搁浅以后，为了减轻货载使船舶重新浮起，将船上的货物、燃料和物料卸下，其减载、租用驳船和重装造成同一航程中的财产的任何灭失或损坏，均可列为共同海损。

7. 用做燃料的货物、船用材料和物料（cargo，ship's materials and stores used for fuel）

当船货遭遇共同危险，所配备的燃料被消耗殆尽时，船长决定将船上所载的某些货物①、船用材料或物料作为燃料使用，此种损失可以作为共同海损。但是，船方要证明船舶开航前已备足燃料，否则，船舶所有人不仅应自行承担被当做燃料的船用物料的损失，还要承担船舶不适航的责任。

8. 在避难港货物装卸等过程中造成的损害（damage to cargo in loading/discharging，etc）

船舶遭遇海难事故后，为了检修船舶，在避难港进行卸载、存储、重装和积载或移动货物、燃料、物料而造成的损害，属于共同海损。

（二）共同海损费用（general average expenditure）

共同海损费用，是指由于采取共同海损措施而产生的额外开支。按照 2016 年《约克—安特卫普规则》的规定，共同海损费用表现为下列几种形式：

1. 由航程中的一方当事人代他方支付的救助报酬（salvage reward）

在海难救助一章中已经述及，救助款项包括"救助报酬"和"特别补偿"两项。传统的做法一直把救助报酬列为共同海损，1994 年《约克—安特卫普规则》规则 6 将"救助报酬"列为共同海损，而对"特别补偿"则不列为共同海损。2004 年《约克—安特卫普规则》对救助报酬也排除在规则之外，并对"救助报酬"和"特别补偿"分别作出了规定：

（1）2004 年《约克—安特卫普规则》不把救助报酬列为共同海损。2016 年《约克—安特卫普规则》又重新把救助报酬列为共同海损（详见本章专题研究"三、1974 年《约克—安特卫普规则》近年来的几次大修改"）。

（2）关于特别补偿，鉴于《1989 年国际救助公约》中已经明确规定，此种"特别补偿"应该由船舶所有人单独支付给救助人，因而在 2004 年《约克—安特卫普规则》的规则 6 第 3 项中明确规定，此种"特别补偿"不得被列为共同海损。

---

① 1974 年《约克—安特卫普规则》不包括将货物当做燃料使用列为共同海损，1994 年《约克—安特卫普规则》与 2016 年《约克—安特卫普规则》均将其列为共同海损。

2. 搁浅船舶减载费用（expense lightening a ship when ashore）

如果因船舶搁浅而将货物、船用燃料和物料或其中任何一项，作为共同海损措施而卸下，则减轻货载、租用驳船和重装（如曾发生）等额外费用，均应列为共同海损。

3. 在避难港等地的费用（expenses in port of refuge）

在避难港等地的费用是指在避难港口、避难地以及与财产避难有关的地点所发生的费用。根据 2016 年《约克—安特卫普规则》的规定，此种费用包括以下三类：

（1）进入、驶离避难港或从避难港转移至其他安全地点的费用。

（2）在装卸、停靠或避难港口或地点所发生的搬移或卸货等费用。

（3）为了共同安全的需要而搬移或卸载货物、燃料或物料所引起的相关费用。

如果船舶报废或放弃原定航程，作为共同海损的储存费只应计算至船舶报废或放弃航程之日为止。如果船舶在卸货完毕以前报废或放弃航程，则应计算至卸货完毕之日止。

4. 驶往和停留在避难港等地的船员工资、给养和其他费用（wages and maintenance of crew and other expenses bearing up for and in a port of refuge，etc.）

按照 2016 年《约克—安特卫普规则》的规定，船舶因驶入、驶离避难港，引起的航次延长期间合理产生的船员工资、给养和消耗的燃料物料应列为共同海损①；但是，在避难港额外停留期间消耗的燃料、物料可列为共同海损，而船员工资、给养不得列为共同海损费用。②（详见本章基础知识部分“五、共同海损理算规则”）

5. 修理费用（repairing expenses）

船舶因发生共同海损而进行修理时所支付的修理费用，可列为共同海损。船舶修理有两种形式：

（1）永久性修理（permanent repairs），指按照技术规范的要求对受损船舶所进行的恢复永久性适航能力的修理。如果船舶受损是由共同海损措施所造成的，则修理费用应列入共同海损。在永久性修理的情况下，由于船舶要更换一些部件，船舶所有人从中获取了额外利益，因而要根据情况进行以新换旧的扣减。以新换旧（new for old）的扣减要根据船龄情况而定，对于从船舶建成之年的 12 月 31 日起至发生共同海损之日止船龄达 15 年或 15 年以上的船舶，在修理费用中应做 1/3 的扣减（但对于绝缘设备、救生艇及类似的船艇、通信和航海仪器、设备、机器和锅炉的扣减，则应按此类部件的规定使用年限计算）。船龄在 15 年以下的船舶，在修理中尽管可能以某些新材料或新部件代替了旧材料或旧部件，但不作以新换旧的扣减，因为这种船舶的部件尚未达到老旧的程度。以新换旧只是对船体、船机和设备而言，而不涉及其他方面。因此，对供应品、物料、锚或锚链不做扣减，对修理期间所发生的船坞费、船台费、移泊费等，也应全部列为共同海损。

（2）临时性修理（temporary repairs），指对受损船舶进行最低限度的、以保持其在一定期限内适航性的修理。例如，为了安全地完成航程，在船壳体的裂缝处临时制作一个水泥箱，或在其表面临时加焊一块钢板，待日后永久性修理时再行拆除。临时修理无须作以新换旧的扣减。但是，按照传统的做法，临时修理费用以所节省的共同海损费用为限，在此限度内均承认共同海损，不考虑船方因此节省了永久修理费用的问题。根据 2004 年《约克—安特卫普规

---

① 参见 2016 年《约克—安特卫普规则》规则 11 第 1 款。
② 参见 2016 年《约克—安特卫普规则》规则 11 第 3 款。

则》，临时修理费用要先减除船方所节省的永久修理费用，然后，如有余额才可以列入共同海损。

6. 代替费用（substituted expenses）

代替费用是一种为了节省或取代本应列为共同海损的费用而支付的费用。代替费用本身虽然不直接具备共同海损费用的特征，但由于支付了该项费用，可以节省或避免一项或几项原本应列为共同海损的费用，支付这样的费用，实际上是维护了航程各方的共同利益。[①] 例如，船舶发生共同海损，在修理期间，修理工人加班工作，从而节省了原本应支付的额外停留期间的费用。代替费用的数额应以被节省的本应列为共同海损的费用为限。

7. 为支付共同海损费用而变卖货物使货主遭受的资金损失以及共同海损垫款保险费

为筹款而变卖货物使货主遭受的资金损失（the capital loss），是指在海损事故发生以后，船上没有现金可以利用的情况下，变卖船上所载的货物致使货主遭受的经济损失。例如，由于急需资金而折价变卖货物而损失的价款，或在市场行情上涨的情况下变卖货物使货主遭受利润上的损失。所有这些，都可以认作共同海损。

共同海损费用垫款，是指对垫付的共同海损费用进行投保时所交纳的保险费、救助费用、进入避难港费用、邮电费用和交通费用等。在危急时刻，船方不可能先向各方收取款项后再采取措施，通常是先行垫付一笔款项，待同一航程中的财产脱离险境以后再由各受益方对垫款进行分摊。按照 1994 年《约克—安特卫普规则》的规定，除船长、船员的工资、给养以及不是在航行中补充的燃料、物料之外，对垫款应计算 2%的手续费，列入共同海损，由各受益方分摊。但在 2004 年《约克—安特卫普规则》中，取消了将垫款手续费列入共同海损的规定，而保留了将共同海损费用垫款的保险费列为共同海损的规定。2016 年《约克—安特卫普规则》维持了 2004 年《约克—安特卫普规则》的规定。

8. 共同海损利息（interest on losses made good in general average）

共同海损利息是指因采取共同海损措施造成的牺牲和支付的费用，在一定时期内所应产生的利息。不论是船方还是货方，只要因共同海损措施作出了牺牲或支付了额外的费用，都应由各受益方分摊损失。但是，由于共同海损理算是一项复杂的工作，从开始理算到理算书编成须经过一定的时间，在这段时间里因共同海损措施作出牺牲或支付费用的一方，就会产生利息上的损失。因而，按照 2004 年和 2016 年《约克—安特卫普规则》的规定，对于共同海损费用、牺牲和受偿项目，应给予利息，计算至共同海损理算书发出后 3 个月之日止；对由各分摊方预付或从共同海损保证金内先行拨付的一切款项，也应给予利息。为了给利息的计算提供依据，国际海事委员会每年应确定一个年利率，该年利率用于计算下一年度的利息，实务界称之为浮动年利率。

9. 理算费用（adjustment fee）

共同海损理算费用是由共同海损理算人或理算机构向申请理算的人收取的劳务费用。对于理算费用，《约克—安特卫普规则》和《北京理算规则》均没有专门规定。但根据习惯，该项费用亦可列入共同海损，其主要项目包括：书写海事报告和认证费用；共同海损损失和鉴定费用；共同海损分摊价值鉴定费用；理算人的差旅费用和通信费用等。

---

① 参见 2004 年《约克—安特卫普规则》规则 F 规定。

三、共同海损担保（general average security）

（一）共同海损担保

共同海损担保是为确保共同海损分摊，经有关方的请求而由各受益方作出的保证行为。《海商法》第202条规定："经利益关系人要求，各分摊方应当提供共同海损担保。以提供保证金方式进行共同海损担保的，保证金应当交由海损理算师以保管人名义存入银行。保证金的提供、使用或者退还，不影响各方最终的分摊责任。"

共同海损往往是在卸货港宣布的，如果不采取一定的担保措施，待船方将货物放行以后，一旦货方拒绝分摊共同海损，则船方的利益就得不到保证。因此，虽然从理论上来讲，提供担保的人可以是船方也可以是货方，但通常都是船方要求货方提供担保。共同海损担保形式有：由货方提供海损保证金（general average deposit）和由货物保险人提供共同海损担保函（general average guarantee）两种。共同海损担保函分限额担保函和无限额担保函。

限额担保函（limited guarantee），是保险人以对被保险人应当赔付的金额为限而出具的书面保证。根据限额担保函，若分摊金额与货物保险金额相等，或比保险金额小时，则保险人就全额赔付货方应该摊付的共同海损分摊金额。若分摊金额比保险金额大，则保险人按保险金额与分摊金额的比例赔付分摊金额，超过部分由被保险人自负。此种担保函使船方利益得不到充分保障，故船方一般不愿接受这种限额担保函。

无限额担保函（unlimited guarantee），是保险人出具的不论货物保险金额大小，保险人都对该项货物的共同海损分摊金额予以全额赔付的书面保证。在无限额担保之下，如果该项货物的共同海损分摊金额超过了货物的保险金额，则在保险人向船舶所有人作出全额赔偿以后，可向被保险人收回超过保险单责任的部分。为了确保向被保险人能够收回这部分金额，保险人在提供无限额担保函时，都要求被保险人签署一份"反担保函（counter guarantee）"。此种反担保函的作用在于保证将保险人超过保险单责任而赔付的共同海损分摊金额，退还给保险人。

（二）海损协议书（average bond）

海损协议书是在共同海损成立的条件下，由船货双方签署的，保证履行分摊义务的书面文件。该协议书由船货双方签署。在共同海损的法律关系中，支付货物共同海损分摊金额的义务主体是收货人，而非货物保险人。根据某些国家的法律规定，即使货物保险人出具了担保函，也只负担保责任，只有在货方拒不支付应付款项的情况下，债权人（即垫付了共同海损费用的船舶所有人）才能要求保险人承担责任。否则，仅凭保险人的担保函，不能直接或单独起诉保险人。故收货人除了要向船舶所有人出具经货物保险人签署的担保函外，还必须提供由其签署的海损协议书。在我国，保险公司出具海损担保函，即意味着保险人对赔付共同海损分摊金额承担直接责任，故收货人无须再另行签署海损协议书。

（三）不分离协议（nonseparation agreement）

不分离协议是指在发生共同海损以后，由船货双方共同签署的关于共同海损分摊的义务不因货物的转运而发生变化的书面协议。有时，船舶在途中发生共同海损，可能无法将货物继续运往目的港，因而需将货物交由他船转运。货方可能据此声称，既然船货已经发生分离，已不存在共同危险，因而拒绝分摊船舶在修理期间所发生的共同海损费用。因此，在货物转运之前，签署一份不分离协议，可使船方有效地保留日后向货方请求共同海损分摊的权利。

在过去，签署不分离协议是实践当中的习惯做法，并无明文规定，因而极易产生纠纷。例如，一艘船舶载运了众多货主的货物，在货物转运时，船方不可能同货主一一签订不分离协议，因此，有些未参与签订协议的货主就可能拒绝参加共同海损分摊。为了避免出现这样的问题，1994 年《约克—安特卫普规则》将不分离协议的内容以规则的形式确定下来。[①] 按照这一规定，船舶在任何港口或地点停留并且将发生共同海损补偿时，如果全部货物或其中的一部分用其他运输方式运往目的地并已尽可能地通知了货方，则有关共同海损的权利和义务，将尽可能地和没有此种转运一样而得到履行。但是，由货方分摊的共同海损部分不应超过假如由货方自行承担费用而转运货物时所能产生的费用。从该规则的规定来看，在货物发生转运的情况下，似乎无须再签署不分离协议，只要船方将货物转运的事实和分摊共同海损的义务通知了货方，货方就应履行分摊义务，由于规则中两次使用的都是“尽可能”的字样，因而属于一种软规定，操作性较差。为了避免争议，在实践中仍应坚持签署不分离协议。

（四）货物留置权（lien on cargo）

当货方既没有支付共同海损分摊又没有提供适当担保的，船方可以在合理的限度内留置其货物（《海商法》第 87 条），并可以申请拍卖货物或以其他方式出卖货物，以所得款项来抵偿其应该得到的共同海损分摊金额（《海商法》第 88 条）。

若上述几种方法均无法实施，那么，如前所述，若船舶参加了船舶所有人保赔协会，还可向协会请求货方的共同海损分摊。

四、共同海损理算

（一）共同海损理算的概念

共同海损理算（adjustment of general average）是指由国家认可的具有法定资格的专业机构或人员，按照理算规则，对共同海损的损失和费用、各受益方的分摊价值以及各方应分摊共同海损的数额所进行的审核和计算工作。

1. 海损理算人

海损理算人（adjuster）是指具有专业资格的从事海损理算业务的机构或个人。海损理算是一项业务性、技术性很强的工作，理算人不仅要精通相关法律，而且应熟知海运实务。早在 19 世纪，英国的史蒂文森和威廉·理查德即开创了海损理算业务。现今的理查德·霍格国际理算师协会在国际上是影响较大的海损理算机构，在世界许多地区都设有分支机构。其他海运发达国家，也有专门的海损理算人。海损理算人的名称各异，但大部分都使用海损理算师协会的名义（Average Adjuster Association；AAA）。

我国国际贸易促进委员会下设海损理算处，凡在运输合同中规定共同海损在中国理算的，均由贸促会海损理算处进行理算。理算人根据申请人（大多数情况下是船舶所有人）的委托进行理算。理算工作不仅是分摊共同海损的需要，而且与海上保险业务有密切的联系。因此，在单独海损的情况下，有时亦请求理算，以便确定损失的程度，为被保险人索赔和保险人理赔提供依据。

2. 共同海损理算书的效力

共同海损理算书（G/A Adjustment）是由接受委托的海损理算人对共同海损案件进行审核计算以后所编制的理算报告。理算书的内容一般包括：事故情况概述、共同海损损失和费用划

---

① 参见 1994 年《约克—安特卫普规则》规则 G。

分表、共同海损分摊表和共同海损收付结算表，此外还附有必要的证明文件。

由于理算机构属于民间组织，其所编制的理算书，只是为各受益方分摊共同海损和进行结算提供一个科学依据，并无法律拘束力，因而有关当事方若对理算结果有争议，可提请仲裁或诉讼。

（二）共同海损的理算方法

进行共同海损理算，首先要确定共同海损损失金额，亦即核清因共同海损行为而作出的特殊牺牲和支付的额外费用的总额。其次要确定共同海损分摊价值，也就是确定因采取共同海损措施而受益的财产价值的总额。再次是确立各方应摊付的金额和结算办法。最后编制出共同海损理算书。

1. 共同海损损失金额的确定

共同海损损失金额（total amount of general average），是指因共同海损措施所造成的财产损失和支付的共同海损费用的总和。共同海损损失应得到各受益方的补偿，因此也叫共同海损补偿额。共同海损损失金额包括船舶损失金额、货物损失金额和运费损失金额三种：

（1）船舶损失金额（amount allowable for loss or damage to ship）

船舶的共同海损损失金额，是指因共同海损行为造成的船舶、机器和船舶属具的损失金额。船舶共损损失金额，也称船舶共损牺牲金额，我国《海商法》第198条规定，船舶共同海损牺牲的金额，按照实际支付的修理费，减除合理的以新换旧的扣减额计算。船舶尚未修理的，按照牺牲造成的合理贬值计算，但是不得超过估计的修理费。船舶发生实际全损或者修理费用超过修复后的船舶价值的，共同海损牺牲金额按照该船舶在完好状态下的估计价值，减除不属于共同海损损坏的估计的修理费和该船舶受损后的价值的余额计算。

（2）货物损失金额（amount allowable for loss or damage to cargo）

货物的共同海损损失金额，是指因共同海损措施造成的货物本身的损失金额。我国《海商法》第198条规定，货物共同海损牺牲的金额，货物灭失的，按照货物在装船时的价值加保险费加运费，减除由于牺牲无须支付的运费计算。货物损坏，在就损坏程度达成协议前售出的，按照货物在装船时的价值加保险费加运费，与出售货物净得的差额计算。

我国《海商法》对货物全损共损金额的计算，是以货价加保险费加运费（即CIF）为基础计算的。这与2016年《约克—安特卫普规则》的规定是相同的①，确定此项价值的依据是送交收货人的商业发票（commercial invoice）。如果没有商业发票，也可以根据装运价值（shipped value）确定，即根据货物在装货港的价值计算。如果货物未遭全损，受损货物已经出售，而其损失额未经另行议定，则共同海损的损失数额，应以货物出售前的完好净值减去出售净得数额和属于单独海损的损失数额来确定。②

（3）运费损失金额（amount allowable for loss of freight）

运费共同海损损失金额，是指由于货物的损失而给承运人带来的运费损失。运费损失从属于货物的损失，如果货物的损失是由共同海损行为造成的，或者已列为共同海损受到补偿，则由于货物损失所引起的运费损失，也应作为共同海损受到补偿。但是，承运人为了赚取该运费，需要相应地支付装卸费、垫舱费等，运费共同海损损失金额应扣除该等节省的费用。《海

① 参见2016年《约克—安特卫普规则》规则16。
② 司玉琢主编．海商法．4版．北京：法律出版社，2018：285.

商法》第198条规定，“运费共同海损牺牲的金额，按照货物遭受牺牲造成的运费的损失金额，减除为取得这笔运费本应支付，但是由于牺牲无需支付的营运费用计算”。

2. 共同海损分摊价值的计算

共同海损分摊价值（contributory value of general average），是指由于共同海损措施而受益的财产价值（包括船舶、货物、运费等）与因遭受共同海损损失而将要获得补偿的财产金额的总和。共同海损分摊应以航程终止时财产的实际净值为基础（即以最终获救财产的价值为基础，这不同于海难救助，是以救助成功时的获救财产作为计算救助报酬的基础）。因此，凡是因共同海损措施而受益的财产，都应对其进行估价，并以此为基础来分摊他人的损失。

（1）船舶分摊价值（contributory value of ship）

船舶分摊价值是指可以参加共同海损分摊的船舶的价值。《海商法》第199条规定，“船舶共同海损分摊价值，按照船舶在航程终止时的完好价值，减除不属于共同海损的损失金额计算，或者按照船舶在航程终止时的实际价值，加上共同海损牺牲的金额计算”。根据本条规定，船舶分摊价值有两种计算方法：一种是按照船舶在航程终止时的当地完好价值减去属于单独海损的损失金额。另一种是按照船舶在航程终止时的当地实际价值（残值）加上共同海损补偿额，这两种计算方法的结果是一样的。如果在发生共同海损以后，货物在中途港以其他方式被转运至目的港，则船舶的分摊价值应以其在中途港卸货完毕时的实际净值为基础来加以确定。

（2）货物分摊价值（contributory value of cargo）

货物分摊价值是指因共同海损措施而获救的财产的价值，亦即可以参加共同海损分摊的货物的价值。《海商法》第199条规定，“货物共同海损分摊价值，按照货物在装船时的价值加保险费加运费，减除不属于共同海损的损失金额和承运人承担风险的运费计算。货物在抵达目的港以前售出的，按照出售净得金额，加上共同海损牺牲的金额计算”。在1974年、1994年、2004年和2016年《约克—安特卫普规则》中，货物分摊价值以卸货时的价值为基础，扣减卸货前和卸货时所遭受的损失，再加上共同海损补偿额。这里之所以扣除卸货前和卸货时的损失，是因为参加共同海损分摊的货物价值，必须是货物的到岸价值，而只有经过这样扣除后的货物价值，才是真正的“货物到岸价值”。

（3）运费分摊价值（contributory value of freight）

运费分摊价值是指可以参加共同海损分摊的运费数额。具体地说，运费的分摊价值，应以航程终止时所应收取的净运费（net freight）加上作为共同海损而即将获得补偿的数额。净运费则是指扣除了各种成本之后净得的运费收入。《海商法》第199条规定，“运费分摊价值，按照承运人承担风险并于航程终止时有权收取的运费，减除为取得该项运费而在共同海损事故发生后，为完成本航程所支付的营运费用，加上共同海损牺牲的金额计算”[①]。

（4）免除分摊义务的财产

下列财产免除分摊共同海损的义务：

1）邮件（mails）。从理论上讲，邮件本应属于分摊的范围，但从实践角度来看，要求邮件的所有人参加共同海损分摊将会产生一系列问题。首先，在航运实践中，如果货方拒绝分摊共同海损，船方可以留置财产，而邮件作为个人隐私是不可侵犯的；其次，在实践中，对邮件进

① 根据《北京理算规则》，运费分摊价值，应按承运人承担风险并于事后收到的运费，根据共同海损事故发生时尚未完成的航程，作相应比例的扣减（这是扣减营运费用的一种简化方法），加上可以列入共同海损的运费损失金额。

行估价以及寻找邮件的所有人亦有相当困难。所以，无论在《约克—安特卫普规则》的哪一个版本中，都将邮件作为免除分摊义务的财产。

2）旅客行李和私人物件（passengers' luggage and personal effect）。旅客在允许的限度内随身携带的行李和私人物件，由于数量较小，故不包括在共同海损理算规则所规定的财产范围之内，无须参加分摊。如果旅客将行李和私人物件当作货物托运（不论是否签发提单），此类物品则属于财产范畴，应该参加共同海损分摊。另外，有判例显示，如果旅客请求船方承担赔偿责任或要求船方分摊自己的损失，则船方亦有权请求旅客参加共同海损分摊。[①]

3）随身携带的私人机动车辆（accompanied private motor vehicles）。随身携带的机动车辆属于私人交通工具，如果拿来参加共同海损分摊，对旅客的行动将造成不便，加之在当今时代，私人机动车辆的价值与船货价值相比较毕竟不成比例，令其参加共同海损分摊，在实践中并无太大的意义，故1994年、2004年和2016年《约克—安特卫普规则》均将其排除在共同海损分摊的范围之外。

3. 共同海损分摊金额的确定

共同海损分摊金额（俗称摊水费）是指由于共同海损措施而受益的船舶、货物和运费等应予分摊的共同海损数额。

共同海损理算的基本程序是：首先算出共同海损损失的总额，然后算出共同海损分摊价值的总额，再用共同海损损失总额除以共同海损分摊价值的总额，得出共同海损百分率，最后以船舶、货物、运费等分摊价值，分别乘以共同海损百分率，即可得出各自的分摊金额。

比如，共同海损总额100万元人民币；共同海损分摊价值总额1 000万元人民币，其中船舶分摊价值为500万元人民币、货物分摊价值为400万元人民币、运费分摊价值为100万元人民币。共同海损百分率为：（共同海损损失总额100万元÷共同海损分摊价值总额1 000万元）×100％＝10％。

各受益方的分摊金额（以各自的分摊价值乘以共同海损百分率）

船舶分摊金额：500万元×10％＝50万元人民币

货物分摊金额：400万元×10％＝40万元人民币

运费分摊金额：100万元×10％＝10万元人民币

五、共同海损理算规则

共同海损理算规则是由民间组织协商制定的实务性章程，其中规定的共同海损行为的成立条件、共同海损损失和费用的范围以及分摊共同海损的标准，已成为国际惯例为各国所接受。

1860年，为解决各国关于共同海损的不同立法或习惯带来的混乱和不便，欧洲主要海运国家的航运、保险和理算界代表，在英国的格拉斯哥举行会议，通过了《格拉斯哥决议》。后于1864年和1877年分别在英国的约克城和比利时的安特卫普召开会议，对《格拉斯哥决议》进行修改补充，并正式定名为《约克—安特卫普规则》（York Antwerp Rules）。规则的理论基础是以英国为代表所主张的"共同安全派"的观点，但是修改时吸纳了以法国为代表所主张的"共同利益派"的观点。于是表面上看，规则是以"共同安全派"为基础，实际上却以"共同

① Raoul P Colinvaux. General Average and York Antwerp Rules. The Law Book Co. of Australia Pty Ltd，1975，pp. 388－389.

利益派”为主线。

《约克—安特卫普规则》经过一百多年的实践，已被证明行之有效，为国际航运界、保险界普遍接受，成为国际航运惯例。该规则在实践中经多次修改，不断完善，先后形成了1890年、1924年、1950年、1974年、1974年规则的1990年修改本、1994年、2004年和2016年修改本（详见本章专题研讨“三、1974年《约克—安特卫普规则》近年来的几次大修改”），形成多个文本并存的局面。船货双方可以协议选择其中一个文本作为共同海损理算的依据。

另外，各海运国家的共同海损理算机构也分别制定了自己的理算规则，我国贸易促进委员会也制定了《北京理算规则》。①

六、共同海损制度的发展趋势

如前所述，在全球范围内，共同海损的法律制度已经历了几百年的实践，这种制度对公平分担海上风险，鼓励和促进国际海运业发挥了积极作用。但是，就海损理算实务而言，这项工作耗时、费力且浪费钱财。为此，近年来，在国际海运界，围绕着共同海损制度应该被保留还是被取消的问题，一直进行着激烈的争论。

从长远看，随着共同海损范围的逐渐缩小（详见本章专题研讨“三、1974年《约克—安特卫普规则》近年来的几次大修改”），总有一天共损制度会走向消亡。但是，短时间内其不会为保险所取代。实务界人士预测，在新的世纪里，国际社会将致力于共同海损制度的简化，其中一个很好的解决办法就是适度地发挥保险人的作用，具体地说，就是在保险单中规定“小额共同海损条款”(small amount general average clause)或“共同海损吸收条款”(general average absorption clause)，即对共同海损金额较小的案件，船方可不向货主请求共同海损分摊，而是按照和保险人的事先约定，由保险人在规定的限度内予以赔偿，从而减少烦琐的海损理算工作，节省时间和费用，符合经济、效益的原则。

专题研讨

一、过失与共同海损的关系

引起共同海损特殊牺牲、特殊费用的事故，可能是自然灾害、意外事故造成的，也可能是同一航程中的某一当事人的过失所致。在前一种情况下，共同海损分摊不会存在任何障碍。对于后一种情况下共同海损是否成立、共同海损能否分摊，认识并不统一。

（一）过失与共同海损是何种关系

1. 各国法律普遍认同共同海损法律制度的一项基本原则：共同海损分摊与共同海损成立是两个独立的问题，如果导致共同海损行为的危险确系由同一海上航程中的一方（包括其代理人或者受雇人）的过失所引起，则过失方不能就其损失向其他非过失方要求进行共同海损分摊，而其他利害关系方因此而遭受的损失，包括过失引起的危险所造成的损失和共同海损行为造成的损失，均可以向过失方要求赔偿。

2. 虽然共同海损法律制度和海上货物运输法律制度在本质上是两个完全不同、完全独立

① 司玉琢主编．海商法．4版．北京：法律出版社，2018：281.

的制度，但由于共同海损本身就是在海上货物运输中产生的，两者之间存在着千丝万缕的联系，因而，英国与大陆法系国家普遍认为，同一海上航程中的有关方在共同海损制度下是否存在过失，主要应根据货物运输合同以及调整货物运输合同的法律来确定。如果一方违反了货物运输法律规定的义务，或者违反了货物运输合同中约定的义务，并因此引发共同海损事故，则与其有货物运输合同关系的另一方即可据此认为该方有“过失”，并拒绝分摊共同海损损失。而在不存在合同关系的两方之间，则应根据包括货物运输合同法在内的有关法律（如侵权法）的规定，确定某一方是否存在过失。

3. 海上货物运输合同以及海上货物运输法律中往往不是约定或者规定某一方有什么过失，而是直接约定或者规定某一方是否应对某种原因造成的损失承担责任或者不承担责任。如《海牙规则》中所约定的“承运人无须对由于船长、船员、引航员或者承运人的其他受雇人在驾驶船舶和管理船舶上的行为、疏忽或过失所造成的货损承担赔偿责任”。根据英国的判例，在法律规定或者合同约定某一方无须对某种原因造成的损失承担赔偿责任的情况下，被免除责任的一方将不因该原因的存在或者发生而被视为存在共同海损制度下的“过失”；相反，如果没有这一免责的约定或者规定的，则认为该方有过失。①

4. 如果导致共同海损事故的危险是货物的特性或者固有缺陷所引起的，货方要求分摊共同海损损失的权利不受影响，因为在此种情况下，货方事实上并不存在任何过失。②

5. 值得注意的是，按照美国法院的判例，无论是《哈特法》，还是《1936年海上货物运输法》(COGSA)，虽然都赋予了承运人对因船长、船员等驾驶船舶或者管理船舶的过失而导致的货损免除赔偿责任的权利，但如果运输合同中未订有“杰森条款”“新杰森条款”或者其他类似的约定，在法律上，承运人便不能享有要求货方分摊其因这种过失导致的共同海损损失的权利。这就是为什么所有进出美国港口的从事货物运输的船舶，在运输合同或者提单中都订有“新杰森条款”的原因。

6. 与美国不同的是，其他国家普遍认为，虽然共同海损法律制度与海上货物运输法律制度是相互独立的，但两者之间不可避免地存在相互影响、相互作用的关系。既然海上货物运输法律允许承运人对某些过失不承担责任，则意味着这些过失在共同海损法律制度下也可以不作过失论，因此，要求其他方分摊由此而引起的共同海损，也就合乎情理了。

（二）过失与共同海损关系的历史沿革

1. 在1860年《格拉斯哥决议》、1864年《约克规则》、1877年《约克—安特卫普规则》以及1890年《约克—安特卫普规则》中，均未对过失与共同海损的关系作出规定。1903年，各国法律改革及编纂协会于安特卫普召开年会，通过了一条新的规则，对过失与共同海损之间的关系作了如下规定：“即使引起牺牲或者费用的危险可能是由于同一海上航程中一方的过失所造成的，也不影响要求分摊共同海损的权利，但这不妨碍就此项过失可能向该方提出的任何救济措施。”③ 这一规则被命名为1903年《安特卫普规则》(Antwerp Rule 1903)。

2. 1924年《约克—安特卫普规则》完全吸收了1903年《安特卫普规则》的内容，只是在

---

① Louis Dreyfus and Co v. Tempus Shipping Co [1931] A. C. 726.

② Greenshields. Cowie & Co v. Stephen & Sons Ltd [1908] A. C. 431.

③ Rights to contribution in general average shall not be affected though the danger which gave rise to the sacrifice, or expenditure, may have been due to default of one of the parties to the adventure; but this shall not prejudice any remedies which may be open against that party for such default.

文字上作了一些调整，将“danger”改为了“event”，将“default”改为了“fault”。1924年《约克—安特卫普规则》规则D内容为：“即使引起牺牲或者费用的事故可能是由于同一海上航程中一方的过失所造成，也不影响要求分摊共同海损的权利，但这不妨碍就此项过失可能向该方提出的任何救济措施。”

3. 需要注意的是，1924年《约克—安特卫普规则》规则D中的“remedies”一词，通说认为应作广义的理解，即不仅包括非过失方可就其已经承担的共同海损分摊责任向过失方提起的追偿，也包括非过失方可以对过失方提起的共同海损分摊索赔进行的抗辩。

4. 1950年《约克—安特卫普规则》对规则D没有作任何修改。

5. 1974年《约克—安特卫普规则》的规则D，在最后一句话中明确地加上了“defenses”一词，同时在“against”一词后加上了“or to”，修改后规则D的内容为：

“即使引起牺牲或者费用的事故可能是由于同一海上航程中一方的过失所造成的，也不影响要求分摊共同海损的权利，但这不妨碍就此项过失可能向该方提出的任何索赔或者抗辩。”

由于1974年《约克—安特卫普规则》的规则D中已增加了“defenses”一词，因而，规则中的“remedies”一词即可仅作狭义的理解，即仅翻译为“索赔”，而不包括对过失方提起的共同海损分摊索赔的抗辩。

6. 1994年《约克—安特卫普规则》、2004年《约克—安特卫普规则》和2016年《约克-安特卫普规则》的规则D均未作修改。

1974年《约克—安特卫普规则》规则D的前半段规定，过失“不影响要求分摊共同海损的权利”，这意味着过失并不影响共同海损的成立。比如，船舶电线老化引起火灾，船长采取灭火措施的行为，仍属于共同海损行为，因灭火措施引起的特殊牺牲和费用，仍可按照共同海损来进行理算。也就是说，海损理算师可以不去考虑某一事故中是否存在过失，就如同该共损事故不是因某一方的过失所造成的一样进行理算。①

规则D的后半段规定，非过失方可以就过失方的过失而采取任何救济措施，如就其已经承担的共同海损分摊责任向过失方提起追偿，或者在过失方要求其承担共同海损分摊责任时，以对方有过失为由进行抗辩。正如有学者指出的：“本规则的第一部分允许理算按发生的事故非因任何一方的过失造成的假定进行，而第二部分使当事双方的表面权利被该部分保留的救济措施所抵销。”②

从这个意义上说，要求分摊共同海损的权利真正“不受影响”的只有非过失方，而过失方的此种权利由于可以被“抗辩”而事实上将“受到影响”（这里的过失指不可免责的过失），因此只是一种“表面上的权利”或者“名义上的权利”。结合前述各国法律对过失与共同海损之间关系之态度，我们有理由认为，《约克—安特卫普规则》规则D与各国法律在对过失和共同海损的关系的处理上，是完全一致的。

（三）对《海商法》第197条之分析

1. 我国《海商法》第197条规定，引起共同海损特殊牺牲、特殊费用的事故，可能是由航程中一方的过失造成的，不影响该方要求分摊共同海损的权利；但是，非过失方或者过失方可

---

① 有学者认为，规则的这种规定还可以起到防止货方在目的港以事故可能是由船方的过失引起为由，拒绝提供共同海损担保和签署共同海损协议。杨良宜．海事法．大连：大连海事大学出版社，1999：514，515.

② Donald O'may & Juliam Hill. OMAY海上保险——法律与保险单．郭国汀等译．北京：法律出版社，2002：447，448.

以就此项过失提出赔偿请求或者进行抗辩。

2.《海商法》的这一规定显然是参照《约克—安特卫普规则》规则D制定的。但是，这一规定与《约克—安特卫普规则》规则D相比，存在两点明显的不同：

第一，《海商法》第197条的前半部分明确限定"该方"（即过失方）要求分摊共同海损的权利不受影响；而《约克—安特卫普规则》规则D的前半段只笼统地规定"不影响要求分摊共同海损的权利"，并未限定哪一方要求分摊共同海损的权利不受影响。因为既然过失不影响共同海损的成立，则非过失方有权就其遭受的共同海损损失要求所有受益方分摊，受益方不得以事故是某一过失方的过失引起为由提出抗辩。

第二，《海商法》第197条的后半段与《约克—安特卫普规则》规则D的后半段也有明显不同。后者规则D的后半段所规定的索赔或者抗辩，都是针对"过失方"的；换言之，过失方本身并不能提出索赔或者进行抗辩。而《海商法》第197条的后半段，似乎意味着过失方和非过失方之间，可以相互提出索赔或者进行抗辩。

3. 我国《海商法》第197条与《约克—安特卫普规则》规则D产生上述不同的原因，在于起草《海商法》的当时，我们对《约克—安特卫普规则》规则D的理解还没有像今天这样深刻。当中文翻译成英文时，文义上存在偏差。[①] 笔者认为，我国法院在解释《海商法》第197条时不应拘泥于该条的文字，而应结合其立法背景，参照对《约克—安特卫普规则》规则D的理解来解释该条；在将来修改《海商法》时，应对该条进行修改，使其与《约克—安特卫普规则》规则D在内容上保持一致。

（四）学术观点及判例

在过失与共同海损的关系上，应该说国内外学者的观点及相关判例基本都是一致的。比如，Donald O'may与Juliam Hill认为，"本规则（指1994年《约克—安特卫普规则》规则D——笔者注）的第一部分允许理算按发生的事故非因任何一方的过失造成的假定进行，而第二部分使当事双方的表面权利被该部分保留的救济措施所抵销"[②]。笔者认为，"共同海损行为与过失无关，共同海损分摊与过失有关，若当事方存在不可免责的过失，非过失方有权拒绝分摊共损损失和费用；过失的概念受运输合同的制约，过失又决定着共同海损能否得到分摊，因此，共同海损不是一个游离于运输合同之外的独立的法律制度"[③]。国内许多著作也反映了同样的观点。[④]

在1931年以前，对于法律规定的或者合同约定的免除责任的条款，是否可以解释为被免除责任的一方不存在共同海损制度下的"过失"，英国法律并未明确规定。直到1931年的Louis Dreyfus and Co v. Tempus Shipping Co. [⑤] 一案中，这一问题才得到了澄清。该案中，船东未能按照合同的约定谨慎处理使船舶适航，导致船舶在航程中起火，船舶不得不驶入一个避难港而产生了一笔避难港费用，船东要求货方分摊该笔费用。英国1894年《商船航运法》第502

---

① 《中华人民共和国海商法》（中英对照）. 北京：法律出版社，2002：111.

② Donald O'may & Juliam Hill. OMAY海上保险——法律与保险单. 郭国汀等译. 北京：法律出版社，2002：447，448.

③ 司玉琢. 海商法专论. 北京：中国人民大学出版社，2007：506.

④ 司玉琢主编. 海商法. 4版. 北京：法律出版社，2018：279；傅廷中. 海商法论. 北京：法律出版社，2007：377；张湘兰主编. 海商法论. 武汉：武汉大学出版社，1996：283；司玉琢主编. 海商法. 北京：中国人民大学出版社，2008：344，345.

⑤ [1931] A.C. 726.

条规定，船东对于火灾所造成的“灭失或者损坏”不承担责任，除非火灾是由于船东的实际过失或者私谋所造成的。货方认为该规定只免除了船东对货损的赔偿责任，与共同海损无关；虽然 1894 年《商船航运法》规定船东可对此不承担货损的赔偿责任，但货方也可根据共同海损制度并以过失为由拒绝分摊船东的共同海损损失。在一审法院，货方的主张得到了支持，但上诉法院和上议院则驳回了货方的这一主张，判决船东胜诉。英国法院的理由是，如果船东不采取（诸如驶入避难港等）共同海损行为，则根据法律及合同中的免责条款，对于最终产生的货损，船东本可以是免责的，因而船东所采取的共同海损行为挽救的是其并不需要承担责任的损失，因此而产生的费用当然应作为共同海损由货方分摊。[①] 至此，在其后的判例中，均作出了类似的判决。

二、美国共同海损分摊与过失关系的特殊司法实践

1895 年 11 月 9 日，一艘名为“伊洛瓦底”（Irrawaddy）[②] 的英国籍船舶满载货物从特立尼达驶往美国纽约，途中，因船长的航海过失而搁浅在新泽西沿岸，该船从开航到事故发生时一直处于适航状态。11 月 20 日，船长和救助人决定抛弃部分货物使船舶得以重新浮起。事后，船舶所有人请求货方分摊共同海损，地区法院（District Court）作出了有利于原告船舶所有人的判决，但被告提起了上诉。上诉法院援引《哈特法》第 27 条的规定，推翻了地方法院的判决，理由是：虽然《哈特法》承认承运人在履行谨慎处理使船舶适航义务以后，可以享受航海过失免责，但《哈特法》并没有赋予承运人可以进一步请求货方分摊共同海损的权利。换言之，不能因为共同海损问题而改变《哈特法》所确立的原则。[③]

1899 年，又发生了“斯雷得（Strathdon）轮”火灾案。在该案中，由于值班轮机员的疏忽使辅助锅炉过热，因而两层甲板之间发生火灾。对于本次事故，船舶所有人没有任何过失。货方见索赔无望，便提起共同海损之诉，请求船方分摊因采取灭火措施而使自己遭受的损失。初级法院判决认为，船方在本案中没有疏忽，因而无须承担货损赔偿责任。判决中唯一有利于货方的地方是：对本次火灾事故，船方可以免责，却不能援引法院对共同海损案件的判决来请求货方分摊自己的损失；而货方虽然不能请求船方承担火灾事故的赔偿责任，但却有权请求船方分摊由于灭火行为给自己造成的损失。[④]

由于美国法院对船员过失引起的共同海损在判决上不够明朗，承运人为了安全起见，便根据意思自治原则，在提单中订入一个共同海损疏忽条款（general average negligence clause），该条款规定：“如果承运人已尽到了使船舶适航的义务，由于其雇用人员驾驶船舶或管理船舶的过失导致的共同海损，货主应参加分摊。”但美国法院在审理“尤库坦”（Yucutan）轮共同

---

① 国内外相似判例可参见，新加坡上诉法院在“SUNLIGHT MERCANTILE PTE. LTD. AND ANOTHER v. EVER LUCKY SHIPPING COMPANY LTD.”的判决；海南华联轮船公司诉广西国际合作经贸公司等共同海损分摊纠纷案［北海海事法院（2000）海商初字第 054 号］；“铨宝湖”轮共同海损分摊案（中国涉外商事海事审判网，2003/02/08）。

② 1898 U. S. LEXIS 1596；2004 AMC.

③《哈特法》第一节和第二节规定，对于从美国运出或在美国港口之间运输的货物，凡是免除船舶所有人、代理人或船长在装货或交货过程中因疏忽而造成货物损失的责任的条款，都是不合法的；任何在提单中约定的免除承运人适当配备船员、装备船舶、配备供应品使船舶适航的义务的条款也应作废并无效。

④ The Strathdon. District Court. E D. New York，1899 U S Dist LEXIS 117.

海损一案中，却以违反美国的公共秩序为由否定了该条款的效力。①

关于“共同海损疏忽条款”的效力问题，直到1912年发生杰森上诉案②时才得到了肯定，也正是由于这个原因，该条款后来被称为“杰森条款”（Jason Clause）。自那时起，凡是去美国港口的船舶，都在提单中加上这一条款，以便符合美国的法律。

“杰森条款”的内容是：如果船舶所有人已经恪尽职责使船舶在各方面适航并且妥善地配备了船员、装备和供应了船舶，则当危险、损失或灾难是因引航员、船长、船员在驾驶和管理船舶中的过失，或者是经过谨慎处理而不能发现的潜在缺陷或者不适航所致，不论此种不适航是发生在装船时还是在航次开始时，收货人或货主都不能被免除分摊共同海损牺牲或费用的责任，而是要和船舶所有人一起分摊共同海损牺牲和支付此种特殊费用，就如同此种危险、损失或灾难不是因船员的疏忽、过失、船舶的潜在缺陷或不适航造成的一样。

1936年，美国制定了《海上货物运输法》，而《哈特法》仅适用于货物的装前卸后，为了符合新的法律，各船公司都对提单上的“杰森条款”进行了修改和补充，并借此机会将其改称为“新杰森条款”(New Jason Clause)。“新杰森条款”对“杰森条款”的发展和突破在于：当船舶因船长、船员或引航员的过失发生事故而采取救助措施时，即使救助船与被救助船同属一个船公司，被救船仍须支付救助报酬，而且，该项救助报酬可作为共同海损费用由各受益方分摊。在“新杰森条款”中之所以要作出这样的规定，有两个方面的意义：其一，保护了船员的合法权益。按照海难救助法的要求，船员在救助自己所在的船舶时，是不能请求救助报酬的，因为按照雇佣合同的要求，船员有义务保养和维护船舶，当其所在的船舶发生危险时，也有义务参与救助，而且无权请求救助报酬。但是，如果船员在履行正常的雇佣合同之外又救助了本公司所有的其他船舶，则超出了合同所规定的义务，因而有权请求救助报酬。如果法律上不承

---

① 1905 U S Dist LEXIS 161。该案“尤库坦”轮属于纽约与古巴邮船公司（New York & Cuba Mail Steamship Company）所有。该船于1901年5月28日因船员的航海过失，搁浅在位于坎佩切（Campeche）和维拉克鲁斯（Vera Cruz）中间的墨西哥沿岸。5月29日，该船被救助船拖带进入维拉克鲁斯港。5月29日，货主安索尼亚—克劳克公司（Ansonia Clock Company）根据船方的请求向其提交了海损协议书，以此为条件，船方将货物交给了货主。嗣后，救助人分别向“尤库坦”轮的船舶所有人及其船上所载货物的货主请求支付救助报酬，而“尤库坦”轮的船舶所有人也请求货主按照海损协议书的要求分摊共同海损。被告（被救货物的货主）对其应该支付的117.49美元的救助费没有提出异议，但对于海损协议中所宣称的其应该摊付的54.47美元的分摊数额却拒绝承担。本案所涉及的问题是：如果船舶所有人已经谨慎处理使船舶适航，由于船员的疏忽或过失所导致的，或者是经过谨慎处理仍然不能发现的潜在缺陷所致的共同海损，货主应否参加分摊。对此，美国法院的判决是否定的，原因很简单，《哈特法》不允许这样做，除非《哈特法》对此作出修订。

② 1904年7月30日，挪威籍蒸汽机船“杰森”轮满载杂货（其中包括12 000袋白糖），从古巴的赛恩佛古斯（Cienfuegos）驶往纽约。该批白糖的保险人为北美保险公司。在航行途中，由于船员的航海过失，船舶搁浅在古巴南部海岸。直至搁浅事故发生时，该船一直处于适航状态——妥善地配备了船员、装备和供应了船舶。8月9日，该船通过船长、船员、救助人和其他雇用人员，抛弃了2 042袋白糖，其中1 657袋为收货人约翰·阿巴克兄弟公司（John Arbuckle Brothers）所有，最终使船舶得以重新浮起，为此，船方宣称，因抛弃货物的行为导致的货物的特殊牺牲和支付的额外费用都是为了解除船舶、货物和运费的共同危险所必须采取的。在航程结束以后，船方请求货方提交了海损协议书，根据协议书约定，货方同意分摊由理算师按照相关法律和惯例进行理算而确立的共同海损分摊金额。在“杰森”轮签发的提单中有一个条款，内容即后来的“杰森条款”。后来，在纽约，按照海损协议书的约定进行了共同海损理算。理算结束以后，货主（阿巴克兄弟公司）对理算书中为其承担的5 060.24美元的分摊额表示拒绝。为此，“杰森”轮的船舶所有人向货主及其保证人（北美保险公司）提出诉讼请求，要求其支付该项数额。地区法院作出了有利于货方的判决，为此，船舶所有人提起上诉。美国巡回法院第二巡回法庭认为，本案所涉及的根本问题有三个方面：第一，提单中的共同海损疏忽条款是否有效；第二，根据《哈特法》第3节的规定，货方有无权利就船舶搁浅行为所直接造成的货物损失请求船舶所有人分摊；第三，货方有无权利在不分摊船方所受损失的情况下而请求船方分摊自己的损失。法院对前两个问题的回答是肯定的，而对后一个问题的回答则是否定的。从这一判决可以看出，美国已经在过失所致的共同海损问题上修正了以往的做法，从而扫除了使“共同海损疏忽条款”合法的障碍。从这个意义上说，自“杰森”上诉案得到判决时起，“共同海损疏忽条款”的效力便得到了肯定。

认姐妹船救助的报酬问题，无疑等于剥夺了船员的正当权利。其二，这种规定实现了与保险责任的吻合。对船舶保险而言，保险人不仅要赔偿保险标的因单独海损造成的损失，而且还要承担被保险人的共同海损分摊责任，如果法律不承认姐妹船救助的报酬可以列入共同海损，在实际上就掩盖了应该由保险人承担的责任，显然，这是有违立法宗旨的。从上述意义上来说，“新杰森条款”的出现在某种程度上弥补了当时法律的漏洞。2004 年《约克—安特卫普规则》虽然将大部分救助报酬排除在共同海损的范畴之外，但是，在目前情况下，采用 1994 年《约克—安特卫普规则》的国家仍然占大多数，故可以预言，在今后一段较长的时间内，“新杰森条款”仍然还会发挥作用。即使将来各国都采用了 2004 年《约克—安特卫普规则》，“新杰森条款”对海上保险仍有一定的意义。

三、1974 年《约克—安特卫普规则》近年来的几次大修改

1974 年《约克—安特卫普规则》在 20 年的时间里进行了几次重大修改。

（一）1974 年《约克—安特卫普规则 1990 年修正案》的产生

如前所述，《1989 年国际救助公约》增加了“特别补偿”条款，使对环境救助也成为救助报酬考虑的因素，这对共同海损制度产生了重要的影响。为此，国际海事组织在《1989 年国际救助公约》附件 2（《关于建议修改〈1974 年约克—安特卫普规则〉的决议》）中指出：出席会议的代表，通过了《1989 年国际救助公约》，但无意将公约第 14 条所确定的特别补偿纳入共同海损的范畴，为此请国际海事组织秘书长采取适当步骤，保证尽快修正 1974 年《约克—安特卫普规则》，以使第 14 条所指的“特别补偿”不被列入共同海损。

国际海事委员会第 34 届大会经过激烈的争论，最后实现了妥协并确定了 1974 年《约克—安特卫普规则》第 6 条的下列修订条文：

1. 处于同一航程的关系方，由于救助而发生的费用，不论此种救助是否根据契约进行，只要救助活动的目的是使同一航程中的财产得免于难，便应列入共同海损受偿。作为共同海损的费用得包括救助费用，而且该救助费用考虑了《1989 年国际救助公约》第 13 条第 1 款第 2 项所规定的救助方为防止或减轻环境污损的技能和努力。

2. 根据《1989 年国际救助公约》第 14 条第 4 款的规定或任何其他类似规定，由船舶所有人向救助方所支付的“特别补偿”不得列入共同海损而受偿。

综上所述，制定第 1 款是为了确认《1989 年国际救助公约》第 13 条第 1 款所指的根据防止或减轻环境污损的“技能和努力”所确立的救助报酬，使其能够列入共同海损；而制定第 2 款的目的则是将《1989 年国际救助公约》第 14 条第 4 款所规定的“特别补偿”从共同海损中排除，由船舶所有人单独承担。

在对 1974 年《约克—安特卫普规则》第 6 条进行修改的同时，起草委员会在会上提出一个决议草案，决定将规则的修改稿改称为 1974 年《约克—安特卫普规则 1990 年修正案》。

（二）1994 年《约克—安特卫普规则》的产生

国际海事委员会于 1994 年 10 月 2 日至 8 日在澳大利亚的悉尼召开第 35 届大会，会议的主要议题是讨论和修改 1974 年《约克—安特卫普规则 1990 年修正案》，与会的近四十个国家和地区的三百多名代表一致通过了 1994 年《约克—安特卫普规则》。

与 1974 年《约克—安特卫普规则》相比较，1994 年《约克—安特卫普规则》主要有如下修改：

1. 增加了首要规则，强调共同海损牺牲和费用的合理性，以该项原则统领数字规则和字母规则。如前所述，《约克—安特卫普规则》是由数字规则和字母规则组合而成的，而且数字规则优先于字母规则适用。但是，字母规则中要求列入共同海损的牺牲和费用必须是合理作出或支付的，而数字规则中却没有这样的规定，因而给共同海损理算和司法实践带来了困难。1991年，英国法院在审理“阿尔法”（The Alpha）轮共同海损案中即遇到了这样的问题。在该案中，船长在采取共同海损措施时，为了使搁浅船舶重新浮起而不合理地使用机器，致使机器遭受损坏。对这样的损失，法院却不得不判决可以列入共同海损，理由就是数字规则优先适用，而数字规则中并未规定牺牲和费用必须是合理的。显然，这样的结果有违制定规则的初衷。为此，在修改规则时决定，在解释性规则之后再加上一条首要规则（rule paramount）——“牺牲或费用，除合理作出或支付者外，不得受到补偿”。该首要规则起到了统领数字规则和字母规则的作用，因而解决了数字规则和字母规则不协调的问题。

2. 为确定拖带或顶推作业中的船舶是否处于同一航程而划定了界限。船舶在拖带或顶推其他船舶时，确定顶推或拖带船与被顶推或被拖带的船舶是否处于同一航程中，关系到在它们之间是否存在共同危险，以及在它们之间能否分摊共同海损牺牲和费用的问题，对此，各国的做法不尽相同。为了统一起见，1994年《约克—安特卫普规则》在规则B中划分了如下三种情况：第一种情况是：船舶拖带或顶推其他船舶时，如果双方均在从事商业性活动而非救助作业，则从事拖带或顶推的船舶与被拖带或被顶推的船舶可以被认为是处于同一航程中。第二种情况是：在航程中采取的某些措施，如果是为了使双方脱离共同危险，则应适用本规则。第三种情况是：当船舶从事拖带或顶推作业时，如果遭遇了自然灾害或意外事故，一船只有脱离另外一船方能获得自身的安全，则此种脱离一旦实现以后，两船即不再被视为处于共同危险之中。但是，如果此种脱离本身就属于共同海损行为（换言之，脱离行为正是为了解除双方的共同危险而采取的），则双方仍然可以被认为是处于同一航程之中，因而为了使两船能够脱离而产生的牺牲和费用应由双方分摊。2004年《约克—安特卫普规则》也作出了与此相同的规定。

3. 规定了如何处理环境损害或清除污染物的费用问题。长期以来，人们对此种费用的处理有很大争议，对此，大会进行了讨论，最后各方作出了妥协和让步。在规则C中规定：“环境损害或因同一航程中的污染物的漏出或排放而引起的损失或费用，不得列入共同海损。”2004年《约克—安特卫普规则》在此问题上也采取了同样的规定。

（三）2004年《约克—安特卫普规则》的产生

国际海运界对共同海损的态度，普遍倾向于保持规则的稳定性，以利于海运和司法实践。2004年《约克—安特卫普规则》的产生证明了这一趋势。

与1994年《约克—安特卫普规则》相比较，2004年《约克—安特卫普规则》主要有如下修改：

1. 将船舶在避难港额外停留期间的船员工资、给养排除在共同海损之外。根据传统的《约克—安特卫普规则》，船舶在避难港额外停留期间的船员工资、给养和船舶所消耗的燃料、物料以及港口费用均列入共同海损，这反映的是“共同利益派”的观点。而“共同安全派”则认为，这是“人为的共同海损”，因为船舶进入避难港，船货已获得共同安全，其后所产生的费用，应由各有关方自行承担。此次两派又一次较量，最终达成妥协：船舶在避难港额外停留期间所消耗的燃料和物料以及港口费用均列入共同海损，但船员工资和给养却被排除在共同海损之外。从这一点来说，应该看作是“共同安全派”的一个胜利。

2. 救助报酬被排除在共同海损之外。考虑到救助人已分别向被救人收取了救助报酬，财产的获救价值和共同海损分摊价值又差别不大，重新理算意义不大，且费时费钱费力，对各方都没有好处。为了简化处理，修改后的规则对此类案件一律不再理算，除非一方为另一方垫付救助报酬，在理算中，可以将一方为另一方垫付的救助报酬先行记账，最后偿还给垫款人。

3. 临时修理费用的处理。按照传统的做法，临时修理费用以所节省的共同海损费用为限，在此限度内均承认共同海损，不考虑船方因此节省了永久修理费用的问题，船方（实际是船舶保险人）从中得到好处。根据修改后的规则，临时修理费用要先减除船方所节省的永久修理费用，然后，如有余额才可以列入共同海损。这就是说，如果临时修理费用小于或等于船方所节省的永久修理费用，则全部由船方承担，不列入共同海损，各有关方从中得到好处。例如，临时修理费用100万元，如不进行临时修理，永久修理费用需200万元，因进行了临时修理只需160万元，节省了永久修理费用40万元，可列为共同海损的临时修理费用为60万元，如果节省的永久修理费用是100万元，就没有列为共损的临时修理费用。按传统做法，不考虑是否节省永久修理费用，100万元的临时修理费用均可列为共损费用。

此外，2004年《约克—安特卫普规则》还增加了有关共损分摊请求权的时效规定、共同海损费用不给予手续费的规定，以及采用浮动年利率计算利息的规定。[①]

2012年10月，CMI第40届大会在北京召开，讨论了有关2004年《约克-安特卫普规则》进一步修改的问题，会议提出：(1) 是否应有一特别规定，应对大型集装箱船舶；(2) 有关代替费用条款是否需要重新审视；(3) 是否需要具体条款应对航次受阻或可能受阻的情形；(4)《鹿特丹规则》等对共同海损制度的影响；(5) 共同海损责任的特别保险问题。

（四）2016年《约克—安特卫普规则》的产生

第四次修定则产生了2016年《约克—安特卫普规则》。前述的2004年《约克—安特卫普规则》的制定，其本来是为了适应国际航运形势的新变化，平衡船货双方的利益并实现风险共担，但这一版本并未得到国际海运业的普遍认可，以致在目前的海上运输中仍然普遍适用1994年版本。为此，国际航运公会（International Chamber of Shipping：ICS）曾经敦促国际海事委员会（CMI）从体现公平性的原则出发，以不改变共同海损的基本原则为前提，适度完善《约克—安特卫普规则》。从这个意义上说，本次对规则的修改实际上是对2004年规则的矫正，并在某些方面实现了对制度的回归。具体说来，新规则的修改主要体现在以下几个方面。

1. 将救助报酬重新认作共同海损

在2004年版本中，大部分救助报酬都被排除在共同海损之外，除非与救助有关的一方已经支付了应由另一方承担的救助费用。但在2016年版本中的“规则6”当中则又回归了1994年规则中的规定，即航程中各有关方支付的救助费用，不论救助是否根据契约进行，均应认作共同海损，但以同一航程中的财产脱离危险而进行的救助为限。不过，规则当中又规定了进一步的附加条件：其一，在后续航程中发生了事故或其他情况致使财产遭受灭失或损坏，进而导致获救价值和分摊价值之间有显著的差异；其二，在获救财产中有数额很大的共同海损牺牲；其三，获救价值明显不正确且救助费用的分摊也明显有误；其四，获救的一方已经支付了应由另一方承担的大部分救助费用；其五，大部分关系方已经认可了救助索赔。

2. 对于将临时性修理费用认作共同海损的问题做了简化处理

在2004年版本中，将船舶发生海损后进行的临时性修理认作共同海损时须考虑诸多附加

---

① 叶伟膺．评《2004年约克—安特卫普规则》．中国海商法年刊，2004.

条件，但在2016年版本中则对此做了简化处理，其中包括三个层次的内容：第一，如果船舶为了共同安全或者对共同海损牺牲所造成的损坏在装货港、停靠港或者避难港进行临时修理，则此项修理费用应认作共同海损；第二，如果为了完成航程而对损坏进行了临时修理，则此项修理费应认作共同海损而无须考虑对其他有关方有无节省，但其数额应以因此所节省的假如不在该港进行临时性修理而本应支付并可以认作共同海损的费用为限；第三，可以认作共同海损的临时修理费用，不应做“以新换旧”的扣减。

3. 将提供的有关款项认作共同海损

在2016年规则中规定，为筹措共同海损的费用而变卖货物致使货主遭受的资金损失和共同海损费用垫款的保险费也应认作共同海损。

按照过去的规则，除船长、高级船员和一般船员的工资、给养以及不在航程中补充的燃料和物料之外，可按共同海损费用的百分之二计算手续费，认作共同海损。在2016年规则中则排除了该项规定。

4. 确定了共同海损损失利息的具体计算办法

新规则规定，对于共同海损费用、牺牲和受偿项目应给与利息，计算至共同海损理算书发出后3个月之日为止；对于由各分摊方预付的或者从共同海损保证金内先行拨付的一切款项也应给与利息。按照2004年规则，国际海事委员会在决定年利率时，应考虑一流商业银行一年期贷款向船东收取利息的利率等因素，但按照2016年规则，每一日历年用于计算利息的利率应为理算所使用的货币在该日历年1月1日公布的12个月的伦敦同业拆借利率加上百分之四。如果理算所使用的货币没有伦敦同业拆借利率公布，则使用12个月的美元伦敦同业拆借利率。

5. 明确了共同海损保证金的处理方式

按照2016年规则的规定，如果海损理算师就货方应摊付的共同海损、救助费用或特别费用向货方收取了现金担保，此项保证金应汇给海损理算师，并以理算师的名义存入特别账户，以便尽可能地获得利息。特别账户应根据理算师住所地关于客户和第三方资金的法律设立、托管，或者遵守类似管理第三方资金的法律规定，该项存款应与理算师的自有资金分开。此项存款连同可能产生的利息一起，作为货方分摊共同海损的担保。只有凭理算师的书面证明、经通知并获得保证金提供者的认可，方可从保证金中预付或将保证金退还。在接到保证金提供方的批准之后（或者在90天内未得到相关批准），海损理算师方可从保证金中提取预付款或最终分摊款。保证金的支付或者退款均不影响各方的最终责任。

为了正确理解和适用规则，国际海事委员会第42届大会上还通过了《约克—安特卫普规则CMI指南》，该指南包括简介、基本原则、共同海损担保文件、海损理算师的职责、共同海损鉴定人的职责以及2016年《约克—安特卫普规则》等共计六个部分。

综上所述，《约克—安特卫普规则》自产生以来，历经多次修改，已经形成1877年、1890年、1924年、1950年、1974年、1994年、2004年和2016共8个版本。上述各种版本的规则作为民间的示范性规则，并不具有强制力，在实务中适用哪一个规则，完全取决于当事人的约定。不过，在现今的海运实践中，一个新规则产生以后，很少有人再适用旧规则。

第十一章 海事赔偿责任限制

基础知识

海事赔偿责任限制是海商法中一项特有的法律制度，作为一种权利，它是海商法赋予船舶所有人、救助人、船舶经营人、承租人等的一种法定特权。我国《海商法》第十一章对海事赔偿责任限制的问题作了专门的规定。

一、海事赔偿责任限制的概念

海事赔偿责任限制（limitation of liability for maritime claims）是指在发生重大海损事故时，责任人根据法律的规定，将自己的赔偿责任限制在一定范围内的法律制度。海事赔偿责任限制也被称作“综合（责任）限制”（global limitation），它是相对于海上货物和旅客运输中的“单位（责任）限制”（unitlimitation or package limitation）而言的。二者尽管有一定的联系，但分属海商法不同的法律制度。

海事赔偿责任限制最初仅仅是为保护船舶所有人的利益而产生的，故称“船舶所有人责任限制”（limitation of liability for ship owners），但随着责任限制权利主体的扩大，船舶经营人、承租人、救助人以及责任保险人等也被纳入了受保护的范围。因而，1976 年 11 月 19 日国际海事组织（IMO）通过新的责任限制公约时，将过去的船舶所有人责任限制更名为海事赔偿责任限制。

据说，早在 17 世纪一艘装运黄金的荷兰船被盗（损失的金额远远大于船价），法院判船舶所有人的赔偿责任仅以船价为限。此事为著名的荷兰法学家格劳秀斯得知后，他曾赞许这完全符合正义的要求。且不去深究这一传说的真伪，但它提醒了人们，处在船长、船员实际占有和驾驶下的船舶，在营运中给他人造成了损害，如法律规定由船长、船员负赔偿责任，而船舶所有人无须负赔偿责任的话，显然对受害人来说是不公平的；但若要求作为被代理人或雇主的船舶所有人、经营人或救助人等负无限制的赔偿责任，也未必公平。从政策导向看，无限制的赔偿责任不利于发展航运业，不利于鼓励海难救助，船舶责任保险也将难以满足无限制赔偿责任的需求。因此，法律规定由船舶所有人等负有限制的赔偿责任的制度，至今仍不失为一种合理的解决办法。

二、责任主体

责任主体，是指依据法律有权限制赔偿责任的人。我国《海商法》用了三个条款规定责任限制的主体。

《海商法》第204条规定，船舶所有人、救助人，对本法第207条所列海事赔偿请求，可以依照本章规定限制赔偿责任。前款所称的船舶所有人，包括船舶承租人和船舶经营人。

《海商法》第205条规定，本法第207条所列海事赔偿请求，不是向船舶所有人、救助人本人提出，而是向他们对其行为、过失负有责任的人员提出的，这些人员可以依照本章规定限制赔偿责任。

《海商法》第206条规定，被保险人依照本章规定可以限制赔偿责任的，对该海事赔偿请求承担责任的保险人，有权依照本章规定享受相同的赔偿责任限制。

1. 船舶所有人和救助人

船舶所有人不限于本人，也包括船舶经营人和承租人，承租人又包括航次租船承租人、期租承租人和光船承租人；我国海商法参照《1976年海事赔偿责任限制公约》的规定，将救助人列为责任限制的主体，这是对《1957年海船所有人责任限制公约》的重要补充。

2. 船舶所有人、救助人的受雇人、代理人

如果海事赔偿请求不是向船舶所有人、救助人本人提出，而是向他们的受雇人（如船长、船员）、代理人提出，只要这些受雇人、代理人的行为是在受雇或受委托范围内，则他们同样享有责任限制的权利。因为根据代理原则或转承责任理论，受雇人、代理人在受雇或受委托范围内的行为产生的赔偿责任，最终还是由其雇主、被代理人承担。如此规定实际是“喜马拉雅条款”在海事赔偿责任限制中的应用。

3. 责任保险人

我国《海商法》第218条规定，被保险人对第三人的责任可以作为保险标的，如船舶险中的船舶碰撞责任，油污损害赔偿也是对第三人的责任。但是《海商法》并没有专门规定有关油污的民事赔偿责任，而在《海诉法》中却规定了向油污责任保险人的直接诉讼，这种情况只能理解为，当发生油污案件并适用我国参加的《1992年责任公约》时，油污责任保险人可以援引《1992年责任公约》的责任限制。

责任保险人享受责任限制的条件是：（1）被保险人负有赔偿责任的海事请求属于限制性债权，这种限制性债权可能是《海商法》第207条规定的限制性债权，也可能是油污民事责任的专门限制性债权；（2）被保险人属于《海商法》第204和第205条规定的有权限制赔偿责任的人；（3）保险人与被保险人间已建立了责任保险合同关系，保险人有赔偿义务；（4）责任保险人主张责任限制需以被保险人有权限制责任为条件，但被保险人丧失责任限制的，保险人并不当然亦丧失责任限制。

三、限制性债权

限制性债权，是指责任主体可根据海事赔偿责任限制的法律，限制其赔偿责任的海事请

求。就是说，责任限制制度并不适用所有的海事请求。哪些海事请求属限制性债权，取决于海商法或国际公约的规定。

我国《海商法》第207条规定的限制性债权有以下四类：

1. 在船上发生的或者与船舶作业（法条中使用“营运”——笔者注）、救助作业直接相关的人身伤亡或者财产的灭失、损坏，包括对港口工程、港池、航道和助航设施造成的损坏，以及由此引起的相应损失的赔偿请求；

2. 海上货物运输因迟延交付或者旅客及其行李运输因迟延到达造成损失的赔偿请求；

3. 与船舶作业或者救助作业直接相关的，侵犯非合同权利的行为造成其他损失的赔偿请求；

4. 责任人以外的其他人，为避免或者减少责任人依照本章规定可以限制赔偿责任的损失而采取措施的赔偿请求，以及因此项措施造成进一步损失的赔偿请求。

前款所列赔偿请求，无论提出的方式有何不同，均可以限制赔偿责任。但是，第4项涉及责任人以合同约定支付的报酬，责任人的支付责任不得援用本条赔偿责任限制的规定。

第1项，与船舶营运和救助作业直接相关的人身伤亡或财产损害赔偿。主要包括三个方面责任：一是因运输合同而产生的对货物或旅客的责任；二是因侵权事故引起的对他人的赔偿责任；三是因救助人在救助作业中的过失造成被救方的人身或财产损害赔偿责任。船舶触碰港口工程、港池、航道或助航设施造成损害引起的赔偿请求，在民事责任其他方面虽然不受海商法调整，但该项债权依照本条规定，仍属限制性债权，责任主体有权享受责任限制。

第2项，当发生《海商法》第50条规定的迟延交付情况，因迟延交付造成货物的经济损失，承运人根据《海商法》第57条的规定，对迟延交付造成的经济损失的赔偿责任，限制在所迟延交付货物的一倍运费之内。如果迟延交付与货物的灭失或损坏同时发生，其责任限额适用《海商法》第56条第1款的规定。由此计算出的责任数额（一次限制），作为限制性债权分享本章规定的财产限额（二次限制）。

第3项，与船舶营运、救助作业相关，侵犯非合同权利的行为，造成其他损失的赔偿请求。首先，此项请求不是因侵犯了合同权利而产生；其次，与第1项的侵权赔偿有根本区别：第1项是侵权直接引起财产的物质损害，而本项则是指物质损害引起的不能使用的损失。比如，某轮碰撞后沉没在苏伊士运河中，其他船舶不得不绕航好望角。沉船的损失是碰撞侵权行为直接造成的物质损害，而他船绕航好望角的损失则是因沉船而不能使用苏伊士运河的损失。此项损失即归入本项下的赔偿请求——“侵犯非合同权利的行为造成其他损失的赔偿请求”。

第4项，“责任人以外的其他人”即指责任限制主体以外的其他人，为了避免或者减轻责任人的责任而采取的善意措施造成的进一步损失，对这类损失也属限制性债权。

《海商法》第207条第2款规定，前款所列海事请求，不论是以侵权还是以合同的方式提出，也不论是直接索赔还是依法追偿，都不影响责任人限制其赔偿责任的权利。但是第4项涉及责任人以合同形式约定支付报酬的，因其不属于损害赔偿，属合约下的“等价交换”，故本款规定，在责任人履行合同项下的支付义务时，不得援引责任限制的规定。

四、非限制性债权

非限制性债权，是指责任主体不能依法进行限制其赔偿责任的海事请求。这里讲的“依法”，可能是海事赔偿责任限制的法律，也可能是船舶污染或核损害的法律。我国《海商法》第208条的规定，不是上述“广义的非限制性债权”，而是仅限于不能按照第十一章“海事赔偿责任”的规定享有海事赔偿责任限制的“狭义非限制性债权”①。该条规定：（1）对救助款项或者共同海损分摊的请求；（2）中华人民共和国参加的国际油污损害民事责任公约规定的油污损害的赔偿请求；（3）中华人民共和国参加的国际核能损害责任限制公约规定的核能损害的赔偿请求；（4）核动力船舶造成的核能损害的赔偿请求；（5）船舶所有人或者救助人的受雇人提出的赔偿请求，根据调整劳务合同的法律，船舶所有人或者救助人对该类赔偿请求无权限制赔偿责任，或者该项法律作了高于第十一章规定的赔偿限额的规定。

该条列明五项不能享受第十一章责任限制的海事请求。其中第1项是救助报酬②和共同海损分摊请求。对于救助报酬，因为报酬本身已经有了限制——报酬不得超过获救财产的价值（《海商法》第180条第2款），从鼓励救助的立法宗旨考虑，救助报酬请求也不应该受到限制；共同海损分摊不能给予责任限制，是因为共损中的各受益方都是按各自的分摊价值比例分摊的，若再给船方一次责任限制的机会，会带来对货方的不公；第5项的船员工资历来受到法律的特殊保护，支付船员工资的义务人，不得援用第十一章规定，享受海事赔偿责任限制。上述三项均属非限制性债权。对于因油污或核损害引起的索赔，因为有专门的国际公约或国内法调整，因此一般排除对第十一章的适用。

有两点需要说明：

（1）《海商法》第208条第2项规定的“中华人民共和国参加的国际油污损害民事责任公约规定的油污损害的赔偿请求”不适用《海商法》第十一章的规定。这一规定出自于《1976年海事赔偿责任限制公约》第3条第2项，“实施中的1969年11月29日国际油污损害民事责任公约（69CLC），或其修正案或议定书规定的油污损害的赔偿请求”不适用该公约的规定。这一条文明确地说明69CLC所调整的油污损害赔偿，不适用1976年公约，换言之，69CLC不调整的油污损害，仍属1976年公约所调整的限制性债权。我国《海商法》第208条第2项的规定，其实质与1976年公约的规定是相同的，排除对《海商法》的适用必须符合两个条件：一是“我国参加的”；二是“公约规定的油污损害”。缺少任何一个条件，都不能排除对《海商法》的适用。《海商法》第268条同时规定，有涉外因素时“中华人民共和国缔结或者参加的国际条约同本法有不同规定的，适用国际条约的规定”。这就是说，没有涉外因素，尽管也是CLC“规定的”油污损害，但仍然适用国内法，即属于《海商法》第207条的限制性债权。③因此，不能认为，凡是CLC“规定的”油污损害都不适用我国《海商法》第207条的规定，而是CLC对我国有约束力的范围内的油污损害不适用《海商法》第十一章的规定。④

（2）对于沉船沉物的清除与打捞费用的请求权，《1976年海事赔偿责任限制公约》将其列入限制性债权，但同时公约又作出规定，允许缔约国对此项规定作出保留。我国没有参加该公约，在起草第十一章时，既没有将此项请求列为限制性债权，也没有将其列为不适用第

① 对于《海商法》第208条的性质，有人认为是“非限制性债权”，这是不确切的，油污损害请求也是限制性债权，只不过不适用第十一章，它是油污责任限制制度的限制性债权。

② 《海商法》此款用词是“救助款项”，应该是“救助报酬”，因为救助款项包括救助报酬和特别补偿，只有救助报酬有自身的限制——报酬不得超过获救财产的价值，所以不再进行限制；而特别补偿与获救财产的价值无关。

③ 司玉琢，朱曾杰．有关海事国际公约与国内法关系的立法建议．中国海商法年刊，1999.

④ 有关油污损害赔偿的法律适用问题，参见司玉琢．沿海运输船舶油污损害赔偿的法律适用及其赔偿范围．大连海事大学学报（社会科学版），2002（1）。

十一章的海事请求范围之中，结果出现立法的空白，这是修改海商法时需要明确的。司法实践中，最高人民法院《第二次全国涉外商事海事审判工作会议纪要》第 139 条给出指导性意见："就沉船、沉物强制打捞清除费用提出的请求为海事赔偿请求，责任人不能依照《中华人民共和国海商法》第十一章的规定限制责任。"表明此项债权不属限制性债权。[1] 最高人民法院《关于审理海事赔偿责任限制相关纠纷案件的若干规定》第 17 条第 1 款进一步明确："海商法第二百零七条规定的可以限制赔偿责任的海事赔偿请求不包括因沉没、遇难、搁浅或者被弃船舶的起浮、清除、拆毁或者使之无害提起的索赔，或者因船上货物的清除、拆毁或者使之无害提起的索赔。"我国参加《内罗毕公约》后，根据公约第 10 条第 2 款之规定，公约不影响登记船舶所有人适用国内或者国际有关责任限制的机制，因此，我国在修改《海商法》时，应明确残骸清除费用属非限制性债权，排除对海事赔偿责任限制的适用。

五、海事赔偿责任限制权利的丧失

《海商法》第 209 条规定，经证明，引起赔偿请求的损失是由于责任人的故意或者明知可能造成损失而轻率地作为或者不作为造成的，责任人无权依照第十一章规定限制赔偿责任。

根据上述规定，责任人丧失责任限制的权利只有在下述两种情况下才得以确认：一是责任人的故意行为，"故意"是指行为人明知自己的行为会发生危害后果，并且希望或者放任这种后果发生的一种心理状态；二是明知可能会造成损害，却轻率地作为或不作为，这个用语是由英文直译而来（an act or omission of the carrier done recklessly and with knowledge）。[2]

海事赔偿责任限制制度产生的根本原因是基于海上特殊风险，为了保护航运业，创设了权益倾向性的法律制度，它体现了社会经济生活中的全局性平衡。但是，如果损害是由于责任人故意行为造成，而非海上特殊风险所致，对此项损害若仍给责任人以保护，势必有悖于该制度的创设本意。如果损害是由于责任人的过失造成就丧失责任限制的权利（《1957 年海船所有人责任限制公约》即如此规定），这样责任限制的权利很容易丧失，达不到保护限制责任人的立法目的。因此，总结 1957 年公约的教训，此后凡涉及责任限制权利丧失的规定，均采用"故意"和"明知轻率"标准。

六、责任限额

责任限额，即责任主体依法对所有限制性债权的最高赔偿额。对此，各国分别采用了金额制、船价制、委付制和执行制等。但目前较多的国家采用的是金额制。

我国《海商法》第 210 条对此作了如下规定：

1. 对于 300 总吨以上的船舶，人身伤亡和财产损害的赔偿额按船舶总吨位分级计算。人身伤亡的赔偿限额分五级，财产损害的赔偿限额分四级。300 总吨至 500 总吨的船舶，人身伤亡的赔偿限额为 333000SDR，财产损害的赔偿限额为 167000SDR。对于 500 总吨以上的船舶，按吨位分级增加一定的数额。详见下表。

---

① 最高人民法院《第二次全国涉外商事海事审判工作会议纪要》（2005 年 11 月，南京）。

② 最高人民法院《关于审理铁路运输损害赔偿案件若干问题的解释》（1994 年 10 月 27 日法发〔1994〕25 号）之"二、铁路运输企业的重大过失"中明确规定："铁路法第十七条中的'重大过失'是指铁路运输企业或其受雇人、代理人对承运的货物、包裹、行李明知可能造成损失而轻率地作为或者不作为。"

船舶总吨位	人身伤亡（SDR）	财产损害（SDR）
300～500	333 000	167 000
每吨增加（SDR）		
501～3 000	500	167
3 001～30 000	333	
30 001～70 000	250	125
超过 70 000	167	83

2. 不满 300 总吨的船舶及沿海运输、沿海作业船舶的责任限额，《海商法》授权国务院交通主管部门制定。交通运输部制定的《关于不满 300 总吨船舶及沿海运输、沿海作业船舶海事赔偿限额的规定》（以下简称《规定》）于 1994 年 1 月 1 日起开始施行。《规定》具体内容如下：

（1）超过 20 总吨，21 总吨以下的船舶，人身伤亡的赔偿限额为 54000SDR，财产损害赔偿限额为 27500SDR；超过 21 总吨的船舶，超过部分的人身伤亡的赔偿限额每总吨增加 1000SDR，财产损害的赔偿限额每总吨增加 500SDR；

（2）沿海运输、沿海作业的船舶，不满 300 总吨的船舶，赔偿限额按本《规定》规定的赔偿限额的 50％计算；300 总吨以上的船舶，按《海商法》规定的赔偿限额的 50％计算；

（3）同一事故中的当事船舶的海事赔偿限额，有适用《海商法》或者本规定的，其他当事船舶的海事赔偿限额应当同样适用。

3. 不以船舶进行救助作业或者在被救助船舶上进行救助作业的救助人，其责任限额按照总吨位为 1 500 吨的船舶计算。

4. 海上旅客运输的旅客人身伤亡的赔偿限额，按照 46666SDR 乘以船舶证书规定的载客定额计算赔偿限额，但是最高不超过 25 000 000SDR。

5. 中华人民共和国港口之间的海上旅客运输旅客人身伤亡的赔偿限额，《海商法》授权国务院交通主管部门制定。交通运输部制定的《中华人民共和国港口间海上旅客运输赔偿责任限额规定》于 1994 年 1 月 1 日起施行，具体内容是：

（1）旅客人身伤亡的，每名旅客不超过 40 000 元人民币；

（2）旅客自带行李灭失或者损坏的，每名旅客不超过 800 元人民币；

（3）旅客车辆包括该车辆所载行李灭失或者损坏的，每一车辆不超过 3 200 元人民币；

（4）上述第 2 项和第 3 项以外的旅客其他行李灭失或者损坏的，每千克不超过 20 元人民币。

此外，该规定一方面允许承运人与旅客以书面约定高于 4 万元人民币的赔偿限额；另一方面又规定海上旅客运输的旅客人身伤亡赔偿责任限制，按照 4 万元人民币乘以船舶证书规定的载客定额计算赔偿限额，但是最高不超过 2 100 万元人民币，如果约定赔偿数额超出 2 100 万时，承运人如何赔偿，规定并不明确。

6. 我国《海商法》采用了事故制度。该法第 210 条和第 211 条规定的赔偿限额，适用于特定场合（adistinct occasion）发生的事故所引起的请求的总额，也就是通常所说的“一次事故，一个限额”。

七、责任限制基金（limitation fund）

责任限制基金是指责任主体要求限制赔偿责任的，一经海事法院审查认可，就可以向海事法院提交一笔相当于责任限额的款项，作为分配给所有限制性债权的基金。责任限制基金也称责任基金。

对于责任基金的分配，各国一般都规定了相应的方式，如将责任基金分为两个部分，一部分称作“人身基金”，专门用于有关人身伤亡索赔的偿付；另一部分称作“财产基金”，专门用于有关财产损害索赔的偿付。同时还规定，当“人身基金”不足以清偿所有人身伤亡的索赔时，不足部分的人身伤亡索赔方可与所有财产损害索赔方，按索赔数额的比例分享“财产基金”。各人身伤亡索赔人相互之间及各财产损害索赔人相互之间，仍按索赔额的比例平等受偿。但在有的国家财产损害索赔人中，码头、港口工程设施受害人的索赔，可优先于其他财产损害索赔人受偿。

我国《海商法》不仅规定当“人身基金”不足以清偿全部人身伤亡的索赔时，不足部分可与非人身伤亡的赔偿请求按比例分享“财产基金”；同时还规定，在不影响人身伤亡的赔偿请求的情况下，就港口工程、港池、航道和助航设施损害提出的赔偿请求，应当较其他财产赔偿请求优先受偿。(《海商法》第 210 条第 3、4 项)。

应特别注意的是，船舶所有人（含船舶经营人和承租人）、救助人或责任保险人之一所设立的责任限制基金，应视为是由上述所有当事人分别设立的①，否则将出现重复设立基金的情况，失去基金设立的意义。我国《海商法》就这一点没有作出明确规定。但司法实践中已有明确的判决。②

责任基金设立后，对该基金提出请求的任何人不得对责任人的任何财产再行使任何权利，基金设立前责任人的船舶或财产已被扣押的，基金设立后应立即释放，已提供担保或提交抵押物的，应该立即返还。对此，我国《海商法》第 214 条作了明确的规定，“责任人设立责任限制基金后，向责任人提出请求的任何人，不得对责任人的任何财产行使任何权利；已设立责任限制基金的责任人的船舶或者其他财产已经被扣押，或者基金设立人已经提交抵押物的，法院应当及时下令释放或者责令退还”。这里“向责任人提出请求的任何人”，在修改《海商法》时应将“向责任人”改为“向基金”。因为，基金是专为限制性债权人设立的，非限制性债权人不得分享基金，但他（们）有权对责任人的其他财产行使权利。

八、海事赔偿责任限制计算原则

这里讲的责任限制的计算原则，是指计算的基础实行“事故责任制度”，当互有请求涉及责任限制时，实行“单一责任原则”。

1.《海商法》第 212 条规定，“本法第二百一十条和第二百一十一条规定的赔偿限额，适用于特定场合发生的事故引起的，向船舶所有人、救助人本人和他们对其行为、过失负有责任的人员提出的请求的总额”。条款中“特定场合发生的事故”是英语“distinct occasion”短语翻译而来，其含义是“一次事故”。该条款确立了事故责任制度的原则，具体地说，就是“一次事故，一个限额”原则。如果是两次事故，就是两个限额。比如，1974 年某远洋运输公司所属“和田”轮在日本水域避台风，船长命令抛单锚，因风力过大，走锚碰撞了日本籍船舶

① 参见《1976 年海事赔偿责任限制公约》第 11 条第 3 款，责任人一人设立的基金应视为是为所有当事人各自设立的。

② 上海海事法院（2007）沪海法商初字第 549 号//司玉琢，王彦君，关正义主编．中国海事案例裁判要旨通纂．海事卷．北京：北京大学出版社，2017：399－402.

“玄弘丸”，船长顶风行驶不到十几分钟，又撞沉了韩国船“海鹰”轮，该轮船长死亡。此案如果按一个事故计算责任限制，两受害方不能得到足额赔偿；如果按两个事故计算责任限额，两受害方便可得到足额赔偿。此案最终达成和解协议。判断是一个事故还是两个事故的标准，应从事故的因果关系分析，如果导致第一个事故的原因一直在起作用，即因果关系没有中断，就是一个事故；如果有另外的原因插入又引起事故，则因果关系链中断，就是两个事故。从理论上分析，上述事故应该是两个事故，因为第二次碰撞是由于驾驶不当所致。

2.《海商法》第215条规定，享受第十一章规定的责任限制的人，就同一事故向请求人提出反请求的，双方的请求金额应当相互抵销，第十一章规定的赔偿限额仅适用于两个请求金额之间的差额。这是关于“单一责任限制”（single liability limitation）制度的规定，意指当双方互有请求并涉及责任限制时，双方的请求先经抵销后，其差额再进行限制。一般称为“先抵销，后限制”原则。大多数国家采用此种限制方法。与之相对的是“交叉责任限制”（cross liability limitation），一般称为“先限制，后抵销”原则。《1976年海事赔偿责任限制公约》所采用的也是“先抵销，后限制”的原则。①

应该注意的是：（1）请求与反请求都产生于同一事故，不是同一事故的请求和反请求不适用该条规定；（2）“先抵销，后限制”原则仅适用于船舶所有人，人身伤亡和货物等损失不存在相互抵销问题。

九、海事赔偿责任限制的国际公约

国际海事立法为统一有关海事赔偿责任限制法律制度的尝试可追溯到1897年，但直到1924年才产生了第一个相关的国际公约，即《1924年关于统一海运船舶所有人责任限制若干法律规定的国际公约》（以下简称《1924年公约》）。30多年之后，第10届海事法外交大会又通过了《1957年海船所有人责任限制公约》（以下简称《1957年公约》）。在此之后，国际海事组织在伦敦召开的外交大会上，又通过了《1976年海事赔偿责任限制公约》（以下简称《1976年公约》）。其中《1957年公约》及《1976年公约》均已生效。在此，仅对已生效的公约作一简要介绍。

（一）《1957年公约》

由于《1924年公约》采用的船价与吨位“并用制度”等存在不足，因而始终未能被大多数海运国家所接受。在这种背景下，国际海事委员会于1955年在马德里起草了一个新的公约草案，并于1957年10月在布鲁塞尔召开的第10届海洋法外交大会上获得了通过，即《1957年公约》，该公约现有近五十个参加国。

《1957年公约》采用了“事故制度”及“金额制度”，并采用“金法郎”作为计算单位，对于用于计算责任限额的船舶吨位还作了特别规定——“公约吨”。此外，还就以下几个方面的问题作了明确规定。

1. 适用的船舶

公约适用的船舶为“海船”（Sea-going Ships），300“公约吨”以下的船舶，以300“公约吨”为基数。同时，允许缔约国对300“公约吨”以下的“海船”，以及其他种类的船舶是否适用本公约的问题作出保留，在国内法中另行规定。

---

① 参见《1976年海事赔偿责任限制公约》第5条。有关“单一责任”和“交叉责任”，详见司玉琢，吴兆麟．船舶碰撞法．大连：大连海事大学出版社，1995：246-248.

对于“公约吨”的确定，公约规定了两种情况，即蒸汽机船及其他机动船，以船舶的净吨加上为确定净吨而从总吨中减去的机舱容积为准；其他类型的船则以净吨为准。

2. 责任主体

公约将责任主体分为两类，即船舶所有人、承租人、管理人及经营人为第一类；船长、船员及其他受雇于第一类责任主体的人为第二类。同时还规定，当以船舶本身为被告时，责任主体也可引用公约的规定。

3. 限制责任的条件

公约对两类责任主体分别规定了不同的条件，即如果导致损害发生的事故是由于第一类责任主体的“实际过失”所引起的话，则责任主体不得限制责任；当导致损害发生的事故是由于第二类责任主体的“实际过失”所引起时，责任主体方可限制责任。但当第一类责任主体与第二类责任主体竞合时，如船长同时又是船舶所有人，则仅当导致损害发生的行为、疏忽或违反义务系作为责任主体的船长、船员在履行相应职责中的行为、疏忽或违反义务时，责任主体才可限制责任，否则，就不能限制责任。

此外，公约还规定，对于非缔约国或在缔约国无经常居住地或无主要营业处所，或有关的船舶未悬挂缔约国的国旗的责任主体，缔约国有权完全或部分不适用本公约的规定。

4. 限制性债权

公约共规定了三类限制性债权，并允许缔约国对第三类作出保留。

（1）船上所载人员的人身伤亡及船上所载财产的灭失或损坏。

（2）船舶所有人须对其负责的船上人员或非船上人员的疏忽或不履行义务的行为，造成的无论陆上或水上其他人员的人身伤亡承担责任，责任主体只有在该行为发生在船舶的驾驶或管理、货物的装卸、运送或旅客的登离船、运送中时，才可限制其责任。

（3）有关清除残骸的法律所规定的以及因起浮、清除或销毁沉船、搁浅船或被弃船（包括船上任何物品）所产生的任何义务或责任，以及因损坏港口工程、港池及航道所产生的任何义务或责任。

需要说明的是，由于油污及核损害的赔偿及责任限制的问题，都是在《1957 年公约》通过之后才出现的新公约。因而，在油污及核损害的责任限制制度尚未建立起来之前，有关此种损害的海事请求，只要符合《1957 年公约》上述第三项限制性债权，也应同样适用。

5. 非限制性债权

公约规定了两类非限制性债权：

（1）因救助报酬及共同海损分摊提出的债权。

（2）根据调整船舶所有人与其受雇人之间的雇佣合同的法律规定，船舶所有人不得限制责任，或者根据该法律，以高于本公约的限额限制其责任。

6. 责任限额及基金分配

公约规定，对于单纯的人身伤亡索赔按每“公约吨”3 100 金法郎建立责任基金（即最高赔偿额），各索赔人按比例分配该基金；对于单纯的财产损害索赔，则按每“公约吨”1 000 金法郎建立责任基金，各索赔人按比例分配该基金。当同一事故同时造成人身伤亡和财产损害时，则分别按每“公约吨”2 100 金法郎和 1 000 金法郎建立人身伤亡基金和财产损害基金。并且，当人身伤亡基金不足以清偿实际发生的人身伤亡索赔时，不足部分与实际发生的财产损害索赔按比例分享财产损害基金，各人身伤亡及财产损害索赔人将分别按比例分配各自确定的人身伤亡基金及财产损害基金。[1]

7. 责任基金的设立

公约规定，责任基金应在下列地点之一设立：

（1）发生损害索赔事故的港口；

（2）如事故发生在港外，则在事故发生后，当事船第一到达港；

（3）如系人身伤亡或货物损坏的索赔，则在旅客离船地或卸货地港口。

此外，公约还规定，一经在上述地点设立或提交了责任基金或其他形式的担保，所有限制性债权人都不得再另行申请法院扣押责任主体的船舶或其他财产，已经扣押的，法院应予以释放。

8. 准据法

公约规定，有关责任基金的设立、分配及诉讼时效等程序性问题适用基金设置地法。此外，公约还规定，对于船舶所有人的"实际过失"的举证责任问题，适用法院地法。《1957年公约》还对有关相互索赔的抵销问题作了规定，如果责任主体因同一事故，有权向索赔人提出反索赔，则公约的规定仅适用于相互索赔抵销之后的差额。

《1957年公约》通过后，由于金价波动的影响，国际上普遍认为，用金法郎作计算单位已不合时宜。因而于1972年12月通过了修改《1957年公约》的议定书，该议定书将《1957年公约》中的金法郎改为"特别提款权"（SDR），相应的比值为1 000金法郎约合66.67SDR。

（二）《1976年公约》

《1957年公约》生效之后，由于国际航运的发展和该公约自身存在的问题，国际海事组织经过充分的协商和讨论，制定了新的公约草案，并于1976年11月在伦敦召开的外交大会上获得了通过。随后，英国、法国、挪威和日本等12个海运国家很快就批准了该公约，公约于1986年12月开始生效。

《1976年公约》采用了"事故制度"及超额递减的"金额制度"，并以"特别提款权"作为计算单位，以《1969年国际船舶吨位丈量公约》确定的总吨作为计算责任基金的吨位。

我国《海商法》第十一章的规定就是参考《1976年公约》起草的，主要内容都已述及，这里不再赘述。

（三）《1976年公约》议定书

1996年4月举行的IMO外交大会，对《1976年公约》议定书草案进行了研究讨论，并最终通过了该议定书草案。

议定书中将发生一次事故可获得的赔偿数额大约提高了2倍至5倍。拟定的限额如下表。

船舶吨位（总吨）	人身伤亡赔偿请求	财产损害赔偿请求
不超过2 000	2 000 000 SDR	1 000 000 SDR
每吨增加额（SDR）		
2 001～30 000	800 SDR	400 SDR
30 001～70 000	600 SDR	300 SDR
超过70 000	400 SDR	200 SDR

① 司玉琢．海商法．北京：法律出版社，2003：357，361.

议定书采用明示接受程序，接受的国家达到 10 个后 90 天生效，2004 年 2 月 14 日，马耳他是第十个参加国，公约于 2004 年 5 月 13 日生效。

（四）《2012 年责任限额修正案》

2012 年 4 月召开的 IMO 法律委员会第 91 次会议，通过了《修正〈1976 年海事赔偿责任限制公约〉1996 年议定书的责任限额修正案》（简称《2012 年责任限额修正案》），进一步提高了海事赔偿责任限额。

修正案将 1996 年议定书规定的人身伤亡和其他索赔的责任限额提高至 1.51 倍。拟定的限额如下表。

船舶吨位（总吨）	人身伤亡赔偿请求	财产损害赔偿请求
不超过 2 000	3 020 000 SDR	1 510 000 SDR
每吨增加额（SDR）		
2 001～30 000	1 208 SDR	604 SDR
30 001～70 000	906 SDR	453 SDR
超过 70 000	604 SDR	302 SDR

依照 1996 年议定书第 8 条第 7 款和第 8 款规定，《2012 年责任限额修正案》采用默示接受程序，即在被接受或者视为被接受后 18 个月生效。2015 年 6 月 8 日，《2012 年责任限额修正案》生效。

专题研讨

一、关于海事赔偿责任限制优先适用原则

（一）优先适用原则的概念

责任限制在海商法中是特殊的法律制度，到目前为止，生效或没有生效的有关责任限制的国际公约近十种。2001 年 IMO 通过了燃油公约，并且于 2009 年 3 月 1 日对我国生效。然而，燃油公约的责任限额是独立的还是非独立的，一度引起争议。笔者认为，跳出燃油公约，把所有的责任限制国际公约放在一起考察，用海事赔偿责任限制优先适用原则衡量，这个问题自然迎刃而解。

海事赔偿责任限制优先适用原则是指，除并行于 LLMC 的责任限制制度外，当其他责任限制制度或者海事法律制度与 LLMC 发生冲突时，LLMC 优先适用。

（二）优先适用原则的体现

海事赔偿责任限制优先适用原则具体体现在，当货物运输的单位责任限制、旅客运输的旅客及行李的责任限制、燃油公约的责任限制、残骸清除的责任限制，以及船舶优先权船舶碰撞等法律制度与其发生冲突时，海事赔偿责任限制优先于这些制度适用。

1. 有独立限额，但受制于 LLMC

(1) 海牙、海牙—维斯比、汉堡以及鹿特丹规则，都有自己的独立限额（单位责任限制）。但是，当在一次事故中，货物的灭失、损坏与其他财产损失或人身伤亡的总索赔数额超过责任方的海事赔偿责任限额时，单位责任限额将受到制约，即达不到单位责任限额的水平。这就是所谓的一次限制和二次限制的问题。正像《鹿特丹规则》第 83 条规定的“本公约的规定概不

影响适用任何规范船舶所有人赔偿责任总限制的国际公约或国内法”（也见《汉堡规则》第 25 条第 1 款）。

（2）雅典公约，与国际货运公约类似，也是一次限制和二次限制的关系。《1974 年雅典公约》第 19 条规定：“本公约不改变有关船舶所有人责任限制的国际公约规定的承运人、履约承运人及其受雇人或代理人的权利义务。”

2. 无独立限额，共享 LLMC 的限额

（1）燃油公约——2001 年《燃油污染损害民事责任国际公约》第 6 条规定：“本公约的规定，不得影响船舶所有人、提供保险或者其他财物担保者根据可适用的国内法或国际制度，如按修正的《1976 年海事赔偿责任限制公约》，限制其赔偿责任的权利。”①

1）如何理解这一条款，涉及燃油公约的责任限额是独立的限额还是非独立限额。

A. 有适用海事赔偿责任限制的国内法或国际公约（如《1976 年公约》）存在，在燃油污染事故中同时又有其他海事请求，燃油公约的限额就不是独立的限额，与其他海事请求共享一个限额；

B. 有适用海事赔偿责任限制的国内法或国际公约（如《1976 年公约》）存在，在燃油污染事故中没有适用责任限制的其他海事请求，燃油污染索赔方就独自享有此限额了；

C. 如果没有适用海事赔偿责任限制的国内法或国际公约，似乎合乎逻辑的结论是：燃油污染此时变成无限额的请求。

但是，联系《1976 年公约》第 7.1 条的规定，在任何情况下，船东强制性保险数额不得超过《1976 年公约》议定书的限额。这意味着，在强制保险范围内，燃油污染的受害方的请求是有保障的，超出此数额，虽属赔偿范围，但是没有强制保险做保证。

2）国际海事组织法律司（IMO Legal Office）Christopher Young 先生、国际保赔集团（International Group of P&I）Davis 先生认为：“燃油公约不具有自身独立的责任限额。该责任限制直接与外部的责任限制制度相联系，特别是经修正的《1976 年海事赔偿责任限制公约》。”

（2）《内罗毕公约》——沉船沉物打捞的国际公约作了与燃油公约类似的规定。该公约第 10.2 条规定：“本公约的规定，不得影响注册船东根据可适用的国内法或国际制度，如按修正的《1976 年海事赔偿责任限制公约》，限制其赔偿责任的权利。”②

这就是说，残骸打捞公约同燃油公约一样：

A. 有适用海事赔偿责任限制的国内法或国际公约（如《1976 年公约》）存在，除打捞费外，同一事故中如还有其他海事请求，内罗毕公约的限额就不是独立的限额，与其他海事请求共享一个限额；

B. 有适用海事赔偿责任限制的国内法或国际公约（如《1976 年公约》）存在，在沉船打捞事故中没有适用责任限制的国内法或国际公约的其他海事请求，内罗毕公约的索赔方就独自享有国内法或公约的限额了；

C. 如果没有适用海事赔偿责任限制的国内法或国际公约，似乎合乎逻辑的结论是：内罗

---

① Article 6 Limitation of Liability Nothing in this Conventions hall affect the right of the ship owner and the person or person providing in surance or other financial security to limit liability under any applicable national or international regime, such as the Convention on Limitation of Liability for Maritime Claims, 1976, asamended.

② Art. 10. 2 “Nothing in this Conventions hall affect the right of the registe redowner to limitliability under any applicable national or international regime, such as the Conventionon Limitation of Liability for Maritime Claims, 1976, asamended.”

毕公约的责任限额此时变成无限额的请求。

3. 没有独立的责任限制制度，适用 LLMC

关于移动式钻井平台法律问题，国际上一直没有生效的国际公约予以规范。1977 年 CMI 在里约（RIO）会议上完成了《1977 年海上移动式装置的国际公约草案》（简称“里约草案”），草案的内容较为简单，即要求适用于船舶的海事国际公约同样适用于海上移动式装置。

1994 年 10 月，在悉尼召开的 CMI 第 35 届国际会议上，经修订的新草案“悉尼草案”出台，该草案针对移动式钻井平台的特点，对“里约草案”进行了一定修改。但美国、加拿大等国提出的“建立一个包括移动式平台和固定式平台在内的，涉及航行和作业阶段的综合性公约”的建议被越来越多的国家认同，也得到 IMO 法律委员会的支持，草案工作组正在朝这一目标努力。可见，不简单地搬用船舶适用的国际公约，制定出适应平台特点的综合国际公约体系，已成为一种发展趋势。

LLMC 第 15 条第 4 款规定：“缔约国法院在下列情况下，不应使本公约适用于为钻探而建造或改建并从事钻探作业的船舶：（1）当该国已经根据国内法规定制定一项高于本公约第 6 条规定的责任限额时；（2）当该国已成为调整有关这种船舶责任制度的一项国际公约的缔约国时。”这意味着，如果没有上述两个条件，钻探作业的船舶还是有可能适用《1976 年公约》的。

该公约第 15 条第 5 款规定：“本公约不适用于：（1）气垫船；（2）用于勘探或开发海底自然资源或其底土的浮动平台。”

《海商法》对上述两款的内容均未作明确规定，应理解为：对钻探作业船舶适用《海商法》第十一章，对平台不适用该章规定。

“里约草案”和“悉尼草案”均承认责任限制制度的存在，两草案第 5 条规定：“当成员国也是以下公约的缔约国时：《1924 年关于统一海上船舶所有人责任限制若干规定的国际公约》《1957 年公约》和《1976 年公约》，当没有其他条款可适用时，参照公约第 9 条，上述公约条款可适用于海上移动式装置。对于《1976 年公约》，成员国可同样适用，尽管有该公约第 15 条第 5 款的规定。”这表明目前国际社会认为移动式钻井平台可以采纳船舶责任限制制度的实质性内容。其中提到的草案第 9 条，是对装置最低责任限度的规定，即在计算责任限额时，移动式装置的吨位不得少于×××总吨。

4. 有独立的法律制度，但服从于 LLMC

“船舶优先权是习惯、法规和司法审判发展进化的产物。为了掌握它，人们必须了解海商法的历史。”①

《1993 年船舶优先权和抵押权国际公约》第 15 条规定：“本公约的任何规定不得影响规定责任限制的任何国际公约或使其生效的国内法律的适用。”②

《海商法》第 30 条规定：“船舶优先权的规定不影响海事赔偿责任限制的实施。”即没有启动海事赔偿责任限制程序时，船舶优先权可独立实施，一旦启动了海事赔偿责任限制程序，并建立了责任限制基金，则船舶优先权程序就让位于海事赔偿责任限制程序，体现海事赔偿责任

---

① “Maritime Liensare the product of evolution of custom, syatute and judicial decisions. Tounderst and them, one must understand the history of maritimelaw.” William Tetley, Maritime Liensand Claims, Second Edition 1998, p. 60.

② Article 15 Conflict of conventions Nothing in this conventions hall affect the application of any international convention providing for limitation of liability or of national legislation giving effect thereto.

限制优先适用的原则。

《1910年碰撞公约》第4条规定了“对于人身伤亡所造成的损害，各过失船舶对第三方负连带责任”，但同时在第10条又规定“在不影响以后可能缔结的任何公约的情况下，本公约的规定不以任何方式影响各国现行的有关限制船舶所有人责任的法律”。就是说，一方承担了连带责任后，向另一方追偿责任比例时，如果另一方的赔偿责任超出其责任限额，该责任方有权援引责任限制进行抗辩。（参见本章专题研究第九题）

5. 与LLMC并行、独立的责任限制制度

船舶油污民事责任公约（CLC）、《1996年国际海上运输有毒有害物质损害责任和赔偿公约》（HNS）都没有类似上述公约的规定，相反，CLC第12条规定：“本公约应取代正在施行中的……任何国际公约，但只限于与本公约有抵触者。”HNS第42条规定：“本公约应取代在本公约开放签署之日已实施的……任何国际公约，但只限于与本公约有冲突者。”①

并行独立表明相互不受影响，不存在谁优先适用的问题。因此，当海事赔偿责任限制与油污责任限制并存时，竞合债权人可以选择其一行使权利，不存在哪一制度优先的问题。

几种责任限制公约的比较

公约	义务主体	限制方式	限额	保险	优先地位
1976年海事赔偿责任限制公约	对人（船舶所有人、救助人）	吨位制	独立	非强制	优先适用二次限制
1993年船舶优先权和抵押权公约	对物（当时船舶）	船价	船价为限	非强制	服从LLMC
2000年雅典公约	船舶所有人	吨位制	独立（国内法限额高，优先）	强制	服从国内高限额；一次限制
2001年燃油公约	注册船东	吨位制	没有独立限额	强制	服从LLMC和国内法
2007年残骸清除公约（内罗毕公约）	注册船东	吨位制	没有独立限额（Art. 10.2）	强制	服从LLMC和国内法
1996年有毒有害公约及2010年议定书（一个公约中实行双重保护）	船舶所有人	吨位制	有独立限额5 000总吨4 600万SDR，最高1亿同时有基金，二层保护2.5亿	强制	独立限制体制
1992年船舶油污公约 1992年油污基金公约	船舶所有人	吨位制	有独立限额5 000总吨4 600万SDR，最高8 977万SDR同时有基金，二层保护2.03亿；第三层次7.5亿	强制	独立限制体制

（三）优先适用原则的理解

1. 海事赔偿责任限制是总的责任限制，是不变的责任限制，因而风险可控。总的责任限制是指船舶所有人承担的最终的、也是最高的责任限制，其他责任限制均从属于此总的限制。不变的责任限制是指总的责任限制不受任何其他责任限制的干扰，在特定条件下，船舶所有人的最高赔偿责任是固定不变的。所谓特定条件是指责任限制的构成要素是特定的，即责任主体

① 交通运输部国际合作司编．国际海事条约汇编．第9卷．大连：大连海事大学出版社，1998：534.

特定、责任客体（船舶）特定、责任限额特定。只要某一事故中的责任限制要素确定下来，责任人的最高赔偿责任也就确定了，它不会受任何法律制度的影响而丧失责任限制的权利，除非符合责任限制公约中规定的责任限制权利丧失的条件。因此，实践中，商船碰撞了军舰、碰撞了国有财产、碰沉对方船舶产生的打捞费等，均不能剥夺责任限制的权利。[①] 法律作出这样规定的目的就是使船舶所有人的风险处于可控状态，有利于预测风险，使航运在稳定、有序的环境中运行，有利于航运和贸易的发展，这是基于公共政策的考量。

2. 海事赔偿责任限制是特殊的制度，是海商法特有的制度。保护船东是责任限制立法的初衷。最为典型地体现两个方面：

第一，其他运输方式只有一次限制，没有二次限制。例如：公路货运合同公约（1956 年 CMR）毛重每千克不超过 8.33 SDR；铁路货运合同统一规则（1980 年 COTIF-CIM）毛重每千克 17 SDR，对于因迟延交付而造成的灭失或损害，为运费的四倍，但如果是部分灭失，不超过未灭失部分的运费的四倍；内河货运合同公约（2000 年 CMNI）每件或每单位 666.67 SDR，或毛重每千克 2 SDR，以较高者为准，包件或其他装载单位是集装箱的，以及运输单证中未提及集装箱中拼装的任何包件或装载单位的，则未载货集装箱按 1500 SDR、集装箱内所载货物按 25000 SDR，对于迟延交货造成的损失，不超过运费的价值；蒙特利尔公约（航空）（1999 年）毛重每千克 17 SDR。这就是说，除海运以外的其他运输方式，一次限制是最终的，也是最高的限额，不受二次限制的制约，无须二次限制的再次保护，承运人的可控风险是在一次限制之内，这是因为这些运输工具产生的赔偿责任多限于运输工具内的人身伤亡和货物损失，而船舶事故产生的赔偿责任，往往不限于船上人员或货物，还可能造成船舶以外的财产损失、人身伤亡、环境损害等，因而仅有一次限制是不够的。

第二，船舶优先权制度的立法本意是保护受船舶优先权担保的海事索赔债权人，其本质是对物的，对当事船舶行使权利。海事赔偿责任限制的立法本意是保护船舶所有人，其本质是对人的。船舶优先权和海事赔偿责任限制的标的，最初都是指向当事船舶，即限于船舶的价值。当两种制度产生冲突时，如船舶优先权的债权人欲行使其优先权，而船舶所有人欲享受其责任限制，此时法律必须明确哪一种制度优先适用。在价值取向的天平上，法律最终偏向了船舶所有人，只要海事赔偿责任限制的权利主体申请责任限制、启动责任限制程序，船舶优先权的对物诉讼就要服从于海事赔偿责任限制的对人诉讼，海事赔偿责任限制优先适用。

（四）结论

通过上述讨论，可得出如下几点结论：

1. 海事赔偿责任限制在非平行责任限制制度中，处于优先适用的地位；

2. 海事赔偿责任限制除自身设定的责任限制权利丧失外，是最高的、不变的责任限制，不得随意设定责任限制丧失的条件；

3. 与海事赔偿责任限制平行的责任限制制度，互不影响，不存在优先适用的问题。在同一事故中，可能并存独立的、互不影响的几个责任限制的限额，如海事赔偿责任的限额、油污损害赔偿的限额、有毒有害物质赔偿限额。

---

① 司玉琢．海商法专论．北京：中国人民大学出版社，2007：425－432.

二、承运人能否享受海事赔偿责任限制

根据《海商法》第204条及第205条的规定，承运人不是海事赔偿责任限制的主体。那么，承运人符合什么条件才有可能成为海事赔偿责任限制的主体呢？

1. 承运人成为海事赔偿责任限制的主体必须满足下列条件：承运人同时又是船舶所有人、承租人或经营人。《1976年公约》并没有把承运人作为海事赔偿责任限制的主体。但是，这并不意味着承运人不能作为海事赔偿责任限制的主体。根据该公约第1条第2项的规定，有权进行责任限制的船舶所有人包括海运船舶的所有人、承租人、管理人或经营人。同时，根据《海牙规则》第1条第1项的定义，承运人包括与托运人订有运输合同的船舶所有人或承租人。可见，承运人在很多情况下是和船舶所有人、承租人重合的。当然也有不重合的情况。

2. 当承运人与船舶的所有人、承租人或经营人重合时，承运人既可以享受《海商法》第四章规定的承运人的单位责任限制（一次限制），也可以享受《海商法》第十一章规定的海事赔偿责任限制（二次限制）。比如，根据《海商法》第四章的规定，承运人的赔偿责任经一次限制后是5 000万SDR，根据《海商法》第十一章的规定，该船的海事赔偿责任限制数额是4 000万SDR，则承运人以船舶所有人、承租人或经营人的身份，可享受4 000万SDR的二次限制。如果不重合，承运人不是海事赔偿责任限制的权利主体，他只能享受承运人的单位责任限制（一次限制），而不能享受海事赔偿责任限制（二次限制）。

3. 我国《海商法》规定的实际承运人是接受承运人的委托或者转委托，实际从事货物运输的人，因此，他不是船舶所有人，就是承租人或者经营人，必是三种人之一，不可能实际承运人履行运输义务的船舶，既不是归其所有，也不是租用或经营的。因此，实际承运人在中国《海商法》下既可享受一次限制，也可享受二次限制。

4. 无船承运人是指不经营船舶而从事国际海上货物运输的公共承运人，他与实际承运人的关系是承托关系，可见，无船承运人既不是特定运输的船舶所有人，也不是承租人或船舶经营人，不可能成为海事赔偿责任限制的主体（参见第四章专题研讨“十三、海商法下无船承运人的法律地位”），仅有权享受一次责任限制。但是，如果无船承运人与实际承运人签署的是租船合同，而不是提单证明的运输合同，他就是承租人了，成为海事赔偿责任限制的主体。

5. 2010年，厦门海事法院判决了一起承运人不得享受海事赔偿责任限制的案件。涉案被告福州明发船务有限公司（简称明发公司）系涉案货物的契约承运人，对货物在运输过程中发生的货损承担赔偿责任，明发公司主张海事赔偿责任限制，法院判决：首先，由于明发公司并非海商法意义上的船舶所有人，依据《海商法》第204条、最高人民法院《关于审理海事赔偿责任限制相关纠纷案件的若干规定》第12条的有关规定，被告承运人无权享受海事赔偿责任限制，其次，因是沿海货物运输，承运人也不能享有单位责任限制，因此应对涉案货损进行全额赔偿。[①]

三、航次租船的承租人是否是适格的海事赔偿责任限制的权利主体

根据我国《海商法》，参考国际公约的有关规定，从理论、实践和历史的角度进行分析，

---

① 厦门海事法院（2010）厦海法商初字第36号//司玉琢，王彦君，关正义主编．中国海事案例裁判要旨通纂．海事卷．北京：北京大学出版社，2017：389-392.

得出的结论是：航次租船合同的承租人是适格的海事赔偿责任限制的权利主体。

（一）历史分析

自 19 世纪末开始，国际海事委员会（CMI）先后制定了《1924 年关于统一船舶所有人责任限制若干规则的国际公约》（《1924 年公约》）、《1957 年海船所有人责任限制国际公约》（《1957 年公约》）；1976 年联合国政府间海事协商组织（IMO 前身）又通过了《1976 年海事赔偿责任限制公约》（《1976 年公约》）。就承租人责任限制的规定，《1924 年公约》第 10 条规定，“经营船舶的非船舶所有人或主要承租人（The Principal Charterer）”是责任限制的主体。该公约没有对“主要承租人”进行界定。但是，1913 年的责任限制公约草案第 11 条中，明确规定了期租承租人和航次承租人均可享有责任限制的权利。由于《1924 年公约》脱胎于 1913 年草案，期租承租人和航次承租人不存在主次之分，因而可以认为《1924 年公约》表述的“主要承租人”就是指期租承租人与航次承租人。《1957 年公约》第 6 条规定，“本公约的规定，适用于船舶承租人、管理人和经营人”，其中“船舶承租人”也没有界定。该公约起草过程中，虽有不同声音，但多数国家认为，所有类型的承租人均应享有责任限制的权利。① 在当时，还没有出现舱位租船合同（Slot Charter）。② 《1976 年公约》在船舶承租人的范围问题上延续了《1957 年公约》的规定③，但此时已经出现了舱位租船合同的形式，在承租人的概念中未作任何限制和排除的情况下，责任限制的权利主体从逻辑上也应包括舱位承租人。④ 与《1957 年公约》有所不同的只是在适用公约的措辞上不再使用“公约扩大适用于承租人”的表述，而是用“船舶所有人一词，是指海船的所有人、承租人……”的表述，该表述表明，承租人与船舶所有人处于同等地位，直接适用公约。⑤

在讨论《1976 年公约》第 1 条第 2 款中的“船舶所有人”这一措辞时，并未涉及航次租船承租人是否享有责任限制权利的问题。当时的草案是：“船舶所有人，包括海船的所有人、承租人、管理人和经营人，以及任何提供与船舶航行和管理直接相关的服务的人。”讨论的重点集中在两个问题：(1)“任何提供与船舶航行和管理直接相关的服务的人”是否必要；(2)“海船”的限定是否必要及其含义。⑥ 会议最后决定删除“任何提供与船舶航行和管理直接相关的服务的人”，保留“海船”用语。在措辞上，只是将“包括”改为“是指”，由开放式的改为封闭式的。

从历史的实证考察可以看出，《1976 年公约》第 1 条第 2 款规定的“承租人”的立法本意，应当包括光租承租人、定期承租人和航次承租人，以及舱位租船人。而《海商法》的海事赔偿责任限制制度是以《1976 年公约》为蓝本制定的，《海商法》的表述与《1976 年公约》的表述

---

① Limitation of Shipowner's Liability-the Brussels Convention of 1957, 68 *Yale L. J.* 1689 (1958 - 1959).

② In the light of that suggestion *The* Travaux Préparatoires of the LLMC Convention 1976 and of the Protocol of 1996 published by the Comité Maritime International in November 2000 and edited by Francesco Berlingieri was studied by counsel. Charterers had been given the benefit of the right to limit in the 1957 Convention. At that time slot charterers were probably not known but by 1976 they probably were known. But no discussion of the meaning of charterers was found in the travaux préparatoires.

③ 邬先江．船舶承租人海事赔偿责任限制权利初探——兼评“The CMA Djakarta”轮案．河北法学，2005 (4)：84.

④ *Limitation of Liability for Maritime Claims* by Griggs, Williams and Farr, 4th Edition, at 11. The authors prefer the view that a slot charterer is able to limit as being within the definition of shipowner.

⑤ 参见《1976 年公约》第 1 条第 2 款。

⑥ W. A. O'Nell. The Travaux Pre'partoires of the LLMC Convention, 1976 and of the Protacol of 1996, CMI. P37 - 47.

本质是一致的，对承租人的概念未作任何限制和排除规定。唯一的区别是，又将“是指”改为“包括”，由封闭式的改为开放式的，以适应船舶经营多元化发展的需要。

（二）实证考察

1998年和2004年，英国法院相继作出了两个关于租船合同承租人是否适用《1976年公约》的判决[①]，引起许多国家的关注，CMI为了统一对公约的理解，2008年召开专门会议研讨此问题，并向各国海商法协会发出一个问题单——“承租人责任限制权利问题单”（The Questionnaire on Charterers' Right to Limit Liability），问题单的第六个问题是，“海事赔偿责任限制是仅仅适用于期租合同的承租人，还是也适用于舱位租船合同和其他类型的租船合同”。回答该问题单的国家（海商法协会）共21个，包括英国、美国、日本、中国、德国、挪威、瑞典等。其中回答责任限制适用包括航次租船合同承租人在内的所有承租人的有16个国家，只有5个国家（阿根廷、加拿大、墨西哥、尼日利亚、西班牙）认为责任限制不适用于航次租船和舱位租船的承租人。德国认为，承租人应当包括整船承租的航次租船承租人而不包括舱位承租人。

从问题单的答复可以看出，多数国家，特别是航运发达国家和航运大国都认为，航次租船合同的承租人是海事赔偿责任限制的权利主体。

（三）法理依据

随着船舶所有权的各项权能日益分离，产生了各种形式、各种层级的船舶使用途径、方法（包括各种衍生使用途径、方法），相关的使用主体围绕着船舶运输形成了利益、风险、责任紧密关联的整体，海事赔偿责任限制权利主体也就自然地从单一的船舶所有人扩张到了这个整体。船舶承租人就是这个整体的重要的一部分，法律赋予船舶承租人海事赔偿责任限制权利，是因为船舶承租人行使了船舶所有权中的部分权能，成为与船舶所有权各项权能行使者利益、风险、责任密切相关的整体的一员。船舶承租人只是通过使用船舶所有权部分权能来获取利益，而不能行使完全的处分权能。因此，船舶承租人成为责任限制的权利主体，不是基于对船舶的所有，而是基于行使船舶所有权部分权能并获得利益、应对风险、承担责任。从这个角度说，光租、期租与航次租船的承租人，只有行使船舶所有权具体权能的程度的差异，而没有性质的差异，三种承租人都同样享有海事赔偿责任限制权。作为海事赔偿责任限制权利主体这样一个整体，如同构建起一道“防火墙”，不能留有任何缝隙，否则，限制性债权人将从这条缝隙——航次承租人处打开缺口，侵蚀、撼动海事赔偿责任限制制度。

（四）条款评析

《海商法》第204条第2款和《1976年公约》第1条第2款规定的“承租人”是责任限制的权利主体，使用文义解释已足够明确，承租人应该包含各种类型的承租人。

法律解释必须以文义解释为基础，这是法律解释学的基本原则。《1969年维也纳条约法公约》第31条解释通则也明确规定，条文首先应根据用语的通常意思诚信解释。按照文义解释，船舶承租人是指船舶租用关系中使用船舶并支付租金或运费的一方。包括我国《海商法》在内的各国立法和国际公约都将光租承租人、定期承租人和航次承租人统称为船舶承租人。我国

---

① The “Aegean Sea” (1998) 2 Lloyd's Rep. 392，The “CMA Djakarta” (2004) 1 Lloyd's Rep. 460. The “Aegean Sea” 案容后介绍；The “CMA Djakarta” 与本案关系不大，是有关船舶修理费用等船舶本身损失，承租人不得限制赔偿责任，只有第三方的船上损失方可限制赔偿责任。

《海商法》第 204 条第 2 款规定的"船舶所有人，包括船舶承租人和船舶经营人"，就是将承租人和船舶经营人在该法特定的条件下，与船舶所有人处于同等地位，并且对承租人未作任何限制和除外的规定，在这样的语境下，只能解释为适用所有类型的承租人。如果将航次租船承租人排除在《海商法》"船舶承租人"范围之外，将违反法律最基本的文义解释原则。从这里也可以看出，在海事赔偿责任限制的法律关系中，船舶所有人的概念不再是通常意义上的船舶所有人概念，承租人与船舶所有人处于同等地位，但这仅仅是针对责任限制的权利主体而言，在《海商法》第十一章有关船舶所有人的解释适用，不能推而广之。[1]

（五）判例分析

1. 在"The Aegean Sea"案[2]的判决中，Thomas 法官认为，船舶承租人只能以准船舶所有人身份行事并承担责任，才能享有《1976 年公约》中的责任限制权利，而准船舶所有人仅限于光船承租人，因而判决航次租船承租人不可以享有责任限制的权利。上诉法院否定了 Thomas 法官的观点，认为这种观点没有依据。将公约中的"承租人"限缩于"光船承租人"是不当的。[3] 但并没有进一步解释为什么这种限缩是不当的。[4]

笔者认为，在适用《1976 年公约》的条件下，船舶所有人的概念已经区别于一般意义上的船舶所有人的概念，公约明确规定承租人与船舶所有人处于同等地位。无须将承租人冠以"准船舶所有人"，Thomas 法官用通常意义上的船舶所有人概念去解释《1976 年公约》意义上的船舶所有人概念，本身就是概念的混淆。

2. 上海海事法院在华泰财产保险有限公司北京分公司与浙江中远国际货运有限公司温州分公司、浙江中远国际货运有限公司海上货物运输合同纠纷案中，依据《海商法》第 204 条规定，判决认为，光船租赁、定期租船和航次租船或以其他合法方式进行租赁的承租人均属于"船舶承租人"范畴。航次承租人，承担整船运输的承运人义务，且可以享受海事赔偿责任限制。[5]

同一类型的案件，广州海事法院就航次租船合同的承租人是否可限制赔偿责任的一审判决中认为，航次租船合同应当属于运输合同，承租人系经营运输而并非经营船舶。因此，《海商法》第 204 条规定的船舶承租人不包括航次租船合同的承租人。[6]

笔者不赞同这一观点。因为这一观点缺乏法律依据。同时，对承租人作"经营运输"和"经营船舶"的区分，在概念上是模糊的，也是不科学的。

航次租船承租人与期租、光租承租人尽管在控制船舶的程度上有所差别，但在使用船舶、

---

① 如《海商法》在第 21 条有关船舶优先权的规定，明确地将光船承租人作为一个单独的概念进行列举，不包括其他承租人。

② Aegean Sea Traders Corporation v. Repsol Petroleo S. A. and Another（The Aegean Sea）［1998］2 Lloyd's Rep. 39.

③ "But it would be altogether too bold to construe the word 'charterer' in a modern international convention to mean only 'demise charterer' or 'bareboat charterer' and the ship owners have advanced no argument to that effect in the present case." See The "CMA Djakarta"［2004］1 Lloyd's Rep. 460.

④ 在 The "MSC Napoli" 案中，王座法庭（Queen's Bench Division（Admiralty Court））判决，舱位租船合同的承租人（Slot Charterer）有权享受责任限制，并以船舶的总吨位计算限额，船舶所有人设立责任限制基金，视为舱位租船合同的承租人设立。The "MSC Napoli"［2009］1 Lloyd's Rep. 246.

⑤ 上海海事法院（2010）沪海法商初字第 349 号民事判决书//司玉琢，王彦君，关正义主编．中国海事案例裁判要旨通纂．海事卷．北京：北京大学出版社，2017：392－399.

⑥ 参见广州海事法院（2014）广海法初字第 118 号民事判决书。另参见最高人民法院给广东高院的复函〔2016〕最高法民他 39 号。

从中获益，并承担相应的风险与责任这一本质特征上是相同的，在享有海事赔偿责任限制的权利上也同样是相同的，因此，国际公约和《海商法》都没有对航次租船承租人作出区别于其他承租人的规定。

船舶承租人究竟是“经营船舶”还是“经营运输”，很难有严格的界限。一般来说，“经营船舶”的目的和具体表现，也就是“经营运输”，船舶主要是用来运输的，通过“经营运输”才能体现“经营船舶”的价值，二者本质上很难区分。① 如果将“经营船舶”与“经营运输”截然分割开来，就会在有的情况下，经营船舶的所有人或承租人反而得不到海事赔偿责任限制的保护。比如，经营船舶的人，不是从事海上运输，而是系泊岸边从事水上观光，不管其船舶所有人，还是船舶承租人，都不可能成为责任限制的权利主体，因为它们并不面临海上风险，不符合保护船东、发展航运的立法目的，所产生的债权也不是与“船舶营运”直接相关的人身伤亡和财产损失（《海商法》第207条第1项）。

就合同性质而言，航次租船关系与期租、光租一样，都是租船合同。但就合同的目的和用途来看，航次租船合同是为了货物运输（其实，期租合同多半也是为了货物运输），因此，将其放在《海商法》第四章，即海上货物运输合同中，是为了区别提单运输，另辟特别规定一节。姑且不谈这样安排是好还是不好，但至少这是我国《海商法》不同于别国海商法和国际公约的特别之处。以此特殊规定作为排除航次租船承租人是责任限制权利主体的依据，未免有些过于简单化和表面化。

广州海事法院对该案的判决恰恰是混淆了航次租船合同的目的（海上货物运输）与航次租船合同的性质（租船合同）的区别，用合同目的取代合同性质，从而排除航次租船合同的承租人对责任限制的适用。如果该判决的观点成立，那么为运输目的而签订的船舶期租合同的承租人，同样也应该排除在责任限制的范围之外，这显然与判决是矛盾的。

四、船舶碰撞致一船沉没，非沉船所有人对沉船清除费用是否可限制赔偿责任

最高人民法院《关于审理船舶碰撞纠纷案件若干问题的规定》（以下简称《规定》）② 第9条规定：“因起浮、清除、拆毁由船舶碰撞造成的沉没、遇难、搁浅或被弃船舶及船上货物（以下简称沉船——笔者注）或者使其无害的费用（以下简称清除费用——笔者注）提出的赔偿请求，责任人不能依照海商法第十一章的规定享受海事赔偿责任限制。”

该规定中“责任人”享受责任限制指什么？是仅指沉船所有权人无权依照《海商法》第十一章的规定享受海事赔偿责任限制？还是既包括沉船所有人，也包括非沉船所有人无权依照《海商法》第十一章的规定享受海事赔偿责任限制？

（一）沉船所有人对打捞费用不能享受责任限制

1. “责任人”在《规定》第9条中涉及两个法律关系：第一是责任限制的法律关系，“责任人”作为责任限制权利主体；第二是沉船打捞的法律关系，“责任人”在打捞法律关系中作为支付清除费用的义务主体。在两个法律关系中，“责任人”的责任产生于沉船打捞合同之中，清除费用的请求权被规定为非限制性债权，故被打捞船所有人作为责任人不能享受《海商法》

① 参见《海商法》第4条第1款：海上运输……由船舶经营。第2款：……外国籍船舶不得经营……海上运输。第207条：……与船舶营运直接相关的……

② 《规定》于2008年4月28日由最高人民法院审判委员会第1446次会议通过，并于2008年5月23日开始施行。

第十一章责任限制的权利，对此实践中没有争议。

2. 需要说明的是，《规定》的本意并非仅限于因碰撞引起的沉船清除，其责任人不能享受责任限制，应当是与《第二次全国涉外商事海事审判工作会议纪要》（以下简称《纪要》）的精神一致。[①] 凡是沉船、沉物的清除请求，不论是碰撞引起或非碰撞引起，也不论是强制打捞或非强制打捞，所产生的费用，其责任人都不能享受责任限制。只因我国沉船、沉物打捞的民事立法尚属空白，本司法解释又仅限于船舶碰撞范围，所以，沉船、沉物的清除也限制在因碰撞而引起。

3. 《规定》中的“责任人”的提法，恰恰是出自责任限制法律制度，《海商法》第 204 至 206 条规定了三种不同类型的责任限制权利主体[②]，为了避免不必要的重复，在《海商法》第十一章中凡出现涉及三种责任限制权利主体的，一律以“责任人”代替。[③] 沉船、沉物清除的责任人，没有像责任限制的权利主体那样复杂，从国际立法和各国的立法看，单指船舶所有人或残骸所有人，无须使用“责任人”的概念。《纪要》中首次使用了这个概念。[④]

4. 《2007 年内罗毕残骸清除公约》第 10 条“所有人的责任”规定：

“登记所有人须对分别根据第七、八和九条所述的定位、标记和清除残骸的各项费用负责，除非登记所有人证明造成沉船沉物的海上事故是：

“（一）由战争、敌对行为、内战、暴动或异常的、不可避免且不可抗拒的自然现象所导致；

“（二）完全由第三方故意造成损害的行为或不作为所造成；或

“（三）完全由负责灯塔或其他助航设备维护的政府或其他主管当局在行使其职能中的疏忽或其他不当行为所造成。

“本条中的任何规定均不影响登记所有人向第三方追偿的权利。”

5. 从公约的上述规定可以看出：第一，清除残骸的义务主体是残骸所有人，实行“谁沉船，谁负责”原则。因此，支付清除残骸各项费用的责任人自然也是残骸所有人。第二，清除残骸的归责原则实行“严格责任”。第三，残骸所有人支付了全部清除费用后，有权向第三方追偿。题述问题只有一船沉没，所以，沉船所有人是支付清除费用的责任人，而非沉船所有人不是支付清除费用的责任人，但沉船所有人支付清除费用后，有权向非沉船所有人追偿其应该承担的碰撞责任比例部分。

6. 我国清除沉船沉物的民事立法至今尚属空白。仅有的《中华人民共和国打捞沉船管理办法》[⑤] 只是部门规章。《海商法》第十一章没有明确，清除沉船沉物费用的请求权是属于限制性债权还是非限制性债权，为了司法实践的需要，最高人民法院《纪要》中明确了这个问

---

① 参见《纪要》（法发〔2005〕26 号）第 138 条和第 139 条。

② 《海商法》第 204～206 条规定了三种不同类型的责任人：第一种责任人是船舶所有人（包括承租人和经营人），救助人（《海商法》第 204 条，《1976 年公约》第 1 条第 2、3 款）；第二种责任人是船舶所有人、救助人的受雇人和代理人（《海商法》第 205 条，《1976 年公约》第 1 条第 4 款）；第三种责任人是责任保险人（《海商法》第 206 条，《1976 年公约》第 1 条第 6 款）。

③ 如《海商法》第 207 条第 1 款第 4 项（同《1976 年公约》第 2 条第 1 款 f 项）、第 209 条（同《1976 年公约》第 4 条）、第 213 条（同《1976 年公约》第 11 条第 1 款）、第 214 条（同《1976 年公约》第 13 条）。

④ 参见《纪要》第 139 条。

⑤ 《中华人民共和国打捞沉船管理办法》（1957 年 9 月 7 日国务院批准，1957 年 10 月 11 日交通运输部交厅秘朱字〔1957〕173 号）第 5 条规定，“沉船所有人必须在规定期限以内提出申请和进行打捞”。这表明沉船所有人是唯一的打捞责任主体。

题，《规定》的精神与《纪要》一致，只限于碰撞范围内的清除沉船沉物。

7.《纪要》第138条规定，强制打捞清除沉船沉物而产生的费用由沉船沉物的所有人或者经营人承担。接着第139条规定，就沉船沉物强制打捞清除费用提出的请求为海事赔偿请求，责任人不能依照《海商法》第十一章的规定享受海事赔偿责任限制。把这两条联系起来分析得出，第139条的责任人就应该是第138条的沉船沉物的所有人或者经营人。联系题述问题，这两条规定都讲的是沉船所有人，与非沉船所有人无涉。《规定》之所以不明晰，一是因为没有像《纪要》那样明确清除费用由谁承担，二是因为限定了船舶沉没是由船舶碰撞所引起的。这给人留下一个遐想的空间：碰撞的非沉船所有人是不是也是责任人？

（二）非沉船所有人对沉船清除费用可以享受责任限制

1. 责任限制的立法目的是使特定责任人的风险限制在有限的赔偿限度内，除有保护责任人的立法目的外，还在于使责任人对自己的未来风险有明确的预见性。关于非限制性债权，如打捞费，对于沉船所有人来说，虽然未来究竟会产生多大的风险并没有准确地预判，但是船舶所有人对本船的打捞费大体还是可以预见的，通过买保险的办法即可以达到转移风险的目的。然而，从风险控制的角度，清除费用对于非沉船所有人来说，这是一种完全不可预测的风险，非沉船所有人完全不可能预见他将会与何种船舶发生碰撞，产生多大数额的清除费用。对这样不可预测的风险，如果法律规定属于非限制性债权，保险人也不会接受投保。因此，《2007年内罗毕残骸清除公约》第11条要求“悬挂缔约国国旗，船舶长度超过10/24米的船舶所有人要为自己的船舶投保责任险，或者提供财务担保，如银行担保，涵盖本公约下的赔偿责任”，并不要求，也不可能要求本船为他船的清除费用投保责任险。

2.《规定》中“责任人”的提法尽管没有像《纪要》那样容易理解，但从文义解释的角度不应产生歧义，这里讲的“责任人”是清除费用的责任人，而不是船舶碰撞的责任人。因为就某一具体责任限制的诉讼案件而言，其主体（责任人）是特定的，客体（船舶）是特定的，内容（限额）也是特定的。同样，对于一个不能享受责任限制的诉讼案件而言，其主体（沉船所有人）是特定的，客体（沉船）是特定的，内容（清除费用）也是特定的。不可能在不能享受责任限制的责任主体——沉船所有人之外，还有其他责任主体。不管这两船是碰撞还是其他关系。①

3. 清除费用的产生是基于清除作业的实施方与被清除方的船舶所有人之间的合同关系，不论是强制清除还是非强制清除。《规定》对此种清除费用的请求权，作为责任人的被清除方船舶所有人不能享受责任限制，这里根本不涉及与沉船发生碰撞关系的非沉船。非沉船所有人与打捞实施方之间既无合同关系，也不存在侵权关系，非沉船所有人不可能成为支付打捞费用的义务主体。船舶碰撞法律关系，决定了非沉船所有人仅在自己的碰撞过失比例范围内承担对沉船及船上财产损失、第三人财产或第三人人身伤亡损失、碰撞相继发生的损失或费用（包括清除费用），以及可合理预见的损失。②

---

① 《2007年内罗毕残骸清除公约》第12条第10款规定，对根据本公约产生的费用的任何索赔，可向登记所有人责任的保险人或提供经济担保的其他人直接提出。在这种情况下，被告可以援引登记所有人有权援引的抗辩（登记所有人破产或倒闭除外），包括适用的国内或国际机制规定的责任限制。况且，即使登记所有人无权限制责任，被告可按照第1款要求维持的保险或其他经济担保的相等数额限制责任。

② 最高人民法院《关于审理船舶碰撞和触碰案件财产损害赔偿的规定》第1条规定：“请求人可以请求赔偿对船舶碰撞或者触碰所造成的财产损失，船舶碰撞或者触碰后相继发生的有关费用和损失，为避免或者减少损害而产生的合理费用和损失，以及预期可得利益的损失。”

4. 实际上，清除费用对于沉船所有人来说，是非限制性债权性质，而对于非沉船所有人来说，是碰撞后相继发生的合理费用，属《海商法》第 207 条规定的限制性债权的一种："与船舶营运、救助作业直接相关的人身伤亡或者财产的灭失、损坏，包括对港口工程、港池、航道和助航设施造成的损坏，以及由此引起的相应损失的赔偿请求。①"

5. 结论

清除费用请求权对于被清除的沉船所有人而言，属于非限制性债权，该船舶所有人不能享受责任限制；而对于非沉船所有人而言，是船舶碰撞后相继发生的费用，属于限制性债权，该船舶所有人有权享受责任限制。因此，《规定》第 9 条中的"责任人"只能是沉船所有人，而不包括碰撞对方的非沉船所有人。

五、因船舶触碰产生的清障打捞费用是否可以限制赔偿责任问题

（一）问题的提出

实践中，船舶触碰码头，导致码头坍塌、码头设施（如岸吊）坠入航道，由此产生码头或码头设施的清障打捞费用，肇事船舶所有人是否可以限制赔偿责任？

（二）相关规定

我国《海商法》第 207 条规定：下列海事赔偿请求，除本法第 208 条和第 209 条另有规定外，无论赔偿责任的基础有何不同，责任人均可以依照本章规定限制赔偿责任：

1. 在船上发生的或者与船舶营运、救助作业直接相关的人身伤亡或者财产的灭失、损坏，包括对港口工程、港池、航道和助航设施造成的损坏，以及由此引起的相应损失的赔偿请求；

2. 海上货物运输因迟延交付或者旅客及其行李运输因迟延到达造成损失的赔偿请求；

3. 与船舶营运或者救助作业直接相关的，侵犯非合同权利的行为造成其他损失的赔偿请求；

4. 责任人以外的其他人，为避免或者减少责任人依照本章规定可以限制赔偿责任的损失而采取措施的赔偿请求，以及因此项措施造成进一步损失的赔偿请求。

前款所列赔偿请求，无论提出的方式有何不同，均可以限制赔偿责任。但是，第 4 项涉及责任人以合同约定支付的报酬，责任人的支付责任不得援用本条赔偿责任限制的规定。

2010 年最高人民法院《关于审理海事赔偿责任限制相关纠纷案件的若干规定》（法释[2010] 11 号，2020 年修正）第 17 条规定："海商法第二百零七条规定的可以限制赔偿责任的海事赔偿请求不包括因沉没、遇难、搁浅或者被弃船舶的起浮、清除、拆毁或者使之无害提起的索赔，或者因船上货物的清除、拆毁或者使之无害提起的索赔。""由于船舶碰撞致使责任人遭受前款规定的索赔，责任人就因此产生的损失向对方船舶追偿时，被请求人主张依据海商法第二百零七条的规定限制赔偿责任的，人民法院应予支持。"

（三）笔者观点

1. 船舶触碰造成的码头、码头设施清障费用属于《海商法》第 207 条第 1 项规定的"与船舶营运……直接相关的……财产的灭失、损坏，包括对港口工程、港池、航道和助航设施造成的损坏，以及由此引起的相应损失的赔偿请求"。因而，船舶所有人有权享受海事赔偿责任限制。

① CMC 第 207 条第 1 款第 1 项。

2. 最高人民法院上述司法解释第 17 条 1 款规定的“清障打捞费用”，仅限于对本船或者船上货物的清障打捞费，不应包括本船和本船货物之外的对码头或码头设施的清障打捞费用，如果包括此种费用，将与《海商法》第 207 条第 1 项的规定相冲突。

3. 船舶触碰码头，在肇事船舶的所有人应当承担全部或者部分赔偿责任的情况下，对于码头所有人或者经营人提出的码头和码头设施清障打捞费用的追偿请求，肇事船舶的所有人不会因追偿请求而改变其限制赔偿责任的权利。

4. 船舶触碰导致码头、码头设施坠入航道，妨碍水上交通安全，因而其清障打捞涉及公共利益，海事局责令码头所有人或者经营人限期或者立即打捞清除，或者海事局强制打捞清除，肇事船舶所有人的责任限制权利是否受到影响。对此，笔者认为：

（1）海事局下达强制令的清障打捞：码头公司清障行为虽然基于行政强制命令而发生，但是码头公司的清障费用仍然基于清障打捞合同而产生，对于海事赔偿责任限制的权利主体而言，清障打捞费用的性质没有改变，该费用既不属船舶所有人应支付的报酬，也不是对本船及船上货物的打捞费用。因此，船舶所有人仍有权适用《海商法》第 207 条第 1 项的规定，限制赔偿责任。

（2）海事局采取强制措施的清障打捞：海事局依照《海上交通安全法》第 40 条的规定，采取强制清障打捞措施应属行政代执行，即海事局自身或委托第三人代替码头公司履行义务，再由码头公司负担费用的方法。代执行的要件是：1）代执行的内容一般都是作为义务，并可以由其他人代为履行的义务；2）须先有合法的行政决定，在法定义务人拒不履行义务时，才能代执行；3）代执行结束后，由行政机关向不履行义务的个人或组织收取代执行中所支出的费用。海事局代执行产生的清障打捞费用仍然属于《海商法》第 207 条第 1 项规定的“对港口工程造成的损坏而引起的进一步损失”的请求，责任人有权限制赔偿责任。如果海事局的强制清障、打捞仅仅是为了防止或减轻油污损害，其产生的费用属于油污预防措施费用，属于油污民事责任公约或燃油公约的限制性债权[①]，油污责任人也是有权限制赔偿责任的，只是适用责任限制的法律不同而已。

实践中，对于海事局自行强制清障、打捞产生的费用是否可以限制赔偿责任，也有不同观点，如有学者认为因海事局的行政强制措施而产生的费用不是基于合同，而是基于行政行为，产生的费用属于行政费用，不能适用海事赔偿责任限制制度。

（四）拟制案例

一船操纵不当而碰撞码头，造成码头损坏、码头坍塌、码头上的设施坍塌坠入航道。海事局要求为确保航道通航安全，责令码头公司立即清除、打捞，码头公司依据打捞合同向打捞公司支付清障打捞费用。码头公司在海事法院提起诉讼，向肇事船舶所有人索赔因船舶碰撞码头而遭受的一切损失，其中包含清障打捞费用。

事故造成的损失为：码头和码头设施清障打捞费用 1 000 万元、其他损失 2 000 万元，总计损失 3 000 万元。根据《海商法》第 210 条的规定，海事赔偿责任限制金额为 2 500 万元。据上述讨论，此案肇事船舶所有人的赔偿责任是：码头和码头设施损失及清障打捞费用均属于可以限制赔偿责任的海事请求，肇事船舶所有人只需赔偿责任限制金额 2 500 万元。码头公司

① 参见司玉琢．海商法．3 版．北京：中国人民大学出版社，2015：第二章专题研讨“九、强制打捞费用能否列为船舶优先权”.

在无任何责任的情况下，需自己承担500万元的损失。

六、在建船舶试航责任限制问题

在建船舶试航期间有时会因事故造成财产、人身伤亡，或者海洋环境损害①，船厂作为造船人能否限制其赔偿责任？在实践中常常引起争议。笔者认为，在建船舶试航期间，造船人能否享受责任限制，很难简单地回答能或不能。

首先需明确的问题是，根据我国《海商法》：

（1）除船舶抵押权和船舶留置权关系外，《海商法》不调整在建船舶关系；

（2）在建船舶试航是船厂履行船舶建造合同义务的一部分。

试航导致事故损害，船厂能否享受海事赔偿责任限制取决于《海商法》第十一章“海事赔偿责任限制”的有关规定。首先要看造船人是否满足责任限制的形式要件。

最高人民法院《关于适用〈中华人民共和国海事诉讼特别程序法〉若干问题的解释》第83条规定：“利害关系人依据海事诉讼特别程序法第一百零六条的规定对申请人设立海事赔偿责任限制基金提出异议的，海事法院应当对设立基金申请人的主体资格、事故所涉及的债权性质和申请设立基金的数额进行审查。”

上述规定，同样适用责任人申请责任限制程序，即申请设立海事赔偿责任限制基金或者申请责任限制。申请责任限制程序需满足三个形式要件：一是责任人主体适格，即责任人属于《海商法》第204～206条规定的一种；二是海事请求属于《海商法》第207条规定的限制性债权；三是责任限制数额符合《海商法》第210条的数额，计算责任限制数额与特定船舶相关，即以特定船舶的总吨位按《海商法》第210条的计算方法计算得出。

据上，造船人欲设立海事赔偿限制基金或申请责任限制，在形式要件上应当满足上述三个条件：主体、债权性质、依据特定船舶总吨位计算得出的责任限额。

（一）关于船厂责任限制主体资格问题

《海商法》第204条规定，船舶所有人、救助人，对本法第207条所列海事赔偿请求，可以依照本章规定限制赔偿责任。“前款所称的船舶所有人，包括船舶承租人和船舶经营人。”《海商法》第205条和第206条分别是关于船舶所有人、救助人的受雇人或代理人和责任保险人的主体资格的规定，与造船人的主体资格无关。《海商法》第204条的规定体现的是保护船舶所有人和救助人，这是《1976年公约》的立法初衷。如果责任限制的权利主体不是《海商法》第204～206条所规定的主体，就不能享受责任限制的特殊规定，在与船舶有关的责任限制主体中，并不包括造船人。

但必须指出，在特殊情况下，造船人有可能取得海事赔偿责任限制法律制度中船舶所有人的地位。这里所指的特殊情况就是：第一，试航船舶的所有权属于造船人；第二，试航船舶上的船员是船厂雇佣的；第三，试航中引起责任限制的事故是由于船员驾驶船舶和管理船舶中过失所致。以上三个条件只有同时得到满足，造船人方可取得船舶所有人的地位，如果其他责任限制的条件也同时得到满足，该造船人便有权享受责任限制。如果试航船舶的所有权属于建造人所有，造船人就永远不会取得船舶所有人的地位而成为责任限制的权利主体。如果造船厂虽

---

① 如果因船舶油污引起海洋环境损害，是否适用CLC或者船舶燃油污染公约，讨论的方法与此处相同，此处仅以海事赔偿责任限制为例，说明造船人是否可限制赔偿责任。

是试航船舶的所有人，但船员是建造人雇佣的，建造人对其行为负责，船厂不是责任主体，也就不可能成为责任限制的主体。如果试航船舶所有权属于造船人，且船员也是造船人雇佣的，造船人是否是责任限制的权利主体，此时要看引起责任限制的事故是何种原因所致，假如事故的原因是由于船员驾驶船舶和管理船舶中过失所致，造船人是责任主体，也是责任限制的主体。如果事故的原因是由于造船质量缺陷所致，与船员的行为无关，属于产品责任，造船人是责任主体，但不能享受责任限制。

（二）试航中产生的债权是不是限制性债权？

《海商法》第 207 条规定："下列海事赔偿请求，除本法第二百零八条和第二百零九条另有规定外，无论赔偿责任的基础有何不同，责任人均可以依照本章规定限制赔偿责任：（一）在船上发生的或者与船舶营运、救助作业直接相关的人身伤亡或者财产的灭失、损坏，包括对港口工程、港池、航道和助航设施造成的损坏，以及由此引起的相应损失的赔偿请求……"

试航船舶造成第三人财产损失或人身伤亡是否属于上述第 207 条第 1 项的限制性债权，分歧在于是否与"船舶营运"有关。

1. 从词义解释分析

《海商法》第 207 条源自《1976 年公约》第 2 条的规定："除第 3 条和第 4 条另有规定外，对下列各项索赔，无论其责任的基础如何，均可限制责任（a）在船上发生或者与船舶营运或救助作业直接相关的人身伤亡或者财产的灭失或损害（包括对港口工程、港池、水道和助航设施的损害），以及由此引起的损失的索赔……"

"船舶营运"一词从词义解释，是指船舶经营管理，带有商业色彩。在建船舶试航是建造船舶的一个环节，显然不具船舶经营性质，因试航产生的损害与"船舶营运"没有关系，也就不属于《海商法》第 207 条第 1 项所规定的与"船舶营运"有关的限制性债权。此乃造船人限制赔偿责任难以逾越的最大障碍。

考察"船舶营运"一词的来源发现，它是源自《1976 年公约》的英文"operation of the ship"，翻译中文时将其译成"船舶营运"，笔者认为该词语应翻译成"船舶作业"较为确切。"船舶营运"词义较窄，如上述，按词义解释船舶试航与船舶营运无关，与船舶营运无关的财产损失或人身伤害不属于限制性债权；如果翻译成"船舶作业"，词义较宽，就应包括试航中的船舶作业，与船舶作业相关的财产损失或人身伤害应属限制性债权。①

2. 从逻辑分析

如果将"operation of the ship"翻译成"船舶营运"，即"与船舶营运"有关的损害方构成限制性债权，那么，排除适用的不仅仅是试航船舶期间产生的财产损失或人身伤害，气垫船、浮动式钻井平台也与船舶营运无关，同样也是在排除之列，没有必要在《1976 年公约》第 15 条第 5 款专门作出气垫船、浮动式钻井平台不适用的规定。② 因此，将"operation of the ship"翻译成"船舶作业"更合乎逻辑。

---

① 《1976 年公约》第 2 条第 1 款 a 项"salvage operations"被翻译成"救助作业"，但"operation of the ship"就翻译成"船舶营运"。《1989 年国际救助公约》第 1 条"salvage operation"翻译为"救助作业"；《1977 年勘探与开发海底矿物资源造成油污损害的民事责任公约》（1977CLEE，"里约草案"）（后经 1994 年修改，称"悉尼草案"）第 3 条把污染责任主体规定为各种勘探设施或者海底活动设施的"作业者"——operator。

② 《1976 年公约》第 15 条第 5 款规定："本公约不适用于：（a）气垫船；（b）为勘探或开发海底自然资源或其底土而建造的浮动平台。"

3. 从事故的原因分析

如果将"operation of the ship"翻译成"船舶作业"，因船长驾驶船舶管理船舶的过失造成的事故均属"船舶作业"，但是如果是因船舶缺陷造成事故，就与"船舶作业"无关，而是与造船质量有关，涉及产品责任问题。船舶作业可以限制赔偿责任，造船质量不能享受责任限制。

但是《海商法》既然已经明确地规定是与"船舶营运"有关的财产损害或人身伤亡属限制性债权，无论借助于文义解释，还是目的解释，都解释不出船舶试航与"船舶营运"有关，因此，试航所致第三人财产损失或人身伤亡，也就很难归属于限制性债权。至于"船舶营运"一词是否要改为"船舶作业"，恢复"operation of the ship"的本来含义，那是将来修改《海商法》应考虑的问题。

（三）责任限额

责任限额涉及两个问题：一是建造中的船舶是否属于《海商法》第十一章规定的船舶；二是是否有计算限额的参考系数——船舶总吨位。

1. 试航船舶是不是《海商法》意义上的船舶

我国《海商法》第十一章"海事赔偿责任限制"是参照《1976年公约》起草的。《1976年公约》是在《1957年公约》的基础上制定的。《1957年公约》除明确适用"海船"外，对于其他船舶的适用，第8条规定："各缔约国保留确定何种其他类型船舶应在本公约意义上与海船同样对待的权利。"这就是说，《1957年公约》赋予缔约国有权决定扩大除海船以外的对其他船舶的适用范围。《1976年公约》将这一条款具体化，在其第15条中规定：沿海和内河船舶的责任限制缔约国可通过国内法规定；气垫船、浮动钻井平台不适用公约；钻井船如有国内法或国际公约适用，本公约不适用；缔约国还可以通过国内法，在不涉及其他缔约国国民利益的情况下，具体规定责任限制制度，包括适用的船舶类型。正是因为有了这一条款，各缔约国在适用船舶类型上出现了种种差异。

英国《1979年商船航运法》第17条第1款规定："《1976年公约》适用于任何船舶，不论是海船还是非海船。船舶包括下水的并拟作为船舶或船舶的一部分用于航行的构造物。"① 加拿大2001年《海事责任法》第三部分"海事赔偿责任限制"第25条规定："船舶是指为航海设计、能够全部或部分地用作航行的船舶或艇筏，而不论其采用何种推进方式或是否有推进器，包括：(1) 能够浮起的建造中船舶，和 (2) 搁浅、失事或沉没和已遭受损坏的船舶的任何部分。"② 甚至有的国家国内法规定责任限制制度适用于军舰和政府公务船，如1994年《瑞典海商法》第九章"责任限制"第10条规定："对于军舰以及在发生事故当时属于国有或归国家使用，并仅用于公用目的的非商业性船舶，其责任限制不得低于5000总吨船舶的责任限额。"③ 此外，荷兰、挪威、俄罗斯等国家海商法也都对适用船舶作了各自的规定。④

---

① Patrick and Richard Williams, Limitation of Liability for Maritime Claims, Second Edition, 1991, LLP, p. 11.

② 韩立新，王秀芬主编．各国（地区）海商法汇编（中英文对照）．上卷．大连：大连海事大学出版社，2003：578.

③ 韩立新，王秀芬主编．各国（地区）海商法汇编（中英文对照）．下卷．大连：大连海事大学出版社，2003：776-777.

④ 韩立新，王秀芬主编．各国（地区）海商法汇编（中英文对照）．下卷．大连：大连海事大学出版社，2003：1087，1160，1191，1364，1432.

然而，我国《海商法》在“责任限制”一章中，除对沿海运输、作业船舶和300总吨以下船舶的责任限制，授权交通主管部门另作规定外，对其他船舶并没有作出特别规定，因此，总则中的船舶定义对责任限制一章也就适用了。《海商法》第3条规定：“本法所称船舶，是指海船和其他海上移动式装置，但是用于军事的、政府公务的船舶和20总吨以下的小型船艇除外。”

这里没有具体规定海船是否包括试航船舶，如果认为试航船舶属于建造中的船舶，尚不构成海商法意义上的船舶，那么，能否由“其他海上移动式装置”所涵盖？这里埋伏了解释的空间。

2. 是否有计算责任限额的参数——船舶总吨位

如果认定试航船舶属于海商法意义上的船舶，还有一个具体问题必须解决，这就是试航船舶是否已取得船舶吨位证书（Certificate of Registered Tonnage of Ship）。据查，造船厂负责办理试航前各类船舶证书的部门是生产管理部项目管理室。试航前须向海事局办理的证书有：（1）船检试航证书；（2）船舶识别号；（3）临时船舶国籍证书；（4）船舶在港安全作业报备书；（5）如果是大型船舶试航，还需办理航行通告、航海警告。也就是说，船舶试航前无须办理船舶吨位证书，该证书是在办理船舶所有权登记之前，即在船舶建造完工后交付前，由船舶检验机构，依据我国参加的吨位丈量公约的规定，对船舶的实际吨位进行丈量，得出船舶的真实吨位，此吨位与建造规范的吨位往往有一定的出入。试航时尽管在临时船舶国籍证书上有一栏“船舶吨位”，但此栏登记的是船舶建造规范的吨位，并非是船舶建成后，经船检部门实际丈量的吨位。既然在建船舶试航时，没有取得该船有效的吨位证书，也就无法计算该船的责任限额，因为责任限额是以船舶总吨位为参数计算所得。

（四）结论

1. 船舶建造人只有同时满足三个条件：对试航船舶享有所有权、船员为其所雇佣、引起责任限制的事故原因归因于船员的驾驶船舶和管理船舶过失。缺少任何一个条件，造船人都不可能成为海事赔偿责任限制的权利主体。

2. 从债权性质分析，因船舶试航属船舶建造的组成部分，与“船舶营运”无关，有可能否定造船人可以享受责任限制的权利。

3. 在建船舶试航时是否属于海商法意义上的船舶属性，还是有很大的解释空间，但因没有取得船舶吨位证书，仍然无法计算责任限额。

因此，从总体情况分析，由于《海商法》规定得不够明确，不同人可能有不同的理解，法官将会作何种解释，有很大的不确定性。根据现行《海商法》的规定，笔者认为造船厂不能享受责任限制的可能性大。

七、如何理解《海商法》第212条规定的“一次事故，一个限额”

《海商法》第212条规定，海事赔偿责任限额“适用于特定场合发生的事故”引起的所有损失索赔。

上述法律规定中的“特定场合发生的事故”是由英文“distinct occasion”短语翻译而来，其含义是“一次事故”，具体地说，本条规定海事赔偿责任限制实行“事故原则”：“一次事故，一个限额”，多次事故，多个限额[①]，与航次无关。

1. 何谓“一次事故”

所谓“事故”应由三个要素组成：原因—事故—损失。原因是责任人应当承担责任的原因；事故是因原因而引起，原因与事故间存在直接的因果关系；损失是事故造成的人身伤亡或财产损失。

实务中判断是一次事故还是多次事故，行之有效的方法之一是把握原因与事故间的因果关系主线。如果“同一原因”一直在起作用，连续发生多个事故，也就是说因果关系链没有中断，那就是一个事故（一因多果的情况）。如某船驾驶错误碰撞了系泊船 A，A 又碰撞了系泊船 B……多次碰撞仍属一次事故，因为某船驾驶错误的原因一直在起作用，该原因与连续碰撞事故间的因果关系链一直没有中断。如果因果关系链中断，有新的原因介入，新的原因与新的事故构成一对新的因果关系，从而形成新的独立事故。例如上例，如果 B 船为了避免与 A 船碰撞，砍断缆绳，在离开泊位时又碰撞了 C 船，并使之沉没。此时第二次碰撞与某船驾驶错误没有必然的因果关系，原因链中断，第二次碰撞是 B 船操纵不当所致，因此，此案应是两次事故，不是一次事故。[②]

2. 何谓“同一原因”

“同一原因”[③]，并非是指原因或过错的性质属于同一类，而是指造成多个事故的原因（或过错）的时间、地点和过错行为实施者的心理状态都是“同一的”、特定的，如果原因（过错）性质相同，但过错发生的时间、地点或过失行为实施者的心理状态不同，也不能被视为“同一原因”。比如，都是瞭望疏忽，第一次瞭望疏忽发生了本船与 A 船碰撞，第二次瞭望疏忽造成本船与 B 船碰撞，虽然两次事故的过错性质都是瞭望疏忽，但两次疏忽所面临的客观环境，过错行为实施者的心理状态都会有所不同，第二次碰撞事故与第一次碰撞事故的原因——疏忽并没有直接的因果关系，不能被看作“同一原因”造成的两次事故。可见，同一性质的原因与“同一原因”是不同的概念，上例两次疏忽的性质虽然是“相同”的，但两次事故的原因并不是“同一”的。“基于不同原因而发生的或者相互之间没有因果关系的数个事故……责任人也应承担相应的若干个限额的赔偿责任”[④]。所以，国际公约使用“任何一次事故”（any distinct occasion）都有一个限额的强烈字眼[⑤]，表明“即使其发生在时间上相隔很短，情况十分相似也不能视为同一事故”[⑥]。

3. 原因链中断

一般情况下，有两种情况会使原因链中断。

第一，外来因素的介入使原因链中断。如船舶避台风走锚碰撞 A 船，10 分钟后顶风行驶又撞了 B 船。第一次碰撞是因风力过大原因，但由于驾驶过失的介入，使原因链中断，构成第

---

① 交通部政策法规司、交通部交通法律事务中心编．《海商法》学习必读．北京：人民交通出版社，1993：109；《中华人民共和国法律诠释》编写委员会．中华人民共和国海商法诠释．北京：人民法院出版社，1995：397；司玉琢主编．海商法．3 版．北京：法律出版社，2012：385.

② (1929) 33 Ll. L. Rep. 186.

③④ 《中华人民共和国法律诠释》编写委员会．中华人民共和国海商法诠释．北京：人民法院出版社，1995：397.

⑤ 参见《1976 年海事赔偿责任限制公约》第 9 条。

⑥ 《中华人民共和国法律诠释》编写委员会．中华人民共和国海商法诠释．北京：人民法院出版社，1995：397.

二次碰撞事故。①

第二，情势变迁使原因链中断。如雾中航行因瞭望疏忽使本船与A船发生碰撞，随即雾便消失，仍因瞭望疏忽又与B船发生碰撞，尽管两次碰撞都是瞭望疏忽所致，但因情势发生了变迁，使原因链中断，故应属两次事故。当然，如果雾虽然消失，但由于在本船与A船碰撞当时，本船与B船已形成急迫危险状态，即使本船没有疏忽，碰撞也不可避免，此时应认为情势变更并没有足以使原因链中断，属于一因多果的一次事故的情形。

实践中，常常发生因驾驶船舶疏忽连续误入海产养殖区，如何判断是一次事故还是多次事故。根据上述分析，首先看有否外来因素介入，使原因链中断。如果没有外来因素介入，还要看是否发生了情势变迁。如船舶驶出第一个养殖区后，进入正常、空旷、清爽的海域，距离下一个养殖区有一定的距离。这一变化了的客观环境，使船长、船员有充裕的时间和空间让其调整疏于驾驶的心理状态，即使再犯有驾驶疏忽，此疏忽应有别于第一次误入养殖区的彼疏忽，原因链因情势变迁而中断，故应视为两次事故，承担两个责任限额的赔偿责任。但是，如果两个养殖区相距很近，情势变迁尚未达到使原因链中断的程度，即使再谨慎的船长误入第二个养殖区也在所难免，此时，应认为原因链没有中断，仍为一次事故。

八、设立责任限制基金的法律后果

根据国际公约和我国《海商法》第十一章的规定，责任人设立责任限制基金后，产生的法律后果体现在如下几个方面：

1. 对船舶所有人地位及索赔方举证责任的影响。有的国家（如日本）要求先设立限制基金才能申请责任限制，而《1976年公约》与包括我国在内的多数海运国家都规定，除油污责任基金外，不要求船舶所有人一定要先设立限制基金才能申请责任限制。但是一旦设立了限制基金，根据英美法，设立基金的船舶所有人可以成为原告，他可以在众多的受损方中挑选一个作为被告主张责任限制，而不需要将所有的受损方全部列明。② 如果被告要打破船舶所有人的责任限制，根据《1976年公约》第4条的规定，需证明损失是由于责任人本身故意造成这一损失，或者明知可能造成该损失，而轻率地作为或不作为所引起，该责任人便无权限制其责任。显然，一旦设立基金，举证责任就转移到受损方。此外，根据《1976年公约》第12条的规定，如果责任人或保险人在基金分配前，已经对该索赔付款结案，则其在已付金额范围内，享有代位求偿权。如果责任人或任何其他人认定，赔偿金在基金分配前已实际支付，基金设立国的法院或主管机关在基金分配前，可以下令暂时拨出一个适当的数额，以便日后该人对基金行使索赔权。

以上可以看出，基金设立后，对于船舶所有人法律地位，受害方的举证责任和责任保险人的代位权都有一定的影响，这是基金成立后最直接的法律后果。

2. 海事赔偿责任限制主体中的任何一人设立了责任限制基金，应视为是由船舶所有人、船舶经营人、承租人、救助人或责任保险人所有责任主体分别设立的。《1976年公约》第11条

---

① 交通部政策法规司，交通部交通法律事务中心编．《海商法》学习必读．北京：人民交通出版社，1993：109-110.

② 根据《英国民事诉讼规则》第66.11条的规定及《美国联邦民事诉讼规则》关于海事诉讼的附加规则F的规定，申请限制赔偿责任是作为诉来处理的，责任人可以以提起诉讼或在索赔诉讼中提起反诉的方式来主张责任限制的权利。

第 3 款规定，“责任人一人设立的基金应视为是为所有当事人分别设立的”。这样，可避免出现重复设立基金的情况。①

3. 对于保全措施的阻止。海事赔偿责任限制公约的目的之一，在于免除责任方在一次事故中面对众多的受害方单独诉讼所带来的不便和不经济，在这一方面，《1976 年公约》延续了《1957 年公约》的精神。② 一旦基金已适当设立，对该基金提出赔偿请求的任何人，不得对设立基金的责任人的任何其他财产行使任何权利，法院可以中止与该基金有关的任何赔偿请求的诉讼，即便在同一事故中，船舶所有人和承租人同时有责任（如货损货差），也只需要一次性提供一笔基金。

公约规定阻止其他诉讼须符合一定的条件：(1) 只能针对“同一事故”中造成的损失，其他损失不能对船方的其他财产进行扣押或者另行诉讼。如果已经另行提起诉讼的，受诉法院应当中止该诉讼。如果涉及不同航次或者不同事故造成的损失，不同事故的受害方则可以分别诉讼，除非针对不同的事故船方设置了不同的责任限制基金。(2)“任何其他财产”的范围比较广泛，包括责任人的其他船舶、不动产、银行账户资金和知识产权等。(3) 若同一事故存在多个责任限制主体，在基金设立后，索赔方不得另行向不同的责任限制主体提起诉讼。(4) 索赔方针对该责任限制基金没有提出证据予以反驳。

4. 对法律适用的影响。《1976 年公约》第 14 条规定，关于责任基金的设立和分配规则，以及与其有关的一切程序规则，应适用基金设立国法律。这表明责任限制人设立基金的时候，选取不同的有管辖权的法院，会对法律适用产生必然的影响。关于基金设立的程序，对缔约国来说，除了公约有明确规定的以外，往往都是适用其国内法的规定（非公约缔约国更是如此）。而关于一些实体法问题，如基金的分配规则，也会因为适用不同的法律而导致不同的法律后果。有的国家规定的责任限额较低，但是比较容易失去责任限制，例如新加坡。③ 有的国家规定某项权利属限制性债权，而在另一国家则属非限制性债权；有的国家国内法可能对责任限制的程序问题处于真空状态。由于适用基金设立国的法律会对基金的分配、证据的提供和责任限制权利丧失条件产生很大影响，故选择不同的基金设立地就显得尤为重要，它会间接地影响到案件的实体审理，而不仅仅是程序问题。

九、人身伤亡连带责任与海事赔偿责任限制关系

《海商法》第 169 条第 3 款规定：“互有过失的船舶，对造成第三人的人身伤亡，负连带赔偿责任。一船连带支付的赔偿超过本条第一款规定的比例的，有权向其他有过失的船舶追偿。”当碰撞当事船舶（一船或两船）有权享受海事赔偿责任限制时，人身伤亡的索赔方向连带责任的船舶所有人请求赔偿时，应如何限制赔偿责任，在理论和实践中，存在着不同的观点和做法。

（一）三种方案

为便于说明问题，假定甲、乙两船碰撞，造成丙人身伤亡，两船过失比例各 50%，丙索

---

① 建议我国《海商法》修改时，增加此条款。司玉琢，胡正良主编．《中华人民共和国海商法》修改建议稿条文、参考立法例、说明．大连：大连海事大学出版社，2003：519.

② 英国 1958 年商船法及我国《海商法》规定都是一致的。但我国《海商法》第 214 条规定，基金设立后，向责任人提出请求的任何人，不得对责任人的任何财产行使任何权利，而不是“对该基金提出赔偿请求的任何人”，对基金提出请求的人限于限制性债权人，而向责任人提出请求的人，不限于限制性债权人。

③ 新加坡的海事赔偿责任限制适用《1957 年公约》。

赔额80万元，根据《海商法》第210条第2款的规定，甲船人身伤亡赔偿限额100万元，乙船人身伤亡赔偿限额30万元。在此次事故中，我们称甲、乙船同索赔方丙的关系为外部关系，甲、乙之间的追偿为内部关系。当丙向甲或乙请求连带责任赔偿时，甲或乙如何限制其赔偿责任？各国的做法存在较大差异，大致可归纳三种解决方案和主张①：

方案一：甲、乙船东在外部关系和内部关系中均可主张责任限制。

按此方案：（1）如果丙依据其与甲、乙的外部关系单独起诉甲，可获得全部80万元赔偿。甲依据碰撞的内部关系，按过失比例向乙追偿40万元，但是，乙的责任限额是30万元，故甲只能追偿30万元。最终，甲承担50万元，乙承担30万元，丙获得80万足额赔偿。（2）如果丙依据其与甲、乙的外部关系单独起诉乙，因乙的责任限额只有30万元，故丙只能获得30万元赔偿，但丙还可再向甲索赔差额50万元，因甲的限额较高，不能援引责任限制，故赔付丙50万元。按此方案，甲、乙船东在内部关系上，也可主张责任限制，所以，甲虽然赔付的数额超出其责任比例，但仍然无法向乙进行追偿，因为乙已赔付30万元的限额。最终，甲赔付50万元，乙赔付30万元，丙获得80万元的足额赔偿。

方案二：责任限制在外部关系中发生效力，在内部关系上不产生影响。

按此方案：（1）如果丙依据其与甲、乙的外部关系单独起诉甲，可获得全部80万元赔偿。甲依据碰撞的内部关系，按过失比例向乙追偿40万元时，乙不得主张责任限制，须赔付40万元。（2）如果丙依据其与甲、乙的外部关系单独起诉乙，乙可主张责任限制，只需赔付丙30万元。但丙还可再向甲索赔80万元的差额50万元，因甲的限额较高，不能援引责任限制，故赔付丙50万元。但是，按此方案，甲、乙船东在内部关系上，不得主张责任限制，所以，甲虽然赔付的数额超出其责任比例，随后可向乙追偿10万元，此时，乙不得主张责任限制。最终，不论丙起诉甲或者乙，其结果都是一样的，即甲赔付40万元，乙赔付40万元，丙获得80万元的足额赔偿。

方案三：甲、乙船东在外部关系和内部关系中均可主张责任限制，且丙的连带赔偿请求额自始受到限制。

按此方案，甲、乙各自的责任限额分别与其碰撞责任的数额比较，如果碰撞责任数额大于责任限额，大于的部分将从索赔额中减掉，以避免前述两种方案中出现的因为一方责任限制，将部分赔偿转嫁到另一方的情况。仍以上述案例为例，甲船的碰撞责任是40万元，责任限额是100万元，不存在限制赔偿责任的问题。乙船的碰撞责任也是40万元，但责任限额是30万元，限制赔偿责任10万元，这10万元要从丙的索赔80万元中扣除，使甲、乙连带责任的数额为70万元，然后依照方案一的做法，即：（1）如果丙依据其与甲、乙的外部关系单独起诉甲，可获得全部70万元赔偿。甲依据碰撞的内部关系，按过失比例向乙追偿本应为35万元，但因乙的责任限额是30万元，故甲只能追偿30万元。最终，甲承担40万元，乙承担30万元，丙获得70万元赔偿。（2）如果丙依据其与甲、乙的外部关系单独起诉乙，因乙的责任限额只有30万元，丙只能获得30万元赔偿，但丙还可再向甲索赔差额40万元，因甲的限额较高，不能援引责任限制，故赔付丙40万元。最终，甲赔付40万元，乙赔付30万元，丙获得70万元的赔偿。

---

① Koziol原系奥地利维也纳大学民法首席教授，2000年退休后，任欧洲损害赔偿法与保险法研究中心主任，组织“欧洲侵权法小组”（European Group on Tort Law）。由他主持的“统一侵权法”（Unification of Tort Law）项目研究时，曾就上述问题向各国发出问题单，根据各国对问题单的回单，归纳出三种解决方案和主张。

（二）各国对三种方案的态度

1. 对方案一的态度：英国、荷兰、瑞典、波兰、葡萄牙、西班牙等国家持此观点。它们的观点归纳起来是：如果连带责任人之一基于法律规定或者损害发生之前与受害人之间的协议，可以限制其责任，则该责任人不得被要求对另一连带责任人分担超过其责任限额的金额。① 享受责任限制的一方不管是作为单独侵权人还是共同侵权人，都有权主张其责任限制，而不享受责任限制的一方要承担全部责任。②

2. 对方案二的态度：德国学者提出此方案供讨论之用，并认为如果责任限制是根据合同产生，德国法院经常会采用此种做法。③ 但是，德国学者对该方案多不赞同，原因是，如果被追偿的责任人不得再向受害人追偿，就导致他丧失了原本享有的责任限制的利益，其地位反不如单独负责时优越④；而如果允许被追偿的责任人再向受害人追偿⑤，明显将会产生诉累，学者们称之为“旋转木马式的追偿”（recoursemerry-go-round）⑥。其他国家的立法、判例和学说均没有采纳此方案的。

3. 对方案三的态度：德国学者针对第二方案提出，连带责任的一方责任人因责任限制减掉的赔偿责任转嫁到连带责任的另一方责任人是不公平的。连带责任制度从本质上说是为了保护受害人的权益，但这种保护只是暂时地让一方责任人先承担起另一方本应自己承担的责任，除另一方无力偿付的情形外，在制度设计上，应当确保预先赔付的一方行使追偿权的可能性，而不是自始就法定地把先行赔付的一方置于无法追偿的境地。责任限制制度的本意是把限额赔偿的利益赋予责任人，把不利益课以受害人，并无意让其他任何人代享利益，或者代受不利益。⑦ 菲肯切尔认为：“受害人的请求权应当自始限缩到无责任减免事由的债务人在内部关系中应当承担的份额……这种做法无疑是正确的，它一方面避免了承担债务的加害人单独承受损害的不公，也顾及了责任排除，并阻却了对已经免除责任的人的追偿。”⑧

（三）肯定第一种方案的理由

从海事赔偿责任限制制度的理论和实践出发，遵循责任限制优先适用原则以及最大限度保护受害人原则，比较上述三种方案，笔者认为方案一的做法是正确的，理由如下：

1. 理论分析：责任限制作为有别于一般民事法律原则的特殊法律制度，对其成立与消灭均应作出明确的规定。如本章专题研讨“三、船舶碰撞致一船沉没，非沉船所有人对沉船清除费用是否可限制赔偿责任”所述，任何一个特定的海事赔偿责任限制案件，其责任限制构成要素，即权利主体（责任人）、义务主体（索赔方）、责任限额（船舶总吨位计算）都是特定的，以船舶总吨位计算的责任限额，除满足责任限制权利丧失的条件外⑨，责任人的限额不会因连

---

① SeeW. HortonRogers, Unification of Tort Law: Multiple Tortfeasors, KluwerLawInternational, 2004, p. 78.

② Ibid, pp. 284 - 285.

③ Ibid, pp. 97 - 98.

④ 单独负责时，责任人可向受害人主张责任限制，并享受其利益。迪特尔·梅迪库斯．德国债法总论．杜景林，卢堪译．北京：法律出版社，2004：614 - 615.

⑤ 类似美国的“互有过失碰撞条款”（bothtoblamecollisionclause）的追偿情况。

⑥ W. Horton Rogers. Unification of Tort Law: Multiple Tortfeasors. Kluwer Law International, 2004, p. 97.

⑦ Wolfgang Fikentscher. Andreas Heinemann, Schuldrecht (10. Auflage), Berlin, De Gruyter Recht2006, S. 379. Karl Larenz, Lehrbuchdes Schuldrechts (1. Band AllgemeinerTeil), C. H. Beck' sche Verlargsbuchhandlung1987, S. 646 - 647.

⑧ Wolfgang Fikentscher. Andreas Heinemann, Schuldrecht (10. Auflage), Berlin, De Gruyter Recht 2006, S. 380.

⑨ 《海商法》第 209 条规定，责任人的故意或明知丧失责任限制。

带责任人的追偿而突破（方案二），这也不符合责任风险可控性的原则。① 至于责任人在其限额内连带支付了全额索赔后，向碰撞的另一方按责任比例追偿时，因超出对方的法定责任限额，超出部分究竟应由索赔方承担（方案三），还是由支付全额赔偿的连带责任方承担？这实际是个政策导向问题。作为责任限制制度，其政策导向是保护船舶所有人，但是，作为连带责任的规定，其政策导向是为了保护人身伤亡的受害方。所以，超出对方法定责任限额部分由支付全额赔偿的连带责任方承担，是这一政策理念决定的。② 必须说明的是，追偿人身伤亡的比例部分，超出对方法定责任限额，是指超出对方法定人身伤亡限额后，其差额与财产索赔额按比例分享对方财产责任限额后，仍不能满足人身伤亡追偿额的部分。

2. 实践分析：从实践的角度考量，方案二只是一种理论构想，至今没有哪个国家承认，也没有哪个法院实践这一理论。事实上，根据上述理论分析，连带责任的规定不应改变责任限制的法律制度，而该方案恰恰动摇了责任限制的基本制度，因此是不可行的。方案三的不可操作性表现在，欲使受害人的请求数额自始限缩，就必须首先确定碰撞双方的责任比例，然后以各自的比例赔偿数额与其责任限额比较，超出部分从受害人的请求数额中减掉。但确定碰撞双方的责任比例，不经过法院的实体审理是难以确定的，而法院审理是需要时间的。法律给予人身伤亡索赔方以连带责任的利益，就是要保护受害人能及时得到赔偿，待碰撞责任比例确定之后，连带赔付的责任人再进行追偿，这本身就意味着连带责任的实施一方承担着追偿不着的风险，包括被追偿方破产、丧失偿付能力，也包括超出其责任限额的部分不能追偿的风险。

对于上述风险，包括因追偿的数额超出被追偿一方的责任限额，超出部分连同本船应承担的人身伤亡赔偿皆由保赔协会给予补偿。2002 年修订的《中国船东互保协会保险条款》第 5 条规定：对入会船船员以外的任何人，“入会船发生碰撞、火灾、爆炸等意外事故，或引水员软梯或舷梯故障等所造成的人身伤亡或疾病而支付的医药、住院或丧葬费用风险，皆由中船保承保”。其他保赔协会章程中都有类似条款。③

3. 立法分析：为了避免责任限制的特殊法律制度与其他国际公约或国内法发生冲突，相关的国际公约以及国内法都作出了明确规定。比如《1910 年碰撞公约》第 4 条规定了“对于人身伤亡所造成的损害，各过失船舶对第三方负连带责任”，但同时在第 10 条又规定“在不影响以后可能缔结的任何公约的情况下，本公约的规定不以任何方式影响各国现行的有关限制船舶所有人责任的法律”。《1993 年船舶优先权和抵押权国际公约》第 15 条规定：“本公约的任何规定不得影响规定责任限制的任何国际公约或使其生效的国内法律的适用。”④ 又比如《2001 年国际燃油污染损害民事责任公约》第 6 条规定：“本公约的任何规定均不得影响船舶所有人或提供保险或其他经济担保的一个或多个人，根据诸如经修正的 1976 年海事赔偿责任限制公约等任何适用的国内或国际体制，限制责任的权利。”英国《1995 年商船法》（Merchant Shipping Act 1995）第 188 条第 3 款规定：“本条规定不得被解释为剥夺任何人所享有的、本条之外的、可在由受伤者或者有权就死亡起诉的人提起的诉讼中援引的任何抗辩权，也不得影响任何人依法享有的责任限制权利。”《荷兰民法典》第六编第一章第 11 条第 1 款规定，当连带债务人清偿债务的数额超出其应承担的份额时，“被要求分担债务的共同债务人，可以援引分担义务发

① 参见本章专题研讨“四、船舶碰撞致一船沉没，非沉船所有人对沉船清除费用是否可限制赔偿责任”。

② 参见本章专题研讨“二、承运人能否享受海事赔偿责任限制”。

③ UKP & IClub Rules Risks Covered SECTION1-Liability to Persons other than Seamen.

④ 《海商法》第 30 条有相同的规定。

生时已有的对债权人的抗辩对抗该连带债务人提出的分担债务的请求”。《瑞典海商法》第 8 章第 1 条第 4 款规定：“如果一方的赔偿超出了其应负责的部分，有权向另一方就超出部分进行追偿。另一方可以援引本法或适用的外国法以及相应的规定中有关对抗受损方的免责或责任限制事由来进行抗辩。”

从国际公约和上述国内法的规定看，受害人在向一责任人索赔时所享有的抗辩权（责任限制），当另一责任人在向其追偿时同样享有该抗辩权。

4. 建议：根据以上讨论，为明确责任限制与连带责任的关系，建议在修改《海商法》时对第 169 条作如下调整：

“互有过失的船舶，对造成第三人的人身伤亡，负连带赔偿责任。一船连带支付的赔偿超过本条第一款规定的比例的，有权向其他有过失的船舶追偿。

虽有前款规定，被追偿的船舶有权援引本法第十一章有关责任限制的事由进行抗辩。”

十、如何理解《海商法》第 215 条的“先抵销，后限制”原则

《海商法》第 215 条规定，享受本章规定的责任限制的人，就同一事故向请求人提出反请求的，双方的请求金额应当相互抵销，本章规定的赔偿限额仅适用于两个请求金额之间的差额。

《海商法》的上述规定源于《1976 年公约》第 5 条，该条规定：“按照本公约规定有权限制责任的人，就同一事件向请求人提出请求时，各自提出的索赔应相互抵销，而本公约的规定仅适用于其间的差额。”

《1957 年公约》第 1 条第 5 款也有类似条款，所不同的是，该公约不是规定提出反请求的人是有权享受责任限制的人，而是直接规定“船舶所有人”的权利，该条表述是：“如果船舶所有人有权就同一事件向索赔人提出索赔，双方提出的索赔应相互抵销，而本公约的规定只适用于其差额。”之所以产生这一差别，是因为《1957 年公约》规定只有船舶所有人才是责任限制的权利主体。《1976 年公约》则规定不仅船舶所有人是责任限制的权利主体，救助人等也是责任限制的权利主体，所以，《1976 年公约》使用了“享受责任限制的人”这一概括语。① 但无论如何，这个概括语不应包含享有独立请求权的人身伤亡或第三人财产损失的索赔主体。理由是：

1. 上述规定的共同之处反映了实行“先抵销，后限制”原则的条件。

第一，主体条件。主体一定是享有本章责任限制的人，即《海商法》第 204～206 条的主体，是他们中的任何人向请求人提出反请求，不符合这一条件是不能相互抵销的。因此，碰撞造成的人身伤亡，除第 204～206 条所规定的责任限制权利主体外，任何人都不是享有本章责任限制权利的人，也就不存在人员伤亡赔偿相互抵销的问题。② 同样，货物所有人也不是责任限制的权利主体，因此，货损也不存在相互抵销的问题。

第二，同一事故。请求与反请求发生于同一事故，不是同一事故，也不存在相互抵销的问

---

① Patrick Griggs & Richard Williams. Limitation of Liability for Maritime Claims. Second Edition，Lloyd’s of London Press Ltd.，1991，pp. 42 - 43.

② 参见“瑞克麦斯热那亚航运公司、瑞克麦斯轮船公司与 CS 海运株式会社船舶碰撞损害赔偿纠纷案”判决，两船碰撞人身伤亡损害赔偿相互抵销。司玉琢，王彦君，关正义主编．中国海事案例裁判要旨通纂．海事卷．北京：北京大学出版社，2017：427 - 431.

题。如碰撞后发生救助，被救船舶所有人向救助人请求救助过程中的损害赔偿，救助人是否可以救助报酬作为反请求进行抵销，以抵销后的差额进行责任限制？在“TojoMaru”[①] 案中，伦敦仲裁庭认为，救助人的责任限制可以适用“先抵销，后限制”原则，然而，上诉法院明确表示仲裁裁决是错误的。因为救助人是过失侵权造成被救船损失，而救助报酬是基于救助合同而产生，它们没有发生在同一事故中。[②]

2. 在船舶碰撞案件中，船舶所有人是责任限制的权利主体。当互有过失时，存在请求与反请求，不论一船或两船的责任受到限制，都应当在先抵销后，其差额适用责任限制的规定，即“单一责任”（singleliability）。如下表：

	责任比例	责任限额	船舶损失	索赔与反索赔	抵销后	限制
A船	50%	800万元	3 000万元	1 500万元		−800万元
B船	50%	1 000万元	5 000万元	2 500万元	1 000万元	+800万元

3. 船舶碰撞造成的人身伤亡请求，不适用“先抵销，后限制”原则，因为，第一，人身伤亡的受害方即使存在碰撞过失，该过失也已由其船舶所有人所替代；第二，人身伤亡索赔的对方船舶（拟人化）不存在人身伤亡，不可能提出人身伤亡的反索赔。所以，人身伤亡不适用“先抵销，后限制”的规定。换言之，人身伤亡的责任限制不适用“单一责任”原则，而适用“交叉责任”原则，各自按本船的人身伤亡赔偿限额赔付对方船的人身索赔，不进行抵销。

4. 船上货物等财产是否可作为船舶损失适用“先抵销，后限制”的规定？笔者认为不适用。理由同上述，船上财产缺少上述第一个要件，不适用“先抵销，后限制”的规定。

5. 索赔与反索赔相互抵销是基于侵权法的“过失相抵”（Compenstioculpae，Culpacompenstio）原则，即如果“权利人也有过失时”，将“减轻赔偿金额或免除之”[③]。《侵权责任法》第26条规定：“被侵权人对损害的发生也有过错的，可以减轻侵权人的责任。”如果是船舶碰撞，这里的过失是指导致碰撞的过失。

根据这一原则，只有索赔人也有过失时，有权享受责任限制的另一方才能提出反索赔，并主张抵销索赔人的索赔。如果索赔方没有过失，有权享受责任限制的另一方，即使有损失，也不能主张反索赔。

6. 责任限制制度实行“先抵销，后限制”原则，与船舶保险是衔接的。中国人保《船舶保险条款》承保的“碰撞责任”规定：“当被保险船舶与其他船舶碰撞双方均有过失时，除一方或双方船东责任受法律限制外，本条项下的赔偿应按交叉责任的原则计算。当被保险船舶碰撞物体时，亦适用此原则。”《国际船舶保险条款》碰撞责任条款中规定：“如果保险船舶与另一船舶碰撞，并且双方互有过失，那么，除非一船或两船的责任受到法律的限制，根据本条的赔偿应按照交叉责任的原则计算。”

总体来说，“先抵销，后限制”对索赔方是有利的，抵销后的差额同未经抵销的数额比较，后者要比前者受到限制的几率大。因此，在有责任限制的情况下，单一责任对索赔方有利，交叉责任对船舶所有人有利。如果碰撞双方都不存在责任限制，单一责任和交叉责任的计算结果都是一样的。

---

① ［1971］1Lloyd's Rep. 341.

② 注意：此案是发生在《1989年国际救助公约》之前的案子。

③ 曾世雄．损害赔偿法原理．北京：中国政法大学出版社，2001：259.

十一、中国法下责任限制权利丧失的理解

《海商法》第59条有关单位责任限制权利的丧失、第118条有关旅客运输承运人责任限制权利的丧失，都有一条类似于第209条海事赔偿责任限制权利丧失的规定，即："经证明，引起赔偿请求的损失是由于责任人的故意或者明知可能造成损失而轻率地作为或者不作为造成的，责任人无权依照本章规定限制赔偿责任。"

海商法有关责任限制权利丧失的规定，与相关的国际海事条约的规定都是一致的。《海牙-维斯比规则》（第4条第5款e项）、《汉堡规则》（第8条）、《鹿特丹规则》（第61条）、《雅典公约》（第13条）、《1992年国际油污损害民事责任公约》（第5条第2款）；除了海运国际公约外，其他运输公约如《华沙公约》（第25条）、《国际公路货物运输公约》（第29条）、《内河货物运输合同布达佩斯公约》（第21条）也都有类似的规定。

因此，正确理解这一条款的内涵，对准确实施这一条款至关重要。目前，我国理论界和司法界对这一条款的理解和认识并不完全一致，以《海商法》第209条为例，主要涉及如下几个问题。

（一）关于"责任人"（personliable）

1. 这里的责任人应该是指《海商法》第204～206条中所指的责任限制的权利主体，即船舶所有人（包括承租人和船舶经营人）、救助人（第204条），船舶所有人和救助人的受雇人和代理人（第205条），责任保险人（第206条）。对于海事赔偿责任限制关系而言，这些人是权利主体，对于第207条的海事请求权利主体而言，则是义务主体——赔偿责任人。

2. 现在的问题是：责任人丧失责任限制权利是指特定的责任人本人的作为或不作为（personalactoromission），与其他责任人无关；还是其中任何一个责任人丧失限制赔偿责任的权利，其他人也随之丧失该权利？对此问题的结论是：哪一个责任人有故意或者明知轻率，该责任人就丧失限制赔偿的权利，其他责任人并不因此而丧失该项权利。比如，某轮在卸载易燃货物过程中，装卸公司竟然允许装卸工人抽烟，结果因工人吸烟酿成火灾。索赔人证明装卸公司允许其雇员在卸货过程中吸烟这一行为是一种"明知可能造成损失而轻率地作为"所致，装卸公司不能根据《海商法》第210条的规定享受责任限制。如果索赔方不能证明作为承运人的船东本人也存在造成损失的故意或者轻率，则船东仍有权主张责任限制。① 简言之，上述所有责任人中，谁有造成损失的故意或明知可能造成此种损失而轻率地作为或不作为，谁就将丧失责任限制的权利，其他责任人限制赔偿责任的权利不受影响。② 最高人民法院《关于审理海事赔偿责任限制相关纠纷案件的若干规定》（以下简称《责任限制若干规定》）第18条规定："海商法第二百零九条规定的'责任人'是指海事事故的责任人本人。"③

（二）关于"故意"（intent）

1. 索赔方首先应证明行为人有主观故意。如果行为人实施某一行为可能会造成某种损失，

---

① 这里没有涉及承运人的单位责任限制。如果承运人有故意或轻率地造成损失的作为或不作为，其单位责任限制权利丧失，如果承运人同时又是船舶所有人或承租人，海事赔偿责任限制的权利也将丧失。

② Patrick Griggs and Richard Williams. Limitation of Liability for Maritime Claims. Lloyd's of London Press Ltd., 1991, pp. 35-36.

③ 2010年3月22日最高人民法院审判委员会第1484次会议通过，自2010年9月15日起施行。见法释〔2010〕11号。

作为一个谨慎的人是不会去做的，但恰恰他做了，并造成损失，索赔方以此证明该行为人有故意是不够的，因为未能证明行为人有主观故意。如船舶年久失修，电线老化引起火灾，作为一个谨慎的船东本应意识到电线老化有可能引起火灾却为了节省开支没有及时更换电线，索赔人没能证明船东有主观故意，因此责任限制不会丧失。

2. 索赔方仅仅证明行为人有主观故意实施某一行为还是不够的，还必须证明故意造成损害而不是仅仅故意实施某一行为，也就是说故意与损害之间存在因果关系。如船东为了节省加油费，故意绕航加油，结果在绕航中发生与他船碰撞，造成他船沉没。此案绕航虽有主观故意，但此故意与碰撞损害之间并不存在必然的因果关系。也就是说，船东的故意行为是为了节省加油费用，而不是为了造成碰撞损失。①

（三）关于“轻率地作为或不作为”（reckless act or omission）

1. 对“轻率”（reckless）的解释。我国尚未发生对此用语解释的案例。英国法官曾在数个案件中作出过解释。② 即该词隐含着责任人对后果的发生缺乏应有的谨慎或完全掉以轻心，错误地认为后果既无发生的或然性，甚至无发生的可能性。这种解释与我国民法中的重大过失（gross negligence）似乎有些相似，重大过失是指在正常情况下责任人在法律行为能力范围内能够预见而没有预见或已经预见但轻信事故不会发生而未采取措施所造成的事故及损失的一种主观心态。但事实上，如果把“轻率”与“明知”联系起来，它应该更接近刑法中的“间接故意”。所谓间接故意，系指行为人明知自己的行为可能发生危害社会的结果，并且放任这种结果发生的心理态度。所谓放任，是指行为人对于危害结果的发生，虽然没有希望、积极地追求，但也没有阻止、反对，而是放任自流，听之任之，任凭、同意它的发生。如前例在卸载易燃货物过程中，装卸公司允许装卸工人抽烟，装卸公司明知卸载易燃货物抽烟会引起火灾，却放任这种后果的发生，就是“轻率”的作为，装卸公司将丧失责任限制的权利。

2. “轻率”必须与“明知可能造成的损失”联系起来③，索赔方仅仅证明行为人有“轻率”是不够的，索赔人还必须证明“轻率”是在“明知可能造成此种损失”的条件下的作为或不作为。④ 因此，明知与故意的共同点是，都具有主观性。如海底阀未关，海水会进入舱内导致货损，甚至使船舶沉没，如果是因为疏忽未关，导致海水进入，责任人仍然有权限制赔偿责任，只有明知海底阀没关海水会进入，却轻率地不作为，责任人方丧失限制赔偿责任的权利。同样，如果“轻率”地作为或不作为并未促使“明知可能的损失”发生或者发生的不是“明知可能的损害”，仍不能满足责任限制丧失的条件。如船上装载着易腐货物，船东明知船舶绕航可能造成易腐货物腐烂，却为了节省燃油费用而轻率地决定绕航加油，但绕航并没有引起货物腐烂，却发生了与他船碰撞，此种情况仍不能使责任限制权利丧失。

（四）关于“此种损失”（such loss）

责任人对故意或轻率造成的损失是预知特定的损失。所以，有关国际公约特别强调故意造成“此种损失”（such loss），轻率地作为或不作为造成的“此种损失”（such loss）⑤，如果不是

---

① Patrick Griggsand Richard Williams. Limitation of Liability for Maritime Claims. Lloyd's of London Press Ltd. 1991，p. 38.

② R. v. Caldwell［1982］A. C. at354；R. v. Lawrenee Stephen［1982］A. C.，at 520.

③ Goldmanv. ThaiAirways［1983］3AllE. R. 693.

④ Michael F. Sturley，Tomotaka Fujita，Gertjanvander Ziel，The Rotterdam Rules，2010，p. 173.

⑤ 《1976年公约》第4条，以及其他国际公约有关丧失责任限制权利的相应条款。

预知的特定损失，就谈不上“故意”造成或“明知”此种损失而轻率地造成。因此，如果不是此种损失，而是非责任人可预知的其他损失，责任人仍可限制赔偿责任。比如，船东允许装载含水量超过14%的镁粉（规则允许含水量不得超过8%）开航，船东明知此种含水量可能在风浪中船舶摇摆出现自由液面，导致船舶倾覆后果，却“轻率地”允许开航。但是船舶开航后并没有发生预知的倾覆损失，而是发生了船舶碰撞事故。在此种情况下，船东仍然可享受责任限制。

（五）举证责任

海事赔偿责任限制的举证责任遵循了《民事诉讼法》第64条“当事人对自己提出的主张，有责任提供证据”的一般原则。《海商法》第209条的措辞“经证明……责任人的故意或者明知……”清楚地表明了，索赔方主张责任人无权限制赔偿责任的，必须承担举证责任，证明责任人存在主观“故意”或“轻率”，同时还必须证明“故意”或“轻率”与“此种损失”之间的因果关系。只要责任人“启动了责任限制程序，不管是否构成责任限制权利丧失的条件，法庭都没有义务令其调查取证”①。

在总结国内外司法实践的基础上，最高人民法院在《责任限制若干规定》第19条对《海商法》第209条责任人丧失责任限制的条件作了明确的规定：“海事请求人以发生海事事故的船舶不适航为由主张责任人无权限制赔偿责任，但不能证明引起赔偿请求的损失是由于责任人本人的故意或者明知可能造成损失而轻率地作为或者不作为造成的，人民法院不予支持。”②

最高人民法院的上述司法解释，虽然仅仅针对船舶适航情况下的责任限制权利丧失问题，但该司法解释确立的原则应该是普遍适用的。

（六）两点结论

1. 责任人的行为是其个人行为，一责任人丧失责任限制的权利，不影响其他责任人的此项权利，除非其他责任人也满足了丧失限制赔偿责任的条件。

2. 索赔方主张责任人无权限制赔偿责任的，不仅要证明责任人存在主观“故意”或“轻率”，还必须证明“故意”或“轻率”与“此种损失”之间的因果关系。

---

① *In The "Bowbelle"*〔1990〕3 ALL E. R. 476，Sheen J held that the court is not obliged to investigate whether or not the person liable has been guilty of conduct barring limitation when that person commences a limitation action.

② 厦门海事法院（2004）厦海法商初字第408号，上海波密食品有限公司诉上海海华轮船有限公司水路货物运输合同纠纷案//司玉琢，王彦君，关正义主编．中国海事案例裁判要旨通纂．海事卷．北京：北京大学出版社，2017：432－441.

第十二章 船舶污染损害赔偿

基础知识

一、我国参加的《1992 年国际油污损害民事责任公约》及相关的船舶污染国际立法

国际社会越来越重视海洋环境的保护，国际海事组织（IMO）把“让海洋更清洁，让航行更安全”作为自己的行动纲领。在有关国际组织和世界各国的共同努力下，有关船舶污染损害赔偿的国际公约相继出现，已经生效的有《1992 年国际油污损害民事责任公约》（以下简称《1992 年责任公约》）①、《1992 年设立国际油污损害赔偿基金国际公约》（以下简称《1992 年基金公约》）②、《2001 年船舶燃油污染损害民事责任公约》（以下简称《2001 年燃油公约》）。③ 尚未生效的有《1996 年国际海上运输有毒有害物质损害责任和赔偿公约》及其 2010 年议定书

① 1992 年 11 月 27 日，国际海事组织在总部伦敦召开的会议上，通过《1969 年国际油污损害民事责任公约》1992 年议定书，也称《1992 年国际油污损害民事责任公约》。该公约于 1996 年 5 月 30 日生效，批准或加入的有丹麦、法国、埃及、德国、日本、挪威、瑞典、美国、中国等二十几个国家。我国于 1999 年 1 月 5 日加入该公约，2000 年 1 月 5 日对我国生效，《1969 年民事责任公约》同时对我国失效。

② 我国于 1999 年申请加入《1992 年责任公约》和《1992 年基金公约》（后者仅在香港特区适用），我国内地尚未加入任何基金公约。该基金公约于 1996 年 5 月 30 日生效，批准或加入的国家有丹麦、法国、德国、日本、挪威、瑞典、英国等二十几个国家。《1992 年责任公约》和《1992 年基金公约》，国际海事条约汇编．第 9 卷．大连：大连海事大学出版社，1998：466－516.

③ 2001 年 3 月 19 日—23 日，在伦敦 IMO 总部召开的外交大会上，审议并通过了《船舶燃油污染损害民事责任公约》。船舶燃油污染损害（bunkerpollutiondamagefromships）是指不论发生于何处的船上燃油溢流或排放，导致了污染，造成的船舶以外的损失或损害，但对环境损害（不包括此种损害的利润损失）的赔偿，应限于实际采取或将要采取的合理恢复措施的费用；船舶燃油污染损害还包括预防措施的费用及预防措施引起的进一步损失或损害（《2001 年燃油公约》第 1 条第 9 款）。该公约的特点是：（1）责任主体扩大到登记所有人、光船承租人、船舶管理人和经营人（《2001 年燃油公约》第 1 条第 3 款）；（2）没有自己的责任限额；（3）没有货主第二次分担赔偿机制作补充；（4）没有固定的强制保险数额；（5）适用的船舶范围扩大到所有的船舶。具体内容参见《中国海商法年刊》（2001），445～452 页。该公约于 2008 年 11 月 21 日生效，并于 2009 年 3 月 9 日对我国生效（同时适用于澳门特别行政区，暂不适用于香港特别行政区）。

(以下简称 HNS 公约)。[①] 这些国际公约的制定和实施，标志着国际船舶油污损害赔偿制度进一步趋于完善。我国参加了《1992 年责任公约》和《2001 年燃油公约》，但由于我国在处理商事国际公约与国内法的关系上，附以"涉外因素"的限制条件，因而，即使我国参加了上述国际公约，这些公约对我国也只适用于具有涉外因素的船舶载运货油污染、船舶燃油污染、船舶载运有毒有害物质造成的污染损害赔偿。[②] 这种国际公约适用的局限性表明：单凭加入相关的国际公约不能解决船舶污染损害赔偿的全部船源污染问题，还必须从我国国情出发，建立起完善的船舶污染损害赔偿机制。

二、船舶污染损害赔偿国际公约的一般规定

船舶油污损害赔偿、船舶燃油污染损害赔偿和海上运输有毒有害物质损害赔偿的国际公约适用于不同物质造成的污染损害，但其基本制度是相似的，主要体现在：

1. 地域适用范围

三个国际公约均适用于在缔约国领土（包括领海）和专属经济区内发生的船舶污染损害，以及不论在何处采取的防止或者减轻此种损害的预防措施。包括由于采取预防措施而造成的进一步的灭失或损害。

2. 责任基础

三个国际公约均规定，船舶登记所有人应对其船舶所造成的污染损害承担严格责任。也就是说，只要造成了污染损害，除存在法定的免责事由外，船舶所有人都要承担赔偿责任，而不管其是否存在过错。法定免责事项包括：(1) 由于战争行为、敌对行为、内战、武装暴动，或特殊的、不可避免和不可抗拒性质的自然现象所引起的损害。(2) 完全是由于第三者故意造成损害的行为或不行为所引起的损害。这里，"完全"指造成污染损害的唯一原因是第三人故意的行为或不行为，不包括过失。因此，如果一条船舶在航行中因单方过失碰撞锚泊中的油船并造成油污损害，油船所有人仍需对油污损害负责，但不妨碍其向过失船舶所有人追偿。这一点不同于我国《海环法》第 89 条的规定[③]，该条包括了第三者的"过失"。按照《海环法》第 89 条的规定，第三者的过失免除油船所有人的油污损害赔偿责任，不符油污损害实行严格责任的原则。(3) 完全是由于负责灯塔或其他助航设施管理的政府或其他主管当局在履行其职责时的疏忽和其他过失行为造成的损害。此项免责仅指负责助航设施管理的政府或其他主管当局在助航设施维修保养方面的过失行为，不包括本应在某一危险物上设置助航设施而没有设置或错误设置等情况。[④] (4) 损害全部或部分是由于受害人的故意或过失行为所引起，在船舶所有人能够举证证明的情况下，可以全部或部分免除其对该受害人的赔偿责任。[⑤]

---

① IMO 于 1996 年 5 月 3 日的外交大会上讨论通过了该公约。HNS 公约是继《1992 年责任公约》《1992 年基金公约》之后又一采用严格责任制的责任赔偿公约（但适用的不单是污染损害，还包括了火灾及爆炸损害风险），也是 IMO 自 1990 年制定《港口经营人公约》之后的又一重要国际公约。具体内容参见国际海事条约汇编．第 9 卷．大连：大连海事大学出版社，1998：516 - 578。

② 司玉琢．沿海运输船舶油污损害赔偿法律适用问题研究．大连海事大学学报（社会科学版），2002 (1).

③ 根据 2016 年 11 月 7 日主席令第 56 号《全国人大常委会关于修改〈中华人民共和国海洋环境保护法〉的决定》修改。

④ 参见《1992 年责任公约》第 3 条第 2 款，《2001 年燃油公约》第 3 条第 3 款，以及 HNS 公约第 7 条第 2 款。

⑤ 参见《1992 年责任公约》第 3 条第 3 款，《2001 年燃油公约》第 3 条第 4 款，HNS 公约第 7 条第 3 款。

3. 责任主体

船舶所有人应对污染损害负责。这一规定表明，船舶污染损害的赔偿，只能向船舶所有人提出。对此《1992年责任公约》第3条第1款、《2001年燃油公约》第3条第1款，以及HNS公约第7条第1款的规定基本相同。

污染损害赔偿请求，不得对下列人员提出，除非损害是由于他们的故意或者明知可能造成这种损害而轻率地作为或不作为所引起：

（1）船舶所有人的受雇人或者代理人；

（2）引航员或者为船舶提供服务的非属船员的任何其他人；

（3）船舶承租人、船舶管理人或者船舶经营人（不适用于燃油污染损害索赔①）；

（4）经船舶所有人同意或者根据主管机关的指令进行救助作业的任何人；

（5）采取预防措施的任何人；

（6）第（3）、（4）、（5）项所述人员的受雇人或者代理人。

这一规定是对船舶污染损害赔偿责任主体规定的补充，进一步表明，船舶油污损害的赔偿只能向船舶所有人提出。该规定与《1992年责任公约》第4条第2款、HNS公约第7条第5款的规定相同。

4. 责任限制

三个公约针对不同的物质造成的污染损害，除《2001年燃油公约》外，分别建立独立于海事赔偿责任限制之外的单独责任限制（separate limitation）②，也就是说，当发生一起油轮海难事故，既有财产损害和人身伤亡，又有船舶油污损害，该肇事船舶所有人可能负担不止一个责任限额的情况，即既有船舶油污责任限额，又有海事赔偿责任限额。对于责任限制权利丧失的规定，三个公约都是相同的，即“如经证明，船舶污染损害是由于船舶所有人的故意或者明知可能造成此种损害而轻率地作为或不作为所造成，则船舶所有人无权援引”各自公约规定的责任限制。③ 这一规定已成为自《1976年海事赔偿责任限制公约》之后，所有有关责任限制权利丧失的统一规定。

5. 强制保险

出于对海洋环境和人命安全的保护，强制保险制度越来越多地出现在相关的国际公约之中，本章所涉三个国际公约，均规定船舶所有人就污染损害赔偿责任实行强制保险或财务担保制度。④

6. 直接诉讼

在实行强制保险的同时，三个公约还规定，污染的受害方可以直接对承担船舶所有人污染

---

① 因为在燃油污染损害赔偿中，“船舶所有人”包括船舶承租人、管理人和经营人（《2001年燃油公约》第3条第1款）。

② 《1992年责任公约》第6条第1款规定，对任何一次事故，船舶所有人应有权将本公约对其规定的赔偿责任限制在下列数额：A. 对于不超过5 000总吨的船舶，责任限额为3百万计算单位（SDR）；B. 对于超过5 000总吨的船舶，除A项所述金额外，对每一额外吨位另加420计算单位；C. 上述计算限额在任何情况下不应超过5 970万计算单位。与《1969年民事责任公约》相比，《1992年责任公约》除了赔偿限额有大幅度提高外，其使用的船舶吨位是按照《1969年国际船舶吨位丈量公约》附件1的规则计算的总吨位；计算的船舶吨位起点是5 000总吨，这就是说，再小的船，其限额也是3百万计算单位。根据《1992年责任公约》的规定，油污责任赔偿限额每年提高大约6%，采用默示生效的办法。《1992年责任公约》2000年修正案比《1992年公约》提高大约50%，对应上述A、B、C三项的限额分别是：451万SDR、631万SDR、8 977万SDR。该修正案于2003年11月1日默认生效。

③ 参见《1992年责任公约》第5条第2款、HNS公约第9条第2款。

④ 参见《1992年责任公约》第7条第1款、《2001年燃油公约》第7条第1款，以及HNS公约第12条第1款的规定。

损害赔偿责任的保险人或财务担保人提起诉讼，这样才能最大限度地保护受害方。① 同时规定保险人或财务担保人可以享受相应的责任限制，以及船舶所有人有权援用的其他抗辩理由，但不得以船舶所有人已告破产或关闭以及船舶所有人在向他提起诉讼中有权援用的抗辩理由进行抗辩。我国《海商法》虽未对船舶污染损害作出专门规定，但在责任限制一章中，却把责任保险人作为责任限制的主体。在我国《海诉法》中对直诉责任保险人作了明确规定，对船舶造成油污损害的赔偿请求，受损害人可以向造成油污损害的船舶所有人提出，也可以直接向承担船舶所有人油污损害责任的保险人或者提供财务保证的其他人提出。

7. 连带责任

当发生涉及两艘或者两艘以上船舶的事故并造成污染损害时，相关船舶的所有人除可免除赔偿责任外，应对所有无法合理分开的污染损害承担连带赔偿责任。②

从上述规定可以看出，相关船舶的所有人对污染损害承担连带赔偿责任的条件是：第一，船舶所有人不能依法免责；第二，两船或者多船皆漏油或者不能确定是一船还是两船或多船漏油③；第三，漏油船各自造成污染损害的程度无法合理分开。这一连带赔偿责任的规定，既适用于相同污染物造成的污染损害，也适用于不同污染物造成的污染损害。有人认为，根据《1992 年责任公约》，涉及两船或多船发生事故，即使只有一艘船舶溢油造成污染，两船的船舶所有人仍需就无法合理分开的损害承担连带责任。这显然是一种误解：一船漏油而另一船未漏油造成污染损害，何谈损害无法合理分开？只有当两船都漏油或者是一船还是两船漏油无法确定时，才存在无法合理分开的情况。

当两种或者三种污染物造成混合污染时，被请求人的责任限制适用于各自公约所规定的责任限制。例如，如果请求是向油污船舶所有人提出，则适用《1992 年责任公约》的责任限制；如果请求是向燃油污染船舶所有人提出，则适用《2001 年燃油公约》的责任限制。当一方因承担连带责任而无法或不能足额向另一方追偿时，应由该方的责任保险人（保赔协会）承担。

除上述基本制度相同外，三个公约的相关定义也有许多相同之处：

（1）“船舶”，除《1992 年责任公约》对船舶给出特别的定义外，本章船舶定义与《海商法》第 3 条规定的“船舶”具有相同的含义。如果将来制定国内船舶污染法时，建议扩大对船舶的适用范围，可规定船舶污染损害赔偿既适用于海船，也适用于与海相通的内陆可航水域的船舶。④

（2）“船舶所有人”，上述三个公约对船舶所有人的定义比我国《海商法》第 9 条更明确、更具可操作性。《1992 年责任公约》第 1 条第 3 项⑤、HNS 公约第 1 条第 3 项对“船舶所有人”的界定基本是一致的，即指“依法登记为船舶所有人的人，或者，如无登记，是指实际拥有船

---

① 参见《1992 年责任公约》第 7 条第 8 款、《2001 年燃油公约》第 7 条第 10 款，以及 HNS 公约第 12 条第 8 款。

② 参见《1992 年责任公约》第 5 条、《2001 年燃油公约》第 5 条，以及 HNS 公约第 8 条。

③ 《1969 年国际油污损害责任公约》第 4 条规定是两船或多船皆漏油，《1992 年责任公约》第 5 条则规定的是两艘或者两艘以上船舶的事故并造成污染损害，后者包含了不确定漏油的情况。

④ 《1992 年责任公约》第 2 条第 1 款规定：公约适用于为运输散装油类货物而建造或改建的任何类型的海船和海上航行器；但是，能够运输油类和其他货物的船舶，仅在其实际运输散装油类货物时，以及在此种运输之后的任何航行（已证明船上没有此种散装油类运输的残余物者除外）期间，才应视作适用的船舶。除此以外，其他船舶，如内河船、内湖船仍被排除在公约的适用范围之外。能够运输油类和其他货物的兼用船或多用途船，如果没有实际运输散装油类货物或者在实际运输散装油类货物之后，已进行了原油洗舱等工作，完全清除了残油，因此种船舶的燃油泄漏造成的损害仍然不适用 1969 年或 1992 年民事责任公约。

⑤ 指《1969 年民事责任公约》的第 1 条第 3 项，《1992 年责任公约》没有改变。

船的人，或者，对国家所有的船舶，是指依法取得法人资格、由国家授予经营管理船舶的公司”。在《2001年燃油公约》中，船舶所有人还包括光船承租人、船舶管理人和船舶经营人。①

（3）“污染损害”，是指：1）由于船舶溢出或者排放油类货物、燃油或者有毒有害物质，而在运输这些油类货物、有毒有害物质或者船用燃油的船舶之外因污染而造成的财产的灭失或损害，以及有毒有害物质在运输船上或者船外所造成的人身伤亡。但是，对环境损害的赔偿，除这种损害所造成的利润损失外，应限于实际采取或者即将采取的合理措施的费用。2）预防措施的费用和因预防措施而造成进一步的灭失或者损害。

在“污染损害”的定义中，除第1）项中“以及有毒有害物质在运输船上或者船外所造成的人身伤亡”的规定系出自HNS公约第1条第6项的规定外，其余内容与《1992年责任公约》第1条第7项、《2001年燃油公约》第1条第7项，以及HNS公约第1条第7项中预防措施的定义相同。②

（4）“事故”，是指具有同一起因的造成污染损害或者促成此种损害严重和紧迫威胁的任何一个或一系列事件。③

（5）“预防措施”，是指事故发生后，为防止或者减轻污染损害而由任何人所采取的合理措施。④

“预防措施”可以由任何人采取，因而责任人可自行采取预防措施。如前所述，“污染损害”包括预防措施的费用和因预防措施而造成进一步的灭失或者损害。因此，责任人自行采取的预防措施费用和因预防措施而造成进一步的灭失或者损害，亦可从责任限制基金中受偿。因此，《1992年责任公约》第5条第8款规定，“对船舶所有人主动防止或者减轻污染损害而引起的合理费用或者作出的合理牺牲所提出的索赔，应与其他索赔在基金分配中处于同等地位”。该条还就污染损害索赔的代位权和代位索赔在责任限制基金中的预留作出规定。

三、船舶污染损害赔偿国内立法

我国是个海洋和内陆水域大国，海洋和内陆水域环境保护是我国基本国策的组成部分，也是国民经济可持续发展战略的重要内容。船舶污染是海洋和内陆水域环境污染的重要因素。因此，尽快完善海洋环境保护立法，建立船舶污染损害赔偿机制，是一项十分急迫的任务。有学者建议，在修改我国《海商法》时，增设“船舶污染损害赔偿”一章。⑤

国内相关立法主要有：

（一）1992年《中华人民共和国海商法》

《海商法》没有对油污损害赔偿作出专门的规定，仅在第十一章“海事赔偿责任限制”中提及有关油污损害赔偿问题。第207条是关于限制性债权的规定，第208条是关于不能依据该

---

① 参见《2001年燃油公约》第1条第3项。

② 为了统一油污损害赔偿范围及计算方法，国际海事委员会（CMI）于1994年10月2日至8日，在悉尼举行的第35届国际会议上通过了《国际海事委员会油污损害指南》（CMIGuidelinesonOilPollutionDamage）。该指南具体规定了油污损害的请求范围和计算方法，但不涉及人身伤亡。制定本指南的主要目的在于统一油污损害赔偿范围方面的国际法律规定，有利于海洋环境的保护。指南的具体内容参见《中国海商法年刊》（1994），463～468页。

③ 参见《1992年责任公约》第1条第8项，《2001年燃油公约》第1条第8项，以及HNS公约第1条第8项。

④ 参见《1992年责任公约》第1条第7项，《2001年燃油公约》第1条第7项，以及HNS公约第1条第7项。

⑤ 司玉琢，胡正良主编．《中华人民共和国海商法》修改建议稿及条文、参考立法例、说明．大连：大连海事大学出版社，2003：第十三章“船舶污染损害赔偿”。

章内容享受责任限制的债权的规定，其中第2项为“中华人民共和国参加的国际油污损害民事责任公约规定的油污损害的赔偿请求”。可见，有关油污损害赔偿责任问题，如果属于我国参加的有关油污损害赔偿国际公约（即《1992年责任公约》）规定的范围，责任主体不能依据第十一章的规定对油污损害享受责任限制，而是适用该公约规定的责任限制。但是对不适用于此公约的油污损害和油污事故产生的其他不属于此公约调整的财产损害或人身伤亡，仍然应当依据第十一章规定的责任限额确定，因为此种索赔也属于海事索赔。同时《海商法》第210条规定：“总吨位不满300吨的船舶，从事中华人民共和国港口之间的运输的船舶，以及从事沿海作业的船舶，其赔偿限额由国务院交通主管部门制定，报国务院批准后施行。”对此，1994年1月1日交通运输部施行了《关于不满300总吨船舶及沿海运输、沿海作业船舶海事赔偿限额的规定》。结合该规定、最高人民法院司法解释和我国《海商法》的现行规定，可以得出这样的结论：

（1）装运散装持久性货油的船舶，当发生有涉外因素的油污损害事故时，依据我国参加的《1992年责任公约》及其2000年议定书确定肇事船舶所有人的赔偿责任，“包括航行于国际航线的我国船舶在我国海域造成的油污损害赔偿纠纷”[①]。

（2）300总吨以上从事“非航行于国际航线的我国船舶在我国海域造成的油污损害赔偿纠纷”[②]，依据我国《海商法》第十一章确定赔偿责任。

（3）300总吨以下从事沿海运输及沿海作业的我国船舶，应当依据交通运输部1994年的规定予以责任限制。

（二）2016年修正的《中华人民共和国海洋环境保护法》

1999年12月25日，第九届全国人大常委会第十三次会议通过了对1982年《中华人民共和国海洋环境保护法》（以下简称《海环法》）修订案，并于2000年4月1日起生效，于2013年12月28日、2016年11月7日、2017年11月4日分别进行了修改。

该法第89条规定，造成海洋环境污染损害的责任者，应当排除危害，并赔偿损失；完全由于第三者的故意或者过失，造成海洋环境污染损害的，由第三者排除危害，并承担赔偿责任。该法第91条规定，战争、不可抗拒的自然灾害、负责灯塔或者其他助航设备的主管部门，在执行职责时的疏忽，或者其他过失行为三项免责[③]和本条“完全由于第三方的故意”属严格责任下的免责，如果因第三方的“过失”也可免责的话，就扩大了免责的范围，已不是我国参加的《1992年责任公约》的严格责任了。本条中的“责任者”应指油污侵权法律关系的肇事者，即“谁漏油谁负责”，而不是碰撞侵权法律关系的责任者——碰撞当事方。这是两个不同的侵权法律关系，分别由不同的专门法律来调整（详见本章专题研讨“一、船舶油污的法律适用问题”）。我国《民法典》第1229条规定：因污染环境造成损害的，污染者应当承担侵权责任。这里使用了“污染者”一词，体现了“谁污染，谁负责”的原则，要比《海环法》和《防治船舶污染海洋环境管理条例》使用的“责任者”明确得多。

（三）《中华人民共和国民法典》

该法第1229条规定：因污染环境造成损害的，污染者应当承担侵权责任。第1230条规

① 司玉琢，胡正良主编．《中华人民共和国海商法》修改建议稿及条文、参考立法例、说明．大连：大连海事大学出版社，2003：第十三章“船舶污染损害赔偿”。

② 最高人民法院《第二次全国涉外商事海事审判工作会议纪要》第141条。

③ 《海环法》规定的三项免责事由与《1992年责任公约》规定的三项免责事由是相同的。

定：因污染环境发生纠纷，污染者应当就法律规定的不承担责任或者减轻责任的情形及其行为与损害之间不存在因果关系承担举证责任。第1231条规定：两个以上污染者污染环境，污染者承担责任的大小，根据污染物的种类、排放量等因素确定。第1233条规定：因第三人的过错污染环境造成损害的，被侵权人可以向污染者请求赔偿，也可以向第三人请求赔偿。污染者赔偿后，有权向第三人追偿。

（四）《防治船舶污染海洋环境管理条例》专设第七章，规定"船舶污染事故损害赔偿"的民事责任

2009年9月2日，国务院第79次常务会议通过了《防治船舶污染海洋环境管理条例》，自2010年3月1日起施行，后经多次修订，最近的一次在2018年。该条例除了规定船舶污染民事责任的赔偿原则、责任基础（《条例》第48、49条）外，第一次明确规定船舶污染事故的赔偿限额，即"船舶载运的散装持久性油类物质造成中华人民共和国管辖海域污染的，赔偿限额依照中华人民共和国缔结或者参加的有关国际条约的规定执行"。其他的"船舶污染事故的赔偿限额依照《中华人民共和国海商法》关于海事赔偿责任限制的规定执行"（《条例》第50条）；除1 000总吨以下载运非油类物质的船舶外，船舶所有人一律投保船舶油污损害民事责任保险或者取得财务担保（《条例》第52条）；《条例》还规定在我国管辖水域接受海上运输的持久性油类物质货物的货物所有人或者代理人应当缴纳船舶油污损害赔偿基金，并成立"船舶油污损害赔偿基金管理委员会"（《条例》第54条）；《条例》填补了我国船舶油污立法的空白，对完善我国油污立法打下了基础。

当然，该条例还有值得进一步探讨的问题，比如：沿海内河油轮的责任限额过高的问题（见本章专题研讨"九、《防治船舶污染海洋环境管理条例》引发的思考之一"）；国家主管机关清污费用的优先受偿问题（见本章专题研讨"四、清污费用的法律性质"第七点）（《条例》第53条）；"船舶油污损害赔偿基金管理委员会"的性质与功能问题；责任基础是过错责任原则还是严格责任原则问题（《条例》第48条）。这些条款都有商榷的余地。

四、国际油污损害赔偿机制的新发展

国际油污损害赔偿的民事责任公约和基金公约构成了油轮船东和其货主共同承担油污损害赔偿责任的有效机制。这一机制的最新发展是：在国际保赔协会集团的努力下，通过并实施了(1)《1992年基金公约》的《2003年补充基金议定书》；(2)《2006年小型油轮油污赔偿协议》(SmallTankOilPollutionIndemnityAgreement—STOPIA2006)；(3)《2006年油轮油污赔偿协议》(TankOilPollutionIndemnityAgreement—TOPIA2006)。

（一）《2003年补充基金议定书》

补充基金议定书制定的初衷是：在提高《1992年责任公约》下船东的最低责任限额的同时，补充基金议定书对油污损害赔偿提供《1992年责任公约》和《1992年基金公约》之外的额外保障——第三层次的保障，以避免对现行的《1992年责任公约》和《1992年基金公约》进行修改。

从2002年5月24日起，《1971年基金公约》已经废止，从2003年11月1日起，《1992年责任公约》的2000年议定书已将船东的最高赔偿责任提高到8977万特别提款权（第一层次保障），《1992年基金公约》的2000年议定书最高责任限额调高到2.03亿特别提款权（第二层次保障）。2005年3月3日，上述补充基金议定书在丹麦、芬兰、法国、德国、爱尔兰、日本、

挪威和西班牙生效，预计近期会有其他国家也将批准加入该议定书。该议定书的最高补偿限额为7.5亿特别提款权（第三层次保障）。该数额包括第一、第二层次保障的数额。同样，第二层次保障的数额也包括第一层次保障的数额。

（二）《2006年小型油轮油污赔偿协议》

为了使三个层次保障机制的全部费用能够在船东和作为基金摊款的货主之间得到合理的均摊，国际保赔协会集团与基金秘书处和石油公司国际海事论坛，自2005年10月召开一系列会议，寻求一个可以使航运界广泛接受的实施方案。经多方协调，最终形成了两个协议草案：《2006年小型油轮油污赔偿协议》和《2006年油轮油污赔偿协议》。

《2006年小型油轮油污赔偿协议》主要内容是将《1992年责任公约》下吨位在29 548总吨以下的油轮责任限制提高到2 000万特别提款权（该公约的2000年议定书5 000总吨以下船舶的责任限额为451万特别提款权）。这是29 548总吨以下的油轮船东之间订立的协议，旨在向1992年基金补偿按照《1992年责任公约》下船东的责任限额与2 000万特别提款权之间的差额。这种补偿仅在油轮溢油影响到《1992年基金公约》缔约国并且船东根据《1992年责任公约》应承担责任时生效，与船舶的船旗国和货物的所有人无关。如果船东的责任超过其在《1992年责任公约》下的责任，该协议就要作出补偿。由于这种补偿是支付给1992年基金的，因而所有1992年基金的摊款人都会从中受益。

《2006年小型油轮油污赔偿协议》规定了修订机制：从2006年2月20日起前十年（以后则每五年），如果在三个层次保障机制下，船东和货主任何一方承担的索赔比例超过55%，就可能修订该协议，如果比例超过60%，就必须修订该协议。

（三）《2006年油轮油污赔偿协议》

《2006年油轮油污赔偿协议》与《2006年小型油轮油污赔偿协议》比较，除下述区别外，基本相同。

第一，在《2006年油轮油污赔偿协议》下，当有任何索赔由2003年补充基金支付时，船东承诺向2003年补充基金补偿其中的50%。

第二，《2006年油轮油污赔偿协议》适用于所有油轮，不论其吨位大小。

第三，《2006年油轮油污赔偿协议》适用于《2003年补充基金议定书》缔约国，而《2006年小型油轮油污赔偿协议》适用于《1992年基金公约》缔约国。

此外，《2006年油轮油污赔偿协议》规定了与《2006年小型油轮油污赔偿协议》相同的修订机制，当船东和货主分摊的油污索赔不平衡时，可以修订《2006年油轮油污赔偿协议》或《2006年小型油轮油污赔偿协议》，或者两者都修改。

上述两个协议已在2006年2月底召开的国际油污基金大会上获得批准。从2006年2月20日起，按照国际保赔协会集团现行保险条款的规定和其与会员达成的保险承保条件，对于运输持久性油类货物且吨位不超过29 548总吨的油轮船东将参加《2006年小型油轮油污赔偿协议》。对于运输持久性油类货物的油轮船东将参加《2006年油轮油污赔偿协议》。这些协会对于其会员按照《2006年小型油轮油污赔偿协议》对1992年基金的补偿责任，按照《2006年油轮油污赔偿协议》对2003年补充基金的补充责任将根据其条款及其与会员达成的保险方案予以承保。可以预见，由公约和油轮油污赔偿协议共同构成的油污损害赔偿机制，将在一个相当长的时期内有效适用并发挥积极的作用。

2015年11月19日，美国海岸警卫队（USCG）颁布了根据《1990年油污法》（OPA90）

对船舶、深水港和岸上设施增加责任限制的最终规则。增加后的限额为：超过3 000总吨的双层壳油船，每总吨2 200美元以上或18 796 800美元；非油轮，包括载运食用油和溢油应急船，每总吨1 100美元以上或939 800美元；深水港（除了路易斯安娜近海油港或LOOP），以及岸上设施目前责任限额是633 850 000美元；对于超过3 000总吨的单壳油船，责任限额为每总吨35 000美元以上或25 845 600美元；对于建造或改建为散装货油或含油类货物残余物的移动式近海钻井平台（MODU）不适用单壳油船的责任限制，而是适用双壳油船的最低责任限制；对于近海设施的责任限额，美国海洋能源局（Bureau of Ocean Energy Management）将其调整为清除费用加上133 650 000美元。

专题研讨

一、船舶油污的法律适用问题

我国油污立法尚不健全，油污案件的法律适用问题一直存在争议，主要体现在两个方面：第一，我国参加的油污国际公约（即《1992年责任公约》）是否可直接适用国内油污关系？第二，适用国内法时，是适用《民法典》，还是适用《海商法》和《海环法》？在研究船舶碰撞油污案件法律适用问题时，情况更为复杂，应根据案件的不同性质、不同种类的船舶碰撞造成的油污，分别确定应当适用的法律。

（一）我国参加的油污国际公约是否可直接适用国内油污关系

1. 我国在处理国际公约与国内法关系的问题上采取了与其他国家不同的原则。即采用在解决具有涉外因素的纠纷时，我国参加的国际公约与国内法有不同规定时，坚持国际公约优先适用的原则。体现这一原则的条款皆见于相关法律的涉外篇[①]，除非法律或法规另有规定，没有涉外因素的争议均适用国内法。我国之所以采用这种原则，与我国国情有关：我国经济还不够发达，人民生活水平偏低，尽管参加了有些国际公约，但涉内案件还一时难以与国际接轨，所以不能采用“一元论”（monism）观点（详见第十五章专题研讨“涉外海事法律适用问题”）。比如，《1992年责任公约》虽已对我国生效，但是对于我国沿海运输船舶，特别是小吨位的油轮难以承受该公约的巨大限额。[②] 因此，海事国际公约在制定时，考虑到这种情况，要么规定不调整纯涉内关系[③]，要么对调整纯涉内关系的条款，允许缔约国或参加国作出保留[④]，或者规定直接适用本国法[⑤]，以免给一元论的国家带来对公约适用上的困难。由于我国立法程序复杂，立法周期较长，因而也不宜采纳“二元论”（dualism）的观点。当然，对一些技术性较强，或者没有必要区分涉内涉外因素对国际公约的适用，国务院主管部门有时用下发通知的方式明确公约的适用范围。如《1972年国际海上避碰规则公约》[⑥]，交通运输部在下发的通知中明确指出：“一切船舶在海上和海港航行或停泊时，其操作和显示的信号应执行‘本规则’

---

① 参见《民事诉讼法》第266条、《海商法》第268条、《海诉法》第3条。

② 《1992年责任公约》的2000年修正案已经于2003年11月1日默认生效，将《1992年责任公约》的责任限额提高了50%，以5 000总吨为起点，限额为4 510万特别提款权，约660万美元。

③ 如《1974年雅典公约》（第2条第1款）、《汉堡规则》（第2条第1款）。

④ 如《1989年国际救助公约》（第30条第1款），或者规定直接适用本国法如《1952年船舶碰撞民事管辖权公约》（第8条但书）。

⑤ 如《1952年船舶碰撞民事管辖权公约》（第8条但书）。

⑥ 1980年1月5日我国加入该公约，同时对我国生效。

(指 1972 年避碰规则)。"[①] 对于我国加入的《1969 年责任公约》[②]，交通运输部下发的通知中没有涉及对沿海运输船舶的适用[③]，《防治船舶污染海洋环境管理条例》第 2 条虽然规定其适用范围为"船舶及其有关作业活动污染中华人民共和国管辖海域"，但第 75 条也规定，"中华人民共和国缔结或者参加的国际条约对防治船舶及其有关作业活动污染海洋环境有规定的，适用国际条约的规定"。这就是说，未作特殊规定的载运 2000 吨以下散装货油并航行于国际航线的船舶，以及从事沿海运输的油轮不适用《1969 年责任公约》，仍然适用国内法。

2. 我国对《1992 年责任公约》的适用。2000 年 1 月 5 日《1992 年责任公约》对我国生效，《1969 年责任公约》不再适用。2000 年 1 月 4 日，交通部海事局以海船舶字［2000］15 号文下发了《关于我国国际航线油轮执行〈1992 年国际油污损害民事责任公约〉的通知》，规定了国际航线船舶执行《1992 年责任公约》。最高人民法院在《第二次全国涉外商事海事审判工作会议纪要》第 141 条作出规定，"航行于国际航线的我国船舶在我国海域造成的油污损害赔偿纠纷"也适用《1992 年责任公约》。《1992 基金公约》(简称 92FUND) 仅适用于我国香港地区，对我国内地不适用。

3.《防治船舶污染海洋环境管理条例》第 50 条明确了我国参加的油污损害民事责任公约的适用范围，该条规定："船舶污染事故的赔偿限额依照《中华人民共和国海商法》关于海事赔偿责任限制的规定执行。但是，船舶载运的散装持久性油类物质造成中华人民共和国管辖海域污染的，赔偿限额依照中华人民共和国缔结或者参加的有关国际条约的规定执行。"这就意味着载运持久性散装货油的船舶，不论是国际航行还是沿海内河航行的船舶，均适用我国参加的《1992 年责任公约》的限额。由此可见，我国已开始了国际国内运输船舶油污损害赔偿单轨制（详见本章专题研讨"九、《防治船舶污染海洋环境管理条例》引发的思考之一"）。

（二）无涉外因素的油污案件应如何适用国内法

无涉外因素的船舶油污损害法律适用，目前处于混乱状态。因为我国没有油污损害赔偿的专门立法，在国内法适用问题上认识很不统一。笔者认为，《民法典》确立的"实际损失赔偿"原则，不应适用于船舶油污损害赔偿，因为：第一，《海商法》是调整海上运输关系和船舶关系的特别法，而船舶油污产生的法律关系恰是在海上运输过程中产生的侵权关系，《海商法》应优先于《民法典》适用；第二，油污损害应属于《海商法》第 207 条第 1 项或第 3 项的一般海事赔偿请求，因而应适用《海商法》第十一章的规定享受责任限制。《海环法》虽然存在为数不多的关于油污民事损害赔偿责任条款，但均属归责原则的规定，并不能解决油污损害赔偿问题，特别是没有责任限制的规定。因此，解决油污损害赔偿的归责原则应适用《海环法》，有关油污赔偿责任限制应适用《海商法》。[④] 根据《海商法》第 208 条，对于适用《1992 年责任公约》的油污案件，《海商法》第十一章将不适用；而对于不属于《1992

---

① 交通运输部《关于执行〈1972 年国际海上避碰规则公约〉若干问题的通知》(1981 年 4 月 6 日［81］交船检字 665 号)。用这种办法执行我国加入的国际公约，实际上是将其效力降低到部委规章的层面上来实行。

② 我国于 1980 年 1 月 30 日加入 69CLC，1982 年 4 月 29 日对我国生效。

③ 交通运输部:〔1980〕交港监字 334 号文《关于我国已接受〈国际油污损害民事责任公约〉的通知》(1980 年 3 月 1 日) 和〔1980〕交港监字 1600 号文《关于认真贯彻执行〈1969 年国际油污损害民事责任公约〉的通知》。

④《防治船舶污染海洋环境管理条例》第 51 条第 2 款规定，船舶所有人投保船舶油污损害民事责任保险或者取得的财务担保的额度应当不低于《中华人民共和国海商法》、中华人民共和国缔结或者参加的有关国际条约规定的油污赔偿限额。

年责任公约》调整范围的油污案件，仍然依据《海商法》第207条、第210条以及交通运输部1994年《关于不满300总吨船舶及沿海运输、沿海作业船舶海事赔偿责任限额的规定》予以责任限制。

最高人民法院对“烟救油2”轮油污损害赔偿提审案，作出的判决清楚表明：渔业资源损失属于中国《海商法》第十一章规定的海事赔偿责任限制中的限制性债权。[①]

最高人民法院《第二次全国涉外商事海事审判工作会议纪要》第142条规定，“对于不受1992年油污公约调整的船舶油污损害赔偿纠纷，适用《中华人民共和国海商法》《中华人民共和国海洋环境保护法》以及相关行政法规的规定确定当事人的责任；油污责任人亦可以依据《中华人民共和国海商法》第十一章的规定享有海事赔偿责任限制”。

但是，《防治船舶污染海洋环境管理条例》第50条的规定，改变了上述原则：对载运持久性散装货油的船舶，不区分国际航行还是沿海内河航行的船舶，均适用我国参加的92CLC。对于载运非持久性散装货油的船舶，不区分国际航行还是沿海内河航行的船舶，均适用我国《海商法》。有人解释说，《防治船舶污染海洋环境管理条例》第52条规定的，仅仅是限额适用《1992年责任公约》，可问题是，除了限额之外，沿海运输和国际运输就油污损害赔偿的归责原则、除外责任等没有任何区别。

二、船舶污染损害的责任主体

（一）2017年修正的《海环法》的规定

有关船舶油污损害赔偿民事责任主体，《海环法》第89条第1款规定：“造成海洋环境污染损害的责任者，应当排除危害，并赔偿损失；完全由于第三者的故意或者过失，造成海洋环境污染损害的，由第三者排除危害，并承担赔偿责任。”如果把碰撞并造成油污损害看作是一个侵权法律关系，“造成海洋环境污染损害的责任者”必然是碰撞双方；如果认为碰撞并造成油污损害是两个侵权法律关系，适用不同的法律规范，则造成“海洋环境污染损害的责任者”显然是指油污侵权法律关系中的漏油方[②]，这一观点体现了“谁漏油，谁负责”[③]的油污损害赔偿的基本原则。因此，一般情况下，漏油船舶所有人应被认为是造成海洋环境污染损害的责

---

① 1994年8月12日烟台海上救助打捞局所属“烟救油2”轮装载995吨基础油在避台风时，由于操纵不当，致使船舶进入养殖区，发生缠摆、搁浅、触礁泄油，经排污后仍有200吨污油漂浮海面。最高人民法院的再审判决书指出：“本案系油轮造成油污损害引起的民事赔偿纠纷，《海环法》和《海商法》分别作为调整海洋污染和海上运输关系、船舶关系的特别法律，应当优先《民法通则》适用于本案。渔业公司主张本案应当适用《民法通则》确定救捞局的赔偿责任缺乏法律依据，本院不予支持。依据《海商法》的规定，与船舶营运直接相关的侵犯非合同权利的行为造成损失的赔偿请求，责任人可以依照该法的规定，限制其赔偿责任。‘烟救油2’轮为国内沿海货油运输、燃油供应船舶，总吨位788.79吨。根据《海商法》第210条第2款的规定，本次油污事故造成的损失，应当依据国务院《关于不满300总吨船舶及沿海运输、沿海作业船舶海事赔偿限额的规定》确定救捞局的责任限额。”[中华人民共和国最高人民法院民事判决书（2002）民四提字第3号.]

② 余晓汉．船舶互有过失碰撞所致油污损害的责任主体．中国海商法年刊，(2000)：203.

③ 《1969年责任公约》第3条第1款、《1969年责任公约》的1984年议定书及《1992年责任公约》第4条第2款均强调油污责任主体为造成油污事故的船舶所有人，而且《1992年责任公约》强调，“不能向船舶所有人的雇佣人员或代理人，或船员，或引航员或为船舶提供服务但非属船员的任何其他人员，或船舶的任何承租人（无论如何定义，包括光船承租人）、管理人或经营人，或经船舶所有人同意或根据主管公共当局的指令进行救助作业的任何人，或采取预防措施的任何人等提出油污损害索赔，除非损害是由于他们本人有意造成这种损害，或是明知可能造成这种损害而毫不在意的行为或不为所引起”。《2001年燃油公约》虽然也规定，事故发生时的船舶所有人应当承担船载燃油导致的，或者由船舶引起的油污损害责任（第3条第1款）。但是，《2001年燃油公约》第1条规定的“船舶所有人”的含义较广，包括登记所有人、光船承租人、船舶经理人和经营人。其原因是《2001年燃油公约》在赔偿机制上没有规定损害赔偿基金问题，从而在责任主体作了扩大，以保证燃油污染受害人有更多的机会得到赔偿。

任者。但是，如果海洋污染损害完全是由于非漏油的第三者的故意或过失造成，则该非漏油的第三者是油污损害赔偿的责任者，漏油船舶所有人则不是责任者。比如，完全是由于乙船的过失造成甲、乙两船碰撞，甲船漏油而乙船未漏油，根据《海环法》责任人是乙船，而不是甲船。但是，国内法的这一规定明显与《1992 年责任公约》的规定相悖。因为根据《1992 年责任公约》，只有漏油船舶的所有人举证证实油污损害完全是由于第三方“故意”造成的，漏油船舶的所有人方可免责。因此，当发生船舶碰撞一船漏油时，如果漏油船不能证明碰撞另一方是故意所为，应由漏油船舶所有人首先承担责任；当两船都漏油时，两船所有人都是责任主体，但只对各自漏油造成的污染承担责任，只有二者漏油污染无法区分的时候，两船所有人才承担连带责任（参见本章专题研讨“油污损害赔偿连带责任问题”）。

由此可见，在适用《海环法》时，只要是第三方的“过失”，就可免除漏油船的赔偿责任。且不说这种规定造成了归责原则的混乱，更重要的是油污受害人不能及时得到补偿，因为认定碰撞的非漏油方承担 100%的碰撞责任，必须待实体审理后才能确定，一宗碰撞案的审理少则也要一两年，这对油污受害方是很不利的。《海环法》的这一规定从理论到实践都是值得商榷的。

（二）《民法典》

就污染损害的责任主体问题，我国《民法典》第 1229 条规定：“因污染环境……造成他人损害的，侵权人应当承担侵权责任。”

《民法典》第 1233 条规定：“因第三人的过错污染环境……造成损害的，被侵权人可以向侵权人请求赔偿，也可以向第三人请求赔偿。侵权人赔偿后，有权向第三人追偿。”第三人的过错包括第三人的故意和过失，因第三人的过失，不能免除污染者的赔偿责任，这一点与《1992 年责任公约》的规定是一致的，弥补了《海环法》因第三人过失免除污染者赔偿责任的立法缺陷。但是，由于第三人的故意，也不能免除侵权人的赔偿责任。这一点又与《1992 年责任公约》不一致。如果侵权人证明，污染损害完全是由于第三人的故意造成的，依据《1992 年责任公约》第 3 条第 2 款的规定，侵权人是可以免责的，但根据《侵权责任法》仍然要承担赔偿责任，这实际上已超出了严格责任原则，变成了结果责任原则①，从而使《民法典》下的侵权人被免除污染损害赔偿的范围，不仅要小于《海环法》，而且小于《1992 年责任公约》。

《民法典》第 1231 条还规定：“两个以上侵权人污染环境……的，承担责任的大小，根据污染物的种类、排放量……等因素确定。”这一条仅仅规定了两个以上侵权人各自应承担的污染责任，其实，只要侵权人各自的污染损害能够分清楚，有了第 1229 条（谁污染，谁负责）和第 1230 条（举证责任倒置）的规定就足够了，恰恰需要规定的是侵权人各自的污染损害无法分清时，责任应该如何承担。《1992 年责任公约》第 4 条规定，无法合理分开的污染损害，所有船舶所有人承担连带责任。

三、油污损害赔偿连带责任问题

根据我国参加的《1910 年碰撞公约》及《海商法》第八章的规定，碰撞双方对财产损失

---

① 结果责任原则又称无过错责任原则或危险责任原则，即无须考虑责任人是否有过错，只要损害结果发生，就要承担赔偿责任。

的碰撞责任按照过失比例承担，不承担连带责任。对于因碰撞造成的油污损害连带责任，虽然《1992年责任公约》第4条有明确规定，但在我国司法实践中，还是存在认识上的分歧。

（一）我国对船舶油污损害赔偿承担“连带责任”的实践做法

单船事故造成海洋环境油污损害，其赔偿问题比较简单，除可以免责外，由该船舶所有人承担赔偿责任，不涉及连带责任问题。但是，因船舶碰撞造成油污损害时，发生碰撞的各船之间如何对油污损害承担责任，在我国司法实践中认识不一，主要有三种做法①：一是漏油船舶先予赔偿，二是连带责任赔偿，三是按碰撞责任比例赔偿。②

（二）国际油污损害民事责任公约的有关规定

《1969年责任公约》第4条规定：“两艘或多艘船舶溢出或排放油类造成损害，所有有关船舶的所有人，除可免责外，应对不能合理区分的损害负连带责任。”从这一条规定可以看出，连带责任的条件应该是：(1) 两船或多船都漏油；(2) 不是免责原因导致油污损害；(3) 油污损害无法合理分开。同时符合上述三个法定要件，方产生连带责任。如果两艘或多艘船舶碰撞，其中只有一艘船舶溢出或排放油类，缺少要件 (1) 和 (3)，油污损害只能由漏油船承担。

《1992年责任公约》第4条规定：“在发生涉及两艘或更多船舶的事故并造成油污损害时，所有有关船舶的所有人，除可免责外，应对所有无法合理分开的此种损害负连带责任。”同《1969年责任公约》相比，《1992年责任公约》连带责任第一个要件略有变化：这里不再过分强调两船或多船必须都漏油，包含了两船或多船是否都漏油不能确定的情况。两公约尽管在措辞上有些差别，但本质上没有区别。根据《1992年责任公约》，即使涉及两船的事故，但只有一船漏油造成油污损害，此种损害明显属于可以合理分开的损害，两船所有人并不应负连带责任。③

（三）我国油污连带责任的实践做法

针对我国对船舶碰撞导致油污案件，承担连带责任的判决差异较大的现实，急需将来国内立法时，对连带责任的承担条件作出明确规定，即应采用《1992年责任公约》第5条的规定：(1) 两船或多船事故并造成油污；(2) 不是免责原因致使油污损害；(3) 油污损害无法合理分开。根据这三个条件，判断船舶碰撞造成油污损害，各船是否负连带责任，就容易得多了。

目前，根据我国参加的《1992年责任公约》和《海环法》的规定，对油污损害的连带责任将出现两种不同的处理方法：

1. 对有涉外因素的油污案件，适用《1992年责任公约》，连带责任的做法是：

(1) 两船碰撞，不论单方过失还是双方互有过失，只要符合上述三个条件，两船就应对此损害负连带责任。单方过失情况下，承担连带责任的一方可以就其承担的全部油污赔偿责任向过失方追偿④；双方互有过失情况下，承担连带责任的一方可以就超过其责任比例部分向对方追偿。⑤

---

① 张贤伟．试论船舶碰撞引起的油污民事法律责任．中国海事审判年刊．北京：人民交通出版社，2000：136-137.（以下引用本年刊时，仅保留卷号及页码——笔者注）

② 实践中这三种情况下的案例请参见韩立新．船舶油污损害赔偿的责任主体及责任原则．中国海事审判年刊(2002)：257-259。

③ 在我国司法实践中，已有此种案例存在，如1999年3月24日发生在珠江口水域的“闽燃供2”号轮油污事故，就是两船碰撞后，“闽燃供2”号轮漏油，广州海事法院判决由漏油方单方承担责任。中国海事审判年刊，2000：513.

④ 根据《海环法》第90条，如果是第三方的过失造成碰撞并漏油，可免除漏油船的责任，这显然与国际公约的规定相悖。

⑤ 参见我国《海商法》第168、169条。

（2）如果两船碰撞都漏油，对漏油造成的油污损害能够合理分开，则两船不应对此损害负连带责任。

（3）两船碰撞，不论单方过失还是双方互有过失，如果只有其中一艘船舶漏油并造成污染，另一船没有漏油，此油污损害是由漏油船造成的，明显属于能够合理分开的损害，则不符合两船承担连带责任的条件，应坚持谁漏油谁赔偿原则。同样，漏油船对油污损害负责赔偿后，有权对超过其碰撞责任比例部分向另一方追偿。①

（4）如果两船碰撞后，一船漏油，而漏油船又沉没或漏油船没有清偿能力，又没有投保油污责任险，此时虽不符合非漏油方承担连带责任的条件，但笔者认为，油污受害人可以以船舶碰撞的法律关系，向非漏油船所有人索赔其责任比例部分，并受非漏油船所有人海事赔偿责任限制的限制。也有人认为，在这种情况下，可以通过漏油方将其向非漏油方追偿的诉权转让给油污受害人的途径，或者在将来立法中通过法定代位的方式得到解决。

《第二次全国涉外商事海事审判工作会议纪要》已经作出统一的规定："对于受《1992年责任公约》调整的船舶污染损害赔偿纠纷，因船舶油污造成的，由漏油船舶所有人承担赔偿责任"（《纪要》第149条第1款）。

2. 对于不适用我国参加的《1992年责任公约》的油污案件，连带责任的做法是：

（1）如果碰撞属单方过失或故意，碰撞双方均漏油或任何一方漏油，不论油污损害是否能合理分开，根据现行《海环法》，无过失方对此油污损害均免除赔偿责任，只要非过失方能证明单方过失或故意。

（2）对于不受《1992年责任公约》调整的油污损害赔偿纠纷，因船舶碰撞造成油污损害的，由碰撞船舶所有人承担连带赔偿责任。但不影响油污损害赔偿责任人之间的追偿（《纪要》第149条第2款）。

对于不适用我国参加的《1992年责任公约》的油污案件连带责任的做法，明显与国际公约所确立的原则相悖，如果说涉及赔偿数额实行两种体制符合我国国情的话，那么，涉及赔偿的基本原则，应该尽量与国际接轨。

四、清污费用的法律性质

当适用中国国内法时，清污费用究竟属行政费用还是民事费用，1982年和1999年以后修订的《海环法》规定有所不同。

1. 1982年《海环法》（下称旧《海环法》）第41条中规定："凡违反本法，造成或可能造成海洋环境污染损害的，本法第五条规定的有关主管部门可以责令限期治理，缴纳排污费，支付清除污染费用，赔偿国家损失；并可以给予警告或罚款。"同年，为实施该法而制定的《防止船舶污染海域管理条例》（下称旧《条例》）第39条也规定："凡违反《中华人民共和国海洋环境保护法》和本条例，造成海洋环境污染损害的船舶，港务监督可以责令其支付消除污染费，赔偿国家损失。"该条例第12条还进一步规定："发生污染事故，或违章排污的船舶，其被处以罚款或需负担清除、赔偿等经济责任的船舶所有人或肇事人，必须在开航前办妥有关款项的财务担保或缴纳手续。"显然，旧《海环法》和旧《条例》是把船舶污染的民事责任与行政责任，包

① 参见广州海事法院对"闽燃供2"号轮和"津油6"号轮案件的处理，即把油污损害作为一个法律关系，而把船舶碰撞作为另一个法律关系。

括清污费用混在一起，规定在同一条款中，而且都是作为行政权力来实施的责任。也就是说，旧《海环法》第5条规定的有关主管部门可以责令责任人支付清除污染费用并赔偿国家损失。

2.2016年修订的《海环法》把海洋环境污染损害（包括船舶及有关作业活动对海洋环境的污染损害）的民事责任和行政责任清晰地分开了，并放在不同的条款中进行规定。2016年修订的《海环法》第73条规定了海洋环境污染损害的行政责任，即“违反本法有关规定，有下列行为之一的，由依照本法规定行使海洋环境监督管理权的部门责令限期改正，并处以罚款”。“限期改正，处以罚款”是国家行政机关依法可以行使的行政行为。2016年修订的《海环法》第89条规定了海洋环境污染损害的民事责任，即“造成海洋环境污染损害的责任者，应当排除危害，并赔偿损失”。也就是说，从2000年4月1日起施行新《海环法》后（2016年修订后此条没有变化），“排除危害，赔偿损失”是责任人的民事责任，因此，清污费用应列入民事责任的范畴。

新《海环法》第71条虽规定行使海洋环境监督管理权的部门有权采取强制清污措施，但在适用《1992年责任公约》和《2001年燃油公约》的情况下，该规定并不能改变清污费用是民事责任的性质，海洋环境监督管理权部门同其他油污损害的权利主体一样，有向油污责任人提出赔偿的请求权，而没有通过行政强制措施或行政命令收取清污费的权力，海洋环境监督管理部门行使清污费用的请求权，同代表国家行使其油污损害的赔偿请求权一样，都应通过海事请求的法定程序行使，而不能自行行使。这不同于1983年《海环法》中，将民事责任作为行政责任，相对人不履行法定义务时，执法机关可依职权强制执行，或申请法院执行（《行政处罚法》第51条）。①

新《海环法》实施后，新《防治船舶污染海洋环境管理条例》也出台了，其第42条规定：“发生船舶污染事故，海事管理机构可以采取清除、打捞、拖航、引航、过驳等必要措施，减轻污染损害。相关费用由造成海洋环境污染的船舶、有关作业单位承担。需要承担前款规定费用的船舶，应当在开航前缴清相关费用或者提供相应的财务担保。”第55条规定：“发生船舶油污事故，国家组织有关单位进行应急处置、清除污染所发生的必要费用，应当在船舶油污损害赔偿中优先受偿。”根据该《条例》的规定，该费用更倾向于是行政费用的性质。如何在司法实践中协调两者的关系，需要进一步的探讨。但是根据立法法规定的法律效力等级，法律的效力高于行政法规、地方性法规、规章。因此，《海环法》的效力应优于《防治船舶污染海洋环境管理条例》的效力。

3. 在适用《1992年责任公约》和《2001年燃油公约》的条件下，清污费用属于民事责任的范畴。《1992年责任公约》第1条第6款规定：“污染损害”是指：(1) 由于船舶泄漏或排放油类，而在船舶之外因污染而造成的损失和损害，不论这种泄漏或排放发生于何处，但是，对环境损害的赔偿，除这种损害所造成的盈利损失外，应限于已实际采取或行将采取的合理复原措施的费用；(2) 预防措施的费用和因预防措施而造成的进一步损失或损害。

《1992年责任公约》第1条第7款进一步规定：“预防措施”是指事件发生后为防止或减轻污染损害由任何人采取的任何合理措施。《2001年燃油公约》第1条（定义）第9款规定，“污染损害”系指：(1) 燃油从船上的溢出或排放引起的污染在该船之外所造成的灭失或损害，不论此种溢出或排放发生于何处；但是，对环境损害（不包括此种损害的利润损失）的赔偿，应

① 司玉琢．沿海运输船舶油污损害赔偿若干法律问题研究．中国仲裁，2002 (6).

限于已实际采取或将要采取的合理恢复措施的费用；（2）预防措施的费用及预防措施造成的新的灭失或损害。

《2001 年燃油公约》第 1 条（定义）第 7 款对“预防措施”作了与《1992 年责任公约》一样的规定。

从上述规定可以看出，无论是我国加入的《1992 年责任公约》，还是《2001 年燃油公约》，都明确地将预防措施的费用（即清污费用）和因预防措施而造成的进一步损失或损害包括在“污染损害”的范围之内。并且“预防措施”是指事件发生后为防止或减轻污染损害由任何人采取的任何合理措施。这一范围是非常广泛的，无论是事故发生后由海事行政主管机关采取的强制清污措施，还是漏油船自己采取的预防或减少油污损害的措施都包括在内。根据公约的规定，所有这些措施产生的费用都在“污染损害”的范围内，并作为油污民事责任由漏油船承担。（详见本章专题研讨“五、油污损害赔偿范围”）

1992 年基金从其建立时起，迄今由基金处理的全部污染损害赔偿案件中，清污费用的赔付占基金赔付的所有油污赔偿的 50%以上。可见，根据国际油污赔偿的实践，清污费用属于民事责任的范围是毋庸置疑的，并且占了油污基金赔偿的主要部分。

4. 当然，为了保障清污措施的实施，对于不适用《1992 年责任公约》的油污案件，国内法也可作出与《1992 年责任公约》相反的规定，特别是在国内油污赔偿责任限额偏低的情况下，将清污费用作为非限制性债权，还是有积极意义的①，但是，如果采用这种立法模式，《海环法》相应条款应作调整。

通过以上讨论，可以得出结论：

（1）自 2000 年 4 月 1 日施行的新《海环法》以后，清污费用应作为民事责任向油污责任人请求。

（2）清污费用属于民事责任，这与《1992 年责任公约》《2001 年燃油公约》的规定是一致的。这些公约的立法意图以及国际海事司法实践都是将清污费用纳入民事责任的范畴。

（3）不能寄希望清污费用全部在民事责任中解决，不足部分应同油污损害的其他请求一起享用基金的限额。如果将清污费用作为行政费用，不受责任限制的限制，只有在《1992 年责任公约》和《2001 年燃油公约》不适用的情况下，适用《海环法》第 71 条方有可能。

为了统一司法实践对清污费用性质的认定，最高人民法院《第二次全国涉外商事海事审判工作会议纪要》第 151 条规定：“在船舶油污损害赔偿纠纷中，权利人就清污费用的请求与其他污染损害赔偿的请求按照法院所确定的债权数额比例受偿。”这一规定明确地表明，清污费用属于民事责任。

5.《防治船舶污染海洋环境管理条例》第 53 条规定：“发生船舶油污事故，国家组织有关单位进行应急处置、清除污染所发生的必要费用，应当在船舶油污损害赔偿中优先受偿。”如前述，既然我国沿海油污责任限制适用 92CLC，那么，该公约已经明确规定，清污费用属民事责任，与其他油污损害的债权人平等分享公约确立的责任限额，没有赋予哪一个债权人优先受偿的问题。《防治船舶污染海洋环境管理条例》作出如此规定可以理解，但缺乏上位法支持。我国因没有参加油污基金公约，所以，包括清污费用在内油污损害的索赔方，把全部的索赔期待都压在了油污民事责任的限额上。考虑清污费用的特殊性，借鉴美国的做法要比

① 美国的个别州立法，把清污费用列为行政责任，不受责任限制的限制。

“优先受偿”更为合理可行。美国《油污法》规定，在货方建立的油污基金中，划拨一定的比例作为油污案件应急启动资金，既解决国家海事部门对清污费用的担忧，又不影响其他油污受害方的利益，该启动基金同其他油污损害索赔方一起参加油污民事责任的限额，不足赔偿时，再进入第二层次，从油污基金中进一步得到补偿。①②

五、油污损害赔偿范围

1. 从国际油污赔偿体系的角度讲，《1992年责任公约》和《1992年基金公约》建立了一套完整的得到广泛承认的船舶油污赔偿机制。其中，作为《1992年责任公约》的补充，《1992年基金公约》在确定污染损害的赔偿范围和计算方法上与《1992年责任公约》所适用的原则、框架和标准是相同的。

然而，《1992年责任公约》规定的“污染损害”的赔偿范围显得“很笼统，可索赔的请求种类不明确，可以预见不同国家法院作出的不同判决将会严重地妨害公约的统一适用，而公约的统一适用对公约的成功是至关重要的”③。基于此，国际海事委员会（CMI）起草了《CMI油污损害指南》（以下简称《指南》）④；国际油污损害赔偿基金（1992年）（以下简称1992年基金），根据《指南》制定了《国际油污赔偿基金索赔手册》（以下简称《手册》），旨在促进各缔约国，在认定《1992年责任公约》和《1992年基金公约》的“污染损害”赔偿范围方面，尽量趋于协调、统一。

CMI制定《指南》的目的有三：一是根据大多数国家的法律认可的污染损害赔偿范围，适当考虑国际油污赔偿基金确立的标准，明确污染损害的赔偿范围；二是使用不同法系国家都能接受的术语；三是既要使污染损害的赔偿范围更具明确性，又要保留足够的灵活性。⑤

1992年基金是在《1992年责任公约》和《1992年基金公约》框架下，由各个缔约国建立并运作的国际性的政府间组织，是独立法人。虽然基金的目的是赔偿受害人根据《1992年基金公约》提出的污染损害赔偿请求，但是，基金所制定的《手册》是在上述两个公约的法律框架下，参考了大多数缔约国法律认可的请求范围和各国司法实践，对污染损害赔偿范围和计算方法作出的明确、具体的规定和解释，是缔约国政府间处理公约项下污染损害赔偿的实践指南，对各缔约国具有普遍的指导意义。

1992年基金从其建立时起到现在，在处理污染损害索赔的案件中，发挥了重要的作用。而基金具体运用《手册》处理污染损害索赔案件，也得到了索赔方和船方的认同，取得双方满意的结果。迄今由基金处理的全部污染损害赔偿案件中，只有一起诉诸法院。⑥

---

① 参见本章基础知识“四、国际油污损害赔偿机制的新发展”。

② 1990年美国油污法（OPA）规定清污作业费用属于民事责任的范围。其将可赔偿的损失基本分为两大类，强制清污作业费用和损害赔偿。根据该法规定，油污责任方必须赔偿美国主管当局和印第安部落为清除油污或者为减少对海滨、海岸或者自然资源的损害而发生的费用，包括已经发生的泄漏和虽未发生，但存在污染威胁时而采取的预防费用。而且，如果清污费用是根据“国家应急计划”进行的，则任何人只要采取了上述清污活动，都可以向责任方请求赔偿。

③ CMI Guidelines on Oil Pollution Damage “Introductory Note”.

④ 《1969年责任公约》自1975年生效后的15年内，几乎所有油污损害索赔都是通过协商解决的，进入90年代初，随着各国对环境的重视，人们担心因为法律的不确定性会引起越来越严重的问题，诸如“污染损害”的概念。在这种背景下，CMI向各国海商法协会发出问题单，就各国对污染损害的赔偿范围等问题进行调查、研究，并于1994年10月将起草的《指南》讨论稿提交CMI大会审议。

⑤ CMI Guidelines on Oil Pollution Damage,“Introductory Note”（附件13、14）。

⑥ 交通运输部科学技术信息研究所．建立我国船舶油污损害赔偿机制的对策研究：10，“基金管理机构及运转情况”。

从立法预测角度看[①]，我国目前还没有参加《1992年基金公约》，主要原因是顾及摊款较高，但对两个公约下确认的“污染损害”赔偿范围的原则和标准，早在加入《1969年责任公约》时就已是认同的。现在，我国也在考虑加入《1992年基金公约》，并以《手册》和《指南》为蓝本进行相应国内立法。鉴于我国对确定污染损害赔偿范围和计算方法的立法空白，考虑到立法的稳定性以及与国际公约和国际惯例接轨的立法宗旨，在当前情况下，处理油污损害赔偿案件时，“采用与其他国家相一致的方式”[②]，参考、借鉴《手册》和《指南》对“污染损害”赔偿范围的规定和解释，将其视为国际惯例来适用[③]，对正确理解、统一适用《1992年责任公约》，规范“污染损害”的赔偿范围，保护各方当事人的合法权益，弥补我国在此领域适用法律上的空白，都是有意义的。

2. 国际油污损害民事责任公约对“污染损害”赔偿范围的规定。

《1969年责任公约》第1条第6款规定：“‘污染损害’，是指由于船舶溢出或排放油类（不论这种溢出或排放发生在何处），在运油船舶本身以外因污染而产生的灭失或损害，并包括采取预防措施的费用以及由于采取预防措施而造成的进一步灭失或损害。”

《1992年责任公约》第2条第6款的规定，将“污染损害”的定义增加了一句话：“对环境损害（不包括此种损害的利润损失），应限于已实际采取或行将采取的合理恢复措施的费用。”这句话不是为了扩大“污染损害”的赔偿范围，恰恰相反，是为了进一步明确、限定“污染损害”的赔偿范围，具体地讲是对环境损害的赔偿范围予以限定。

《1992年责任公约》“污染损害”新定义应包含如下四方面的内容：（1）因污染而产生的灭失或损害；（2）对环境损害，仅限于实际采取或行将采取的合理恢复措施的费用；（3）采取预防措施的费用；（4）采取预防措施而造成的进一步灭失或损害。

对前款四方面污染损害的文义解释：

（1）因污染而产生的灭失或损害，表明“污染”与“灭失或损害”存在因果关系，如果溢出的油类发生火灾或爆炸，因而引起灭失或损害，就不属“污染损害”的赔偿范畴。但“灭失或损害”的内涵和外延是什么？“经济损失”“纯经济损失”，以及渔业中、长期损失，是否是公约中所指的“污染损害”？单从条文的字面上是不明确的。

（2）实际采取的合理措施好理解，什么是“行将采取的合理恢复措施”？文义解释可从几个方面理解：一是时间上的限制，“行将”采取应是即将采取的措施，而不是久远的措施，因此，《手册》对恢复措施有期限的限制[④]；二是措施合理，是否合理依据各案具体情况而定[⑤]；三是采取措施的目的是“恢复”生态环境；四是恢复措施与生态环境遭受破坏的元素之间密切

---

① 参见财政部办公厅、交通运输部办公厅制定的《船舶油污损害赔偿基金征收和使用管理办法》（征求意见稿），财办综〔2004〕20号。

② CMI Guidelines on Oil Pollution Damage，“Introductory Note”.

③ 国际惯例通常认为具有法律拘束力，参见《国际法院规约》第38条；栗劲，李放主编．中华适用法学大辞典．长春：吉林大学出版社，1988：1062；乔伟主编．新编法学辞典．济南：山东人民出版社，1985：574．但也有观点认为，广义的国际惯例，包括具有法律拘束力的国际习惯和尚未具有法律效力的国际惯例。司玉琢主编．海商法大辞典．北京：人民交通出版社，1998：475.

④ Claims Manual. International Oil Pollution Compensation Fund 1992.《手册》对环境恢复措施费用提出的赔偿请求应符合一定的条件，其中之一是：恢复措施费用不应超过受损程度和受损期限。

⑤ 合理恢复措施是否合理，《手册》提出应满足如下条件：（1）恢复措施应该有可能在很大程度上加速环境恢复的进程；（2）恢复措施应设法预防因事故引起的进一步损害；（3）恢复措施尽可能地不导致其他生物栖息地的恶化或对其他天然或经济资源产生不利的后果；（4）恢复措施应具有技术可行性；（5）恢复措施不应超过受损程度和期间及可能达到的利益的比例。

关联，这符合污染损害的定义。

(3) 预防措施不限于污染事故发生之后[①]，1984 年以后的 CLC 中规定的“事故”或“事件”定义已经发生了变化，不仅指油污损害发生后，也包括存在严重油污损害威胁的事件。其目的是防止或减轻污染损害，预防措施的费用多系清污费用。

(4) 采取预防措施过程中，又造成航道设施、清污设备等进一步损害。

3. 根据《手册》和《指南》的解释，基于“污染损害”的概念在《1992 年责任公约》和《1992 年基金公约》中是相同的[②]，所以《手册》和《指南》对于污染损害的赔偿范围也是一致的，《手册》明确地提出了几条污染损害赔偿范围的原则，这些原则应同样适用于《指南》，因为《指南》的赔偿范围不可能超越《手册》的范围，否则《1971 年基金公约》对船舶所有人的补偿就失去意义了。

《手册》规定的几条原则是：

(1) 任何费用或损失必须是已实际发生的；这意味着渔业资源的中、长期损失不在赔偿范围之内。[③]

(2) 任何费用或损失必须与被认为是合理的和公正的措施有关。

(3) 索赔人的费用、损失或损害必须与泄漏造成的污染存在因果关系。

(4) 索赔人只有在其遭受了可量化的经济损失时才有权要求赔偿；量化渔业资源的中、长期损失是很困难的，这一原则也说明了，渔业资源的中、长期损失不应在赔偿范围之内。事实上，国际油污基金组织（IOPCFUND）自 1975 年至 1995 年间，共赔付了 82 起船舶油污事故，没有赔付一起渔业中、长期损失。

(5) 索赔人必须提交适当的单证或其他证据，证明其损失或损害的数额。这意味着索赔方绝不能简单地将油污实际损害乘以某个系数就作为损害赔偿的请求额。

上述原则适用于污染损害的所有索赔。

《手册》和《指南》根据《1992 年责任公约》和《1992 年基金公约》的规定精神，不仅有了一般原则性的规定，更有污染损害赔偿范围的具体规定，包括经济损失（相继经济损失和纯经济损失）、预防措施费用、恢复措施费用等。由此可以得出结论：

根据文义解释，《1992 年责任公约》“污染损害”的赔偿范围在有些情况下不是很明确；《指南》是在总结《1969 年责任公约》实施 15 年实践的基础上，根据《1992 年责任公约》，提出的带有指导性的文件；《手册》的内容与《指南》的内容是一致的，所不同的是：《手册》的出发点和基础是为了索赔方的利益，帮助其分析、理解《手册》的适用和效力而制定的。《指南》出台后为各国反复实践；而《手册》所确立的污染损害赔偿原则和具体标准一直为 1992 年基金所遵循。如果说《指南》是《1992 年责任公约》的“实施细则”，那么，《手册》则是《1992 年基金公约》的“理赔规则”。它们都不改变公约的任何规定，但使得《1992 年责任公

---

① 《1969 年责任公约》第 1 条第 7 款规定，“‘预防措施’，是指事件发生后为防止或减轻污染损害而由任何人采取的任何措施”。

② 《1971 年基金公约》第 1 条第 2 款规定，“‘船舶’、‘人’、‘船舶所有人’、‘油类’、‘污染损害’、‘事件’和‘本组织’，与责任公约第 1 条含义相同”。《1992 年基金公约》对此条款未做改变。

③ CLC 的本质是限制赔偿责任的国际公约，不管污染损害程度多大，油轮船舶所有人都是在法定的限额内承担赔偿责任的（除非船舶所有人丧失责任限制）。假如把损害赔偿的范围无限制地扩大，如考虑中、长期损失，势必影响到实际损失和/或预防措施费用的补偿。因为在赔偿范围内，各索赔方按各自的索赔比例分享责任限额。中、长期损失存在着许多不确定性，各种因素的制约使得缺乏可预见性，难以准确计算损害的数量，因此可信度较差。

约》和《1992年基金公约》的污染损害赔偿的范围更加明确，更具可操作性。

4.《第二次全国涉外商事海事审判工作会议纪要》第150条规定，油污损害赔偿范围包括：(1) 船舶油污造成的公民、法人和其他组织的财产损失。(2) 为防止或减轻污染而采取措施支出的清污费用损失。清污费用的计算，应当结合污染范围、污染程度、溢油数量、清污人员和设备的费用以及有关证据合理认定。(3) 因船舶油污造成的渔业资源和海洋资源损失，此种损失应限于已实际采取或将要采取的合理恢复措施的费用。

六、油污损害的举证责任问题

1. 侵权损害赔偿通常认为须具备四个要件：行为的违法性、损害事实的存在、违法行为与损害后果之间有因果关系、行为人主观上有过错。受害人索赔侵权损害，承担着严格的举证责任。油污侵权具有特殊性，《民法典》第1229条规定："因污染环境……造成损害的，侵权人应当承担侵权责任。"可见其实行的是严格责任制，不需要考虑加害方是否有过错的存在。但并不是说，受害人只要证明有损害事实就有诉权，而是要证明有"污染损害"方有诉权，"船舶所有人……应对……任何污染损害负责"①。不是污染造成的损害，不叫"污染损害"。

2. 索赔方的诉权建立在遭受"污染损害"之上，这一主张的必然要求是证明损害是污染造成的。这一举证责任在《指南》和《手册》中作了明确的说明。《指南》第5、6条规定，"损失必须是油污染本身所引起的，仅证明在损失与引起油类从船舶溢出或排放的事故之间存在因果联系是不够的"，"只有在污染与损失之间存在合理的近因时，纯经济损失方视为由污染所引起"。《手册》规定，索赔人在提交索赔文件时，要求提供"损失由污染引起的证据"。

《民法典》第1230条规定："因污染环境……发生纠纷的，行为人应当就法律规定的不承担责任或者减轻责任的情形及其行为与损害之间不存在因果关系承担举证责任。"最高人民法院《关于民事诉讼证据的若干规定》第4条第3款规定，因环境污染引起的损害赔偿诉讼，由加害人就法律规定的免责事由及其行为与损害结果之间不存在因果关系承担举证责任。

对上述规定有两点说明：

(1) 最高人民法院的上述规定与《1992年责任公约》规定的举证责任是有抵触的，在此种情况下，如前述，具有涉外因素的油污案件，《1992年责任公约》优先适用，最高人民法院的规定将不适用；只有在审理无涉外因素的油污案件时，最高人民法院的上述规定才予以适用。

(2) 最高人民法院的这一条款本身存在问题，该款的前半句，说的是污染引起损害的诉讼，显然污染与损害之间存在因果关系。然而，后半句却规定加害人的举证内容不是污染与损害之间不存在因果关系，而是证明自己的行为与损害之间不存在因果关系。如前述，因油污实行严格责任制，即使加害人无过错，即加害人的行为与损害之间无因果关系，加害人也可能承担污染损害的赔偿责任。如两船碰撞，完全是对方船舶的过失，但本船漏油造成了污染损害，受害人仍然可以追究漏油船的责任。

七、对我国《海商法》第208条第2项的理解

我国《海商法》第208条第2项规定，"中华人民共和国参加的国际油污民事责任公约规

① 《1992年责任公约》第4条第1款。

定的油污损害的赔偿请求”不适用《海商法》第十一章——海事赔偿责任限制的规定。这一规定出自《1976年公约》第3条第2项：“实施中的1969年11月29日国际油污损害民事责任公约，或其修正案或议定书规定的油污损害的赔偿请求”不适用本公约的规定。这一条文明确地说明了，《1969年责任公约》所调整的油污损害赔偿，不适用《1976年公约》，换言之，《1969年责任公约》不调整的油污损害，仍属《1976年公约》所调整的限制性债权。我国《海商法》第208条第2项规定，实质上与《1976年公约》的规定是相同的，排除对《海商法》的适用必须符合两个条件：一是“我国参加的”；二是“公约规定的油污损害”。缺少任何一个条件，都不能排除对《海商法》的适用。《海商法》第268条同时规定，有涉外因素时“中华人民共和国缔结或者参加的国际条约同本法有不同规定的，适用国际条约的规定”。这就是说，没有涉外因素，尽管也是《1969年责任公约》“规定的”油污损害，但仍然适用国内法，即适用《海商法》第207条的限制性债权。[①] 因此，不能认为，凡是《1969年责任公约》《1992年责任公约》“规定的”油污损害都不适用我国《海商法》第207条的规定，而是国际油污损害民事责任公约对我国有约束力的范围内的油污损害不适用《海商法》第十一章的规定。[②] 换句话说，油污损害民事责任公约所调整的限制性债权，已从海事赔偿责任限制公约中独立出来，形成与其并行的责任限制体制。HNS公约也是如此。燃油公约因与海事赔偿责任限制公约或国内法共享一个限额，还不能说是完全独立于海事赔偿责任限制公约的责任限制体制。

八、船舶碰撞导致油污的请求权实施

（一）船舶碰撞致油污的侵权法律关系

船舶碰撞致油污的侵权法律关系，是指同一原因（人为或自然原因）造成船舶碰撞并漏油，因调整该事故法律关系的不同，即油污受害方与非漏油方和漏油方分别建立了碰撞法律关系和油污法律关系，因此，基于调整不同法律关系的法律规定所产生的请求权也有所不同，如下图所示。

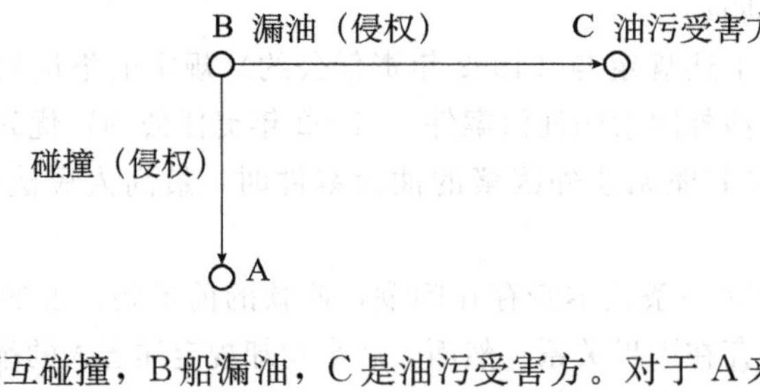

上图中，A、B相互碰撞，B船漏油，C是油污受害方。对于A来说，如果他对碰撞有过失，而非故意，他对B、C的财产损害（按相当因果关系理论[③]，油污损害与碰撞存在因果关系，是碰撞相继发生的损失）只承担其过失比例，责任限制适用《海商法》第十一章“海事赔偿责任限制”，时效为2年[④]；也就是说A与B、C的关系只受碰撞法律关系调整，不受油污法律关系调整。

---

① 司玉琢，朱曾杰．有关海事国际公约与国内法关系的立法建议．中国海商法年刊，1999.

② 有关油污损害赔偿的法律适用问题，司玉琢．沿海运输船舶油污损害赔偿的法律适用及其赔偿范围．大连海事大学学报（社会科学版），2002（1）.

③ 司玉琢．从因果关系要件解读船舶碰撞致油污损害的请求权竞合．中国海商法年刊，2008：1-13.

④ 参见《海商法》第261条。

B对C的关系，在油污侵权法律关系自成体系之前，不论是非油污的财产损害，还是油污损害，对于B来说，都是碰撞侵权法律关系；自从1969CLC和《1971年基金公约》生效以来，油污侵权法律关系自成体系，成为有别于碰撞侵权的独立法律制度：实行严格责任制度，B对C的油污损害请求承担100%的赔偿责任，单独设立较高的责任限额，时效最长6年。[①] B对于C的油污损害是油污法律关系，对于其他非油污的财产损害则是碰撞法律关系。

（二）船舶碰撞致油污请求权的实施

1.《防治船舶污染海洋环境管理条例》第50条规定："……船舶载运的散装持久性油类物质造成中华人民共和国管辖海域污染的，赔偿限额依照中华人民共和国缔结或者参加的有关国际条约的规定执行。"根据这一规定，不论国际航行的船舶，还是沿海运输船舶，凡是载运散装持久性油类物造成我国沿海水域污染的损害赔偿责任限额，均适用我国参加的《1992年责任公约》。

《防治船舶污染海洋环境管理条例》第50条还规定，对载运非持久性油类物的船舶，其船舶污染事故的赔偿限额依照《海商法》关于海事赔偿责任限制的规定执行。对于此种油污损害，我国尚没有油污损害赔偿的独立限额，均适用《海商法》第十一章。

2.不论是适用《1992年责任公约》，还是适用《海商法》第十一章，当发生碰撞与油污两个侵权法律关系并存时，油污受害方对油污损害承担的举证责任较轻，通常会选择油污法律关系行使请求权。漏油方赔付请求方的请求后，再根据碰撞法律关系向非漏油方追偿其应承担的责任比例。但也不排除在特殊情况下，如漏油方是单船公司，或船舶沉没，既没有投保油污责任险，又没有相应的财务担保，油污受害方选择碰撞的法律关系，向碰撞非漏油方索赔其责任比例，无须借助"权利转让"或"委付"的法律救济，实现油污受害方的请求权。[②]

3.但是，《第二次全国涉外商事海事审判工作会议纪要》第149条规定，对于不受《1992年责任公约》调整的油污损害赔偿纠纷，因船舶碰撞造成油污损害的，由碰撞船舶所有人承担连带赔偿责任，但不影响油污损害赔偿责任人之间的追偿。对于上述连带责任的规定，应该说出发点是积极的。因为考虑到国内的情况，某些漏油船（不论是油船，还是货船）可能不具有独立承担油污责任的能力，而且它们中的大多数也没有参加相应的责任保险，因此，油污受害方存在无法向其索赔损失的风险，由碰撞的另一方承担连带责任可以弥补这种缺陷。但是，此规定欠妥之处在于：第一，不符国际公约和国际通常做法。不论是国际油污损害民事责任公约，还是我国加入的《2001年燃油公约》，都规定漏油船船舶所有人是责任主体，实行"谁漏油，谁负责"的原则。只有当两艘或两艘以上的船舶都有漏油，且对造成的污染损害无法"合理分开"时，有关各船才承担连带责任。[③] 第二，连带责任实行法定原则，我国《海商法》第169条规定，碰撞双方对于第三人的财产损害只承担按份责任，并无所谓连带责任一说，如上述，不论是溢油本身的损失，还是油污染的损害，对于非漏油方而言，都是财产损害，本应按过失比例承担责任。

---

① 参见92CLC第4、6条，69CLC第8条。

② 韩立新．船舶污染损害赔偿法律制度研究．大连：大连海事大学，2005：75.

③ 参见92CLC第5条，《2001年燃油公约》第5条。

九、《防治船舶污染海洋环境管理条例》引发的思考之一

《防治船舶污染海洋环境管理条例》[①]（以下简称《条例》）第50条规定："船舶污染事故的赔偿限额依照《中华人民共和国海商法》关于海事赔偿责任限制的规定执行。但是，船舶载运的散装持久性油类物质造成中华人民共和国管辖海域污染的，赔偿限额依照中华人民共和国缔结或者参加的有关国际条约的规定执行。"这条规定产生如下两个问题：

第一，《条例》的上位法是《海环法》（《条例》第1条），《海环法》从法律性质上说，应属于行政法（公法）范畴，尽管个别条款属民事责任条款[②]，但并不影响《海环法》整体上属公法性质。因此，《海环法》第96条规定的"中华人民共和国缔结或者参加的与海洋环境保护有关的国际条约与本法有不同规定的，适用国际条约的规定；但是，中华人民共和国声明保留的条款除外"，并非指民事责任的国际条约，而是"与海洋环境保护有关的"属公法性质的国际条约。这一条规定并没有改变我国参加的，属私法性质的国际条约对国内当事人的适用，仍然要有涉外因素的要件。《条例》有关民事责任的上位法应是《海商法》（《海商法》到目前还没有油污损害赔偿的规定）。《条例》取消了"有涉外因素"这一前提条件，明显与上位法相悖。[③] 如果认为这一条规定仅仅是指责任限额适用我国参加的92CLC的规定，并非解决国际公约与国内法的关系，那么，《海商法》对没有涉外因素的油污损害索赔，也是海事请求的一种，其责任限额已经有了规定（《海商法》第210条），《条例》作出此规定，显然有违上位法。至于上位法规定的是否合理，那是立法或修改法律的问题。

第二，载运散装货油的沿海运输油船直接适用我国参加的《1992年责任公约》及其议定书，意味着不论船舶大小，均以5 000总吨计算（《1992年责任公约》规定5 000总吨是计算责任限额的下限），油污民事责任的最低限额是451万特别提款权（大约折合人民币4 500万元）。据统计，我国沿海共有油轮1 524艘，投保油污险的船舶约占油轮总数的13%；内河油轮4 416艘，投保率不足3%。沿海油轮中，75%是1 000总吨以下的小型船舶，内河油轮则占到99%。当然，上述船舶中，运送成品油的小船占了相当部分，但仍有一定数量的运送持久性油类货物的小船，在从事支线运输。据统计，1973年至2014年，我国沿海共发生船舶溢油事故3 200起，总溢油量约42 936吨，其中溢油量50吨以上的重大溢油事故91起。[④] 从1973年到2005年间发生的65起50吨以上的重大溢油事故中，外轮赔偿比例74%，中国籍船舶赔偿比例36%。外轮每起事故平均赔偿1 100万元，中国籍船舶平均每起事故赔偿320万元。[⑤] 从上述统计可以看出，《条例》施行油污民事责任并轨之后，沿海及内河油轮均适用《1992年责任公约》，即以4500万元人民币作为最低限额，如此高的限额等于承担了无限责任。同时，《条例》对油轮又实行了强制保险[⑥]，小油轮船东将负担着高额责任保费，责任保险人是否敢于接

---

① 中华人民共和国国务院令第561号，《防治船舶污染海洋环境管理条例》于2009年9月2日国务院第79次常务会议通过，自2010年3月1日起施行。该条例经2014年修订，修订后的条例第52条与第59条内容没有变化。

② 《海环法》第89条和第91条属民事责任条款。

③ 参见本书第十五章"涉外关系法律适用"。

④ 何建中．船舶油污损害赔偿建新机制，http：//news. hexun. com/2015 - 06 - 18/176859153. html.

⑤ 交通运输部海事局2001年船舶统计资料和交通运输部科学研究院《建立我国船舶油污损害机制实施办法研究报告》，交通运输部重点软课题项目，2002。

⑥ 《条例》第51条规定，在中华人民共和国管辖海域内航行的船舶，其所有人应当按照国务院交通运输主管部门的规定，投保船舶油污损害民事责任保险或者取得相应的财务担保。但是，1 000总吨以下载运非油类物质的船舶除外。

受这种小船东的高保额投保也是个问题。显然，这一规定没有顾及我国沿海小油轮的实际情况，其结果是：增加了小油轮的负担；而在多数情况下，油污责任数额达不到 4 500 万人民币，等于承担了无限责任。

十、船舶燃油清污费责任人是否可限制赔偿责任

船舶燃油污染发生后，海事行政主管机关组织力量开展清污作业，由此产生的费用损失应由造成污染的责任人承担。但责任人能否对该清污费用限制赔偿责任？实践中时有争议发生。

1. 我国是《2001 年燃油公约》的成员国。2010 年 3 月 1 日，《2001 年燃油公约》对我国生效，这是国际社会规范船舶燃油污染损害民事责任的专门立法。《2001 年燃油公约》适用的船舶是任何海船和海上航行器，但适用于《1992 年责任公约》的油船除外（《2001 年燃油公约》第 1 条第 1 款、第 4 条第 1 款）。

2.《2001 年燃油公约》适用的索赔范围与《1992 年责任公约》是相同的，中国的竞争法制建设起步较晚，即因溢油产生的直接损失、为恢复环境实际采取或将要采取的合理恢复措施的费用、为防止或减轻油污损害而采取的预防措施的费用以及因采取预防措施而造成的进一步的灭失或损害（《2001 年燃油公约》第 1 条第 9 款）。为防止船舶燃油污染而产生的清污费用，属于预防措施的费用，适用《2001 年燃油公约》的规定。

3.《2001 年燃油公约》第 1 条第 7 款规定："'预防措施'系指在事故发生后，为防止或者减轻油污损害而由任何人采取的合理措施。"就是说包括清污措施在内的预防措施可由任何人实施，包括责任人本人。这一点不同于《海商法》第 207 条规定的限制性债权第四项为避免或者减少责任人的责任而采取措施的人一定是"责任人以外的其他人"。

4.《2001 年燃油公约》第 6 条规定的"本公约的规定，不得影响船舶所有人、提供保险或者其他财物担保者根据可适用的国内法或国际制度，如按修正的《1976 年海事赔偿责任限制公约》，限制其赔偿责任的权利"。笔者认为，《2001 年燃油公约》同 CLC 一样，都是从海事赔偿责任限制制度中分离出来的责任限制法律制度，唯一不同的是，CLC 有自己的独立的责任限额，《2001 年燃油公约》没有自己的独立限额，需要第 6 条作出特别规定，适用公约成员国国内法或该国参加的有关国际公约的限额。具体地说，《2001 年燃油公约》第 6 条的规定表明：第一，如果案件有可适用的海事赔偿责任限制的国内法或国际公约（如《1976 年公约》），在存在燃油损害赔偿请求的同时，又有其他海事赔偿责任限制（LLMC）法律规定的限制性债权存在，《2001 年燃油公约》规定的索赔请求与其他 LLMC 限制性债权共享一个限额；第二，如果案件有可适用的海事赔偿责任限制的国内法或国际公约（如《1976 年公约》），在燃油污染事故中，没有其他 LLMC 限制性债权存在，燃油污染损害请求则独自享有 LLMC 的限额；第三，如果案件没有可适用的海事赔偿责任限制的国内法或国际公约，那么合乎逻辑的结论是：燃油污染损害此时变成了无限额的请求。①

5. 我国没有参加《1976 年公约》及其议定书，国内也没有专门就船舶燃油污染责任限制的法律、法规。国内法调整海事赔偿责任限制的只有《海商法》第十一章。据上分析，燃油清污费用作为《2001 年燃油公约》的赔偿范围，属于燃油公约的限制性债权，与《海商法》第 207 条规定的限制性债权共享一个责任限额。因此，燃油清污费的责任人——船舶所有人有权

---

① 司玉琢．海事赔偿责任限制优先适用原则研究．中国海商法年刊，2011：4.

依据《2001年燃油公约》和《海商法》，将自己的赔偿责任，包括清污费用限制在《海商法》第210条规定的限额之内。简言之，我国燃油污染实行燃油公约的责任体制，唯独在责任限额上适用《海商法》第210条的规定。

6. 根据上述分析，《2001年燃油公约》关于“预防措施”的规定，与《海商法》第207条的规定有很大的不同：《2001年燃油公约》的预防措施，包括清污措施不管由谁实施，产生的费用都属于《2001年燃油公约》所调整的限制性债权，适用《海商法》第210条规定的责任限额；而《海商法》第207条规定，采取措施的人一定是“责任人以外的其他人”，而且该条第2款还进一步规定，责任人为了避免或者减少其本人对限制性债权的赔偿责任，而以合同形式约定支付报酬的支付责任，责任人不得援用责任限制的规定。比如，船舶碰撞后，一船所有人为了减少赔偿责任与他人签订了拖航合同或者救助合同，产生的拖航费或救助报酬不得依据《海商法》第207条享受责任限制。然而，船舶所有人（或其他任何人）为了避免或减轻燃油的油污责任，与第三人签订了清污合同，产生的清污费用属于《2001年燃油公约》规定的限制性债权。因此，采取措施的目的决定了债权的性质是限制性的还是非限制性的。换言之，只要是为了避免或减轻燃油油污损害，不管以合同形式还是其他形式，任何人采取的合理措施而产生的费用，都属于《2001年燃油公约》调整的限制性债权。

7. 最高人民法院《责任限制规定》第17条规定：“海商法第二百零七条规定的可以限制赔偿责任的海事赔偿请求不包括因沉没、遇难、搁浅或者被弃船舶的起浮、清除、拆毁或者使之无害提起的索赔，或者因船上货物的清除、拆毁或者使之无害提起的索赔。”

最高人民法院《关于审理船舶油污损害赔偿纠纷案件若干问题的规定》（以下简称《油污损害规定》）第20条规定：“为避免油轮装载的非持久性燃油、非油轮装载的燃油造成油污损害，对沉没、搁浅、遇难船舶采取起浮、清除或者使之无害措施，船舶所有人对由此发生的费用主张依照海商法第十一章的规定限制赔偿责任的，人民法院不予支持。”

8. 最高人民法院的上述起浮、清除费用的规定与燃油污染的清污费用在性质上是不同的：

（1）《责任限制规定》第17条规定仅仅是针对沉船或者船上货物的起浮和清除，燃油污染损害赔偿既然已经从普通的海事赔偿制度中分离出来，成为独立的赔偿制度，对船舶或货物的清除不应适用对燃油的清除。因此，《责任限制规定》第17条的规定对清污措施是不适用的。

（2）起浮、清除有油污威胁的船舶，如果是为了避免燃油污染或污染威胁，应属于《2001年燃油公约》的预防措施，适用该公约调整，享受责任限制，不应得出不得享受责任限制的结论。最高人民法院《油污损害规定》第20条的问题出在预防措施的目的套用了燃油公约，而预防措施的手段套用了《责任限制规定》第17条，沉船打捞、清除费用不得享受责任限制。这是混淆了起浮、清除费用与燃油清污费用的不同性质。

9. 根据以上讨论，可以得出这样的结论：为避免燃油污染或污染威胁，对沉没、搁浅、遇难船舶采取起浮、清除或者使之无害措施的费用，属于预防措施的费用，属于燃油公约调整的范围，燃油污染的责任人就预防措施的清污费用有权依据《海商法》享受第210条规定的责任限额。不管这种措施是责任人自己采取或是他人采取，也不管是以合同形式还是其他形式。

第十三章 海上保险

基础知识

第一节 一般规定

我国《海商法》将海上保险合同视为其调整范围之一，专设第十二章，共计 41 条（从第 216 条至第 256 条），对海上保险合同作了较为详尽的规定。

一、海上保险合同的概念

《海商法》第 216 条规定，"海上保险合同，是指保险人按照约定，对被保险人遭受保险事故造成保险标的的损失和产生的责任负责赔偿，而由被保险人支付保险费的合同"①。

财产保险是基于大数法则分散风险的原理，由保险人（insurer，underwriter）与被保险人（insured，assured）组成一个风险共同体。在这个共同体内，保险人根据事故发生的概率，计算保险费率，使保险业正常运行，风险得到合理分担。

从海上保险合同的上述定义可以看出，此类合同的主体是保险人和被保险人，客体是被保

① 英国《1906 年海上保险法》第 1 条亦有类似的规定。

险人的可保利益，内容是保险人与被保险人的权利义务。保险人可以委托保险代理人（insurance agent）代其接受保险业务，出立保险单、检验和/或理赔。保险经纪人（insurance broker）代被保险人投保，但一般由保险人向其支付佣金（commission）。

海上保险合同中约定的保险事故（perils covered）不限于海上事故，可以“包括与海上航行（maritime adventure）有关的发生于内河或者陆上的事故”（《海商法》第216条第2款）。例如，海上货物运输保险合同的责任期间已扩展为“仓库到仓库”（warehouse to warehouse），保险人的责任包括海运两端向内陆延伸期间的风险。

二、海上保险合同的性质和特点

1. 补偿性合同（contract of indemnity）。海上保险合同的这一性质和特点是由海上保险的基本原则——补偿性原则（principle of indemnity）所决定的。保险的目的是补偿被保险人的经济损失，使其恢复到未受损前的经济状况，因而也称补偿性原则为首要原则。

但是，上述原则受到法定的或约定的保险除外或免赔责任的限制，或者是被保险人没有足额投保，有一部分风险没有转嫁给保险人，存在所谓“自保”的情况。

2. 射幸合同（contract upon speculation）。海上保险合同的性质和特点是由海上保险的另一基本原则——保险利益原则（principle of insurable interest）所决定的。被保险人交付的保险费与保险人的赔偿责任之间不可能像货物买卖合同中那样等价交换，在本质上，保险含有赌博性质。为了避免保险业沦为纯粹的赌博，保障保险业的健康发展，《保险法》规定，被保险人在损失发生时必须“对保险标的具有的法律上承认的利益”[①]，否则保险合同无效。

3. 对人合同（contract to person）。海上保险合同的这一性质和特点是由海上保险的又一基本原则——最大诚信原则（principle of utmost good faith）决定的。即使在科技发展的今天，保险人对保险标的风险的评估仍然在很大程度上依赖于被保险人的告知，依此决定是否接受承保以及保险费率的高低。

4. 附意合同（contract of adhesion）。海上保险合同的保险条款，一般是保险人单方拟就和预先印备的，因此，当印备的保险条款的含义不明确，有两种以上理解时，应作对被保险人有利的解释，或者说针对保险人来解释。这是普通法对附意合同的一条重要的解释原则，我国《保险法》第30条和《民法典》第498条也明确采纳这一原则。因此，保险人在拟订保险条款时需十分谨慎，尽量做到含义明确，不产生歧义。

5. 双务有偿合同。像绝大多数合同一样，海上保险合同是双务和有偿性质的。被保险人的义务是给付保险费，保险人的义务是对约定的损失、损害或责任予以赔偿。与一般经济合同的区别是，就各单一保险合同而言，保险合同双方当事人的权利义务并不对等。

三、海上保险合同的主要内容

1. 海上保险合同的主要内容

《海商法》第217条规定：“海上保险合同的内容，主要包括下列各项：（一）保险人名称；（二）被保险人名称；（三）保险标的；（四）保险价值；（五）保险金额；（六）保险责任和除外责任；（七）保险期间；（八）保险费。”

---

① 《保险法》第12条。

2. 海上保险合同的标的

保险标的（subject matter insured）是保险合同双方当事人要求提供保险保障的目标或对象。在财产保险中，保险标的可以是财产，也可以是与财产有关的利益或责任。《海商法》限定海上保险合同保险标的的范围，其法律意义在于限定《海商法》对保险合同的适用范围。《海商法》第218条规定："下列各项可以作为保险标的：（一）船舶；（二）货物；（三）船舶营运收入，包括运费、租金、旅客票款；（四）货物预期利润；（五）船员工资和其他报酬；（六）对第三人的责任；（七）由于发生保险事故可能受到损失的其他财产和产生的责任、费用。保险人可以将对前款保险标的的保险进行再保险。除合同另有约定外，原被保险人不得享有再保险的利益。"

需要说明的是，《海商法》第218条仅规定"对第三人的责任"可以作为保险标的。尽管中国船东互保协会的承保条款明确约定受中国海商法的调整，但由于保赔保险与船舶、货物保险的差异，海商法的规定能在多大程度上适用保赔保险，值得进一步研究。而且，与国外的保赔协会不同的是，中国船东互保协会没有采用公司法人的组织形式。《保险法》第6条规定，"保险业务由依照本法设立的保险公司以及法律、行政法规规定的其他保险组织经营，其他单位和个人不得经营保险业务"。因此，修改后的《保险法》虽然将其主体扩大，但是，如果没有其他法律和行政法规的明确规定，船东互保协会的法律地位仍然有待进一步明确。

3. 保险标的的保险价值

《海商法》第219条规定，保险标的的保险价值由保险人与被保险人约定。保险人与被保险人未约定保险价值的，保险价值依照下列规定计算：

（1）船舶的保险价值，是保险责任开始时船舶的价值，包括船壳、机器、设备的价值，以及船上燃料、物料、索具、给养、淡水的价值和保险费的总和；

（2）货物的保险价值，是保险责任开始时货物在起运地的发票价格或者非贸易商品在起运地的实际价值以及运费和保险费的总和；

（3）运费的保险价值，是保险责任开始时承运人应收运费总额和保险费的总和；

（4）其他保险标的的保险价值，是保险责任开始时保险标的的实际价值和保险费的总和。

保险价值（insured value）是保险标的的价值。在海上保险合同中，保险价值一般由保险人和被保险人在保险单中约定，即一般为定值保险。约定的保险价值（agreed value）对合同双方有约束力，除非存在欺诈。如果双方没有约定保险价值，即在非定值保险的情况下，我国《海商法》第219条规定的保险价值为保险责任开始时保险标的的实际价值和保险费的总和，不包括预期利润。而在非海上财产保险（non-marine insurance）中，不定值保险情况下，保险价值是指保险事故发生时保险标的的实际价值。

4. 保险金额

《海商法》第220条规定："保险金额由保险人与被保险人约定。保险金额不得超过保险价值；超过保险价值的，超过部分无效。"

保险金额（insured amount，sum insured），是指被保险人对保险标的的实际投保金额，须在保险单中载明。保险金额是保险人计算保险费的依据，也是保险人承担保险赔偿责任的计算基础。

保险金额与保险价值相等的，称为足额保险（full insurance）；保险金额小于保险价值的，称为不足额保险（under insurance）；保险金额大于保险价值的，称为超额保险（over insurance），超过保险价值的部分无效，即在确定保险赔偿的限度（measurement of indemnity）时，如果保险金额高于保险价值，保险人的最高责任为保险价值，而不是保险金额。

第二节 合同的订立、解除和转让

一、保险合同的订立

《海商法》第221条规定，被保险人提出保险要求，经保险人同意承保，并就海上保险合同的条款达成协议后，合同成立。保险人应当及时向被保险人签发保险单或者其他保险单证，并在保险单或者其他单证中载明当事人双方约定的合同内容。第224条规定，订立合同时，被保险人已经知道或者应当知道保险标的已经因发生保险事故而遭受损失的，保险人不负赔偿责任，但是有权收取保险费；保险人已经知道或者应当知道保险标的已经不可能因发生保险事故而遭受损失的，被保险人有权收回已经支付的保险费。

根据《民法典》第469条，口头海上保险合同有效。在具体操作过程中，海上保险合同的订立，包括要保（application）、核保、保险费报价、暂保、签发保险单和交纳保险费六个环节。

二、保险合同的解除

海上保险合同的解除，是指合同的合法解除，包括因对方当事人违约而解除合同。海上保险合同的解除，可分为保险人解除合同、被保险人解除合同和双方约定解除合同三类。

保险人解除合同：(1) 被保险人违反告知义务（《海商法》第222、223条）；(2) 被保险人违反保证条款（《海商法》第235条）；(3) 根据合同约定，保险责任开始后，保险人解除合同，但"应当将自合同解除之日起至保险期间届满之日止的保险费退还被保险人"（《海商法》第227条第2款）；(4) 保险人选择全额支付合同约定的保险赔偿（《海商法》第235条）；(5) 被保险人或者受益人谎称发生了保险事故或故意制造保险事故（《保险法》第27条）；(6) 投保人、被保险人未按照约定履行其对保险标的的安全应尽的责任（《保险法》第51条）；(7) 被保险人未按照合同约定及时通知保险人保险标的危险增加的情况（《保险法》第52条）；(8) 保险标的发生部分损失（《保险法》第58条）。

被保险人解除合同：(1) 保险责任开始前支付手续费解约（《海商法》第226条）；(2) 根据合同约定，在保险责任开始后，解除非货物运输和船舶的航次保险合同，但"保险人有权收取自保险责任开始之日起至合同解除之日止的保险费"（《海商法》第227条第2款）。

保险人与被保险人解除合同的意思达成一致，随时都可以解除合同。

三、保险合同的转让

海上保险合同的转让通常是指被保险人合同主体的变更。

为配合单证贸易的需要，根据我国《海商法》第 229 条、第 230 条以及《保险法》第 49 条的规定，被保险人可自由转让海上货物运输保险合同。

《海商法》第 229 条规定，“海上货物运输保险合同可以由被保险人背书或者以其他方式转让，合同的权利、义务随之转移。合同转让时尚未支付保险费的，被保险人和合同受让人负连带支付责任”。

转让的方式，一般由被保险人（转让人）背书，再行转让时，无须再行背书手续。对合同转让时未付清的保险费，被保险人和合同受让人对保险人负有连带支付责任。

因船舶出售而转让船舶保险合同的，应当取得保险人的同意，否则从船舶转让时起，合同解除；船舶转让发生在航次之中的，船舶保险合同至航次终了时解除。《海商法》第 230 条规定，“因船舶转让而转让船舶保险合同的，应当取得保险人同意。未经保险人同意，船舶保险合同从船舶转让时起解除；船舶转让发生在航次之中的，船舶保险合同至航次终了时解除。合同解除后，保险人应当将自合同解除之日起至保险期间届满之日止的保险费退还被保险人”。发生在航次中的船舶转让，自船舶转让时起至航次终了时止的船舶保险合同的权利、义务转让给船舶受让人。

法律上对不转让船舶，仅转让船舶保险合同的利益［如将船舶保险赔偿请求权转让（assign）给船舶抵押权人（ship mortgagee）］未作出明确的规定。中国人民保险公司《船舶保险条款》似应参考英国 1983 年 10 月 1 日协会船舶定期保险条款，补充一个类似的转让条款，以保护保险人适应船舶抵押融资的需要。

四、预约保险

预约保险合同是保险人与被保险人之间的一种长期协议，应当订明预约的保险责任范围、保险财产范围、每一保险或每一地点的最高保险金额（locality clause）和保险费结算办法等。实践中，预约保险合同一般用开口保单（open policy）来证明。《海商法》第 231 条规定，被保险人在一定期间分批装运或者接受货物的，可以与保险人订立预约保险合同。预约保险合同应当由保险人签发预约保险单证加以确认。

预约保险除了可节省双方人力、费用外，对被保险人的主要好处是可避免漏保，因在预约保险合同范围内的每一笔保险，保险人的责任是自动开始的，虽然被保险人有义务立即和正确地通知每一笔保险的细节，但非故意的漏报、迟报或错报，不影响该笔保险的效力[①]；而对保险人的主要好处是争取到长期稳定的保险费收入，被保险人将预约保险合同范围内的保险标的向其他保险公司投保是违约行为。《海商法》第 232 条规定：“应被保险人要求，保险人应当对依据预约保险合同分批装运的货物分别签发保险单证。保险人分别签发的保险单证的内容与预约保险单证的内容不一致的，以分别签发的保险单证为准。”被保险人已经知道经预约保险合同保险的货物发生保险事故的，应当立即通知保险人。

---

① 参见英国《1906 年海上保险法》第 29 条第 3 款。

第三节 被保险人的义务

一、及时交纳保险费（premium）的义务

《海商法》第 234 条规定，“除合同另有约定外，被保险人应当在合同订立后立即支付保险费；被保险人支付保险费前，保险人可以拒绝签发保险单证”。发生迟延交付保费时，保险人可要求被保险人支付利息。此外，保险人还可以通过留置保险单，催促被保险人及时付清保险费。被保险人未按本条规定支付保险费并经保险人书面催告仍未支付的，保险人有权解除合同。合同解除前发生保险事故造成的损失，保险人应当承担保险赔偿责任，但有权收取保险费。

二、严格遵守保证义务

保证（warranty），是指被保险人对某一事项的作为或不作为，或对某一事项的真实性的承诺。保证是保险合同的基础之一。被保险人违反保证，不论其是否有过失，是否与保险标的的损失或责任之间有因果关系，保险人均有权选择解除合同，对违反保证后发生的损失或责任不负保险赔偿责任，或要求修改承保条件，增加保险费。《海商法》第 235 条规定，“被保险人违反合同约定的保证条款时，应当立即书面通知保险人。保险人收到通知后，可以解除合同，也可以要求修改承保条件、增加保险费”。

英国保险法将保证分为明示保证（expressed warranty）（特款规定）和默示保证（implied warranty）两种。我国法律对默示保证只有合法性保证一项（中国法下是否存在默示保证有待商榷，至少条文本身未明确规定）。明示保证取决于每一保险单的具体规定，现行中国人民保险公司《船舶保险条款》第 6 条第 2 款规定了船级社、船级、船旗、船舶所有人、管理部门、光租和被征用等多项保证；此外，还可能加贴航区保证等。

被保险人违反合同约定的保证条款，应当立即书面通知保险人，《海商法》第 235 条规定，保险人收到通知后，保险人可以解除合同，也可以要求修改承保条件、增加保险费。但对于被保险人违反保证之前发生的保险事故造成的损失，保险人应负赔偿责任。合同解除前被保险人尚未支付保险费的，保险人有权按照比例收取合同解除前的保险费。保险人已经全部收取的保险费，不予退还。

保险人收到被保险人违反合同约定的保证条款通知后，仍收取保险费或者支付保险赔偿的，不得再以被保险人违反合同约定的保证条款为由，行使《海商法》第 235 条规定的解除合同的权利。

保险人收到被保险人违反合同约定的保证条款的书面通知后，就修改承保条件、增加保险

费等事项与被保险人协商未能达成一致的，保险合同于违反保证条款之日解除。[①] 因此，如果在协商期间发生承保事故，保险人不承担赔偿责任。

按照英国《1906年海上保险法》，船舶航次保险中，保险船舶应保证开航时适航，除合同另有约定外，违反此项规定的，从被保险人违反之日起，保险人有权拒绝赔偿因此而造成的船舶损失，但对合同解除前保险事故造成的损失，仍应负赔偿责任。但是，在中国法下，按照《海商法》第244条的规定，即使在航次保险下，适航义务也不是保证义务，船舶开航时不适航仅仅是除外责任事由，保险人仅有权主张对开航时船舶不适航造成的损失不承担赔偿责任，但不能主张保险合同解除；另外，根据本条规定，在船舶定期保险中，只有被保险人明知船舶不适航而让其开航的，保险人对此种不适航造成的损失，才不负赔偿责任。

三、防灾防损义务

防灾防损义务（duty of avoiding the loss），是指被保险人应当遵守国家有关部门制定的关于消防、安全、生产操作和劳动保护等规定，维护劳动者和财产的安全。保险人可以对保险标的的安全情况进行检查，如发现不安全因素，应及时向被保险人提出消除不安全因素的合理建议，被保险人应及时采取措施消除，否则，按《保险法》的规定，保险人有权要求增加保险费或解除合同。[②]

四、危险增加时的通知义务

保险标的如果变更用途或者增加危险程度，被保险人应当及时通知保险人，在需要增加保险费时，应当按规定补交保险费。被保险人如不履行此项义务，由此引起保险事故造成的损失，保险人不负赔偿责任。《保险法》第52条第1款规定，“在合同有效期内，保险标的的危险程度显著增加的，被保险人应当按照合同约定及时通知保险人，保险人可以按照合同约定增加保险费或者解除合同。保险人解除合同的，应当将已收取的保险费，按照合同约定扣除自保险责任开始之日起至合同解除之日止应收的部分后，退还投保人”。该条第2款还规定，“被保险人未履行前款规定的通知义务的，因保险标的的危险程度显著增加而发生的保险事故，保险人不承担赔偿保险金的责任”[③]。

五、出险时的通知义务

出险时的通知义务，是指发生保险事故时，被保险人有立即通知保险人的义务。出险通知对保险人非常重要，他可以及时安排检验，初步确定受损的范围，掌握有关的证据，指示如何减小损失和采取财产保全、证据保全措施，以及向第三人追偿等。故《海商法》第236条第1款规定，“一旦保险事故发生，被保险人应当立即通知保险人”。该款同时规定，一旦保险事故发生，被保险人应采取必要的合理措施，防止或者减少损失，并按照保险人的要求行事。《海商法》第236条第2款还规定，被保险人违反前款义务造成扩大损失的，保险人不负赔偿责任。

---

① 参见《最高人民法院关于审理海上保险纠纷案件若干问题的规定》（法释〔2006〕10号，2020年修正）第8条的规定。

② 参见《保险法》第51条。

③ 有关危险增加的通知义务，详见本章专题研讨“四、被保险人的通知义务与告知义务的区别”。

六、出险后的施救义务

一旦保险事故发生，被保险人除应立即通知保险人外，《海商法》第236条规定，被保险人应当“采取必要的合理措施，防止或者减少损失。被保险人收到保险人发出的有关采取防止或者减少损失的合理措施的特别通知的，应当按照保险人通知的要求处理”。对于被保险人违反此项规定“所造成的扩大的损失，保险人不负赔偿责任”。

采取施救措施所发生的施救费用（sue and labour），保险人应在保险标的损失赔偿之外，另外支付给被保险人。双方所采取的施救措施，与委付无关，也无损于双方的其他权利。

第四节 保险人的义务

一、保险人的赔付责任

赔偿责任是保险人的首要义务和责任。海上保险合同是一种补偿性合同（contract of indemnity）。赔偿原则（principle of indemnity）是海上保险最基本的原则，或者说是首要的原则。《海商法》第237条规定，“发生保险事故造成损失后，保险人应当及时向被保险人支付保险赔偿”。

何谓“及时赔偿”?《海商法》并未作出明确的规定。根据《保险法》第23条的规定，当发生保险事故，保险人收到被保险人要求赔偿的单证后，根据保险合同的规定，应当及时作出核定，情形复杂的，应当在30日内作出核定是否赔偿。保险人在与被保险人达成有关赔偿金额的协议后，应在10天内偿付。保险人如果不及时偿付，除支付保险金外，还应当赔偿被保险人或者受益人因此受到的损失。

二、赔偿限度（measurement of indemnity）

《海商法》第238条规定，“保险人赔偿保险事故造成的损失，以保险金额为限。保险金额低于保险价值的，在保险标的发生部分损失时，保险人按照保险金额与保险价值的比例负赔偿责任”。

保险人赔偿保险事故造成的保险标的的损失，以保险金额为限，而且保险金额不得超过保险价值，超过部分无效。因此，确切地说，保险人的最高赔偿限度是保险价值而非保险金额；但在具体保险合同中，存在被保险人未足额投保的情况，保险人的实际赔偿责任限于实际保险金额与其保险价值之比在赔偿限度中所占的比例部分。[①] 例如，保险价值为100万美元，保险金额为80万美元，发生保险事故导致的损失为20万美元，保险人的赔偿限度为：20万美元×

① 参见英国《1906年海上保险法》第67条。

80/100＝16 万美元。

三、不足额保险的适用

在海上保险中，不足额保险的适用因保险赔偿请求的种类不同而异。(1) 对于共同海损分摊，《海商法》第 241 条规定，“保险金额低于共同海损分摊价值的，保险人按照保险金额同分摊价值的比例赔偿共同海损分摊”。在现行中国人民保险公司船舶保险条款中，按同样的原则处理保险人对救助费用的责任。(2) 对于施救费用，如果保险金额低于保险价值，保险人按照保险金额同保险价值的比例赔偿施救费用，但允许海上保险合同作不同的约定。现行中国人民保险公司船舶保险条款对此无另外的规定。(3) 对于保险标的的部分损失，如果保险金额低于保险价值，保险人按保险金额同保险价值的比例支付部分损失。我国《海商法》没有规定保险合同可作不同的约定，现行中国人民保险公司船舶保险条款也没有涉及这一问题。(4) 对于保险标的的全损，如果保险金额低于保险价值，保险人的赔偿责任以保险金额为限。(5) 对于第三者的责任，不存在不足额保险的适用问题。现行中国人民保险公司船舶保险条款规定，保险人对船舶碰撞责任的保险赔偿责任，以保险金额为限。

四、连续损失 (successive loss)

所谓保险人赔偿保险事故造成的损失以保险金额（等于或低于保险价值时）为限，是基于事故原则，即一次保险事故一个赔偿责任限额。在保险期间，可能发生多次保险事故，皆造成保险标的的损失，不应将这些损失叠加起来，以一个保险金额为限来减轻保险人的赔偿责任。《海商法》第 239 条规定，“保险标的在保险期间发生几次保险事故所造成的损失，即使损失金额的总和超过保险金额，保险人也应当赔偿”。但是，如果发生部分损失，没有进行修复，其后又发生了全损（不论是否是由保险事故造成的），保险人不应再承担此前发生的部分损失，因为被保险人并未实际支付修理费用，其全损赔偿（不论是否可依据本保险得到赔偿），也未因此前的部分损失而减少。在其后发生推定全损时，如果被保险人选择修理，按部分损失索赔，保险人仍应赔偿此前发生的连续损失。但是，根据《海商法》第 255 条的规定，在发生部分损失且未进行修理，后又发生推定全损、被保险人选择修理的情况下，包括在发生连续的部分损失、且未进行修理的情况下，保险人可以选择全额支付合同约定的保险赔偿，以解除对保险标的的义务。在保险人支付的全损赔偿可能低于修复各次连续损失所产生的费用总和时，保险人就会采取这一选择。

五、施救费用 (sue and labour)

根据《海商法》第 240 条，施救费用是指：被保险人为防止或者减少根据合同可以得到赔偿的损失而支出的必要的合理费用，为确定保险事故的性质、程度而支出的检验、估价的合理费用，以及为执行保险人的特别通知而支出的费用。

保险人对前述费用的支付，以相当于保险金额的数额为限。

保险金额低于保险价值的，除合同另有约定外，保险人应当按照保险金额与保险价值的比例，支付前述费用。

施救费用不包括保险人自行采取措施避免或减少保险标的的损失而发生的费用。施救费用必须是由承保危险引起的，必须是必要的和合理的。

保险人应在保险标的的损失赔偿之外另行支付施救费用。这是一项法定的赔偿义务，即使保险单中没有施救条款，保险人也应对施救费用负责。

保险人对施救费用的赔偿责任以单独的一个保险金额为限。凡能够作为单独海损、共同海损或救助费用的，不能以施救费用的名义向保险人索赔。

六、被保险人的故意行为（intent act）

保险人不赔偿被保险人故意造成的损失，这一原则不仅适用于海上保险合同，也适用于其他保险合同。法律不允许任何人因自己的故意造成损害的行为而得利。合同中即使有相反的约定，也是无效的。《海商法》第 242 条规定，“对于被保险人故意造成的损失，保险人不负赔偿责任”。

保险人以此理由拒赔时，负有很重的举证责任，因为故意是一种心理状态：明知可能造成损害的后果而仍然希望或放任其发生。故意行为必须是被保险人本人的，不包括船长、船员的不法行为（barratry）。因此，在船舶保险中，如果船舶所有人和船员合谋将船弄沉，骗取全损保险金，而以船员的不法行为来向保险人索赔，保险人就很难找到船舶所有人故意的充分证据。道德风险依然是保险人面临的一个难题。

在现行中国人民保险公司船舶保险条款中，还规定保险人对被保险人的疏忽造成的损失不负赔偿责任，这对被保险人过于苛刻，应对疏忽作严格的限制性解释。

七、保险人的除外责任（exemption）

按照我国《保险法》第 17 条的规定，订立保险合同时，保险人应当向投保人说明保险合同的条款内容；对除外责任条款，则须明确说明，否则该条款不产生效力。这是一条重要的新规定。出于对弱势群体——被保险人的保护，《保险法》如此规定是有积极意义的。问题是：海上保险的被保险人是不是弱势群体，是否需要做如此的保护？对此是有不同观点的。

（一）货物保险人的除外责任

《海商法》第 243 条规定：“除合同另有约定外，因下列原因之一造成货物损失的，保险人不负赔偿责任：（一）航行迟延、交货迟延或者行市变化；（二）货物的自然损耗、本身的缺陷和自然特性；（三）包装不当。”

现行中国人民保险公司海洋运输货物保险条款将这些除外责任皆约定在内。

1. 迟延（delay）。即使迟延是由承保危险造成的，对迟延引起的损失（包括行市下跌），保险人不负责任，除非保险单中有明确的相反的约定。根据英国法，迟延除外也适用于船舶保险①，但在我国法律中，这一点并不明确，现行船舶保险条款也未予以澄清。

2. 本身缺陷（inherent vice）。常见的有自燃（spontaneous combustion）、生病（disease）、腐烂（decay）、发酵（fermentation）或发霉（mildew）。经常争论的问题是：是货物内部的水分过高，还是外来进入的淡水或海水。包装不当或不足也属于本身的缺陷。自然损耗常见于散装的货物由于扬尘、粘连等造成的损失。在保险单中，保险人常规定一定百分比的免赔量来免除对此种损失的责任，以避免对“正常的”自然损耗量产生争议。

---

① 参见英国《1906 年海上保险法》第 55（2）（b）条。

（二）船舶保险人的除外责任

《海商法》第244条规定，“除合同另有约定外，因下列原因之一造成保险船舶损失的，保险人不负赔偿责任：（一）船舶开航时不适航，但是在船舶定期保险中被保险人不知道的除外；（二）船舶自然磨损或者锈蚀。运费保险比照适用本条的规定”。

1. 船舶不适航（unsea worthiness）。与英国法不同，我国有关海上保险的法规中，对航次保险不存在船舶适航的默示保证（implied warranty）。保险人若想援用此免责事项拒赔，须证明被保险船舶损失是由船舶开航时不适航造成的，即两者之间要有因果关系。如果损失是开航后的不适航造成的，保险人不能免除责任，普通法中阶段适航的原则不应适用。如果是定期保险（船舶保险大多是定期保险），拒赔的保险人还须证明被保险人知道船舶开航时不适航。现行中国人民保险公司船舶保险条款规定，在定期保险时，除了被保险人实际知情外，如果被保险人应该知道遭受损失的船舶在开航时不适航，保险人也可免责。对“应该知道”应从严解释。

船舶没有船级证书不一定表示船舶不适航，但如果船级方面存在问题，保险人可以凭船级保证条款拒赔。

2. 自然磨损（ordinary wear and tear）。船舶的自然磨损或者锈蚀所造成的损失是必然要发生的确定损失，不含有任何意外因素，不构成风险，除非在保险合同中有相反的约定，保险人对此损失不负赔偿责任。现行船舶保险条款进一步明确，保险人对船舶的正常维修保养，如除锈、涂漆、更换磨损的轴瓦、缆绳等，皆不负责。

第五节 保险标的的损失和委付

一、保险标的的损失

在海上保险中，损失以一定的方式分为全损（total loss）和部分损失（partial loss）。全损包括实际全损（actual total loss）和推定全损（constructive total loss）；部分损失又可分为单独海损（particular average loss）、施救费用（sue and labour）和共同海损分摊（general average contribution）。推定全损和共同海损分摊是海上保险中特有的。

1. 实际全损

《海商法》第245条规定，实际全损是指“保险标的发生保险事故后灭失，或者受到严重损坏完全失去原有形体、效用，或者不能再归被保险人所拥有的，为实际全损”，例如：被保险船舶沉入深海，与礁石相撞后断裂为碎片，或者战时被敌舰捕获；被保险货物全部被火烧成灰烬，全部腐烂变质；由于航次受阻，在开航前船舶灭失、货物全损或失去商业价值（unmerchantable）等原因而使承运人收不到运费等。

2. 推定全损

我国《海商法》明确规定了船舶的推定全损和货物的推定全损。《海商法》第 246 条规定，船舶的推定全损是指“船舶发生保险事故后，认为实际全损已经不可避免，或者为避免发生实际全损所需支付的费用超过保险价值的，为推定全损”。货物的推定全损是指“货物发生保险事故后，认为实际全损已经不可避免，或者为避免发生实际全损所需支付的费用与继续将货物运抵目的地的费用之和超过保险价值的，为推定全损”。

推定全损是海上保险中特有的对被保险人有利的一种制度。例如，某被保险船舶搁浅，为实施救助，先卸下其上的货物，抽出进入货舱的海水，并将船舶起浮，然后进修船厂大修，这些操作的费用可能很大，以致一个未投保的船舶所有人认为不值得去救助该船，以免船舶所有人遭受更大的经济损失。在这种情况下，海上保险法中存在推定全损制度，规定此时被保险人得向保险人委付（abandon）被保险船舶而索赔全损。

我国《海商法》对船舶和货物的推定全损的上述规定是全面的。被保险人不能证明其保险标的的损失属于上述规定中的某一项，被保险人就不能向保险人索赔推定全损。我国《海商法》没有对其他保险标的的推定全损作出规定，需要在保险条款中加以明确。

在决定受损的被保险货物是否构成推定全损时，还要考虑转运货物的相关费用，包括将货物卸岸、烘干、仓储、重新装船并运至其目的港的所有费用，因为海上货物运输保险，保险人承担的责任不限于货物本身的完好，还包括所保航程的完成（completion of adventure）。

3. 船舶失踪

我国《海商法》第 248 条规定，“船舶在合理时间内未从被获知最后消息的地点抵达目的地，除合同另有约定外，满两个月后仍没有获知其消息的，为船舶失踪。船舶失踪视为实际全损”。被保险人无须向保险人委付被保险船舶。一般情况下，船舶失踪后，因为原因不明，被保险人很难证明是保险事故引起的，即使能够证明，也要等待很长一段时间，才能向保险人主张全损，这对被保险人是很不利的。所以，《海商法》规定了 2 个月的期限，这一规定已经反映在现行中国人民保险公司船舶保险的条款中，船舶失踪 2 个月，即视为实际全损，从而有效地保护了船舶所有人的利益。

二、保险标的的委付

委付（abandonment），是指被保险人单方面明确表示放弃其对保险标的的全部权利/利益及义务/责任，转让给保险人的行为。

委付不是推定全损的构成要件，但被保险人选择向保险人索赔全损时，必须先无条件地将保险标的委付给保险人。保险人在收到被保险人的委付通知后，可以自行决定是否接受委付，但应将其是否接受委付的决定，在合理的时间内通知被保险人。保险人一旦接受了委付，就不得撤回，在享有对保险标的的权利的同时，还承担了从保险事故发生时起附在保险标的上的义务，如打捞沉船、清除油污的责任等。《海商法》第 249 条规定，“保险标的发生推定全损，被保险人要求保险人按照全部损失赔偿的，应当向保险人委付保险标的。保险人可以接受委付，也可以不接受委付，但是应当在合理的时间内将接受委付或者不接受委付的决定通知被保险人。委付不得附带任何条件。委付一经保险人接受，不得撤回”。《海商法》第 250 条同时规定，“保险人接受委付的，被保险人对委付财产的全部权利和义务转移给保险人”。

保险人不接受委付本身，不影响推定全损的成立。被保险人能否按全损索赔，还是要看是否满足推定全损的法定或约定构成要件。被保险人对保险标的的施救措施以及保险人对保险标的所采取的施救行动，皆不能视作某一方对委付的放弃或接受。保险人根据本条规定不接受委付的，不影响被保险人要求保险人按照全部损失赔偿的权利。但保险标的残骸应归属于被保险人。

在推定全损发生时，被保险人有权不委付保险标的，而选择救助并修复保险标的，向保险人索赔部分损失，但最高索赔额以保险金额或保险价值中较低者为限。

应注意的是，有权委付保险标的者限于被保险人。委付的意思表示没有法定的形式，但现行中国人民保险公司船舶保险条款要求被保险人发出委付通知。委付通知应在合理时间内发出，合理时限取决于个案的具体情况。一方面，被保险人有权等待一段时间以获得对损害的全面评估，再决定是否委付；另一方面，被保险人不得无限期等待，静观其变，以便作出对自己最有利的决定。英国早期案例认为，如果被保险人未在合理时间内委付，就只能得到不超过部分损失的赔偿。①

三、物上代位权

《海商法》第 256 条规定，“除本法第二百五十五条的规定外，保险标的发生全损，保险人支付全部保险金额的，取得对保险标的的全部权利；但是，在不足额保险的情况下，保险人按照保险金额与保险价值的比例取得对保险标的的部分权利”。

在部分损失的情况下，保险人无权取得全部保险标的或保险标的的一部分物权。但是，在保险人赔付全损保险赔偿的情况下，除对债权的代位求偿权外，保险人还取得被保险人对保险标的的物权。保险人所取得的物上代位权，不受保险人所支付的保险赔偿的限制，但是在不足额保险的情况下，保险人也只能按保险金额与保险价值的比例取得对保险标的的部分物上权利。

上述代位原则所基于的保险合同是一种补偿合同，是从赔偿原则派生出来的。法律仅允许财产保险的被保险人取得充分补偿，不允许被保险人获得双重利益而引致道德风险。

保险人在行使代位请求赔偿权利时，应当依照《海诉法》的有关规定，向受理案件的法院提交其已经向被保险人实际支付保险赔偿的凭证。保险人仅提交被保险人签署的权益转让书，但未提交实际支付凭证的，法院应当裁定驳回其行使代位请求赔偿权利的起诉。

保险人依据《海诉法》第 93 条的规定向第三人请求赔偿，在第三人提出明确而有效的抗辩时，对超出保险责任范围的赔付（也称“议定代位”），学术上有不同观点，司法实践的做法也不尽一致。为解决这一争议，最高人民法院《关于审理海上保险纠纷案件若干问题的规定》② 第 14 条规定：“受理保险人行使代位请求赔偿权利纠纷案件的人民法院应当仅就造成保险事故的第三人与被保险人之间的法律关系进行审理。”该规定实际上认可了议定代位的效力。

---

① E. R. H. Ivamy. *Marine Insurance*, 3rd. ed. London: Butterworths, 1979, pp. 420-422.

② 2006 年 11 月 13 日由最高人民法院审判委员会第 1405 次会议通过，自 2007 年 1 月 1 日起施行。

第六节

保险赔偿的支付

一、代位求偿权（subrogation）

海上保险中的代位求偿权，是指保险人赔偿被保险人因保险事故遭受的经济损失后，在保险人赔偿范围内，被保险人对第三人的求偿权利转让给保险人行使。《海商法》第252条规定，“保险标的发生保险责任范围内的损失是由第三人造成的，被保险人向第三人要求赔偿的权利，自保险人支付赔偿之日起，相应转移给保险人。被保险人应当向保险人提供必要的文件和其所需要知道的情况，并尽力协助保险人向第三人追偿”。

代位权包括狭义的对债权的代位求偿权（right of subrogation）和物上代位权。我国《海商法》第255条还规定了保险人提前终止保险合同的一项特殊权利。

（一）保险索赔文件

被保险人因保险标的的损失、损害或责任，根据海上保险合同，要求保险人赔偿时，保险人有权要求被保险人提供与确认保险事故性质和损害程度有关的证明和资料。根据《保险法》第25条的规定，保险人自收到赔偿或者给付保险金的请求和有关证明、资料之日起60日内，对保险金不能最终确定的，应当根据已有证明和资料可以确定的数额先予支付；保险人最终确定赔偿或者给付保险金的数额后，应当支付相应的差额。具体需要向保险人提供哪些证明和资料，取决于个案中保险事故的种类和保险合同的要求。例如，船舶发生碰撞事故后，船舶所有人向船舶保险人请求损害赔偿时，通常应提供下述文件：(1) 事故报告；(2) 海事声明；(3) 损害检验报告；(4) 航海日志、轮机日志及海图、车钟记录、自动航向记录（如有）；(5) 对方船的航行资料；(6) 修理费用账单；(7) 修复后的检验报告；(8) 对方船的损害检验报告、索赔及其支持文件；(9) 双方碰撞责任比例的裁决书、判决书或协议；(10) 船舶的有关证书；(11) 保险单正本等。现行中国人民保险公司海洋运输货物保险条款规定，被保险人向保险人索赔时，必须提交下列单证：保险单正本、提单、发票、装箱单、磅码单、货损货差证明、检验报告及索赔清单等。

（二）保险人的代位求偿权

代位求偿权在我国现行法律中被认为是债权的法定转移，即保险人根据合同对被保险人的损失予以赔偿后，如果第三方根据合同或法律需对该损失承担损害赔偿责任，被保险人享有的对第三方的请求权（债权）立即自动转移给保险人。不管保险人赔偿的损失是全损还是部分损失，保险人都具有法定的基于债权的代位求偿权。保险人取得代位求偿权的时间是他赔付被保险人之日，从此时起，保险人可以而且应该以自己的名义独立向第三人要求赔偿①，无须被保险人同意转让（assign）这一权利，这一点与英国法不同。被保险人也无须通知第三人，不受

① 根据英国法的规定，保险人应该以被保险人的名义向第三人追偿。

《民法典》关于债权约定转移的制约。

保险人的代位求偿权是传来取得（继受取得）的权利，严格地限于被保险人原有的对第三人的权利，不能由于代位求偿而得到被保险人本没有的权利；保险人的代位求偿权也仅限于与保险标的有关的权利，例如，在船舶保险下，保险人的代位求偿权就不包括对被保险船舶丧失租船运费的请求权。

被保险人有义务尽力协助保险人向第三人追偿，无权擅自放弃向第三人要求赔偿的权利。被保险人未经保险人同意放弃向第三人要求赔偿权利的，或者由于过失致使保险人不能行使追偿权利的，保险人可以相应扣减保险赔偿。《海商法》第 253 条规定，“被保险人未经保险人同意放弃向第三人要求赔偿的权利，或者由于过失致使保险人不能行使追偿权利的，保险人可以相应扣减保险赔偿”。我国《保险法》第 61 条第 2 款也规定，在保险人取得代位求偿权后，被保险人放弃向第三方追偿的权利的行为无效。这一规定进一步明确了代位求偿权作为法定债权转移的性质。

被保险人已经从第三人取得的赔偿，视为被保险人为保险人的利益而保存，保险人支付保险赔偿时，可以从应支付的赔偿额中相应扣减被保险人已经从第三人取得的赔偿。《海商法》第 254 条规定，“保险人支付保险赔偿时，可以从应支付的赔偿额中相应扣减被保险人已经从第三人取得的赔偿。保险人从第三人取得的赔偿，超过其支付的保险赔偿的，超过部分应当退还给被保险人”。

自 2000 年 7 月 1 日起施行的《海诉法》第 93 条至第 97 条对海上保险人行使代位请求赔偿权的具体程序作了规定。

法律中关于保险代位求偿的规定旨在调整保险合同双方当事人之间的权利义务，防止被保险人双重受偿。但现行法律规定不够严谨，容易被理解为第三人可援用的抗辩理由。

二、保险人放弃对保险标的的权利和解除其义务的规定

保险人有提前终止保险义务的选择权。我国《海商法》第 255 条赋予保险人一项特殊的权利，即发生保险事故后，“保险人有权放弃对保险标的的权利，全额支付合同约定的保险赔偿，以解除对保险标的的义务”。对保险人行使这一权利的限制是，保险人“应当自收到被保险人有关赔偿损失的通知之日起的七日内通知被保险人；被保险人在收到通知前，为避免或者减少损失而支付的必要的合理费用，仍然应当由保险人偿还”。依据这一规定，保险人得选择在被保险人提出全损索赔之前，主动作出全损赔付，以解除对保险标的的义务。保险人作出这一选择的主要动机是减少施救费用的赔偿和管理费用。在实务中，保险人的这一权利可能与被保险人在推定全损发生时选择按部分损失索赔的权利相冲突。

保险人行使这一权利的另一代价是必须放弃对保险标的的权利，不得再主张对保险标的的物上权利。

三、船东互保协会

（一）船东互保协会简介

船东互保协会，习惯上称为船舶所有人保赔协会（简称 P&I Club），是船舶所有人、承租人、船舶代理人或货运代理人相互保险其海事责任的非营利性组织。随着航运业的发展，船舶所有人责任的迅速膨胀，船东互保协会增多，其目的是避免恶性竞争，加强垄断和分散风险。

20世纪20年代，英国的9家大型互保协会组建了伦敦保赔协会分保协会（简称London Pool），以后又发展成包括多家互保协会的国际保赔集团（简称The International Group），现在是由13家互保协会组成。中国船东互保协会（China Ship owners Mutual Insurance Association，简称CPI）尚未加入国际保赔协会，但与国际保赔集团中数家互保协会之间存在着分保关系。

目前世界上95%以上的远洋商船都参加了互保协会，保赔保险成了海上保险中的重要险种之一，是船舶保险的必要补充。

我国保赔保险历史很短。1965年10月，中波轮船公司对两艘率先改挂中国旗的船舶，在中国人民保险公司上海分公司，参照西英保赔协会的保险条款，投保了保赔保险，这是我国保赔保险业务的开始。1973年9月，中国人民保险公司开始承保远洋油船的油污等责任风险。1978年1月1日，中国人民保险公司制定了自己的保赔保险条款，该条款在1993年1月1日重新修订。

1984年1月1日，由船舶所有人自己组织的中国船东互保协会正式成立，主要入会船是中远系统船公司所属的船舶。1997年，中国船东互保协会又修订了其保险条款，增加了巨灾额外加费规定，管理体制亦与国际做法接近。目前，大部分远洋国轮参加了中国船东互保协会，有一小部分在中国人民保险公司各分公司投有保赔保险，还有一些船舶在国外主要船东互保协会投保。

船东互保协会对入会船保险费的征收，采取每年度保险责任开始时先向会员收取预付保费（advanced call），待业务年度结束后，根据实际发生的费用再收取弥补该年度协会亏损的追加保费（supplementary call）。预付保费的确定，既要有竞争力，又要尽量减少对追加保费的需要，需要一定的技巧、经验。

参加互保协会对船舶所有人有以下好处：（1）与市场上保险公司相比较，因为互保协会不以营利为目的，故保险费要低一些；（2）互保协会有处理海事索赔的丰富经验，完整的通信代理网，能为船舶所有人提供建议、技术指导、安全服务，帮助处理事故，包括安排费用合理、水准一流的法律服务；（3）互保协会能及时为会员提供财务担保，以满足法律上的要求或避免入会船舶被扣押或及时释放船舶；（4）互保协会提供的保险，除油污责任限额为10亿美元外，皆为无限责任保险；（5）此外，互保协会还出版一些刊物，举办讲座，为会员培训人员，有助于会员管理水平的提高，减少责任事故的发生。

（二）互保协会承保的风险和除外责任

互保协会承保的风险是船舶保险人不承保的风险，范围很广，主要包括对人的责任、对物的责任、对费用的责任、油污责任、清理沉船沉物的责任和根据拖带合同产生的责任等。每个互保协会的章程（rules）各不相同，承保的风险也不尽一致，但大同小异。现根据中国船东互保协会2002年修订的保险条款，介绍互保协会承保的风险和除外风险。

1. 承保风险（risks covered），包括下述26项：

（1）入会船船员的人身伤亡、疾病（injury，illness and death-seamen）；（2）入会船船员外的任何人的人身伤亡、疾病（injury，illness and death-persons other than seamen）；（3）入会船船员的遣返和替换船员的派遣费用（repatriation and substitute expenses）；（4）个人物品、财产（loss or damage to personal effects，property）；（5）由合同产生的责任（liability arising under certain indemnity and contracts）；（6）碰撞责任（collision liability）；（7）财产的灭失或损坏（loss of or damage to property）；（8）改变航线的费用（diversion expenses）；（9）安置偷渡与避难人员的费用

(stowaways and refugees)；(10) 救助人命费用 (life salvage)；(11) 污染风险 (pollution risks)；(12) 根据拖带合同产生的责任 (liability under towage contract)；(13) 残骸处理的责任 (wreck liability)；(14) 检疫费用 (quarantine expenses)；(15) 货物责任 (cargo liability)；(16) 入会船上的财产 (property on the entered ship)；(17) 无法取得赔偿的共同海损分摊费用 (unrecoverable general average contributions)；(18) 由船方负责的共同海损费用 (ship's proportion of general average)；(19) 各种罚款 (fines)；(20) 支付救助人的特殊费用 (salvor's expenses)；(21) 海事调查费用 (enquiry expenses)；(22) 为船舶营运而产生的费用 (expenses incidental to the operation of ship)；(23) 损害防止和法律费用 (sue and labour and legal costs)；(24) 执行本协会指示而开支的费用 (expenses incurred by direction of the association)；(25) 集装箱联运责任 (through transit liabilities in relation to containers)；(26) 集装箱的灭失或损坏 (loss of or damage to containers)。

2. 除外风险主要有 7 项：(1) 船舶险承保的风险；(2) 战争风险 (不包括船员的不法行为和海盗)；(3) 核风险；(4) 双重保险；(5) 由于入会船承运违禁品，偷越封锁线，或从事非法贸易，或进行本协会董事会认为不安全、不适当或将引起额外风险的航程而引起的索赔；(6) 无纸贸易；(7) 会员违反运输合同，且该违反是由于或归于会员的故意或轻率的行为或过失，协会对由此而产生的责任和费用不负责任。

(三) 互保协会附加承保的其他风险

除了传统的保险与赔偿保险外，随着船舶所有人责任的增多，客观上要求互保协会提供新的保险，互保协会即在其普通保险责任范围的基础上，发展了许多新的险别，供会员船舶所有人额外支付保险费来投保。中国船东互保协会 1997 年标准保赔保险条款承保的风险已经很广泛，远不止传统保赔保险的范围，但仍可与会员单独协议承保其他风险。国际上常见的需要附加投保的险别有以下几种：

1. 抗辩费用险 (freight，demurrage & defence，简称 F. D. &D)。抗辩险业务 (defence club) 开始于 20 世纪初，其本意不是承保会员的运费和滞期费风险，而是索赔或抗辩运费、滞期费、租金、货损、救助、共损、船舶买卖、抵押等所引起的法律费用，并提供法律建议，即使争议本身不在通常的保赔责任范围之内。

2. 战争保赔保险和特别战争保赔保险。在武装冲突活跃时期，市场上保险人收取的船舶战争险保险费特别高，促使船舶所有人战争险互保协会 (mutual war risk association) 得以成立。但目前国际上船东互保协会一般不单独另行承保船舶战争保赔保险，船舶所有人一般是通过船舶战争险保险人来扩大承保，而且常常是免费的，国内各船舶保险人尚未提供此项业务。船东互保协会通过"战争险扩展条款" (war risks extention clause) 提供的特别战争保赔保险 (special P&I war risks cover) 是一种超额责任保险。

3. 联运保赔保险。由于集装箱、集装箱装卸设施、运输工具昂贵，而且集装箱运输旨在提供"门到门" (door to door) 的海陆空联运服务，因而其所要求的保险是传统船舶保险和船舶所有人保赔保险所没有的。为了适应这一要求，一方面补充、修订传统的船舶保险条款和保赔保险条款，另一方面出现了一家专门承保集装箱运输财产保险和保赔保险业务的"联运互保协会" (Through Transport Mutual Insurance Association Limited)，简称 TT Club。TT Club 开办了数个险种，由投保人按其业务性质和实际需要来选择，其会员很杂，包括：(1) 船舶所有人、承租人；(2) 集装箱码头和堆场；(3) 多式联运经营人、无船承运人、货物转运人、国际拖车及仓库经营人；(4) 集装箱出租人。陆地战争险 (war risk on land，"WROL")，由会员与协会另行协商解决。

4. 承租人保赔责任险。随着承租人的迅速增多和承租人责任的不断增加，船东互保协会开始吸收承租人会员，设立专门的承租人责任保险条款，还出现了专门承保承租人责任的互保协会"承租人互保协会"（Charterers Mutual Insurance Association）。承租人保赔责任险主要承保承租人以下四个方面的赔偿责任：

（1）作为承运人对货物承担的赔偿责任；（2）在装卸货物过程中造成人身伤亡的责任；（3）指定不安全港口或泊位对船舶所有人应承担的责任；（4）提供错误单证而产生的责任。

此外，有的船东互保协会还承保石油开发责任保险、渔船保赔保险、小船保赔保险、租金损失险、船舶没收险和船舶建造险等。

专题研讨

一、最大诚信原则及与诚实信用原则的关系

最大诚信原则是海上保险法的基本原则。国际海事委员会从1994年到2006年间召开的10次国际海事会议中[①]，最大诚信原则有7次被列为会议讨论的议题。

（一）最大诚信原则的概念

最大诚信在英语中表述为"utmost good faith"，在拉丁语中表述为"uberrima fides"或"uberrima fidei"，汉语一般称之为最大诚信原则。最大诚信原则至今已走过二百多年的历史，并被各国的立法、司法实践和学术界所承认。但是，关于最大诚信原则的确切含义，至今还没有统一的认识。有学者列举了最大诚信原则的16种表述[②]，这里仅摘录其中有代表性的几种：

1. 英国保险投诉调查局（The Insurance Ombudsman Bureau，简称IOB）认为[③]，最大诚信原则是保险合同的基础，它不仅是普通商业上的诚实信用（ordinary commercial good faith）问题，而且是一个最大限度的（utmost）诚实信用问题。这一原则适用于保险合同的双方（works both ways），尽管对被保险人的要求要多于对保险人的要求。最大诚信原则将保险合同的双方置于同等的地位（equal standing），尽管不一定有同等的商业实力（equal commercial power），但使双方在互惠的（benefit both）基础上进行协商谈判。交易的本质是：任何一方都使对方确信，他所接受的事实正是他所了解的事实。如果一方隐瞒了对方所需要了解的事实，整个交易将无效。[④]

---

① 10次国际海事立法会议是：1994年CMI在澳大利亚召开的悉尼会议；1998年6月CMI联合挪威海商法协会和斯堪的那维亚海商法协会在奥斯陆召开的海上保险会议；1999年11月英国海商法协会联合英国港务局（Trinity House）召开的伦敦会议；1999年12月CMI在安特卫普召开的会议；2000年5月英国海商法协会在土拉尼（Tulane）大学召开的会议；2001年2月CMI在新加坡先后召开三次会议，集中各国专家讨论"最大诚信原则"问题；2004年6月CMI在加拿大温哥华举行会议最大诚信原则是6个议题之一；2006年2月南非开普敦CMI海商法国际研讨会，海上保险是会议议题之一。

② 葛延珉．海上保险最大诚信原则研究，大连海事大学图书馆数据库。

③ 1981年，由嘉定、皇家和保众三家保险公司发起，并争取了另外6家保险公司加盟；在英国成立了保险投诉调查局（Insurance Ombudsman Bureau，简称IOB）。成立IOB的目的是设立一个独立的机构，向那些通过正常渠道不能从保险公司得到合理赔偿的被保险人提供帮助，协助他们解决同保险公司之间存在的纠纷。IOB的常设工作机构由12个精通保险、法律和相关专业的人士组成，并于1981年3月30日正式开始运作。根据章程的规定，会员保险公司向IOB交存了10万英镑的赔款保证金。该局后合并到金融监管部（The Financial Ombudsman Service），负责处理保险争议以及金融服务或金融产品争议。

④ 见英国保险监管理局官方网站：http：//www. theiob. org. uk/digest/u/utmostgoodfaith. html。

2. 最大诚信原则只是英美法系的规定，在大陆法系中不存在“最大诚信原则”的规定。大陆法系只规定了“诚实信用原则”（principle of good faith），只是在海上保险合同法中规定得更加严格和具体，但其实质性的内容与英美法的“最大诚信原则”是一致的。[①]

3. 最大诚信原则是诚信的最高境界。最大诚信原则是指签订保险合同的各方当事人必须最大限度地按照诚实信用精神协商签约，在此阶段，被保险人应当做到：（1）如实告知（披露）；（2）正确申报（陈述）；（3）履行保证。[②]

4. 诚实信用原则在保险合同中较之其他法律要求更高，因此被称为最大诚信原则或最大善意原则，它是保险合同当事人在订立保险合同时应遵循的基本原则。最大诚信原则同时适用于投保人及保险人。投保人的诚信体现在如实告知，保险人遵守诚信体现在“弃权”和“禁止反言”[③]。

这些不同的表述，说明了在最大诚信原则含义的认识方面，存在如下三个问题：第一，最大诚信原则与诚实信用原则的关系；第二，最大诚信原则的内涵和外延；第三，最大诚信原则的适用范围。

（二）最大诚信原则与诚实信用原则的关系

诚实信用原则是民法的基本原则。最大诚信原则与大陆法系民法中的诚实信用原则有着同样的道德伦理基础，然而，最大诚信原则与诚实信用原则的关系并不像有的学者所说的那样显而易见——最大诚信原则无非是诚实信用原则的功能和作用在保险法中发挥得最为淋漓尽致。[④] 笔者认为，最大诚信原则与诚实信用原则有着深刻的区别和联系。

1. 诚实信用原则在民法中，体现为一般原则性条款，适用到具体案件时，须由法官评价予以补充，加以具体化。尽管通常学者认为，缔约过失责任、预期违约制度、不安抗辩权等都体现着诚实信用原则的法理念，但当提及诚实信用原则时，却无法与这些制度画上等号。然而在提到最大诚信原则时，人们很自然地联想到告知、保证、弃权、禁止反言等具体制度，极少去探究最大诚信原则贯穿保险法始终的效力和功能。这种差异并不是简单的“功能最大化”能够解释清楚的。

2. 最大诚信原则与诚实信用原则有着不同的渊源和发展背景。诚实信用原则最早可追溯至罗马法，起源于古罗马法的诚信诉讼，后来在大陆法系许多国家的立法中被作为指导一切民事活动的基本原则确定下来。而最大诚信原则的发展和完善是在英美法系国家中完成的。它起源于海上保险，最早概括这一原则的判例是1766年的卡特诉波姆（Carter v. Boehm）[⑤]，英国《1906年海上保险法》第一次将此原则确定下来，并为世界各国制定保险法或海上保险法时所仿效。因此，最大诚信原则更多体现的是英美法系的价值理念。

3. 最大诚信原则对保险活动的当事人的要求较之诚实信用原则对普通商事合同当事人的要求更高。表现在：（1）诚实信用原则只要求当事人具有诚实、守信、善意的心理状态，即只要做到主观上善意，即使因过失未能如实陈述事实真相，通常也不认为违反诚实信用原则。最大诚信原则所要求的是事实上的善意，即知情方必须如实告知其所知道的所有重要情况，因过

---

① 汪鹏南．海上保险合同法详论．大连：大连海事大学出版社，1996：42．

② 夏善忠，阮如春．浅谈保险经营的“最大诚信原则”．淮安金融，2003（1）．

③ 邹莉莉．最大诚信原则在人身保险合同中的具体运用．人民法院报，2003-06-12．

④ 尹田主编．中国保险市场的法律调控．北京：社会科学文献出版社，2000：115．

⑤ Carter v. Boehm（1766）3 Burt. 1905//E. R. Hardy Ivamy. Gerneral Principles of Insurance Law. 4版：129．

失而未如实告知也构成违反最大诚信原则。（2）诚实信用原则只要求当事人不得欺骗他人，损人利己。而根据最大诚信原则，当事人仅仅做到不欺骗是远远不够的。普通合同的标的一般有一定的共性，当事人可以对所需要知道的情况进行有目的的询问，只要不存在欺诈，就可以保证当事人获得足够的信息。然而，保险合同却不是这样，作为保险合同的买方，投保人在购买保险时，向作为卖方的保险人让渡的仅仅是一种忧患意识，得到的却是保险人对其作出补偿的一种承诺。投保人所让渡的这种忧患意识是否会变成真实的危险是不确定的。众所周知，绝大多数的保险合同在终止前，投保人支付的保险费除了换来保险人有条件的承诺外，什么也得不到。因此，特定的保险合同区别于商业合同的最大特点是，花钱不一定能取得回报，而一旦投保人让渡的忧患变为现实，他从保险人处得到的补偿就远远大于他所支付的保险费。基于保险合同的这一特点，它的订立条件与普通商业合同是不同的。它是在特定条件下的道德交易，因而对道德规范的要求要比一般商业交易对道德规范的要求高得多。最大诚信原则正是这种要求下的产物。

4. 诚实信用原则调整一般平等主体之间的利益平衡，最大诚信原则则是调节优势和劣势主体之间的利益平衡。在一般的民事活动中，各交易主体之间的缔约能力以及对交易标的的认识能力基本相当，各方当事人之间的利益冲突或矛盾仅要求一般的诚信即可平衡。然而，在保险合同中，双方当事人很难处于事实上的平等状态，对事实的认知能力存在严重的失衡。在缔约能力上，投保人处于“要么接受，要么走开”的弱势地位，而在对保险标的物情况的认知上，保险人又处于弱势，因为保险人对承保危险程度的估计与判断，在很大程度上只能依赖于投保人的陈述。这时，最大诚信原则的设立正是出于对保险活动当事人之间利益失衡的调整，从而有力地保证保险合同的顺利进行。

5. 违反诚实信用原则与违反最大诚信原则的法律后果不同。一般地违反诚实信用原则并不必然导致合同无效或被解除的法律后果，但在保险合同中，只要一方违反最大诚信原则，另一方的唯一救济方式是宣告合同无效，而不能索赔损失。①

最大诚信原则与诚实信用原则虽然存在上述差异，但这两个原则并非是不可融合的。（1）最大诚信原则与诚实信用原则都体现了法律关于道德与伦理的要求，平衡与公正的精神。这种价值内涵上的一致，使两者的融合成为可能。（2）近来大陆法系和英美法系之间差异的缩小，也使最大诚信原则与诚实信用原则的融合成为可能。（3）最大诚信原则与诚实信用原则尽管不能相互代替，但有一点是确定无疑的：诚实信用原则是最大诚信原则的核心概念②，最大诚信中的“最大”一词只是提出了高程度的诚信要求。③

（三）最大诚信原则的主要内容

最大诚信原则的主要内容是诚实信用以及基于海上保险的特殊性所设定的一些特殊规则。这些特殊规则包括：

（1）保险人的说明义务与被保险人的告知义务；

（2）陈述义务与误述的处理规则；

（3）海上保险中的保证制度；

（4）风险变化的通知义务；

---

① 特克法官在“星海”（The Star Sea）案［1995年《劳氏法律报告》第1卷第651页］中的判决评论。

② 徐卫东主编．商法基本问题研究．北京：法律出版社，2002：292.

③ Susan Hodges. Law of Marine Insurance. Cavendish Publishing Limited，1996，p. 83.

（5）发生保险事故的处理规则；

（6）违反最大诚信原则的处理规则。

可以说，判断一个国家的法律是否承认或确立了最大诚信原则，主要是看该国法律是否承认上述特殊规则，尤其是上述规则（1）、（2）、（3）和（6），规则（4）和（5）实际可以包含在其他规则中。诚实信用原则包含的内容中，如与上述规则不一致的，在处理海上保险法律关系时，应以上述规则为准；上述规则未包含的内容，则由诚实信用原则来补充。因此，最大诚信原则是以诚实信用原则和公平原则为基础内容，结合特定的海上保险规则所形成的一项特殊法律原则。

（四）2015 年英国保险法对最大诚信原则的变革

英国《1906 年海上保险法》第 17 条所创建的最大诚信原则存在重大缺陷，它不符合大陆法系的立法要求，更无法与我国《海商法》的现有规定协调一致。① 因此，近年来，包括英国在内的各国保险界，要求变革英国保险法最大诚信原则的呼声越来越高。2015 年英国保险法在议会获得通过，并已于 2016 年 8 月生效。该法被视为英国近 100 年以来保险法发展史上最重大的变革，其结合现代保险业的发展，对以往保险法进行了重大修改。其中最大诚信原则的修改是变革的重要内容之一。② 该法就最大诚信原则重塑了公平合理的陈述义务，以“被保险人主动告知为主，保险人询问为辅”的模式取代了 1906 年英国海上保险法中的被保险人主动告知模式。重新构建了违约救济方式，该法第 14 条第 3 款，删除了“允许一方当事人以另一方违反最大诚信原则而主张合同（自始）无效的权利”的单一模式，提出除故意或者放任违约保险人可以解除合同，拒绝赔偿，且不退保费外③，违约救济方式被细化为三种不同情况：第一，如果不存在此种违约，保险人本不可能签订保险合同，此种情况保险人有权宣布合同无效，但需要退还保险费；第二，虽有此种违约，保险人仍会与被保险人订立保险合同，但会以不同的保险条款（不包括保险费条款）订立合同，此时应将该不同的保险条款视为包括在已订立的保险合同之中；第三，存在此种违约，保险人仍会订立保险合同，但会以更高的保险费率订立，则此种情况保险人在理赔时可以对被保险人的索赔按比例扣减。这种做法被学者称作“按比例原则救济方式”④。

二、可保利益问题

可保利益（insurable interest）在我国《保险法》中被称为“保险利益”。可保利益，是指法律规定被保险人对保险标的应存在着某种联系，有了这种联系，就有可保利益，没有这种联系，就不存在可保利益。可保利益原则是海上保险法中的又一项基本原则，产生这一原则的法理基础是，海上保险合同是一种补偿合同。

（一）可保利益原则的立法目的

确立可保利益作为海上保险的基本原则，其目的在于消除赌博保险。保险与赌博都具有射

① 朱作贤，李东．论修改《海商法》应否补充规定英国模式的“最大诚信原则”：兼对海上保险法最大诚信原则的反思．中国海商法年刊，2003：55.

② 英国 2016 年保险法变革的主要内容包括：最大诚信原则及相关制度、欺诈性索赔、保证制度以及通过合同条款排除新法适用等四方面。张金蕾，潘秀华．中国海上保险法律制度修改的再审视：以《2015 年英国保险法》为背景．中国海商法研究，2015（4）：16-26.

③ 参见 2016 年英国保险法附则 1 第 3 条至第 6 条。

④ 参见 2016 年英国保险法附则 1 第 3 条至第 6 条。

幸性，二者的数理基础相同，即概率论中的大数法则，关键的区别在于保险合同的被保险人对标的物有可保利益，而赌博合同的参与人不受这一条件的限制。在1745年之前，英国法律不要求被保险人与保险冒险（insured adventure）有任何联系。开始时，如果船舶在航程中灭失，贷款人就收不到已经贷给船舶所有人的贷款本金和利息；如果船舶安全抵达目的港，贷款人就可以收到较高的利息。这就是海上保险的原始形式——船舶抵押贷款时期，这种形式与赌博是很相似的，与赌博有所不同的是，贷款人与船舶有密切的利害关系。后来出现了纯属赌博性质的保险，被保险人既不是船舶或货物所有人，也不参与海上运输，完全像西方盛行的赌马，被保险人可以以某一船舶是否安全到达目的港为赌注，如果船舶在航程中灭失，被保险人获胜，可以赢得保险金；如果船舶安全抵达，被保险人只是白白支付了保险费。这种保险在16、17世纪非常流行，以致助长了道德风险的蔓延。为了遏制越来越严重的赌博保险，维护保险业的健康发展，英国不得不颁布了禁止赌博保险的法律——《1745年保险法》，明确规定投保人一定要对保险标的具有利害关系，否则法律将不予承认，这样就产生了“可保利益”的概念。

（二）两种可保利益原则的对峙

1. 英国可保利益原则

被保险人对保险标的是否具有可保利益，在英国法下一直存在着两种不同的衡量标准：“严格限制准则”（narrow and strict approach）和“宽松灵活原则”（wide and liberal approach）。前者也被称为“爱尔登准则”，强调被保险人与保险标的的法律联系；后者也被称为“劳伦斯准则”，不强调被保险人与保险标的的法律联系，只强调经济联系。[①] 尽管英国《1906年海上保险法》第5条第2款对可保利益作出了说明，“可保利益”是指保险标的具有“法律上承认的”（legal）“可以确定的”（definite）“经济”（pecuniary）利益。这似乎对可保利益给出了“强调法律联系”的定义，但是两种观点的对峙一直没有停息过，包括对该条款的理解。[②]

英国的Anderson v. Morice案[③]和Macaura v. Northern Assurance Co. Ltd. 案[④]被视为“爱尔登准则”的典型案例。在Anderson v. Morice案中，部分大米在装船过程中因船舶沉没而损失。Chelmsford勋爵根据《1745年海上保险法》驳回了被保险人（买方）的诉讼请求，理由是被保险人对已装船部分货物并没有可保利益。因为买卖合同规定“货款在全部货物装船完成后支付”。被保险人没有支付损失部分货物价款的义务，因而没有可保利益。在Macaura v. Northern Assurance Co. Ltd. 案中，种植园主将其木材（大部分还是生长着的林木）卖给一家木材公司，其对价是让与该公司的全部股份，它是唯一的股东。出售后，种植园主为木材投保了火灾保险，投保两个星期后，大火烧毁了大部分木材。此时，该公司尚欠种植园主19 000英镑。上议院判定，尽管被保险人种植园主是该公司的唯一股东和债权人，但他对公司财产木材还是没有可保利益。Sumner法官对本案中的被保险人的法律地位作了如下的分析：“公司的

---

① 1806年，在Lucena案中，原告被保险人为正在押送驶往英国港口的荷兰被俘船舶投保了船舶险，但是在航行途中船舶沉没了，被告保险人认为船舶损失时仍未交付给原告，因此原告没有可保利益，拒绝赔偿。爱尔登勋爵（Lord Eldon）主张“严格限制准则”，即著名的“爱尔登准则”，认为原告的利益既不是一项财产中的权利，也不是该财产的合同产生的权利，期待不可能成为可保利益。劳伦斯法官（Lawrence J）的观点与之相反，形成著名的“劳伦斯准则”，他认为被保险人“与保险标的之间存在的某种联系或关系（relation or concern），这种联系或关系会因为保险事故的发生而使被保险人受到影响，以致产生某种损害、危害”。上议院最终接受了爱尔登勋爵的观点。参见Lucena v. Craufurd（1806）127 ER630。

② Malcolm A. Clarke. 保险合同法．何美欢，吴志攀等译．北京：北京大学出版社，2005：104.

③ 1876 3 Asp MLC 290，HL.

④ 1925 AC 619，HL.

债务和股份都没有面临火灾的危险，事实是，被保险人是公司的唯一债权人，并且木材是公司的唯一财产……被保险人对木材根本没有任何法律或衡平上的关系，他与保险标的没有任何联系。他与公司有关系，而不是与公司的财产有关系，他是因为公司资产缺乏而直接受到损害，而不是因为火灾。”

从上述两案可以得出结论：被保险人必须与保险财产有法律联系，这种联系应当是直接的。在 Macaura v. Northern Assurance Co. Ltd. 案中，如果承保的是债务人的偿付能力，即债务本身而不是财产（木材），此时被保险人与标的债务有法律联系，便可形成法律上所认可的可保利益，债务人因火灾失去偿付能力，被保险人有权依据保单请求赔偿。在 Anderson v. Morice 案中，被保险人的期待利益不是可保利益，尽管这种期待建立在最大的可能性上。如果把接近必然的可能性视为可保利益，将会有数百以至数千人有可保利益，比如，码头公司、仓储公司、码头主管、搬运工人等。①

英国近期案例已经谨慎地突破此种限制，倾向于“劳伦斯准则”②。

2. 美国、加拿大、澳大利亚的可保利益原则

海上保险法的发展，已对英国保险法可保利益原则提出了挑战。澳大利亚、加拿大和美国等普通法国家的立法或司法实践，已出现不要求被保险人与保险标的有法律或者衡平上的联系。

(1) 澳大利亚 1984 年《保险合同法》(ICA) 第 16 条规定，“可保利益并非必备”；第 17 条规定，“损失发生时法律上的或者衡平上的利益并非必备。如果普通保险合同的被保险人确实因为其财产，保险合同的标的灭失而蒙受金钱上或经济上的损失，保险人并不仅仅因为被保险人在损失发生时财产并没有法律上或衡平上的利益而被免除责任”。按此规定，Macaura 案的判决使被保险人无法就其遭受的损失获得赔偿，是不合理的，因为种植园主与木材是有经济上的联系。人们不禁要问，为什么科学研究者有权将实验品投保，而为新产品开发提供资金的人却不能投保？又比如，火灾引起工厂关闭，给公司的雇员造成经济损失，那么，为什么工厂主能够将工厂投保火灾保险，而雇员却不能投保？

(2) 加拿大 1993 年《海上保险法》第 8 条有关可保利益原则的规定，与英国《1906 年海上保险法》第 6 条的规定几乎一致。但加拿大最高法院在审理 Kosmoponlos 案③时，该案的内容与英国的 Macaura 案情况大体相似，公司的财产以公司唯一的股东和董事的名义投保火险。法院判定该股东对公司的财产具有可保利益，理由是：假定被保险人因保险标的的持续安全而受益，因保险标的的灭失而受到损失，就不能说此保险合同是赌博合同。加拿大法院认为，为什么某人可以投保因疾病而遭受的收入损失，却不能投保因自己的工厂遭受火灾无法正常开工而蒙受的收入损失？

(3) 美国早期的判例与英国法律相同。比如 1888 年的 Farmers' Mutual 案，原告投保桥梁的火灾保险，因为他对桥梁两边的公路拥有所有权。火灾发生后，原告向保险人请求公路的利润损失，未能获得成功，因为原告对桥梁没有可保利益。④ 美国目前多数州都已抛弃英国法的

① Malcolm A. Clarke. 保险合同法．何美欢，吴志攀等译．北京：北京大学出版社，2005：104.

② Hepburn v. A Tomlinson (Hauliers) Ltd. 1966 A. C. 451, HL; Anthony John Sharp and Roarer Investments Ltd v. Sphere Drake Insurance pie, Minster Insurance Co. Ltd. and EC Parker and Co. Ltd., 'Moonacre' 1992 2 Lloyd's Rep. 501; O'Kane v. Jones (the "Martin P") 2003 EWHC (Comm), 2004 1 Lloyd's Rep. 389.

③ Constitution Insurance Co. of Canada v. Kosmopoulos (1987) 34 D. L. R. (4th) 208.

④ Farmers' Mutual Ins. Co. v. New Holland Turnpike RdCo. 15 Co. 15 Atl. 563 (1888).

概念，仅仅要求经济联系原则[①]，不限于财产所有权或对财产的合同权利。在一定条件下，期待可以成为可保利益；甚至被保险人没有可保利益，保险合同仍然有效，唯保险赔偿不能支付给被保险人或保险合同约定的受益人，而应当支付给保险合同外的真正具有可保利益的人。

3. 结论

(1) 在可保利益原则上，两种制度分歧的核心是：英国传统保险法过分强调保险标的与被保险人的法律联系，而美国、澳大利亚等国强调的是被保险人与保险标的的经济联系。

(2) 分析两种可保利益原则，英国的可保利益原则过于保守，澳大利亚、美国等国的做法足以实现可保利益的立法目的，防止赌博。

(三) 中国保险法可保利益的规定

我国《海商法》没有给出可保利益的定义。《保险法》第 12 条第 6 款规定："保险利益是指投保人或者被保险人对保险标的具有的法律上承认的利益。" 同条第 2 款规定："财产保险的被保险人在保险事故发生时，对保险标的应当具有保险利益。" 一般认为，这一表述与英国 1906 年海上保险法是一致的，在财产保险中强调的是被保险人与保险标的之间的法律联系。可保利益的存续时间，从 2009 年修改后的保险法的规定来看，不再要求被保险人在订立合同的时候就具有可保利益，"财产保险的被保险人在保险事故发生时，对保险标的应当具有保险利益"（《保险法》第 12 条第 2 款）。为了不妨碍海上货物的买卖，许多学者都认为，就财产保险，只要求被保险人在发生事故时具有可保利益就足够了，英国保险法也是这样要求的。但是，笔者认为，这种观点忽略了英国《1906 年海上保险法》的另一规定："被保险人对保险标的无可保利益，并在订立合同后仍无获得此种利益的可能，就被认为是赌博合同"。这就是说，如果被保险人在订立保险合同时，对保险标的无可保利益，并且没有获得可保利益的可能，这种保险合同就是无效的。因而，至少应当要求被保险人在订立保险合同时具有取得可保利益的可能性，这一点是法律的基本要求。海上货物保险是一种特殊的保险，对其他的财产保险而言，应当要求被保险人在订立保险合同时对保险标的具有预期的可保利益。

山东省高级人民法院在"荣盛"轮一案中，判决船舶挂靠经营情况下的实际船舶所有人对船舶具有可保利益。大连海事法院在"育航"轮一案中，判决未经登记的光船承租人对船舶有可保利益。这两起案件对可保利益的认定标准显然是不同的，前者是以"法律上的联系"为标准，后者则是以"经济上的联系"为标准。

(四) 被保险人无货物进出口权，是否必然构成无可保利益，使货物保险合同无效

在"SUNRICHIE3"案中，CFR 中国买方向保险公司投保，海运途中船舶沉没，货物全损。买方未支付货款，将保险单转让给香港卖方。香港卖方持有保险单和托运人转让的提单向保险公司索赔。广州海事法院判决买方在货物越过装港船舷后有可保利益，并有权转让保险单。货款是否支付属于贸易合同范畴，不影响保险合同效力，超经营范围进口货物，与保险合同效力无关，故判决被保险人具有可保利益，保险合同有效。[②] 广东省高级人民法院二审推翻一审判决，理由是：买方没有进出口钢材的经营权，违反《对外贸易法》第 9 条、第 19 条，对非法进口的钢材，不可能享有法律上承认的利益，因此，没有合法的可保利益，认定保险合

① 参见加利福尼亚州《保险法典》第 281 条；路易斯安那州《保险法典》，《犹他州法典》31A-21-104（2）(b)、31A-21-104（5），《纽约保险法》第 3401 条。

② 参见（1997）广海法商字第 82 号。

同无效。①

对“SUNRICHIE3”案的一二审不同判决，反映了两审法院对保险标的需具备“法律联系”的不同理解。广州海事法院的判决表明，被保险人违反行政法律规定，不构成无可保利益，使货物保险合同无效。广东省高级人民法院则认为，违反行政法规就构成保险合同的无效，理由是法律不承认非法利益。

笔者认为，违法行政法规并不一定构成无可保利益，使货物保险合同无效，要根据个案的具体情况而定。如果违反行政法规并没有使买卖合同归于无效，买方（或卖方）就该买卖合同项下的货物进行投保，不应认为该被保险人无可保利益而使保险合同无效。被保险人违反行政法规的法律后果是：接受行政处罚，但并不能以行政法规直接来调整民事关系。本案如果符合这样的条件，广州海事法院的判决就是正确的；然而，如果被保险人违反禁止性、限制性、取缔性的强制性法律或行政法规的规定，将可能导致买卖合同无效，从而保险合同无法履行，成为无效合同。对于这种无效，笔者认为，可从两个方面理解：第一，从公法与私法的关系看，当公法与私法同时指向同一标的时，公法的强制性规定阻止了私法规定的实施②，从而使保险合同无法履行。第二，从可保利益原则看，本案被保险人在签订保险合同的时候，明知保险标的进口属违反强制性行政法规行为，行政主管机关有权依法剥夺被保险人的货物所有权，使其丧失对保险标的的可保利益，被保险人却仍然投保，法律不会也不可能会维护预期无可保利益的保险合同，承认被保险人对该保险标的享有法律上承认的利益。因此，被保险人无权请求保险赔偿。广东高级人民法院的二审判决，应该是按第一种理解作出的。

三、关于保证

（一）保证的概念

海上保险中的保证制度出自英国的《1906年海上保险法》和司法实践。采纳或吸收英国《1906年海上保险法》的国家的海上保险立法中都有保证的规定。少数大陆法系国家，如葡萄牙、西班牙、斯洛文尼亚和我国也引入了保证制度。而大多数大陆法系国家如德国、挪威和法国等皆没有保证的概念，但存在类似保证的“风险改变”制度。

英国《1906年海上保险法》中保证的基本概念是，“保证（warranty）是指允诺型的保证，即被保险人保证为或不为某种特定事情，或履行某项条件，或者肯定或否定某些事实的特定状态。保证可以是明示，也可以是默示”③。根据该定义，无论保证对风险是否重要，均是一种必需严格遵守的条件。如果被保险人违反保证，除非保险单另有明示规定，从被保险人违反保证之日起，保险人解除责任，但不妨碍在违反保证之前他所承担的责任。

国内有学者主张：“可将保险中的保证定义为：是指保险合同中以书面文字或者通过法律规定的形式使投保人或被保险人承诺某一事实状态存在或不存在、持续存在或不存在，以及承担履行某种行为或不行为的条款。”④ 另有国内学者将保证定义为，“那些保险合同中以书面文字或通过法律规定的形式使被保险人承诺某一事实状态存在或不存在或持续存在或不存在，或

① 参见（1999）粤法经二终字第274号。

② 司玉琢．论公法优于司法原则及其在海事司法实践中的应用．海事与商事涉外审判研究，2002（2）．

③ 英国《1906年海上保险法》第33条。

④ 李玉泉．保险法．2版．北京：法律出版社，2003：66.

者，承担履行某种行为或不行为的保险合同条款”①。

简言之，保证是指被保险人对某事作为或不作为，对某种状态存在或不存在的承诺。

（二）英国海上保险法的默示保证制度

英国传统海上保险法中的默示保证主要有适航保证和合法保证，除此之外，还有其他一些默示保证。

1. 适航保证

英国《1906 年海上保险法》第 39 条对船舶适航的默示保证作了详细的规定，主要体现在以下几点：

（1）航程保单船舶在开航时必须适合于承保的特定航程的默示保证；

（2）如果船舶停泊在港内保单生效，承担港内正常风险的默示保证；

（3）如果保单涉及多个阶段航程，船舶在每一阶段开始使用适合该阶段的消耗品或设备的默示保证；

（4）船舶在各方面合理适于各航段正常风险，即被视为适航；

（5）定期保单不存在船舶阶段适航的默示保证。但是，被保险人对于船舶处于不适航状态下出海是知情的，保险人对因不适航造成的损失不负责任。

2. 合法保证

英国《1906 年海上保险法》第 41 条规定，“被保险的航海冒险应当合法，并且，只要被保险人能控制局面，该航海冒险必须以合法的方式完成”。根据该法第 3 条第 2 款的规定，在下列情况下存在航海冒险：

（1）处于海上风险中的船舶、货物或其他动产；

（2）由于可保财产处于海上风险之中而使收益、运费、客票、佣金、利润或其他经营性利益受到损失的风险，以及使对任何垫付、贷款或支出费用的担保受到危害的风险；

（3）可保财产的所有人或对该财产有利害关系或承担责任的人，因海上风险所引起的对第三人应负的责任。航海冒险不仅适用于航次保险，也适用于定期保险。根据上述规定，不仅冒险是合法的，冒险还必须以合法的方式履行。合法不仅是指不违反英国法，还要求不得违反与合同有关的外国法。

对于合法性的解释，英国 1944 年 Redmond v. Smith and Another 一案②，对冒险的合法性问题作出了权威性的解释。Tindal 大法官指出，“有关非法航程的保单是不可能被执行的，因为，如果原合同是无效和不能被执行的，而以原合同为基础的附属合同却是能够执行的，这是一种异常的情况。故而，总的原则应当是，如果航程是非法的，以此航程为标的的保险就是非法的”。

在 1906 年前英国的判例法中，违反合法性保证的后果是合同自始无效。而根据英国《1906 年海上保险法》的规定，违反合法性保证的后果应当与违反其他保证的后果一样，即从被保险人违反保证时起，保险人自动解除赔偿责任，但不妨碍在违反保证之前其所应承担的责任。

---

① 陈欣．保险法．北京：北京大学出版社，2000：73.

② （1944）7 Man&G 457.

3. 其他保证

其他保证包括“中立保证”和“航程保证”等。英国《1906年海上保险法》第6条规定，如果被保险财产（不论船舶还是货物）明示保证中立，这也就是默示该项财产在风险开始时具有中立性。中立性主要是指被保险人能控制局面，这种中立性在整个保险中应当始终保持不变。对于明示保证中立的船舶来说，该船舶应当适当地备齐各种证件以证明其中立性，不得伪造、隐匿证件或使用假证件。英国《1906年海上保险法》第43条至第49条规定，航次保险中还有法定的默示保证。首先，船舶不得改变航次，如果发生改变航次，保险人自航次改变时起解除赔偿责任，即使该船发生损失时尚未离开保单所规定的航线。其次，船舶无合法理由不得驶离保单所载明的航线，否则，保险人自船舶绕航时起解除责任。最后，承保的航海冒险必须在合理的时间内按规定航次开始。这些规定虽未使用“保证”一词，也未列在“保证”一节中，但从条文的规定可以看出，这些条件是保险人承担赔偿责任的先决条件。除合同另有约定外，违反上述规定将导致保险合同自动终止，因此应将它们视为保证。

此外，英国伦敦保险协会下属的“技术与条款委员会”于1995年修改的1983年协会定期船舶保险条款（I. T. C. H），以及伦敦国际保险人协会（IUA）和伦敦保险人协会（LUA）的联合船舶保险委员会（JHC）分别于2002年11月及2003年11月正式对外公布的“国际船舶保险条款”（IHC）中均订有相应的“保证”条款。

（三）保证制度的发展与变革

1. 近年来，国际上对海上保险的保证制度的存废出现了几种不同的观点：

观点一，维持传统的保证制度不变。英国海上保险法学界持此观点的较多。从南非海上保险人协会提交给南非海商法委员会的《海上保险法建议草案（1997）》① 可以得到证实。该建议草案几乎保留了英国《1906年海上保险法》的全部保证部分的内容。但纵观世界海上保险法学界，持这种观点的是少数。

观点二，完全废除保证制度。另一种极端的主张是完全废除保证制度，将相关条款降为一般的明示合同条款。近年来，这种呼声在国际海上保险界逐渐有较多学者响应。澳大利亚法律改革委员会所记载的对澳大利亚《1909年海上保险法》的修改建议中有一条规定：海上保险法中的保证概念，无论明示、默示均应予以废除，并将目前保证概念涵括的范围以一明示合同条款制度代替。② 甚至在对保证制度改革持保守态度占多数的英国，也有人提出，“保证”一词的使用应完全予以抛弃，如果某一合同条款被违反，保险人欲有解除合同的权利，那么应在该条款的措辞中明确写明这种严厉后果。

观点三，折中解决办法。国际海上保险界为了改进保证制度存在的不足，提出了很多务实的建议，这些建议多主张在目前保证制度框架的基础上，作部分变动以软化该制度的严厉后果，可称之为折中解决之道。③ 对保证制度的软化反映在立法和司法实践中，就是对保证条款的认定越来越严格。加拿大法院在海上保险的保证条款问题上，通过一系列判决已对《联邦海

① Draft Marine Insurance Act，at http：//www. uct，ac. za/depts/shiplaw/marins. htm. Aug20，2002.

② Review of the Marine Insurance Act 1909 rep. No. 91.

③ Schoenbaum 教授（美国）提出，将保证区分为确认性保证和允诺性保证，前者是指对订立海上保险合同时就存在或者不存在的事实的保证，后者是指对合同订立后将发生或不发生的某事、作为或不作为的保证。允诺性保证条款的重要性是不言自明的，适用严格遵守保证原则，没有讨论的余地。但是对于确认性保证条款，不应适用严格遵守保证原则，因为“与风险有关的陈述，无论是记载于保险单中，还是在保险单之外，对保险人来说不应该有所区别，都应该根据重要性标准来判断”

上保险法》作出修正。其结论是：仅在十分有限的情况下，加拿大法院才认定保险单中含有真实的保证。这些情况实质上限于保证对风险有重要影响，且违反保证与损失之间须有因果关系。美国的立法亦有同样的趋势。美国纽约州保险法规定，除非违反此种保证条款会严重增加承保的损失风险，否则，违反保证不能构成保险人的有效抗辩。美国佛罗里达州保险法规定，被保险人违反任何保证条件，或者海上保险单的任何条款、保险合同、批单，并不能使保险单或者保险合同无效，也不能构成保险人的抗辩理由，除非此种违反在被保险人控制的范围内增加了风险。美国加利福尼亚州《保险法典》第449条规定，不含欺诈的违反保证仅能免除保险人对违反此项保证而产生的直接赔偿责任。可见，以上立法共同之处在于：第一，强调违反保证对风险的影响程度；第二，违反保证要与损失存在因果关系。恰恰是在这两点上区别于英国普通法规则，英国普通法确立的原则，保证事项完全与重要性无关，保证的事实可以与承保的风险毫无关系，损失无须由违反保证所引起。①

2. 英国2015年保险法

英国《1906年海上保险法》的保证制度，长期以来一直受到批评，最主要的原因在于，保证作为保险合同的条件和根基必须要严格遵守，一旦被违反，保险合同将自保证违反之日起自动解除，无论违反保证与风险之间是否有实质性联系。② 学者们的普遍观点是，保证制度的设定为保险人逃避其保险合同下的责任提供了助力，尤其是在风险的发生与保证之间没有任何关系的时候，保证制度的单一救济方式显得尤其失衡。早在2015年保险法出台之前，司法实践就试图通过寻求其他的救济方式来缓解保证严苛的法律后果，为英国保险法改革提供了借鉴。2015年保险法剔除了“合同的基础”的表述，废除了保证一旦违反，保险合同将自动解除的苛刻的法律后果，取而代之的是违反保证的法律后果是使保险合同效力中止，直到违约被修正，此间发生的损失，保险人不承担任何责任，但违约经修正后，保险合同继续有效。③ 英国保险法的这一改革，在很大程度上缓和了英国1906年海上保险法赋予保证的苛刻法律后果。合同效力中止的规定，给被保险人提供了修正违约行为的机会，避免了保险人随意解除合同的风险。

（四）我国海上保险法中的保证规定及修改建议

我国保险法律制度本身并不存在保证制度。《海商法》对保证的规定也只有一条原则性规定。

1.《海商法》第235条规定：“被保险人违反合同约定的保证条款时，应当立即书面通知保险人。保险人收到通知后，可以解除合同，也可以要求修改承保条件、增加保险费。”该条款仅是对保险人在海上保险合同中拟定的保证条款的效力从法律上予以确认，并未对保证加以定义。海上保险合同中的保证不同于民法或者其他性质的合同保证，也不可能适用其他法律。

2. 我国《保险法》第184条规定：“海上保险适用《中华人民共和国海商法》的有关规定；《中华人民共和国海商法》未规定的，适用本法的有关规定。”《海商法》没有对保证本身的性质及具体内容作出规定，《保险法》甚至对保证只字未提，因此也就更谈不上适用了。

此外，中国人民保险公司《船舶保险条款》第6条“保险终止”条款的第2、3款属于保

---

①② 参见英国《1906年海上保险法》第33条第3款。

③ 参见2016年英国保险法第10条。

证性质的条款。[1]《沿海、内河船舶保险条款》《沿海内河渔船保险条款》都规定了具有保证法律后果的条款。

我国海上保险法律制度基本是参照英国《1906年海上保险法》起草的。《海商法》的保证条款尽管只有一条，也是英国《1906年海上保险法》的规定。只要违反保证的事实存在，无论被保险人有无过失，"或是否为其所知，或是否是由于他人的过错，或是否因违反保证而增加危险，或损失与违反保证之间是否存在因果关系，或违反后是否得到补救"[2]，保险人均可解除合同而不承担此后的赔偿责任。这种保证制度，对被保险人显然过于苛刻，是极其不公平的。

如上所述，海上保险法保证制度的起源地——英国，都已经放弃了对被保险人的苛刻要求，弱化保证制度的作用。在严格限制保证条款适用的情况下，我国不宜再照抄英国《1906年海上保险法》规定的保证制度，而应结合国情，参考2015年英国保险法规定，建立适应海上保险法发展大趋势的保证制度。在修改我国《海商法》时，应明确如下问题，完善保证制度。

第一，明确保证的概念。可参照英国保险法的规定，即保证是指被保险人在海上保险合同中就某种作为或不作为，或者某种事实状态存在或不存在的承诺。

第二，明确严格限制保证条款的适用条件。即违反保证使保险人面临的风险达到某种严重的程度，同时违反保证与损失之间存在因果关系时，保证条款方可适用。

第三，明确保证的种类。鉴于我国合同法理论中不承认"默示条款"，因而，对保证也不宜分为明示保证和默示保证，应将保证限于明示保证，否则对被保险人无约束力。

第四，明确违反保证的后果。规定应有一定的灵活性，给被保险人修正违反保证的机会。应承认合同当事方事先约定违反保证条款后果的效力，如违反航区保证，在违反保证期间，因违反保证而造成的保险标的损失，保险人不负赔偿责任，但违反保证的情形消失后，保险标的不再受违反保证的影响，保险合同应恢复效力。

四、被保险人的通知义务与告知义务的区别

在实际业务中，有时会出现这种情况：被保险人在保险有效期内将承保的船舶租给他人，未通知保险人。根据我国相关法律，被保险人是违反了"通知义务"，还是"告知义务"？对此有不同理解。

（一）告知义务与通知义务的概念

《海商法》第222条规定，告知义务（duty of disclosure）是指保险合同订立前，被保险人如实向保险人告知有关影响保险人接受投保或者确定保费的重要情况的义务；通知义务（duty of notify）是指保险合同成立后，危险增加时，被保险人及时通知保险人的义务。告知义务有广义和狭义之分，广义的告知义务包括通知义务，狭义的告知义务不含通知义务。告知义务和通知义务都是海上保险最大诚信原则的具体体现。

1. 告知义务

英国《1906年海上保险法》第18条规定："在通常业务中，视为被保险人知道，应该知道

---

① "保险终止"条款中的第2款是关于船舶船级社变更、船舶等级变动、注销或撤回，或船舶所有权或船籍改变或转让，或者光船出租或被征用的规定；第3款是有关货物、航程、航行区域、拖带、救助作业或开航日期方面的规定，如果被保险人违反上述规定，保险自动终止。

② 交通部政策法规司编．中华人民共和国海商法条文释义．北京：人民交通出版社，1993：207.

的一切重要情况，在签订合同前，被保险人必须向保险人告知。如果被保险人未履行该项义务，保险人即可宣告合同无效。”这种“生存或者灭亡”的单一规定，对于被保险人过于严厉。

挪威、法国和我国区别对待故意和非故意未告知的情况。我国《海商法》第223条规定，“由于被保险人的故意，未将本法第二百二十二条第一款规定的重要情况如实告知保险人的，保险人有权解除合同，并不退还保险费。合同解除前发生保险事故造成损失的，保险人不负赔偿责任。不是由于被保险人的故意，未将本法第二百二十二条第一款规定的重要情况如实告知保险人的，保险人有权解除合同或者要求相应增加保险费。保险人解除合同的，对于合同解除前发生保险事故造成的损失，保险人应当负赔偿责任；但是，未告知或者错误告知的重要情况对保险事故的发生有影响的除外”。澳大利亚拟议中的海上保险法修改即遵循此规定的思路。

“TONYBEST”案中，船舶途中多次搁浅进水后沉没，在续保前船舶所有人知道船舶机器积压载管系统有严重缺陷。法院判决被保险人未告知重要情况，保险人有权主张保险合同自始无效，有权拒赔。

2. 通知义务

我国《保险法》第52条规定了危险增加时的被保险人的通知义务，该条第1款规定：“在合同有效期内，保险标的危险程度增加的，被保险人应当按照合同约定及时通知保险人，保险人有权要求增加保险费或者解除合同。保险人解除合同的，应当将已收取的保险费，按照合同约定扣除自保险责任开始之日起至合同解除之日止应收的部分后，退还被保险人。”该条第2款规定：“被保险人未履行前款规定的通知义务的，因保险标的的危险程度显著增加而发生的保险事故，保险人不承担赔偿保险金的责任。”

保险法构成危险增加通知义务的前提条件是，危险增加的事实发生，此为积极要件；同时，法律还应对特定条件下的危险增加的通知义务予以排除，此为消极要件。我国保险法对积极要件和消极要件皆未澄明，实践中不免会发生与此相关的纠纷，如适用现行保险法的规定必然导致对投保人和被保险人不公平的后果。

危险增加须达到一定程度，即对保险人的风险负担构成实质性影响，方对被保险人课以通知义务。比如，散货船改装为油船，风险明显增加，被保险人必须履行通知义务，此为积极要件；但是反过来，投保的油船改装为散货船，风险减小了，按《保险法》第52条的规定，被保险人就无须履行通知义务，此为消极要件。

其他国家和地区的保险法对危险增加都有具体规定。《德国保险合同法》第29条则规定为“非重要危险增加，不予考虑”；《日本商法典》第656条表述为“致危险显著变化者”。因此，我国保险法上的危险增加，应作目的性限缩解释，从危险程度标准来说，实指“重要危险增加”或“危险显著增加”，这时方须履行通知义务。

（二）告知义务与通知义务的区别

我国《保险法》和《海商法》均采取狭义的告知义务，即将告知义务和通知义务区别开来。二者的区别在于：（1）发生的时间不同，告知义务发生在订立合同之前和当时；通知义务发生在履行合同期间。（2）法律后果不同，违反告知义务，我国《海商法》规定只有在故意未告知的情况下，才不考虑因果关系，反之，是要考虑因果关系的（《海商法》第223条）；违反通知义务，除保险人有解除合同的权利外，因保险标的危险增加而发生的保险事故，保险人不承担赔偿责任，也就是说，有因果关系的，保险人不予赔偿；无因果关系的，即使违反通知义务，保险人还是要赔偿的。按英国保险法，保险人不但可以解除合同，而且不考虑未告知事项是否与保险事故间有因果关系，一律不赔。

（三）被保险人光租船舶是否须履行通知义务？

我国《海商法》没有规定风险增加时的被保险人的通知义务，仅在第230条中规定，“因船舶转让而转让船舶保险合同的，应当取得保险人的同意。未经保险人同意，船舶保险合同从船舶转让时起解除”，但没有规定船舶光租时的保险合同效力问题。

被保险人在船舶保险有效期间内，将船舶光租他人未通知保险人，是否违反了通知义务？应该做具体分析：船舶因光租使风险发生变化，主要与承租人对船舶的经营与管理水平有关，如果承租人的管理水平高于被保险人的管理水平，风险减小了，无须履行通知义务；反过来，承租人的管理水平远低于被保险人的管理水平，且经营的货载和航线具有很高的危险性，此时，风险明显增加，被保险人须履行通知义务。因被保险人违反此项义务，保险人欲援引《保险法》第37条，免除赔偿责任时，需完成两项举证：（1）因被保险人光租船舶，使保险人风险显著增加；（2）船舶风险的增加与所发生的事故有因果关系。如果保险人举证不能，仍难以凭“未履行通知义务”解除赔偿责任。

五、“风险”与“保险利益”的关系

关于风险负担与保险利益之间的关系，一直是保险法理论中争论较大的一个问题，尚无定论。目前存在如下两种截然不同的观点：一种观点认为，只要买方负担了货物灭失或损坏的风险，其就当然具有了保险利益。[①] 具体地说，货物一过船舷，风险转移给买方，买方就有了保险利益。我们称此种观点为“风险负担说”。另一种观点则认为，上述观点忽略了风险负担义务和实质风险负担之区别。风险负担转移至买方时，表示买方于买卖标的因不可归责于双方当事人之事由发生损毁、灭失时，仍应支付价金，但这只是一种义务而已，至于买方是否会履行此项义务，则为另一问题。在买方未履行付款义务的情形下，如果标的物遭受损害，直接蒙受损失者，仍然是出卖人。因此，必须于价金完全给付之后，买受人才实质地负担风险，同时，保险利益方转移给他。该观点又被称为“实质危险负担说”[②]。

据查证，“实质危险负担说”最先是由德国学者 Moeller 为修正“危险负担说”而提出的，他说：“只要买受人未完全支付价金，则他仍未持有所有权人保险利益。因为在这种情形，如果标的物遭损害，直接蒙受损失者，往往是出卖人。故危险负担说——即危险负担义务说——不足采。必须于价金完全给付之后，买受人才实质地负担危险，同时保险利益方转移于他身上。”[③]

笔者赞同“实质危险负担说”，其理由如下。

第一，“实质危险负担说”符合保险法的损失补偿原则。

损失补偿原则被公认为海上保险的基本原则，其一般含义是：被保险人只有遭受约定的保险事故所造成的损失，才能得到补偿，并且，保险人的补偿量应当等于被保险人的实际损失（定值保险除外）；反之，在保险期间内，即使发生了保险事故，但如果被保险人没有遭受损失，他也无权要求保险补偿。

买方承担了货物过船舷后的灭失或损坏的风险，是否就可得出他已经遭受实际损失的结论？答案当然是否定的。

---

① 参见广州海事法院一审判决（1997）广海法商字第82号。

② 江朝国．保险法基础理论．北京：中国政法大学出版社，2002：66-67．这是德国学者 Moeller 所倡观点。

③ 江朝国．保险法基础理论．北京：中国政法大学出版社，2002：67．

在买卖合同中，风险负担的本质是指价金风险。梁慧星教授指出，“危险负担”[①]，非指自然意义上的危险，而是指“价金损失”[②]；王利明教授则进一步指出，“在买卖合同中，风险主要指的是标的物或者价金的风险，价金的风险与标的物毁损灭失的风险并不矛盾，这只是从不同的角度观察问题。从买受人的角度来看，如果在标的物发生毁损灭失的情况下，他仍然要支付价金，则当然是一种价金的风险，但从出卖人的角度来看，则是标的物的风险”。价金风险这一本质也清楚地反映在《联合国国际货物销售合同公约》第66条中：“货物在风险转移到买方承担后遗失或损失，买方支付价款的义务并不因此解除，除非这种遗失或损坏是由于卖方的行为或不行为所造成的”。

因此，风险转移给买方，仅意味着虽然货物灭失了，但买方依然对卖方负有付款义务，而并不代表买方已经产生了“实际损失”。毕竟，与所有权不同，风险负担是合同法的规则，而非物权法的规则。

第二，“实质危险负担说”符合保险利益所必备的“确定性”要素。

在买方实际支付价款之前，付款义务是否会得到实际履行是不确定的。例如，由于卖方对诉讼没有信心，而未向买方索赔；卖方的索赔已经超过诉讼时效；买方已经破产；等等。如果法律要求保险人无须考虑买方是否支付货物价款，均需对其进行赔偿，则买方可能获得不当得利，这将有悖于保险的损失补偿原则。“付款义务”的负担仅仅表明被保险人在法律上“应当”向卖方支付货物价款，这只是一种“应然状态”，只有买方实际支付了货物价款之后，经济损失的“应然状态”才会转化为“实然状态”。在“实然状态”实现之前，仅存在着经济损失的一种可能性而已，保险人没有义务对“可能性”进行赔偿。

第三，从责任保险赔偿原则印证“实质危险负担说”的正确性。

通过比较责任保险与财产损失保险[③]在保险赔偿上不尽相同的原则，可以更加清楚地印证上述“实质危险负担说”的结论是正确的。

现代保险法理论认为，责任保险并非纯粹的补偿合同，不论被保险人是否实际向受害人支付赔偿金而受到损失，只要被保险人对第三人的赔偿责任已为法院判决所确定或者依照被保险人、受害人与保险人之间的协议而确定，保险人的赔偿责任即可产生。而财产损失保险则不同，其严格地秉承补偿合同之要求，以填补被保险人实际发生的损失为终极目的，若被保险人没有遭受真正的损失（out of pocket），则保险人不承担赔偿责任。[④]

海洋运输货物保险属于财产保险之范畴，而非责任保险。依以上论述，即使买方被保险人对于卖方的付款义务或责任已经被法院确认，在他没有实际支付货物价款之前，由于不存在实际损失，也无权向保险人要求赔偿。

综上所述，可得出如下基本结论：

根据保险利益原则与损失补偿原则，在保险事故发生时，被保险人尚未实际支付货物价款之前，不曾发生实际损失，即使货物的风险已经转移到被保险人一方，其对涉保货物不具有保险利益，因此无权向保险公司索赔。

---

① 在民法理论界，“危险负担”与“风险负担”两个词往往不严格地相互通用。

② 梁慧星．民法学说判例与立法研究．北京：中国政法大学出版社，1993：21.

③ 《保险法》第95第1款第2项规定，财产保险业务，包括财产损失保险、责任保险、信用保险、保证保险等保险业务。

④ 邹海林．责任保险论．北京：法律出版社，1999：192.

六、索赔主体与保险利益的关系

（一）索赔主体与保险利益

谁有权向保险公司提出保险索赔这一问题，我国法律规定是很明确的，即“被保险人”[①]或者“受让保险合同权利的人”[②] 是保险索赔主体。因此，投保人虽然是保险合同的当事人，但不必然具有保险索赔权。

以 CIF 贸易术语为例：正常的做法应当是卖方在投保时将自己确定为“被保险人”，然后，再通过背书方式把保险单转让给买方。如果卖方在投保时，将买方直接列明为被保险人，则就极有可能出现当买方拒绝付款赎单时，卖方权利无法得到救济的法律后果，因为卖方不是被保险人，根本没有保险合同上的诉权。但造成此种后果的原因主要是卖方在投保时操作不规范、不懂得如何妥善保护自己的合法利益所致，应当说与保险利益问题无直接关联性。实际上，我国早有案例支持在 CIF 贸易术语下，货物越过船舷后灭失，买方在风险已转移给自己的情况下拒绝付款时，卖方作为案涉保险单的被保险人有权向保险公司索赔。[③] 2014 年，上海海事法院发布了《2014 年海事审判情况通报》，其中有一个典型案例，上海海事法院也认定 CIF 贸易术语下的卖方在货物越过船舷之后亦享有保险利益，“涉案保险单、提单等单证现由原告持有，其系因发生涉案保险事故而遭受经济损失的人，不能仅凭货物是否越过船舷确定保险利益的有无。据此，原告仍拥有涉案货物的全部利益，应认定原告在本案中具有保险利益”[④]。此判决结论是合理的，因为合同约定的风险转移是否能够最终落实是不确定的，不能因为存在事先的合同约定就去否定“实际上承担了风险”的卖方对货物具有保险利益。

（二）保险单的背书转让与保险利益

买卖双方对风险的约定不同于通常的贸易术语，在保险索赔时原则上也不应成为什么“障碍”。如上所述，从保险的角度来看，核心问题是看被保险人是否承担了实质风险。只要由于约定的保险事故造成了被保险人的实际损失，保险人理应进行赔偿。

当然，应当注意的是，此种对风险的自由约定应当有时间方面的限制——限制于“保险事故发生之前”。因为保险本质上承保的是“风险”，这种风险可能发生，也可能不发生，“在保险事故发生之后”，风险已固化为损失，此时如果允许原来并不承担风险的一方再自愿承担损失，从而获得保险利益，这不符合保险合同属射幸合同的精神，不应成为保险赔偿的对象。以典型的 FOB 贸易术语为例，在买卖合同下买方原本只有货物越过船舷之后才承担风险，这不会影响买卖双方在保险事故发生之前自由协商约定改变风险承担的时间，但如果货物在约定船舷之前由于装货过程的疏忽而损坏，此后，作为被保险人的买方就不能再通过与卖方协商自愿承担此风险而向保险人索赔；另外，买方也不能再将保险单“反向”转让给卖方使之具备受让人的地位而向保险人索赔。

还应当注意的是，上述分析并不意味着出险之后保险单一概不能转让。如果保险单持有人

---

① 《保险法》第 12 条规定：“被保险人是指其财产或者人身受保险合同保障，享有保险金请求权的人。投保人可以为被保险人。”

② 《海商法》第 229 条规定：“海上货物运输保险合同可以由被保险人背书或者以其他方式转让，合同的权利、义务随之转移。合同转让时尚未支付保险费的，被保险人和合同受让人负连带责任。”

③ 福州闽胜砂石有限公司诉中国人民保险公司福建分公司海上保险纠纷案．海事司法论坛，2004（2）：61－64.

④ http：//www.sea-law.cn/html/4870233456.html.

在保险事故发生时具有保险利益，则保险事故发生后，其就同时享有了向保险人索赔的权利，其向其他人背书转让保险单的法律后果应当认定为是其保险索赔权的转让，受让保险单的人将因此获得保险索赔权。

（三）英国保险法的规定

以上这些问题，从保险的基本理论进行推导，答案应当是清楚的，但毕竟我国《海商法》第十二章“海上保险合同”对此没有规定，故在实践中容易引发一些困惑。而英国 MIA1906 则有较为清晰的规定，现将相关规定摘录如下：

MIA1906 第 6 条[①]第 2 款规定：“被保险人如在损失发生时，对保险标的无利益，在知晓损失发生后，不能由于采取了任何行为或选择而获得利益。”[②] MIA1906 第 51 条[③]规定：“如被保险人对保险标的已经没有或失掉利益，并在此之前或当时没有明示或默示而转让保险单，则之后的转让保险单是无效的。但本条规定并不影响在发生损失之后的保险单转让。”[④]

七、关于“保险事故”

（一）保险事故的概念

保险事故是指保险合同约定的保险责任范围内的事故。《海商法》第 216 条第 2 款规定：“……保险事故，是指保险人与被保险人约定的任何海上事故，包括与海上航行有关的发生于内河或者陆上的事故。”也就是说，保险事故是指保险人依保险合同所负责任之事由，或者说保险人应负担之危险。

（二）保险事故的意义

1. 决定保险人的赔偿责任

《海商法》第 216 条第 1 款规定：“海上保险合同，是指保险人依照约定，对被保险人遭受保险事故造成保险标的的损失和产生的责任负责赔偿，而由被保险人支付保险费的合同。”

2. 决定时效的起算点

《海商法》第 264 条规定：“根据海上保险合同向保险人要求保险赔偿的请求权，时效期间为二年，自保险事故发生之日起计算。”

上述规定表明，任何人只要是根据海上保险合同向保险人要求保险赔偿，均应适用《海商法》作为特别法对海上保险两年索赔时效的特殊规定。

（三）保险事故的特点

根据《海商法》的上述规定和保险合同的约定，保险事故具有如下特点。

1. 时限性——发生在承保责任期间

保险事故是发生在承保责任期间的事故。保险人承保责任风险是有期限的，在此期限内发生的保险事故产生的责任属于保险人的承保范围，超出合同约定的保险期间，则不属于保险人的保险责任。

---

① 该条的标题是“保险利益应何时具有”。

② 其英文原文是：Where the assured has no interest at the time of the loss，he cannot acquire interests by any act or election after he is aware of the loss。

③ 该条的标题是“无保险利益的被保险人不得转让保险单”。

④ 其英文原文是：Where the assured has parted with or lost his interest in the subject-matter insured，and has not，before or at the time of so doing，expressly or implied agreed to assign the policy，any subsequent assignment of the policy is inoperative. Provided that nothing in this section affects the assignment of after loss。

2. 因果性——指保险事故与损失的因果关系

因为保险的本质是补偿被保险人因意外事故而可能遭受的损失，依据保险赔偿原则，被保险人不允许从保险中获得利润，因此，保险法下的“保险事故”必须是一种可能发生损失的事故，是产生赔偿责任的事故。《海商法》第 216 条规定的“保险事故造成保险标的的损失和产生的责任”，表明保险事故与保险标的的损失和产生的保险赔偿责任存在因果关系。保险事故是“因”，产生的损失和保险责任是“果”。

3. 客观性——客观存在的事实

保险事故的发生是客观存在的事实。这一事实不会因主观的作为或不作为而改变。保险事故发生之时便是被保险人保险赔偿请求权产生之时，保险事故发生之日，便是保险时效起算之日。

4. 合意性——保险合同约定的事故

保险事故是保险合同当事双方约定的海上事故。这是合同自由的体现。保险人“依照约定”承保因保险事故而产生的损失和责任。超出“约定”的保险事故而产生的责任，保险人是不予赔偿的。因此，特定的保险合同所承保的保险事故是特定的，是不因任何外界因素的影响而改变的。

（四）直诉保险人时保险事故的识别

2007 年 9 月 15 日，“畅通”轮与“韩进哥德堡”轮发生碰撞，“畅通”轮船东与青岛人保签订的《船东保障和赔偿责任险条款》第三节第 13 条残骸清除责任的约定如下：“被保险船舶在承保期间因发生海上事故成为残骸，并且该船的船舶险保险人宣布不接受船舶残骸的委付，本公司自此终止本‘条款’项下对其他承保风险的责任，但仍继续对被保险人为处理残骸而产生的下列责任或费用负责……”××海事局就其强制打捞费以第三人身份，于 2011 年 4 月 18 日，直诉青岛人保。

2014 年 1 月 13 日，青岛海事法院出具××海事局诉青岛人保案的一审判决书，判决书认定，第三人责任险的保险事故发生之日，是指被保险人对第三人的责任确定之日，本案中，被保险人的责任确定之日是 2012 年 3 月 21 日，即法院就第三人起诉被保险人的案件所作出的判决生效之日。因此，××海事局直诉青岛人保案并没有超过海上保险法规定的 2 年时效。

对于此案时效的争议，涉及三个问题：首先，××海事局是否有权直诉青岛人保；其次，××海事局以第三人身份直诉青岛人保，是否属保险合同纠纷，适用青岛人保与被保险人间的保险合同和《海商法》中海上保险一章的规定，包括 2 年的诉讼时效；再次，时效的起算点是否应按《海商法》有关海上保险时效的规定——保险事故发生之日起算。对本案保险事故的认定存在以下时间观点：

（1）2007 年 9 月 15 日，“畅通”轮与“韩进哥德堡”轮发生碰撞之日；

（2）2008 年 1 月 11 日，××海事局向“畅通”轮发出《关于强制打捞清除“畅通”轮的决定》，决定强制打捞清除“畅通”轮之日；

（3）2008 年 1 月 17 日，烟台打捞局接受××海事局委托并开始打捞工作之日；

（4）2008 年 2 月 3 日，××海事局起诉“畅通”轮船东之日；

（5）2012 年 3 月 21 日，××海事局起诉“畅通”轮船东的民事判决书生效之日。

1. 时限性对本案的适用

本案保险期限明确约定：“自北京时间 2007 年 2 月 20 日 20 时起至 2008 年 2 月 20 日 20 时

止”。保险事故只有发生在此期间内，保险人才承担承保责任。据此，笔者认为，上述第（5）种时间观点，即主张××海事局起诉“畅通”轮的民事判决书生效之日——2012年3月21日为保险事故时限起算点是不成立的，因为提起诉讼的时间不可能构成保险事故。

2. 因果性对本案的适用

效力性强调的是保险事故与保险赔偿责任的因果关系。观点（2）至（5）都不符合这一条件，不论是“强制打捞命令”、打捞作业开始、对“畅通”轮船东提起诉讼，还是法院的判决生效，都不是产生保险责任的原因，在这些行为实施之前，保险责任已经产生。因此，按观点（2）至（5）的条件衡量保险事故，都不能成立。

3. 客观性对本案的适用

保险事故发生的时间是客观存在的不变的事实。如果以“强制打捞命令”、打捞作业开始、起诉“畅通”轮船东、法院生效判决的作出，作为判断保险事故的标准，就会因主观上的作为或不作为，使保险事故发生的时间是可变的，时效的起算点也不是固定的，以至于上述行为如果不发生，保险事故就不复存在，时效也就永远不会开始起算。这显然不符合事实。因此，2008年2月3日××海事局起诉被保险人，2012年3月21日，以及青岛海事法院判决生效，都不可能是本案的保险事故。

4. 合意性对本案的适用

保险事故是保险合同当事方约定的特定的海上事故。如果将发出“强制打捞命令”、打捞作业开始、××海事局起诉“畅通”轮船东、法院判决生效，作为本案的保险事故，那么就会出现，所有这些“保险事故”都不是合同约定的海上事故，因此而产生的费用保险人是不予赔偿的。

（五）保险事故的结论

从上述分析可以看出，上述案件符合海上责任保险合同项下的保险事故只有观点（1），即“畅通”轮与“韩进哥德堡”轮发生碰撞的这一事故，时间是2007年9月15日。唯此能满足保险事故的几个条件：发生在保险责任期间；是产生责任的事故；发生的时间是客观存在的事实；是保险合同约定的海上事故。基于保险合同向保险人索赔的时效自保险事故发生之日起，时效期间为2年，即时效届满是2009年9月15日，××海事局于2011年4月18日向青岛人保提起诉讼已经超过2年时效。

八、预约保险合同与航次保单各自的效力及其相互关系

（一）预约保险合同的概念

1. 预约保险合同是海上保险合同的一种，而非真正的“预约”（当事人约定将来订立合同的合同），其具有海上保险合同的基本要件，自然应遵循海上保险的基本原则。因此，我国《海商法》将预约保险合同规定在“海上保险合同”一章的“合同的订立”一节之中。《海商法》第231条规定，被保险人在一定期间分批装运或者接受货物的，可以与保险人订立预约保险合同。预约保险合同应当由保险人签发预约保险单证加以确认。

2. 我国《海商法》对预约保险合同的上述规定，分为两种情况：一是在一定期间内，一定数量（或金额）的特定货物分批运输，构成预约保险合同的内容；二是在一定期间内，无数

量（或金额）限制，凡属特定货物的分批运输，均属预约保险合同的范围。

3. 不管哪种情况，共同之处在于特定期间内的特定货物是预约保险合同的保险标的物，也就是说，该种类货物在此期间，已向该保险公司预约投了保，保险人与被保险人的权利义务已在合同中作出了约定，包括风险的起止和保险费率。

（二）航次保单的作用与效力

1. 预约保险合同下的航次保单，是实施、履行预约保险合同的分合同的证明。其作用有三：一是履行预约保险合同的需要，如预约保险合同中有货物总数量或总金额的约定，当达到此数量或金额时，该预约保险合同就被认为履行完毕。二是计算保费的需要（如有的预约保险合同约定：保险费＝保险金额×0.8‰；保险金额为“海洋运输启运单载明的全部货物价值的110％”）。三是被保险人结汇和日后索赔的需要，因为货物装船后，就该货载保险人将签发一保单，成为被保险人日后索赔的证据。

2. 为了履行预约保险合同，实现航次保单的上述功能，要求被保险人对每一特定航次的货载都要通知保险人。我国《海商法》第233条规定：“被保险人知道经预约保险合同保险的货物已经装运或者到达的情况时，应当立即通知保险人。通知的内容包括装运货物的船名、航线、货物价值和保险金额。”因为，被保险人履行了通知义务，表明预约保险合同项下的特定航次的保险合同的内容（船名、航线、货物价值和保险金额）已经特定化了，经保险人核定签章后，作为保险凭证，保险人有义务签发证明此特定航次的保单。

3. 如果航次保险合同与预约保险合同有不同规定的，一般预约保险合同条款都规定：“在合同执行过程中，如发生合同修订和补充所形成的‘协议书’，可视为合同的延伸，其解释效力优先于合同及其附件。”也就是说，只有经协商达成的变更协议，方能改变预约保险合同的内容。航次保单因为是格式合同，未经协商一致，是不能改变预约保险合同内容的。

九、预约保险合同项下的货物发生灭失后才向保险人申报，保险人是否应该承担赔偿责任

1. 我国《海商法》及《保险法》都没有明确规定预约保险合同项下的货物发生灭失、损坏后的申报效力问题，即保险人是否仍负有赔偿责任。从我国的司法实践和国外保险法的规定看，其限制条件是：直到货物灭失、损坏时止，预约保险的货物全部向预约保险合同的保险人投保，既没有漏保也没有选择其他保险公司投保的情况。符合此条件，即使货物灭失或损坏发生后的善意申报，保险人也应承担赔偿责任。

2. 只要预约保险合同的保险标的、承保险别、保险费率，以及保险人的责任期间确定，保险人对于每一批货物的保险赔偿责任也就确定了。此赔偿责任不以被保险人通知或保险人签发航次保单的时间早晚为条件，只要被保险人履行了根据预约保险合同所必须履行的依次申报全部货物运输的义务，每批货物的保险赔偿责任从货物提出仓库开始自动生效。

3. 中保财产保险有限公司“国内货物运输预约保险协议书”标准格式第1条和第9条分别定明，“乙方（被保险人）须发运的货物均属预约保险范围，不能选择投保”，“此协议有效期间乙方应将发运的货物全部向甲方（保险人）投保”。作为双务合同的预约保险合同，被保险人有义务将预约保险范围内的货物全部向保险人投保，保险人同时有义务接受此投保，承担保险赔偿责任。在此前提下，特定航次的善意漏报或迟报，经更正，不影响预约保险合同的效力。保险人仍负有赔偿义务。我国海事司法实践即遵循了这一原则。[①]

4. 英国《1906年海上保险法》第29条规定，如果是货物预约保险，被保险人必须向保险人申报“预约保单规定条件之内的全部货物运输，而且货物或其他财产的价值，必须诚实说明，但善意的漏报或误报，即使在发生损失或货抵达之后，也可以进行更正”。

5. 日本的预约保险单，在特约条件中规定：（1）被保险人以自己名义对其需要保险的全部货物进行确定通知乃至确定申请；（2）保险公司根据其确定通知，按预先在特约书追加规定细则中所商定的保险金额、保险条件、保险费率及其他所商定的内容承担对损害进行赔偿的责任；（3）在不属于被保险人一方故意或严重过失的范围内，即使确定通知迟交或因过失而漏交，保险公司亦承认对其货物的保险，赔偿其损害；（4）保险公司对被保险人货物交易明细账册有查阅权。

6. 结论：

（1）被保险人对预约保险范围内的货物必须全部向预约保险合同的保险人投保，既不可向其他保险人投保，也不可不保。

（2）保险人在被保险人履行上述义务后，必须接受被保险人对该货物的全部投保，并承担风险。被保险人由于疏忽而善意的错报或漏报货载，可以及时更正，并不因此影响合同效力，即使错报或漏报发生在货物灭失或损害之后，保险人仍然有赔付义务。

十、拒收险条款的效力问题[②]

（一）案例

2000年7月2日，中国人民保险公司广东省分公司（以下简称“保险人”）与中国土产畜产湖南茶叶进出口公司（以下简称“被保险人”）签订了一份《出口伊拉克白云豆—揽子保险协议书》（以下简称“保险协议书”）。

“保险协议书”包括：（1）被保险货物的出口货物运输险；（2）被保险货物附加出口货物运输保险卖方合同责任扩展条款；（3）被保险货物附加“拒收险”条款。

2000年7月23日，被保险人取得了辽宁出入境检验检疫局出具的该批白云豆货物质量检验证书，同日由“鞍山”轮载运驶往伊拉克。

“鞍山”轮抵达伊拉克后，伊拉克买方曾分别于2000年9月2日和10月8日，以口头和书面形式告知保险人，因货物质量不符合合同约定，决定拒绝收货。

2000年10月16日，被保险人向保险人出具索赔函。

2000年11月12日，上述货物由“鞍山”轮运回装运港，存入仓库。

2001年2月2日，被保险人根据仲裁协议，向中国国际经济贸易仲裁委员会深圳分会提请仲裁。

---

① 1998年，长春大成玉米开发有限公司诉中国人民保险公司吉林省分公司预约保险争议案中，预约保险货物发生灭失后，向保险人投保。一审法院并未基于此判决原告败诉，而是基于被保险人有选择投保和不保的违约行为，未按照预约保险合同将全部发运货物向保险公司投保，违反保险法的最大诚信原则，判决被保险人败诉。辽宁高院二审维持一审判决，驳回货主索赔。经最高人民法院再审，仍然维持一审判决。相反，在“LEGEND”案中，天津海事法院基于进口商（被保险人）此前已按照预约保险合同将全部发运货物向保险公司投保，对进口商在货物抵达后的航次货载投保予以承认。

② 司玉琢主编．海商法学案例教程．2版．北京：知识产权出版社，2008：503-516.

（二）拒收险的责任范围

1. “拒收险”的责任范围与“拒收险”的风险性质密切相关。中国人民保险公司（以下简称“人保”）货物险特别附加险——“拒收险”条款（1981 年修订），明确地反映了此种风险的性质属政府或主管当局的行为，常常与政治、法律和政策等原因联系在一起。被保险人欲援引此条款，向保险人索赔因“进口国政府或有关当局拒绝进口或没收所造成的损失”，其前提条件是被保险人对此损失的发生无故意或过失。具体地说，“被保险人保证货物备有一切必需的有效的文件；保证货物的质量、包装和商品检验符合产地国和进口国的有关规定”①。

2. 本案“拒收险”条款与人保“拒收险”条款不同之处在于，本案的“拒收险”不限于政府行为，还包括“贸易合同的买方拒绝进口或没收”引起的损失。贸易合同的买方“没收”货物的情况不可能发生，因为没有法律依据。拒绝货物进口应理解为：除保险人的除外责任（含货物质量除外条款）和被保险人无故意或过失的情况外，所有因买方拒绝货物进口引起的损失，均属保险人的赔偿范围。

3. 本案“拒收险”条款三处涉及货物质量：

(1) 保险人对“伊拉克当局因政治目的，以乙方（被保险人）货物品质等为由拒收被保险货物引起的损失予以赔偿”（“保险协议书”第 2 条第 3 款第 1 项）；

(2) 被保险人保证“被保险货物的质量、包装和商品检验必须符合中国和贸易合同的有关规定”（“保险协议书”第 2 条第 3 款第 4 项）；

(3) 被保险人违反质量保证，保险人免除责任（“保险协议书”第 2 条第 3 款第 5 项）；

(2) 和 (3) 是从被保险人的保证义务和保险人的免责权利的角度作出规定的，二者是一致的。即被保险人违反质量保证义务，遭到买方拒收，保险人免除赔偿责任，不属“拒收险”的责任范围。(1) 的规定与此不同，该条款的本质在于“拒收”是出于“政治目的”，货物质量可能不符合合同要求，也可能只是借口，如果货物质量确有问题，尽管出于政治目的遭拒收，保险人还是可以免除责任的。这体现的是除外责任优先原则。如果质量根本没有问题，只是作为借口，则保险人应承担拒收货物的责任。因此，笔者认为，应将出于政治目的，货物质量并无问题，只是作为借口的拒收，与出于政治目的，货物质量确不符合合同要求的拒收区别开来。前者属拒收险的责任范围，后者则是保险人的除外责任之一。被保险人欲援引此条款，要求保险人承担拒收货物的责任，必须承担举证责任，既要证明货物质量符合合同要求，又要证明伊拉克当局拒收是出于政治目的，被保险人并无过错。

此外，上述条款规定的拒收的主体是“伊拉克当局”，而本案实际拒收的主体是贸易合同的买方。

（三）出口质量检验证书的取得能否免除被保险人在保证条款中对货物质量的保证义务

1. 出口质量检验证书的取得是被保险人履行“拒收险”合同所应尽的一项保证义务，它并不当然地取代被保险人履行“拒收险”合同的另一项保证义务——保证货物质量。因此，在被保险人的保证条款中是把“被保险货物的质量……和商品检验”并列，都要求“必须符合中国及贸易合同的规定”，而不是一个取代另一个。

2. 关于货物出口检验，买卖合同第 11 条第 2 款约定：由买方指定装港的独立检验人员对货物进行检验，签发出口质量检验证书。但是，此条款非属“装港检验证书为终”条款（load-

① 汪鹏南．海上保险合同法详论．大连：大连海事大学出版社，1996：250.

ing port inspection to be final)。[①] 本条第 1 款明确规定：货物数量、质量和可使用性，以货物到达伊拉克后，经联合国指定的人员确认后为准。[②] 因此，本案“出口质量检验证书”仅是货物质量的初步证据，如与联合国指定人员的检验结果不一致，将以后者为准。

3. 买卖合同第 11 条第 1 款规定，如果卖方违反本条规定，出现货损货差或质量不符合合同要求，买方有权从货价中作相应扣减或要求换货。这一约定进一步表明：第一，卖方“装港货物质量检验证书”仅是货物品质的初步证据，买方卸港的质量检验才是终局的；第二，买方拒收货物的权利是出自于本条款，它与“拒收险”条款中的“拒收”内涵是不同的。

4. “拒收险”中的理赔条款约定，“伊拉克当局因政治目的以卖方出口货物品质为由拒收乙方货物时，甲方（保险人）以有关的中国出口商品检验证书为依据予以理赔”（“保险协议书”第 5 条第 3 款第 2 项）。这不是“装港质量为终”条款。笔者理解此条款的含义：第一，拒收货物的主体是伊拉克当局，而不是贸易合同的买方；第二，拒收货的真正原因是政治目的，而非因货物质量，此时卸港的货物检验证明已失去可信度，只能依据装港的检验证书来证明；第三，装港检验证书只是作为“拒收险”责任范围内的理赔之用，并不能作为被保险人已履行保证货物质量的绝对证据。

（四）拒收险的赔偿范围

对于属于“拒收险”的责任范围，保险人的赔偿范围在该附加险中是不够明确的。笔者理解“拒绝进口或没收引起的损失”应包括被保险人或保险人为减少损失而采取的合理措施的费用（“买卖合同”第 5 条第 3 款第 1 项末句）。如将货物运回装港的运费、卸载及仓储费用等。如果是没收货物，则仅是货价。赔偿的最高额为货物发票金额。

（五）裁决

仲裁庭认为，由于被申请人（保险人）不能举证证明申请人（被保险人）违反了保证，被申请人无权援引货物质量除外责任的约定来对抗申请人的索赔请求。因此，本案中的拒收险应当认定为除外责任之外的，保险责任范围内的保险事故，被申请人应当承担拒收险项下的保险责任。

十一、保险赔偿举证责任

（一）举证责任的内涵

我国关于举证责任的通说认为：举证责任包括提供证据和证明责任两层含义。所谓“提供证据责任”（burden of going forward with evidence），是指在诉讼进行的各个阶段，当事人为避免败诉危险而承担的向法院提出证据的行为责任。所谓证明责任（Burden of proof/Burden of persuasion），是指引起法律关系发生、变更或者消灭的构成要件事实处于真伪不明状态时，当事人因法院不适用以该事实存在为构成要件的法律而产生的不利于自己的法律后果的负担。在举证责任的两层含义中，提供证据是证明责任的前提，证明责任为举证责任的本质。

---

① 有些买卖合同中订有“装港检验证书为终”条款，意指装港检验证书是货物质量的绝对证据，买方不可通过举证推翻之。这种条款可减少争议，对卖方有利。杨良宜．国际货物买卖．北京：中国政法大学出版社，1999：221－224.

② 本案所涉买卖合同是在联合国对伊拉克实行“石油换食品”计划大背景下订立并履行的，因此，具有浓郁的行政干预成分（附件五，买卖合同第 10 条）。

（二）海上保险举证责任的分配规则

举证责任的分配规则有两类：其一为一般原则，系指法律规定的（包括实体法和程序法）、普遍使用的举证责任分配的一般规则；其二为特别规则，系指实体法中有明文特别规定的举证责任分配规则。海事诉讼举证责任分配既有特别规则，又有一般规则。《海商法》第51条第2款，第52、54、58条和第59条的规定是典型的在实体法中就海上货物运输合同当事方举证责任分配的特别规定。而《海商法》第十二章——海上保险则无此特别规定，因此适用《民事诉讼法》第67条第1款规定的举证责任分配规则，即“当事人对自己提出的主张，有责任提供证据”，这一原则通常被称为“谁主张，谁举证”原则。根据这一原则，凡当事人主张权利发生的，应就有关权利发生的实体法上规定要件的“最低限度”事实负提供证据责任；凡当事人主张对方当事人权利有障碍的，应就有关权利有障碍的实体法上规定要件的“最低限度”事实负提供证据责任；主张权利消灭者，亦然。[①] 比如，提出保险赔偿请求的被保险人，承担证明损失是由承保风险引起的举证责任。而证明损失是由除外风险引起的举证责任通常由保险人承担。[②] 但就船舶适航性而言，“程序公证学说”认为，应将举证责任置于有条件、有能力举证的一方。在确定哪一方当事人有条件、有能力负担举证责任时，应考虑的因素是：双方当事人距离证据的远近、接近证据的难易。就船舶适航性而言，显然被保险人（船舶所有人）比保险人更有条件、有能力负担船舶适航性的举证责任。我们不妨将这一原则称为“距离原则”。《海牙规则》《海牙—维斯比规则》即采用了这一原则。[③] 根据这一原则，如果被保险人未完成船舶适航的举证责任，举证责任不发生转移，被保险人将承担举证不能的不利后果。

（三）海上船舶保险举证责任

举证责任的范围是指举证程度和举证限度。举证程度是从举证深度而言；举证限度是从举证广度而言。就船舶保险，被保险人的举证程度应该是证明承保期间所发生的具体事实，这一事实属船舶保险列明风险中的某一项。如某船在风浪中船体断裂沉没，被保险人只证明船舶断裂沉没是不够的，因为船舶断裂沉没本身不属列明风险，如果这种沉没是船舶“潜在缺陷”造成的，构成“潜在缺陷”的事实属列明风险，如果这种沉没是因船舶开航时被保险人知道或应该知道的船舶不适航造成的，此不适航的事实不属列明风险，是保险人的除外责任。很显然，没有具体事实或事实真伪不明，是无法援引列明风险的。被保险人的举证限度应该是：（1）有列明风险的具体事实发生；（2）该事实与船舶灭失或损害有因果关系。被保险人的这一举证限度已是海上保险实践中的通常做法，在普通法中将此种举证限度称为“初步举证”（prima facie）；在大陆法中称为“最低限度事实说”[④]。按此学说，不要求被保险人对一切事实（权利发生规定的要件事实，权利障碍规定的要件事实，权利消灭规定的要件事实）承担举证责任。我

---

① 毕玉谦．民事诉讼证据判例实务研究．北京：法律出版社，1999. 该著作指出，现代举证责任分配的主要学说有“法规分类说”“待证事实分类说”“法律要件分类说”“负担对抗说”等。其中，“法律要件分类说”对大陆法系各国影响较大，曾长期占据支配地位。“最低限度事实说”即是“法律要件分类说”的一个分支。按“最低限度事实说”，民法规范可以分成不同类型，有的是能够产生一定权利的法律规范，有的是妨碍权利产生、消灭权利等规范，相对应的，可将欲证事实分为三类，分别是“权利发生规定的要件事实”“权利障碍规定的要件事实”“权利消灭规定的要件事实”。

② 汪鹏南．海上保险合同法详论．大连：大连海事大学出版社，1996：116.

③《海牙规则》《海牙—维斯比规则》第4条第1款规定：“一旦由于船舶不适航引起灭失或损害，谨慎处理的举证责任应由承运人或请求本条免责的其他人承担。”

④ 毕玉谦．民事证据法及其程序功能．北京：法律出版社，1998：164.

国有些民法学者认为，举证的限度必须“合理确定”，而且不承认西方的自由心证理论[①]（又称“自由判断证据”原则）。不管何种理论，共同之处都体现了举证责任的合理分配、程序公正和诉讼效率原则。

潜在缺陷属列明风险，是保险人承保的危险。但各案构成潜在缺陷的具体事实会是各不相同的，如主机、辅机、主轴或船壳等都有可能存在潜在缺陷。被保险人在举证时，必须对潜在缺陷的具体表现形式（具体事实）作出举证。保险人认可这一事实，承担保险责任，不认可则会针对这一事实提出反证。如果被保险人不能举证或不能确定具体事实，又怎能说明是否存在潜在缺陷呢？保险人也无法提出反证。因此，被保险人用推测的方法——“可能存在某种潜在缺陷”——援引列明风险，这种举证是不会被法院接受的。

（四）海上货物保险的举证责任

我国海上货物运输保险条款是借鉴英国协会条款而来的，分“平安险”“水渍险”与“一切险”。而实践中投保“一切险”的居多。值得注意的是，“平安险”与“水渍险”在性质上属于列名风险，而“一切险”属于非列名风险。“列名风险”与“非列名风险”在举证责任的分配上会有较大差别。举证责任的确定要区分不同性质的保险条款。很显然，将“列明风险与货损事实有因果关系的”责任“完全”归责于被保险人对“一切险”而言应是不适用的。

1. 关于“一切险”的举证责任

一般认为，在“一切险”下，只要被保险人能够提出相关证据“初步”说明货物损失是由“外来原因”[②] 造成的，即完成了举证责任，而并不要求其详细证明损失发生的具体原因与经过。譬如，只要被保险人证明货物系遭受水湿（特别是海水）或者火烧而产生损失等，即完成了举证责任，举证责任则会转移给保险人，应由保险人提出反证来证明产生“水湿”或“火烧”的具体原因属于保险合同中约定的“除外责任”。对此，英国贵族院 British and Foreign Marine Insurance Co. Ltd. v. Gaunt（1912）2 AC 41，是一个极具说服力的案例。该案保险标的是一批羊毛货物，被保险人投保的是“一切险”，先从阿根廷的 Patagonia 到智利的 Punta Arenas，再直航去欧洲。后来发现羊毛发生水湿，但水湿的具体原因无任何证据。诉讼中的核心争议是，这到底是不是一个“事故”引致的损失，这涉及水湿是否存在“意外性”（fortuity）的问题，因为原则上讲，除非保险合同有明确的不同约定，没有任何“意外性”因素则不属于保险的范围。贵族院最终判决被保险人胜诉，Birkenhead 勋爵很好地总结了“一切险”下的举证责任：只要原告证明损失是某种事件所造成的，而该事件可被保单中的一般性描述所包含，他就没有义务进一步证明事故的准确性质以说明在事实上是如何造成其损失的。[③]

由此可见，在“一切险”下，被保险人的举证责任是较为轻微的，人们所担心的被保险人举证责任过于繁重的问题在“一切险”情形下原则上并不存在。

---

① 栗劲，李放主编．中华实用法学大辞典．长春：吉林大学出版社，1988：674－675.

② 人保海洋货物运输险中“一切险”承保范围的是：除包括平安险和水渍险的各项保险责任外，还包括被保险货物在运输过程中由于外来原因所造成的全部或部分损失。

③ 判决原文：“……of course, to give effect to the rule that the plaintiff must establish his case that he must show that the loss comes within the terms of his policies; but where all risks are covered by the policy and not merely risks of a specified class or classes. *The plaintiff discharges his special onus when he has proved that the loss was caused some event covered by general expression and he is not bound to go further to prove the exact nature of the accident or casualty which, in fact, occasioned his loss.*"

2. 关于“平安险”与“水渍险”的举证责任

如上所述，这两种保险性质都属于“列名风险”。一般认为，对于列名风险，被保险人应有义务证明到底是哪一种列名危险所导致的损失（在英国法下须遵循 balance of probabilities 原则），而不能像在“一切险”下笼统地、初步地证明损失是由“外来原因”造成的。在许多情况下“被保险人常常很难具备查明货损原因的能力，举证能力较弱”，但问题是能否依据《保险法》第 22 条中[①]“向保险人提供其所能提供的……的证明和资料”以及第 23 条[②]中“保险人……应及时作出核定”的规定，可得出如下结论：“我国法律将保险索赔方证明保险事故的举证责任仅限定于其所能够提供的证明和资料，即只要是保险索赔人依照其自身条件提供了其客观上所能够提供的证明和材料，即视为完成了举证责任。”

笔者并不赞同上述结论。首先，虽然“举证责任的分配本质上属于实体法范畴”系一种较有说明力的理论学说，实际上也在不同程度上被各国采用。但根据该学说，也很难得出上述结论。我们不妨以实体法论的典型代表“法律要件分类说”为例来说明。“法律要件分类说”在大陆法系国家一度还被认为是通说。观察我国最高人民法院《关于民事诉讼证据的若干规定》也不难发现，其也在一定程度上采纳了“法律要件分类说”的观点，当然，也辅之于其他理论学说。

按“法律要件分类说”，在海上货物运输保险合同法律关系下，被保险人应对权利发生——保险索赔权成立的法律要件事实负担举证责任，这至少应当包括：（1）保险合同的成立与生效；（2）发生了约定的具体承保危险（保险事故）；（3）保险事故与被保险人的损失之间具有因果关系等。举证责任的分配属于实体法范畴，是指需要根据实体法的整体性规定判明“权利发生要件”“权利阻碍要件”或“权利消灭要件”各是什么，然后再对支持这些要件成立的事实进行举证，按“最低限度事实说”，达到最低限度的举证即可。就保险索赔而言，显然不能根据《保险法》第 22 条一条之简单规定，就推导出“只要是保险索赔人依照其自身条件提供了其客观上所能够提供的证明和材料，即视为完成了举证责任”。

其次，对《保险法》第 22 条所规定的“投保人、被保险人或者受益人应当向保险人提供其所能提供的与确认保险事故的性质、原因、损失程度等有关的证明和资料”中“其所能提供”一语的理解，也不宜过于狭窄。一般认为，被保险人通过委托鉴定可以得出的结论[③]，也属于“其所能提供”的范畴。

再次，亦是需要特别注意的，《海商法》第 251 条的规定与《保险法》第 22 条的规定措辞也并不一致，《海商法》的规定是：“保险事故发生后，保险人向被保险人支付保险赔偿前，可以要求被保险人提供与确认保险事故性质和损失程度有关的证明和资料。”显然，此处对被保险人的举证并没有“其所能提供”的限制。这也可在一定程度上说明海上保险的举证要求跟一般保险是有所区别的。

① 《保险法》第 22 条规定：“保险事故发生后，按照保险合同请求保险人赔偿或者给付保险金时，投保人、被保险人或者受益人应当向保险人提供其所能提供的与确认保险事故的性质、原因、损失程度等有关的证明和资料。保险人按照合同的约定，认为有关的证明和资料不完整的，应当及时一次性通知投保人、被保险人或者受益人补充提供。”

② 《保险法》第 23 条第 1 款规定：“保险人收到被保险人或者受益人的赔偿或者给付保险金的请求后，应当及时作出核定；情形复杂的，应当在三十日内作出核定，但合同另有约定的除外。保险人应当将核定结果通知被保险人或者受益人；对属于保险责任的，在与被保险人或者受益人达成赔偿或者给付保险金的协议后十日内，履行赔偿或者给付保险金义务。保险合同对赔偿或者给付保险金的期限有约定的，保险人应当按照约定履行赔偿或者给付保险金义务。”

③ 中华人民共和国保险法解读．北京：中国法制出版社，2009：57.

最后，在保险举证责任分配方面，还应当注意“公平原则”与“诚实信用原则”在保险索赔举证责任的分配上有适用的空间。在理论上，保险可分为“消费者保险”与“商事保险”。对于人身保险等消费者保险类型，毫无疑问，消费者处于弱者地位、举证能力差，在坚持举证责任一般原则的基础之上，在某些情形下可按公平原则使保险人承担更重的举证责任。[①] 而对于海上保险这种典型的商事保险，保险人与被保险人的地位应等同对待，在举证责任方面似乎没有向被保险人倾斜的迫切性。实际上，对于实体权利义务的设定，《保险法》与《海商法》是有所不同的，相对而言，《保险法》更多地体现了维护被保险人利益的价值取向，而《海商法》则更多地体现了平等保护，甚至在一定程度上倾斜于保险人的价值取向。

---

① 例如，在新余农村合作银行诉平安财产保险公司江西分公司等保险合同纠纷案中，争议的焦点在于被保险人猝死死因的证明责任。法院认为：“肖继兵猝死后，其亲属及受益人在第一时间通知了保险人，已经完成了初步证明责任，下面应由保险人对肖继兵的死因进行调查和鉴定。如果肖继兵由于疾病，或免责条款列举的情况导致死亡，则保险人不负赔偿责任；反之，则保险人需承担赔偿责任。被保险人死亡后，其家属及时通知了保险人，履行了及时通知义务和初步责任。保险人接到受益人的通知后，理应积极协助、指导受益人收集和固定证据。但肖继兵家属及时通知保险人并申请了尸体解剖鉴定，保险人既未同意进行尸体解剖鉴定，亦未告知当事人相关法律后果，也没有要求和指导受益人进行尸检，更没有就死因调查采取必要的措施，导致死因没有查明。因此，保险人在证明保险事故发生的原因和性质的过程中存在过错，在最终没有证据证明或者不能排除肖继兵不是由于意外伤害死亡的情况下，应当承担举证不利的后果，即赔付保险金。”[（2010）渝民初字第00035号，（2010）余民二终字第00034号。被保险人猝死原因的证明责任．人民法院报，2010-08-19.]

第十四章 时效

基础知识

一、时效的概念

时效（time-bar），是指特定事实的存续时间经过了法律规定的期间，而产生相应法律后果的制度。时效主要有两种：一种是取得时效也称占有时效，另一种为诉讼时效也称消灭时效。取得时效（acquisitive prescription），是指当事人基于善意的动机和公开、合理、持续的行为占有他人财产，在法律规定的期间届满后，依法取得对他人财产权利的法律后果。诉讼时效（limitation period for claims），是指权利人经过法定期间，不向义务人行使请求权，而使胜诉权归于消灭的法律制度。一些大陆法系国家，一般都将两种时效制度规定在民法中。我国民法由于受俄罗斯的影响，没有规定取得时效，只规定了诉讼时效，我国《海商法》同样如此。

诉讼时效与除斥期间不同。除斥期间是指法定权利经过了存续期间而归于消灭的时间。二者的区别在于：诉讼时效具备法定事由可以中止、中断、延长，除斥期间则是不变时间，一旦形成即不可变动。诉讼时效消灭的是胜诉权并不消灭权利本身。除斥期间一旦届满，将发生实体权利消灭的法律后果。诉讼时效的起算通常以权利人能够行使权利时起算，而除斥期间则是从权利形成时起算。我国《海商法》对诉讼时效和除斥期间都有涉及，例如，第十三章所规定的“时效”都是诉讼时效；而第29条有关船舶优先权自优先权产生之日起满一年不行使而消灭的规定属于除斥期间。

二、海上货物运输合同的诉讼时效

1.《海商法》第257条规定：“就海上货物运输向承运人要求赔偿的请求权，时效期间为一年，自承运人交付或者应当交付货物之日起计算。”承运人向托运人、收货人、提单持有人要求赔偿的请求权时效比照该条规定时效期间也为1年，自权利人知道或者应当知道权利被侵害之日起计算。对此，最高人民法院在1997年7月11日对山东省高级人民法院的批复中作了规定。

1924年《海牙规则》、1968年《海牙—维斯比规则》、英国、美国、德国、法国、挪威等国家也规定了海上货物运输1年的时效，但1978年的《汉堡规则》和2008年的《鹿特丹规则》规定时效为2年。

2.《海商法》第257条还规定，“有关航次租船合同的请求权，时效期间为二年，自权利人知道或应当知道权利被侵害之日起计算”。

航次租船合同下签发提单，并转让到第三人手中，此时，提单持有人或收货人同提单签发人——承运人（即航次租船合同的出租人）之间发生的损害赔偿或运费等请求权诉讼时效则是1年，即使提单中有有效的并入条款。

3.参照《海商法》对远洋货物运输合同1年诉讼时效的特别规定，最高人民法院在2001年5月21日《关于如何确定沿海、内河货物运输货物赔偿请求权时效期间问题的批复》规定：“根据《中华人民共和国海商法》第二百五十七条第一款规定的精神，结合审判实践，托运人、收货人就沿海、内河货物运输合同向承运人要求赔偿的请求权，或者承运人就沿海、内河货物运输向托运人、收货人要求赔偿的请求权，时效期间为一年。”

4.《海商法》第82条还规定，“承运人自向收货人交付货物的次日起连续六十日内，未收到收货人就货物因迟延交付造成经济损失而提交的书面通知的，不负赔偿责任”。这是《海商法》就迟延交付时效的特别规定，实际是除斥期间，目的在于对迟延交付的赔偿请求给予严格的限制，包括较短的除斥期间。

5.向第三人的追偿时效期间为90天。追偿权（right of recourse）是基于一定法律关系形成的债权和债务的当事人，在债务人履行了特定债务后，在法律规定的追偿时效内，以向相对债权人履行的债务为债权，向第三人行使追偿的权利。该规定的立法目的是公平保护追偿人的权利，给追偿人比一般债权人更合理的时效保护。我国《海商法》第257条对追偿时效做出规定：“在时效期间内或者时效期间届满后，被认定为负有责任的人向第三人提起追偿请求的，时效期间为九十日，自追偿请求人解决原赔偿请求之日起或者收到受理对其本人提起诉讼的法院的起诉状副本之日起计算”。该规定在司法实践中的理解不尽相同，其中主要分歧是有关90天追偿时效的起算问题。（参见本书第十四章专题研讨一、完善海上货物运输合同时效规定）

三、海上旅客运输合同的诉讼时效

《海商法》第258条规定，就海上旅客运输向承运人要求赔偿的请求权，时效期间为二年，分别依照下列规定计算：

（1）有关旅客人身伤害的请求权，自旅客离船或者应当离船之日起计算；

（2）有关旅客死亡的请求权，发生在运送期间的，自旅客应当离船之日起计算；因运送期间内的伤害而导致旅客离船后死亡的，自旅客死亡之日起计算，但是此期限自离船之日起不得超过三年；

（3）有关行李灭失或者损坏的请求权，自旅客离船或者应当离船之日起计算。

海上旅客的认定，主要依据是证明旅客运输合同的客票。根据相关法律规定，也适用船上没有购票但事实上也在船上的人。《海商法》规定为2年，主要原因是海上旅客运送环境复杂，取证较难，从保护旅客及其行李的角度出发，规定了较长的时效期间。根据《民法典》第

188 条的规定，目前民法中有关人身伤害赔偿的诉讼时效期间是 3 年，比《海商法》规定的时效期间长。

四、船舶租用合同的诉讼时效

《海商法》第 259 条规定，有关船舶租用合同的请求权，时效期间为 2 年，自知道或者应当知道权利被侵害之日起计算。

船舶租用合同包括定期租船合同与光船租赁。凡属因船舶租用合同产生的纠纷，如定期租船中的租金、停租、撤船、船速索赔、油水消耗等纠纷或光船租赁、光船租购项下的租金、船舶交接中的油水、船员工资、所有权转移等问题的请求权均受 2 年时效的约束。

五、船舶拖航合同的诉讼时效

《海商法》第 260 条规定，有关海上拖航合同的请求权，时效期间为 1 年，自知道或者应当知道权利被侵害之日起计算。

承拖方与被拖方相互之间的请求权，第三方向承拖方或被拖方的请求权，时效期间均为 1 年，自知道或者应该知道权利被侵害之日起计算。

在拖航实务中，由于承拖方和被拖方的过失，造成第三方的人身伤害或者财产损失的，承拖方和被拖方须对第三方负连带赔偿责任。在分清责任之后，承担连带责任的一方可向另一方追偿，如果属于海上货物运输合同的拖航，追偿时效适用《海商法》第 257 条规定的 90 日，自追偿请求人因连带责任而支付损害赔偿之日起计算。不过也有人认为，此种追偿时效也应是 1 年。关于拖航合同的追偿时效，修改《海商法》时，应作出明确规定。

六、船舶碰撞诉讼时效

《海商法》第 261 条规定，“有关船舶碰撞的请求权，时效期间为二年，自碰撞事故发生之日起计算；本法第一百六十九条第三款规定的追偿请求权，时效期间为一年，自当事人连带支付损害赔偿之日起计算”。

本条规定了船舶碰撞的诉讼时效期间，同时也规定了船舶碰撞的追偿时效。该追偿时效的性质与海上运输合同中的追偿时效性质是一致的，只是该追偿时效起算的规定更加明确且容易操作，即追偿人赔偿了权利人后开始起算追偿时效。如果追偿权不属本条第 3 款规定的连带之债，如两船碰撞造成一船漏油，漏油方承担了 100%的油污损害赔偿后，从赔付之日起向非漏油方追偿其责任的时效也应为 1 年。对此追偿时效，相关法律也应作出明确规定。

七、海难救助时效

《海商法》第 262 条规定，有关海难救助的请求权，时效期间为 2 年，自救助作业终止之日起计算。

海难救助的请求权，主要是救助人对救助款项的请求权，包括对救助报酬和特别补偿的请求权。救助作业终止是指遇险船舶或海上财产的全部或部分，经救助作业已脱离危险，并将其拖至安全港口或地点；如果在救助作业中，有特别补偿产生，其诉讼时效也自救助作业终止之日起计算。

八、共同海损时效

《海商法》第 263 条规定，“有关共同海损分摊的请求权，时效期间为 1 年，自理算结束之日起计算”。

共同海损分摊为什么要等理算结束开始起算共同海损时效？理由有二：第一，共同海损分摊的金额经共同海损理算师依据适用的法律或理算规则进行理算之后才能确定，共同海损分摊只有在理算结束，理算师出具共同海损理算书后，各利益方才能确知分摊的数额，如果要提起诉讼或仲裁，才有明确的诉讼请求；第二，宣布共损时是不考虑过失因素的，但到了分摊时，各受益方就要考虑造成共损事故的原因，是否属于宣布共损一方不能免责的过失所致，如采取救助措施不合理，各受益方对救助报酬分摊提出异议，这也只能发生在理算结束之后。因此，法律规定其时效期间从理算结束之日起计算。

九、海上保险时效

《海商法》第 264 条规定，“根据海上保险合同向保险人要求保险赔偿的请求权，时效期间为二年，自保险事故发生之日起计算”。

本条规定了海上保险的诉讼时效期间为 2 年，自保险事故发生之日起计算。

目前，国际上尚未制定有关海上保险方面的国际公约。各国对海上保险时效期间的规定并不一致，其中英国法下的诉讼时效为 6 年，从被保险人取得诉因开始计算。但是，多数国家规定诉讼时效为 2 年。

本条规定的时效仅适用于被保险人根据保险合同向保险人要求保险赔偿的诉讼时效，不涉及保险人对被保险人的诉讼时效。比照海上货物运输合同的司法解释，保险人对被保险人及再保险合同的诉讼时效也应是 2 年，自权利人知道或者应当知道权利被侵害之日起计算。

保险事故发生之日，是指保险事故实际发生之日，并非指被保险人知道或者应该知道保险事故发生之日。而我国《保险法》第 26 条“自被保险人知道或者应当知道保险事故发生之日”和《民法典》第 188 条“自权利人知道或者应当知道权利受到损害以及义务人之日”的时效起算规定，与《海商法》的规定存在明显不同。此外，虽然 2013 年 6 月 8 日开始实施的最高人民法院《关于适用〈中华人民共和国保险法〉若干问题的解释（二）》第 16 条规定，“保险人代位求偿权的诉讼时效期间应自其取得代位求偿权之日起算”，但鉴于海上保险的特殊性，最高人民法院于 2014 年 12 月 25 日公布《关于海上保险合同的保险人行使代位请求赔偿权利的诉讼时效期间起算日的批复》，规定“海上保险合同的保险人行使代位请求赔偿权利的诉讼时效期间起算日，应按照《中华人民共和国海商法》第十三章规定的相关请求权之诉讼时效起算时间确定”，亦即海上保险合同下保险人代位求偿权的诉讼时效期间应依附于《海商法》下被保险人的诉讼时效期间，而不自取得代位求偿权之后另行起算。

十、船舶油污损害诉讼时效

《海商法》第 265 条规定，“有关船舶发生油污损害的请求权，时效期间为三年，自损害发生之日起计算；但是，在任何情况下时效期间不得超过从造成损害的事故发生之日起六年”。

我国《海商法》虽然没有对船舶油污损害赔偿民事责任作出规定，但对船舶发生油污损害的请求权，作了时效的规定。

《海商法》的诉讼时效期间整体相对民法时效是一种特别时效，并且比较短。油污时效期间在《海商法》中是较长的，与我国参加的《1992 年责任公约》有关时效的规定保持一致。这是因为油污染造成的损害，往往要经历较长的潜伏期，若规定较短的诉讼时效期间，不利于公平有效地保护油污受害人。但油污时效不适用《民法典》规定的 20 年最长时效。

十一、时效的中止和中断

《海商法》第 266 条规定："在时效期间的最后六个月内，因不可抗力或者其他障碍不能行使请求权的，时效中止。自中止时效的原因消除之日起，时效期间继续计算。"

我国《海商法》第 267 条规定："时效因请求人提起诉讼、提交仲裁或者被请求人同意履行义务而中断。但是，请求人撤回起诉、撤回仲裁或者起诉被裁定驳回的，时效不中断。请求人申请扣船的，时效自申请扣船之日起中断。自中断时起，时效期间重新计算。"

（一）时效中断与时效中止不同

时效中止是指在诉讼时效期间内的特定时间段，发生了不可抗力或其他障碍，阻碍了权利人正常行使请求权的客观事由，而暂时停止时效期间的继续计算，待该客观原因消失后继续计算时效期间的制度。而诉讼时效期间中断则是指在时效计算中，因发生了法定事由使已经过的时效期间统归消灭，诉讼时效期间从该法定事由发生时起中断，诉讼时效期间重新开始计算。两者的区别在于：时效中断的事由一旦发生，其法律后果是造成时效的重新计算；而时效中止是原已经过的时效不消灭，待中止原因消除后，时效期间继续计算。时效中断的事由是权利人行使权利这一法定事由；时效中止是权利人意志以外的不可抗力或其他客观原因引起。

（二）民法与海商法的时效中断规定不同

我国《民法典》第 195 条规定："有下列情形之一的，诉讼时效中断，从中断、有关程序终结时起，诉讼时效期间重新计算：（一）权利人向义务人提出履行请求；（二）义务人同意履行义务；（三）权利人提起诉讼或者申请仲裁；（四）与提起诉讼或者申请仲裁具有同等效力的其他情形。"相比之下，显然海商法中的时效中断有比民法中更严格的规定。为此，海事请求人应特别注意的是：

（1）民法中的时效中断，只要一方当事人能够证明向义务人提出要求的意思表示，就构成时效中断的法定理由。当然，该意思表示应该是明确的、能够被义务人知晓并证明的主张。显然，民法中时效中断的法定事由规定得很宽泛。而海商法则规定一定要义务人同意履行义务才构成时效的中断。即，当事人一方仅仅向义务人提出要求不构成法定时效的中断，必须有证据证明义务人明确表示或承诺履行该义务。海运实务中一些船公司对货方拖欠的运费，自认为已发过多次传真催要，不存在超过时效问题，但因货方一直不予理睬，并未承诺要履行义务，这并不构成海商法规定的时效中断。对于"义务人同意履行义务"，有的学者认为："此所谓义务人同意履行义务，应包括义务人承认债务，要求缓期履行，提供担保及表示愿意承担责任。"[①] 笔者赞同这种观点。

（2）海事请求人撤诉、诉讼被驳回，时效期间不中断。该规定意味着出于保护诉讼时效的目的，海事请求人在实体权利未实现时，不能轻易地撤诉。

（3）时效因海事请求人提起诉讼、仲裁或扣船而中断。

---

① 梁慧星．民法总论．北京：法律出版社，2001：279.

专题研讨

一、完善海上货物运输合同时效规定

《海商法》第257条规定："就海上货物运输向承运人要求索赔的请求权，时效期间为一年，自承运人交付或者应当交付货物之日起计算……被认定为负有责任的人向第三人提起追偿请求的，时效期间为九十日，自追偿请求人解决原赔偿请求之日起或者收到受理对其本人提起诉讼的法院的起诉状副本之日起计算。"《海商法》的这一规定是参考《汉堡规则》第20条第1、2、5款的规定制定的，即："（1）如果在2年之内未提起法律诉讼或仲裁，根据本公约的有关货物运输的任何诉讼即失去时效。（2）时效期限自承运人交付货物或交付部分货物之日，或者在未交付货物时，则自应交付货物的最后一日起算……（5）负有赔偿责任的人提起的追偿诉讼，如果是在诉讼所在国法律所许可的时间之内提起，即使是在上述各款规定的时效期限届满之后，亦可提起。但是，所许可的时间，自提起此种诉讼的人已经解决索赔，或已接到向其本人送交的起诉传票之日起算，不得少于90天。"

《海商法》第257条的规定存在两个问题：

1. 关于1年时效期间的规定，仅适用于就海上货物运输向承运人的索赔，而不适用于承运人向托运人、收货人的索赔，也不适用于实际承运人。相比之下，《汉堡规则》的规定是全面、可取的，它适用于"根据本公约的有关货物运输的任何诉讼"。1999年最高人民法院《关于承运人就海上货物运输向托运人、收货人或提单持有人要求赔偿的请求权时效期间的批复》中规定，此种索赔的时效期间也为1年。《海商法》修改时，应参照《汉堡规则》的表述，明确地规定下来。建议修改为：因海上货物运输产生的请求权，时效期间为1年，自货物交付之日或者本应交付之日起计算。[①]

2. 该条中90天追偿时效期间的规定，在司法实践中产生很多争议，缺乏可操作性，主要表现为：由于该期间的起算点之一是收到法院送达的对追偿请求人的起诉状副本，而在这90天时间内，原诉讼请求通常不能结案，因而追偿之诉常缺乏明确的诉讼请求。此外，该90天的期间也适用于1年的时效期间届满之前，缺乏合理性，不符合1968年《海牙—维斯比规则》和1978年《汉堡规则》相应的规定。因此，建议修改为：负有赔偿责任的承运人、实际承运人或者其责任保险人依据代位求偿权提起追偿请求的，时效期间为90日，自追偿请求人解决原赔偿请求之日起计算。如果解决原赔偿请求之日至前款1年时效届满多于90日的，则追偿时效延至前款1年时效届满。[②] 作此修改后，该时效期间适用于承运人、实际承运人或者取得代位求偿权的责任保险人的追偿。

二、关于协议延长时效

我国《海商法》第十三章没有规定诉讼时效的延长，但是《民法典》规定了有关诉讼时效

---

① 司玉琢，胡正良主编．《中华人民共和国海商法》修改建议稿条文、参考立法例、说明．大连：大连海事大学出版社，2003：623.

② 司玉琢，胡正良主编．《中华人民共和国海商法》修改建议稿条文、参考立法例、说明．大连：大连海事大学出版社，2003：623. 限定向第三人提起追偿请求，不够准确，因为追偿的对象很有可能是合同的当事方——托运人，《汉堡规则》并没有限定是第三人。建议修改本条时，删除"第三人"。

的延长。《民法典》第 188 条规定，有特殊情况的，人民法院可以根据权利人的申请决定延长。从中我们可以看出，我国法律规定的诉讼时效延长有下列特征：

（1）它是发生在诉讼时效届满之后，而不是在诉讼时效过程中，而且能够引起诉讼时效延长的事由，由人民法院认定。延长的期间，也是由人民法院依客观情况而定。

（2）社会生活的复杂性决定了法律不可能将阻碍诉讼时效进行的情况一一列明。当出现中止和中断诉讼时效的法定事由之外的事实即特殊情况，造成权利人逾期行使请求权时，有必要授权人民法院审查该事实能否作为延长时效的事由，以弥补法律规定的不足。

（3）根据《民法典》的立法精神和司法机关的有关规定，普通诉讼时效和特殊诉讼时效，均适用中止、中断和延长。而最长诉讼时效则仅适用延长的规定，却不适用中止和中断。

以上关于诉讼时效延长的内容指的是由于发生客观原因阻碍了时效，由法院自由裁量决定时效是否延长。对此，英国《1995 年商船航运法》（Merchant Shipping Act 1995 ）也有类似的规定，其第 190 条第 5 款和第 6 款对向船舶和船舶所有人提起的诉讼请求的时效的延长进行了规定。[①] 根据这两款的规定，在符合条件的情况下，法院有权延长时效。其中，第 6 款中的"合理机会"（reasonable opportunity）值得进一步的说明：仅仅是被告的船舶处于法院管辖的范围内并不一定构成合理机会，这一方面要求涉讼扣船请求和法院地要有一定的联系，另一方面要求如果不满足该扣船请求明显会导致不公平的后果。这归根结底是一个法院的自由裁量权问题。在海上运输中，法院要找到具有一定联系的连结点并非难事，各国法院往往都有扩大自己管辖权的倾向，这种倾向在美国所谓"长臂管辖（Long Arm Jurisdiction)"下尤为明显。

当然，此处我们着重讨论的是当事双方合意延长时效或者单方面声明延长时效的效力问题。

根据我国的民法理论，一般认为，时效具有强制性，任何时效都由法律、法规强制规定，对时效的延长、缩短、放弃等约定都是无效的。这一点，《民法典》给予了进一步的确认，其第 197 条规定："诉讼时效的期间、计算方法以及中止、中断的事由由法律规定，当事人约定无效。""当事人对诉讼时效利益的预先放弃无效。"但《海牙—维斯比规则》第 1 条第 2 款、第 3 款规定，只要双方当事人同意，诉讼时效可以延长。当承运人向第三者提起追偿之诉，尽管 1 年诉讼时效届满，只要在受理诉讼法院所在地法律允许的时间内仍可进行。但是，允许的时间自原索赔案件解决之日或向其本人送达诉状之日起计算，不得少于 90 天。对于《海牙—维斯比规则》第 1 条第 2 款、第 3 款的规定，应该如何适用呢？当当事人在提单中约定适用《海牙—维斯比规则》时，我国法院是否当然认为其约定无效？

国际公约允许当事人对诉讼时效进行约定延长的规定，是从航运实践需要出发作出的，尤其是在航运领域普遍采用较短的诉讼时效期间的背景下，通过允许时效约定，当事人可以为纠纷的解决换取更为充足的时间，进而不必迫于时效的压力而急于通过诉讼实现债权。而从国际上一般民法的立法趋势来看，也有不少国家和地区的立法趋向于承认时效约定延长的合法性，

---

① 原文：Section 190 Time limit for proceedings against owners or ship. (5) Any court having jurisdiction in such proceedings may, in accordance with rules of court, extend the period allowed for bringing proceedings to such extent and on such conditions as it thinks fit. (6) Any such court, if satisfied that there has not been during any period allowed for bringing proceedings any reasonable opportunity of arresting the defendant ship within— (a) the jurisdiction of the court, or (b) the territorial sea of the country to which the plaintiff's ship belongs or in which the plaintiff resides or has his principal place of business, shall extend the period allowed for bringing proceedings to an extent sufficient to give a reasonable opportunity of so arresting the ship。

如2008年修订后的《法国民法典》第2254条第1款规定："时效期间可通过当事人的约定加以缩短或延长。但是，约定的时效期间不得短于1年或长于10年。"再如，《欧洲合同法原则》第14：601条规定："当事人可以通过约定改变法律有关时效的约定，尤其有权缩短或延长时效期间。约定的时效期间不得短于1年或长于根据第14：203条开始起算的30年。"我国民法学者也从多个角度对赋予延长时效的约定以合法性的合理性和必要性进行了论证。[①] 因此，我国是否应从与国际接轨的角度出发，对海商法领域相关诉讼时效约定延长的效力作出突破规定，值得在修改《海商法》时进行尝试。[②]

① 相关论证可参见金印．反思诉讼时效的强制性：兼论时效利益自由处分的边界．法学，2016（7）；郑永宽．诉讼时效强制性的反思．厦门大学学报（哲学社会科学版），2010（4）.

② 司玉琢，胡正良主编．《中华人民共和国海商法》修改建议稿条文、参考例法理、说明．大连：大连海事大学出版社，2003：630.

第十五章 涉外关系的法律适用

基础知识

涉外海事法律适用规范，是指一国为解决涉外海事法律冲突，指定涉外海事法律关系应适用哪一国法律作为准据法的法律规范的总和。它是海事国际私法（private international maritime law）研究的范畴。

具有涉外因素的海事关系，是指在海事关系中，海事主体、客体或内容之一具有涉外因素的海事权利义务关系，是涉外海事法律适用规范调整的核心内容。

涉外海事关系表现为海商法所调整的各种海事法律关系，如具有涉外因素的船舶物权关系、船员关系、国际海上货物运输合同关系、船舶租用关系、旅客运输关系、船舶碰撞及船舶油污海域侵权关系、共同海损、海事赔偿责任限制、海上保险等。

一、我国参加的国际条约的适用

我国《海商法》第 268 条规定："中华人民共和国缔结或者参加的国际条约同本法有不同规定的，适用国际条约的规定；但是，中华人民共和国声明保留的条款除外。"该规定体现了我国法院在解决涉外海事关系的法律适用时，对于我国已参加的国际条约采取优先适用的原则。在司法实践中，具体案件的法律适用是否应适用某国际条约，主张适用一方负有举证责任。

二、合同关系的法律适用

《海商法》第 269 条规定，"合同当事人可以选择合同适用的法律，法律另有规定的除外"。

本条规定体现了解决合同关系的一项重要原则——意思自治原则，它也是解决海事关系法律适用的重要原则。这一原则越来越为各国所重视，进而渗透到非合同关系的海事侵权、共同海损、责任限制等法律关系中，这些法律关系虽然开始并不存在合同关系，但在其发展过程中法院也尊重当事人的意思自治，最终以协议适用法律的方式解决双方的争议。

最密切联系原则在《海商法》第269条中得到了规定："合同当事人可以选择合同适用的法律……合同当事人没有选择的，适用与合同有最密切联系的国家的法律。"该规定体现了当事人对合同关系的法律适用没有选择或协议的，适用与合同有最密切联系国家的法律。最密切联系原则也是意思自治原则的补充原则。

这里指的最密切联系（the closest connection），是指特定的合同权利义务关系与特定的国家法律之间的密切联系，而该法律是否与该合同关系存在密切联系，在一定程度上取决于法官的自由裁量权。为使最密切联系原则更加具体化、条文化，各国法律对合同关系的法律适用尽量作出相对具体的规定，但这类规定多见于程序法中。例如，我国《民事诉讼法》第265条就专门对合同纠纷的管辖权问题作了具体规定，从程序上将不同类型的合同案件与最密切的法院管辖规范下来，避免因最密切联系原则的弹性化产生新的法律冲突。

三、船舶所有权的法律适用

《海商法》第270条规定，"船舶所有权的取得、转让和消灭，适用船旗国法律"。

船舶所有权关系普遍适用船旗国法，但在具体情况下，合同约定下的准据法和依最密切联系原则确定的准据法，对特定船舶所有权关系的法律适用也有重要意义。

1. 船舶所有权的法律适用

各国海商法及国际公约普遍对船舶所有权实行登记制度，即权利人对船舶所有权的取得、转让、变更必须进行登记。只有进行登记的船舶，其权利才受登记国法律的保护，未经登记不得对抗第三人（详见第二章专题研讨"一、关于'对抗第三人'的含义"）。尽管船舶到处航行，但仍与船旗国有着最密切的联系，因此各国普遍将船舶所有权的法律适用规定为船旗国法。

2. 光船租赁下的法律适用

船舶在光船租赁的情况下，根据《船舶登记条例》的规定，也需到船舶登记机关登记；未经登记的不得对抗第三人。有关光船租赁登记关系的法律适用，适用船旗国法。但光船租赁合同关系产生的纠纷，则根据当事人意思自治原则确定准据法，没有约定的，根据法院地国的冲突规范确定准据法，仍不能确定的依据最密切联系原则确定。

3. 建造中船舶的法律适用

建造中的船舶是尚未取得船舶所有权登记的船舶，如建造合同中没有对准据法约定的，应适用物之所在地法，即船舶建造地法。

4. 船舶转让中的法律适用

在不同国籍的权利主体进行船舶转让情况下，卖方在将船舶交付买方后，买方进行新的船舶国籍登记（有的国家船舶所有权登记与船舶国籍登记合一，有的是分开的，我国是合一的）尚有一个过程，这时，卖方的船舶国籍登记尚未注销，买方通常获得一个本国的临时船舶国籍登记证书或继续使用原船舶国籍证书，待买方将船舶接回本国的一定期间内，才能完成注销原卖方船舶国籍登记的工作，即将临时国籍登记证书更换为永久性船舶国籍登记证书。有时，这种船舶交接过程要几个月，如果在该期间发生船舶权属问题争议，船舶买卖中船舶物权的准据法约定是双方解决争议的首选准据法。如果没有这种约定，应适用新变更的船旗国法，如日本、意大利、西班牙等国家在回答CMI1983年海事国际私法问题单时就是持这种观点。

四、船舶抵押权的法律适用

《海商法》第 271 条规定，“船舶抵押权适用船旗国法律。船舶在光船租赁以前或者光船租赁期间，设立船舶抵押权的，适用原船舶登记国的法律”。

船舶抵押权是以船舶为客体，为债权人所设定的担保物权，该权利的设定同船舶所有权的取得一样需要在船舶登记国登记。我国《海商法》第 13 条明确规定设定抵押权必须登记，未经登记的，不得对抗第三人。由于权利人对抵押权的实现与船舶本身有着密不可分的联系，所以船旗国法律，一直被各国普遍承认是调整船舶抵押权的准据法。

此外，建造中的船舶设立抵押权的，适用物之所在地法，建造后的船舶所有人已登记获得船舶所有权的，附着在该船上的抵押权亦应受船旗国法调整，除非双方另有约定。

五、船舶优先权的法律适用

《海商法》第 272 条规定，“船舶优先权，适用受理案件的法院所在地法律”。

船舶优先权的法律适用，散见在各国海事法中。有关船舶优先权的国际公约，主要是对船舶优先权的内容和优先顺序作了规定，有关法律适用条款规定的很少。

综合英美法系和大陆法系国家包括我国《海商法》的规定，以法院地法来调整船舶优先权的法律冲突，已被越来越多的国家所接受。因为：

(1) 船舶优先权的行使须经过司法程序，集中表现为通过对船舶司法扣押来行使船舶优先权。船舶扣押受程序法调整，当然应适用法院地法。所以，船舶优先权适用法院地法与扣船地法一致，体现了该问题在法律适用上的一体性，避免在法律适用上出现不必要的混乱。

(2) 各国关于船舶优先权的定性问题一直存在争论，有的观点认为船舶优先权属实体范畴，故应规定在实体法规范中；有的认为属程序法范畴，故将其放在程序法中规定。1980 年，英国枢密院对“The Halcyon Isle”① 案的判决引起国际航运界强烈反响，五位大法官以 3 比 2 的微弱多数判定：船舶优先权仅为一种程序性权利（a procedural remedy）。此案的判决，至少对船舶优先权适用法院地法作为其准据法产生了重要的影响。即使有些国家将船舶优先权的规定放在实体法中，也无一例外地要通过法定程序来实现，因此，适用法院地法有更大的合理性，也给法院对案件的审理带来方便，不必去查证外国法对船舶优先权是否成立以及优先受偿顺序等。

六、船舶留置权的法律适用

船舶留置权（possessory lien on vessel）适用被留置船舶所在地法。各国及国际公约对船舶优先权、抵押权的法律适用具有相应的规定，但对船舶留置权没有具体规定。我国《海商法》目前也没有规定。但船舶留置权法律制度被各国普遍承认，并且有效地行使留置权，在司法实践中一直是海事债权人保护和实现自己债权的有力武器。

物之所在地法是调整物权关系法律适用的基本规范。船舶留置权的行使以权利人合法占有为留置的基本前提，显然，该留置行为与被留置的财产所在地是一致的。此外，留置权人行使留置权的目的是要实现自己的到期债权，如果债务人不能履行其债务，法律后果自然是将留置

---

① [1980] 2 Lloyd's Law Rep. 332.

船舶拍卖，留置权人从中优先受偿。留置权人行使留置权是否一定要通过法定程序，各国法律规定不同，我国法律没有明确规定，但留置权人在未能实现其留置权时，通常以扣押的形式申请法院拍卖。因此，留置权人从留置船舶到拍卖被留置的船舶，始终受制于被留置船舶的所在地法。所以，因船舶留置权产生的法律适用问题，适用被留置船舶的所在地法是合理的。

七、船舶碰撞的法律适用

《海商法》第 273 条第 1 款规定，“船舶碰撞的损害赔偿，适用侵权行为地法律”。

侵权行为适用侵权行为地法是涉外法律关系法律适用的一条基本原则。我国《涉外民事关系法律适用法》第 44 条即规定：“侵权责任，适用侵权行为地法律……”船舶碰撞事故是海事侵权行为中最常见的一种，一旦发生船舶碰撞，受害方往往就地扣船索要担保，以避免因加害船舶的流动性而失去扣船的机会，尤其对单船公司就显得更为重要。这就使侵权行为地法在解决船舶碰撞中得到了普遍的适用。

我国《海商法》第 273 条第 2 款规定，“船舶在公海上发生碰撞的损害赔偿，适用受理案件的法院所在地法律”。该法院地法中的“法院”是不确定的，基本取决于原告的“择地行诉”(forum shopping)。因为，国内法和国际公约给原告择地行诉的连结点是非常广泛的。根据我国《民事诉讼法》第 29、30 条，以及《海诉法》第 6 条第 1 款的规定，原告可以选择侵权行为地、被告住所地、碰撞发生地、碰撞船舶最先到达地、加害船舶被扣留地、船籍港所在地法院行使诉权。有关这方面的国际公约及英国、美国、意大利、荷兰等许多国家的国内法也有类似的规定。这样，原告可以因公海上发生的船舶碰撞事故，在广泛的诉讼管辖选择中，通过诉前保全的扣船程序获得法院地法的适用。

此外，在侵权行为地法不能被有效确立或查证时，法院地法也常常被适用。

在船舶碰撞案件中，如果两船是不同国籍的船舶，船旗国法的适用受到很大的限制，通常只适用同一国籍船舶的碰撞。我国《海商法》第 273 条第 3 款规定：“同一国籍的船舶，不论碰撞发生于何地，碰撞船舶之间的损害赔偿适用船旗国法律。”但如果同一国籍的两船相撞涉及第三国当事人的权利，作为同一碰撞事实提起诉讼时仍应当适用侵权行为地法。

八、共同海损的法律适用

（一）适用合同约定的法律

当海运合同或提单中订有共同海损条款时，意思自治原则仍对当事人具有约束力。但大量的海运合同中规定的是共同海损理算条款，确定的是理算规则。我国《海商法》第 203 条规定：“共同海损理算，适用合同约定的理算规则。”国际海运合同中，适用最广泛的共同海损理算规则是，国际法协会在 1864 年制定，后经多次修改的《约克—安特卫普规则》（详见第十章专题研讨“三、1974 年《约克—安特卫普规则》近年来的三次大修改”）。

（二）适用共同海损理算地法

共同海损理算和共同海损分摊，在海商法中是分立的两个重大问题，共同海损理算解决的是各受益方具体分摊问题，共同海损分摊取决于共同海损行为是否符合共损要件，其引起的共损损失和费用能否被最终分摊的问题。当利害关系人对海损事故宣布共同海损时，可以通过留置货物的形式向受益方要求共损担保并对共同海损进行理算，而不问该方是否存在过失行为。但受益方是否对共同海损损失和费用进行分摊，取决于宣布共损的一方是否存在不可免责的过失。

显然，船方所采取的措施是否构成共同海损行为已不是共同海损理算规则所能解决的问题了。我国《海商法》第274条规定："共同海损理算，适用理算地法律"。这一共同海损理算的法律适用条款虽然也讲的是理算，但应做广义的解释，即包括了共同海损行为成立所适用的法律。

为准确表述共同海损法律适用问题，建议对《海商法》第203条和第274条的内容及结构作必要的修改，即在第274条作为一条规定：共同海损的理算与分摊（或者笼统称"共同海损"）适用合同约定，合同没有约定的适用共同海损理算地法。①

（三）法院地法对共同海损关系的适用

我国《民事诉讼法》第33条规定："因共同海损提起的诉讼，由船舶最先到达地、共同海损理算地或者航程终止地的人民法院管辖。"从程序上，调整共同海损的诉讼管辖并不局限于共同海损理算地。当诉讼发生在理算地以外的法院时，如果合同对共同海损理算规则及理算地有约定的从约定的准据法；没有约定的，在很大程度上是在法院地进行理算，其对共同海损是否最后分摊的主张和抗辩，也会以理算地为连结点使法院地法获得适用。当根据合同约定共损理算适用异地理算规则时，对整个共同海损案件审理的法律适用，也常常适用法院地法，而不是共同海损规则的理算地法，因为在实践中，法院并不把共同海损理算所适用的法律和对共同海损案件的审理所适用的法律作为同一法律来适用。

九、海事赔偿责任限制的法律适用

在审理海事赔偿责任限制的案件中，常常遇到责任限制主体是否适格、责任限制的数额确定、申请责任限制以及建立基金的程序等问题。由于各国法律规定不同，在处理此类案件时，法律适用问题就凸显出来。

产生责任限制的事故，通常都是重大海难事故，并以侵权事故居多，如重大船舶碰撞事故、重大海上油污事故等。这些重大海难事故的法律适用问题，除在公海上发生的以外，多采取侵权行为地法，对于因此而产生的责任限制所涉及的法律适用问题，目前国际上有两种主张和做法：一种是将海难事故与责任限制的法律适用同一个准据法，也称为一元论主张；另一主张是二元论，即海损事故与责任限制所适用的准据法分开适用。

（一）适用法院地法

我国《海商法》第275条规定："海事赔偿责任限制，适用受理案件的法院所在地法律。"在程序上，我国《海诉法》第九章对设立海事赔偿责任限制基金程序作了专门规定，特别是根据该法第106条第2款的规定，海事法院有权对利害关系人有关责任限制的异议进行审查，该审查显然涉及了法院地有关责任限制的实体法规定。因此，我国对责任限制案件的法律适用是采取二元论的做法。但在司法实践中，由于重大海难事故的侵权行为地与法院地许多时候是竞合的，所以，海事赔偿责任限制法律适用案件在处理上适用同一准据法的情况也较多。

（二）确定基金设立国法导致法院地法的适用

结合《1957年船舶所有人责任限制公约》《1976年海事赔偿责任限制公约》的规定，责任限制成立的准据法为法院地法，责任限制基金设立的准据法为基金设立国法。

---

① 司玉琢，胡正良主编．《中华人民共和国海商法》修改建议稿条文、参考立法例、说明．大连：大连海事大学出版社，2003：639.

基金设立国通常与扣船地法联系较密切。在发生重大海难事故时，受害方就地扣船的情况较多，为了尽快解除扣船，责任限制申请方往往向扣船地法院申请责任限制并提供限制基金于法院。我国《海诉法》对此作了专章规定。基于司法主权独立原则，法院程序问题一直适用法院地法是各国普遍的规定。所以，责任限制基金设立国法多数导致法院地法的适用。

例外的情况是，申请人设立责任限制基金的申请发生在诉前程序，对实体问题双方另有管辖或仲裁协议；或侵权行为地与基金设立地非为一地，这时该案件的准据法就可能出现海难事故本身适用一国法律，而设立责任限制基金适用基金设立国法的情况。

（三）船旗国法的适用

责任限制问题适用船旗国法对责任申请人是方便的，申请人可以根据自己熟悉的船舶本国法很容易弄清责任限制的全部内容。责任限制适用船旗国法的国家有意大利、捷克以及俄罗斯联邦[①]等一些国家。但在方便旗下，船旗国法就很不好掌握，因为这样的船舶与船旗国并没有太多的联系，因此，对船旗国法的适用应当加以限制。

专题研讨

一、国际条约与国内法的关系

（一）国际条约与国内法关系基本理论

在船舶污染损害赔偿一章，已经谈到国际条约与国内法的关系问题，这里谈的国际条约是指民商事性质的国际条约。这是国际法学中的一个基本理论问题，也是当前司法实践必须要解决的问题。因此，研究国际条约与国内法的关系，具有重要的理论与现实意义。

1. 从法律性质上看国际条约与国内法的关系

国际条约与国内法的关系问题，归根到底是国际法与国内法的关系问题。在普遍承认国际法作为法律存在的前提下，按照国际法理论的“一元论”[②]（Monism）的观点，一国参加的国际公约自然成为国内法，通过“纳入”（adoption）程序，即一次性原则地在宪法性法律中规定条约是该国法律体系中的组成部分，约束国家与个人，无须二次立法，一个条约在国内公布或在国际上生效的同时即开始在国内生效[③]；与“一元论”相对，“二元论”[④]（Dualism）认为国际公约与国内法是截然不同的两种法律秩序，要使国际公约成为国内法，必须经过“转化”（transformation）或并入（adoption）程序使之成为国内法。需要指出的是，不管上述哪一种做法，该国宪法性法律最好作出规定，否则将使该国这方面的行为处于不稳定之中。我国便属于这样一种情况。

2. 从法律效力上看国际条约与国内法的关系

从国际条约与国内法的相互效力关系来说，传统的国际法学又分为三种理论：

（1）国内法优先说。此学说认为，国际法作为法律与国内法属于同一法律体系，在这个法律体系中，国际法只有依靠国内法才能产生效力。他们认为，国家意志是绝对的，国际法只是国内法中的“对外公法”。

---

① 《俄罗斯联邦商船航运法典》第 426 条规定：“船舶所有人的责任限制适用船旗国法。”

② 戴维·M. 沃克主编．牛津法律大辞典．北京：光明日报出版社，1988：617.

③ 陈寒枫等．国际条约于国内法的关系及中国的实践．中国政法大学学报，2000（2）.

④ 戴维·M. 沃克主编．牛津法律大辞典．北京：光明日报出版社，1988：272.

（2）国际法优先说。该学说认为，国际法和国内法属于同一法律体系，其中国际法优先于国内法，国内法的效力是依靠国际法的。而国际法效力的最高规范是“约定必须遵守”或“国际社会的意志必须遵守”。随着国际经济逐步全球化，国际法制也在一体化，国际法（包括国际条约）和国内法的关系已非“楚河汉水”不可逾越。应该说，它们之间的关系是相互联系和相互转化的。从当今国际社会的发展趋势看，这个理论是值得重视的。

（3）国际法国内法对等说。此学说认为，国际法和国内法是两个不同的法律体系，国内法是国家主权意志的对内表现，其对象是国家之内的人民，而国际法是各个国家主权意志的集体表现，其对象是国家关系中的国家本身。因此，国际法和国内法没有隶属关系，而是处于对等地位。[①] 奥本海认为，国际法和国内法在本质上是不同的，其渊源不同，所规定的关系不同，法律实质也不同。国际法作为整体或其各个部分，都不能当然成为国内法的一部分。同样，国内法也不能当然成为国际法的一部分。但从各国的实践来看，这派学说把国际法和国内法的关系绝对化了，显然是不符合事实的。

以上三种学说，从理论上概括，其中国内法优先说和国际法优先说可归结为“一元论”，国际法和国内法对等说可归结为“二元论”。尽管这些学说都在一定程度上反映了当时的时代特征，但它们对国际法和国内法的关系还缺乏规律性认识，因而不能概括各国丰富的实践。

（二）各国的实践

1. 美国

《美国宪法》第 6 条第 2 款规定，“本宪法与依本宪法制定之合众国法律，以及在合众国权力之下所缔结及将缔结之条约，均为美国之最高法律，即使任何州的宪法或法律与之相抵触，每一州的法官仍受其约束”。可见，美国所采取的是“并入式”的观点，将条约纳入国内法，在国内直接适用，无须经转化程序。而且美国的立法对条约的规定只需总统予以公布就可接受为国内法。但美国在实践中将条约划分为自动执行（self-executive）和非自动执行（non-self-executive）两类，致使前一类条约在国内执行无须通过国内立法，而后一类条约的执行仍需经过国内立法。

2. 英国

制定法的效力被认为是高于条约的，一项制定法即使和条约相抵触，对英国法院仍有约束力。条约不是个人能直接援用在法庭上，主张其法律权利和义务的，必须经过二次立法将条约转变为国内法适用。显然，英国是主张“二元论”的国家，但是对欧盟的法律包括欧盟条约却规定可以直接适用。

3. 法国

法国采取条约与国内法抵触时，适用条约，即条约高于国内法的立场，但又明确规定“对等条件”。法国《宪法》第 55 条规定，“经过合法批准或核准的条约或协定，在公布后，具有高于法律的权威，但以他方是该条约或协定的缔约方为条件”。条约已经批准或核准就自动适用于国内法的体系之中，无须经任何的补充立法程序。这说明在接纳方式上，法国采取类似美国的做法，且不作“自动执行”和“非自动执行”的区别。

4. 德国

德国的司法实践，虽然条约不必经过立法或许可就可在国内法中适用，但同时对条约的适

---

① 劳特派特修订．奥本海国际法．上卷．第一分册．王铁崖，陈体强译．北京：商务印书馆，1971：24－25.

用能否“自动执行”作出实质性的限制：一是条约具有可以直接适用于公民个人的私法内容，二是从条约规定中可以推定条约当事国有这样的意思表示。这可以认为是德国在国际条约与国内法关系处理上的实践特色。

5. 中国的实践

我国宪法没有对条约的适用问题作出任何规定，而且也没有专门的法律对此作出统一的、明确的规定，其散见在各具体立法中。《宪法》仅原则性地、简单地规定了国务院的缔约权及全国人大常委会的决定、批准与废除权。《缔结条约程序法》也只规定了缔结条约的程序。法律规定的缺乏，造成了司法实践在条约适用上的混乱。

我国的不少法律、法规含有条约与国内法发生冲突时，条约优先适用的规定。笔者认为，这一原则的适用，应区别下列两种不同性质的条约：

第一，属公法性质的国际条约。条约优先适用原则对于公法性质的条约，一般不附任何限制性条件，即国际上对中国生效的条约具有国内法效力。如《海环法》第96条规定：“中华人民共和国缔结或者参加的与海洋环境保护有关的国际条约与本法有不同规定的，适用国际条约的规定；但是，中华人民共和国声明保留的条款除外。”① 又如，中国的外交声明明确指出，在国际上对中国生效的条约具有国内法效力。1990年4月27日，在联合国禁止酷刑委员会审议中国政府提交的执行《禁止酷刑和其他残忍、不人道或有辱人格的待遇或处罚公约》的报告时，针对部分委员提出的公约与中国国内法关系的问题，中国代表的回答是：“根据中国的法律制度，中国缔结或者参加国际条约，要经过立法机关批准或国务院核准程序，该条约一经对中国生效，即对中国具有法律效力……该公约的具体条款在我国可以得到直接适用。”如果认为上述法律、外交部声明的内容是统一的、协调一致的，那么就应认为中国对公法性质的条约，在国内生效问题上采用的是纳入的方法（一元论）。

第二，属民商事性质的国际条约。条约优先适用原则则附以限制性条件——“涉外因素”，即有“涉外因素”的，适用上述原则，没有涉外因素的，仍适用国内法。因此，体现这一原则的条款，皆见于相关法律的涉外篇，如《民事诉讼法》第266、267条规定，“在中华人民共和国领域内进行涉外民事诉讼，适用本编规定……”。“中华人民共和国缔结或者参加的国际条约同本法有不同规定的，适用国际条约的规定，但中华人民共和国声明保留的条款除外”。类似规定在《海商法》第268条、《海诉法》第3条均可见到。此外，最高人民法院的司法解释也有同样的精神。1995年6月20日，最高人民法院、最高人民检察院、外交部、公安部、国家安全部、司法部联合发布的《关于处理涉外案件若干问题的规定》中指出：“当国内法或者我内部规定同我国所承担的国际条约义务发生冲突时，应当适用国际条约的有关规定。”

从上述法律或司法解释可以看出：

（1）民商事性质的国际条约纳入中国的法律体系是有条件限制的，即要有涉外因素；

（2）除非法律另有规定，没有涉外因素的民商事争议均适用国内法。

总之，有关私法性质的国际条约，有学者总结道，“我国的法律规定中关于条约适用问题的规定大多是规定在涉外法律关系部分，这就意味着条约在我国国内法中的直接适用基本上都被限制于涉外法律关系的范围之内，诉讼的当事人中至少有一方必须是外国自然人或者法人。我国的公民或者法人既不能在不具有涉外因素的诉讼中直接援引条约的规定主张自己的权利，

---

① 该法自2000年4月1日起施行。

也不能根据我国缔结或是参加的条约规定提起针对某一国内法规的诉讼”[①]。

（三）立法建议

民商事国际条约与国内法关系的立法建议：

1. 在修改我国宪法时，增加关于确认民商事国际条约在我国国内法中的地位的条款。这是因为此类条约的地位问题，是条约在国内法中适用的前提条件，确认了这一前提条件，才能够确认条约在国内法中的适用方式以及解决此类条约与国内法的冲突问题。

2. 采用纳入的方式（一元论）直接适用我国参加的民商事国际条约，但根据我国国情，可将条约分为“自动执行”和“非自动执行”两种。前一类条约无须国内立法，而后一类条约必须经过国内立法，才能执行。后一类条约包括需要我国公民、法人或者国家支付金钱的条约，规定关税的条约，处分国家财产的条约以及改变现行法律的条约等。美国的做法即是如此。[②]

3. 在民商事条约签署后的审批程序中，确保条约所涉及的各有关方面利益的体现和协调。因此，在修订《缔结条约程序法》时，应适当增加关于与条约所具体涉及的行业、部门甚至是个人参与对条约的审批程序的规定，以保证条约能够切实保障我国公民或是法人的利益。[③]

二、如何理解《海商法》第268条——海事国际惯例适用位阶的合理界定

《海商法》第268条规定，“中华人民共和国缔结或者参加的国际条约同本法有不同规定的，适用国际条约的规定；但是，中华人民共和国声明保留的条款除外。中华人民共和国法律和中华人民共和国缔结或者参加的国际条约没有规定的，可以适用国际惯例。”

这一条规定了具有涉外因素的海事案件的法律适用问题。具体地说，是对我国参加的国际条约与《海商法》有不同规定的，国际条约优先适用，国际条约和我国法律都没有规定的，适用国际惯例。就我国的海事司法实践而言，制定法法源的海商法是海事法官发现海商法裁判规则最重要的出处，海事法官在解决海事纠纷时也以其为最优顺位的裁判依据，通常能做到在适用一般法前对海商制定法的穷尽，即海事法官基本不会在海商制定法有相关规定的情况下适用一般法的规定；但海事国际惯例法源在我国海事司法中却处于相对尴尬的地位。一方面，根据前述第268条的规定，在涉外案件中，海事国际惯例至少具有次位法源地位。我国海事司法实践中也确有一定数量的案例是依据海事国际惯例作出判决的。[④] 但另一方面，海事国际惯例相对于我国制定法的地位仍具有相当的不确定性。我国法官在对海事国际惯例与我国法律的关系问题上，存在多种实践，并尤以以下两种处理方式的矛盾最为突出：一是海事国际惯例相对于国内一般法处于特别法的地位；二是一般法的明确规定优先于海事国际惯例。[⑤] 此外，实践中忽略海事国际惯例的存在，否认其法源地位的现象也时有发生。[⑥]

---

① 万鄂湘，孙焕为．论多边商贸条约在中国的适用（1）．中国对外贸易，2001（6）.

② 朱奇武．中国国际法的理论与实践．北京：法律出版社，1998：415.

③ 万鄂湘，孙焕为．论多边商贸条约在中国的适用（2）．中国对外贸易，2001（8）.

④ 例如，在艾克航运有限公司诉福州昌雄远洋渔业有限公司等海上货物运输合同案中［一审判决书：（2003）厦海法商初字第111号；二审判决书：（2004）闽民终字第687号］，法院就适用了“一旦滞期，永远滞期”的原则（惯例）；在中化广东进出口公司诉阳光航运贸易公司、汤美船舶管理公司、朝日邮轮株式会社、皇朝航运公司海上货物运输合同货差纠纷案中［（2003）广海法初字第266号］，法院认为“根据航运惯例，计重一般允许一定的误差存在”。

⑤ 陈亚芹．论海事国际惯例在中国法中的地位：以中国的立法与司法实践为视角．上海：复旦大学：124-125.

⑥ 如“中国联合石油有限责任公司与被告利比里亚阿巴奇公司海上货物运输合同短量赔偿纠纷案”（大海商外初字第11号）。

笔者认为，我们应当充分认识到海事国际惯例在海商法法源中的价值，其作为海运实践中人们经由长期适用和遵守而形成的一种行为规范，对于航运主体具有相当的预期指引力和约束力——其为特定领域内的航运主体所熟知，已经形成了法律意义上的调整效力，且具有很强的社会适用力。而且相比于一般法律，海事国际惯例直接来源于长期反复的海商实践，是由航运主体基于航运活动的客观实际调试形成的，因而其更能体现航运当事方之间的利益平衡，更符合航运主体对海上特殊风险的认识和对海商传统的传承，更适应航运领域对调整规范所应当具有的价值取向和制度特性的期待。也正是基于此，各国海商法都将海事国际惯例作为一个重要的法源加以对待，甚至在某些领域，海事国际惯例就是最重要的法源。例如，1994 年《瑞典海商法》和 1994 年《挪威海商法》分别规定有关共同海损问题应分别遵循 1974 年和 1994 年的《约克·安特卫普规则》的规定。我国《海商法》则是将 1974 年的《约克·安特卫普规则》主要条款吸纳到共同海损一章（第十章）。因此，海事国际惯例应该毫无疑问地被视为海商法的一项重要法源。正如学者所指出的，海商法的规定不仅包括明示的规定，也包括默示的规定；不仅包括在《海商法》278 个条款中，也包括在我国制定的单行海商法律法规中，我国参加的海商法国际公约中，以及我国承认的海事国际惯例中。①

基于以上认识，海事审判中不仅要敢于审慎地适用海事国际惯例，而且应将它置于优于一般法适用的地位。② 相应的，《海商法》第 268 条第 2 款规定的合理解释应该是：中华人民共和国海商法和中华人民共和国缔结或者参加的海事国际条约没有规定的，适用海事国际惯例。而不是我国所有的民事法律和我国参加的所有国际条约没有规定的，才适用国际航运惯例。这就避免了当前司法实践中的一个误区：只要我国参加的国际海事条约和《海商法》没有规定的，就在普通法中寻求法源，致使海事国际惯例形同虚设。正如有学者所述，《海商法》第 268 条中对法律适用的规定，不是对中国法院应如何适用法律的一般性规定，该条所称中国法律或中国参加的国际条约，都应该是专指海商法方面的法律和条约；而所称的国际惯例，也应该是专指海商国际惯例。因此，对特定海商法问题，应该先适用惯例，再适用民法一般规定。海事国际惯例应该是海商法没有规定时就可以适用。③

按照上述逻辑，对于《海商法》第 268 条似乎有重新认识的必要。

第一，《海商法》的调整范围仅限于“船舶关系”和“海上运输关系”，因此，第 268 条所涉及的我国缔结或参加的国际条约，也仅限于与《海商法》调整范围相关的国际条约，而不是所有我国缔结或参加的任何国际条约。

第二，《海商法》第 268 条中的“法律”应该是指《海商法》，而不泛指我国的所有法律；“国际惯例”也应该是指海事国际惯例，而非所有的国际惯例。

将特别法领域的惯例置于一般法之前优先适用是有先例可循的。1908 年清末制定的《海船法草案》总则的法例一条规定，“关于海船各事本法未规定者，适用惯习法，无惯习法时，适用民法之规定”。该条明显移植了 1899 年日本商法的第 1 条：“凡关于商事，本法无规定者，适用商习惯法，无商习惯法者，适用民法。”④ 类似的是，我国学者也提出在商事关系的法律

---

① 郭瑜．海商法的精神：中国的实践和理论．北京：北京大学出版社，2005：87.

② 笔者曾在《中华人民共和国海商法问答》（人民交通出版社 1993 年版，第 266 页）中严格按照字面意思理解第 268 条的“法律”含义，即包括所有处于法律这一位阶的规范性法律文件。这样的解释将使《民法典》《保险法》等一般法优先于国际海事惯例适用。笔者在此纠正这一观点。

③ 郭瑜．海商法的精神：中国的实践和理论．北京：北京大学出版社，2005：87.

④ 顾荣新．清末《海船法草案》述评．中国海商法研究，2017（1）：103.

调整上，应将商事惯例视为比民法优先的商法法源，并建议在民法典总则中加入如下条款："有关商人及商行为、商事关系的法律调整适用由其他法律、行政法规另行规定。其他法律、行政法规没有规定的，适用商事惯例，无商事惯例的，参照商法原则并类推适用本法有关规定。"① 虽然该条文建议最终并未被采纳，但其体现的理念应当被重视。因此，可以考虑在未来我国《海商法》的修订中，应将前述第268条中的"法律"明确为"海商法"。

当然，从实践的可操作性角度来看，由于惯例更多地存在于人们的日常行动中，有时是一种名副其实的"行动中的规则"、一种"集体无意识"的社会存在②，因而，如果坚持海事国际惯例的优先性，弃民法或其他成文法律而不用，则可能人为地加大法院查明海事国际惯例的义务。③ 对此，笔者认为可通过对海事国际惯例查明方法的适当构建加以平衡。具体而言，我国可构建一种以当事人证明为主，法院查明为辅的海事国际惯例查明模式。其中，当事人可以通过提供国际组织、行业自律性组织作出的关于海事国际惯例的资料，法律服务机构、海事法律专家出具的意见书，以及相关权威海事法律著述等适当形式证明海事国际惯例的存在。一方当事人举证的海事国际惯例应经对方当事人质证：如果对方当事人对其无异议，则人民法院可径直适用；如果对方当事人提出有合理依据的异议，则由法院负责查明。法院对海事国际惯例的查明可以通过法院掌握的权威信息资料，要求双方专家证人出庭对质，咨询第三方权威专家，征询国际及我国海事组织或机构等方式进行。通过上述海事国际惯例的查明方式，可以适当分担和平衡法院对海事国际惯例的查明义务，使海事国际惯例的优先适用具有现实的可操作性。

---

① 蒋大兴．论民法典（民法总则）对商行为之调整：透视法观念、法技术与商行为之特殊性．比较法研究，2015（4）：10.

② 杨建军．惯例的法律适用：基于最高人民法院公报案例的考察．法制与社会发展，2009（2）：145.

③ 徐春龙．论海事国际惯例在中国海商法语境下的适用．中国海商法研究，2013（3）：106.

第十六章

附则

基础知识

一、计算单位

《海商法》第 277 条规定："本法所称计算单位，是指国际货币基金组织规定的特别提款权；其人民币数额为法院判决之日、仲裁机构裁决之日或者当事人协议之日，按照国家外汇主管机关规定的国际货币基金组织的特别提款权对人民币的换算办法计算得出的人民币数额。"

《海商法》有关赔偿限额的计算，都使用了计算单位一词。本条明确了计算单位就是国际货币基金组织（IMF）规定的特别提款权，用于储备资产和记账单位，亦称"纸黄金"。特别提款权单位估值最初是以黄金来表示的，后来由 15 种货币组成变为由美元、德国马克、日元、法国法郎和英镑五种货币加权平均值，综合成为一个"一篮子"计算单位；2015 年 11 月 30 日，国际货币基金组织正式宣布，人民币自 2016 年 10 月 1 日加入 SDR（特别提款权）。至此，特别提款权的价值是由美元、欧元、人民币、日元、英镑这五种货币所构成的一篮子货币的当期汇率确定，每种货币所占权重分别为 41.73%、30.93%、10.92%、8.33%和 8.09%。我国《海商法》确定适用特别提款权来计算赔偿数额，一是由于我国是国际货币基金组织的缔约国之一，应承担国际义务；二是由于特别提款权具有相对的稳定性，受外汇市场波动影响较小；三是可与有关国际海运公约的规定保持一致。

二、生效

《海商法》第 278 条规定："本法自 1993 年 7 月 1 日起施行。"

本条是关于《海商法》生效时间的规定。即从 1993 年 7 月 1 日起，本法的各项规定在全国范围内生效。除有涉外因素的海事案件，我国缔结或参加的国际海运公约与本法有不同规定的，优先适用该公约外，以往制定的属于本法调整范围内的法律、法规、行政规章和有关司法解释，凡与本法相抵触的，一律以本法为准；本法没有规定的，适用相关的民事法律、法规和行政规章。

参考文献

1. 司玉琢主编．海商法．4版．北京：法律出版社，2018

2. 吴焕宁主编．海商法学．北京：法律出版社，1988

3. 张东亮编．海商法新论．台北：五南图书出版公司，1986

4. 曾国雄，张志清．海商法．台北：东徽兴业有限公司，2003

5. 张新平．海商法．北京：中国政法大学出版社，2002

6. 司玉琢，吴兆麟．船舶碰撞法．大连：大连海事大学出版社，1995

7. 司玉琢主编．海商法专题研究．大连：大连海事大学出版社，2002

8. 韦经建主编．海商法．长春：吉林人民出版社，1994

9. 司玉琢，胡正良．中华人民共和国海商法修改建议稿条文、参考立法例、说明．大连：大连海事大学出版社，2003

10. 李玉泉．保险法．北京：法律出版社，2003

11. 汪鹏南．海上保险合同法详论．2版．大连：大连海事大学出版社，2003

12. 王利明．物权法论．北京：中国政法大学出版社，1998

13. 李海．船舶物权之研究．北京：法律出版社，2002

14. 郭瑜．提单法律制度研究．北京：北京大学出版社，1997

15. 李志文．船舶所有权研究．大连海事大学博士学位论文，2004

16. 韩立新．船舶污染损害赔偿法律制度研究．大连海事大学博士学位论文，2005

17. 司玉琢主编．中国海事案例裁判要旨通纂．1—5卷．北京：北京大学出版社，2017

18. UN Convention on the Contracts of International Carriage of Goods Wholly or Partly by Sea. "Rotterdam Rulles", 2009

19. Carver. On Bills of Lading. Second Edition. London：SWEET & MAXWELL，2005

20. Simon Baughen. Shipping Law. Second Edition. London：Cavendish Publishing Limited，2001

21. Arnould's Law of Marine Insurance and Average (Volume II). Sixteenth Edition. by Sir Michael J Mustill and Jonathan C. B. Gilman. Stevens & Sons, 1981

22. Annual Report 2003—2008. by International Oil Pollution Compensation Funds

23. Richard Davison B. A. and Anthony Snelson LL. B. The Law of Towage, LLP 1990 271－334

24. Patrick Griggs and Richard Williams: Limitation of Liability for Maritime Claims, Second Edition, LLP 1990

25. Alexander von Ziegler, Johan Schelin, Stefano Zunarelli. The Rotterdam Rules 2008. Wolters Kluwer, 2010

26. Michael F. Sturley, Tomataka Fujita, Gertjan von der Ziel. The Rotterdam Rules, Nov. 2010

27. Thor Falkanger, Hans Jacob Bull, Lasse Brautaset. Scandinavia Maritime Law. Universitetsforlaget, 2008

图书在版编目（CIP）数据

海商法专论/司玉琢著．—4 版．—北京：中国人民大学出版社，2018.5
21 世纪高等院校法学系列精品教材
ISBN 978-7-300-25798-3

Ⅰ.①海…　Ⅱ.①司…　Ⅲ.①海商法-中国-高等学校-教材　Ⅳ.①D922.294

中国版本图书馆 CIP 数据核字（2018）第 092181 号

21 世纪高等院校法学系列精品教材
海商法专论（第四版）
司玉琢　著
Haishangfa Zhuanlun

出版发行	中国人民大学出版社		
社　　址	北京中关村大街 31 号	**邮政编码**	100080
电　　话	010－62511242（总编室）		010－62511770（质管部）
	010－82501766（邮购部）		010－62514148（门市部）
	010－62511173（发行公司）		010－62515275（盗版举报）
网　　址	http://www.crup.com.cn		
经　　销	新华书店		
印　　刷	固安县铭成印刷有限公司	**版　　次**	2007 年 1 月第 1 版
开　　本	787 mm×1092 mm　1/16		2018 年 5 月第 4 版
印　　张	30.5 插页 2	**印　　次**	2025 年 8 月第 4 次印刷
字　　数	788 000	**定　　价**	65.00 元

《　　　　　　　　》※任课教师调查问卷

为了能更好地为您提供优秀的教材及良好的服务，也为了进一步提高我社法学教材出版的质量，希望您能协助我们完成本次小问卷，完成后您可以在我社网站中选择与您教学相关的1本教材作为今后的备选教材，我们会及时为您邮寄送达！如果您不方便邮寄，也可以申请加入我社的**法学教师QQ群：436438859（申请时请注明法学教师）**，然后下载本问卷填写，并发往我们指定的邮箱（cruplaw@163.com）。

邮寄地址：北京市海淀区中关村大街31号中国人民大学出版社806室收

邮　　编：100080

再次感谢您在百忙中抽出时间为我们填写这份调查问卷，您的举手之劳，将使我们获益匪浅！

基本信息及联系方式：※

姓名：＿＿＿＿＿＿ 性别：＿＿＿＿＿＿ 课程：＿＿＿＿＿＿＿＿＿＿＿＿

任教学校：＿＿＿＿＿＿＿＿＿＿＿＿ 院系（所）：＿＿＿＿＿＿＿＿＿＿

邮寄地址：＿＿＿＿＿＿＿＿＿＿＿＿ 邮编：＿＿＿＿＿＿＿＿＿＿＿＿

电话（办公）：＿＿＿＿＿＿ 手机：＿＿＿＿＿＿ 电子邮件：＿＿＿＿＿＿＿

调查问卷：※

1. 您认为图书的哪类特性对您使用教材最有影响力？（　　）（可多选，按重要性排序）

   A. 各级规划教材、获奖教材　　B. 知名作者教材

   C. 完善的配套资源　　D. 自编教材

   E. 行政命令

2. 在教材配套资源中，您最需要哪些？（　　）（可多选，按重要性排序）

   A. 电子教案　　B. 教学案例

   C. 教学视频　　D. 配套习题、模拟试卷

3. 您对于本书的评价如何？（　　）

   A. 该书目前仍符合教学要求，表现不错将继续采用。

   B. 该书的配套资源需要改进，才会继续使用。

   C. 该书需要在内容或实例更新再版后才能满足我的教学，才会继续使用。

   D. 该书与同类教材差距很大，不准备继续采用了。

4. 从您的教学出发，谈谈对本书的改进建议：＿＿＿＿＿＿＿＿＿＿＿＿＿＿

＿＿＿＿＿＿＿＿＿＿＿＿＿＿＿＿＿＿＿＿＿＿＿＿＿＿＿＿＿＿＿＿＿＿＿

＿＿＿＿＿＿＿＿＿＿＿＿＿＿＿＿＿＿＿＿＿＿＿＿＿＿＿＿＿＿＿＿＿＿＿

选题征集：如果您有好的选题或出版需求，欢迎您联系我们：

联系人：黄　强　联系电话：010-62515955

索取样书：书名：＿＿＿＿＿＿＿＿＿＿＿＿＿＿＿＿＿＿＿＿＿＿＿＿＿＿

书号：＿＿＿＿＿＿＿＿＿＿＿＿＿＿＿＿＿＿＿＿＿＿＿＿＿＿＿＿＿＿

备注：※为必填项。